Du théâtre au récit de soi dans le roman-mémoires du XVIIIe siècle

Faux Titre

ÉTUDES DE LANGUE ET LITTÉRATURE FRANÇAISES

Series Editors

Keith Busby
M.J. Freeman†
Sjef Houppermans et Paul Pelckmans

VOLUME 409

The titles published in this series are listed at *brill.com/faux*

Du théâtre au récit de soi dans le roman-mémoires du XVIIIe siècle

par

Charlène Deharbe

BRILL

RODOPI

LEIDEN | BOSTON

Illustration de couverture : Éventail du XVIIIe siècle, représentant une scène du *Barbier de Séville* de Beaumarchais. Photographie de M. Blaise Volet ©.

Library of Congress Cataloging-in-Publication Data

Names: Deharbe, Charlène.
Title: Du théâtre au récit de soi dans le roman-mémoires du XVIIIe siècle / par Charlène Deharbe.
Description: Leiden ; Boston : Brill, 2016. | Series: Faux titre ; volume 409 | Includes bibliographical references and index.
Identifiers: LCCN 2016000621 (print) | LCCN 2016002642 (ebook) | ISBN 9789004313651 (hardback : alkaline paper) | ISBN 9789004314504 (E-book)
Subjects: LCSH: French fiction—18th century—History and criticism. | First person narrative—History and criticism. | Theater in literature. | Self in literature.
Classification: LCC PQ648 .D35 2016 (print) | LCC PQ648 (ebook) | DDC 843/.509—dc23
LC record available at http://lccn.loc.gov/2016000621

Want or need Open Access? Brill Open offers you the choice to make your research freely accessible online in exchange for a publication charge. Review your various options on brill.com/brill-open.

Typeface for the Latin, Greek, and Cyrillic scripts: "Brill". See and download: brill.com/brill-typeface.

ISSN 0167-9392
ISBN 978-90-04-31365-1 (hardback)
ISBN 978-90-04-31450-4 (e-book)

Copyright 2016 by Koninklijke Brill NV, Leiden, The Netherlands.
Koninklijke Brill NV incorporates the imprints Brill, Brill Hes & De Graaf, Brill Nijhoff, Brill Rodopi and Hotei Publishing.
All rights reserved. No part of this publication may be reproduced, translated, stored in a retrieval system, or transmitted in any form or by any means, electronic, mechanical, photocopying, recording or otherwise, without prior written permission from the publisher.
Authorization to photocopy items for internal or personal use is granted by Koninklijke Brill NV provided that the appropriate fees are paid directly to The Copyright Clearance Center, 222 Rosewood Drive, Suite 910, Danvers, MA 01923, USA. Fees are subject to change.

This book is printed on acid-free paper and produced in a sustainable manner.

Table des matières

Remerciements VII
Préface de Françoise Gevrey VIII

Introduction 1

1 Du personnage dramaturge au texte de théâtre 12
    Dramaturges et comédiennes comme personnages de fiction 12
        Tonalité tragique chez Prévost 13
        Racine et autres figures de la République des Lettres chez Prévost 24
        La Gaussin chez Marivaux 38
        Hommes de théâtre et femme de scène chez Louvet 44
    Théâtre en titres 61
        Le Mariage fait et rompu *chez Duclos* 62
        Le Café, ou l'Écossaise *chez Loaisel de Tréogate* 67
        Du Chien du jardinier *à* Philoctète *chez Louvet* 71
    Théâtre en mots 75
        Théâtre classique chez Crébillon fils 75
        De Corneille à Dancourt chez Marivaux 79
        De Corneille à Beaumarchais chez Louvet 92
    Théâtre en images 99
        Fonction métathéâtrale de la métaphore 102
        Fonction morale de la métaphore théâtrale 118

2 La topique théâtrale : décors, déguisements, types 126
    Lieu théâtral et théâtralisation des lieux 126
        Divertissement public et mondain 128
        Spectacle des spectateurs 131
        Lieu de rencontres amoureuses et galantes 135
        Lieu de vices, de débauche et de corruption 139
        Lieu empreint de théâtralité 144
        Lieu théâtralisé 147
    Déguisements, travestissements, usurpations d'identité 149
        Déguisements chez Marivaux 151
        Usurpations comiques chez Prévost 153
        Déguisements et travestissements en miroir chez Mme de Tencin 157
        La ronde des travestissements chez Louvet 163

Types théâtraux et avatars romanesques   177
   Coquettes et petits-maîtres   177
   Prétendus médecins et faux malades   194
   Cocus ridicules et monomaniaques   204

3 Ressorts, fonctions et effets de la théâtralité   219
   Construction dramatique de la fable   219
     Condensation dramatique   219
       Manon Lescaut : de la comédie à la tragédie   219
       Mémoires du comte de Comminge : un roman-tragédie   230
     Séquences de scènes et tableaux dramatiques   234
       Les Égarements : une comédie des contresens   234
       La Vie de Marianne : tableaux sensibles et pathétiques   250
       Le Paysan parvenu : tableaux et scènes à témoin caché   275
       La Religieuse : tableaux pathétiques et picturaux   293
   Dialogues romanesques et théâtraux   315
     Insertion, fréquence et rythme   315
     Stylisation de la parole et registres de langue   339
     Fonction des dialogues   350

Conclusion   358

Bibliographie   373
Index nominum   402

Remerciements

J'adresse d'abord les plus vifs remerciements à Françoise Gevrey qui fut l'inspiratrice de cette étude dont elle a consciencieusement suivi l'évolution depuis les origines jusqu'à son aboutissement dont ce livre est le résultat. Je remercie tout aussi chaleureusement Marc André Bernier, dont le soutien indéfectible aura permis à cet ouvrage de voir le jour. Ce livre a également bénéficié des remarques bienveillantes de Michel Fournier, d'Éric Francalanza, de Jean-Louis Haquette et de Claude La Charité, pour lesquelles je leur suis infiniment reconnaissante. Du reste, la publication de cette étude a été possible grâce à l'aide du Centre de recherche interdisciplinaire sur les modèles esthétiques et littéraires, que je remercie au même titre que Maryse Volet dont le magnifique éventail orne notre page de couverture. Enfin, je tiens à exprimer ma profonde reconnaissance et ma tendre affection à mes chers parents que je ne remercierai jamais assez de leur appui et de leur entier dévouement, qui furent essentiels pendant ces années de recherches dont cet ouvrage présente aujourd'hui les résultats.

Préface

S'il est en France un siècle qui se passionna pour le théâtre, ce fut bien le XVIIIe dont la théâtromanie a souvent été soulignée. Certes nos scènes actuelles ne représentent plus guère que les pièces de Marivaux et de Beaumarchais (en très bonne place il est vrai), mais il suffit de lire des mémoires comme ceux de Mme d'Épinay pour comprendre quel rôle avait le théâtre dans la vie sociale du temps ; Voltaire n'était pas le seul à posséder une salle alors que les théâtres de société se développaient dans les châteaux et les salons. Ce goût entraîna des évolutions et des théorisations qui, de la comédie larmoyante jusqu'au genre sombre et au drame, refusèrent la séparation entre la tragédie et la comédie : Nivelle de La Chaussée, Baculard d'Arnaud, Diderot et Beaumarchais illustrent cette orientation. Parallèlement on donna plus de place à la mise en scène qui tendit vers l'écriture descriptive.

Ce goût pour le genre dramatique n'empêcha pas le roman, que la tradition classique ne tenait pas pour un grand genre, de se développer, en particulier dans les années 1730. Confronté au « dilemme » analysé par Georges May, il chercha des formes nouvelles, dont font partie le roman-mémoires et le roman épistolaire, pour mieux surprendre ou tromper le lecteur. Ces écritures romanesques semblent a priori tournées vers l'intériorité, vers le secret des individus qu'on dévoile discrètement de manière posthume, et non vers une exhibition du moi. Elles permettent cependant au genre, fort suspecté à l'époque par les doctes, de s'ouvrir à un autre « vrai » et à des techniques qui n'étaient pas en usage auparavant. Plusieurs théoriciens du siècle, comme Houdar de La Motte et Louis Sébastien Mercier, préconisent d'en finir avec les distinctions des poétiques ou des modèles classiques : dès lors les évolutions du théâtre et du roman peuvent se rejoindre. Dans quelle mesure s'influencent-elles ? Une des clés des changements serait-elle dans ce que chaque genre reçoit de l'autre et dans la porosité inhérente au roman ?

Charlène Deharbe a choisi d'étudier dans son livre ce que le roman doit au théâtre durant une période essentielle pour les Lumières : entre 1730 et la Révolution. Le propos ne vise pas à rendre compte de toute la production du XVIIIe siècle ; il se concentre sur soixante années déterminantes à partir d'un sous-genre : celui des romans-mémoires, qu'il convient de distinguer des pseudo-mémoires de Courtilz de Sandras ou du roman picaresque de Lesage dont l'amour n'est pas le sujet central. On pourrait penser que ces romans écrits à la première personne et fondés sur le procédé du double registre visent d'abord à peindre l'intériorité (c'est leur privilège) sans se soucier de provoquer les applaudissements d'un public. Or il apparaît que ce genre est très perméable aux influences du théâtre. Le découpage en scènes ou en séquences, la multiplication des tableaux invitent à s'intéresser moins à la progression de l'intrigue qu'à l'agencement des scènes et aux réflexions ou aux émotions qu'elles entraînent. Dans une époque qui est sous l'influence de Locke et de Shaftesbury, le roman met à profit le dialogue théâtral pour donner une idée de l'évolution de l'individu malléable au fil des expériences et des confrontations.

Les analyses de Charlène Deharbe permettent d'abord de lire, ou de relire, avec précision, à côté de romans très connus comme *Manon Lescaut* de Prévost, *Les Égarements du cœur et de l'esprit* de Crébillon fils, *La Vie de Marianne* de Marivaux ou *La Religieuse* de Diderot, des œuvres moins familières, celles de Mme de Tencin, de Duclos, de Loaisel de Tréogate ou de Louvet de Couvray. On suit, grâce aux comparaisons, le travail qui s'accomplit sur les modèles. La première partie, qui relève les emprunts textuels du roman au théâtre, convoque des références à des auteurs devenant des personnages, à des actrices, à des titres de pièces, l'ensemble des rapprochements dépassant largement le propos d'une recherche de sources. On y voit vivre tout un monde qui correspond au goût et à la culture du lecteur. En outre, les nombreuses métaphores empruntées au registre de la scène, qu'elles aient une valeur métathéâtrale ou une valeur morale comme le « théâtre du monde », permettent de mieux révéler la vérité des conduites.

Le livre s'intéresse ensuite au fonctionnement du théâtre qui se fonde sur des décors, sur des déguisements et sur des types. Le roman-mémoires conduit souvent les personnages dans les salles où se donnent des spectacles, sur la scène et dans les loges, ce qui lui permet de faire vrai en peignant une réalité sociologique. Au-delà de cet effet, les romanciers tendent à théâtraliser les lieux qu'ils organisent comme des scènes. Les déguisements n'étaient pas, depuis le roman grec et le *romanzo*, étrangers à la tradition du genre, mais il apparaît que le roman-mémoires s'inspire du théâtre pour nourrir les rebondissements et l'intrigue plus que pour prolonger des amours équivoques. L'infléchissement subi par des types comme la coquette, le petit-maître ou le tartuffe correspond le plus souvent à une appropriation de matériaux qui entrent dans la temporalité du roman où les hommes ne persistent pas toujours dans leurs travers. Il arrive cependant, surtout avec Louvet de Couvray, qu'on « quitte momentanément le roman pour le théâtre ».

La temporalité du roman-mémoires n'est pas incompatible avec la théâtralité. Peut-être parce que les poétiques de la nouvelle au XVIIe siècle tendaient à s'appuyer sur le modèle du théâtre, les critiques du XXe siècle ont souvent cherché systématiquement dans les romans une construction dramatique. Avec nuance, Charlène Deharbe fait apparaître ce que les romans empruntent à la condensation dramatique, qu'ils détournent avec beaucoup de liberté quand les séquences de scènes s'interrompent. Le relevé des chronologies fait apparaître une atomisation de l'intrigue : elle correspond à l'activité psychologique d'un individu qui se disperse en cumulant les expériences.

Le recours à l'« esthétique du tableau » privilégie l'émotion ; le roman-mémoires s'ouvre alors à un « théâtre des passions » ; la présence de scènes de comédie (Jacob, le paysan parvenu, en témoin caché chez la Remy ou Faublas rejouant telle action du *Mariage de Figaro*) permet de transformer l'autobiographie en spectacle. Le développement des dialogues prend une portée polémique et philosophique lorsque Diderot exprime sa condamnation des sévices que le couvent impose à Suzanne Simonin. Aussi l'écriture des dialogues évolue-t-elle. Les poéticiens du roman en avaient souvent limité l'usage tout en discréditant le monologue. Les romanciers du XVIIIe siècle tendent de plus en plus à recourir au dialogue en l'ouvrant à de nouveaux registres de langue, en disposant les répliques comme dans une pièce de théâtre et en supprimant les incises. « Parle afin que je te voie » écrivait déjà Georges de Scudéry dans la préface d'*Ibrahim* : pour caractériser le personnage du roman, les dialogues se multiplient en remplissant des fonctions dramatiques qu'on réservait plutôt au récit.

L'intérêt de cette enquête réside d'abord dans la somme d'informations qu'elle rassemble : ainsi le lecteur découvre, au-delà des œuvres, l'esprit et le goût de l'époque. On y voit confirmée, à travers des pratiques diverses, la recherche théorique qui, dans un climat de crise, soumet à l'examen les catégories classiques. Diderot dénonce les « colonnes d'Hercule » qui limitaient les genres et il affirme dans le *Second Entretien sur* Le Fils naturel que « dans l'art, ainsi que dans la nature, tout est enchaîné ». La pratique des romans-mémoires tend à supprimer des frontières qui semblaient infranchissables. Il ne s'agit plus de viser une vraisemblance absolue ; le vrai dont on se réclame permet d'assumer le jeu et l'arbitraire dans les emprunts à un autre genre. L'emploi du théâtre s'accorde alors avec une forme de contestation de l'art qui va de pair avec la réflexivité des Lumières : il n'est plus nécessaire de déguiser les artifices. Mais au-delà, l'expérience d'une vie de roman s'enrichit de l'émotion du théâtre. Comme l'écrit Charlène Deharbe, « c'est dans un théâtre de l'intérieur que le lecteur pénètre ». Et cela pour son plus grand plaisir.

Françoise Gevrey
Université de Reims Champagne-Ardenne

Introduction

Tout semble opposer le théâtre au récit de soi. Le premier se rattache au genre dramatique, c'est-à-dire à un art de la mise en scène et du spectacle offert au regard d'autrui. Le second, en revanche, procède de l'introspection ou de l'analyse morale et relève de la confession ou d'un discours intime qui, en son origine, s'incarne dans une forme romanesque privilégiée : le roman-mémoires qui émerge dans la seconde moitié du XVIIe siècle et connaît son apogée au XVIIIe siècle[1]. Toutefois, le roman-mémoires est un genre qui, en même temps, invite à dépasser cette opposition apparente entre théâtre et récit de soi, dans la mesure où il convoque régulièrement la référence théâtrale sous des modes et à des degrés divers. Cette dimension est souvent si prégnante qu'elle s'affirme comme constitutive de l'invention romanesque ou, plus précisément, du renouvellement d'un genre où le moi se raconte, se crée une histoire et interroge ses sentiments en s'appropriant le langage du théâtre et l'univers de la dramaturgie classique.

S'il tend à brouiller les frontières génériques, le roman-mémoires participe ainsi d'une époque également marquée par l'émergence de l'esthétique, c'est-à-dire d'une démarche qui s'intéresse d'abord aux émotions que suscitent les œuvres et qui, à ce titre, concourt elle aussi à repenser l'opposition entre théâtre et roman, deux genres à même de produire des effets qui, somme toute, sont analogues. Chez Diderot, par exemple, l'effet qu'éveille en lui la lecture des romans de Richardson s'éprouve et se dit dans le souvenir de la représentation théâtrale : « Ô Richardson ! on prend, malgré qu'on en ait, un rôle dans tes ouvrages », s'exclame-t-il, avant d'ajouter : « Combien de fois ne me suis-je pas surpris, comme il est arrivé à des enfants qu'on avait menés au spectacle pour la première fois, criant, *ne le croyez pas, il vous trompe...* »[2]. Les termes mêmes auxquels recourt Diderot pour commenter les romans de Richardson supposent eux aussi cette assimilation du romanesque au théâtral : « *Paméla*, *Clarisse* et *Grandisson* sont trois grands drames » et, en particulier, des « drames de trente à quarante personnages, qui tous conservent si rigoureusement les caractères que [le romancier] leur [a] donnés ; l'étonnante connaissance des lois, des coutumes, des usages, des

---

[1] Voir René Démoris, *Le Roman à la première personne : du classicisme aux Lumières* [1975], Genève, Droz, 2002.

[2] Diderot, *Éloge de Richardson* [1762], dans *Contes et romans*, éd. Michel Delon, avec la collaboration de Jean-Christophe Abramovici, Henri Lafon, Stéphane Pujol, Paris, Gallimard, coll. « Bibliothèque de la Pléiade », 2004, p. 898 ; c'est l'auteur qui souligne.

mœurs, du cœur humain, de la vie ; l'inépuisable fonds de morale, d'expérience, d'observations qu'ils [lui] supposent »[3]. De même, dans *Jacques le fataliste*, alors que Diderot rompt une fois de plus l'illusion romanesque, il en appelle, pour se justifier, à « Molière, Regnard, Richardson, Sedaine », mettant alors sur le même plan dramaturges et romanciers au nom d'une capacité commune à « être vrai »[4]. Enfin, dans l'*Encyclopédie*, lorsque le chevalier de Jaucourt considère que le roman et la comédie « pourraient être aussi utiles qu'ils sont généralement nuisibles », il assimile ces deux genres pour mieux défendre et illustrer la nécessité de leur réforme au nom de « l'amour des bonnes mœurs et de la vertu »[5], tant et si bien que l'exigence de moralité sert alors à établir le parallèle entre eux par-delà ce qui les distingue.

C'est également dans le dessein de réformer le genre romanesque que Crébillon, pour sa part, convoque la comédie dans la préface de ses *Égarements du cœur et de l'esprit* où, selon lui, le roman « serait peut-être celui de tous les genres, qu'on pourrait rendre le plus utile, s'il était bien manié ; si, au lieu de le remplir de situations ténébreuses et forcées [...], on le rendait, comme la Comédie, le tableau de la vie humaine, et qu'on y censurât les vices et les ridicules »[6]. En prenant pour modèle la comédie, dont l'ambition est de « corriger les hommes en les divertissant »[7], le roman se voit donc associé à un projet moral fondé sur une peinture des mœurs exécutée sans complaisance. De même, dans la seconde moitié du siècle, la préface que Loaisel de Tréogate rédige pour *Dolbreuse* définit l'entreprise romanesque à partir de catégories empruntées au genre dramatique : « [P]our nous amener et nous intéresser à la pratique du bien [...], il faut (aujourd'hui, particulièrement, qu'on veut une forme dramatique à presque tous les ouvrages de l'esprit) posséder l'art, plus difficile qu'on ne pense, de montrer l'homme en action » ; autrement dit, il importe de savoir peindre « ses vertus, ses vices, ses peines, ses plaisirs, et mêler habilement le langage d'une philosophie séduisante à l'intérêt des

---

3 *Ibid.*, pp. 900, 905.
4 Diderot, *Jacques le fataliste et son maître* [1765], dans *ibid.*, p. 695.
5 Louis de Jaucourt, « Roman », dans Diderot et D'Alembert, *Encyclopédie, tome 14*, Neuchâtel, Samuel Faulche, 1765, p. 342 ; nous modernisons.
6 Crébillon, *Les Égarements du cœur et de l'esprit* [1736], éds. Michel Gilot et Jacques Rustin, dans *Œuvres complètes, tome 2*, dir. Jean Sgard, Paris, Classiques Garnier, 2000, p. 69. Désormais, sauf indication contraire, toutes les références à ce roman renverront à cette édition.
7 Molière, « Premier placet présenté au Roi sur la comédie du Tartuffe », dans *Œuvres complètes, tome 1*, éd. Georges Couton, Paris, Gallimard, coll. « Bibliothèque de la Pléiade », 1971, p. 889.

INTRODUCTION

situations »[8]. Aussi le théâtre doit-il, chez Loaisel, investir le roman au nom, encore une fois, d'une entreprise morale, celle d'une conversion des cœurs destinée à éloigner les hommes de la corruption des villes et à leur « faire sentir le prix des plaisirs faciles et trop négligés de la vie libre et innocente des campagnes »[9], seul lieu où ils peuvent goûter les félicités de l'amour et connaître le bonheur d'une vie vertueuse. Cette vocation morale se double d'une ambition rhétorique qui recourt aux séductions d'un langage qu'animent une « sensibilité active et féconde » et une « imagination brillante et passionnée »[10], capables de toucher les cœurs pour mieux transformer les mœurs. Référence à la comédie chez Crébillon, pour faire du roman un tableau des mœurs, et emprunt au genre dramatique, chez Loaisel, pour redéfinir le roman au nom de la conversion des cœurs à une morale du sentiment : dans les deux cas, la référence théâtrale s'impose non seulement dans la volonté de renouveler le genre romanesque, mais aussi dans l'ambition morale de celui-ci. Au demeurant, s'il est vrai que les discours préfaciels convoquent également le théâtre afin de légitimer le roman en lui conférant un statut comparable à celui des grands genres, le choix significatif de la comédie traduit les nouvelles aspirations d'un genre qui souhaite représenter un monde familier aux lecteurs, puisque « les réalités concrètes de l'existence sont désormais peintes avec sympathie et sans ridicule, de nouvelles catégories sociales entrent dans l'univers romanesque comme dans l'univers du drame ; l'intérêt passe de l'aventure héroïque de la grande passion à la vie de famille, aux moyens de parvenir »[11]. En même temps que la scène se peuple de personnages tirés de la vie quotidienne, tels que le père de famille, l'époux, le frère ou la sœur, le roman en arrive, lui aussi, à intéresser, comme l'écrit Diderot, par « le tableau des malheurs qui nous environnent »[12].

À cette convergence des genres que favorise l'émergence du questionnement esthétique s'ajoute une remise en cause des frontières en fonction desquelles étaient définies et codifiées les formes dramatiques elles-mêmes,

---

8   Loaisel de Tréogate, *Dolbreuse, ou l'Homme du siècle, ramené à la vérité par le sentiment et par la raison : histoire philosophique* [1783], éd. Charlène Deharbe, Paris, Société des Textes Français Modernes, 2015, pp. 90-91. Désormais, toutes les références à ce roman renverront à cette édition.
9   *Ibid.*, p. 92.
10 *Ibid.*, p. 91.
11 Henri Coulet, *Le Roman jusqu'à la Révolution* [1967], Paris, Armand Colin, 2000, p. 265.
12 Diderot, *Les Entretiens sur le Fils naturel* [1757], dans *Œuvres : Esthétique-théâtre*, tome 4, éd. Laurent Versini, Paris, Robert Laffont, coll. « Bouquins », 1996, p. 1174.

dans un contexte où, si le roman jouissait d'une relative liberté de composition, le théâtre classique était, quant à lui, régi par les règles de la poétique, c'est-à-dire par un ensemble de principes fixant un art de bien écrire les tragédies et les comédies. La critique des poétiques classiques est même l'une des caractéristiques de cette aspiration à des formes dramatiques nouvelles qui se manifeste dès le premier XVIIIe siècle dans le sillage de la Querelle des Anciens et des Modernes. Par exemple, dans son *Premier Discours sur la tragédie* (1730), Houdar de La Motte condamne ces « principes de fantaisie »[13] que constituent les unités de temps et de lieu ; de même, au cours du second XVIIIe siècle, Diderot conçoit son *Fils naturel* (1757) comme un genre intermédiaire entre la comédie et la tragédie, puis situe son *Père de famille* (1758) « entre le genre sérieux du *Fils naturel* et la comédie »[14]. Cette hybridation des genres qu'illustrent *Le Fils naturel* et *Le Père de famille* déjouerait ainsi les frontières imaginaires et artificielles qu'ont établies les poétiques depuis l'Antiquité. Une telle remise en cause des règles de la dramaturgie classique et de l'opposition canonique entre tragédie et comédie témoigne du profond renouvellement de la réflexion poétique qui anime tout le XVIIIe siècle et dont la littérature se fait l'écho. Certes, la théorisation et l'introduction de ces nouvelles formes dramatiques n'entraînent pas la disparition de la tragédie et la comédie, qui se maintiennent et perdurent, demeurant les modèles par excellence d'un genre ancré dans une longue tradition qui, aux côtés du drame naissant, fait coexister les tragédies de Voltaire ou de Crébillon père et les comédies de Marivaux ou de Beaumarchais. À l'inverse, malgré la réflexion à laquelle s'est livré le XVIIe siècle sur la poétique du roman, le genre romanesque a toujours bénéficié d'une plus grande liberté, ce qui lui a permis de s'affranchir davantage des traditions, d'évoluer et de se transformer au gré des modes, des rencontres, des échanges et des réminiscences, cherchant d'abord sa voie entre imitation des romans gréco-latins et réécriture des romans de chevalerie, puis en se réinventant au contact d'autres genres comme l'épopée, les mémoires historiques, les correspondances épistolaires et le théâtre. Dès le XVIe siècle, cette liberté de forme et de ton invitait déjà à transgresser les frontières génériques et à utiliser la référence théâtrale pour penser le roman, comme le faisait déjà Jean Maugin, traducteur de *Palmerin d'Olive* (1546), selon lequel les « Français [...] ont [...] inventé romans qui ne sont autre chose que comédies prosaïques »[15]. Au XVIIe siècle, l'évolution de la réflexion poétique, marquée par

---

13   Houdar de La Motte, *Œuvres, tome 4*, Paris, Prault l'aîné, 1754, p. 39.
14   Diderot, *De la poésie dramatique*, dans *Œuvres, tome 4, op. cit.*, p. 1279.
15   Jean Maugin, « Preface to Palmerin d'Olive », dans Bernard Weinberg, *Critical Prefaces of the French Renaissance*, Evanston, Northwestern University Press, 1950, p. 132 ; nous modernisons.

le triomphe du théâtre régulier, impose au roman des modèles dont il s'inspire, comme le montre l'émergence de formes narratives qui, à l'exemple de la scène classique, privilégient « simplicité et concentration de l'action »[16]. En ce sens, au XVIIe siècle, le théâtre constitue la référence dominante et un mode supérieur de la *mimésis* dont la vraisemblance emporte d'autant plus l'adhésion qu'elle se fonde à la fois sur la concentration de l'intrigue et la force d'illusion de la représentation scénique. Au XVIIIe siècle, c'est cette ambition que le roman reprend au théâtre, de manière à s'imposer comme le genre le plus à même de produire non seulement « l'imitation la plus 'réaliste' », mais aussi, de ce fait, de susciter les « émotions les plus intenses »[17]. Dans le passage d'un siècle à l'autre s'effectue alors un transfert du théâtre au roman, où le second se nourrit du premier en faveur d'une production d'effets et d'une « promotion du pathétique »[18].

C'est dans ce contexte de renouvellement des formes littéraires et d'influences génériques réciproques[19] que s'inscrit cette étude sur les différents modes de présence du théâtre dans les romans-mémoires au XVIIIe siècle, autrement dit, sur l'irruption de la théâtralité dans une fiction de l'intériorité. Caractéristique du siècle des Lumières, où il occupe une place prééminente aux côtés du roman épistolaire, le roman-mémoires repose sur un récit à la première personne d'un homme ou d'une femme qui raconte le rôle qu'il a joué sur le théâtre du monde d'où il s'est désormais retiré, jetant après coup un regard complaisant, ironique, voire sombre sur celui qu'il a été et sur les infortunes qu'il a connues. Dans ce « roman du passé », le regard rétrospectif du narrateur permet à celui-ci de se raconter tel qu'il a été, mais aussi tel qu'il « s'est vu vivre »[20] et, surtout, tel qu'il veut se présenter à son lecteur. De fait, la distance temporelle entre l'histoire vécue et le récit favorise une mise en scène, souvent fortement théâtralisée, du moi passé par le je présent, dont les effets sont nombreux, depuis la volonté de susciter chez le lecteur une complicité indulgente jusqu'à l'insertion de réflexions morales d'ordre général en passant

---

16   Véronique Lochert et Clotilde Thouret, « La dynamique des échanges entre théâtre et roman (XVIe-XVIIIe siècles), dans *Jeux d'influences : théâtre et roman de la Renaissance aux Lumières*, Paris, PUPS, coll. « Recherches actuelles en littérature comparée », 2010, pp. 7-21, et p. 12 pour la citation.
17   *Id.*
18   *Id.*
19   Sur ce point, voir Catherine Ramond, *Roman et théâtre au XVIIIe siècle : le dialogue des genres*, Oxford, Voltaire Foundation, coll. « Studies on Voltaire and the Eighteenth Century », 2012.
20   Jean Rousset, *Narcisse romancier : essai sur la première personne dans le roman* [1972], Paris, José Corti, 1986, p. 23.

par le plaisir de percer les apparences et de révéler la comédie que les hommes se jouent les uns aux autres.

Dès lors, le choix du je est déterminant, car il décide du point de vue à partir duquel l'histoire est racontée et commande la signification de l'œuvre. La narration rétrospective à la première personne offre de nombreuses ressources que Prévost et Marivaux, par exemple, ont su exploiter chacun différemment, l'un en montrant comment la passion amoureuse pouvait orienter la compréhension du monde, qui devient alors partielle et partiale ; l'autre, au contraire, en révélant la capacité de l'homme à analyser les ressorts cachés qui ont animé ses discours et orienté ses actes à une époque où il ne savait pas encore les démêler. Habités par un souci d'authenticité auquel concourent le *topos* du manuscrit trouvé et la liberté de style et de forme, ces faux mémorialistes prétendent écrire pour eux-mêmes, pour un parent ou un ami, ou encore pour ceux qui débutent dans le monde. À cette fonction d'avertissement bienveillant que se propose souvent de remplir le récit peuvent s'en ajouter d'autres, tantôt de divertissement, tantôt thérapeutique – les mémoires étant destinés à permettre au narrateur de guérir d'un traumatisme –, tantôt élégiaque, le roman-mémoires privilégiant l'expression de soi et l'exaltation du sentiment, sorte d'exutoire à la faveur duquel s'épanche la sensibilité d'un amant ou d'un époux auquel il ne reste que les souvenirs tendres et douloureux d'un amour disparu. Mais qu'ils adoptent une forme brève et fermée ou bien qu'ils demeurent inachevés, s'élaborant alors au gré de leur succès sur plusieurs centaines de pages, les romans-mémoires auxquels s'intéresse cette étude privilégient une tonalité soit tragique – les *Mémoires et aventures d'un Homme de qualité* et *Manon Lescaut* de Prévost, les *Mémoires du comte de Comminge* de Mme de Tencin, *La Religieuse* de Diderot –, soit comique – *Le Paysan parvenu* de Marivaux, *Les Amours du chevalier de Faublas* de Louvet de Couvray –, soit pathétique et sensible – *La Vie de Marianne* de Marivaux et *Dolbreuse* de Loaisel –, soit libertine et mondaine – *Les Égarements* de Crébillon et *Les Confessions du comte de **** de Duclos –, même si, souvent, plusieurs de ces tonalités cohabitent au sein d'une même œuvre. C'est que le tragique ne relève pas exclusivement de la tragédie et le comique de la comédie, si bien que certains protagonistes empruntent volontiers le langage de héros tragiques, tout en côtoyant des personnages ou en figurant dans des scènes qui n'ont rien à envier à la farce et à la comédie. De même, *Les Amours* s'inscrivent aussi bien dans une veine comique que libertine. Certains romans-mémoires se situent également à la frontière du roman épistolaire, comme les onze parties ou paquets que Marianne envoie à son amie ou comme les mémoires que Suzanne Simonin adresse au marquis de Croismare.

Composite et protéiforme, le roman-mémoires fait donc coexister des tonalités diverses, tantôt comique, tragique ou pathétique, des formes narratives ou dialoguées, et des genres variés, depuis les mémoires historiques et la prose épistolaire jusqu'au théâtre. C'est le traitement que le roman-mémoires réserve à ce dernier que l'on se propose d'analyser en étudiant les différentes formes de référence au théâtre, qu'il s'agisse des dramaturges comme personnages de fiction, de l'évocation de pièces de théâtre, d'emprunts textuels fidèles ou tronqués et adaptés, de la représentation romanesque du théâtre comme réalité culturelle, des procédés que le roman et le théâtre ont en partage, de la reprise ou de la transformation de types théâtraux, ou encore de la construction scénique de certains romans-mémoires. Comme on le verra, le roman se trouve lié au théâtre d'abord d'un point de vue intertextuel (les emprunts textuels) et métatextuel (les indications sur la nature dramatique ou sur la dimension visuelle du texte), puis d'un point de vue sociologique et topique, et enfin d'un point de vue poétique (les scènes et leur regroupement en séquences, les tableaux et les dialogues) et esthétique (les effets que veulent produire, par exemple, les tableaux). En regard de ces questions, notre corpus comprend les principaux romans-mémoires qui sont parus tout au long du siècle. Au surplus, leur fonction heuristique les désignait dans l'économie générale d'une étude qui, avec les *Mémoires et aventures* (1728) de Prévost comme *terminus ad quem* et *Les Amours* (1787-1790) de Louvet comme *terminus a quo*, souhaitait embrasser la majeure partie du XVIIIe siècle, de manière à prendre en compte l'émergence et la théorisation du drame bourgeois, qui repose notamment sur l'utilisation du tableau et sur la force expressive de celui-ci, mais aussi, plus généralement, des évolutions inscrites dans la plus longue durée, comme le montre la raréfaction progressive des incises dans les dialogues au nom, cette fois-ci, d'une esthétique vériste fondée sur l'imitation de la nature.

Parmi les nombreux romans-mémoires de l'abbé Prévost, les deux premiers tomes des *Mémoires et aventures* présentent entre autres la particularité de mettre en scène des poètes dramatiques qui ont réellement existé : Racine, Molière et l'abbé Genest. Or, faire intervenir Racine à plusieurs reprises et faire jouer devant lui, en privé, une scène de *Bérénice* par un couple improbable dont l'improvisation suscite le rire, témoignent des rapports complexes que Prévost entretient avec son principal modèle littéraire, inscrivant ainsi au cœur de l'écriture romanesque un jeu métatextuel. Si, pour leur part, Mme de Tencin, Marivaux, Duclos, Crébillon, Diderot, Loaisel de Tréogate et Louvet n'ont écrit qu'un ou deux romans-mémoires, leur fortune et leur postérité permettent de constituer un échantillon d'œuvres qui est d'autant plus représentatif de ce sous-genre que la référence théâtrale s'y décline sous les formes les plus diverses. Observons, au surplus, que Marivaux, Diderot et Loaisel de Tréogate menaient de front écriture dramatique et écriture romanesque, à une époque où, certes, il était très fréquent d'être tout ensemble dramaturge, romancier, conteur, essayiste et journaliste, mais où cette pratique n'était évidemment pas sans conséquence sur l'influence réciproque que les genres pouvaient exercer les uns sur les autres. C'est ce qu'attestent tout particulièrement les nombreuses adaptations théâtrales et musicales que ces romans ont connues dès le XVIIIe siècle et le début du XIXe, depuis *La Commère* de Marivaux (1741), *Les Amants malheureux, ou le Comte de Comminge* de Baculard d'Arnaud[21] et *Comminge, ou les Amants malheureux* de Maurin de Pompigny[22], jusqu'à *Manon Lescaut, ou la Courtisane vertueuse*[23], *Manon Lescaut et le chevalier des Grieux* d'Étienne Gosse[24], *Manon Lescaut et le chevalier Desgrieux* de Frédéric de Courcy[25] et *Manon Lescaut* d'Eugène Scribe[26], en passant par *Le Chevalier de Faublas* de François-Jean Villemain d'Abancourt[27], *Lodoïska* de Jean-Élie Dejaure[28], *Une Aventure de Faublas, ou le Lendemain d'un bal masqué* de Thomas Sauvage[29],

---

21 Baculard d'Arnaud, *Les Amants malheureux, ou le Comte de Comminge : drame en trois actes et en vers*, précédé d'un discours préliminaire et suivi des *Mémoires du comte de Comminge*, Londres/Paris, Chez les libraires du Palais Royal et du quai de Gèvres, 1764.

22 Maurin de Pompigny, *Comminge, ou les Amants malheureux : pantomime en un acte, représentée pour la première fois à Paris sur le théâtre de l'Ambigu-Comique le 1er juillet 1790*, Paris, Caillau, [s.d.].

23 *Manon Lescaut, ou la Courtisane vertueuse, pour servir de suite au théâtre de société, sujet tiré du roman de M. l'abbé Prévost, par M. D****, Londres/Paris, Dufour, 1774.

24 Étienne Gosse, *Manon Lescaut et le chevalier des Grieux : mélodrame en trois actes, musique de M. Propiac, créé à Paris au théâtre de la Gaîté le 16 novembre 1820*, Paris, J.-N. Barba, 1821.

25 Frédéric de Courcy et Pierre Frédéric Adolphe Carmouche, *Manon Lescaut : roman en six chapitres et en trois actes, représenté pour la première fois sur le théâtre royal de l'Odéon par les comédiens ordinaires du roi le 26 juin 1830*, Paris, Bezou, 1830.

26 Eugène Scribe, *Manon Lescaut : opéra-comique en trois actes, paroles de M. Eugène Scribe, musique de M. Auber, représenté pour la première fois à Paris sur le théâtre impérial de l'Opéra-Comique le 23 février 1856*, Paris, Michel Lévy Frères, 1856.

27 Villemain d'Abancourt, *Le Chevalier de Faublas : comédie en un acte, en vers, représentée pour la première fois sur le théâtre de Monsieur, aux Tuileries, le mardi 3 février 1789*, Paris, Brunet, 1789.

28 Jean-Élie Bédéno Dejaure, *Lodoïska : comédie en trois actes, en prose, représentée pour la première fois par les comédiens italiens le 1er août 1791*, [Paris], Le Petit/Brouet/Mongie, [s.d.].

29 Thomas Sauvage et N.L.C., *Une Aventure de Faublas, ou le Lendemain d'un bal masqué : comédie vaudeville en un acte, représentée pour la première fois à Paris sur le théâtre du Vaudeville le 19 février 1818*, Paris, Mlle Huet-Masson, 1818.

Faublas de Charles Dupeuty[30] et *Lodoïska* de Fillette-Loraux[31]. Au XIXe siècle, l'opéra, puis aux XXe et XXIe siècles, le cinéma et le petit écran s'empareront à leur tour des romans-mémoires de Marivaux[32], Prévost[33] et Diderot[34].

Ce livre s'organise en trois parties dont la première porte sur la façon dont les romanciers mettent en scène des dramaturges connus, introduisent des comédiennes que la critique a souvent identifiées, citent le titre de pièces et des vers dont ils donnent parfois la source. Certains auteurs reprennent également le nom de personnages dramatiques et proposent une variante romanesque de ceux-ci, qu'ils utilisent pour nourrir le comique de l'œuvre ou qu'ils infléchissent d'un point de vue moral. Les nombreux emprunts textuels, quant à eux, témoignent de l'imprégnation du théâtre chez ces romanciers, qui sont pétris de souvenirs soit de Corneille et de Racine pour la tragédie[35], soit de Molière et de Beaumarchais pour la comédie. Si les citations et l'adaptation de certaines scènes révèlent la fortune du théâtre des XVIIe et XVIIIe siècles, elles signalent encore à quel point ce genre constitue une véritable source d'invention pour le roman-mémoires. Dans le prolongement de cette enquête sur les emprunts textuels, une étude du vocabulaire théâtral en montrera la fonction métatextuelle ou morale, selon qu'il désigne un événement particulièrement spectaculaire ou qu'il se rapporte au rôle que l'homme joue en société.

---

30 Charles Dupeuty, Léon-Lévy Brunswick, Victor Lhérie, *Faublas : comédie en cinq actes, mêlée de chants, représentée pour la première fois à Paris sur le théâtre national du Vaudeville le 23 janvier 1833*, pp. 397-430, dans *La France dramatique au dix-neuvième siècle : vaudeville*, Paris, J.-N. Barba/Delloye/Bezou, 1836.

31 Claude François Fillette-Loraux, *Lodoïska : comédie héroïque en trois actes, mêlée de chants, représentée sur le théâtre de la rue Feydeau, musique de Chérubini*, Paris, Huet/Denné et Charon, [s.d.].

32 *La Vie de Marianne* a fait l'objet, en 1976, d'un feuilleton en six épisodes réalisé par Pierre Cardinal, puis, en 1995, d'un téléfilm réalisé par Benoît Jacquot, et *Le Paysan parvenu* a été adapté, en 1960, par René Lucot.

33 On connaît les célèbres opéras que *Manon Lescaut* a inspirés à Jules Massenet (1884) et à Giacomo Puccini (1893) ainsi que les adaptations cinématographiques qu'ont réalisées Henri-Georges Clouzot en 1949, *Manon 49*, et Jean Aurel en 1968, *Manon 70*. Voir, sur les nombreuses autres adaptations cinématographiques, Alan J. Singerman, « *Manon Lescaut* au cinéma », dans Richard Andrew Francis et Jean Mainil (dirs.), *L'Abbé Prévost au tournant du siècle*, Oxford, Voltaire Foundation, coll. « Studies on Voltaire and the Eighteenth Century », 2000, pp. 369-382.

34 *La Religieuse* a été adaptée au cinéma d'abord par Jacques Rivette, en 1967, puis par Guillaume Nicloux, en 2013.

35 Sur cette présence du théâtre racinien, voir Catherine Ramond, *La Voix racinienne dans les romans du dix-huitième siècle*, Paris, Honoré Champion, coll. « Les dix-huitièmes siècles », 2014.

Une deuxième partie traite du théâtre comme pratique sociale et culturelle et de la double topique théâtrale et romanesque des déguisements et des types. La Comédie-Française et l'Opéra offrent un cadre idéal pour l'exercice d'une sociabilité aristocratique qui se plaît au jeu des apparences : on s'y met en scène et on y noue des intrigues amoureuses et galantes que favorise notamment la légèreté des comédiennes. Sujet de conversation et divertissement mondain dans les salons et sur les scènes privées où l'on joue volontiers la comédie entre intimes, les romanciers se font également l'écho de cet engouement général pour le théâtre, de cette véritable théâtromanie si souvent associée au XVIIIe siècle. À l'opposé de cette célébration de la société du spectacle s'élève la voix de ceux qui, dans une perspective toute rousseauiste, dénoncent les effets corrupteurs et pernicieux du théâtre et des illusions trompeuses et délétères qu'on y produit : parce que le sentiment que mime l'acteur sur scène est feint, il s'en trouverait dégradé et dénué de toute dimension morale. Aussi les romanciers optent-ils soit pour une peinture complaisante de cette société du spectacle qui exalte les charmes et les pouvoirs de l'illusion, soit, au contraire, pour la condamnation de cette dernière.

Déguisements, travestissements et usurpations d'identité sont communs au roman et au théâtre, mais certains romanciers en font parfois un usage proprement dramatique. Que ce soit dans *Manon Lescaut*, les *Mémoires du comte de Comminge* ou *Les Amours*, les usurpations initiales concourent à la naissance de l'amour ou d'une histoire galante et marquent ainsi le début d'une tragédie ou d'aventures libertines où le travestissement permet de multiplier les scènes de farce et de comédie. Coquettes, petits-maîtres, faux médecins, malades imaginaires et maris cocus font, quant à eux, l'objet d'un double traitement : ou ils s'inscrivent nettement dans la tradition théâtrale, le romancier y puisant une source de comique grâce auquel il condamne leur ridicule, ou ils subissent un approfondissement moral que favorise, par ailleurs, le récit de soi, constitutif du roman-mémoires.

Une troisième et dernière partie s'intéresse à l'influence du théâtre sur la forme même des romans-mémoires. Si certains se caractérisent par la brièveté, un nombre restreint de personnages et une densité qui privilégie l'action au détriment des réflexions et de l'analyse morale, d'autres, au contraire, procèdent par une dilatation du temps de l'action et découpent une journée en une succession de scènes qui tend parfois à rapprocher la structure et la dynamique de ces œuvres de celles d'une pièce. Marivaux recourt à des coups de théâtre dont l'immobilisation des personnages qui fait tableau constitue la conséquence immédiate et visuelle. Aux tableaux attendrissants et larmoyants de *La Vie de Marianne* qui participent d'une esthétique émotionnaliste, *Le Paysan parvenu* préfère les scènes à témoin caché qui mettent au jour l'hypocrisie des faux dévots tout en créant une tension dramatique à laquelle une querelle met un terme. Quant à Diderot, s'il écrit que sa *Religieuse* est remplie de tableaux pathétiques, c'est un pathétique qui relève de l'horreur que suscite le spectacle de la violence et de la cruauté exercées sur l'innocence et la vertu ; en homme des Lumières, Diderot met alors le tableau au service d'une dénonciation de l'imposture religieuse.

Les dialogues, enfin, bénéficient d'une promotion considérable chez Crébillon, Marivaux, Diderot et Louvet où ils animent de longs échanges qui constituent parfois des scènes à part entière. Dans *Les Égarements*, ils participent d'une scénographie conversationnelle et, dans *Le Paysan parvenu*, que la critique a qualifié de « roman parlé »[36], leur étendue et leur abondance en font un élément structurel et, donc, dramatique. Suivant l'exemple de Marmontel, Diderot tend à supprimer les incises de ses dialogues et, suivant celui de Louis d'Ussieux, Louvet adopte quelquefois pour les siens la disposition typographique des textes de théâtre, si bien que ses *Amours* forment d'abord d'un point de vue visuel et formel une œuvre hybride, mi-roman et mi-théâtre. Témoignant d'un souci de faire vrai, la stylisation de la parole et les registres de langue, auxquels s'adjoignent parfois des procédés d'écriture que les auteurs utilisent déjà dans leur dialogue de théâtre, servent et renforcent la vraisemblance du parler et, ainsi, son efficacité et sa théâtralité.

Une telle configuration permet non seulement d'étudier les différentes dimensions – intertextuelle, sociologique, topique, poétique et esthétique – que met en jeu le roman-mémoires dans ses rapports avec le théâtre, mais elle montre aussi comment l'invention romanesque se conçoit et s'élabore à partir de la référence théâtrale, que celle-ci se présente tantôt comme des emprunts textuels instaurant un dialogue avec le lecteur auquel ils confèrent le brillant de la conversation, tantôt comme la peinture d'un divertissement mondain où la société aristocratique du XVIIIe siècle, qui vit sur le mode de la représentation, trouve un espace propice pour se mettre en scène, tantôt comme un ensemble de techniques et de procédés aux effets éprouvés et attendus, et tantôt comme une métaphore servant à penser l'existence en société et le rapport à l'autre.

---

36   Fabienne Boissiéras, « Marivaux ou la confusion des genres », dans Aphrodite Sivetidou et Maria Litsardaki (dirs.), *Roman et théâtre : une rencontre intergénérique dans la littérature française*, Paris, Classiques Garnier, coll. « Rencontres », 2010, pp. 73-84, et p. 78 pour la citation.

CHAPITRE 1

Du personnage dramaturge au texte de théâtre

Introduire des dramaturges comme personnages de fiction, donner à voir des comédiennes sur les planches ou hors de la scène, citer le titre de pièces ou des répliques familières au public de l'époque, multiplier les allusions et les emprunts à certaines pièces : voilà autant de procédés qui, dans le roman-mémoires du XVIIIe siècle, rappellent non seulement la prégnance du théâtre, mais aussi le rôle que joue la référence au genre dramatique. La nature, la fréquence et la fonction de celle-ci diffèrent évidemment selon les auteurs et les œuvres : chez Prévost, la personne et l'œuvre de Racine occupent une place considérable ; chez Marivaux, les pièces de Molière sont l'une des principales sources de l'invention romanesque, alors que chez Louvet, les comédies de Beaumarchais ont assurément inspiré des personnages, des scènes et des motifs. Mais comment comprendre ces références incorporées à un genre romanesque où se raconte pourtant une vie singulière et privée et qui, à ce titre, devrait normalement rester étranger à l'univers théâtral ? Constituent-elles, pour les romanciers, une sorte de témoignage d'admiration et, ainsi, un hommage indirect et une marque de déférence de leur part à l'égard de ces dramaturges ? Peuvent-elles également se lire comme un moyen de jouer avec un univers culturel et littéraire, à une époque où l'imitation est normale et fréquente, ou, plus généralement encore, comme une volonté d'anoblir un genre qui a toujours été méprisé ? Dans tous les cas, on verra qu'en investissant le récit de soi, la référence théâtrale permet tantôt d'inventer une forme moderne de tragique, tantôt de montrer que la comédie classique demeure le modèle par excellence de l'écriture romanesque dès lors que celle-ci entreprend de faire rire ou de peindre des caractères, tantôt de faire la satire des salons mondains où les impératifs du paraître et la tyrannie de l'opinion dominante condamnent au ridicule l'esprit critique et le bon goût.

Dramaturges et comédiennes comme personnages de fiction

Qu'il s'agisse du titre de ses pièces, du nom de ses protagonistes ou des vers de ses tragédies, chaque fois, Racine est l'un des dramaturges les plus cités par les auteurs de romans-mémoires, dans un contexte où le XVIIIe en consacrant le

XVIIe comme un siècle classique[1] en fait la figure emblématique de la littérature du Grand Siècle. De fait, si l'on se réfère d'abord à la seule mention de son nom, il est cité au moins neuf fois dans les deux premiers tomes des *Mémoires et aventures*[2] et une fois dans *Manon Lescaut* et *Dolbreuse*. Prévost fait même de Racine l'un des personnages de ses *Mémoires et aventures*. C'est cette place éminente que le romancier accorde au dramaturge qui conduit en premier lieu à se demander ce qu'il retient de la tragédie racinienne pour construire un récit de soi fondé sur l'expérience sensible qui, dès lors, semble très éloigné de la tragédie en tant que condamnation des passions et représentation d'un destin auquel le personnage ne peut se soustraire.

Tonalité tragique chez Prévost

Dans une lettre adressée à Thieriot, en 1735, Voltaire témoigne de la capacité de Prévost à recréer l'univers tragique : « J'ai souhaité qu'il eût fait des tragédies, car il me paraît que le langage des passions est sa langue naturelle »[3]. Presque vingt ans plus tard, Grimm, pour sa part, ira jusqu'à assimiler les romans de l'abbé à des tragédies : « Les romans du genre de ceux de M. l'abbé Prévost sont d'une classe différente ; je les comparerais volontiers à la tragédie : elle est à peu près chez tous les peuples la même, parce que les grandes passions tiennent immédiatement à l'humanité et ont partout les mêmes ressorts »[4]. Prévost, quant à lui, a « vérifié, plus d'une fois, que les grandes sources de l'intérêt sont dans le tragique »[5]. Si Henri Coulet reconnaît aussi en Prévost un « auteur tragique »[6], il lui refuse toutefois le qualificatif de racinien. Du théâtre de Racine, le romancier n'aurait retenu qu'« une image tragique de la passion » et « la soudaineté, la violence, le caractère fatal et les conséquences funestes »[7]

---

1 Voir Voltaire, *Le Siècle de Louis XIV* [1751], tome 1, Francfort, La Veuve Knoch/J.G. Eslinger, 1753.
2 Voir Prévost, *Mémoires et aventures d'un Homme de qualité* [1728], éd. Jean Sgard, Paris, Desjonquères, coll. « XVIIIe siècle », 1995, pp. 90-93, 101, 132. Désormais, sauf indication contraire, toutes les références à ce roman renverront à cette édition.
3 Voltaire, *Œuvres complètes*, tome 1, Paris, Garnier Frères, 1880, « Lettre à Thieriot du 28 décembre 1735 », p. 578.
4 Grimm *et al.*, *Correspondance littéraire, philosophique et critique*, tome 2, éd. Maurice Tourneux, Paris, Garnier Frères, 1877, « Lettre du 1er août 1753 », p. 268.
5 Prévost, « Introduction », *Nouvelles Lettres anglaises, ou Histoire du chevalier Grandisson*, tome 1, Amsterdam/Paris, 1784, dans *Œuvres choisies*, tome 25, p. ix.
6 Henri Coulet, « L'abbé Prévost et Racine », dans *Actes du 1er congrès international racinien, Uzès, 7-10 septembre 1961. Tricentenaire de l'arrivée de Jean Racine à Uzès (1661-1961)*, Uzès, H. Peladan, 1962, pp. 95-107, et p. 102 pour la citation.
7 *Ibid.*, p. 103.

de l'amour. En revanche, Raymond Picard, lui, décèle une influence considérable de Racine dans *Manon Lescaut*, y apercevant « les thèmes et parfois les vers mêmes de la tragédie racinienne »[8].

Par-delà ces commentaires contrastés, il reste que cette dernière se caractérise souvent par l'assujettissement d'un personnage à ses passions, qui sont conçues comme la manifestation d'une force supérieure inexorable. Voilà, du moins, ce qu'indique le lexique que Prévost leur associe fréquemment, les substantifs « destin », « destinée », « fortune », « fatalité » et l'adjectif « fatal »[9]. Par exemple, lorsque le chevalier des Grieux raconte sa rencontre avec Manon, il attribue l'engagement qu'il prend à la secourir moins à ses charmes qu'à une certaine destinée, qui paraît d'ores et déjà le conduire à sa perte : « La douceur de ses regards, un air charmant de tristesse en prononçant ces paroles, ou plutôt, l'ascendant de ma destinée qui m'entraînait à ma perte, ne me permirent pas de balancer un moment sur ma réponse »[10]. Tout au long de son récit, des Grieux ne cesse d'évoquer sa « mauvaise destinée », sa « misérable destinée » et cette « fatalité »[11] dans lesquelles il aperçoit la source de tous ses malheurs. Cependant, les décrets de cette destinée semblent dictés par le personnage même de Manon (« [J]e lis ma destinée dans tes beaux yeux »[12], lui dit-il) et, plus particulièrement, par cette passion qui unit le sort du chevalier à celui de sa maîtresse. Après l'incendie de leur maison de Chaillot, il décrit sa passion pour Manon « comme un de ces coups particuliers du destin qui s'attache à la ruine d'un misérable »[13]. Rejetant la cause de ses malheurs sur sa

---

8   Raymond Picard, « L'univers de 'Manon Lescaut' », *Mercure de France, tome 341*, Paris, avril 1961, pp. 606-622 et « L'univers de 'Manon Lescaut' (fin) », *Mercure de France, tome 342*, Paris, mai 1961, pp. 87-105, et p. 100 pour la citation ; voir, plus particulièrement, « Roman et Tragédie », pp. 100-103.

9   Robert Challe, que Prévost a lu, faisait le même emploi de ce lexique dans ses *Illustres Françaises* ; voir, notamment, l'« Histoire de Monsieur Des Prez et de Mademoiselle de l'Épine », dans Robert Challe, *Les Illustres Françaises*, éds. Frédéric Deloffre et Jacques Cormier, Genève, Droz, coll. « Textes littéraires français », 1991, pp. 221-298. Sur ce lexique, voir Marc André Bernier, « Entre diablerie et fabrique du corps : les éclipses de l'âme dans l'histoire de Silvie », dans Marie-Laure Girou Swiderski (dir.) avec la collaboration de Pierre Berthiaume, *Robert Challe et/en son temps*, Paris, Honoré Champion, 2001, pp. 39-46.

10 Prévost, *Histoire du Chevalier des Grieux et de Manon Lescaut* [1731], éds. Frédéric Deloffre et Raymond Picard, Paris, Dunod, 1995, coll. « Classiques Garnier », p. 20. Désormais, toutes les références à ce roman renverront à cette édition.

11 *Ibid.*, pp. 164, 179, 72.

12 *Ibid.*, p. 46.

13 *Ibid.*, p. 59.

seule destinée, des Grieux se dégage alors de toute responsabilité. « [A]sservi fatalement à une passion qu['il] ne p[eut] vaincre »[14], il se présente comme la victime d'une ardeur inextinguible. Aussi qualifie-t-il souvent sa passion de fatale : « l'aveuglement d'un amour fatal », « cette fatale tendresse » ou encore « [f]atale passion ! »[15] Raymond Picard l'a d'ailleurs comparé aux personnages raciniens d'Oreste, de Roxane et de Phèdre présentés comme autant de « victimes exemplaires du Destin »[16]. Toutefois, contrairement à la « Fille de Minos et de Pasiphaé »[17], descendante de la race du Soleil que Vénus poursuit de sa vengeance[18], des Grieux n'est victime d'aucune malédiction divine, il est même le seul responsable de ses malheurs. En passant d'un grand genre auquel la référence aux dieux confère son élévation à un roman qui raconte une histoire d'amour malheureuse, l'évocation du destin ou de la fatalité engage un sens moderne du tragique qui, dans ce nouveau contexte, s'intériorise en devenant indissociable d'un simple tableau de mœurs.

Quant à Renoncour, l'Homme de qualité, s'il n'a pas été non plus condamné par les dieux, son destin rappelle également celui du héros tragique, dans la mesure où il est irrémédiablement marqué du sceau du malheur. En témoigne la multiplication des événements funestes auxquels il doit faire face, tels la mort de son grand-père paternel, de sa sœur et de sa mère, la retraite de son père chez les Chartreux, la dépossession de ses biens, la mort de son grand-père maternel, celle de son ami Mariener, son arrestation par les Turcs (tome 1), sa captivité, son esclavage, puis la mort foudroyante de son épouse Selima et, enfin, celle de son père (tome 2). La destinée du héros semble faire l'objet d'une malédiction. Hormis un épisode en Orient où il rencontre l'amour et que Jean Sgard qualifie d'« univers sans cloison et sans tragédie »[19], la vie de Renoncour n'est qu'une succession de malheurs. Le personnage n'exagère en rien lorsqu'il se présente comme « le malheureux jouet de la fortune »[20], de sorte que, bien avant *Manon Lescaut*, la destinée, la fatalité, la fortune et le sort sont souvent invoqués dans les deux premiers tomes des *Mémoires et aventures*. Par exemple, devenu captif d'Elid Ibezu, le héros est profondément

---

14 *Ibid.*, p. 191.
15 *Ibid.*, pp. 61, 90, 162.
16 Raymond Picard, « L'univers de 'Manon Lescaut' (fin) », *art. cit.*, p. 100.
17 Racine, *Phèdre et Hippolyte*, dans *Œuvres complètes : Théâtre-poésie, tome I*, éd. Georges Forestier, Paris, Gallimard, coll. « Bibliothèque de la Pléiade », 1999, I, 1, v. 36, p. 822. Désormais, toutes les références aux pièces de Racine renverront à cette édition.
18 Voir *ibid.*, I, 3, v. 257-258 et v. 277-278.
19 Jean Sgard, *Prévost romancier*, Paris, José Corti, 1968, p. 85.
20 Prévost, *Mémoires et aventures, op. cit.*, p. 192.

attristé par le « misérable état de [s]a fortune »[21]. Plus tard, épris de Selima dont il devient le maître de musique, il remplace la leçon par une déclaration dont les premiers mots rappellent à nouveau le « mauvais sort » qui le poursuit : « Un malheur de fortune m'a rendu l'esclave d'Elid Ibezu, quoique je fusse bien éloigné, par ma naissance, d'une condition si vile »[22]. Enfin, lorsqu'il évoque « cette fatale année » où il n'a cessé de pleurer son épouse, il se souvient de la visite déterminante de son oncle auquel il confie : « Ma destinée est de n'['être heureux] en aucun lieu »[23]. Mais la fatalité ne s'attache pas seulement aux pas de Renoncour que les malheurs semblent rapprocher de personnages qui, eux aussi, connaissent l'infortune. C'est ainsi que Rosambert veut se lier d'amitié avec lui afin de pouvoir partager ses plaintes :

> [É]tant malheureux comme moi, et peut-être encore plus solitaire, il [Rosambert] s'était imaginé que la communication de nos chagrins pourrait avoir quelque douceur pour l'un et pour l'autre ; qu'il était rare de trouver parmi les personnes heureuses et contentes des amis qui prissent part à nos peines jusqu'à s'en affliger avec nous ; au lieu que les personnes malheureuses trouvaient de la consolation à s'attendrir ensemble, et à se plaindre de la dureté de la fortune et de l'injustice des hommes[24].

Les aventures de Rosambert, on s'en aperçoit, ne sont guère plus heureuses que celles de Renoncour : après s'être fait duper au jeu, il est lâchement attaqué par ses ennemis qui le blessent mortellement. Plus tard, il rencontre par hasard une jeune femme enceinte qui met fin à ses jours. Même sa relation avec Mlle de Colman s'achève par un incident funeste : il se bat en duel contre l'abbé de Levin, son rival, et le tue. Cependant, Rosambert n'est pas le seul à avoir une « mauvaise étoile »[25]. Renoncour ne cesse de croiser le chemin des malheureuses victimes de la fortune qui n'épargne personne, depuis la jeune Grecque Oscine, enlevée à son amant par un corsaire et offerte au sultan Mustapha[26], jusqu'à la belle Géorgienne Sergie, qui, depuis sa naissance, subit « les persécutions de la fortune »[27], en passant par le riche Murini, ruiné en

---

21 *Ibid.*, p. 132.
22 *Ibid.*, pp. 204, 145.
23 *Ibid.*, pp. 202, 205.
24 *Ibid.*, p. 63.
25 *Ibid.*, p. 81.
26 Voir *ibid.*, p. 156.
27 *Ibid.*, p. 224.

quelques semaines et dont le « mauvais destin se fai[t] sentir jusqu'à ceux qui s'attach[ent] à lui par compassion »[28].

En somme, les *Mémoires et aventures* partagent avec toute une part de la tradition tragique l'idée selon laquelle une terrible malédiction poursuit inlassablement le héros. Au-delà des apparences du libre-arbitre semble agir une force cachée et inexorable, assimilable au destin ou à la fortune qui voue le personnage au malheur. D'ailleurs, Renoncour n'attribue-t-il pas la source de ses malheurs à la « colère du Ciel »[29] qui, on le sait, est un *topos* de la tragédie ? Malédiction, destin, fortune, colère divine sont autant d'éléments caractéristiques du poème tragique dont Prévost s'empare dans un contexte où il procède à la fois à une épuration du tragique et à une dégradation de la grandeur dont celui-ci était jusqu'alors indissociable. Il y a d'abord épuration, dans la mesure où les dieux de l'ancien paganisme n'interviennent plus dans la destinée du héros, réduite à la banalité d'un monde ordinaire où la présence du divin a perdu de son évidence au profit de la seule humanité agissante[30]. Il y a ensuite dégradation, puisque le roman s'empare des sorts funestes jusqu'alors réservés aux personnages de tragédie, les Grands cédant désormais la place à un personnel romanesque aux origines plus modestes, voire incertaines, ancré dans un tableau d'époque.

Mais la destinée, fût-elle sans dieux, n'est pas le seul élément permettant de rapprocher les romans de Prévost de la tragédie. Que ce soit Renoncour ou des Grieux, ces protagonistes font entendre des exclamations caractéristiques de la scène tragique : « Hélas ! »[31], « Ô Ciel ! »[32], « Ô Dieu ! »[33]. Elles sont moins nombreuses dans les deux premiers tomes des *Mémoires et aventures* que dans le septième (*Manon Lescaut*), comme si ce dernier parachevait le tragique en le portant à son plein accomplissement. Dans cette progression en crescendo, le tragique atteindrait son apogée avec *Manon Lescaut*, qui peint les souffrances d'un personnage incapable de se soustraire à sa passion et les conséquences funestes de cet attachement indéfectible qui le conduit à sa déchéance sociale et morale. Bien que Renoncour et des Grieux se présentent tous deux comme les victimes d'une destinée qui cause leurs

---

28   *Ibid.*, p. 186.
29   *Ibid.*, p. 198.
30   Sur cette dynamique, voir Marcel Gauchet, *Le Désenchantement du monde : une histoire politique de la religion*, Paris, Gallimard, 1985, pp. ii-iii.
31   Prévost, *Mémoires et aventures, op. cit.*, pp. 81, 198, 203, etc. ; *Manon Lescaut, op. cit.*, pp. 37, 93, 162, etc.
32   Prévost, *Manon Lescaut, op. cit.*, pp. 86, 156, 173, etc.
33   *Ibid.*, pp. 85, 152, 199, etc.

malheurs et leur ruine, le tragique est, semble-t-il, sensiblement différent entre le début de l'œuvre (tomes 1 et 2) et son dénouement (tome 7). Alors que dans les *Mémoires et aventures*, il repose sur une succession d'événements funestes et sur le spectacle de la mort, dans *Manon Lescaut*, il réside essentiellement dans la conscience du narrateur qui se pense et se met en scène comme un héros de tragédie. De cette divergence résulte, entre autres, une utilisation différente des exclamations tragiques. Ainsi, dans les *Mémoires et aventures*, on les retrouve souvent avant ou après la mort d'un personnage : « Hélas ! n'était-ce pas un présage du malheur qui nous menaçait », s'écrie Renoncour, avant de rapporter les circonstances tragiques de la mort de sa sœur, dont le récit s'achève sur la même exclamation[34]. Par la suite, le narrateur emploie à nouveau l'interjection, lorsqu'il décrit son désespoir à la disparition de son épouse : « Tant de chemins peuvent conduire à la mort ; ne devais-je pas choisir les plus courts ? Hélas ! Je les tentai tous les uns après les autres, et mon cœur désespéré aurait voulu pouvoir les unir tous ensemble »[35]. Ces interjections constituent des marques d'oralité dans le récit : soit le narrateur rapporte une conversation qu'il a eue au moment où il vivait ses aventures, comme le personnage de théâtre peut le faire sur scène ; soit il confie au lecteur ses pensées et ses sentiments, comme le personnage de théâtre peut également, dans un monologue, dévoiler ses réflexions et ses intentions aux spectateurs.

Cette oralité est plus accentuée dans *Manon Lescaut* que dans les *Mémoires et aventures*, car l'histoire de des Grieux se veut avant tout le récit fidèle d'un homme dont Renoncour se fait le porte-parole : « Hélas ! reprit-il, je ne vois pas le moindre jour à l'espérance »[36], confie le chevalier à l'Homme de qualité dont il croise le chemin, pour la première fois, à Pacy. « J'avais marqué le temps de mon départ d'Amiens. Hélas ! que ne le marquai-je un jour plus tôt ! », s'exclame-t-il deux ans plus tard à Calais où il entreprend de lui « raconter l'histoire de sa vie »[37]. Ces interjections participent d'une entreprise de persuasion, qui vise à susciter la bienveillance et la compassion à la fois des auditeurs externes – que sont Renoncour et son élève –, et des auditeurs internes à son histoire – son père, son ami Tiberge et le supérieur de Saint-Lazare. À ces destinataires fictifs s'ajoute évidemment le lecteur. Ainsi, lorsque des Grieux retrouve Tiberge après l'incendie de sa maison de Chaillot, il commence son plaidoyer par « Hélas ! lui dis-je, avec un soupir parti du fond du cœur, votre

---

34 Prévost, *Mémoires et aventures*, op. cit., p. 49 et voir p. 51.
35 *Ibid.*, p. 200.
36 Prévost, *Manon Lescaut*, op. cit., p. 14.
37 *Ibid.*, pp. 19, 16.

compassion doit être excessive, mon cher Tiberge, si vous m'assurez qu'elle est égale à mes peines »[38]. Plus tard, enfermé au Châtelet où il reçoit la visite de son père, il nie toute responsabilité pour ses crimes : « C'est l'amour, vous le savez, qui a causé toutes mes fautes. Fatale passion ! Hélas ! n'en connaissez-vous pas la force, et se peut-il que votre sang, qui est la source du mien, n'ait jamais ressenti les mêmes ardeurs ? »[39] Peu de temps après, résolu à sauver Manon, il tente de fléchir son père qu'il exhorte ainsi : « Songez que je suis votre fils... Hélas ! souvenez-vous de ma mère. Vous l'aimiez si tendrement ! »[40]

De même, son ton est aussi lyrique que celui d'un héros de tragédie prenant souvent le Ciel à témoin de ses infortunes : « Ah Dieux ! m'écriai-je, vous pleurez, ma chère Manon ; vous êtes affligée jusqu'à pleurer, et vous ne me dites pas un seul mot de vos peines »[41]. Les exemples sont nombreux depuis « Ô dieux ! dieux ! serait-il possible que Manon m'eût trahi, et qu'elle eût cessé de m'aimer ! » jusqu'à « Ô Dieu ! m'écriai-je, en poussant mille soupirs ; justice du Ciel ! faut-il que je vive un moment, après une telle infamie ? »[42] Ces exclamations montrent à quel point des Grieux vit sa passion sur un mode tragique. En revanche, Manon s'exprime dans un tout autre registre, comme l'atteste l'exclamation qu'elle pousse à la vue de son amant chez le jeune G...M... où elle ne l'attendait nullement : « Bon Dieu ! que vous êtes hardi ! Qui vous aurait attendu aujourd'hui dans ce lieu ? »[43] À l'évidence, ce « Bon Dieu ! » relève plus du comique que du tragique et s'accorde parfaitement avec l'inconvenance de la réaction du personnage, qui s'étonne de voir son amant au lieu de se confondre en excuses. À la différence du chevalier, Manon n'est en aucune façon une héroïne tragique. Elle aime les divertissements, les spectacles, les promenades et ne pense qu'à s'amuser. Elle se caractérise par la légèreté, l'insouciance et la satisfaction des plaisirs immédiats, tandis qu'il se définit par la plainte, la sensibilité et la passion. Cette différence de registre entre les deux protagonistes accentue non seulement la perspective tragique qu'adopte le narrateur, mais contribue aussi, on le verra, à ce mélange des genres auquel concourt l'insertion de scènes de tromperie quasi bouffonnes et dont la dynamique participe de l'invention d'un sens moderne du tragique appelé à une fortune considérable.

---

38 *Ibid.*, p. 59.
39 *Ibid.*, p. 162.
40 *Ibid.*, p. 172.
41 *Ibid.*, p. 30.
42 *Ibid.*, pp. 35, 85 ; voir également pp. 86, 156, 173.
43 *Ibid.*, p. 140.

Au reste, tel un héros tragique, des Grieux sombre dans le crime : il vole, s'enrichit au jeu, menace un homme avec une arme pour s'évader de Saint-Lazare, perpètre un meurtre, fait évader Manon de l'Hôpital, fait séquestrer le jeune G...M..., emploie des hommes pour attaquer le convoi conduisant Manon au Havre-de-Grâce et se bat en duel. Mais, à la différence des crimes de la scène tragique qui sont souvent prémédités[44], le meurtre du chevalier n'a nullement été réfléchi. S'il tue le portier de Saint-Lazare qui veut l'empêcher de fuir, c'est par nécessité. De plus, contrairement aux héros de tragédie qui assassinent ou font assassiner leur rival(e)[45] ou l'objet de leur amour[46] par vengeance, des Grieux met la main à l'épée uniquement pour ne pas perdre Manon, même si, auparavant, il avait exprimé à plusieurs reprises le désir de se venger. « J'irai à Paris, lui dis-je, je mettrai le feu à la maison de B..., et je le brûlerai tout vif avec la perfide Manon », confie-t-il à son père, après la première trahison de Manon ; plus tard, « Va, lui dis-je, rapporte au traître G...M... et à sa perfide maîtresse le désespoir où ta maudite lettre m'a jeté, mais apprends-leur qu'ils n'en riront pas longtemps, et que je les poignarderai tous deux de ma propre main », répond-il à la jeune fille envoyée par Manon[47]. Cependant, il ne passe à l'acte que lorsqu'il est soumis aux « excès d'injustice »[48], autrement dit, lorsque le gouverneur de la Nouvelle-Orléans accorde Manon en mariage à son neveu Synnelet. Par conséquent, le tragique de *Manon* réside ailleurs que dans le crime : tandis que certains héros de tragédie se vengent de ne pas être aimés (Néron ou Roxane) ou d'être abandonnés (Médée), le personnage romanesque, lui, ne cherche qu'à préserver l'objet de son amour.

En outre, si des Grieux perpètre un meurtre – celui du portier – et croit commettre un assassinat en blessant Synnelet, le mot « crime » ne désigne à aucun moment ces faits. Hormis une occurrence attribuée à Tiberge[49] qui reproche à son ami ses « criminels plaisirs »[50], le narrateur emploie « crime » pour désigner, par exemple, la trahison de Manon avec le jeune G...M... : « Retournez à elle, et dites-lui de ma part qu'elle jouisse de son crime, et qu'elle en jouisse, s'il se peut, sans remords »[51], ordonne-t-il à cette jeune fille envoyée par Manon. Pour sa part, le seul crime dont il se juge coupable est celui de trop

---

44 Voir Racine, *Britannicus*, V, 4-5, 7-8 et *Bajazet*, I, 1.
45 Voir Corneille, *Médée*, V, 1 et Racine, *Britannicus*, V, 4-5, 7-8.
46 Voir Corneille, *Rodogune*, I, 4 et Racine, *Bajazet*, V, 4.
47 Prévost, *Manon Lescaut, op. cit.*, pp. 37, 136.
48 *Ibid.*, p. 194.
49 Voir *ibid.*, p. 90.
50 *Ibid.*, p. 65.
51 *Ibid.*, p. 135.

aimer : « L'amour m'a rendu trop tendre, trop passionné, trop fidèle et, peut-être, trop complaisant pour les désirs d'une maîtresse toute charmante ; voilà mes crimes »[52]. La dernière occurrence prend place dans une comparaison par laquelle des Grieux dénonce la cruauté d'une destinée opposée à sa volonté de s'unir religieusement à Manon : « Mais se trouvera-t-il quelqu'un qui accuse mes plaintes d'injustice, si je gémis de la rigueur du Ciel à rejeter un dessein que je n'avais formé que pour lui plaire ? Hélas ! que dis-je, à le rejeter ? Il l'a puni comme un crime »[53]. Dès lors, les occurrences de « crime » ne désignent pas tant des actes répréhensibles où s'affirme une forme d'*hybris*, c'est-à-dire d'excès tragique (vol, séquestration, meurtre), que des infidélités présentées sur un mode tragique, suivant l'usage que confère à ce terme la littérature galante depuis le XVIIe siècle et dont la tragédie classique a elle-même hérité[54]. En effet, chez Racine, si le « crim[e] »[55] de Néron fait bien référence à l'assassinat de Britannicus, le seul « crime »[56] dont Phèdre est coupable est celui d'aimer Hippolyte.

Aux yeux du chevalier et en accord avec toute la tradition galante, les seuls crimes avérés sont la trahison de Manon et sa propre passion qui le rend trop indulgent et trop complaisant envers elle. Chez lui, néanmoins, les distinctions morales entre le bien et le mal, entre la vertu et le vice, qu'il parvient encore à faire jusqu'à la deuxième trahison de Manon – « Par quelle fatalité, disais-je, suis-je devenu si criminel ? »[57] –, témoignent de la dimension plus réflexive qu'acquiert le tragique dans le roman-mémoires du XVIIIe siècle grâce à la prégnance du discours sur soi que favorise cette forme. Encore assez lucide pour juger de ce qu'il est devenu, mais désormais incapable de renoncer à Manon pour retrouver l'« heureux état »[58] qu'il a connu, des Grieux pourrait alors s'écrier comme Hippolyte : « Cet heureux temps n'est plus. Tout a changé de face »[59]. Pourtant, les « pointes du remords » et les « regrets » feront bientôt place à l'abandon, tant et si bien que la suite du récit le montrera complètement assujetti à sa passion, dépossédé de lui-même, ne voyant « rien d'absolument

---

52   *Ibid.*, p. 162.
53   *Ibid.*, p. 191.
54   Voir Alain Viala, *La France galante : essai historique sur une catégorie culturelle, de ses origines jusqu'à la Révolution*, Paris, Presses Universitaires de France, coll. « Les littéraires », 2008.
55   Racine, *Britannicus, op. cit.*, V, 8, v. 1707, p. 436.
56   Racine, *Phèdre, op. cit.*, I, 3, v. 241, p. 829.
57   Prévost, *Manon Lescaut, op. cit.*, p. 72.
58   *Id.*
59   Racine, *Phèdre, op. cit.*, I, 1, v. 34, p. 822.

criminel »[60] dans le vol du jeune G...M... Quoi qu'il en soit, à la différence de la tragédie où, souvent, survient un meurtre terrible – parricide, fratricide, infanticide, suicide –, *Manon Lescaut* présente une multitude de crimes plus ou moins graves, un vol n'étant certes pas d'aussi grande conséquence qu'un meurtre. Alors que le poème tragique met généralement en scène un crime principal, comme le veut le principe poétique de l'unité d'action, le roman de Prévost repose sur une escalade de crimes qui s'avèrent de plus en plus importants. Les sanctions sont particulièrement révélatrices de ce crescendo, puisqu'à l'emprisonnement succède la déportation, si bien que, finalement, le tragique du roman résiderait davantage dans cet enchaînement de crimes que dans la nature même de chacun d'eux.

Déjà dans les deux premiers tomes des *Mémoires et aventures*, Renoncour doit souvent faire face au crime mais, au lieu de le commettre, comme des Grieux, il le combat. D'abord, il affronte les hommes masqués qui veulent enlever sa sœur, puis il empêche l'assassinat du roi Jacques et, enfin, il contrecarre l'enlèvement de son épouse Selima par le G.D.[61] De même que dans *Manon Lescaut*, le « crime » est lié à la passion, celle du jeune Theodoro qui fraude afin de pouvoir subvenir aux besoins de sa maîtresse ; et le père de cette dernière plaidera la cause de Theodoro auprès du pape, comme des Grieux la sienne auprès de son père : « Il lui dit [...] qu'il allait être la cause de la perte d'un aimable jeune homme, qui n'avait point d'autre crime que d'aimer trop sa fille, et d'avoir voulu la soulager dans ses malheurs »[62]. À l'instar du chevalier des Grieux, le seul crime dont Theodoro est coupable est celui de trop aimer.

En somme, Prévost emprunte l'un des *topoï* de la tragédie racinienne[63], mais l'infléchit pour en faire le ressort d'un drame personnel et intime. Que ce soit dans les *Mémoires et aventures* ou dans *Manon Lescaut*, hormis le cruel assassinat de l'amant d'Oscine, les meurtres ne sont pas tragiques, dans la mesure où ils sont soit involontaires (le meurtre de Julie dans les *Mémoires et aventures*, celui du portier dans *Manon Lescaut*), soit déjoués (le roi Jacques est averti) ou inachevés (Synnelet ne meurt pas). Encore là, le tragique ne réside pas tant dans les *topoï* propres à la tragédie que dans la conscience réfléchie de l'intensité des passions et dans l'expression des sentiments.

Mais si la tragédie se définit par la malédiction divine, les revers de la fortune et le crime, elle se caractérise aussi, surtout chez les Modernes, par la rivalité

---

60   Prévost, *Manon Lescaut, op. cit.*, pp. 72, 158.
61   Voir Prévost, *Mémoires et aventures, op. cit.*, pp. 49-51, 116, 178-180.
62   *Ibid.*, p. 186.
63   Voir Racine, *Britannicus, op. cit.*, V, 7, v. 1687-1692, p. 436 ; V, 8, v. 1707-1712, pp. 436-437 ; V, scène dernière, v. 1768, p. 438. *Phèdre, op. cit.*, I, 3, v. 241-242, p. 829 ; IV, 2, v. 1093-1096, p. 858 ; IV, 6, v. 1269, p. 864 et v. 1291-1292, p. 865 ; V, 1, v. 1353-1354, p. 867.

amoureuse[64], qui implique la jalousie, la trahison et la vengeance, le sacrifice de soi ou de l'être aimé et l'usage de la force ou du pouvoir contre l'innocence[65]. La plupart de ces éléments sont présents chez Prévost : pour ne donner qu'un exemple de chacun d'eux, on pense tantôt à des Grieux et à ses nombreux rivaux, mieux pourvus financièrement, tantôt aux trahisons de Manon, toutes pardonnées, tantôt aux vengeances inassouvies (M. de B...) ou manquées (le jeune G...M...) et tantôt aux sacrifices auxquels consent le chevalier, qui abandonne famille, carrière et honneur. Prévost reprend donc les lieux communs de la tragédie mais, à y regarder de plus près, il les dégrade en procédant à une sorte d'encanaillement de certains protagonistes qui se manifeste notamment dans la peinture de scènes de genre où l'on joue la comédie pour voler ; or la tragédie ignore les questions d'argent. De même, l'amour partagé n'y est jamais infidèle et soit la mort épargne les amants (*Bérénice, Mithridate, Iphigénie*), soit elle les entraîne tous deux : Atalide refuse de survivre à Bajazet. Si Junie survit à Britannicus, elle meurt néanmoins pour Néron en rejoignant le temple des Vestales : « Madame, sans mourir elle est morte pour lui »[66]. Chez Prévost, en revanche, Renoncour survit à son épouse, comme des Grieux à sa maîtresse. En ce sens, le souvenir de la tragédie racinienne nourrit l'invention d'une écriture romanesque où s'affirme déjà un sens moderne du tragique dans la mesure où celui-ci devient indissociable de la vie quotidienne.

Par conséquent, il semble que Prévost ait essentiellement retenu de la tragédie racinienne la force et la violence des passions, l'incapacité des protagonistes à s'y soustraire, l'expression lyrique des sentiments, les *topoï* que sont la destinée, la trahison, la vengeance et le crime, ce dont témoigne le vocabulaire qui leur est associé (« cruauté »[67], « cruel[le][s] »[68], « funeste[s] »[69],

---

64 Voir Racine, *Britannicus*, II, 2-3. *Bérénice*, I, 2, 4 ; II, 2 ; V, 7. *Bajazet*, I, 4. *Mithridate*, I, 1-3 ; II, 2-3, 6 ; III, 5. *Iphigénie*, II, 1. *Phèdre*, I, 1, 3 ; II, 1, 5 ; IV, 2, 4-6.

65 Voir, pour la jalousie, *Britannicus*, V, 8. *Bajazet*, I, 4. *Mithridate*, II, 4-5 ; III, 1 ; IV, 2. *Iphigénie*, II, 1. *Phèdre*, IV, 6. Pour la trahison, *Bajazet*, IV, 3, 5. *Mithridate*, III, 2. *Iphigénie*, IV, 11. Pour la vengeance, *Britannicus*, V, 5, 7-8. *Bajazet*, V, 4, 11. *Mithridate*, V, 2. *Phèdre*, IV, 2-4, 6. Pour le sacrifice de soi ou de l'être aimé, *Bérénice*, II, 2. *Bajazet*, II, 3, 5. *Iphigénie*, V, 2-3. Pour l'usage de la force contre l'innocence, *Britannicus*, I, 1 ; II, 3. *Bajazet*, I, 1-3 ; II, 1 ; V, 4. *Mithridate*, II, 5.

66 Racine, *Britannicus, op. cit.*, V, scène dernière, v. 1722, p. 437.

67 Prévost, *Mémoires et aventures, op. cit.*, pp. 146, 158, 223 ; *Manon Lescaut, op. cit.*, pp. 74, 86, 164.

68 Prévost, *Mémoires et aventures, op. cit.*, pp. 49, 78, 93, etc. ; *Manon Lescaut, op. cit.*, pp. 125, 141, 175, etc.

69 Prévost, *Mémoires et aventures, op. cit.*, pp. 86, 93, 216, etc. ; *Manon Lescaut, op. cit.*, pp. 42, 73, 125, etc.

« fureur[s] »[70], « infidèle »[71], « ingrat[e] »[72], « parjure »[73], « perfide[s] »[74], « trahison »[75], « vengeance »[76], etc.). Dans les *Mémoires et aventures*, Prévost a créé un univers tragique où, au cœur même de l'expérience vécue, le destin du personnage est marqué par une succession d'événements funestes qui le vouent au malheur, le thème et le spectacle de la mort y étant récurrents. Dans *Manon Lescaut*, le tragique repose sur la conscience réfléchie du narrateur qui « invoque sporadiquement le langage fatal de la tragédie »[77]. Des Grieux se présente comme la victime d'une force contre laquelle il ne peut lutter et le tragique contamine le roman qui apparaît alors comme la forme congruente au récit de la passion amoureuse.

De ce passage du théâtre tragique au roman-mémoires résulte surtout la coexistence dans l'œuvre du langage de la passion, au sens classique et tragique du terme, c'est-à-dire une agitation de l'âme qui fait obstacle à l'ataraxie et à la sagesse, et du langage des sentiments où, comme l'écrit Philip Stewart, l'« amour est devenu une chose désirée, un délire exaltant », si bien que c'est « avec ravissement »[78] que des Grieux parle de son amour. Dans ce contexte, la passion tragique, au sens étymologique que suppose le mot *patior* – qui désigne ce que l'on supporte –, s'ouvre sur la découverte du sentiment, c'est-à-dire d'un affect positif en fonction duquel le héros se raconte et se définit.

Racine et autres figures de la République des Lettres chez Prévost

Dans la mesure où les romans de Prévost s'inventent dans le souvenir de la tragédie, il n'est guère surprenant d'y retrouver la personne et l'œuvre même de Racine, qui en est sans doute le représentant par excellence chez les Modernes. Contre toute attente, le dramaturge apparaît pour la première fois dans l'une des rares aventures comiques de l'« Histoire du marquis de Rosambert », récit

---

70 Prévost, *Mémoires et aventures*, op. cit., pp. 50, 229, 232, etc. ; *Manon Lescaut*, op. cit., pp. 25, 136, 167, etc.

71 Prévost, *Mémoires et aventures*, op. cit., p. 78 ; *Manon Lescaut*, op. cit., pp. 36, 45, 141, etc.

72 Prévost, *Mémoires et aventures*, op. cit., pp. 152, 182 ; *Manon Lescaut*, op. cit., pp. 36, 69, 70, etc.

73 Prévost, *Manon Lescaut*, op. cit., pp. 135, 141-142.

74 Prévost, *Mémoires et aventures*, op. cit., pp. 160, 179 ; *Manon Lescaut*, op. cit., pp. 30, 36, 37, etc.

75 Prévost, *Manon Lescaut*, op. cit., pp. 36, 45, 122, etc.

76 *Ibid.*, pp. 51, 86, 164, etc.

77 Philip Stewart, *L'Invention du sentiment : roman et économie affective au XVIIIe siècle*, Oxford, Voltaire Foundation, 2010, p. 2.

78 *Id.*

secondaire introduit dans le premier tome des *Mémoires et aventures* et largement inspiré d'un livre italien de Francesco Alessio Davia intitulé *Compendio della vita di Fr. Arsenio di Gianson* (1710)[79]. L'histoire du marquis François Toussaint de Forbin qui devint, pendant les dernières années de sa vie, le frère Arsène, aurait fourni à Prévost la matière pour le personnage de Rosambert. Dès lors, Racine survient dans un récit qu'António Coimbra Martins qualifie de « tiroir à héros historique »[80] et qui, lui-même, prend sa source dans une anecdote qui s'est déroulée au XVIIe siècle. Or, de ce fait réel Prévost retient essentiellement les acteurs et non les événements qu'il s'ingénie à imaginer, comme la rencontre insolite entre Rosambert et Racine[81].

Rappelons que Renoncour situe l'action de son récit au cours de l'année 1680, tandis que Rosambert entreprend le récit de ses aventures depuis l'époque de son arrivée à Paris, sept ans plus tôt, en 1673[82]. Après avoir vécu plusieurs événements malheureux depuis son entrée dans la capitale, ce dernier déménage « au faubourg Saint-Germain, dans la rue de la Comédie »[83], où il fait la rencontre du marquis de Sévigny, autrement dit de Charles de Sévigné, qui lui présente Racine et un obscur abbé :

> Il amena avec lui monsieur de Racine, qui s'était déjà fait connaître par ses belles tragédies, et monsieur l'abbé de Cogan, qui passait pour un très bel esprit. Monsieur de Racine nous apprit qu'il devait être reçu, deux jours après, à l'Académie Française. Il nous récita le discours qu'il avait préparé pour sa réception. Nous en critiquâmes plusieurs endroits, qu'il eut la complaisance de changer en suivant nos conseils[84].

---

79 Voir António Coimbra Martins, « L'histoire du marquis de Rosambert par l'abbé Prévost. Mémoires ou roman ? », *Annales de la Faculté des Lettres et des sciences humaines d'Aix*, tome 34, Gap, Imprimerie Louis-Jean, 1960, pp. 53-86, et p. 59 pour la citation. En 1711, deux traductions françaises du *Compendio della vita di frate Arsenio di Gianson, monaco cistercience della Trappa, chiamato nel secolo il conte di Rosemberg* sont publiées : l'*Abrégé de la vie de frère Arsène de Janson*, attribué à l'abbé Drouet de Maupertuy et la *Relation de la vie et de la mort de frère Arsène de Janson* d'Antoine Lancelot.
80 *Ibid.*, p. 54.
81 Voir, sur les « impossibilités matérielles de cette scène », Henri Coulet, « L'abbé Prévost et Racine », *art. cit.*, p. 99, qui lui-même reprend Claire-Éliane Engel, *Le Véritable Abbé Prévost*, Monaco, Éditions du Rocher, 1957, pp. 240-242 et António Coimbra Martins, « L'histoire du marquis de Rosambert par l'abbé Prévost », *art. cit.*, pp. 79-82.
82 Voir, pour ces deux dates, Prévost, *Mémoires et aventures*, *op. cit.*, pp. 61 et 64-65.
83 *Ibid.*, p. 89.
84 *Ibid.*, p. 90.

Le 10 janvier 1673, soit deux jours avant sa réception à l'Académie française[85], Racine a déjà acquis une grande renommée, notamment depuis le succès qu'a rencontré *Andromaque* (1667), et il est tout à fait possible qu'il ait lu son discours à quelques amis afin de solliciter leur avis. De fait, Jean Rohou a montré à quel point le dramaturge était attentif aux conseils d'autrui[86] et se montrait soucieux de l'effet que produisaient ses textes sur ses auditeurs. Comme le rappelle son ami Valincour,

> [a]vant que d'exposer au public ce qu'il avait composé, il aimait à lire à ses amis pour en voir l'effet, recevant leurs sentiments avec docilité, mais habile surtout à prendre conseil jusque dans leurs yeux et dans leur contenance et à y démêler les beautés ou les défauts dont ils avaient été frappés souvent sans s'en apercevoir eux-mêmes[87].

Racine lui-même insistait sur la nécessité d'« 'avoir une extrême docilité pour les avis' des personnes autorisées [...] »[88]. Eût-il été aussi ambitieux, vaniteux et susceptible qu'on l'a prétendu[89], Racine ne négligeait manifestement pas les conseils de son entourage et attachait une attention toute particulière au jugement, favorable ou défavorable, que pouvaient donner à lire les signes corporels. Toutefois, si le jeune poète de vingt ans s'est docilement appliqué à corriger son ode « La Nymphe de la Seine à la Reine » suivant les remarques de Jean Chapelain et de Charles Perrault[90], le dramaturge expérimenté de trente-quatre ans, sur le point d'entrer à l'Académie française et qui modifierait son discours de réception suivant l'opinion de deux inconnus, Rosambert et l'abbé de Cogan, est peu vraisemblable. Quoi qu'il en soit, l'image que Prévost donne de Racine est celle d'un homme sympathique et réceptif. Aussi se joint-il volontiers à la « partie de plaisir »[91] organisée par le marquis de Sévigny, qui se prolonge dans la soirée chez la maîtresse de ce dernier :

---

85   L'élection de Racine à l'Académie française eut lieu le 23 novembre 1672, mais sa réception se déroula le 12 janvier 1673 (voir Georges Forestier, *Jean Racine*, Paris, Gallimard, coll. « NRF Biographies », 2006, p. 458).
86   Voir Jean Rohou, *Jean Racine entre sa carrière, son œuvre et son Dieu*, Paris, Fayard, 1992, p. 150.
87   *Ibid.*, p. 166.
88   *Ibid.*, p. 155.
89   Jean Rohou considère la grande susceptibilité du poète non pas comme la conséquence d'un excès d'orgueil, mais comme l'effet d'une extrême anxiété (voir *ibid.*, pp. 111-112).
90   Voir « Chronologie », dans Racine, *Œuvres complètes*, tome 1, *op. cit.*, p. lxxiv.
91   Prévost, *Mémoires et aventures*, *op. cit.*, p. 90.

Il était passionnément épris d'une comédienne, qui épuisait sa bourse par de folles dépenses. Il nous proposa après souper, c'est-à-dire vers minuit, d'aller rendre visite à sa maîtresse. Nous [Sévigny, Rosambert, l'abbé de Cogan et Racine] y fûmes tous ensemble. Elle ne faisait qu'arriver chez elle, dans un carrosse qu'elle tenait de la libéralité du marquis. Malgré les obligations qu'elle lui avait, elle parut choquée de ce qu'il lui amenait trois personnes inconnues à une telle heure. Il me semble que tu veux bouder, lui dit Sévigny : sais-tu que je t'amène un académicien qui t'a fait reine plus d'une fois, un mousquetaire qui paie fort régulièrement ses quinze sols au parterre, et un abbé qui joue la comédie presque aussi bien que toi ? Allons, monsieur l'abbé, dit-il à l'abbé Cogan, paraissez sur la scène. Mademoiselle fit hier le rôle d'Iphigénie, et vous faites le personnage d'abbé. Vous êtes ecclésiastique, à peu près comme elle est princesse. Il faut, s'il vous plaît, que vous nous donniez tous deux un plat de votre métier. Cette tirade d'éloquence fit rire la comédienne, et la mit de bonne humeur. On ne parla plus que de rire, et l'on exécuta le projet du marquis, qui était de faire déclamer quelque scène de Racine à l'abbé de Cogan ; il y consentit. Nous lui mîmes une perruque, un habit galonné, etc. pour faire le rôle de Titus. Je n'ai jamais ri de si bon cœur. La comédienne faisait Bérénice d'une manière enchantée. Le pauvre abbé, qui n'avait jamais exercé son talent pour la parole que dans quelque misérable sermon, exprimait les agitations de Titus avec un ridicule achevé. Nous passâmes ainsi une partie de la nuit ; et nous nous séparâmes, en promettant à monsieur de Racine d'assister à la cérémonie de sa réception à l'Académie[92].

Comme la critique l'a déjà établi, la comédienne dont le marquis de Sévigny est épris est très probablement la célèbre tragédienne Marie Desmares, plus connue sous le nom de la Champmeslé. Une lettre de la marquise de Sévigné à la comtesse de Grignan, datée du 1ᵉʳ avril 1671, confirme l'existence de « soupers fins que Charles de Sévigné offrit à la Champmeslé lorsqu'il voulut la séduire pour se distraire des charmes surannés de Ninon de Lenclos »[93] et auxquels Racine et Boileau étaient conviés : « Il a de plus une petite comédienne, et tous les Despréaux et les Racine, et paie les soupers »[94]. Du reste,

---

92 *Ibid.*, pp. 90-91.
93 Georges Forestier, *Jean Racine, op. cit.*, p. 345.
94 Mᵐᵉ de Sévigné, *Correspondance (1ᵉʳ mars 1646-juillet 1675), tome 1*, éd. Roger Duchêne, Paris, Gallimard, coll. « Bibliothèque de la Pléiade », 1972, « Lettre à Mᵐᵉ de Grignan, 1ᵉʳ avril 1671 », p. 206.

comme l'indique le personnage de Sévigny, il est aussi vrai que Racine l'« a fait reine plus d'une fois », puisque la comédienne a interprété les rôles de Bérénice[95], reine de Palestine (1670), de Monime[96], reine du Pont (1672) et de Phèdre[97], reine d'Athènes (1677). Le 10 janvier 1673, la Champmeslé avait donc déjà joué Bérénice et Monime sur scène[98]. Pourtant, malgré toutes ces allusions qui confèrent une vraisemblance historique à cet épisode, il s'agit bien d'une invention de Prévost. Tout d'abord, les dates ne correspondent pas à la réalité des faits. Les soupers organisés par Charles de Sévigné ont apparemment eu lieu en mars et en avril 1671 (si ce n'est plus tôt), alors que Rosambert situe l'action en janvier 1673. À cette époque, Racine n'avait nullement besoin d'être présenté à la Champmeslé, puisqu'il était son amant depuis environ un an[99]. En outre, si la comédienne a effectivement interprété le rôle d'Iphigénie au théâtre, elle n'aurait pu en aucun cas le jouer la veille de cette soirée fine (le 9 janvier 1673), puisque la pièce ne verra le jour que le 18 août 1674 à Versailles. Par conséquent, Prévost n'a guère l'ambition de reconstituer un cadre historique véritable et vérifiable : il n'était sans doute pas plus difficile de trouver la date de la réception de Racine à l'Académie française que celle de la première représentation d'*Iphigénie*.

Dans ce contexte, l'intérêt de cet épisode ne réside pas tant dans la vraisemblance historique que dans l'image que le romancier veut donner des personnages, dont deux d'entre eux parodient une scène de *Bérénice* sous les yeux de son auteur[100]. La métaphore du *theatrum mundi*, mise en évidence par la double injonction « Allons, monsieur l'abbé, [...], paraissez sur la scène », est une cordiale invitation à jouer devant le public, que constituent, à eux seuls, le

---

95 Georges Forestier, *Jean Racine*, op. cit., p. 383.
96 *Ibid.*, p. 417.
97 *Ibid.*, p. 457.
98 Sur ce point, nous nous éloignons d'António Coimbra Martins et d'Henri Coulet d'après lesquels la Champmeslé n'avait joué qu'un seul rôle de reine en janvier 1673 (voir « L'histoire du marquis de Rosambert par l'abbé Prévost », art. cit., p. 80 et « L'abbé Prévost et Racine », art. cit., p. 99).
99 Nous ignorons quand la relation entre Racine et la Champmeslé a commencé exactement, mais il est vraisemblable que leur liaison ait débuté à la fin de l'année 1671 et qu'elle se soit achevée au début de l'année 1677 (voir Georges Forestier, *Jean Racine*, op. cit., pp. 419, 581). Par conséquent, nous différons d'avec Claire-Éliane Engel d'après laquelle Racine et la Champmeslé sont amants depuis 1670 (voir *Le Véritable Abbé Prévost*, op. cit., p. 241) et dont António Coimbra Martins et Henri Coulet adoptent également la thèse (voir « L'histoire du marquis de Rosambert par l'abbé Prévost. Mémoires ou roman ? », art. cit., pp. 79-80 et « L'abbé Prévost et Racine », art. cit., p. 99).
100 Voir Henri Coulet, « L'abbé Prévost et Racine », art. cit., p. 100.

marquis de Sévigny, le comte de Rosambert et Racine. Autrement dit, le temps d'une soirée, le salon de la comédienne se fait théâtre. On assiste alors à une théâtralisation de l'espace privé, qui devient le lieu d'un spectacle comique. Le rire, que suscite l'improvisation de l'abbé et de la comédienne, repose paradoxalement sur la « déclam[ation] de quelque scène de Racine » et, plus précisément, sur la contre-performance du tragédien amateur, sur son jeu (« avec un ridicule achevé ») et sur son déguisement (« une perruque, un habit galonné »). Dans le récit de ce spectacle bouffon, l'état d'abbé est explicitement assimilé à celui de la comédienne : « Mademoiselle fit hier le rôle d'Iphigénie, et vous faites le personnage d'abbé. Vous êtes ecclésiastique, à peu près comme elle est princesse ». La métaphore théâtrale et la comparaison, soulignées par un chiasme de construction, entrent au service d'une moquerie qui fait écho aux critiques dont l'Église faisait l'objet, certains abbés jouant un rôle dans la société comme les acteurs un personnage au théâtre.

Prévost ne précise pas la scène de *Bérénice* dont il est question mais, selon Henri Coulet, « il ne peut s'agir que de la 4ᵉ de l'acte v. Non seulement, c'est celle où Bérénice est la plus émouvante, mais c'est celle où Titus est le plus grand. La parodie ne prend son sens sarcastique que si le rôle est authentiquement tragique »[101]. Le romancier aurait donc choisi de faire jouer à la Champmeslé et à l'abbé de Cogan la scène où Titus annonce à sa maîtresse qu'il la sacrifie à l'Empire. Parodier cette scène signifie donc parodier la plus forte expression du tragique. Toujours selon Henri Coulet, cette dérision du tragique correspondrait à une volonté, chez Prévost, de conférer « âpreté » et « mordant » à une œuvre racinienne que le romancier « a tendance à affadir en la tirant vers la tendresse »[102]. En même temps, ne pourrait-on pas y voir également le signe d'une œuvre romanesque qui chercherait à prendre ses distances avec le tragique de la tragédie ? En effet, à la différence de la tragédie classique, mais aussi d'une romancière comme Mᵐᵉ de Tencin qui n'offre aucun répit à ses héros, Prévost accorde parfois aux siens quelques moments de divertissement où intervient le jeu. Alors que le tragique de Mᵐᵉ de Tencin est, comme dans les *Mémoires du comte de Comminge*, entier, celui de Prévost est parfois délesté de sa gravité et interrompu par une scène comique, voire burlesque. Le romancier paraît entretenir un rapport complexe avec Racine, dont il reprend le sens du tragique tout en l'intégrant à un univers qui n'est plus celui de la tragédie, mais d'une scène de genre qui, parfois, fait place au rire et à la comédie. En ce sens, le principal intérêt de cet épisode réside dans l'insertion, dans une fiction romanesque, de l'un des plus grands dramaturges du XVIIᵉ siècle, qui se fait

---

101   *Ibid.*, p. 100, n. 38.
102   *Ibid.*, p. 100.

alors spectateur de la petite comédie de la Champmeslé et de l'abbé de Cogan parodiant sans doute la scène la plus dramatique de *Bérénice* de manière à, peut-être servir de contrepoids au tragique des *Mémoires et aventures*.

Mais l'intérêt de Prévost pour Racine tient également, semble-t-il, à la reconnaissance dont ce dernier jouit au sein de la « République des Lettres », comme en témoigne le récit de la réception du dramaturge à l'Académie française :

> La salle était remplie de quantité de personnes de la première distinction, que la réputation du nouvel académicien y avait attirées. Il faut avouer que Racine charma tous ses auditeurs. Il était bel homme ; il déclamait bien. Son discours était bien composé. À peine put-il répondre à l'empressement de tous ceux qui venaient l'embrasser et le féliciter de son succès. Je ne lui dis que deux mots à l'oreille pour l'inviter à souper. Il me promit de s'y rendre. J'avais eu soin de prier auparavant monsieur Boileau, que je connaissais, et monsieur Molière que je ne connaissais pas, mais à qui le marquis de Sévigny avait fait le compliment de ma part. Il amena encore le chevalier de Méré et l'abbé Genest. Nous nous trouvâmes sept à table et de la meilleure humeur du monde. [...]
>
> Nous applaudîmes aux réponses de monsieur Boileau ; et les réflexions que nous fîmes sur son histoire nous conduisirent à parler d'une foule de mauvais écrivains qui inondaient alors Paris. Tous les convives lâchèrent quelques traits plaisants ; et Boileau surtout triomphait sur cette matière. Pradon, Boursault, Perrault, et quantité d'autres ne furent point épargnés. Monsieur le chevalier de Méré, qui était d'une humeur assez grave, nous dit que, quoiqu'il trouvât fort raisonnable la coutume du royaume, qui ne permet point qu'un livre soit imprimé s'il n'a subi l'examen des censeurs, il lui semblait néanmoins que l'intérêt du public demandait quelque chose de plus ; qu'il faudrait que tous ceux qui se laissent surprendre à la démangeaison d'écrire, fussent obligés de faire preuve de leur capacité ; et qu'au lieu qu'on examine l'ouvrage pour en permettre l'impression, on commençât par examiner l'auteur, pour lui permettre de composer l'ouvrage.
>
> Cette pensée fut trouvée fort judicieuse et fort convenable aux besoins présents de la République des Lettres. On chargea monsieur de Molière de dresser un placet qui serait présenté à monsieur le Chancelier, pour lui demander cette réforme dans la littérature. Nous badinâmes ainsi très agréablement le reste de la soirée[103].

---

103   Prévost, *Mémoires et aventures*, *op. cit.*, pp. 91-92.

Il est tout à fait vraisemblable que Rosambert, le marquis de Sévigny et l'abbé de Cogan aient pu assister à la réception de Racine à l'Académie française qui, pour la première fois, en ce 12 janvier 1673, ouvrit ses portes au public[104]. Prévost insiste sur la notoriété du poète et sur l'accueil chaleureux que son discours reçoit, grâce à son heureuse physionomie, à ses qualités d'orateur et à ses talents d'écrivain. Toutefois, s'il enjolive sans doute la prestation de Racine le jour de sa réception à l'Académie française[105], il invente de toutes pièces le repas qui s'ensuit et auquel sont conviés le nouvel académicien, le marquis de Sévigny, Boileau, Molière, Antoine Gombaud – dit le chevalier de Méré – et Charles-Claude Genest. Il s'agit de la première et dernière apparition de Molière dans les *Mémoires et aventures* (tomes 1 et 2) et, comme Racine, il devient le temps d'un souper un personnage de fiction. Sa présence à ce repas mondain est on ne peut plus surprenante, puisque les deux hommes de théâtre sont brouillés depuis décembre 1665, autrement dit, sept ans avant la réception de Racine à l'Académie. À Molière revient le rôle de porte-parole, les joyeux convives l'enjoignant plaisamment de soumettre au chancelier une réforme concernant l'objet sur lequel la censure devrait s'exercer. À ces deux grands représentants du théâtre tragique et comique s'ajoute l'abbé Genest, auteur de *Zélonide, princesse de Sparte* (1682) ou encore des *Voyageurs* (1736), qui partage avec Racine et Boileau-Despréaux l'honneur d'avoir été reçu à l'Académie française. Comme l'atteste la « Lettre de l'abbé d'Olivet au président Bouhier », écrite à la mémoire de son ami l'abbé Genest, celui-ci n'aurait pas pu participer à ce souper du 12 janvier 1673, parce qu'il était en campagne[106]. À plusieurs reprises, l'abbé d'Olivet explique que son confrère « aimait les plaisirs de la table, et qu'il s'y livrait de bonne grâce »[107]. Nul doute que l'abbé Genest aurait accepté l'invitation du marquis de Sévigny s'il avait été convié. Mais, en janvier 1673, ce poète en devenir n'« avait alors publié que trois odes »[108] et connaîtra

---

104 Voir Georges Forestier, *Jean Racine, op. cit.*, p. 458.
105 Comme l'explique Georges Forestier, Racine n'a peut-être pas excellé, mais il n'a probablement pas versé dans la médiocrité qu'on lui reproche (voir *ibid.*, p. 460).
106 « Il fit, à la suite du duc de Nevers, la campagne de 1672 et celle de 1673 » (D'Alembert, « Éloge de Genest », dans *Œuvres philosophiques, historiques et littéraires*, tome 9, Paris, Jean-François Bastien, An XIII (1805), pp. 371-390, et p. 376 pour la citation).
107 *Ibid.*, p. 378 ; nous modernisons. Sur ce point, citons également les premières lignes de la lettre d'Olivet : « Personne, monsieur, n'était plus en état que moi de satisfaire pleinement votre curiosité sur ce qui regarde l'abbé Genest. Je l'ai fort connu, et pendant les trois ou quatre dernières années de sa vie, il ne s'est guère passé de mois que nous ne nous soyons vus à table. Voilà où ses amis le possédaient tout entier » (*ibid.*, p. 372).
108 António Coimbra Martins, « L'histoire du marquis de Rosambert par l'abbé Prévost », *art. cit.*, p. 82.

son premier succès au théâtre avec sa *Zélonide*, « représentée 17 fois du 4 février au 19 mars 1682 à la Comédie française et demeurée au répertoire jusqu'en 1705 »[109]. Ainsi, comme l'écrit A. Coïmbra Martins, on « le voit difficilement assis aux côtés de Molière, de Racine et Boileau »[110] à ce souper du 12 janvier 1673 qui réunit des auteurs à l'apogée de leur carrière. Par delà ces nombreuses libertés que prend Prévost à l'égard de l'Histoire, il convient de se demander pourquoi il a réuni autour d'une table cette pléiade d'écrivains mêlant des dramaturges, des poètes, un polémiste, un satirique, un tractatiste et un théoricien du XVIIe siècle. Tous ont en commun le fait d'avoir fréquenté la cour : Molière avait les faveurs du souverain, Boileau et Racine étaient ses historiographes, l'abbé Genest fut le précepteur de Mademoiselle de Blois et devint un familier des Mortemarts. Choisis par le roi ou les Grands du royaume, ils constituent les éminents représentants de la littérature française de cette époque. Notons enfin que les personnages ne traitent que de querelles littéraires : d'abord, Boileau rapporte sa « plaisante querelle avec monsieur Mocolieri », puis tout le groupe lance « quelques traits plaisants » à l'égard d'« une foule de mauvais écrivains »[111] dans laquelle ils incluent Edme Boursault, Jacques Pradon et Charles Perrault. Rappelons que Boursault et Pradon étaient des dramaturges et des polémistes de premier ordre : tous deux ont eu des démêlés avec Molière, Racine et Boileau, qui prit part à la querelle de *L'École des femmes* (Boursault) et à celle de *Phèdre* (Pradon). Boursault attaqua non seulement la *Critique de l'École des femmes* dans son *Portrait du peintre, ou la Contre-Critique de l'École des femmes*, à laquelle Molière répondit par son *Impromptu de Versailles*, mais il s'en prit aussi à *Britannicus*. Pradon, quant à lui, porta à la scène *Phèdre et Hippolyte* au moment précis où Racine faisait représenter sa tragédie par les acteurs de l'Hôtel de Bourgogne. En outre, Pradon « polémiqua contre Boileau dans son auto-apologie du *Triomphe de Pradon* (1684) et dans ses *Remarques* (1685) critiques »[112]. Perrault, enfin, est également à l'origine d'une des plus grandes querelles littéraires du XVIIe siècle : chef de file des Modernes, il s'oppose à Boileau qui, comme on le sait, prend la défense des Anciens. Dans ce contexte, cet épisode des *Mémoires et aventures* permet à Prévost de conférer une

---

109 *Dictionnaire des Lettres françaises : le XVIIe siècle* [1951], dir. Georges Grente, revu et mis à jour par Patrick Dandrey, Paris, Fayard/Librairie Générale Française, coll. « La Pochothèque », 1996, p. 528.

110 António Coimbra Martins, « L'histoire du marquis de Rosambert par l'abbé Prévost », *art. cit.*, p. 81.

111 Prévost, *Mémoires et aventures, op. cit.*, pp. 91-92.

112 *Dictionnaire des écrivains de langue française, A-L*, éds. Jean-Pierre de Beaumarchais, Daniel Couty et Alain Rey, Paris, Larousse/VUEF, 2001, p. 1415.

certaine vraisemblance historique au récit et, surtout, d'emprunter le ton de l'écriture mémorialiste en mettant en scène quelques-unes des grandes figures du XVIIe siècle, intégrant ainsi à l'invention romanesque les controverses littéraires qui ont animé ce siècle de polémiques où le théâtre a joué un rôle clef.

Pour finir, deux autres facettes du personnage de Racine complètent le portrait du dramaturge que Prévost présente au lecteur. Le lendemain du souper, le 13 janvier 1673, Racine convie Rosambert à l'accompagner à l'abbaye de Port-Royal des Champs où les deux personnages vont séjourner pendant plusieurs jours :

> Le lendemain, monsieur de Racine, qui avait pris quelque amitié pour moi, me proposa d'aller promener avec lui jusqu'à l'abbaye de Port-Royal-des-Champs, où il avait une proche parente, et quantité d'amis. Le plaisir de l'accompagner et la réputation de cette célèbre abbaye m'y firent consentir volontiers. Nous y fûmes reçus à merveille. On nous y retint quelques jours. Monsieur Arnault, qui y était alors, me fit mille caresses. Comme j'avais l'esprit assez cultivé pour un homme de mon âge, il prit plaisir à m'instruire du sujet des fameuses contestations qui divisaient alors l'église de France. Il me fit même goûter ses sentiments ; et je puis dire que j'étais à demi-janséniste lorsque je quittai cette maison. La mère Agnès, qui était parente de monsieur de Racine, prit fort à cœur ce qu'elle appelait ma conversion. Elle avait beaucoup de brillant dans la conversation, et n'avait pas moins de solidité d'esprit. Elle me fit promettre de retourner de temps en temps pour la voir. Je fus obligé, quelques mois après, de chercher un asile dans cette abbaye, pour éviter les suites d'une aventure qui a renversé ma fortune[113].

Prévost dresse ici le portrait d'un Racine janséniste, qui revient sur le lieu de son enfance, celui où résident sa famille et ses amis et celui de son attachement spirituel. La mère Agnès de Sainte-Thècle n'est autre que sa tante paternelle, qui est postulante à l'abbaye de Port-Royal dès l'âge de quinze ou seize ans, qui devient professe à vingt-deux ans et demi[114], puis abbesse à soixante-quatre ans. On sait aussi que Marie Desmoulins, grand-mère paternelle et marraine du poète qu'il appelle sa mère, entre à l'abbaye de Port-Royal en 1651. Mais, déjà en 1625, Suzanne Desmoulins, sœur aînée de la grand-mère de Racine, se

---

113 Prévost, *Mémoires et aventures, op. cit.*, pp. 92-93.
114 Voir Georges Forestier, *Jean Racine, op. cit.*, p. 33.

retire au monastère où elle occupe la fonction d'intendante jusqu'à sa mort[115]. Deux de ses belles-sœurs (les Passart), sa sœur Claude[116] et la famille de celle-ci (les Vitart) l'y retrouvent. Comme on le voit, les liens entre Port-Royal et les familles Desmoulins-Passart, Desmoulins-Vitart et Desmoulins-Racine, qui recueillent le jeune Racine à la mort de ses parents, sont nombreux. Aussi n'est-il pas étonnant que le futur poète intègre les Petites Écoles de Port-Royal dès l'âge de six ou sept ans (1646) et, qu'après un séjour de deux ans au collège Pastour à Beauvais[117], il rejoigne les élèves des Granges de Port-Royal jusqu'à l'âge de dix-huit ans pour effectuer ses deux années de philosophie au collège janséniste d'Harcourt à Paris. Autrement dit, sur une durée totale de quatorze années de formation, dix ont été assurées par les maîtres de Port-Royal.

Toutefois, la visite de Racine à Port-Royal des Champs, le 13 janvier 1673, ne relève pas d'un souci de véracité historique, puisque le poète est brouillé avec les jansénistes depuis la publication de sa *Lettre à l'auteur des Hérésies imaginaires et des deux Visionnaires* en janvier 1666[118] et que « le premier indice d'un rapprochement »[119] du dramaturge avec ses anciens maîtres remonte seulement au 17 mai 1679[120]. Là encore, Prévost recherche moins la vérité historique que la vraisemblance, présentant le foyer du jansénisme comme un lieu célèbre où l'accueil est extrêmement bienveillant, où l'abbesse Agnès fait preuve d'une remarquable éloquence et d'une grande intelligence et où l'un de ses plus éminents théologiens exerce un fort pouvoir de séduction. Cette image positive de Port-Royal et de ses principaux représentants est néanmoins nuancée quelques pages plus loin, lorsque le narrateur se réfugie à l'abbaye où il retrouve le Grand Arnault qui, cette fois-ci, le « régal[e] »[121] d'« une morale intransigeante et inhumaine »[122]. Cette représentation plus sombre n'est guère surprenante sous la plume d'un abbé bénédictin qui, au surplus, a fait son noviciat chez les Jésuites ; mais, en même temps, Prévost montre Port-Royal

---

115   Suzanne est l'aînée des huit sœurs Desmoulins. Mariée pendant cinq ans à l'un des frères Passart, elle devient veuve à vingt-deux ans et entre à Port-Royal où elle prend le nom de sœur Suzanne-Julienne de Saint-Paul (voir *ibid.*, pp. 49-50).
116   Claude Desmoulins, sœur de Suzanne, est mariée à Nicolas Vitart. Le couple hébergea, pendant un an, de 1638 à 1639, les trois jansénistes, Antoine et Simon Le Maître ainsi que Claude Lancelot, qui s'occupait alors de l'éducation du jeune Nicolas Vitart. Lorsque les jansénistes regagnèrent Port-Royal, le couple Vitart et leurs enfants les rejoignirent.
117   Voir Georges Forestier, *Jean Racine*, op. cit., p. 76.
118   Voir *ibid.*, pp. 263-268.
119   « Chronologie », dans Racine, *Œuvres complètes, tome 1*, op. cit., p. lxxxii.
120   Voir *id.* et Georges Forestier, *Jean Racine*, op. cit., pp. 632-635.
121   Prévost, *Mémoires et aventures*, op. cit., p. 96.
122   Jean Sgard, *Prévost romancier*, op. cit., p. 82.

sous son meilleur jour car, comme le remarque Jean Sgard, il « aime les écrivains satiriques et jansénistes »[123]. Le romancier a d'ailleurs effectué ses trois années de théologie dans des abbayes jansénistes auxquelles il faut ajouter « une année d'exercices spirituels » au couvent des Blancs-Manteaux, également « connu pour son jansénisme »[124]. Néanmoins, ce n'est sans doute pas tant cette expérience du jansénisme qui lui a inspiré ces deux épisodes à Port-Royal que le personnage de Racine, dont il a manifestement retenu trois traits principaux : l'auteur dramatique (la soirée avec la Champmeslé), l'académicien (le discours à l'Académie) et le janséniste (le séjour à Port-Royal). Aux querelles littéraires, qui animent le souper des littérateurs, succèdent les controverses religieuses liées à Port-Royal. On se souvient, en effet, qu'Arnault « instrui[t] [Rosambert] du sujet des fameuses contestations qui divis[ent] alors l'église de France »[125]. Avec le personnage de Racine, Prévost présente donc la seconde moitié du XVIIe siècle comme une période d'effervescence critique, que suscitent et animent aussi bien les discussions théologiques que les débats autour du théâtre.

Ce sont d'ailleurs ces débats dont se fait l'écho une ultime rencontre entre les protagonistes et Racine, qui survient dans le troisième livre des *Mémoires et aventures* et où Prévost imagine comment le poète construit ses tragédies. L'abbé livre, en quelque sorte, une vision romanesque de la poétique racinienne. À ce moment du récit, on a quitté l'« Histoire du marquis de Rosambert », qui situe l'action en 1673, pour revenir en 1680 ; après avoir présenté Renoncour au père Bouhours, Rosambert l'introduit auprès de Racine :

> Une connaissance très agréable que je fis encore par le moyen du comte de Rosambert, fut celle de monsieur de Racine. Je n'ai guère vu d'homme dont l'esprit fût plus cultivé, et les manières plus polies. Il nous dit qu'il devait le caractère tendre et gracieux qu'on admire dans ses tragédies, à la tendresse qu'il avait pour sa femme, et à celle dont elle était remplie pour lui ; que lorsqu'il avait à traiter quelque endroit tendre et touchant, il montait à la chambre de sa chère épouse, et qu'un moment de son entretien et de ses caresses lui mettait le cœur dans la situation qu'il fallait pour produire les plus beaux sentiments. Il nous lut quelques endroits de l'histoire de Louis-le-Grand, à laquelle il était chargé de travailler. Nous ne pûmes refuser des éloges à la beauté du style ; mais il nous parut que

---

123 *Ibid.*, p. 59.
124 *Ibid.*, p. 61 ; voir aussi Jean Sgard, *Vie de Prévost (1697-1763)*, Québec, Les Presses de l'Université Laval, « Les collections de La République des Lettres/Études », 2006, pp. 63-66.
125 Prévost, *Mémoires et aventures*, *op. cit.*, p. 93.

les louanges du grand monarque y étaient trop souvent répandues ; et nous jugeâmes que si cet ouvrage était un jour donné au public, on ne le lirait tout au plus que comme un beau panégyrique[126].

Cette rencontre entre Renoncour et Racine permet de compléter l'éthopée du dramaturge présenté, cette fois-ci, comme un homme hors du commun, qui brille autant par son érudition que par sa sensibilité et son exquise courtoisie. Le point de vue de Renoncour rejoint celui de Rosambert, puisqu'il corrobore le portrait laudatif du poète et insiste notamment sur les rapports qui existeraient entre l'œuvre de Racine et sa vie amoureuse, « la tendresse qu'il [a] pour sa femme » et celle qu'elle éprouve à son égard étant, selon Prévost, la source du « caractère tendre et gracieux qu'on admire dans ses tragédies ». Comme le rappelle Georges Forestier, au XVIIe siècle, Mme de Sévigné semblait déjà assimiler l'inspiration de Racine à la passion qu'il ressentait alors pour sa maîtresse : « Racine fait des comédies pour la Champmeslé ; ce n'est pas pour les siècles à venir. Si jamais il n'est plus jeune et qu'il cesse d'être amoureux, ce ne sera plus la même chose »[127], ou encore, bien plus tard, au sujet d'*Esther*, « Racine s'est surpassé. Il aime Dieu comme il aimait ses maîtresses »[128]. Si Georges Forestier refuse « la signification romantique »[129] qu'on a donnée à la phrase de Mme de Sévigné, notons cependant que Prévost retient essentiellement du théâtre racinien les « beaux sentiments » qu'il produit. Concernant la représentation qu'il se fait des tragédies de Racine, on remarque, par exemple, la répétition de l'adjectif « tendre », qui reprend d'ailleurs un lieu commun qu'illustre notamment le *Parallèle de Monsieur Corneille et de Monsieur Racine* (1686) de Longepierre. Aussi peut-on y lire tantôt que « M. Racine a plus de tendresse, plus de grâce, plus de douceur [que M. Corneille] »[130], tantôt qu'« on sent dans [Racine] quelque chose de plus vrai, de plus agréable, de plus touchant »[131], ou encore, dans le fragment 27, où Longepierre « compar[e] les beautés de Monsieur Corneille à celles d'une belle statue » et « les beautés de

---

126   *Ibid.*, p. 101.
127   Mme de Sévigné, *Correspondance, tome 1, op. cit.*, « Lettre à Mme de Grignan, 16 mars [1672] », p. 459.
128   Mme de Sévigné, *Correspondance (sept. 1680-avril 1696), tome 3*, éd. Roger Duchêne, Paris, Gallimard, coll. « Bibliothèque de la Pléiade », 1978, « Lettre à Mme de Grignan, 7 février [1689] », p. 498.
129   Georges Forestier, *Jean Racine, op. cit.*, p. 285.
130   Longepierre, *Parallèle de Monsieur Corneille et de Monsieur Racine* [1686], dans *Médée : tragédie*, éd. Emmanuel Minel, Paris/Genève, Honoré Champion/Slatkine, coll. « Sources classiques », 2000, fragment 6, p. 167 ; nous modernisons.
131   *Ibid.*, fragment 7, p. 167.

M. Racine à celles d'un excellent tableau », qu'il décèle chez ce dernier « plus de grâce, plus de douceur, plus de délicatesse ; quelque chose de plus tendre, de plus naturel, de plus plein de vie »[132]. De même, si La Bruyère souligne la tendresse « répandue dans tout le Cid, dans Polyeucte et dans Les Horaces »[133] et la grandeur de Mithridate, de Porus et de Burrhus, il distingue néanmoins Corneille de Racine en reprenant les caractéristiques qu'on attribue communément à chacun d'eux : le premier « élève, étonne, maîtrise, instruit », le second « plaît, remue, touche, pénètre » ; l'un excelle dans « ce qu'il y a de plus beau, de plus noble et de plus impérieux dans la raison », l'autre dans « ce qu'il y a de plus flatteur et de plus délicat dans la passion » ; le poète normand manie les « maximes », les « règles » et les « préceptes », le poète milonais, lui, s'attache au « goût » et aux « sentiments »[134]. Il est manifeste que Prévost a repris cette tradition critique qui fait de Corneille le poète de la grandeur, de l'héroïsme et de l'éclat, et de Racine celui de ces « passions douces » que sont « l'amour, la pitié, la tendresse »[135]. Au théâtre de l'élévation et de la volonté s'oppose le théâtre du cœur. Quelques années plus tard, dans son *Pour et Contre*, Prévost se fait encore une fois l'écho d'une critique dramatique qui s'est sédimentée au cours des décennies précédentes, alors qu'il écrit : « [Voltaire] s'élève plus que Racine, mais il est moins tendre et moins gracieux. Il a plus de grâces et de tendresse que Corneille, mais avec moins d'élévation »[136]. Bref, Prévost distingue surtout Racine comme le poète par excellence du sentiment.

Dans ses *Mémoires et aventures*, Prévost introduit, en somme, plusieurs épisodes autour du personnage de Racine dont il présente un portrait avantageux qui retrace, de manière chronologique, les événements marquants de sa vie. Aussi évoque-t-il ses succès au théâtre et sa rencontre avec la Champmeslé, sa réception à l'Académie française, sa réconciliation avec Port-Royal, sa vie conjugale et, enfin, sa nouvelle fonction d'historiographe du roi. En cela, le romancier confère à son récit une vraisemblance historique qui témoigne notamment des liens complexes qu'il entretient avec Racine et, plus particulièrement, avec le théâtre de celui-ci. En même temps, en s'autorisant de la critique dramatique du XVIIe siècle, Prévost souligne surtout le rôle

---

132 *Ibid.*, fragment 27, p. 182.
133 La Bruyère, *Les Caractères*, éd. Emmanuel Bury, Paris, Le Livre de poche classique, 1995, fragment 54, « Des ouvrages de l'esprit », p. 148.
134 *Ibid.*, p. 149.
135 Longepierre, *Parallèle de Monsieur Corneille et de Monsieur Racine*, op. cit., fragment 15, p. 173.
136 *Pour et Contre*, I, nombre 5, p. 111, cité par Henri Coulet, « L'abbé Prévost et Racine », *art. cit.*, p. 97 ; nous modernisons.

primordial des « beaux sentiments » dans le théâtre racinien – qualité par excellence de l'écriture, que celle-ci éclate dans l'alexandrin de la tragédie classique ou, comme on le verra, dans la prose romanesque.

La Gaussin chez Marivaux

On a vu précédemment, dans les *Mémoires et aventures*, que la Champmeslé, interprétant Bérénice, donnait la réplique à un certain abbé de Cogan, auquel revenait le rôle de Titus, devant un petit cercle de spectateurs dont Racine lui-même faisait partie. À la différence de cette représentation burlesque, que l'on improvise dans l'appartement de la comédienne, Marivaux achève la cinquième partie de son *Paysan parvenu* en menant, pour la première fois, Jacob – devenu M. de La Vallée – à la « Comédie »[137], où celui-ci découvre une « grande actrice »[138]. La joie secrète que lui procure l'invitation du comte d'Orsan, puis le profond malaise qu'il éprouve dans le chauffoir, où les deux hommes se rendent avant la représentation, montrent que Jacob accède à un tout autre monde que le sien. À ce moment du récit, il est, pour ainsi dire, parvenu au sommet de son ascension sociale, même si cette rencontre avec le monde aristocratique s'avère une pénible épreuve pour celui qui fait l'objet de railleries de la part de ces « honnêtes gens »[139]. D'ailleurs, le narrateur donne plus de précisions sur cette expérience mondaine que sur le spectacle auquel il assiste, insistant davantage sur son sentiment d'infériorité que sur sa découverte du théâtre et sur les émotions esthétiques que lui aurait fait éprouver la pièce. Au surplus, ce n'est pas tant de la pièce dont il se souvient que de l'admirable actrice qui interprétait le rôle principal :

> C'était une Tragédie qu'on jouait, *Mithridate*, s'il m'en souvient. Ah ! la grande actrice que celle qui jouait Monime ! J'en ferai le portrait dans ma sixième partie, de même que je ferai celui des acteurs et des actrices qui ont brillé de mon temps[140].

Le choix de cette pièce de Racine suscite plusieurs interrogations. Marivaux affectionnerait-il plus *Mithridate* que les autres tragédies du dramaturge ? Cette pièce serait-elle particulièrement appréciée du public au moment où Marivaux conclut la cinquième partie de son roman, entre la fin de l'année

---

137   Marivaux, *Le Paysan parvenu*, éd. Frédéric Deloffre, avec la collaboration de Françoise Rubellin, Paris, Bordas, coll. « Classiques Garnier », 1992, p. 262. Désormais, sauf indication contraire, toutes les références à ce roman renverront à cette édition.
138   *Ibid.*, p. 267.
139   *Ibid.*, p. 265.
140   *Ibid.*, p. 267.

1734 et le début de l'année suivante ? Le romancier introduirait-il cet épisode à la Comédie-Française parce qu'il réfléchit déjà, sans qu'on puisse savoir exactement le degré d'avancement de son projet, à l'écriture de sa comédie, *La Mère confidente*, représentée pour la première fois, par les Comédiens Italiens, le 9 mai 1735, soit un peu plus d'un mois après l'approbation pour la cinquième partie du *Paysan parvenu*, le 1ᵉʳ avril 1735[141] ? Ou bien Marivaux aurait-il simplement souhaité rendre hommage à l'un des plus grands auteurs dramatiques du XVIIᵉ siècle ? Mais, en ce cas, pourquoi choisit-il de conclure son récit par l'évocation d'une tragédie, alors que son *Paysan parvenu* est placé sous le signe de la gaieté, de l'enjouement et de la joie de vivre ? Et pourquoi opte-t-il pour le Théâtre-Français, alors que la plupart de ses pièces sont jouées au Théâtre-Italien[142] ? La célèbre comédienne italienne Gianetta Benozzi, plus connue sous son nom de scène Silvia, n'a-t-elle pas interprété davantage les rôles du théâtre marivaudien que ne l'a fait Jeanne Catherine Gaussem, dite Mˡˡᵉ Gaussin, en laquelle le continuateur anonyme du *Paysan parvenu* a reconnu cette « grande actrice » jouant Monime ?

Si *Mithridate* n'est pas la tragédie de Racine la plus jouée au XVIIIᵉ siècle, elle occupe néanmoins une place honorable avec ses 249 représentations à la Comédie-Française[143]. Nous ignorons si Marivaux préférait cette pièce à une autre, mais il est fort probable qu'il ait pensé à cette tragédie parce qu'elle était jouée au Théâtre-Français au moment où il rédigeait son *Paysan parvenu*[144], *Mithridate* ayant, par ailleurs, été représentée deux fois à la Comédie-Française au cours de l'année 1734[145]. Par conséquent, le choix de Marivaux s'expliquerait d'abord par un souci de vraisemblance, auquel

---

141   Si *Le Petit-Maître corrigé* est représenté, pour la première fois, par les Comédiens Français, le 6 novembre 1734 – autrement dit, entre la publication des quatrième et cinquième parties du *Paysan parvenu* – l'écriture de la pièce remonte en réalité au début de l'année 1733 (voir « Notice », *Le Petit-Maître corrigé*, dans Marivaux, *Théâtre complet*, éds. Frédéric Deloffre et Françoise Rubellin, Paris, Classiques Garnier, coll. « La Pochothèque », 2000, p. 1289. Désormais, sauf indication contraire, toutes les références aux pièces de Marivaux renverront à cette édition).

142   Marivaux a écrit deux fois plus de pièces pour le Théâtre-Italien que pour la Comédie-Française.

143   *Mithridate* est la cinquième tragédie de Racine la plus jouée au XVIIIᵉ siècle à la Comédie-Française, après *Phèdre* (424 représentations), *Iphigénie* (348 représentations), *Andromaque* (296 représentations) et *Britannicus* (289 représentations). Voir Jean Rohou, *Jean Racine : bilan critique*, Paris, Armand Colin, coll. « Lettres 128 », 2005, p. 38.

144   Voir Marivaux, *Théâtre complet, op. cit.*, p. 944, n. 1.

145   Voir Alexandre Joannidès, *La Comédie-Française de 1680 à 1900 : dictionnaire général des pièces et des auteurs* [1901], préface de Jules Claretie, Genève, Slatkine Reprints, 1970, « Année 1734 », [n.p.].

Iphigénie, Britannicus, Bajazet, Phèdre, Andromaque, ou encore *Les Plaideurs*, également interprétés par la troupe du roi en 1734[146], auraient très bien pu répondre. Au regard de la tonalité joyeuse du roman, il aurait été moins surprenant que les personnages assistent à la représentation de la seule comédie de Racine, *Les Plaideurs*, d'autant que cette dernière est la pièce de Racine la plus jouée non seulement en 1735[147], année qui voit paraître la cinquième partie du *Paysan parvenu*, mais aussi tout au long du XVIIIe siècle[148].

Outre l'effet de réel que confère la référence à *Mithridate* au récit, la mention d'un genre qui met en scène les Grands d'un royaume et des personnages princiers souligne, d'une certaine manière, l'ascension sociale de Jacob. Évoquer une comédie aurait sans doute rappelé la condition bourgeoise, voire les origines champenoises du héros et lui aurait tendu, en quelque sorte, un miroir de sa situation passée. Dans cette perspective, on remarque que Marivaux ne fait aucune mention de la comédie qui, ce soir-là, accompagne *Mithridate*, alors qu'il était de coutume, au Théâtre-Français, de jouer une seconde pièce. Le romancier semble donc vouloir mettre l'accent sur le monde aristocratique auquel le héros accède en entrant à la Comédie. Ajoutons que ce dernier, alors âgé de dix-huit ou dix-neuf ans, n'a probablement jamais assisté à la représentation d'une tragédie, les troupes de théâtre ambulantes montant plutôt des comédies et des farces pour divertir les villageois. Or, le fait qu'il est sensible à la pièce ou, tout au moins, à sa principale interprète, témoigne chez lui d'une certaine posture aristocratique, empreinte à la fois de galanterie et de discernement esthétique, de sorte qu'en insistant sur la qualité de la prestation de l'actrice (« Ah ! la grande actrice que celle qui jouait Monime ! »), il se montre apte à intégrer le milieu aristocratique et ce monde de la représentation, où néanmoins il n'a pas encore sa place.

Quoi qu'il en soit, *Mithridate* rappelle le noble et courageux geste de Jacob volant au secours du comte d'Orsan assailli par trois hommes. On se souvient, en effet, que Xipharès combat, aux côtés de son père Mithridate, son frère Pharnace, les soldats rebelles et les Romains venus envahir le Pont. L'acte de bravoure du personnage romanesque est peut-être un lointain écho de celui du

---

146   Pour l'année 1734, on a recensé six représentations d'*Iphigénie*, cinq de *Britannicus*, quatre de *Bajazet*, trois des *Plaideurs*, deux de *Phèdre* et deux d'*Andromaque* (voir *id.*).

147   Pour l'année 1735, on a dénombré six représentations des *Plaideurs*, trois d'*Iphigénie*, deux de *Britannicus*, deux de *Bajazet*, deux de *Phèdre* et une d'*Andromaque* (voir « Année 1735 », *id.*).

148   Au XVIIIe siècle, la comédie des *Plaideurs* connaît 507 représentations, alors que *Phèdre* – la tragédie racinienne la plus jouée à la même époque – n'en compte que 424 (voir Jean Rohou, *Jean Racine*, *op. cit.*, p. 38).

héros tragique : l'un sauve un homme de haut rang, l'autre sauve son royaume des traîtres et des envahisseurs. En outre, *Mithridate* est une tragédie à fin heureuse : l'ennemi est vaincu et le roi mourant consent à l'union de sa promise Monime et de Xipharès. Dès lors, la relation d'une représentation tragique à la fin du roman ne saurait contrevenir à la gaieté générale du récit ainsi qu'à l'enthousiasme et à la gaillardise de son héros. Il n'y a pas de choc des tonalités et il s'agit avant tout, pour les personnages, de se divertir en assistant à un spectacle.

Avec cet épisode à la Comédie-Française, Marivaux reprend finalement une topique chère à ses contemporains qui mènent volontiers leurs protagonistes à l'Opéra ou à la Comédie. La sortie au théâtre constitue, on le verra, un passage obligé des romans-mémoires aristocratiques et libertins du XVIIIe siècle. Si le lecteur ignore la suite des aventures de Jacob, il sait néanmoins que sa rencontre avec le comte d'Orsan porte sa prospérité à son comble : « Mon cher la Vallée, votre fortune n'est plus votre affaire, c'est la mienne, c'est l'affaire de votre ami »[149], déclare le comte à son nouveau compagnon. Jacob rejoint alors ces Meilcour, ces des Grieux, ces comtes de ***, ou encore ces Faublas, le choix de la Comédie-Française, théâtre des comédiens du roi, répondant sans doute au désir de marquer, de manière significative, le changement de fortune du héros. En somme, à ce moment du récit, *Le Paysan parvenu* cesse d'être un roman-mémoires de l'ascension sociale pour devenir un roman-mémoires aristocratique, la représentation de *Mithridate* en devient l'expression commode et voilà sans doute la raison pour laquelle Marivaux cesse de s'y intéresser et retourne au théâtre.

Dans la sixième partie de l'œuvre, le continuateur anonyme décide d'apercevoir Mlle Gaussin dans cette « grande actrice » qui joue Monime. À son entrée à la Comédie-Française en 1731, alors âgée de dix-neuf ou vingt ans, la Gaussin interprète le rôle de Junie dans *Britannicus* et celui d'Agnès de *L'École des femmes*[150]. À la fin de cette même année, elle est l'Amour dans *La Réunion des Amours* de Marivaux[151] et, le 8 juin 1732, elle joue Phénice dans *Les Serments indiscrets*[152]. Autrement dit, le romancier connaît la comédienne lorsqu'il rédige la dernière partie de son *Paysan parvenu* à la fin de l'année 1734. De plus, on sait qu'elle était aussi à l'aise dans le registre comique que dans le

---

149   Marivaux, *Le Paysan parvenu*, op. cit., p. 264.
150   Voir André Blanc, *Histoire de la Comédie-Française : de Molière à Talma*, Paris, Perrin, 2007, p. 175.
151   Voir « Notice », *La Réunion des Amours*, dans Marivaux, *Théâtre complet*, op. cit., p. 944.
152   Voir « Notice », *Les Serments indiscrets*, dans *ibid.*, p. 1058, n. 1 et p. 1070.

registre tragique[153]. Dans les tragédies, « elle tenait les emplois de princesse »[154] et, dès ses débuts, elle interprète Iphigénie dans la pièce de ce nom, Aricie dans *Phèdre* et Monime dans *Mithridate*, ce dernier rôle étant, par ailleurs, l'« un de ceux qui semblaient le mieux faits pour la nature de ce talent »[155]. Par conséquent, Marivaux puise dans la chronique de son époque : *Mithridate* est l'une des nombreuses tragédies raciniennes portées à la scène du Théâtre-Français dans la première moitié du XVIIIe siècle et la Gaussin l'une des meilleures interprètes de son héroïne princière. Cependant, le romancier ne fait aucune mention de Mlle Gaussin, c'est son continuateur qui nomme la comédienne dans la sixième partie du roman. Après avoir longuement décrit le spectacle de la salle, il reprend le récit là où Marivaux l'avait arrêté et se propose de remplir la tâche que ce dernier promettait d'accomplir (« J'en ferai le portrait dans ma sixième partie, de même que je ferai celui des acteurs et des actrices qui ont brillé de mon temps ») :

> Ce serait ici le lieu de faire le portrait et de donner les caractères des acteurs et des actrices qui jouaient ; mais on sent assez qu'entraîné par le torrent, je n'ai pu assez les étudier pour satisfaire suffisamment le public sur cet article. Il est vrai que l'étude que j'en ai faite depuis pourrait y suppléer ; mais outre que, depuis que j'ai interrompu mes Mémoires, j'ai été prévenu, c'est que d'ailleurs je me suis imposé la loi de suivre l'ordre de mes événements, et qu'alors je n'aurais pu les peindre, faute de les connaître.
>
> Je me contenterai de dire simplement que Monime m'arrachait, même malgré moi, de ma distraction, quoiqu'elle fût volontaire. Je n'étais point encore familiarisé avec les beautés théâtrales ; mais l'aimable fille qui représentait ce rôle, portait dans mon âme un feu qui suspendait tous mes sens. Rien d'extérieur dans ces instants ne pouvait plus les frapper, et dès qu'elle ouvrait la bouche, elle me captivait ; je suivais ses paroles, je prenais ses sentiments, je partageais ses craintes, et j'entrais dans ses projets.
>
> Oui, je lui dois cette justice ; la grâce qu'elle donnait à tout ce qu'elle prononçait le lui rendait si propre, que, tout simple et tout neuf que j'étais, je m'apercevais bien que je m'intéressais moins à Monime représentée par la demoiselle Gaussin, qu'à la Gaussin qui paraissait sous le

---

153 Voir Grimm *et al.*, *Correspondance littéraire, philosophique et critique, tome 1*, éd. Maurice Tourneux, Paris, Garnier Frères, 1877, p. 286.
154 André Blanc, *Histoire de la Comédie-Française*, op. cit., p. 176.
155 Racine, *Œuvres, tome 3*, éd. Paul Mesnard, Paris, Hachette et Cie, 1865, p. 11.

nom de Monime. Il est, parmi les acteurs et les actrices des rangs différents proportionnés aux qualités qu'exige chaque genre de personnages. J'aurais voulu pouvoir remplir à leur égard la loi que je m'étais imposée à la fin de ma cinquième partie. Mon silence mécontentera peut-être et acteurs et lecteurs. En effet, si les grands hommes en tout genre ont des droits sur notre estime, qu'on ne peut leur refuser sans injustice, la postérité réclame le plaisir de les connaître. Elle leur rend justice ; et cette équité à laquelle on la force, pour ainsi dire, fait plus d'honneur à la nature, qu'un préjugé vulgaire, qui cherche à les flétrir, ne leur peut imprimer de honte. Ce n'est donc point pour diminuer la gloire qui leur est due que je me tais sur leur compte. Je n'avais point d'attention, je ne pouvais bien les connaître ; voilà les motifs de mon silence[156].

Le continuateur ne répond pas aux attentes du lecteur ou, tout au moins, n'accomplit pas totalement ce que Marivaux annonçait pour la suite de son roman. S'il donne un nom à cette « grande actrice » qui joue Monime sur le Théâtre-Français, il esquisse un portrait très différent de ceux auxquels le romancier a habitué son lecteur. On pense, par exemple, aux portraits de la femme du financier, de M. Doucin, de Mme d'Alain, d'Agathe, de Mme de Ferval, ou encore de Mme de Fécour[157]. Contrairement au Marivaux moraliste, qui s'étend longuement sur ces portraits de coquette, de babillarde ou de fausse prude, le continuateur ébauche rapidement celui de la comédienne dont il relève à la fois le charme et la qualité de sa prestation. Toutefois, la beauté de la jeune femme l'emporte sur ses talents d'actrice : « [J]e m'intéressais moins à Monime représentée par la demoiselle Gaussin, qu'à la Gaussin qui paraissait sous le nom de Monime ». Le continuateur développe alors un aspect qui restait implicite chez Marivaux – qui écrivait simplement « Ah ! la grande actrice que celle qui jouait Monime ! » –, et que met en relief l'attention exclusive qu'il porte à la comédienne.

En somme, que ce soit Prévost ou Marivaux, ceux-ci se préoccupent peu de faire le portrait des actrices de leur temps, comme en témoigne manifestement l'absence du nom des comédiennes qu'ils introduisent dans leur fiction. Il revient ainsi au lecteur de faire un travail de décryptage qu'il peut effectuer à partir des quelques éléments fournis par le récit. Mais, à vrai dire, l'identité des comédiennes importe peu pour la compréhension, la signification et la portée des passages en question. En fait, leur présence permet soit de parodier un poème tragique et de montrer ainsi le rapport ambigu que le

---

156 Marivaux, *Le Paysan parvenu*, *op. cit.*, pp. 288-289.
157 Voir *ibid.*, pp. 10-11, 59-60, 77-78, 87-88, 141-144, 179-181.

romancier entretient avec un dramaturge dont il s'inspire, mais dont il veut aussi se démarquer (la Champmeslé), soit de représenter le plus haut lieu théâtral de la capitale dont l'élégance et le prestige attestent de la fulgurante ascension sociale du héros romanesque (la Gaussin). Enfin, les romanciers s'attachent moins aux comédiennes qu'aux auteurs dramatiques et à leurs œuvres qu'ils nomment de manière explicite ou qu'ils évoquent de façon indirecte au moyen, par exemple, d'une citation, du nom d'un personnage, ou encore d'une scène.

Hommes de théâtre et femme de scène chez Louvet

Les Amours du chevalier de Faublas est sans doute, de tous les romans-mémoires du XVIIIe siècle, celui qui présente le plus grand nombre et la plus grande variété de mentions de dramaturges, de pièces et d'emprunts textuels au théâtre. Dans la première partie, alors que Faublas est retenu prisonnier dans une maison de campagne par son père, il reçoit « [s]es livres, [s]es instruments de mathématiques, [s]on *forte-piano* »[158] pour occuper utilement le temps de sa captivité. Il se souvient des visites reçues, des heures passées à contempler le portrait de Sophie et des œuvres qui « contribuèrent à charmer l'ennui de [s]a solitude »[159]. Il évoque d'abord les auteurs qu'il affectionne tout particulièrement, avant de nommer ceux qu'il utilise comme des narcotiques[160] :

> Je lus Moncrif et Florian ; Lemonnier et Imbert ; Deshoulières et Beauharnais ; La Fayette et Riccoboni ; Colardeau et Léonard ; Dorat et Bernis ; de Belloy et Chénier ; Crébillon fils et de La Clos ; Sainte-Foi et Beaumarchais ; Duclos et Marmontel ; Destouches et de Bièvres ; Gresset et Colin ; Cochin et Linguet ; Helvétius et Cerutti ; Vertot et Raynal ; Mably et Mirabeau ; Jean-Baptiste et Le Brun ; Gessner et Delille ; Voltaire et *Philoctète* et *Mélanie****, ses élèves ; Jean-Jacques surtout, Jean-Jacques et Bernardin de Saint-Pierre.
>
> Mais, lorsqu'à la fin d'un jour si heureusement abrégé, mon esprit et mon cœur avaient besoin d'un égal repos ; lorsqu'il fallait tout à coup

---

158 Louvet de Couvray, *Les Amours du chevalier de Faublas*, éd. Michel Delon, Paris, Gallimard, coll. « Folio classique », 1996, p. 326 ; c'est l'auteur qui souligne. Désormais, toutes les références à ce roman renverront à cette édition.
159 *Ibid.*, p. 328.
160 Voir Diderot, *Les Bijoux indiscrets*, dans *Contes et romans, op. cit.*, p. 182, chap. xlvi, n. 1.

rompre le double charme, tout à coup et en même temps oublier les lettres et l'amour ; lorsqu'il le fallait ? Eh bien ! ma Sophie, notre littérature qui avait fait le mal était là pour le réparer. J'allais demander à d'autres écrivains le bienfaisant sommeil ; et c'était de mes contemporains, je dois le dire à leur gloire : oui, c'était de mes contemporains que j'obtenais ordinairement les plus violents narcotiques. Bon Dieu ! Comme en ce genre elle est riche, la génération présente ! Que de Scudéris, que de Cotins, que de Pradons elle a ressuscités ! que d'écrivains fameux pendant un jour ! hélas ! hélas ! et que de réputations plus longtemps usurpées... Quoi ! même dans le sanctuaire ! jusqu'au sein de l'Académie ! Eh, monsieur S... qui donc y pourra-t-on recevoir après vous ? Néanmoins je vous rends mille grâces ! Vos écrits si plats et si barbares sont tout-puissants contre l'insomnie[161].

Comme l'écrit Michel Delon, la « liste de Faublas est une accumulation plus qu'un choix » : elle mélange « les genres et les positions idéologiques »[162]. Aussi trouve-t-on pêle-mêle des auteurs dramatiques bien connus du public (Beaumarchais, Bièvre[163], Collin[164], de Belloy[165], Destouches, Dorat[166],

---

161 Louvet de Couvray, *Les Amours, op. cit.*, p. 328. À la suite des astérisques, l'auteur indique dans une note : « Qui ne connaît pas ces deux excellents ouvrages de M. de La Harpe ? » Il est possible que l'académicien nommé Monsieur S..., qui semble être un contemporain, soit Bernard-Joseph Saurin (élu en 1761), Jean-Baptiste-Antoine Suard (élu en 1774), ou encore Michel-Jean Sedaine (élu en 1786) ; il est cependant fort probable que, parmi ces trois hommes, il s'agisse de Suard, comme le suggéreraient les démêlés ultérieurs que Louvet eut avec celui-ci. Voir, sur cette question, *Biographie universelle, ancienne et moderne, tome 25*, Paris, L.G. Michaud, 1820, pp. 281-282.
162 Louvet de Couvray, *Les Amours, op. cit.*, p. 328, n. 1.
163 Le marquis de Bièvre (1747-1789), qui composa, entre autres, la tragédie burlesque de *Vercingentorixe* [sic] (1770) et les comédies du *Séducteur* (1783) et des *Réputations* (1788), prit la défense des comédiens dans la querelle qui, en 1777, les opposa aux auteurs dramatiques.
164 Jean-François Collin (1755-1806) connut le succès au théâtre avec *L'Inconstant* (1786), *L'Optimisite* (1788), ou encore *Le Vieux Célibataire* (1792).
165 On doit à Dormont de Belloy (1727-1775) *Titus* (1759), *Zelmire* (1762), *Le Siège de Calais* (1765), *Gabrielle de Vergy* (1770), *Gaston et Bayard* (1770) et *Pierre le Cruel* (1772).
166 Auteur prolixe qui s'est exercé dans tous les genres, Claude-Joseph Dorat (1734-1780) a notamment écrit un *Essai sur la déclamation tragique* (1758) et *La Déclamation théâtrale* (1766-1767).

Gresset[167], Imbert[168], La Harpe[169], Lemonnier[170], Saint-Foix[171], Voltaire) et des dramaturges occasionnels (Beauharnais[172], Colardeau[173], Deshoulières[174], Florian[175], Gessner[176], Linguet[177], Marmontel[178], Moncrif[179], Riccoboni[180], J.-B. Rousseau[181], J.-J. Rousseau[182]), des poètes et des romanciers, des conteurs et des traducteurs, des journalistes et des pamphlétaires, des historiens et des mémorialistes, des philosophes et des académiciens, ou encore des comédiens et des musiciens, bref, toute une galerie de personnages avec lesquels *Les Amours* entretiennent des rapports privilégiés.

167   Jean-Baptiste-Louis Gresset (1709-1777) s'est essayé à la tragédie, *Édouard III* (1740), puis au drame, *Sidney* (1745), avant de triompher avec la comédie du *Méchant* (1747).
168   Barthélemy Imbert (1747-1790) réussit aussi bien sur la scène comique que tragique.
169   Surtout connu pour son œuvre critique et ses leçons de littérature, Jean François de La Harpe (1739-1803) composa de nombreuses tragédies dont *Mélanie, ou la Religieuse* (1770), citée par Louvet.
170   Pierre-René Lemonnier (1731-1796) est l'auteur de comédies et d'opéras-comiques.
171   Germain-François Poullain de Saint-Foix (1698-1776) a écrit à la fois pour le Théâtre-Français, *Pandore* (1721), et pour le Théâtre-Italien, *La Veuve à la mode* (1726), *Le Philosophe dupe de l'amour* (1727), ou encore *Le Contraste de l'amour et de l'hymen* (1727).
172   Louvet fréquentait le salon de la comtesse de Beauharnais (1737-1813).
173   À l'origine de la mode des héroïdes, grâce au succès que rencontra son *Héloïse à Abailard* (1758), Charles Pierre Colardeau (1732-1776) donna à la scène *Astarbé* (1758) et *Caliste* (1760).
174   La poétesse et salonnière Mme Deshoulières (1638-1694) composa les tragédies de *Genséric* (1680) et de *Jules Antoine*.
175   Jean-Pierre Claris de Florian (1755-1794) est notamment l'auteur d'arlequinades comme celles des *Deux Billets* (1779), du *Bon Ménage* (1782), de *La Bonne Mère* (1785) et du *Bon Père* (1790).
176   Le poète suisse Salomon Gessner (1730-1788), célèbre pour ses *Idylles*, a écrit les pastorales dramatiques d'*Évandre et Alcimne* et d'*Éraste*.
177   Si Nicolas-Simon-Henry Linguet (1736-1794) a publié une tragédie intitulée *Socrate* (1764), il s'est surtout fait connaître par ses virulentes plaidoieries et ses écrits polémiques.
178   Outre ses tragédies, Marmontel adapta au théâtre plusieurs de ses *Contes moraux*, tels que *Lucile* (1769), *Silvain* (1770), *Zémire et Azor* (1771) et *La Fausse Magie* (1771).
179   François-Augustin Paradis de Moncrif (1687-1770) a écrit, entre autres, les comédies de la *Fausse Magie* (1719), de *L'Oracle de Delphes* (1722) et des *Abdérites*, ainsi que les pastorales dramatiques d'*Ismène* (1748) et d'*Érosine* (1765).
180   Mme Riccoboni (1714-1792) a collaboré avec son époux à l'écriture de la comédie des *Caquets* (1761).
181   Jean-Baptiste Rousseau (1669 ou 1670-1741) composa *Le Café* (1694), *Le Flatteur* (1696) et *Le Capricieux* (1670).
182   Avant de condamner le théâtre dans sa *Lettre à D'Alembert sur les spectacles* (1758), Jean-Jacques Rousseau a écrit la comédie de *Narcisse* (1752).

Il y a d'abord le nom même du héros, emprunté à la *Mélanie* de La Harpe[183] que Louvet cite dans sa liste et qui traite d'un sujet d'actualité en un siècle où il était fréquent d'obliger les jeunes filles à se retirer du monde pour des « raisons d'intérêt »[184]. Pourquoi le héros des *Amours* évoque-t-il ce drame que, par ailleurs, il juge « excellen[t] » ? Comme M. de Faublas, le père de Mélanie, le baron de Faublas a un fils et une fille ; son aîné n'est pas encore marié et sa cadette est élevée au couvent, comme il était d'usage pour les demoiselles. Mais, contrairement à M. de Faublas, le baron n'envisage pas de forcer sa fille à prendre le voile pour favoriser l'avancement de son fils. Il ne sacrifie pas la vie de l'une au profit de l'ascension sociale de l'autre, même s'il destine Faublas à la fille de son ami M. du Portail, enlevée dès son plus jeune âge et jusque-là introuvable. Lorsque le baron apprend que Faublas continue de nourrir une passion pour la belle Sophie, meilleure amie de sa fille au couvent, il décide d'y mettre un terme, le fait arrêter et le retient captif. C'est dans ce contexte que Faublas évoque le drame de La Harpe, subissant, comme l'héroïne de la pièce, l'autorité de son père.

Au surplus, l'histoire de Mélanie annonce davantage, dans *Les Amours*, celle de Dorothée, jeune religieuse dont le lecteur ignore le détail des « amours longtemps infortunées », le syntagme « indignes parents »[185] laissant toutefois entendre qu'elle a été forcée à prendre le voile. À l'aide de son amant, elle parviendra à s'échapper du couvent et à fuir à l'étranger. À la suite d'un duel qui l'oblige également à s'expatrier, Faublas est du voyage. Cependant, lorsqu'il apprendra le lieu où son épouse est retenue prisonnière, il empruntera un habit de religieuse pour pouvoir regagner incognito la capitale. Ce travestissement donne lieu à une méprise : on le prend pour Dorothée, on le saisit, on l'attache et on l'emmène pour l'interroger. La description du lieu inhospitalier, où il est conduit, en fait un *locus terribilis*[186] et, si l'aventure finit par tourner à l'avantage du héros qui, avant de s'évader, se remet de ses frayeurs avec la sœur Ursule, elle est toutefois l'occasion pour le romancier de dénoncer les communautés religieuses acharnées à poursuivre celles qui fuient leur emprise. La satire du milieu conventuel est esquissée et l'épisode s'achève sur une touche libertine qui prolonge cette satire.

Louvet était sans doute sensible à cette question, puisqu'il évoque à nouveau l'engagement forcé dans la vie monacale dans son *Émilie de Varmont*,

---

183   Voir Louvet de Couvray, *Les Amours, op. cit.*, p. 53, n. 1.
184   La Harpe, *Mélanie* [1770], dans *Théâtre du XVIIIᵉ siècle, tome 2*, éd. Jacques Truchet, Paris, Gallimard, coll. « Bibliothèque de la Pléiade », 1974, II, 1, v. 631, p. 855.
185   Louvet de Couvray, *Les Amours, op. cit.*, pp. 365-366.
186   Voir *ibid.*, pp. 491-492.

ou le Divorce nécessaire[187], où il met également en scène un personnage prénommé Dorothée. Ce roman épistolaire commence d'ailleurs le jour même où Dorothée prend le voile : elle écrit à sa sœur Émilie pour la prévenir du danger qui la menace. Comme dans *Mélanie* de La Harpe, une mère, cette fois-ci, veut sacrifier ses deux filles pour favoriser l'avancement d'un fils « dénaturé »[188]. L'une est contrainte à entrer au couvent, l'autre y échappe de peu, avant que son frère ne l'estourbisse pour qu'elle se noie[189]. Si Louvet n'était pas tant concerné par « l'irrévocabilité des vœux ecclésiastiques » que par « l'indissolubilité du mariage »[190], parce qu'il dut attendre quinze années avant de pouvoir épouser celle qu'il aimait[191], il se préoccupait manifestement, en homme des Lumières, de la contrainte à laquelle assujettissaient les règles monastiques, la référence à La Harpe et à sa pièce *Mélanie* lui permettant d'inscrire son œuvre romanesque dans un débat agitant alors une opinion publique en voie d'émergence.

De manière encore plus patente, le souvenir du théâtre de Beaumarchais investit *Les Amours* où l'on distingue des personnages, des scènes et des motifs issus, pour la plupart, de la trilogie du dramaturge. Tout d'abord, Faublas semble avoir hérité de certains traits de Chérubin, l'un des plus charmants personnages de *La Folle Journée, ou le Mariage de Figaro*[192]. Il n'est guère plus âgé que le petit page et, s'il va vivre les plaisirs sensuels que ce dernier aura eu à peine le temps de goûter[193], il conserve cette même fraîcheur enjouée qui, en tout temps, le distingue du roué. Certes, il devient un libertin jouisseur qui ne dédaigne aucune femme, passant de la marquise de B*** à la soubrette Justine,

---

187   Voir Louvet de Couvray, *Émilie de Varmont, ou le Divorce nécessaire et les Amours du curé Sévin*, éds. Geneviève Goubier-Robert et Pierre Hartmann, Aix-en-Provence, Publications de l'Université de Provence, 2001.

188   *Ibid.*, p. 45.

189   Voir *ibid.*, pp. 45-46, 48-49.

190   Geneviève Goubier-Robert et Pierre Hartmann, « Préface », dans Louvet de Couvray, *Émilie de Varmont, op. cit.*, p. 7.

191   Voir *id.* et Michel Delon, « Préface », dans Louvet de Couvray, *Les Amours, op. cit.*, p. 11.

192   Nous reprenons ici partiellement la matière de notre article « L'exemplarité du théâtre de Beaumarchais dans *Les Amours du chevalier de Faublas* », dans Nelson Guilbert (dir.), *Avatars de l'exemplarité*, suivi de Sébastien Drouin (dir.), *Écrire l'histoire au siècle des Lumières*, Paris, Hermann, « Les collections de la République des Lettres », 2014, pp. 21-42.

193   Dans *La Mère coupable*, on apprend que Léon est le fils illégitime de la Comtesse et de Chérubin. Voir Beaumarchais, *L'Autre Tartuffe, ou la Mère coupable*, dans *Théâtre : Le Sacristain. Le Barbier de Séville. Le Mariage de Figaro. La Mère coupable*, éd. Jean-Pierre de Beaumarchais, Paris, Garnier Frères, coll. « Classiques Garnier », 1980, II, 1, p. 368. Désormais, toutes les références au théâtre de Beaumarchais renverront à cette édition.

saisissant toutes les occasions qui se présentent à lui ; toutefois, son « impatiente vivacité » et son « imagination bouillante »[194] rappellent l'aimable polissonnerie du « petit garnement »[195] du *Mariage de Figaro*. L'intrépidité dont il fait preuve tout au long du récit est semblable à celle de Chérubin : il escalade les murs, saute par les fenêtres et court sur les toits, n'hésitant pas non plus à tirer son épée pour venger son honneur ou celui d'une femme outragée. Il a, en outre, le mérite d'avoir « une jolie figure », que remarquent aussi bien les hommes que les femmes, à la fois « douce et fine » avec ce « léger duvet [qui] couvre à peine ses joues »[196], favorable à tous les travestissements qui tromperont systématiquement la vigilance des maris et des duègnes.

Outre le personnage de Chérubin, celui de La Jeunesse du *Barbier de Séville* a un homonyme dans *Les Amours*. Les deux personnages sont des valets de barbons de comédie : le premier est le « vieux domestique de Bartholo »[197], le second est d'abord le palefrenier du marquis de B***, avant d'entrer au service du vicomte de Valbrun. Faublas le décrit comme « un de ces grands coquins insolents et lâches, que le luxe enlève à l'agriculture, que [eux] autres, gens comme il faut, pay[ent] pour jouer aux cartes ou pour dormir sur des chaises renversées près des fournaises de [leurs] antichambres ; pour jurer, boire et se moquer d['eux] dans [leurs] offices ; pour manger au cabaret l'argent de *monsieur*, pour caresser dans les mansardes les femmes de chambre de *madame* »[198]. Dans la pièce de Beaumarchais, le personnage joue un rôle secondaire : il n'intervient qu'à la scène 7 de l'acte II où, avec l'Éveillé, il est convoqué par son maître Bartholo qui veut savoir si quelqu'un s'est ou non introduit chez sa pupille Rosine pendant son absence. Le comique de La Jeunesse est d'emblée inscrit dans son nom qui est antiphrastique par rapport à son âge (« LA JEUNESSE *arrive en vieillard avec une canne en béquille* »[199]), comme celui de L'Éveillé est antinomique par rapport à l'état de fatigue qu'il manifeste. Le comique de ces deux domestiques repose également, chez l'un, sur ses éternuements répétés et, chez l'autre, sur ses bâillements incessants, dont le « sternutatoire »[200] et le « narcotique »[201] administrés par Figaro sont

---

[194] Louvet de Couvray, *Les Amours, op. cit.*, p. 652.
[195] Beaumarchais, *Le Mariage de Figaro, op. cit.*, I, 15, p. 221.
[196] Louvet de Couvray, *Les Amours, op. cit.*, p. 64.
[197] Beaumarchais, *Le Barbier de Séville, op. cit.*, p. 40.
[198] Louvet de Couvray, *Les Amours, op. cit.*, pp. 498-499 ; c'est l'auteur qui souligne.
[199] Beaumarchais, *Le Barbier de Séville, op. cit.*, II, 7, p. 70.
[200] *Id.*
[201] *Ibid.*, II, 4, p. 67.

la cause. Le premier « éternue à se faire sauter le crâne et jaillir la cervelle », le second « bâille et dort tout éveillé »[202]. Au comique de geste s'ajoute enfin le fait que l'un comme l'autre sont incapables de remplir leur emploi. Aussi apprend-on à la scène 5 de l'acte III qu'on a dû « les faire coucher »[203]. Ni l'un ni l'autre ne reparaîtront sur scène.

Que devient La Jeunesse dans *Les Amours*? On constate d'abord que Louvet exploite principalement ce personnage dans la première partie du roman, où il prend une réelle ampleur par rapport à son archétype dramatique. Non seulement l'auteur le fait intervenir à plusieurs reprises, mais il lui confère aussi une charge comique dans des scènes où, malgré lui, il se trouve souvent confronté à Faublas. Ce dernier ne cesse d'éconduire « ce pauvre domestique » qu'il « salu[e] d'un grand coup de fouet » le jour où ce « zélé postillon » le poursuit vigoureusement à cheval « dans les environs de Paris »[204]. Aux dires de Justine, il en eut « le bras tout noir »[205]. Plus tard, surpris dans la chambre de la soubrette par son amant en titre, Faublas lui décoche un coup de poing, qui le fait « tombe[r] à la renverse » et lui cause « une balafre sur l'œil »[206]. Sans le savoir, Faublas devient un rosseur rossé, lorsque la Jeunesse le « régal[e] de coups de bâton »[207] dans le jardin de la petite maison de M. de Valbrun. Ce « grand diable de palefrenier » donne lieu à plusieurs scènes farcesques et scènes de comédie, comme celle qui se joue chez le commissaire, où ce « butor »[208] occupe le rôle de plaignant[209]. Dès lors, si la Jeunesse n'est qu'un personnage secondaire chez Louvet, il bénéficie cependant d'une forme de promotion par rapport à ce qu'il était chez Beaumarchais, où il ne provoquait que des effets comiques faciles. Il participe désormais à la progression de l'action et produit un comique de situation (quiproquos au pont de Sèvres et dans la chambre de Justine) et un comique de geste (coup de fouet, coup de poing et coups de bâton). Louvet étoffe ce personnage qui n'est plus une simple silhouette bouffonne.

Quant au ridicule M. de Lignolle, il est peut-être également un souvenir du *Barbier* et de son barbon Bartholo :

---

202 *Ibid.*, III, 5, p. 104.
203 *Ibid.*, III, 5, p. 108.
204 Louvet de Couvray, *Les Amours, op. cit.*, pp. 302-304.
205 *Ibid.*, p. 389.
206 *Ibid.*, pp. 399-400.
207 *Ibid.*, p. 498. Dans le roman, le nom du personnage de la Jeunesse est écrit avec une minuscule ; nous conservons cette orthographe afin de le distinguer du personnage dramatique.
208 *Ibid.*, pp. 383, 387.
209 Voir *ibid.*, pp. 400-414.

C'est un homme épais, mal fait dans sa grande taille, et dont la grosse figure fut peut-être belle dans son temps, mais n'eut jamais d'expression. On assure que plusieurs femmes ont tenté de lui plaire ; mais on n'en peut citer qu'une qu'il ait aimée. Ce monsieur a consacré sa vie aux muses ; il est du nombre de ces petits beaux esprits de qualité dont Paris fourmille, de ces nobles littérateurs qui croient aller au temple de mémoire par des quatrains périodiquement imprimés dans les papiers publics. Il raffolera de vous, si vous prenez la peine de déclamer contre la philosophie moderne et de deviner des énigmes[210].

Le portrait physique et moral du comte n'est guère flatteur, mais il est pourtant moins antipathique que celui de Bartholo, présenté par Figaro comme « un beau, gros, court, jeune vieillard, gris, pommelé, rusé, rasé, qui guette, et furète, et gronde, et geint tout à la fois »[211]. À eux seuls ces portraits suffisent à indiquer au lecteur ou au spectateur que ces personnages vont susciter le rire. Il convient alors de se demander si le comique relève d'un trait, d'un discours ou d'une situation communs à ces protagonistes, ou bien s'il résulte de caractéristiques propres à chacun d'eux. Rappelons d'abord que tous deux appartiennent à la longue lignée des barbons jaloux et avares, si ce n'est que le comte est, de surcroît, gratifié de vanité, de sottise et d'impuissance sexuelle. Ils sont prudents et soupçonneux, mais Bartholo s'avère plus perspicace que M. de Lignolle : « [I]l ne se laisse prendre ni à l'explication de la chanson tombée dans la rue, ni à celle du cornet de bonbons destinés à la petite Figaro »[212]. Bartholo démêle les petites ruses de sa pupille Rosine qu'il s'acharne à vouloir confondre par des interrogatoires, témoignant d'une cruelle lucidité. Beaumarchais l'avait annoncé dans sa « Lettre modérée sur la chute et la critique du *Barbier de Séville* » : « [L]e tuteur est un peu moins sot que tous ceux qu'on trompe au théâtre »[213]. Cependant, l'explication du dramaturge relève presque de l'euphémisme, lorsqu'on constate la clairvoyance dont le personnage fait preuve dans les premiers actes de la pièce :

---

210   *Ibid.*, p. 561.
211   Beaumarchais, *Le Barbier de Séville, op. cit.*, I, 4, p. 52.
212   Maurice Descotes, *Les Grands Rôles du théâtre de Beaumarchais*, Paris, Presses Universitaires de France, 1974, p. 67.
213   Beaumarchais, « Lettre modérée sur la chute et la critique du *Barbier de Séville* », dans *Théâtre, op. cit.*, p. 27.

BARTHOLO

Le vent, le premier venu !... Il n'y a point de vent, madame, point de premier venu dans le monde ; et c'est toujours quelqu'un posté là exprès qui ramasse les papiers qu'une femme a l'air de laisser tomber par mégarde[214].

BARTHOLO

Heureux, m'amour, d'avoir pu nous en délivrer ! Mais n'es-tu pas un peu curieuse de lire avec moi le papier qu'il t'a remis ?

ROSINE

Quel papier ?

BARTHOLO

Celui qu'il a feint de ramasser pour te le faire accepter[215].

À l'opposé de la méfiance et de la jalousie exacerbée de Bartholo, la crédulité et, surtout, la vanité du comte lui font approuver le choix de la nouvelle dame de compagnie de sa femme – Faublas travesti – pour la seule raison qu'elle a résolu sa « plus belle charade »[216]. Comme Bartholo qui restreint la liberté de Rosine, M. de Lignolle exerce une censure à l'égard d'Éléonore : le premier ne laisse que six feuilles de papier à sa pupille[217], le second n'autorise que la lecture de « bons livres, bien moraux »[218]. Tous deux également condamnent les lumières prétendues du siècle. L'« esprit rétrograde »[219] de Bartholo (« Pardon de la liberté ! Qu'a-t-il produit pour qu'on le loue [le siècle] ? Sottises de toute espèce : la liberté de penser, l'attraction, l'électricité, le tolérantisme, l'inoculation, le quinquina, *L'Encyclopédie*, et les drames... »[220]) trouve un écho dans le discours antiphilosophique du comte, bien que le conservatisme de ce dernier soit explicitement attribué à un ouvrage de Mme de Genlis[221] et qu'à ce titre, il

---

214   Beaumarchais, *Le Barbier de Séville*, op. cit., II, 4, p. 67.
215   *Ibid.*, II, 15, p. 86.
216   Louvet de Couvray, *Les Amours*, op. cit., p. 565.
217   Voir Beaumarchais, *Le Barbier de Séville*, op. cit., II, 11, p. 77.
218   Louvet de Couvray, *Les Amours*, op. cit., p. 568.
219   Maurice Descotes, *Les Grands Rôles du théâtre de Beaumarchais*, op. cit., p. 66.
220   Beaumarchais, *Le Barbier de Séville*, op. cit., I, 3, p. 49.
221   Dans une note, Louvet indique qu'il fait référence à *La Religion considérée comme l'unique base du bonheur et de la véritable philosophie* (1787) ; voir *Les Amours*, op. cit., p. 578.

s'inscrit, plus généralement, dans le portrait traditionnel du barbon hostile aux idées nouvelles.

Le ridicule de M. de Lignolle est intrinsèque au personnage, qui se méprend sur le sens du mot « charade », que les amants entendent tout autrement[222]. Le rire surgit des nombreux quiproquos où le comte encourage Mlle de Brumont – Faublas travesti – à enseigner la technique de la charade à la comtesse, ignorant que ce mot signifie, pour les amants, l'art de faire l'amour :

> La comtesse l'interrompit : « À propos de charade, mademoiselle de Brumont, savez-vous bien que monsieur n'a pas encore pu deviner la nôtre ? — Bon ! c'est qu'elle n'est pas exacte, répondit-il. — Voilà une bonne raison ! s'écria madame de Fonrose. Comment ! mademoiselle, votre charade n'est pas exacte ? » Je lui répliquai, en montrant la comtesse : « C'est madame qui l'a faite. — Oui, répondit celle-ci ; mais c'est vous qui me l'avez fait faire. — N'importe, reprit la baronne ; si elle n'est pas exacte, il faut la recommencer. » La comtesse repartit : « C'est notre intention, madame. — Sans doute, dit M. de Lignolle, il faut la recommencer. — Cela vous fera donc plaisir ? lui demanda sa femme. — Assurément, madame, et beaucoup ; je voudrais même pouvoir vous y aider, je voudrais pouvoir vous enseigner... — Je vous rends mille grâces, interrompit-elle. Je ne veux plus désormais d'autre précepteur que mademoiselle de Brumont. D'ailleurs, monsieur, ce serait peut-être bien inutilement que vous essaieriez de devenir le mien. — Sans doute ! j'ai fait dans ma vie, tant en énigmes qu'en charades, plus de cinq cents poèmes : ce serait un vrai travail pour moi de me remettre aux premiers éléments. — Cependant, monsieur, lui dis-je, je prendrai la liberté de vous observer que madame la comtesse est jeune, curieuse et pressée d'apprendre. — Eh bien ! mademoiselle, vous n'avez pas besoin d'un second pour lui montrer tout ce qui lui importe de connaître ; vous êtes, j'en suis sûr, très en état de donner d'excellents principes à votre écolière[223].

La méprise de ce mari trompé donne lieu à de véritables scènes de comédie. En revanche, le ridicule de Bartholo est extrinsèque au personnage, qui « n'est pas comique en lui-même » : Bartholo « est moins ridicule par ce qu'il dit et par ce qu'il fait que par la *situation* dans laquelle il est placé et parce que cette situation se retourne contre lui »[224]. Par conséquent, le personnage

---

222   Voir Louvet de Couvray, *Les Amours, op. cit.*, pp. 601-602.
223   *Ibid.*, p. 667.
224   Maurice Descotes, *Les Grands Rôles du théâtre de Beaumarchais, op. cit.*, pp. 69, 67 ; c'est l'auteur qui souligne.

dramatique et le personnage romanesque ne suscitent pas le rire de la même manière, mais tous deux appartiennent à la grande famille des vieillards dupés dont les « précautions » s'avèrent « inutiles ». S'ils s'inscrivent dans une tradition théâtrale, ils possèdent néanmoins une personnalité propre qui permet au lecteur ou au spectateur de différencier M. de Lignolle de Bartholo et Bartholo de ses prédécesseurs.

Le comte de Lignolle rappelle également les personnages de Chrysale et de Trissotin dans *Les Femmes savantes* et la comtesse évoque celui de Célimène dans *Le Misanthrope*. En effet, comme Chrysale qui obtempère aux moindres injonctions de Philaminte[225], M. de Lignolle se soumet instantanément aux incessants « Je le veux »[226] de son épouse. Or, ce « Je le veux » est le mot exact de Célimène dans la scène 4 de l'acte II du *Misanthrope* : « Je le veux », ou encore « Je le veux, je le veux »[227] ; c'est aussi un « *je le veux* »[228] qu'Ariste recommande à son frère Chrysale d'opposer à Philaminte. Cet emprunt littéral est d'autant plus important dans *Les Amours* qu'il caractérise d'emblée la comtesse de Lignolle lors de sa première apparition[229]. À cet égard, le romancier procède comme le dramaturge. Lorsque Molière fait entrer en scène un personnage principal, il fait immédiatement apercevoir au spectateur amusé le défaut ou le vice dont il est l'incarnation ; de même, lorsque Louvet introduit la comtesse, il met en évidence par ce « je le veux » son caractère impérieux. Quant à M. de Lignolle, il partage avec Trissotin son pédantisme, tous deux étant de « beaux esprits »[230]. Comme Molière[231], Louvet utilise également la métaphore (précieuse) de l'enfantement pour désigner la création littéraire, avec cette différence qu'il exploite en même temps le sens propre et le sens figuré : « Et que faites-vous donc, madame ? — Des enfants qu'on puisse croire les vôtres, monsieur. — Que voulez-vous dire ? — Que je finis une charade »[232].

---

225   Voir Molière, *Les Femmes savantes*, dans *Œuvres complètes, tome 2*, éds. Georges Forestier et Claude Bourqui, Paris, Gallimard, coll. « Bibliothèque de la Pléiade », 2010, II, 6. Désormais, sauf indication contraire, toutes les références aux pièces de Molière renverront à cette édition.
226   Louvet de Couvray, *Les Amours, op. cit.*, pp. 564, 569, 573, 576-578, etc.
227   Molière, *Le Misanthrope*, dans *Œuvres complètes, tome 1*, éds. Georges Forestier et Claude Bourqui, *op. cit.*, II, 3, v. 554, p. 672 et v. 557, p. 673.
228   Molière, *Les Femmes savantes, op. cit.*, II, 9, v. 686, p. 570 ; c'est l'auteur qui souligne.
229   Voir Louvet de Couvray, *Les Amours, op. cit.*, p. 564.
230   *Ibid.*, p. 561. On trouve également le « nom de bel Esprit » dans *Les Femmes savantes* (Molière, *Œuvres complètes, tome 2, op. cit.*, II, 9, v. 692, p. 570).
231   Voir Molière, *Les Femmes savantes, op. cit.*, III, 1, v. 720-722, p. 572.
232   Louvet de Couvray, *Les Amours, op. cit.*, p. 602.

En somme, les emprunts de Louvet à la comédie moliéresque sont manifestes, si bien que Molière et son théâtre semblent constituer, pour *Les Amours*, l'un des modèles les plus achevés du comique.

Le parallèle que l'on a établi précédemment entre Chérubin et Faublas est corroboré par celui que l'on peut faire entre la scène de travestissement du page dans *Le Mariage de Figaro* et l'une des premières scènes de travestissement de Faublas. Dans *La Folle journée*, le motif du travestissement de Chérubin, dont Figaro a l'idée, se veut moral : il est destiné à démasquer les projets malveillants du Comte qui veut acheter les faveurs de Suzanne. Toute l'intrigue repose sur la réussite de cette mystification où Chérubin travesti doit confondre le grand seigneur devant ses gens. Mais l'exécution de ce plan est entravée par l'arrivée inattendue de « Monseigneur » et laisse au spectateur le souvenir d'une scène ambiguë entre la Comtesse et son filleul. Là où le dramaturge ne peut que suggérer, le romancier a l'entière liberté de décrire ce que la bienséance empêche de représenter. Louvet va exploiter cette fameuse « séquence »[233] (acte II, sc. 4-10) du *Mariage*. De la superbe chambre d'une Comtesse, on pénètre dans le charmant boudoir d'une marchande de modes ; le grand lit en alcôve devient un lit à ressorts placé « dans le fond d'une alcôve dorée, tapissée de glaces »[234] ; la baigneuse, les épingles et les hardes de Suzanne font place au jupon, au corset, à la pommade et à la poudre de la marquise. On passe d'un travestissement de servante à celui de demoiselle. Ce changement de décor donne immédiatement le ton à une scène qui, désormais, n'est plus équivoque :

> Une porte, que je n'avais pas remarquée, s'ouvrit tout à coup ; la marquise entra. Voler dans ses bras, lui donner vingt baisers, l'emporter dans l'alcôve, la conduire sur le lit mouvant, m'y plonger avec elle dans une douce extase, ce fut l'affaire d'un moment. La marquise reprit ses sens en même temps que moi. Je lui demandai comment elle se portait[235].

---

[233] Gabriel Conesa emprunte la notion de « séquence » à Jacques Schérer qui, lui, utilise l'expression « mouvement de scènes » : « [L]a dernière unité dramatique importante est, chez Beaumarchais, non pas la scène – unité de convention, délimitée par l'entrée ou la sortie d'un personnage, qui ne correspond pas nécessairement à une articulation du texte – mais la séquence constituée de plusieurs scènes » (Gabriel Conesa, *La Trilogie de Beaumarchais : écriture et dramaturgie*, Paris, Presses Universitaires de France, coll. « Littératures modernes », 1985, p. 134).
[234] Louvet de Couvray, *Les Amours, op. cit.*, p. 163.
[235] *Id.*

Chez Louvet, l'action devance le badinage galant. Les confidences explicites d'une marquise éprise de son amant ne sont pas comparables avec la retenue d'une Comtesse aux prises avec un « goût naissant »[236]. L'une accomplit ce que l'autre s'interdit de penser, mais toutes deux témoignent d'une tendresse maternelle à l'égard de leur filleul ou de leur amant (« Taisez-vous, taisez-vous, enfant ! »[237] et « Petite, il faut coiffer cette enfant »[238]). C'est dans un style qui imite Beaumarchais que Louvet procède à une explicitation de la séquence du travestissement. Le dramaturge avait pourtant donné des indications précises afin que toute équivoque soit écartée. À propos du jeu de la Comtesse, il expliquait que pour tenir « ce rôle, un des plus difficiles de la pièce », il convenait de « ne montrer qu'une sensibilité *réprimée* », « rien surtout qui dégrade aux yeux du spectateur son caractère aimable et vertueux »[239]. Ses précautions doivent être néanmoins nuancées par une lettre de Sedaine à l'auteur, datée du 9 septembre 1781, dans laquelle il évoque la première version de la scène qui était bien plus explicite : « Je crains qu'on ne puisse supporter sur la scène cette charmante et facile Comtesse que l'imagination au sortir du cabinet voit encore toute barbouillée de foutre »[240]. Une autre variante du début de l'acte II rend compte de la grivoiserie des premiers manuscrits, qui sont indiscutablement plus audacieux que la version finale : la réplique de Suzanne qui se plaint des assauts de Chérubin – « Ma marraine par-ci ; je voudrais bien par l'autre ; et parce qu'il n'oserait seulement baiser la robe de madame, il voudrait toujours m'embrasser, moi »[241] – était beaucoup moins édulcorée : « [P]arce qu'il *ne peut rien* baiser *à* madame, il *veut* toujours *me baiser quelque chose* »[242].

On ignore si Louvet connaissait l'existence de la première version du *Mariage*, mais son adaptation romanesque de la séquence du travestissement réalise ce qui n'était que latent chez Beaumarchais. Il transforme une scène équivoque en une scène libertine dont il accentue l'érotisme par la répétition des attaques auxquelles la marquise doit mettre un terme : « Non, mon bon ami, ajouta-t-elle, il ne faut abuser de rien »[243]. Le romancier rend explicite un acte symbolisé tout au long de la pièce par le fameux ruban de *La Folle Journée*, qui n'est « jamais décrit, mais toujours présent, [et] chargé de laisser

---

236   Beaumarchais, « Préface », *Le Mariage de Figaro, op. cit.*, p. 152.
237   Beaumarchais, *Le Mariage de Figaro, op. cit.*, II, 9, p. 215.
238   Louvet de Couvray, *Les Amours, op. cit.*, p. 168.
239   Cité par Maurice Descotes, *Les Grands Rôles du théâtre de Beaumarchais, op. cit.*, p. 155 ; c'est l'auteur qui souligne.
240   « Variantes », dans Beaumarchais, *Théâtre, op. cit.*, p. 464.
241   Beaumarchais, *Le Mariage de Figaro, op. cit.*, II, 1, p. 203.
242   « Variantes », dans Beaumarchais, *Théâtre, op. cit.*, p. 466 ; c'est l'auteur qui souligne.
243   Louvet de Couvray, *Les Amours, op. cit.*, p. 168.

entendre ce qui ne sera jamais dit »[244]. Objet de la femme aimée, il est volé par Chérubin, repris par la Comtesse et jeté en guise de jarretière aux noces de Figaro. Devenu, chez Louvet, un simple accessoire destiné à nouer les cheveux du travesti, il a perdu toute sa symbolique qui, par ailleurs, n'a plus lieu d'être. Ajoutons un dernier mot sur le rôle de la camériste dont la présence est indispensable pour permettre le parallèle entre ces deux scènes construites autour d'un trio. La folle gaieté et les taquineries de Suzanne deviennent impertinence et brutalité chez Justine qui malmène Faublas en lui tirant les cheveux et en lui jetant de la poudre aux yeux. La première agace la Comtesse par son enjouement, la seconde est agacée par les galanteries de celui qui l'honorait peu de temps auparavant. Suzanne s'efface progressivement de la scène, alors que Justine gêne le jeu des amants jusqu'à mettre fin au badinage par une querelle. Le traitement des soubrettes illustre le travail effectué par Louvet dans l'adaptation romanesque de cette séquence : Suzanne est écartée afin de favoriser une intimité entre la Comtesse et son filleul, tandis que Justine s'impose entre les amants et achève une scène qu'il faut désormais clore. Par conséquent, le romancier adapte la séquence dramatique à différents niveaux : il substitue au badinage l'action, à la résistance de la Comtesse et à la timidité de Chérubin l'abandon de la marquise et la vivacité de Faublas, à la symbolique du ruban l'étreinte des amants et à l'allégresse de Suzanne la jalousie de Justine. Cette scène libertine, étrangère aux ambitions morales des scènes originelles[245], permettra, quelques pages plus loin, d'introduire celle de l'ottomane, qui repose sur un remarquable coup de théâtre. D'autres passages des *Amours* font écho à *La Folle Journée*, mais la scène de travestissement est sans aucun doute l'un des emprunts les plus manifestes du romancier au dramaturge. Non seulement elle fournit au récit une admirable scène de comédie, mais en plus elle témoigne d'un plaisir de spectateur (Louvet en tant que spectateur de Beaumarchais) et de littérateur qui montre beaucoup d'habileté dans l'utilisation des emprunts à son contemporain.

La scène de reconnaissance qui clôt la première partie des *Amours* rappelle encore *Le Mariage de Figaro*[246]. On se souvient en effet que, dans *La Folle Journée*, Marceline retrouve son fils Figaro, ou plutôt Emmanuel, grâce

---

244   Christiane Mervaud, « Le 'ruban de nuit' de la Comtesse », RHLF, n° 5, 1984, pp. 722-733, et p. 725 pour la citation.
245   Voir Beaumarchais, « Préface », *Le Mariage de Figaro, op. cit.*, pp. 151-152.
246   Voir Catherine Ramond, « Les éléments théâtraux dans *Les Amours du chevalier de Faublas* », dans Pierre Hartmann (dir.), *Entre Libertinage et Révolution : Jean-Baptiste Louvet (1760-1797). Actes du colloque du Bicentenaire de la mort de Jean-Baptiste Louvet. Strasbourg 1997*, Strasbourg, Presses Universitaires de Strasbourg, 1999, pp. 63-71, et pp. 64-65 pour cet épisode.

au « hiéroglyphe » ou à la « spatule »[247] tatouée sur son bras droit. Cette reconnaissance supprime le principal obstacle au mariage de Suzanne et de Figaro, puisque Marceline voulait obliger ce dernier à l'épouser. Si le jardinier Antonio s'oppose à son tour au mariage de sa nièce Suzanne parce que les parents de Figaro – désormais connus – ne sont pas mariés, l'obstacle est néanmoins vite levé[248]. Comme dans la pièce, le mariage de Faublas et de Sophie est célébré à la suite d'une scène de reconnaissance[249], que permet le signe distinctif gravé sur le bras de l'héroïne. Toutefois, il ne s'agit plus d'un valet de chambre, mais d'une jeune fille de la haute noblesse polonaise ; ni d'annuler une promesse de mariage pour en autoriser un autre, mais de révéler un secret d'importance qui va favoriser l'union des deux amants (Faublas et Sophie) et de deux familles (les Faublas et les Lovzinski). Cette scène permet également de lier le récit secondaire de Lovzinski[250], soit M. du Portail, au récit principal de Faublas. Par conséquent, elle remplit à la fois une fonction dramatique, dans la mesure où elle conduit au dénouement de la première partie, et une fonction narrative, puisqu'elle justifie le long épisode polonais. À la fin d'« Une année de la vie de Faublas », les deux histoires se rejoignent pour mener à l'heureux dénouement :

> Messieurs, continue le baron de Gorlitz [père adoptif de Sophie], j'ai passé ma vie au milieu des armes. En 1771, je servais dans les armées russes, nous faisions la guerre à des Polonais révoltés.
>
> M. DU PORTAIL
> À des Polonais ! en 1771 ?
>
> LE BARON DE GORLITZ
> Oui, monsieur ; mais vous m'interrompez à chaque instant... Après une sanglante victoire remportée sur eux, je ne demandai pour ma portion d'un butin considérable qu'un enfant alors âgé de deux ans à peu près.
>
> M. DU PORTAIL, *se levant et courant vers Sophie*.
> Ah ! ma chère Dorliska !

---

247 Beaumarchais, *Le Mariage de Figaro*, op. cit., III, 16, p. 269.
248 Voir *ibid.*, III, 18, p. 276 et III, 19, pp. 277-278.
249 Voir Louvet de Couvray, *Les Amours*, op. cit., p. 444.
250 Voir *ibid.*, pp. 129-157, 234-276.

LE BARON DE GORLITZ, *le retenant.*
Dorliska ? c'est le nom que j'ai trouvé écrit au bas d'une miniature attachée sur sa poitrine !

M. DU PORTAIL, *tire promptement un portrait de sa poche.*
Monsieur, voilà le pareil portrait... Ô ma fille ! ma chère fille !

LE BARON DE GORLITZ, *le retenant encore.*
Votre fille ! Monsieur, quelles sont les armes de votre maison ?

M. DU PORTAIL, *montre son cachet.*
Les voilà.

LE BARON DE GORLITZ
C'est cela même ; elle les porte gravées sous l'aisselle[251].

Cette scène, dont la théâtralité est soulignée par la disposition des répliques et où la tension dramatique est à son apogée, constitue un épisode clef de la première partie. Depuis le théâtre antique, la scène de reconnaissance est un procédé fort utile pour dénouer les fils d'une intrigue ; chez Louvet, elle montre à quel point la conception que les romanciers se font d'une intrigue, de sa fabrique et de son dénouement, procède des modèles offerts par les dramaturges. Comme la « spatule » qui désigne la profession du père de Figaro – le médecin Bartholo –, le signe gravé sur le bras de Sophie révèle son appartenance à la maison Lovzinski. Enfin, toujours comme dans *Le Mariage de Figaro* où le jardinier s'oppose soudainement au mariage de sa nièce, alors que la situation semblait résolue, Lovzinski « repousse sa fille »[252] qu'il recherchait depuis douze ans. Un second obstacle s'ajoute au premier afin de prolonger le suspens, de sorte que Louvet reprend non seulement la scène de reconnaissance, mais aussi le redoublement des obstacles au mariage.

En ce sens, le théâtre de Beaumarchais constitue l'une des principales sources dramatiques de Louvet qui lui emprunte le nom d'un personnage, certains traits de son barbon et des scènes. C'est dans *Le Barbier de Séville* et dans *Le Mariage de Figaro* que le romancier puise pour nourrir la veine comique de ses *Amours*. Michel Delon a d'ailleurs comparé la construction tripartite du roman à la trilogie du dramaturge : « *Le Barbier de Séville*, proche encore

---

251   *Ibid.*, p. 442.
252   *Ibid.*, p. 443.

de la farce, est suivi par une comédie, *Le Mariage de Figaro*, où l'on se hâte de rire de peur d'avoir à en pleurer puis par *La Mère coupable*, un drame où plus rien n'est comme avant, où l'on a perdu jusqu'au goût du rire »[253]. De même, Paul Morand percevait l'évolution du roman comme « un fabliau, puis un marivaudage, et, pour finir, une tragédie élisabéthaine »[254]. Dans les deux cas, la référence théâtrale s'impose, ordonnant même jusqu'à l'économie générale de l'œuvre.

Enfin, dans la troisième partie des *Amours*, le nom de « *Baletti* »[255] semble faire référence à l'illustre comédienne de la nouvelle troupe italienne, Silvia, pour laquelle Marivaux composa de nombreuses pièces[256]. L'auteur des *Lettres historiques à Mr D*** sur la nouvelle comédie italienne* témoignait déjà du talent prometteur de cette jeune actrice, alors âgée de seize ou dix-sept ans, dès ses premiers rôles de seconde amoureuse : « [S]on jeu est tout à fait noble et elle entre vivement dans la passion ; son action en dit plus que ses discours, qui ne sont pas assez variés »[257]. Toutefois, il ne fait aucune mention particulière de sa voix, alors qu'il note, par ailleurs, « la voix aigre et par conséquent désagréable »[258] d'Elena Virginia Balletti, dite Flaminia. Or, dans *Les Amours*, Louvet cite le nom de « Baletti » pour la douceur de sa voix envoûtante et non pas pour ses qualités de comédienne[259]. C'est qu'à vrai dire, il existe une autre « Baletti », exactement contemporaine du romancier et dont la caractéristique essentielle, la voix, permet de penser qu'il s'agit d'Elene-Riccoboni, « connue sous le nom de *Rose Baletti* »[260]. Les qualités de la voix de cette cantatrice correspondent précisément à celles que le narrateur évoque : « [S]a voix était douce, sa vocalisation parfaite et son expression touchante »[261].

---

253   Michel Delon, « Préface », dans Louvet de Couvray, *Les Amours, op. cit.*, p. 24.
254   Paul Morand, « Les œillades du chevalier de Faublas », dans *Mon Plaisir… en littérature*, Paris, Gallimard, 1967, pp. 73-77, et p. 75 pour la citation.
255   Louvet de Couvray, *Les Amours, op. cit.*, p. 919 ; c'est l'auteur qui souligne.
256   Voir Ola Forsans, *Le Théâtre de Lélio : étude du répertoire du nouveau théâtre italien de 1716 à 1729*, Oxford, Voltaire Foundation, coll. « Studies on Voltaire and the Eighteenth Century », 2006, pp. 21, 354 et Gustave Attinger, *L'Esprit de la commedia dell'arte dans le théâtre français* [1950], Genève, Slatkine Reprints, 2010, pp. 387-388.
257   [Nicolas Boindin], *Lettres historiques à Mr D*** sur la nouvelle comédie italienne*, Paris, Pierre Prault, 1717, p. 16 ; nous modernisons.
258   *Ibid.*, p. 15.
259   Voir Louvet de Couvray, *Les Amours, op. cit.*, p. 919.
260   François-Joseph Fétis, *Biographie universelle des musiciens et bibliographie générale de la musique, tome 1*, [2ᵉ éd.], Paris, Librairie de Firmin Didot Frères, 1860, p. 229 ; c'est l'auteur qui souligne.
261   *Id.*

Cette allusion est d'autant plus vraisemblable que l'artiste arrive à Paris en novembre 1788 et qu'elle intègre « la troupe des Bouffons du théâtre de Monsieur »[262], à une époque où Louvet rédige la dernière partie de ses *Amours* dans laquelle apparaît le nom de « Baletti ».

Que les romanciers fassent des dramaturges des personnages de fiction ou qu'ils mentionnent simplement leur nom, ils se plaisent manifestement à multiplier les allusions et les emprunts à leurs œuvres. Racine occupe une place de choix chez Prévost qui, s'il fait éprouver à des Grieux les tourments de la passion amoureuse et si la voix qu'il lui prête revêt les mêmes accents que ceux des héros tragiques, invente néanmoins un sens moderne du tragique, désormais étranger à toute intervention des dieux, aux Grands et à leur palais, investissant le monde ordinaire et transformant la passion malheureuse en un sentiment que des Grieux se remémore avec ravissement et qui, à ce titre, participe de l'expérience que le sujet fait de lui-même. La figure même de Racine, que Prévost présente dans ses *Mémoires et aventures* et qu'il élabore, avec une assez grande liberté, à partir d'événements tirés la vie du poète, lui permet notamment de mettre à distance le tragique racinien, tantôt en parodiant la scène la plus tragique de *Bérénice*, tantôt en mélangeant les tons – une scène comique ou burlesque pouvant succéder à un événement tragique. Le personnage de Racine auquel d'autres dramaturges se joignent le temps d'un souper concourt également à faire le portrait d'une époque qu'animent les polémiques et les controverses littéraires. En outre, tout comme Prévost, Marivaux s'intéresse moins aux comédiennes proprement dites qu'aux épisodes romanesques auxquels elles donnent lieu, ce qui lui permet, dans le cas du *Paysan parvenu*, de souligner l'extraordinaire ascension sociale de Jacob. Chez Louvet, enfin, bien que La Harpe et sa pièce *Mélanie* soient mentionnés, c'est Beaumarchais qui a sans doute exercé la plus grande influence sur *Les Amours* : des personnages de La Jeunesse, de Chérubin et de Bartholo jusqu'à la séquence de travestissement du page, en passant par la scène de reconnaissance et le redoublement des obstacles, la comédie sert de référence à l'invention comique et à l'affabulation romanesque.

Théâtre en titres

Le Mariage fait et rompu, ou l'Hôtesse de Marseille de Charles Dufresny dans *Les Confessions du comte de ****, *Le Café, ou l'Écossaise* de Voltaire dans *Dolbreuse*, ainsi que *Le Cid* de Corneille, *Le Médecin malgré lui* de Molière, *Philoctète* de La

---

[262] *Id.*

Harpe et *Sémiramis* de Voltaire dans *Les Amours* : nombreux sont les titres de pièces que mentionnent Charles-Pinot Duclos, Loaisel de Tréogate et Louvet de Couvray. Tout comme Loaisel, Duclos évoque une comédie qui lui est contemporaine et dont la création précède d'une vingtaine d'années l'écriture de son roman[263], tandis que Louvet, lui, mélange les genres dramatiques – la tragédie, la comédie et le drame – et les siècles, XVIIe et XVIIIe siècles. On aurait pu s'attendre à ce que ce dernier cite une tragédie de Racine à une époque où ses pièces étaient beaucoup jouées, mais c'est son rival qui a sa faveur car, comme Corneille, Louvet se réclame plutôt d'un tragique héroïque qu'il exploite, par exemple, dans son épisode polonais. Dans tous les cas, ces titres forment une constellation qui, comme on le verra, se trouve étroitement associée à l'écriture romanesque.

Le Mariage fait et rompu *chez Duclos*

Les Confessions du comte de ***, que Laurent Versini qualifie de « romanliste »[264], promènent le lecteur dans une longue galerie de portraits féminins où le narrateur distingue les caractères – la coquette, la dévote, la capricieuse, la libertine, la dédaigneuse, la jalouse, etc. –, les professions – l'intendante, la marchande bourgeoise –, les catégories sociales – les femmes appartenant au monde de la robe et de la finance – et, enfin, les pays – l'Espagne, l'Italie, l'Angleterre et la France. À la fin de la première partie du roman, Duclos introduit son héros dans le cercle de Mme de Tonins qui se pique de bel esprit[265] et dont le modèle serait la célèbre salonnière et romancière, Mme de Tencin[266]. Comme il était alors d'usage dans les salons, on y parle littérature et théâtre qui sont des sujets de conversation privilégiés, mais qui, pour Mme de Tonin, sont surtout un moyen de briller devant « sa petite cour »[267] :

---

263 Pour être exact, vingt ans séparent la première représentation du *Mariage fait et rompu* (1721) de la publication des *Confessions du comte de* *** (1741) et vingt-trois ans séparent la première de l'*Écossaise* (1760) de la parution de *Dolbreuse* (1783).

264 Laurent Versini, « Présentation », dans Duclos, *Les Confessions du comte de* *** [1741], Paris, Desjonquères, coll. « XVIIIe siècle », 1992, p. 8. Désormais, toutes les références à ce roman renverront à cette édition.

265 Voir, sur ce sujet, Duclos, *Considérations sur les mœurs de ce siècle*, éd. Carole Dornier, Paris, Honoré Champion, coll. « Champion classiques », 2005, chap. XII, « Sur la manie du bel esprit », pp. 194-204.

266 Voir Duclos, *Les Confessions, op. cit.*, p. 99, n. 2.

267 *Ibid.*, pp. 100, 107.

> On parla alors de deux romans nouveaux et d'une comédie que l'on jouait depuis quelques jours : on me demanda mon avis. Comme j'ai toujours été plus sensible au beau qu'au plaisir de chercher des défauts, je dis naturellement que dans les deux romans j'avais trouvé beaucoup de choses qui m'avaient fait plaisir, et que la comédie, sans être une bonne pièce, avait de grandes beautés. Mme de Tonins prit la parole pour faire la critique de ce que je venais de louer. Je voulus défendre mon sentiment, et je cherchai des yeux quelqu'un qui pût être de mon avis. J'ignorais qu'il n'y en avait jamais qu'un dans cette société. Mme de Tonins, peu accoutumée à la contradiction, soutint son opinion avec aigreur, et la compagnie en chœur applaudissait sans cesse à tout ce qu'elle disait. Je pris le parti de me taire, m'apercevant un peu trop tard que le ton de cette petite république était de blâmer généralement tout ce qui ne venait pas d'elle, ou qui n'était pas sous sa protection[268].

Peu importe la valeur des romans et de la comédie dont il est question, l'actualité littéraire est un prétexte comme un autre pour faire valoir l'ascendant qu'exerce Mme de Tonins et que souligne, par ailleurs, la vive et joyeuse approbation de ses courtisans[269]. Cette scène participe ainsi de la peinture et de la critique des caractères et des mœurs du XVIIIe siècle, auxquelles Duclos était particulièrement attaché[270]. Ce dernier dénonce le caractère autoritaire et la vanité de la salonnière qui, incapable de discuter, impose son opinion dans le seul but de jouir de son triomphe. Aucun jugement d'ordre esthétique, philosophique ou moral ne justifie la prise de position de Mme de Tonins, mais la seule volonté de contredire et de l'emporter. En moraliste, Duclos poursuit cette critique des « beaux esprits » dans un contexte où le théâtre en représente le moyen privilégié, puisqu'il est à la fois l'un des sujets de conversation et l'un des divertissements mondains que chérissent les salons du XVIIIe siècle où, le temps d'une soirée, on aime jouer la comédie :

> La fureur de jouer la comédie régnait alors à Paris ; on trouvait partout des théâtres. La société de Mme de Tonins prenait le même plaisir, et portait l'ambition plus haut. Pour comble de ridicule, on n'y voulait jouer que

---

268 *Ibid.*, p. 102.
269 Dans *Les Égarements* de Crébillon, le théâtre est, pour Mme de Lursay, un prétexte pour introduire la conversation avec Meilcour. Voir *infra*, pp. 128, 239.
270 Duclos est également l'auteur des *Mémoires pour servir à l'histoire des mœurs du dix-huitième siècle* (1751).

du neuf ; presque tous les acteurs étaient auteurs des pièces qu'ils jouaient. Nos représentations, car je fus bientôt admis dans la troupe, étaient d'un ennui mortel ; on se le dissimulait ; nous applaudissions tout haut, et nous nous ennuyions tout bas[271].

Ce passage témoigne d'abord de la grande vogue du théâtre de société qui, au XVIIIe siècle, « constitue un des fondements les plus stables de la vie mondaine et des échanges sociaux »[272] et qu'illustre le petit théâtre privé de Mme de Tonins. Cette « fureur de jouer la comédie » correspond à ce que l'on appelle la « théâtromanie » ou la « folie abdéritaine »[273] qui, au siècle des Lumières, caractérise cette exaltation générale pour le théâtre. Duclos lui-même est l'un des familiers de la société de Mme de Tencin qui se réunit, tous les mardis, rue Saint-Honoré, chez la salonnière et qui s'y donne en représentation. Selon le comte de ***, les dissertations et les discours savants occupent l'après-midi, tandis que seuls les bons mots et les traits d'esprit sont autorisés pendant le souper[274]. Au sujet de la salonnière, François Moureau écrit qu'elle « aimait à avoir la primeur des productions dramatiques de ses habitués »[275]. Aussi est-ce la connaissance qu'a Duclos du salon de Mme de Tencin qui nourrit sa fiction romanesque. Aux dires du narrateur, la société de Mme de Tonins ajoute au « ridicule » de ne jouer que des pièces nouvelles celui de s'y « ennuy[er] » fermement. Telle est la situation lorsque Mme de Tonins, devenue sa maîtresse, le sollicite pour composer un poème dramatique de son cru :

Mme de Tonins m'obligea aussi de faire une comédie. J'eus beau lui représenter combien j'en étais incapable, elle blâma cette modestie, et m'assura qu'avec ses conseils je ferais d'excellents ouvrages. Je n'en crus rien ; mais, par complaisance, je me mis à travailler. Dans ce temps-là Dufresny, qui était un peu engagé dans notre société, nous proposa d'essayer sur notre théâtre sa comédie du *Mariage fait et rompu*, avant de la donner au public ; on l'accepta, et on la joignit à la mienne. Dix ou

---

271 Duclos, *Les Confessions*, op. cit., p. 105.
272 Martine de Rougemont, *La Vie théâtrale en France au XVIIIe siècle*, Paris, Honoré Champion, 2001, p. 306.
273 *Ibid.*, pp. 310-311.
274 Duclos, *Les Confessions*, op. cit., pp. 100-102. Sur cette distinction, voir Marinella Mariani, « Un roman d'amour de Mme de Tencin. *Les Mémoires du comte de Comminge* », *Quaderni di filologia e lingue romanze*, Macerata, 1986, vol. 1, p. 113.
275 François Moureau, *Dufresny, auteur dramatique (1657-1724)*, Paris, Klincksieck, coll. « Bibliothèque de l'Université de Haute-Alsace », 1979, p. 101.

douze spectateurs choisis furent admis à cette représentation ; ma pièce réussit au mieux, et celle de Dufresny fut trouvée détestable. Je fus moi-même indigné d'un jugement si déraisonnable ; je pris seul le parti de la comédie de Dufresny. La dispute s'échauffa tellement à ce sujet que Mme de Tonins voulut absolument faire donner ma pièce aux comédiens français en même temps que *Le Mariage fait et rompu*. [...] Les deux pièces furent jouées à quelques jours de distance. Celle de Dufresny fut applaudie, comme elle le méritait ; elle est restée au théâtre et le public la revoit toujours avec plaisir ; et ma comédie, dont on ne connaissait point l'auteur, fut trouvée fort ennuyeuse. Le parterre, désespéré de ne pouvoir ni s'intéresser, ni rire, ni même siffler, fut réduit à bâiller. Le bon ton et l'esprit qu'on admirait chez Mme de Tonins ne firent point d'effet au théâtre. Point d'action, peu de fond, quelques portraits de société qui ne pouvaient pas être entendus et qui ne valaient guère la peine de l'être, ne faisaient pas une pièce qu'on pût hasarder en public. Je vis clairement que les gens du monde, faute d'étude et de talent exercé, sont rarement capables de former un tout tel que le théâtre l'exige. Ils composent comme ils jouent, mal en général, et passablement dans quelques endroits. Ils ont quelques parties au-dessus des comédiens de profession ; mais le total du jeu de la pièce est toujours mauvais : l'intelligence générale de toute l'action et le concert ne s'y trouvent jamais[276].

Dans cet épisode, le narrateur montre à quel point « chaque société, et surtout celles du bel esprit, croient composer le public »[277] et, qu'à ce titre, elle s'octroie le droit de juger les pièces en distinguant les bonnes des mauvaises. Cette plaisante anecdote, où la comédie du comte de *** est comparée à celle de Dufresny, d'abord dans le cercle privé et trié de Mme de Tonins, où la première triomphe et la seconde tombe, puis à la Comédie-Française[278] où, inversement, la première échoue et la seconde réussit, illustre non seulement la prétention et le mauvais goût de « ces bureaux de bel esprit »[279], mais aussi la complaisance et l'avilissement de ceux qui les composent. À plusieurs reprises, en effet, le protagoniste souligne l'impossibilité de résister aux volontés de sa

---

276 Duclos, *Les Confessions, op. cit.*, pp. 105-106.
277 *Ibid.*, p. 107.
278 La comédie du comte de *** est jouée à quelques jours de distance de celle de Dufresny qui fut créée en février 1721. « Duclos parle-t-il par ouï-dire ? Il n'avait à l'époque que dix-sept ans », observe, à propos de cette anecdote, Frédéric Deloffre (*Une Préciosité nouvelle : Marivaux et le Marivaudage*, Paris, Armand Colin, 1967, p. 24, n. 38).
279 Duclos, *Les Confessions, op. cit.*, p. 107.

maîtresse : « Mme de Tonins m'obligea aussi de faire une comédie », « Je voulus en vain m'y opposer », ou encore « il fallut céder et me soumettre à tout »[280]. Le caractère autoritaire et opiniâtre de Mme de Tonins participe à la critique de ces cercles qui « ne servent qu'à dégoûter le génie, rétrécir l'esprit, encourager les médiocres, donner de l'orgueil aux sots, et révolter le public »[281]. Plus généralement, le théâtre devient l'emblème d'une société du spectacle où il est l'instrument d'une vanité, d'une soif de distinction et de l'affirmation (perverse) d'un pouvoir symbolique.

Mais pourquoi Duclos choisit-il de confronter la comédie du comte de *** au *Mariage fait et rompu* de Dufresny ? Excepté le personnage de la Présidente, fausse prude[282], digne de rejoindre la galerie de portraits des *Confessions du comte de ****, et celui de Damis, séducteur et époux infidèle[283] dont les nombreuses conquêtes sont comparables à celles du narrateur, on ne relève aucune analogie entre la pièce[284] et le roman. Serait-ce alors parce que Duclos pressentait certaines affinités avec un auteur qui, comme lui, se distinguait par ses traits d'esprit[285], ou serait-ce la marque d'une admiration pour un peintre des caractères[286] et des mœurs de son temps, décrits à travers le regard neuf d'un Siamois en visite à Paris[287] ? Sous la forme d'un dialogue qu'il entretient avec un étranger, Dufresny présente Paris et son palais, son Opéra, ses promenades, ses cafés, esquissant une pléthore de portraits allant du courtisan au philosophe, abordant tour à tour le mariage, le jeu, les cercles bourgeois, ou encore le public. Ses *Amusements sérieux et comiques* contiennent un nombre d'éléments considérable sur la vie parisienne au XVIIIe siècle, dont Duclos

---

280 *Ibid.*, pp. 105-106.
281 *Ibid.*, p. 107.
282 Voir Dufresny, *Le Mariage fait et rompu*, dans *Répertoire général du théâtre français, tome 40*, Paris, H. Nicolle, 1818, I, 4, p. 44.
283 Voir *ibid.*, II, 5, p. 69 et III, 3, p. 86.
284 *Le Mariage fait et rompu* raconte comment l'hôtesse d'une auberge de Marseille parvient à annuler le contrat de mariage entre une jeune veuve et un certain Ligournois pour favoriser celui de la jeune veuve avec son amant Valère, en faisant « revenir à la vie » l'époux disparu (Damis). Ce « revenant » n'est autre que le frère de l'hôtesse, sosie du fameux Damis dont il était l'ami et le compagnon de voyage.
285 « C'est là surtout ce qui le distingue : il pétille d'esprit, et cet esprit est absolument original » (Jean François de La Harpe, *Lycée, ou Cours de littérature ancienne et moderne, tome 6*, Paris, H. Agasse, An VII, p. 41).
286 On pense aussi à certaines comédies de Dufresny, telles que *La Malade sans maladie* (1699), *L'Esprit des contradictions* (1700), *Le Faux Honnête Homme* (1703), *Le Jaloux honteux* (1708), *La Coquette de village* (1715), *La Joueuse* (1716), ou encore *Le Faux sincère* (1731).
287 Dufresny, *Amusements sérieux et comiques*, Paris, Claude Barbin, 1699.

a pu s'inspirer pour ses *Considérations sur les mœurs de ce siècle*. En somme, mots d'esprit, peinture de caractères et des habitudes séculaires sont autant de points communs entre les deux auteurs. Serait-ce pour cette raison que Duclos mentionne Dufresny avec éloge ainsi que l'une des « trois plus jolies pièces qu'il nous ait laissées »[288] ? Ajoutons que le dramaturge était particulièrement admiré dans le cercle de Mme de Tencin, dont l'un des plus fidèles convives le plaçait au-dessus des Anciens : selon Louis de Boissy, en effet, Fontenelle « fronde Homère et vante Dufresny », au point d'assurer que ce « sieur Dufresny est le premier homme de son siècle »[289]. Par conséquent, il est possible que la faveur dont bénéficiait Dufresny au sein de cette illustre société ait donné l'idée à Duclos de l'introduire dans sa peinture des salons.

De ce point de vue, le choix du *Mariage fait et rompu* s'expliquerait plus par le crédit dont jouit son auteur dans le cercle de Mme de Tencin que par son intrigue. La comédie de Dufresny et, plus généralement, le théâtre donnent lieu à une satire des salons mondains dont le sectarisme, la sotte prétention, la fatuité et la vacuité sont brillamment épinglés par le moraliste. Aussi le narrateur achève-t-il sa satire en évoquant une dernière fois le monde de la scène : « D'ailleurs notre société n'était pas moins ennuyeuse que ridicule ; j'étais étourdi et excédé de n'entendre parler d'autre chose que de comédies, opéras, acteurs et actrices. On a dit que le dictionnaire de l'Opéra ne renfermait pas plus de six cents mots ; celui des gens du monde est encore plus borné »[290]. Présenté comme l'un des principaux divertissements de ces cercles privés, le théâtre permet de souligner le caractère artificieux de la mondanité, véritable société du spectacle à laquelle la scène dramatique tend un miroir.

Le Café, ou l'Écossaise *chez Loaisel de Tréogate*

Dans la seconde partie de *Dolbreuse*, revenu de ses égarements dont Paris fut le principe corrupteur, le héros s'en retourne dans sa Bretagne natale où il coule des jours heureux auprès de son épouse. Alors qu'en été, le couple s'émerveille devant le « tableau de la nature riante », en hiver, « autour d'un foyer antique », il partage la lecture des « bons livres que [le XVIIIe] siècle a produits »[291], parmi lesquels figurent les œuvres de Buffon, de Voltaire et de Rousseau. Le narrateur distingue néanmoins le génie de Voltaire de celui de Rousseau, pour lequel Ermance a une préférence : l'écriture voltairienne est,

---

288 La Harpe, *Lycée, op. cit.*, p. 42.
289 Louis de Boissy, *L'Élève de Terpsicore, ou le Nourrisson de la satyre*, tome I, Amsterdam, Balthazar Tromp, 1718, p. 56 ; nous modernisons.
290 Duclos, *Les Confessions, op. cit.*, p. 107.
291 Loaisel de Tréogate, *Dolbreuse, op. cit.*, pp. 266, 268, 269.

selon eux, entachée par la haine dont le philosophe poursuit inlassablement ses ennemis. *Le Café, ou l'Écossaise* prend place dans une énumération de pièces diverses qui témoignent de ce ressentiment que le poète et dramaturge éprouve à l'égard de ses adversaires :

> Il est peu d'ouvrages de Voltaire où l'on ne trouve quelque trait qui ait rapport à ses querelles particulières. On sait que, pendant sa vie, il ne s'acharna pas seulement contre des hommes estimables par leur état et par leurs talents, mais qu'il descendit plus d'une fois dans l'arène littéraire et s'y déchaîna avec une fureur presque risible, contre des adversaires qui ne méritaient de lui qu'un silence plein de mépris. On sait que son esprit se trouble, que son génie s'éclipse et que le ton des personnages de Vadé lui devient propre toutes les fois qu'il est sur le chapitre de ses ennemis ; il est intarissable sur cette matière, il y revient sans cesse ; les injures et la malignité paraissent son élément. *Les Deux Siècles*, *Le Pauvre Diable*, le *Dialogue de Pégase et du Vieillard*, la comédie de *L'Écossaise*, une infinité de pièces de vers et de morceaux de prose, charmants d'ailleurs, en fournissent la preuve convaincante[292].

Loaisel compare le langage du Voltaire vindicatif à celui des personnages de Vadé, afin de déplorer le ton que le philosophe adopte lorsqu'il déchire ses ennemis. Considéré comme l'inventeur du genre poissard, Jean Joseph Vadé fait parler ses personnages à la manière des femmes des Halles, c'est-à-dire dans un style populaire et grossier. Dix-sept jours après la mort de ce dramaturge, le 21 juillet 1757, le journaliste et pamphlétaire Fréron consacre « un long article approfondi à l'originalité de Vadé »[293] dans lequel il distingue le burlesque et le poissard : le « burlesque ne peint rien ; le poissard peint la nature, basse, si l'on veut, aux regards dédaigneux d'une certaine dignité philosophique, mais très agréable à voir »[294]. Cette définition méliorative met en évidence « l'intérêt et la force critique d'un réalisme qui ouvre les yeux sur la 'nature basse' »[295]. Or, le genre poissard n'était pas étranger à Voltaire qui s'est sans doute inspiré des *Amants constants* de Vadé pour son *Candide, ou l'optimisme*, tant et si bien que

---

292 *Ibid.*, pp. 271-272.
293 Sylvain Menant, « Candide et Félix », dans Christiane Mervaud et Sylvain Menant (dirs.), *Le Siècle de Voltaire : hommage à René Pomeau, tome 2*, Oxford, The Voltaire Foundation, 1987, pp. 643-649, et p. 644 pour la citation.
294 Fréron, *L'Année littéraire, tome 4*, Amsterdam, Michel Lambert, 1757, pp. 352-353 ; nous modernisons.
295 Sylvain Menant, « Candide et Félix », *art. cit.*, p. 644.

Grimm, par exemple, a regretté dans ce conte « 'beaucoup de choses de mauvais goût', 'des polissonneries et des ordures' »[296]. Comme en témoigne également sa correspondance, Voltaire admirait le théâtre de Vadé qu'il considérait comme « un des représentants d'une inspiration comique moderne »[297]. Aussi n'est-il pas anodin de le voir emprunter le nom de Vadé, auquel il invente une famille – Guillaume Vadé, son frère Antoine et sa cousine Catherine –, pour signer et préfacer ses *Contes de Guillaume Vadé*, son *Discours aux Welches, par Antoine Vadé, frère de Guillaume*, ou encore *Le Pauvre Diable, ouvrage en vers aisés de feu M. Vadé, mis en lumière par Catherine Vadé, sa cousine*[298]. Outre le « plaisir de jouer des rôles d'écrivain qui ne sont pas le sien »[299], la création de ces pseudonymes inspirés du nom du dramaturge atteste sans doute d'une volonté chez Voltaire – alors résidant à Ferney – « de rester en contact avec la mode, avec le goût de la capitale »[300].

Quoi qu'il en soit, lorsque Loaisel assimile le ton de Voltaire à celui des personnages de Vadé, il rejoint la position de Diderot, qui avait déjà opéré un parallèle entre Voltaire et Vadé à propos d'une pièce comme *Socrate*, qu'il jugeait en ces termes : « 'Ô mon ami [Grimm], qu'est-ce que cela ? Du Vadé un peu redressé [...]' »[301]. D'accord avec Diderot, Grimm note de son côté : « M. de Voltaire prétend que ce mélange du pathétique et du familier a son mérite : pour moi, je le tiens pour barbare, et d'un goût absolument faux et gothique »[302]. Par conséquent, ce rapprochement avec Vadé est un moyen, pour Loaisel, de souligner chez Voltaire la discordance entre la noblesse des principes fondamentaux qu'il défend et la bassesse de son attitude à l'égard de ses ennemis. En ce sens, le choix du *Café, ou l'Écossaise* est significatif. Que cette comédie en prose soit ou non une réponse aux *Philosophes* de Palissot[303], elle est bel et bien une attaque *ad hominem* contre Fréron que l'on

---

296 Voltaire, *Candide, ou l'optimisme*, dans *Les Œuvres complètes, tome 48*, éd. René Pomeau, Oxford, The Voltaire Foundation, 1980, p. 66.
297 Sylvain Menant, « Candide et Félix », *art. cit.*, p. 644.
298 Voir Voltaire, *Romans et contes en vers et en prose*, éd. Édouard Guitton, Paris, Le Livre de poche, coll. « La Pochothèque », 1994. Dans cette édition, seule l'attribution du *Discours aux Welches* à la famille Vadé n'apparaît pas.
299 Sylvain Menant, *L'Esthétique de Voltaire*, Paris, CDU/SEDES, coll. « Esthétique », 1995, p. 51.
300 Sylvain Menant, « Candide et Félix », *art. cit.*, p. 644.
301 Cité par Raymond Trousson, *Voltaire*, Paris, Tallandier, 2008, p. 445.
302 Grimm *et al.*, *Correspondance littéraire, philosophique et critique, tome 4*, éd. Maurice Tourneux, Paris, Garnier Frères, 1878, « Lettre du 1ᵉʳ juillet 1759 », p. 123.
303 Sur ce point, les avis divergent : certains pensent que Voltaire écrit l'*Écossaise* pour venger l'affront que Palissot fit aux philosophes (voir Raymond Trousson, *Voltaire, op. cit.*, pp. 452-457), alors que d'autres considèrent qu'il a voulu attaquer celui qui a critiqué *La Femme*

reconnaît aisément derrière le nom évocateur de Frélon[304]. Ce dernier y tient un rôle de gazetier qui « lou[e] les sots » et « dénigr[e] les talents »[305]. Lorsqu'il explique son métier à l'étranger écossais venu demander le gîte dans ce café londonien[306], ce nouvel arrivant s'étonne qu'« on ne [l'ait] pas encore montré en public, le cou décoré d'un collier de fer de quatre pouces de hauteur »[307]. Frélon est aussi qualifié de « langue de vipère »[308], de « cœur de boue »[309], ou encore de « dogu[e] »[310]. Au cafetier, qui propose à l'un de ses hôtes « les feuilles de Frélon », on répond : « Non, que m'importe ce fatras ? Je me souviens bien qu'une araignée dans le coin d'un mur marche sur sa toile pour sucer le sang des mouches ! »[311] Contrairement à ce qu'écrit Fréron dans son compte rendu de la pièce, le personnage de *Wasp* a plus qu'un « rôle postiche »[312] : il espionne pour le compte de Lady Alton (II, 3), qui veut connaître l'identité de la jeune femme dont son ancien fiancé est épris, et dénonce la présence dans le café d'un proscrit écossais condamné à perdre la tête (IV, 2). Ses actes ont des conséquences importantes : la première est l'ordre d'arrêt lancé par Lady Alton contre la jeune inconnue (fille de lord Monrose), soupçonnée d'être ennemie de l'État ; la seconde est la découverte d'un autre opposant politique, Monrose lui-même. Cette dernière révélation est primordiale, car elle permet au jeune lord Murray – amoureux de la fille de Monrose – d'obtenir la grâce du seigneur écossais et celle de sa fille.

En somme, la comédie du *Café, ou l'Écossaise* permet à Loaisel de rappeler que Voltaire utilise parfois le théâtre pour régler ses comptes avec ses ennemis et les critiquer dans les termes les plus injurieux. En effet, le personnage de

qui a raison (voir Jean Balcou, *Fréron contre les philosophes*, Genève, Droz, coll. « Histoire des idées et critique littéraire/151 », 1975, p. 206).

[304] Comme l'indique Fréron lui-même, Voltaire n'est pas le premier à le nommer ainsi : « M. de Voltaire […] ne se serait pas abaissé jusqu'à être le plagiaire de M. Piron qui, longtemps avant l'*Écossaise*, m'a très ingénieusement appelé 'Frélon' » (Fréron, *L'Année littéraire, tome 4*, Amsterdam/Paris, Michel Lambert, 1760, lettre IV, p. 114). Comme l'exigea la censure, le nom de *Wasp* (guêpe) remplaça celui de Frélon lors de l'impression et de la représentation de la pièce.

[305] Voltaire, *Le Café, ou l'Écossaise : comédie* [1760], dans *Théâtre du XVIIIᵉ siècle, tome 2*, éd. Jacques Truchet, Paris, Gallimard, coll. « Bibliothèque de la Pléiade », 1974, I, 1, p. 213.

[306] Voir *ibid.*, I, 2, p. 215.

[307] *Id.*

[308] *Ibid.*, I, 4, p. 218.

[309] *Ibid.*, I, 5, p. 219.

[310] *Ibid.*, II, 4, p. 226.

[311] *Ibid.*, II, 5, p. 227.

[312] Fréron, *L'Année littéraire, tome 4, op. cit.*, pp. 113-114.

Frélon se révèle moins « un odieux feuilliste » qu'« un pitoyable [et malveillant] délateur »[313]. Dès lors, la référence théâtrale concourt, avec les poèmes épigrammatiques, à présenter la République des Lettres comme un théâtre où se jouent les réputations sur une scène où l'esprit de satire et la cruauté des reparties inscrivent la joute intellectuelle au sein d'une société du spectacle dominée par la « fureur de nuire »[314]. L'admiration nuancée de Loaisel qui applaudit aux plus belles œuvres du philosophe, dont il dénonce néanmoins l'attitude indigne, permet finalement de valoriser un auteur auquel, cette fois-ci, il ne trouve rien à redire, un autre ennemi de Voltaire et, au surplus, un ennemi du théâtre : Rousseau.

Du Chien du jardinier *à* Philoctète *chez Louvet*

Rappelons que Faublas citait deux pièces de La Harpe dans la liste des nombreux auteurs dont il lit les ouvrages lors de sa retraite forcée[315]. Outre *Mélanie* et *Philoctète*, il évoquera également, à d'autres moments, *Le Chien du jardinier, Le Cid, Le Médecin malgré lui*, ou encore *Sémiramis*. Soit il mentionne uniquement le titre des pièces, comme pour celles de Lope de Vega, de Molière et de La Harpe, soit il indique, on le verra au chapitre suivant, le titre de la pièce dont il cite quelques vers, comme pour celles de Corneille et de Voltaire.

Notons d'abord que « *le chien du jardinier* »[316] fait référence à un proverbe et sans doute aussi à la comédie que Lope de Vega a construite à partir de lui. La situation qu'expose le roman repose, en effet, pour un bref moment, sur une relation triangulaire où le personnage de Mme d'Armincour, qui dit être « *le chien du jardinier* », intervient de façon marginale dans la liaison amoureuse entre Faublas et sa nièce, la comtesse de Lignolle. Désormais au fait de la véritable identité de Mlle de Brumont, qui n'est autre que Faublas travesti, elle se refuse à lui lorsqu'il s'apprête à s'immoler pour acheter son silence, puis elle interdit à sa nièce de le garder auprès d'elle et, à ce titre, joue le rôle du chien du jardinier qui « ne mange ni ne laisse manger »[317]. Mais, contrairement à l'héroïne de la comédie espagnole, si elle s'oppose à ce que Faublas reste au

---

313   Jean Balcou, *Fréron contre les philosophes*, op. cit., p. 203.
314   Voir Olivier Ferret, *La Fureur de nuire : échanges pamphlétaires entre philosophes et antiphilosophes (1750-1770)*, Oxford, Voltaire Foundation, coll. « Studies on Voltaire and the Eighteenth Century », 2007.
315   Voir *supra*, pp. 44, 47-48.
316   Louvet de Couvray, *Les Amours*, op. cit., p. 941 ; c'est l'auteur qui souligne.
317   Lope Félix de Vega Carpio, *Comedia famosa del Perro del hortelano. Comédie fameuse du chien du jardinier*, trad. Frédéric Serralta, dans *Théâtre espagnol du XVIIe siècle, tome I*, éd. Robert Marrast, Paris, Gallimard, coll. « Bibliothèque de la Pléiade », 1994, acte II, p. 486.

château, ce n'est pas tant par jalousie que pour éviter à sa nièce de se compromettre. À bien y regarder, on est assez éloigné de l'intrigue de la comédie espagnole où la comtesse Diana s'éprend de son secrétaire Teodoro le jour où elle découvre l'amour de celui-ci pour sa femme de chambre, l'allusion inscrivant simplement la situation romanesque dans la tradition galante de la comédie baroque et classique.

Par ailleurs, pourquoi Faublas cite-t-il *Philoctète* de La Harpe ? Mentionne-t-il la traduction que le dramaturge fit de la tragédie de Sophocle pour la seule raison qu'il s'agit d'un « excellen[t] ouvrag[e] »[318] ? Ou bien choisit-il de nommer cette pièce parce qu'elle traite d'un sujet pathétique dont on peut retrouver des échos dans *Les Amours* ? On relève effectivement plusieurs points communs entre la situation du héros dramatique et celle du héros romanesque, au moment où ce dernier évoque justement la tragédie de La Harpe. Tout d'abord, comme Philoctète, abandonné par les Grecs et par Ulysse dans l'île de Lemnos où il vit seul, Faublas est en prison. Ensuite, l'agent de la réclusion est également celui de la libération : Ulysse dans la tragédie[319] et la marquise de B*** dans le roman. Par dépit, cette dernière dénonce le commerce de Faublas avec Sophie à son père qui le lui avait interdit et qui, pour cette raison, l'exile ; mais c'est elle aussi qui, grâce à une ruse digne d'Ulysse, le fait libérer par deux hommes de main. Mutatis mutandis, le schéma est donc le même dans la tragédie et dans le roman. D'un point de vue psychologique, il est vraisemblable que Faublas trompe son ennui avec une œuvre dont l'un des thèmes principaux est la perte de la liberté ; d'un point de vue poétique, Louvet procède à une sorte de mise en abyme en faisant lire à son héros une pièce dont l'intrigue présente des analogies avec sa situation ; d'un point de vue rhétorique, enfin, il évoque une tragédie qui est particulièrement goûtée par le public de l'époque, dans la mesure où le sujet est « fondé sur un intérêt qui est de tous les temps et de tous les lieux, celui de l'humanité souffrante », que son héros, comme l'indique La Harpe dans la préface de sa traduction, est le « modèle parfait de l'éloquence tragique » et que la pièce, en somme, est d'un « pathétique [...] touchant »[320], dans lequel se reconnaît la sensibilité du XVIIIe siècle finissant.

Quant à l'évocation du *Médecin malgré lui*, dans la deuxième partie des *Amours*, elle permet de lier les aventures de Faublas à l'histoire de M. Desprez. À ce moment du récit, le chevalier est en convalescence à Luxembourg où le soi-disant docteur Desprez ne cesse de lui administrer des tisanes[321].

---

318   Louvet de Couvray, *Les Amours*, op. cit., p. 328, en note.

319   Si Pyrrhus joue un rôle essentiel dans la délivrance du héros éponyme, c'est à l'instigation d'Ulysse qui est responsable de la relégation du héros sur l'île de Lemnos.

320   La Harpe, *Philoctète : tragédie*, Paris, M. Lambert/F.J. Baudoin, 1781, pp. 8, 5 et 3.

321   Voir Louvet de Couvray, *Les Amours*, op. cit., pp. 449-451.

La première rencontre entre Faublas et son médecin est placée sous le signe du comique : « Je pris le vase avec promptitude, et je le vidai lestement sur la tête pointue de mon Esculape. L'épais liquide, découlant le long de sa face oblongue, inonda aussitôt son maigre corps. 'Ah ! ah ! dit froidement le petit homme en épongeant sa ronde perruque et son habit court, il y a encore du délire ! [...]' »[322]. La prosopographie du médecin renforce le comique de la scène : sa « tête pointue » surmontée d'une « ronde perruque », « sa face oblongue », « son maigre corps » affublé d'un « habit court » peignent un « petit homme » dont la tête angulaire rappelle le chapeau de Sganarelle, qui est « des plus pointus »[323]. Au surplus, alors que ce « petit docteur »[324] loue sa maison au baron et qu'il préconise son « *excellente tisane* »[325] au chevalier, il apprend à ce dernier que sa demeure est hantée par des revenants[326]. À la demande de Faublas, qui veut connaître l'origine de cette « éternelle plaisanterie »[327], M. Desprez lui conte alors l'histoire tragique de Lucas et de Lisette qui, paradoxalement, va évoquer à Faublas la comédie du *Médecin malgré lui* :

> Ah ! Monsieur Desprez, que vous contez bien ! — N'est-il pas vrai que je n'oublie rien ? — Et vous vous répétez, de peur qu'on n'oublie. — C'est qu'il faut être clair, monsieur. Or donc, cette autre chose que Lucas aimait autant et peut-être plus que sa femme, c'était le bon vin du pays, à trois sous la pinte, *mesure de Saint-Denis* ; et ce goût différent que la femme avait, c'était celui de l'eau de la fontaine ; car elle ne pouvait souffrir le jus de la treille. — Comment docteur, de la poésie ! — Quelquefois je m'en mêle, monsieur. Il y avait dans le goût de Lucas cet inconvénient que le vin, échauffant les fibres irritables de son estomac, portait aux fibres chaudes de son cerveau brûlé des vapeurs âcres, qui faisaient qu'il était grossier, méchant et brutal quand il avait bu. — Voilà, permettez-moi de vous le dire, docteur, une définition presque digne du *Médecin malgré lui*. — Vous m'offensez, monsieur ; moi, je le suis devenu malgré tout le monde ; mon génie médical m'a entraîné...[328]

---

322   *Ibid.*, p. 451.
323   Molière, *Le Médecin malgré lui*, dans *Œuvres complètes, tome 1, op. cit.*, II, 2, p. 746.
324   Louvet de Couvray, *Les Amours, op. cit.*, p. 456.
325   *Ibid.*, p. 454 ; c'est l'auteur qui souligne.
326   Voir *ibid.*, pp. 452, 454.
327   *Ibid.*, p. 456.
328   *Ibid.*, pp. 457-458 ; c'est l'auteur qui souligne.

Le portrait de Lucas rappelle à Faublas la pièce de Molière, qui est évidemment une manière de se moquer du « génie médical » de « cet étrange Esculape »[329] qui soigne à coups de tisanes. Dès lors, le titre de la pièce établit une connivence amusée avec le lecteur dont Louvet présume qu'il comprend l'allusion à Molière, tandis que le personnage de Desprez se méprend plaisamment sur le sens de « malgré lui ». Le nom même de Lucas renforce le parallèle, puisqu'il est l'un des personnages du *Médecin malgré lui*, avec Sganarelle qui tient le rôle d'un « Débauché », d'un « ivrogne »[330] et d'un joueur, réduisant son épouse non seulement à la pauvreté, mais lui donnant aussi volontiers des coups de bâton. Tel Lucas, Sganarelle se caractérise avant tout par son penchant pour le vin, comme l'atteste sa chanson « *Bouteille jolie* » à la scène 5 de l'acte I. Cependant, à la différence de Martine qui se venge de Sganarelle en le faisant battre, Lisette, elle, va succomber aux « treize coups de broc »[331] de Lucas. Chez Louvet, la comédie devient drame domestique. Si le début de l'histoire pouvait faire penser au *Médecin malgré lui*, la fin est aux antipodes de la pièce : Lisette meurt sous les coups de son mari et Lucas se noie. À ses souvenirs du théâtre moliéresque, le romancier associe l'intrigue d'une comédie contemporaine. Comme l'a remarqué Michel Delon, l'histoire de Lisette et de Lucas, dont Faublas veut « faire pour l'Opéra-Comique un joli drame bien réjouissant »[332], fait aussi écho à la comédie de *Lucette et Lucas* du jeune Nicolas Julien Forgeot, représentée à la Comédie-Italienne le 8 novembre 1781. Bien que l'intrigue de cette comédie ne présente apparemment aucune analogie avec le récit funeste de Desprez, les noms de Lucette et de Lucas ont sans doute inspiré à Louvet ceux de Lisette et de Lucas, sans compter que la pièce est « mêlée d'ariettes »[333], comme Faublas se propose de le faire. Par conséquent, le romancier mêle indistinctement le théâtre des XVIIe et XVIIIe siècles, les plus grands dramaturges et d'autres moins connus[334]. Manifestement, il se nourrit tout aussi bien de sa culture théâtrale que de l'actualité dramatique de son époque et, à l'image d'un roman où se mélangent les genres, il sollicite la comédie, la tragédie et le drame, prenant son bien partout où il le trouve.

Comme en témoigne le roman-mémoires, le théâtre se situe donc au cœur de la société du XVIIIe siècle et, plus précisément, dans les salons mondains

---

329 *Ibid.*, p. 454.
330 Molière, *Le Médecin malgré lui, op. cit.*, I, 1, p. 732.
331 Louvet de Couvray, *Les Amours, op. cit.*, p. 459.
332 *Ibid.*, p. 460, n. 1.
333 Grimm *et al.*, *Correspondance littéraire, tome 13*, éd. Maurice Tourneux, Paris, Garnier Frères, 1880, « Lettre de novembre 1781 », p. 38.
334 Nicolas Forgeot a vingt ans lorsqu'il écrit *Lucette et Lucas*.

où il fait l'objet non seulement de discussions et de débats, mais aussi d'un divertissement où se révèle la complaisance d'une petite cour à l'égard de sa reine ; en cela, il sert à dénoncer une société du spectacle où l'esprit grégaire et le conformisme interdisent tout esprit critique. Mais le théâtre constitue également un moyen pour les hommes de lettres de se livrer à un combat intellectuel où il sert l'âpreté de la parole polémique. Plus précisément, *Le Café, ou l'Écossaise* permet à Loaisel de révéler la pugnacité de Voltaire dont le « génie s'éclipse »[335] et dont le style est jugé grossier lorsqu'il mène ses combats personnels. Enfin, le souvenir de Molière chez Louvet se confond avec une allusion à une pièce contemporaine et souligne, à ce titre, la culture théâtrale de son personnage, qui est évidemment la sienne, dans un contexte où les procédés de la comédie classique demeurent la référence par excellence de l'écriture romanesque dès lors que celle-ci cherche à susciter le rire.

Théâtre en mots

Le nombre et la diversité des références intertextuelles varient en fonction des œuvres et, sur ce point, il convient de distinguer les emprunts littéraux, qui consistent à reprendre fidèlement un ou plusieurs vers à une pièce, et les emprunts tronqués, que les romanciers adaptent à leur récit en changeant certains mots du texte d'origine. Dans ce contexte, nous examinerons si ces références proviennent des auteurs dramatiques que les romanciers mettent parfois en scène (Racine, Molière, l'abbé Genest), si elles puisent leur origine dans les pièces qu'ils mentionnent ou si elles dérivent d'autres sources. En d'autres termes, par le biais d'un jeu intertextuel, quels sont les poèmes dramatiques qui retiennent l'attention des romanciers, quelle utilisation ces derniers font-ils de ces emprunts textuels et, plus généralement, quelles conclusions peut-on en tirer sur le théâtre imaginaire des romans-mémoires du XVIIIe siècle ?

Théâtre classique chez Crébillon fils
Déjà en 1732, dans ses *Lettres de la Marquise de M*** au Comte de R****, Crébillon fils pastichait le « style tragique, en particulier de Racine »[336]. Quelques années plus tard, dans ses *Égarements*, le romancier introduit un hémistiche emprunté

---

335   Loaisel de Tréogate, *Dolbreuse, op. cit.*, p. 271.
336   Jean Dagen, « Préface », dans Crébillon, *Lettres de la Marquise de M*** au Comte de R**** [1732], Paris, Desjonquères, coll. « XVIIIe siècle », 2010, p. 19.

à *Polyeucte martyr*[337] de Corneille et fait une allusion au *Misanthrope*. Comme son premier roman épistolaire, dont « le cheminement [...] nous conduit de la comédie galante des premières lettres à la tragédie finale »[338], son roman-mémoires repose sur une comédie des sentiments dont le héros, Meilcour, devenu un homme mûr et expérimenté, raconte ses bévues de jeunesse, alors qu'il se montrait incapable de démêler les subtilités du langage galant, éprouvant tour à tour le désir, l'amour, le respect propre à la passion et l'insolence du mépris, avant d'être piégé par son impudente vanité. Cette comédie des sentiments s'achève par un long plaidoyer de Mme de Lursay à laquelle Meilcour s'est refusé et qui décide de lui répondre pour s'offrir « le plaisir de [le] confondre, de dévoiler [sa] mauvaise foi, et [ses] caprices, et de [le] faire enfin rougir de [lui]-même »[339]. Elle revient alors sur les étapes de leur histoire pour lui expliquer comment l'amour s'est insinué dans son cœur, sans qu'elle puisse s'en défendre, et se présenter ainsi comme victime de la passion. Elle reprend également un à un les reproches de Meilcour, dénonçant ses mauvais procédés afin de le déconcerter et de l'émouvoir. Elle recourt à un registre élevé et hyperbolique, caractéristique à la fois de la tragédie et du jargon galant[340] : « ma chute »[341], « coupable »[342], « sacrifié », « un crime »[343], « une passion », « je me sacrifiais », « une douleur mortelle »[344], « Ah ! cruel »[345]. Comme l'a déjà remarqué la critique, la déclaration de Mme de Lursay, assimilée à un « aveu racinien », est placée « de façon à apparaître, dramatiquement, comme un coup de théâtre »[346]. Son discours produit l'effet escompté, puisque Meilcour finit par se « repentir de faire le malheur d'une femme, qui par sa beauté du moins, ne méritait pas une si cruelle destinée »[347]. De fait, lorsque Mme de Lursay apprend à Meilcour le changement

---

337   Crébillon, *Les Égarements* [1736], Paris, Flammarion, coll. « GF Flammarion », 1985, p. 262, n. 145.

338   Thierry Viart, « La Préface des *Lettres de la Marquise de M**** de Crébillon : les prémisses d'une éthique subversive », dans Jan Herman, Fernand Hallyn (dirs.), avec la collaboration de Kris Peeters, *Le Topos du manuscrit trouvé : actes du colloque international, Louvain-Gand, 22-23-24 mai 1997*, Louvain/Paris, Éditions Peeters, coll. « Bibliothèque de l'Information Grammaticale », 1999, pp. 121-127, et p. 122 pour la citation.

339   Crébillon, *Les Égarements*, dans *Œuvres complètes*, tome 2, *op. cit.*, p. 235.

340   Voir *ibid.*, p. 100, n. 37 et p. 244, n. 197.

341   *Ibid.*, p. 237.

342   *Ibid.*, pp. 237, 239, 241.

343   *Ibid.*, p. 238.

344   *Ibid.*, p. 240.

345   *Ibid.*, p. 243.

346   *Ibid.*, p. 239, n. 192.

347   *Ibid.*, p. 239.

qui s'est produit en elle, elle cite partiellement un vers de *Polyeucte* prononcé, dans la pièce, par Pauline : « Un je ne sais quel charme, trop faible dans sa naissance pour que je crusse avoir besoin de le combattre, m'attachait à vos discours »[348]. Le début de cette phrase reprend à l'identique le premier hémistiche du vers de Corneille, de sorte qu'est mis en évidence le parallèle entre le roman et le théâtre :

> Un je ne sais quel charme encor vers vous m'emporte,
> Votre mérite est grand, si ma raison est forte
> Je le vois encor tel qu'il alluma mes feux[349].

Si, dans les deux cas, il s'agit d'un aveu de l'héroïne à son amant, l'un est tragique, puisque l'union de Pauline et de Sévère est désormais impossible[350], tandis que l'autre participe d'une entreprise de séduction, destinée à vaincre la vanité d'un cœur neuf. Prononcés par Mme de Lursay, les mots de Pauline perdent leur tonalité tragique : ils n'expriment plus l'amour vrai et sincère, mais ils servent à feindre le sentiment. Mme de Lursay emprunte ses paroles à l'héroïne tragique pour mieux jouer un personnage susceptible de toucher Meilcour. Situé au début de sa tirade, cet hémistiche indique au lecteur la position et le langage qu'elle adopte dans cette dernière scène où, pour elle, tout se joue. Par conséquent, cet emprunt littéral est en quelque sorte synecdotique de l'aveu final : le pastiche de Corneille annonce le pastiche du style tragique.

Au reste, Crébillon s'inspire aussi de la comédie et, plus particulièrement, du *Misanthrope*. On trouve d'abord dans le discours de Versac et de Mme de Meilcour l'expression « mettre du blanc », que l'on rencontrait déjà chez Molière[351] : « Ce que je vous dis est aussi prouvé, qu'il l'est, qu'elle et la divine Lursay ont mis du blanc toute leur vie. [...] Autre genre de calomnie, répondit Madame de Meilcour, jamais Madame de Lursay n'a mis de blanc »[352]. Dès le début du *Misanthrope*, Philinte évoque « le blanc » de « la vieille Émilie »[353], lorsqu'il demande à Alceste si sa franchise irait jusqu'à dire à une femme d'âge mûr que sa coquetterie la rend ridicule. Cette allusion au *Misanthrope* est d'autant plus vraisemblable que la querelle entre Mme de Senanges et Mme de Mongennes rappelle celle entre Arsinoé et Célimène dans la scène 4 de l'acte

---

348   *Ibid.*, p. 236.
349   Corneille, *Polyeucte martyr : tragédie chrétienne*, dans *Œuvres complètes, tome 1*, éd. Georges Couton, Paris, Gallimard, coll. « Bibliothèque de la Pléiade », 1980, II, 2, v. 505-507, p. 1001.
350   Depuis quinze jours, Pauline est mariée à Polyeucte (voir *ibid.*, II, 1).
351   Voir Crébillon, *Les Égarements*, éd. Jean Dagen, *op. cit.*, p. 131, n. 56.
352   Crébillon, *Les Égarements*, dans *Œuvres complètes, tome 2, op. cit.*, p. 134.
353   Molière, *Le Misanthrope, op. cit.*, I, 1, v. 83 et 81, p. 650.

III de la comédie où, cette fois-ci, on retrouve l'expression chez la jeune coquette[354]. Comme dans la pièce, c'est la femme la plus âgée qui attaque la plus jeune :

> Elles s'examinaient mutuellement avec un œil railleur et critique ; et après quelques moments d'une extrême attention, Madame de Senanges dit à Madame de Mongennes qu'elle se coiffait trop en arrière pour son visage. Cela se peut, Madame, répondit l'autre ; le soin de ma parure ne m'occupe pas assez pour savoir jamais comme je suis. En vérité ! Madame, répliqua, Madame de Senanges, c'est que cela ne vous sied pas du tout, et je ne sais comment j'ai jusques ici négligé de vous le dire. Pranzi même, qui, comme vous savez, vous trouve aimable, le remarquait aussi la dernière fois. Monsieur de Pranzi, répondit-elle, peut faire des remarques sur ma personne, mais je ne lui conseillerais pas de me les confier. Mais pourquoi donc, Madame ? reprit Madame de Senanges. Qui voulez-vous (si ce n'est pas notre ami) qui nous dise ces sortes de choses ? Ce n'est point que vous ne soyez fort bien, mais c'est que fort peu de personnes pourraient soutenir cette coiffure-là ; c'est vouloir de gaieté de cœur gâter sa figure que de ne pas consulter quelquefois comme elle doit être, ou plutôt, ajouta-t-elle avec un ris malin, c'est vouloir penser qu'on la croit faite pour aller avec tout, et cela ne ferait pas une prétention modeste. Eh ! Mon Dieu ! Madame, répondit-elle, qui est-ce qui n'en a pas de prétentions, qui ne se croit point toujours jeune, toujours aimable, et qui ne se coiffe pas à cinquante ans comme je le fais à vingt-deux[355].

Si l'âge favorise le parallèle entre Arsinoé et Mme de Senanges, ainsi qu'entre Célimène – vingt ans – et Mme de Mongennes – vingt-deux ans –, leur caractère et le rapport de force qui prévaut entre elles sont néanmoins différents. Alors que Molière oppose clairement une prude à une coquette, Crébillon dresse l'une contre l'autre deux femmes également méprisables et ridicules. Tandis que la répartition de la parole entre Arsinoé et Célimène est à peu près égale (à une tirade répond une tirade, à une éthopée répond une éthopée), celle entre Mme de Senanges et Mme de Mongennes est disproportionnée, bien que cette dernière parvienne à remettre sa rivale à sa place. La querelle perd alors de sa puissance dramatique. En revanche, comme Arsinoé, avec ces « Gens, de Vertu singulière »[356], et comme Célimène, avec ces « quelques Gens, d'un

---

354   Voir *ibid.*, III, 4, v. 941-942, p. 691.
355   Crébillon, *Les Égarements*, dans *Œuvres complètes*, tome 2, *op. cit.*, pp. 188-189.
356   Molière, *Le Misanthrope*, *op. cit.*, III, 4, v. 885, p. 689.

très rare mérite »[357], Mme de Senanges prend le personnage de Pranzi comme caution pour critiquer sa rivale. Comme elles également, elle s'abrite derrière l'amitié pour autoriser ses impertinences. Enfin, comme Célimène, Mme de Mongennes finit par faire « sonner terriblement [son] Âge »[358], de sorte que, si la scène des *Égarements* est moins bien construite dramatiquement que celle du *Misanthrope*, elle témoigne cependant du rôle que joue la comédie moliéresque dans l'art de rendre les caractères et, en ce sens, sert utilement le projet, romanesque cette fois, de proposer un « tableau de la vie humaine »[359].

De Corneille à Dancourt chez Marivaux

On n'est guère surpris de retrouver dans les romans-mémoires de Marivaux des thèmes caractéristiques de son théâtre, quand on sait qu'il écrit dix-neuf comédies pendant la longue période d'élaboration de *La Vie de Marianne* (1727-1742[360]) et qu'il en compose deux autres tout en travaillant au *Paysan parvenu* (avril 1734-avril 1735) : il crée *La Méprise* le 16 août 1734 et *La Mère confidente*, le 9 mai 1735. Aussi distingue-t-on, dans son théâtre comme dans ses romans, les thèmes de la « naissance de l'amour », du « conflit [de cet amour] avec le milieu d'où l'on vient »[361], « des moyens de parvenir »[362], auxquels s'ajoutent le trouble que les protagonistes ressentent immanquablement devant l'être aimé, les dissonances « entre la pensée formulée [par les personnages] et le sentiment profond [qu'ils éprouvent] »[363] et les mouvements où l'amour-propre éclate dans toute sa force[364], qui témoignent chez Marivaux de l'influence réciproque du théâtre et de l'invention romanesque, l'un ne pouvant être pensé sans l'autre.

---

357 *Ibid.*, III, 4, v. 922, p. 690.
358 *Ibid.*, III, 4, v. 986, p. 692.
359 Crébillon, *Les Égarements*, dans *Œuvres complètes*, tome 2, *op. cit.*, p. 69.
360 Michel Gilot et Frédéric Deloffre retiennent la date de 1727 pour le dépôt du premier manuscrit de *La Vie de Marianne*. L'approbation et le privilège datent de l'année suivante, mais la première partie du roman ne paraît qu'en 1731. Voir Michel Gilot, « Introduction », dans *La Vie de Marianne*, Paris, Garnier-Flammarion, coll. « GF Flammarion », 1978, pp. 13-14 et Frédéric Deloffre, « Introduction », dans *La Vie de Marianne*, Paris, Bordas, coll. « Classiques Garnier », 1990, p. xix (désormais, sauf indication contraire, toutes les références à ce roman renverront à cette dernière édition).
361 Jean-Marie Goulemot, « Introduction », dans *La Vie de Marianne*, Paris, Librairie Générale Française, coll. « Classiques de poche », 2007, p. 11. Voir aussi *La Vie de Marianne*, éd. Frédéric Deloffre, *op. cit.*, p. 66, n. 1.
362 Frédéric Deloffre et Françoise Rubellin, « Introduction », dans *Le Paysan parvenu*, *op. cit.*, p. xxiii.
363 Marivaux, *La Vie de Marianne*, éd. Frédéric Deloffre, *op. cit.*, p. 131, n. 1.
364 Voir *ibid.*, p. 160, n. 2.

Rappelons également que Marivaux s'est d'abord essayé au théâtre avec *Le Père prudent et équitable, ou Crispin l'heureux fourbe* (1712), avant de se consacrer pendant plusieurs années à l'écriture de diverses œuvres narratives, que sont *Les Effets surprenants de la sympathie* (1712-1713), *Pharsamon* (1713), *Le Bilboquet* (1713-1714), *La Voiture embourbée* (1713-1714) et *Le Télémaque travesti* (1714). Sept ans après sa première pièce, il revient au théâtre avec une tragédie, *La Mort d'Annibal* (1719), puis des comédies, *L'Amour et la Vérité* (1720), *Arlequin poli par l'amour* (1720) qui est son premier succès, après lesquelles suivront *La Surprise de l'amour* (1722), *La Double Inconstance* (1723), *Le Prince travesti* (1724) et *La Fausse Suivante* (1724). Invention dramatique et invention romanesque procèdent donc, chez lui, d'un même élan créatif. Toutefois, bien que son théâtre imprègne ses romans, à notre connaissance, il ne reprend pas le texte de ses propres pièces, alors qu'en revanche, il puise fréquemment dans celui de ses prédécesseurs et de ses contemporains.

Tout d'abord, une courte réplique de Marianne à Valville lors de leur premier entretien chez Mme de Miran (« Non, monsieur, je ne vous hais pas, lui dis-je ; vous ne m'avez pas donné lieu de vous haïr, il s'en faut bien »[365]) rappelle l'un des plus beaux vers que Chimène dit à Rodrigue : « Va, je ne te hais point »[366]. Néanmoins, la réponse de Marianne n'a pas la force dramatique de la litote de Chimène. L'absence d'injonctif, le passage du tutoiement au vouvoiement, le changement de l'adverbe de négation et la longueur de la phrase se substituant à la concision de l'hémistiche annihilent la force de la litote. Cependant, comme Chimène, Marianne est devant un dilemme : ou elle apprend à Valville qu'elle loge chez une lingère et lui découvre alors qu'elle est sans fortune, ou elle garde le silence et « le laiss[e] douter de [s]es mœurs »[367]. Finalement, elle préfère mettre un terme à « une situation [...] remplie de mille instants délicieux »[368] que de perdre l'estime et le respect du jeune homme. Autrement dit, elle choisit de sacrifier son cœur à sa vanité. Marivaux renonce, en quelque sorte, à l'élévation du tragique au profit de l'analyse morale, puisque Chimène sacrifiait son amour à son honneur et non pas à son amour-propre. À cette dégradation du tragique s'ajoute celle de Marianne. Si les deux héroïnes déclarent leur amour à l'être aimé, l'une fait preuve de courage, parce qu'elle est déterminée à venger son père et à perdre son amant, tandis que l'autre se montre vaniteuse, en refusant de dire qui elle est et où elle réside. Au reste, lorsque Marianne se résout enfin à prononcer le nom de Mme Dutour, Valville se méprend : « Chez Mme Dutour ! une marchande de linge ? Hé ! je la connais, dit Valville ; c'est donc

---

365 *Ibid.*, p. 76.
366 Corneille, *Le Cid*, dans *Œuvres complètes, tome 1, op. cit.*, III, 4, v. 973, p. 747.
367 Marivaux, *La Vie de Marianne*, éd. Frédéric Deloffre, *op. cit.*, p. 71.
368 *Id.*

elle qui aura soin d'aller chez vous avertir où vous êtes ? »³⁶⁹ À ce moment du récit, la scène devient presque burlesque, si bien que ce clin d'œil à Corneille semble davantage une réplique galante qu'un moyen de conférer à celle-ci gravité, grandeur ou élévation tragique.

Marivaux emprunte non seulement au *Cid*, mais aussi à *Polyeucte* : « [I]l nous perdra, ma fille »³⁷⁰, dit à deux reprises le gouverneur Félix à sa fille Pauline à qui il vient apprendre la venue de Sévère, vainqueur des Perses. Ancien amant de Pauline, valeureux combattant, mais sans fortune, Félix lui préféra le seigneur arménien Polyeucte. Le vers « il nous perdra, ma fille » exprime alors la crainte d'un père qui méprisa l'honnêteté et la vertu – Sévère – au bénéfice de la richesse – Polyeucte. Dans *La Vie de Marianne*, Marivaux place ce vers dans la bouche de Climal : « Vous me faites trembler pour vous, s'écria-t-il d'un air sérieux et compatissant : oui, trembler. Voilà un événement bien fâcheux, et qui aura les plus malheureuses suites du monde, si vous ne les prévenez pas ; il vous perdra ma fille »³⁷¹. À ce moment du récit, Climal représente à Marianne les dangers d'une liaison avec son neveu Valville qu'il qualifie de « jeune étourdi » et de « petit libertin »³⁷². Cet « événement bien fâcheux » pour lequel il prévoit « les plus malheureuses suites du monde » est la rencontre de sa protégée avec Valville qui, désormais, sait où elle habite et qui « cherchera à la revoir »³⁷³. D'une certaine manière, Marivaux aurait très bien pu reprendre littéralement le vers de Félix sans changer la personne du pronom personnel : « il nous perdra, ma fille » au lieu de « il vous perdra, ma fille », qui sonne comme une sentence. Après tout, Climal, tout autant que Marianne, risque sa réputation. En fait, le passage de la première à la deuxième personne du pluriel participe d'une rhétorique de l'effroi qui consiste à terrifier la jeune femme par une « triste peinture »³⁷⁴ de sa situation. D'ailleurs, le dévot le lui dit : « [J]e n'ai voulu, dans ce que je vous ai dit, que vous inspirer un peu de frayeur utile »³⁷⁵. En d'autres termes, alors que dans la tragédie, le vers de Félix traduit la juste frayeur d'un homme craignant la vengeance d'un prétendant qu'il a évincé, dans le roman, la citation tronquée est un élément important dans la stratégie de séduction ou, plus exactement, de corruption de Climal, qui repose sur un abus de pouvoir. On assiste alors à une sorte de dégradation

---

369   *Ibid.*, p. 82.
370   Corneille, *Polyeucte, op. cit.*, I, 4, v. 327 et 329, p. 994. Voir Michel Gilot, « Introduction », dans *La Vie de Marianne, op. cit.*, p. 17.
371   Marivaux, *La Vie de Marianne*, éd. Frédéric Deloffre, *op. cit.*, pp. 110-111.
372   *Ibid.*, p. 112.
373   *Ibid.*, p. 117.
374   *Ibid.*, p. 113.
375   *Ibid.*, p. 116.

du sens tragique au profit du tableau de mœurs, puisqu'à la peinture des passions se substitue encore une fois l'analyse morale.

Hormis ces emprunts au *Cid* et à *Polyeucte*, Marivaux préfère manifestement puiser dans le genre comique auquel il reprend, par exemple, certains tics de langage. Michel Gilot a relevé plusieurs de ces emprunts qui, pour la plupart, proviennent des comédies de Molière :

> Marianne et Valville dans leur première rencontre sont une petite Bérénice, et un petit Titus ; à M. de Climal, nouveau Tartuffe, il advient d'être Mme Pernelle (« Allez, petite fille, Allez ») ou Félix (« Il vous perdra, ma fille »), tandis que la gamme du bon père Saint-Vincent peut aller de Géronte (« Qu'aviez-vous affaire de ce jeune homme ? ») ou d'Orgon (« Ce pauvre homme ! ») à Pascal (« Plaisante charité qui apprend aux gens à aller au bal ! »)[376].

Si le parallèle avec *Bérénice* n'est pas manifeste, il est vrai, néanmoins, que Marivaux fait parfois parler Climal comme Mme Pernelle, dont le discours se caractérise par un tic de langage qui consiste à répéter un injonctif et qui, par ailleurs, est mis en évidence dès le début du *Tartuffe* :

> MADAME PERNELLE
> Allons, Flipote, allons ; que d'eux je me délivre.
>
> ELMIRE
> Vous marchez d'un tel pas, qu'on a peine à vous suivre.
>
> MADAME PERNELLE
> Laissez, ma Bru, laissez : ne venez pas plus loin ;
> Ce sont toutes façons, dont je n'ai pas besoin[377].

La tirade de Mme Pernelle qui clôt la première scène de l'acte I s'achève par le même procédé :

> Allons, vous ; vous rêvez, et bayez aux Corneilles ;
> Jour de Dieu, je saurai vous frotter les oreilles ;
> Marchons, gaupe, marchons[378].

---

376   Michel Gilot, « Introduction », dans *La Vie de Marianne, op. cit.*, p. 17.
377   Molière, *Le Tartuffe, ou l'Imposteur*, dans *Œuvres complètes, tome 2, op. cit.*, I, 1, v. 1-4, p. 99.
378   *Ibid.*, I, 1, v. 169-171, p. 105.

Marivaux reprend ce tic de langage propre à l'un des deux personnages de la pièce qui, avec Orgon, se méprend sur la véritable nature de Tartuffe, pour le prêter à ce nouveau Tartuffe qu'est Climal. Alors que ce dernier vient d'être surpris par Valville aux genoux de Marianne, celle-ci dénonce son hypocrisie et le menace de tout raconter. Climal change alors de ton à son égard : « Allez, petite fille, allez, me répondit-il, en homme sans pudeur, qui ne se souciait plus de mon estime, et qui voulait bien que je le méprisasse autant qu'il méritait ; je ne vous crains point, vous n'êtes pas capable de me nuire : et vous qui me menacez, craignez à votre tour que je ne me fâche, entendez-vous ? »[379] Cette citation tronquée empruntée à l'un des adjuvants de Tartuffe – Mme Pernelle – renforce l'analogie entre Tartuffe et Climal dont la fausseté vient d'éclater au grand jour. Du reste, le personnage romanesque est qualifié de Tartuffe à quatre reprises dans *La Vie de Marianne* et ce, à chaque fois qu'il fait preuve d'hypocrisie dans des scènes où la tension dramatique est à son apogée. Tel est le cas, par exemple, lorsqu'il découvre Marianne chez Valville, qu'il feint de ne pas connaître :

> Il pâlissait et je ne répondais rien ; ses yeux me disaient : Tirez-moi d'affaire ; les miens lui disaient : Tirez-m'en vous-même ; et notre silence commençait à devenir sensible, quand il entra un laquais qui dit à Valville que le carrosse qu'il avait envoyé chercher pour moi était à la porte.
> Cela nous sauva, et mon tartufe en fut si rassuré qu'il osa même abuser de la sécurité où il se trouvait pour lors, et porter l'audace jusqu'à dire : Mais il n'y a qu'à renvoyer ce carrosse ; il est inutile, puisque voilà le mien et cela du ton d'un homme qui avait compté me mener, et qui n'avait négligé de répondre à la proposition que parce qu'elle ne faisait pas la moindre difficulté.
> Je songe pourtant que je devrais rayer l'épithète de tartufe que je viens de lui donner ; car je lui ai obligation, à ce tartufe-là. Sa mémoire me doit être chère ; il devint un homme de bien pour moi. Ceci soit dit pour l'acquit de ma reconnaissance, et en réparation du tort que la vérité historique pourra lui faire encore. Cette vérité a ses droits, qu'il faut bien que M. de Climal essuie[380].

La comparaison de Climal avec le personnage moliéresque est d'autant plus manifeste que Marivaux multiplie les allusions à ce dernier : comme Tartuffe

---

379   Marivaux, *La Vie de Marianne*, op. cit., p. 123.
380   *Ibid.*, p. 88.

qui disait à Elmire « Ah ! pour être Dévot, je n'en suis pas moins homme »[381], Climal rétorque à Marianne « on n'en est pas moins honnête homme pour aimer une jolie fille »[382]. Si la logique de la phrase est la même, l'idée exprimée est néanmoins sensiblement différente : alors que le personnage dramatique « s'excuse au nom de la faiblesse humaine », le personnage romanesque juge que « son attitude est compatible avec la morale mondaine »[383]. D'une certaine manière, Climal est plus dépravé que Tartuffe, puisqu'il ne justifie pas son comportement au nom des faiblesses de la nature humaine, mais d'un idéal mondain qui s'en accommode aisément. On se souvient aussi que Tartuffe s'engageait auprès d'Elmire à agir avec la plus grande discrétion :

> Votre honneur, avec moi, ne court point de hasard ;
> Et n'a nulle disgrâce à craindre de ma part.
> Tous ces Galants de Cour, dont les Femmes sont folles,
> Sont bruyants dans leurs faits, et vains dans leurs paroles.
> De leurs progrès sans cesse on les voit se targuer ;
> Ils n'ont point de faveurs, qu'ils n'aillent divulguer ;
> Et leur langue indiscrète, en qui l'on se confie,
> Déshonore l'Autel où leur cœur sacrifie :
> Mais les Gens comme nous, brûlent d'un feu discret,
> Avec qui pour toujours on est sûr du secret.
> Le soin que nous prenons de notre renommée,
> Répond de toute chose à la Personne aimée ;
> Et c'est en nous qu'on trouve, acceptant notre cœur
> De l'amour sans scandale, et du plaisir sans peur[384].

Climal recourt au même argument lorsqu'il se déclare à Marianne :

> Je ne vous ai parlé que de cette indigence où vous resteriez au premier jour, si vous écoutiez mon neveu, lui ou tout autre, et ne vous ai rien dit de l'opprobre qui la suivrait, et que voici : c'est que la plupart des hommes, et surtout des jeunes gens, ne ménagent pas une fille comme vous quand ils la quittent ; c'est qu'ils se vantent d'avoir réussi auprès d'elle ; c'est qu'ils sont indiscrets, impudents et moqueurs sur son compte ; c'est qu'ils l'indiquent, qu'ils la montrent, qu'ils disent aux autres : la voilà.

---

381 Molière, *Le Tartuffe*, op. cit., III, 3, v. 966, p. 147.
382 Marivaux, *La Vie de Marianne*, op. cit., p. 109.
383 *Ibid.*, p. 109, n. 1.
384 Molière, *Le Tartuffe*, op. cit., III, 3, v. 987-1000, p. 148.

> Oh ! jugez quelle aventure ce serait là pour vous, qui êtes la plus aimable personne de votre sexe, et qui par conséquent seriez aussi la plus déshonorée. Car, dans un pareil cas, c'est ce qu'il y a de plus beau qui est le plus méprisé, parce que c'est ce qu'on est le plus fâché de trouver méprisable. [...] Or, ce n'en est plus un quand elle est décriée, et vous ne risquez rien de tout cela avec moi. Vous sentez bien, du caractère dont je suis, que votre réputation ne court aucun hasard : je ne serai pas curieux qu'on sache que je vous aime, ni que vous y répondez[385].

Comme Tartuffe qui dénonce l'indiscrétion des « Galants de Cour » et qui justifie la nécessité de la plus grande circonspection afin de préserver sa propre « renommée », Climal critique l'impudence des « jeunes gens », mais insiste en plus sur l'indigence de Marianne – « une fille comme vous » – pour laquelle il prédit la plus grande misère et le déshonneur. Pour comble de mauvaise foi, il attribue les secours qu'il veut lui procurer à la Providence. C'est que la situation de Climal diffère radicalement de celle de Tartuffe : le premier est un homme riche, respecté et admiré par ses confrères et ses concitoyens, il est donc en position de force par rapport à Marianne qui n'a ni parents ni biens ; le second est un escroc sans fortune qui s'enrichit aux dépens du maître de maison, Orgon. Excepté ce dernier et Mme Pernelle, tous les personnages de la pièce savent que Tartuffe est un hypocrite qui abuse de la crédulité de son bienfaiteur. Dans *La Vie de Marianne*, seule l'héroïne connaît la véritable nature de Climal, même si Valville éprouvait déjà des doutes à son sujet[386]. Petit à petit, le jeu de ce « franc hypocrite »[387] est découvert, par Mme Dutour d'abord, par Valville ensuite, par le père Saint-Vincent après, par Mme de Miran enfin[388]. Chez Molière, la scène 5 de l'acte IV, où Orgon écoute sous une table ce que Tartuffe dit à sa femme, constitue un coup de théâtre ; de même, la scène où Valville surprend Climal aux pieds de Marianne modifie le cours de l'action. S'ensuivent une scène de rupture chez Mme Dutour et une scène de confrontation avec le père Saint-Vincent avant la confession de Climal dans la cinquième partie. On ne retrouve évidemment pas le plan de la comédie dans le roman, mais plusieurs types de scène tels que la déclaration d'amour[389] ou

---

385   Marivaux, *La Vie de Marianne, op. cit.*, pp. 114-115.
386   Voir *ibid.*, p. 85.
387   *Ibid.*, p. 86.
388   Voir, pour Mme Dutour, *ibid.*, pp. 44-48 ; pour Valville, *ibid.*, p. 120 ; pour le père Saint-Vincent, *ibid.*, pp. 141-145 ; pour Mme de Miran, *ibid.*, pp. 185-186.
389   Voir Molière, *Le Tartuffe, op. cit.*, III, 3 et Marivaux, *La Vie de Marianne, op. cit.*, pp. 72-76.

la dénonciation inefficace[390]. Toutefois, tandis que Tartuffe est arrêté, Climal demande pardon aux siens avant de mourir, de sorte que, si le personnage dramatique reste figé dans son caractère du début jusqu'à la fin de la pièce, le personnage romanesque, lui, évolue d'un point de vue moral. En effet, en passant du théâtre au roman, le caractère du faux dévot qui suscite le rire devient un personnage pathétique qui passe d'une forme d'abjection au repentir. Dès lors, au théâtre qui corrige les mœurs par le rire s'oppose le roman dont les personnages sont susceptibles d'une évolution qu'anime une sensibilité, voire une morale du sentiment – évolution qu'aura sans doute favorisée, du reste, le souvenir de la transposition qu'avait faite La Bruyère du personnage de Tartuffe, que *Les Caractères* dotaient, sous la figure d'Onuphre, d'une plus grande intériorité[391].

Enfin, l'exclamation du père Saint-Vincent – « ce pauvre homme ! »[392] – au moment où il apprend de Marianne que Climal a tenté de l'embrasser, confirmerait, s'il en était besoin, l'influence de *Tartuffe* dans *La Vie de Marianne*. En fait, Marivaux reprend la célèbre exclamation « Le pauvre Homme ! »[393] qu'Orgon ne cesse de répéter lorsque Dorine, sa domestique, l'informe qu'Elmire a été malade et que Tartuffe, au contraire, « se porte à merveille »[394], allant ainsi à l'encontre de l'attente du spectateur qui rit d'entendre plaindre un homme qui n'en a nul besoin. La même exclamation revient à deux reprises dans la pièce : l'une témoignant à nouveau de l'aveuglement d'Orgon, l'autre permettant à Dorine de rendre la pareille à son maître désormais déniaisé[395]. Chez Marivaux, c'est également un personnage dupe du faux dévot – le père Saint-Vincent – qui s'écrie « ce pauvre homme ! » ; cependant, l'effet comique de la répétition mécanique disparaît au profit de l'expression de l'incrédulité, de la stupeur et de l'indignation, perdant ainsi sa charge dramatique en faveur d'un sentiment de bienveillance.

---

390 Voir Molière, *Le Tartuffe*, op. cit., III, 5-6 et Marivaux, *La Vie de Marianne*, op. cit., pp. 138-141. Contrairement à Orgon qui chasse son fils de chez lui, le père Saint-Vincent finit par croire Marianne.

391 Voir La Bruyère, *Les Caractères*, op. cit., « De la mode », pp. 516-519 et, sur ce point, Benedetta Papasogli, « Onuphre : l'intérieur et l'extérieur », dans Jean Dagen, Élisabeth Bourguinat et Marc Escola (dirs.), *La Bruyère : le métier du moraliste. Actes du colloque international pour le tricentenaire de la mort de La Bruyère (Paris, 8-9 novembre 1996)*, Paris, Honoré Champion, coll. « Moralia », 2001, pp. 211-220.

392 Marivaux, *La Vie de Marianne*, op. cit., p. 139.

393 Molière, *Le Tartuffe*, op. cit., I, 4, v. 235, 241, 250, 256, pp. 108-109.

394 *Ibid.*, I, 4, v. 233, p. 108.

395 Voir *ibid.*, III, 7, v. 1183-1184, p. 157 et V, 3, v. 1643-1657, p. 176.

La querelle entre la lingère et le cocher, qui clôt pratiquement la deuxième partie de *La Vie de Marianne*, est un autre emprunt dramatique dont les sources sont multiples, depuis *Les Précieuses ridicules* (1660) de Molière jusqu'au *Moulin de Javelle* (1696) de Dancourt en passant par *Arlequin homme à bonne fortune* (1690) de Jean-François Regnard[396]. Chez Molière, ce sont d'abord deux porteurs et un valet, qui se fait passer pour un marquis, dont la querelle tirait déjà son origine d'un différend concernant le paiement de la course[397]. Dans cette scène farcesque qui montre que l'usage de la force (la menace du bâton) est finalement plus efficace que la politesse (le second porteur répète « s'il vous plaît » pour obtenir son dû), il n'y a aucun témoin extérieur. À cet égard, Marivaux innove, puisqu'il introduit deux témoins importants : Marianne, la principale intéressée, et le peuple de Paris, qui fournit à la narratrice le sujet d'un des nombreux portraits de son récit[398]. Cet ajout confère une dimension réaliste à la querelle qui devient une véritable scène de genre, comme le relevait déjà Raynal avec sévérité : « On est excédé, par exemple, de cette querelle de la lingère et du fiacre, dans la *Marianne* de M. de Marivaux ; rien n'est mieux rendu d'après nature, et d'un goût plus détestable que le tableau que je cite »[399]. Si ce choix esthétique est condamné par l'abbé, la peinture des mœurs populaires n'ayant pas sa place dans le genre romanesque, la métaphore picturale atteste néanmoins des qualités visuelles de cette scène, dont le réalisme est souligné.

La lingère, Mme Dutour, excelle dans le rôle de la victime outragée, interpellant Marianne, appelant M. Ricard à son secours, « apostrophant la foule »[400], ameutant tout le quartier. Alors que le cocher ne veut pas faire d'esclandre (« Donnez-moi mon affaire, et ne crions pas tant »[401]), elle se donne volontiers en spectacle. Tandis qu'elle est l'offenseur, elle joue l'offensée. Dans cette inversion des rôles, elle menace le cocher de son aune qu'elle s'empresse d'aller chercher à côté du comptoir. En somme, non seulement elle refuse de le payer, du moins de le payer honnêtement, mais elle menace aussi de le rosser. Outre le point de vue extérieur de Marianne qui introduit parfois un commentaire,

---

396   Voir Frédéric Deloffre, « Introduction », dans *La Vie de Marianne, op. cit.*, pp. xxviii-xxxii et *Une Préciosité nouvelle, op. cit.*, pp. 225-227.
397   Voir Molière, *Les Précieuses ridicules*, dans *Œuvres complètes*, tome 1, *op. cit.*, scène 7, pp. 13-14.
398   Voir Marivaux, *La Vie de Marianne, op. cit.*, pp. 95-96.
399   Grimm *et al., Correspondance littéraire, philosophique et critique*, tome 2, *op. cit.*, « Lettre du 1er août 1753 », p. 269. Frédéric Deloffre attribue cette citation à l'abbé Raynal (voir *Une Préciosité nouvelle, op. cit.*, p. 225).
400   Marivaux, *La Vie de Marianne, op. cit.*, p. 94.
401   *Ibid.*, pp. 92-93.

la spectatrice qu'elle était alors intervient pour éviter la « catastrophe »[402] et pour clore la dispute, en payant la course du cocher. Par conséquent, comme la querelle des *Précieuses ridicules*, celle de *La Vie de Marianne* constitue une admirable scène pittoresque dont le comique réside dans le passage du calme à l'emportement, dans la description d'une lutte dont l'aune catalyse les forces et dans l'imitation du « langage des petites gens »[403] avec ses interjections, ses jurons et ses insultes, aussi fleuries les unes que les autres.

Marivaux rassemble ici tous les ingrédients d'une véritable scène de farce où le comique de langage s'associe au comique de geste pour le plus grand plaisir du lecteur. Excepté l'accessoire du bâton et les jurons, Marivaux ne fait certes pas d'allusion précise à la querelle des *Précieuses ridicules*, mais il a assurément retenu de Molière un type de scène dont l'effet comique est garanti. Certains ont interprété l'introduction de cette scène de farce, qui rompt avec la gravité des incidents auxquels Marianne a dû faire face, comme une volonté de la part de Marivaux de changer radicalement de ton, ce dont témoigne, au surplus, l'écriture du *Paysan parvenu*, qu'il entreprend à la fin de cette deuxième partie de *La Vie de Marianne*.

En revanche, un emprunt littéral et plusieurs allusions à *Arlequin homme à bonne fortune* de Regnard prouvent que Marivaux s'est inspiré de la querelle entre Arlequin et le fiacre :

(*Arlequin, en vicomte, suivi d'un fiacre, entre et fait plusieurs révérences à Colombine*).
LE FIACRE, *tirant Arlequin par la manche*. — Ça, monsieur, de l'argent.
ARLEQUIN, *au fiacre*. — Va, va, mon ami, tu rêves : un homme de ma qualité ne paie pas plus dans les fiacres que sur les ponts.
LE FIACRE. — Paie-t-on comme cela le monde ? Vous ne me donnez pas un sou.
ARLEQUIN. — Tu ne sais ce que tu dis, maraud. Est-ce qu'un homme de ma qualité n'a pas toujours son franc fiacre ?
LE FIACRE. — Mardi, monsieur, je veux être payé, ou par la sambleu, nous verrons beau jeu.
ARLEQUIN. — Insolent, tu te ferras battre.
LE FIACRE. — Jernibleu ! je ne crains rien : je veux être payé tout à l'heure. (*Il enfonce son chapeau et lève son fouet.*)

---

402 *Ibid.*, p. 96.
403 Frédéric Deloffre, *Une Préciosité nouvelle, op. cit.*, p. 225.

ARLEQUIN. — Ah! ah! ventrebleu! il faut que je coupe les oreilles à ce coquin-là. (*Il met la main sur la garde de son épée, comme s'il voulait la tirer.*) Mademoiselle, prêtez-moi un écu ; je n'ai point de monnaie.
COLOMBINE. — Monsieur, je n'ai point ma bourse sur moi ; mais je vais le faire payer. Holà quelqu'un, qu'on paie cet homme-là (*Au fiacre.*) Allez, allez, l'homme ; on vous contentera[404].

Outre ces « Par la sambleu » et « Jernibleu » devenus « Palsambleu ! » et « Jarnibleu ! »[405], on retrouve dans le roman un juron qu'écrit Arlequin dans un billet adressé à Colombine[406] ainsi que le geste du fiacre qui enfonce son chapeau[407]. Comme Molière, Regnard fait endosser le rôle du noble (le vicomte de Bergamotte) par un valet (Arlequin), bien qu'il fasse rapidement avorter le combat qui s'annonçait. À la différence de Regnard, toutefois, Marivaux a très bien vu les potentialités dramatiques de ce type de scène et en a tiré parti. Enfin, dans la pièce, la présence d'un tiers permet le dénouement de la scène : Colombine fait payer la course d'Arlequin au fiacre ; Marivaux s'en est peut-être souvenu pour l'issue de sa scène.

Enfin, une ultime référence théâtrale a nourri l'écriture de la querelle entre la lingère et le cocher : la scène 2 du *Moulin de Javelle* (1695) de Dancourt met en scène une comtesse, sa suivante Finette et le cocher qui les a menées au moulin et auquel la comtesse fait dire qu'il les attend :

LE COCHER, *ivre.*
Qu'est-ce à dire que je vous attende ? Je me donne au diable si je vous attends, à moins que je ne sois payé, je vous en avertis.

FINETTE.
Eh ! si on lui donne de l'argent, il s'en ira, madame.

LE COCHER.
Ça se pourra bien. Quand je serai payé, je n'aurai que faire ici.

---

404 Regnard, *Arlequin homme à bonne fortune*, dans Gherardi Évariste, *Le Théâtre italien*, tome 2, éd. Roger Guichemerre, Paris, Société des Textes Français Modernes, 1996, scène 5, pp. 173-174.
405 Marivaux, *La Vie de Marianne*, op. cit., pp. 93-94.
406 « [L]a peste m'étouffe » (*ibid.*, p. 94), à comparer avec Regnard, *Arlequin homme à bonne fortune*, op. cit., scène 5, p. 173.
407 Voir Marivaux, *La Vie de Marianne*, op. cit., p. 97.

LA COMTESSE.
Eh ! comment veux-tu qu'on s'en retourne ?

LE COCHER.
Bon ! qu'on s'en retourne ! Est-ce que ça vous embarrasse ? Vous êtes jolie, je vous amène au Moulin de Javelle, vous y trouverez fortune, ne vous mettez pas en peine.

FINETTE.
Ah ! quel discours, madame ! Quel insolent !

LA COMTESSE.
C'est un maraud à qui il faut donner les étrivières.

LE COCHER.
Oui ! les étrivières ? Oh ! écoutez donc, point tant de fierté ; je vous ai prises dans la rue de Seine ; je vous déshonorerai, prenez-y garde.

FINETTE.
Par ma foi, madame, cela n'est point poli ; un coquin de fiacre parler de la sorte !

LE COCHER.
Fiacre ? Oh ! fiacre vous-même ; point tant de bruit, vous dis-je, et de l'argent. Autrement...

LA COMTESSE.
Écoute, nous voici près de la maison ; si j'appelle quelqu'un, tu seras rossé.

LE COCHER.
Oh palsembleu ! appelez, nous sommes faits à cela ; je serai rossé, mais je serai payé, ou je ferai beau bruit. Je n'ai pas la langue morte, non, quoique je l'aie un peu embarrassée[408].

Beaucoup plus longue que celle des *Précieuses ridicules* et d'*Arlequin homme à bonne fortune*, cette querelle comporte plusieurs éléments qui ont pu inspirer celle de *La Vie de Marianne* : les syntagmes « Je me donne au diable »

---

408   Dancourt, *Le Moulin de Javelle*, dans *Œuvres choisies, tome 4*, Paris, P. Didot l'aîné et Firmin Didot, 1810, scène 2, pp. 115-116.

que Marivaux place également dans la bouche de son cocher («je me donne au diable, ne badinons point ! »[409]), et « point tant de bruit, vous dis-je, et de l'argent » qui trouve un écho dans « Donnez-moi mon affaire, et ne crions point tant »[410]. La menace de la comtesse («si j'appelle quelqu'un, tu seras rossé ») est semblable à celle de Mme Dutour : « Si j'appelle un voisin, on vous apprendra à parler aux bourgeois plus honnêtement que vous ne faites »[411]. Au reste, les répliques de la comtesse et de Finette ainsi que les impertinences du cocher n'égalent pas la verve de la marchande et les propos injurieux du fiacre. Sur ce point, Frédéric Deloffre observe que, « [s]ans tomber dans une vulgarité plus grande que ses devanciers, auxquels il doit sans doute quelques détails, Marivaux l'emporte de loin sur eux par la verve soutenue de son personnage [du fiacre] »[412]. En somme, le romancier a su exploiter les ressources dramatiques d'une scène où la confrontation physique des personnages était un moyen d'en assurer le comique. Seul Molière avait perçu l'importance, avec le soufflet, de ce comique de geste : les pièces de Regnard et de Dancourt y auraient sans doute gagné.

Marivaux nourrit donc principalement sa matière romanesque du théâtre de Molière et de ses continuateurs. Avec une référence au *Cid* et une à *Polyeucte*, le genre tragique ou tragi-comique est négligé au profit du genre comique. Dans les deux cas, le roman infléchit le texte dramatique en faveur de la galanterie (« je ne vous hais pas ») ou de la séduction (« il vous perdra, ma fille »). La référence au *Cid* participe d'une dégradation du tragique et celle à *Polyeucte*, d'une rhétorique de l'intimidation et de l'effroi. Quant à l'influence du genre comique, retenons surtout *Tartuffe* : les nombreux emprunts témoignent de l'influence de cette comédie dans la construction du personnage du faux dévot (Climal) et, à un moindre degré, dans la composition du roman (types de scène). Toutefois, si Marivaux s'en inspire, il s'en distingue aussi nettement : d'un personnage comique et condamnable, il fait un personnage pathétique et pardonnable. Tandis que le personnage dramatique s'affirme comme un caractère fixe, au sens de la caractérologie classique, le personnage romanesque est une personnalité mobile et changeante, qui réhabilite l'héroïne avant de mourir et, de ce fait, se trouve transformé par le sentiment moral qui l'habite. Dans un autre registre, Marivaux développe amplement la scène de la dispute entre la lingère et le cocher : à la différence de Molière et de Regnard, chez lesquels elle est assez courte, il a su rendre la force dramatique d'une querelle

---

409   Marivaux, *La Vie de Marianne, op. cit.*, p. 94.
410   *Ibid.*, pp. 93-94.
411   *Ibid.*, p. 93.
412   Frédéric Deloffre, *Une Préciosité nouvelle, op. cit.*, p. 226.

populaire, décrivant l'évolution des sentiments chez la marchande, peignant la rixe des personnages, rapportant leur joute verbale et présentant la scène comme un spectacle dont l'issue est attendue avec impatience, tant et si bien qu'il tire de sa lecture des dramaturges les éléments d'une écriture vériste.

De Corneille à Beaumarchais chez Louvet

Dans *Les Amours*, Louvet cite les textes dramatiques de deux manières différentes : soit il donne la source des vers qu'il introduit dans son récit, en précisant à la fois l'auteur et le titre de la pièce d'où ils sont extraits, soit il les insère dans son texte sans rien indiquer au lecteur, à l'attention duquel ils peuvent d'ailleurs échapper, la citation se limitant souvent à un court segment de phrase. En regard de ce dispositif s'affirment dès lors deux utilisations distinctes de l'emprunt dramatique : la première consiste à y recourir afin d'illustrer le propos, de l'agrémenter d'une référence connue ou de lui conférer une certaine théâtralité ; la seconde sollicite davantage l'attention et la participation du lecteur, dans la mesure où elle repose sur un exercice mémoriel, le plaisir de la reconnaissance s'ajoutant alors à celui de la lecture.

Il y a d'abord *Le Barbier de Séville*, auquel Louvet empruntait déjà le nom de La Jeunesse et dont Bartholo offrait un modèle pour son ridicule M. de Lignolle. Cette fois-ci, le romancier reprend quelques mots de la tirade de Figaro[413] pour le compte du personnage de Lovzinski, au moment où celui-ci retrace à Faublas son combat contre les envahisseurs de la Pologne, aux côtés de son beau-père Pulauski : « Je ne vous fatiguerai pas, mon cher Faublas, du récit de nos opérations pendant huit années consécutives d'une guerre sanglante. Quelquefois vaincu, plus souvent vainqueur ; aussi grand dans ses défaites que redoutable après ses victoires ; *toujours supérieur aux événements*, Pulauski fixa sur lui l'attention de l'Europe, et l'étonna par sa longue résistance »[414]. D'une tirade dénonçant la violence avec laquelle on s'attaque aux auteurs, on passe au récit d'un combat national ; d'un jeune barbier gai, perspicace et riche en expédients, musicien, philosophe et poète à ses heures, chirurgien et apothicaire à l'occasion, mais filou, paresseux et volontiers porté sur le vin, on passe au portrait d'un républicain polonais, d'un patriote acharné et d'un résistant infatigable qui lutte pour l'indépendance de son pays. Bien que Louvet emprunte les mots d'un valet de comédie pour les placer dans la bouche d'un noble aux aspirations républicaines, ce dernier ne s'en trouve pas pour autant dégradé. Au contraire, comme Figaro, qui parvient toujours à se sortir d'un mauvais pas, Pulauski échappe constamment à ses persécuteurs. Louvet n'avait peut-être pas l'intention d'établir un parallèle entre ces deux

---

413   Voir Beaumarchais, *Le Barbier de Séville, op. cit.*, I, 2, p. 47.

414   Louvet de Couvray, *Les Amours, op. cit.*, pp. 248-249 ; c'est nous qui soulignons.

personnages, mais manifestement il connaissait bien *Le Barbier de Séville*, dont il avait retenu certains passages et dont le souvenir permet d'émailler le récit de Lovzinski de manière à lui donner le brillant d'une conversation mondaine.

Pour les mêmes raisons, Louvet s'amuse volontiers de ses réminiscences de lectures ou de spectacles, qui paraissent lui venir à l'esprit au fil de l'écriture, comme cette autre allusion au *Barbier* : « Tandis qu'on meublait ma chambre de ces effets nouveaux, je [Faublas] fis pour m'évader une tentative que la vigilance de mes gardes rendit inutile ; et je demeurai convaincu, après avoir examiné la situation de ma prison et le régime établi pour sa sûreté, que, loin de négliger les précautions nécessaires, on en prenait de fort inutiles »[415]. À ces précautions inutiles répondent celles du *Barbier de Séville, ou la Précaution inutile*[416], le sous-titre de la pièce renvoyant aux mesures que prend en vain le médecin Bartholo pour éloigner les prétendants de sa pupille Rosine. Les précautions prises à l'égard de Faublas n'ont certes pas cette fonction ; cependant, elles visent, comme dans *Le Barbier*, à contrarier les amours des jeunes gens et, de même, se révéleront tout aussi inutiles. En ce sens, cette allusion évoque moins la situation des personnages dramatiques qu'elle ne constitue un clin d'œil littéraire destiné à donner du relief et de l'éclat au récit.

À la manière de ces emprunts dont Louvet ne fournit pas la source, la plupart des citations dont il précise la référence sont insérées dans le corps du texte, comme dans ce passage où il adapte l'un des plus célèbres vers du théâtre cornélien :

> Je demeurai confondu de ce que je venais d'entendre ; et, dans le premier moment de surprise, je répétai quelques-unes des expressions qui venaient d'échapper à madame de B***. *Allez et revenez content… Je ne puis dire quels vœux j'ose former… Qu'il serait cruel de ne se plus voir !* Il n'est plus douteux que madame de B*** sait que je vais me battre, et connaît mon ennemi… *Quels vœux j'ose former !* Ces vœux, elle ne pourrait, sans crime, les exprimer clairement. Mais peut-être suis-je excusable, moi, de chercher à pénétrer le secret de son cœur, sa pensée la plus cachée… *Qu'il serait cruel de ne se plus voir !* Vous me reverrez madame de B***, vous me reverrez, n'en doutez pas ; je sortirai vainqueur d'un combat dont vous êtes le prix[417].

---

415   *Ibid.*, p. 327.

416   Scarron avait déjà intitulé l'une de ses nouvelles *La Précaution inutile* (1655-1657). Voir, sur ce point, Nathalie Fournier, « De *La Précaution inutile* à *L'École des femmes* : la réécriture de Scarron par Molière », *XVIIe siècle*, n° 186, 1995, pp. 49-60.

417   Louvet de Couvray, *Les Amours, op. cit.*, p. 725 ; c'est l'auteur qui souligne et qui, en note, indique : « Sors vainqueur d'un combat dont Chimène est le prix. Corneille, *Le Cid.* »

« Sors vainqueur d'un combat dont Chimène est le prix »[418] : tel est l'ordre que Chimène donne à Rodrigue, résolu de mourir sous les coups de Don Sanche qu'elle a choisi pour venger son père. Tout comme Rodrigue, Faublas est sur le point de se battre en duel contre un homme, le marquis de B***, mais, pour lui, il n'est pas question de lui abandonner sa vie. En reprenant à son compte ce vers cornélien, le chevalier se voit et se présente, certes, comme un héros de tragédie[419] ; toutefois, contrairement à Rodrigue, même si Faublas triomphait de son rival, il ne pourrait ni ne voudrait épouser la marquise. À vrai dire, le narrateur cherche surtout à souligner le quiproquo dont il a été victime : Faublas croit que la marquise est informée de son duel et qu'elle craint pour sa vie, alors qu'en fait, elle se révèlera l'auteure du cartel et l'ordonnatrice d'une mise en scène où elle se fera duelliste et, lui, spectateur de sa vengeance. Tandis que le vers de Corneille est un aveu dans la bouche de Chimène, il devient une simple exhortation personnelle chez Faublas. Nul duel pour le chevalier, nul héros pour le lecteur, mais un admirable coup de théâtre rondement mené par la marquise, dont la vengeance sur Rosambert, qui a abusé d'elle, est éclatante. Ici, comme l'écrit Michel Delon, la « défaite des libertins mondains est la revanche des femmes »[420], cet acte courageux pouvant se lire à la lumière de l'évolution du libertinage dans la seconde moitié du XVIIIe siècle, où les femmes ont davantage de prise sur les événements. En témoignent Mme de T... dans *Point de lendemain* (1777), mais aussi la marquise de Merteuil dans *Les Liaisons dangereuses* (1782), ou encore Suzanne et la Comtesse dans *Le Mariage de Figaro* (1784).

Une autre citation, insérée cette fois-ci dans un de ces dialogues dont les répliques adoptent la disposition d'un poème dramatique, montre à nouveau à quel point le théâtre constitue une source d'invention romanesque. Il est, en effet, très probable que Louvet ait emprunté l'idée de « l'équilibre des humeurs » ou de « la juste proportion des affections du corps et des affections de l'âme »[421] au *Philosophe marié, ou le Mari honteux de l'être* (1727) de Destouches, que la baronne de Fonrose cite, fort à propos, lors de la joyeuse auscultation du Rosambert, contrefaisant le médecin et délivrant une prescription surprenante :

---

418   Corneille, *Le Cid*, op. cit., V, 1, v. 1566, p. 767.
419   *Le Cid* est une tragi-comédie, mais on sait que la situation des amants est tragique et qu'ils s'expriment dans ce registre.
420   Michel Delon, « Préface », dans Louvet de Couvray, *Les Amours*, op. cit., p. 29.
421   Louvet de Couvray, *Les Amours*, op. cit., pp. 975, 982.

ROSAMBERT
Huit mois ! mais vous devriez être sur le point d'accoucher... Monsieur le comte, vite un enfant à madame ; un enfant, dès ce soir ! ou je ne réponds plus des événements.
[...]

LA MARQUISE D'ARMINCOUR, *en pleurant.*
Hélas ! monsieur le docteur, vous lui ordonnez peut-être l'impossible.

ROSAMBERT, *en montrant la comtesse.*
Comment ? Impossible ! Est-ce que madame ne le voudrait pas ?
[...]

ROSAMBERT, *à M. de Lignolle.*
Elle le veut, qu'avez-vous à dire ?

MADAME D'ARMINCOUR, *avec des sanglots.*
Qu'il ne le peut pas, le traître !

ROSAMBERT
Qu'il ne le peut pas ! voilà ce qu'on ne me fera jamais entendre. La répugnance n'est pas probable ; cette femme est charmante !... Ce n'est pas non plus faiblesse physique, vous êtes tout jeune encore. Quel âge à peu près ? Soixante ans ?

MONSIEUR DE LIGNOLLE, *un peu fâché.*
Guère plus de cinquante, monsieur.

ROSAMBERT
Vous voyez bien ! mais en eussiez-vous le double, voilà des appas capables de ressusciter un centenaire.

LA BARONNE
Oui, docteur, mais permettez une citation :
On dit qu'on n'a jamais tous les dons à la fois,
Et que les gens d'esprit, d'ailleurs très estimables,
Ont fort peu de talent pour former leurs semblables.
DESTOUCHES, *Le Philosophe marié*[422].

---

422 *Ibid.*, pp. 971-973.

Ces trois vers extraits de la scène 4 de l'acte I du *Philosophe marié* introduisent l'idée selon laquelle les gens de lettres, tout occupés aux travaux de l'esprit, énervent, au sens propre, leur corps qui est alors privé des ressources qu'exigent ceux de l'amour. Ils inspirent au prétendu médecin Rosambert sa tirade sur la guérison de toute « une académie de province »[423] grâce à une potion de son cru et préparent une autre scène de comédie[424] où sera constaté l'« effet du remède »[425] administré au mari impuissant. Autrement dit, Louvet exploite dramatiquement ce qui n'était qu'une taquinerie de la suivante Finette au philosophe Ariste :

FINETTE

J'augure
   Que vous n'aurez jamais grande progéniture.

ARISTE

Mais je n'ai pas trente ans. À mon âge, je crois…

FINETTE

On dit qu'on n'a jamais tous les dons à la fois,
Et que les grands esprits, d'ailleurs très estimables,
Ont fort peu de talent pour former leurs semblables[426].

À la différence du dramaturge qui ne rebondit pas sur cette réplique, le romancier, lui, l'utilise afin de développer et d'amplifier le comique de la scène.

Mais si Louvet puise dans la comédie pour susciter le rire, il emprunte aussi à la tragédie pour alimenter la veine sensible de son roman. Alors que le lecteur assiste au premier rendez-vous nocturne de Faublas et de Sophie dans le jardin du couvent, le narrateur cite deux alexandrins qu'il sépare du texte par un blanc typographique, de manière à ce que leur disposition adopte celle d'un poème dramatique :

---

423   *Ibid.*, p. 974.
424   Voir *ibid.*, pp. 980-991.
425   *Ibid.*, p. 975.
426   Destouches, *Le Philosophe marié, ou le Mari honteux de l'être : comédie en cinq actes et en vers, représentée pour la première fois par les comédiens français ordinaires du roi le 15 février 1727*, Paris, Duchesne, 1763, I, 4, p. 17 ; nous modernisons. Notons que Louvet remplace « grands esprits » par « gens d'esprit ».

> C'est avec cette ardeur et ces vœux épurés,
> Que sans doute les Dieux veulent être adorés.
> VOLTAIRE, *Sémiramis*[427].

Ces deux vers proviennent de la scène 1 de l'acte IV de *Sémiramis*, où le héros Arzace est désespéré de la réaction de son amante Azéma qui, croyant avoir été trahie, lui ordonne de finir ses jours. Dans la pièce, c'est Arzace qui prononce ces alexandrins :

> Sémiramis m'est chère ; oui je dois l'avouer ;
> Votre bouche avec moi conspire à la louer.
> Nos yeux la regardaient comme un dieu tutélaire,
> Qui de nos chastes feux protégeaient le mystère.
> C'est avec cette ardeur, et ces vœux épurés,
> Que peut-être les dieux veulent être adorés[428].

Dans *Les Amours*, Faublas reprend ces deux derniers vers au moment où il raconte sa première rencontre intime avec Sophie, afin d'exprimer la force de ses sentiments et la pureté de ses intentions. Tout comme Arzace[429], le chevalier apprendra que, lui aussi, a été promis à sa maîtresse. Mais il est possible aussi que le narrateur procède ici par association d'idées. Les amants se retrouvent dans un jardin, dont l'évocation appelle celle de Sémiramis, éminemment célèbre pour la magnificence des jardins suspendus de son palais de Babylone, lesquels apparaissent d'ailleurs en arrière-plan dans le décor de la pièce : « *Le théâtre représente un vaste péristyle, au fond duquel est le palais de Sémiramis. Les jardins en terrasse sont élevés au-dessus du palais [...]* »[430]. Par conséquent, le narrateur mobilise sa culture littéraire pour rendre compte de la nature et de l'ardeur des sentiments qui l'animaient alors, cet « amour vertueux et pur »[431] transformant même, par la force suggestive d'une allusion, le jardin du couvent en un décor somptueux de tragédie, avec ces « jardins en terrasse » qui étaient l'une des sept merveilles du monde.

---

427 Louvet de Couvray, *Les Amours*, op. cit., p. 363.
428 Voltaire, *Les Œuvres complètes : 1746-1748, tome 1*, Oxford, Voltaire Foundation, 2003, IV, 1, p. 222.
429 Arzace est en réalité Ninias, le fils de Sémiramis, qui a été promis à Azéma dans son berceau.
430 Voltaire, *Les Œuvres complètes : 1746-1748, tome 1*, op. cit., I, 1, p. 169.
431 Louvet de Couvray, *Les Amours*, op. cit., p. 362.

De tous les auteurs de romans-mémoires, en somme, Louvet est sans doute celui qui introduit le plus grand nombre et la plus grande variété de citations, d'allusions et de références dramatiques dans son œuvre. Tandis que les emprunts dont il tait la source semblent des clins d'œil au lecteur, ceux dont il donne la référence participent à la théâtralité du roman : les extraits de comédie servent le comique des *Amours* et, à l'inverse, ceux de tragi-comédie et de tragédie soulignent soit la gravité de certains événements (emprisonnement, duel), soit la dimension sentimentale d'un passage (rendez-vous galant). Si les emprunts dissimulés s'inscrivent davantage dans une dynamique ludique de la lecture, les emprunts affichés, eux, témoignent non seulement de l'amour d'un auteur pour le théâtre en général, que ce soit pour celui du XVIIe ou du XVIIIe siècle, auquel d'une certaine manière il rend hommage, mais aussi d'une invention romanesque dont les effets tantôt comiques et tantôt tragiques se pensent et s'élaborent au sein d'un dialogue permanent avec le théâtre.

Chez Crébillon, l'emprunt à la tragédie cornélienne et l'allusion à la comédie moliéresque sont utilisés dans une optique différente de celle de leurs modèles : l'expression d'un amour sincère y sert désormais un projet galant, et le comique, s'il perd de sa force dramatique, participe de la peinture de caractères et concourt, à ce titre, au projet moral de Crébillon, celui de faire du roman un « tableau de la vie humaine » et d'y « censur[er] les vices et les ridicules ». Quant à l'allusion au *Cid* chez Marivaux, elle sert également une entreprise morale, dans la mesure où elle rend manifeste l'amour-propre de son héroïne, Marianne. De même, lorsqu'il reprend la tragédie sacrée de *Polyeucte*, Marivaux n'en garde pas non plus l'esprit : la crainte manifestée par Félix devient, chez Climal, une menace destinée à servir ses intérêts. Au surplus, Marivaux recourt davantage à la comédie qu'à la tragédie, Molière étant la grande référence, en particulier son Tartuffe qu'il fait évoluer en lui conférant une sensibilité qui, en le rendant désormais capable de repentir, illustre une morale dont le sentiment constitue le ressort. Enfin, la célèbre scène de la querelle entre la marchande et le cocher se révèle plus théâtrale que ses modèles dramatiques, dans la mesure où le comique de geste et de langage y est plus appuyé, rattachant ainsi le texte à une esthétique déjà réaliste. Quant à Louvet, il est celui qui, explicitement ou implicitement, introduit le plus de citations, empruntées soit à la tragi-comédie, soit à la tragédie, soit à la comédie, et généralement insérées dans des situations elles-mêmes tragiques ou comiques. *Les Amours* reprennent ainsi au théâtre des fragments ou des vers, qui non seulement instaurent une connivence ludique avec le lecteur, dont l'intelligence complice se trouve sollicitée, mais qui attestent aussi de la grande culture théâtrale de son auteur, de manière à conférer au texte le brillant de la conversation.

Théâtre en images

À la lecture des romans-mémoires du XVIIIe siècle, un trait frappe : l'abondance du vocabulaire théâtral. Au sens propre, on le verra, il se rapporte au théâtre en tant que lieu de représentation et de divertissement mais, au sens figuré, l'emploi le plus fréquent, il renvoie de manière générale au rôle que l'homme joue sur le théâtre de la société. Dans ce dernier cas, la métaphore remplit soit une fonction métathéâtrale en soulignant la nature ou le caractère spectaculaire d'une action ou d'une scène, soit une fonction morale en mettant au jour, par exemple, l'hypocrisie d'un faux dévot.

Cette métaphore puise son origine chez les philosophes antiques : Démocrite est peut-être le premier à l'utiliser dans sa 84e maxime : « [L]e monde est un théâtre, la vie une comédie : tu entres, tu vois, tu sors »[432]. Les mots grecs *skênê* et *parodos*, traduits ici par « théâtre » et par « comédie », désignent en réalité deux espaces de l'architecture du théâtre grec antique[433] : pour être plus précis, le monde serait alors comparable à une loge où les comédiens se préparent avant d'entrer en scène et la vie ne serait qu'un lieu de passage permettant soit au chœur d'accéder au centre du théâtre, soit aux spectateurs d'accéder aux gradins. En ce sens, la vie ne serait pas tant une comédie qu'un lieu de passage où, effectivement, on entre, on voit et on sort. Dans *Philèbe*, Platon remarque qu'au théâtre comme dans la vie, plaisir et douleur peuvent être éprouvés par l'âme en même temps : « [D]ans les chants de deuil et les tragédies, non seulement dans les pièces de théâtre, mais dans l'ensemble de la tragédie et de la comédie de la vie, comme en une multitude d'autres circonstances, les douleurs et les plaisirs sont mélangés »[434]. Chez d'autres auteurs grecs, la métaphore théâtrale sert à évoquer l'ascendant qu'exerce

---

432 Jean-Paul Dumont, *Les Écoles présocratiques*, Paris, Gallimard, coll. « Folio Essais », 1991, p. 527.

433 Le premier, *skênê*, était une sorte d'édifice qui servait à la fois de loges et de coulisses aux acteurs et qui constituait le mur du *proskênion*, ce que nous appelons la scène, où les acteurs jouaient. Ceux-ci passaient les portes de la *skênê* (les coulisses du fond) pour pénétrer sur le *proskênion* où ils donnaient le spectacle. Le second, *parodos*, correspondait à l'une des deux entrées latérales situées entre le *proskênion* et les ailes du *théâtron* (les gradins), par laquelle le chœur pénétrait pour accéder à l'*orchestra*, au centre du théâtre. Mais les *parodoi* désignaient également les couloirs d'accès permettant aux spectateurs d'atteindre les gradins (voir Anne Larue, « Le Théâtre du Monde : du jeu de l'acteur aux lieux du cosmos », *L'Information littéraire*, n° 2, mars-avril 1994, pp. 12-26 et, plus particulièrement, p. 23).

434 Platon, *Philèbe*, dans *Œuvres complètes*, éd. Luc Brisson, Paris, Flammarion, 2008, 50 b, p. 1346.

la Fortune sur la destinée de l'homme et, selon cette perspective, elle permet d'illustrer une conception fataliste de l'humaine condition[435]. Chez les Latins, Sénèque utilise la métaphore théâtrale au moins à deux reprises dans ses *Lettres à Lucilius*. La première apparaît dans la lettre 76 où il entreprend de persuader son correspondant que la vertu est le souverain bien auquel l'homme doit aspirer[436], parce que nécessaire à son bonheur, la richesse n'étant que l'illusion de ce bonheur :

> De tous ces hommes que tu vois habillés de pourpre, pas un n'est heureux. Tels ces princes de théâtre à qui le spectre et la chlamyde sont assignés comme des attributs de leur rôle. Ils se pavanent devant le public, faisant la roue, dressés sur leurs cothurnes, puis, à peine rentrés dans la coulisse, ils se déchaussent et reprennent leur taille naturelle. De tous ces personnages que l'argent et les honneurs placent en un faîte élevé, pas un n'est grand[437].

---

435   Le cynique Bion de Borysthène considère la Fortune « comme une faiseuse de tragédies, [qui] attribue le rôle tantôt de premier acteur, tantôt de second, et tantôt de roi, tantôt de mendiant. Si donc tu es second acteur, ne cherche pas le rôle de premier acteur ; sinon, tu produiras une discordance » (André-Jean Festugière, *Deux Prédicateurs de l'Antiquité : Télès et Musonius*, Paris, J. Vrin, coll. « Bibliothèque des textes philosophiques », 1978, II, 1, p. 19). Son disciple Télès reprend la même idée selon laquelle l'homme doit se conformer au rôle que le destin lui assigne : « Comme le bon acteur doit bien jouer le rôle que le poète lui attribue, ainsi l'homme vertueux doit bien jouer le rôle que la Fortune lui attribue » (*id.*). L'historien Diogène Laërce rapporte les propos du philosophe : « Le sage est en effet semblable au bon acteur, lequel, qu'il reçoive le rôle de Thersite ou d'Agamemnon, les joue chacun comme il convient » (Diogène Laërce, *Vies et doctrines des philosophes illustres*, éd. Marie-Odile Goulet-Cazé, [2ᵉ éd.], Paris, Librairie Générale Française, coll. « La Pochothèque », 1999, p. 884). Chez Ariston de Chios, enfin, la métaphore « est destinée à illustrer le précepte de l'indifférence que l'on doit avoir par rapport aux choses qui ne dépendent pas de nous » (« Introduction », dans *Manuel d'Épictète*, trad. Pierre Hadot, Paris, Librairie Générale Française, coll. « Classiques de la philosophie », 2000, p. 86).

436   Voir Sénèque, *Entretiens : lettres à Lucilius*, éd. Paul Veyne, Paris, Robert Laffont, coll. « Bouquins », 1993, livre IX, lettre 76, 10, p. 813. L'honnête consiste, entre autres, à « obéir aux dieux », à « ne pas déplorer son sort », à « accueillir avec patience l'arrêt du destin » (*ibid.*, lettre 76, 23, p. 816), ou encore à se sacrifier pour sa patrie (*ibid.*, lettre 76, 27-28, pp. 816-817).

437   *Ibid.*, lettre 76, 31, p. 817.

Comparés à des héros de tragédie vêtus de leur chlamyde et chaussés de cothurnes qui les font paraître plus grands, les dignitaires romains se montrent plus vertueux qu'ils ne le sont. La supériorité illusoire et passagère que donnent les cothurnes – chaussures que mettaient les acteurs de tragédie afin de se grandir sur scène et de paraître plus majestueux – relève de l'artifice et de la tromperie et n'assure pas le bonheur. Dès lors, la métaphore théâtrale entre au service d'une morale selon laquelle le bonheur dépend de la grandeur d'âme et non de l'importance des richesses et des honneurs, destinés à la montre et sujets aux vicissitudes. La seconde métaphore clôt la lettre 77 qui résume la thèse de cette épître, selon laquelle le moment où l'on meurt importe peu, pourvu que l'on parte dignement : « Il en va de la vie comme d'une pièce de théâtre : ce n'est pas la longueur qui compte, mais le mérite de l'acteur. Que tu finisses à tel ou tel endroit, la chose est indifférente. Finis où tu voudras, seulement prépare bien ta sortie »[438]. De même que le mérite d'un comédien ne se mesure pas à la durée mais à la qualité de sa prestation, de même celui d'un homme ne tient pas à sa longévité, mais à la façon dont il conduit sa vie. Comme le comédien, l'homme doit prêter une attention particulière à sa sortie – idée qui, elle aussi, sera appelée à connaître une grande fortune à l'époque moderne, comme en témoigne, par exemple, le personnage de Climal. Chez Sénèque, en somme, la métaphore théâtrale sert tantôt à mettre en garde contre les faux-semblants, tantôt à avertir de la nécessité de soigner sa sortie, centrant alors sur « l'homme le problème du théâtre du monde »[439]. Au reste, toujours chez les stoïciens, Épictète recourait déjà à la métaphore de l'acteur pour illustrer une morale qui invite l'homme à se satisfaire de sa condition sociale, dans la mesure où il ne lui revient pas de la choisir :

> Souviens-toi que tu es un acteur qui joue un rôle dans une pièce qui est telle que la veut le poète dramatique. [...] S'il veut que tu joues le rôle d'un mendiant, veille à jouer ce rôle avec talent : ou un boiteux, ou un magistrat, ou un homme ordinaire. Car ce qui t'appartient, c'est ceci : bien jouer le rôle qui t'a été donné. Mais choisir ce rôle appartient à un autre[440].

---

438 *Ibid.*, lettre 77, 20, p. 823.
439 Anne Larue, « Le Théâtre du Monde », *art. cit.*, p. 19.
440 *Manuel d'Épictète*, *op. cit.*, p. 174.

Les textes d'Épictète seront traduits au XVIe siècle, notamment par Quevedo dont l'œuvre influencera *Le Grand Théâtre du monde* de Calderón, de sorte que cette figure si chère à la pensée morale des Anciens sera reprise assez tôt dans la littérature moderne. Omniprésente à la Renaissance[441], elle connaîtra, par la suite, une fortune considérable chez les moralistes – Montaigne, La Rochefoucauld, ou encore La Bruyère[442] – ces « spectateurs de la vie »[443] dont l'influence s'étendra à son tour jusqu'au siècle suivant. Marivaux, mais aussi Crébillon ne procèdent pas autrement, lorsqu'ils introduisent dans leurs romans-mémoires ce décalage entre le présent de l'histoire et le point de vue rétrospectif d'un narrateur qui, après coup, démêle les véritables motivations de ses actions passées et celles de ses contemporains, démontant alors un mécanisme dont les ressorts sont les mêmes que ceux de tout personnage dramatique.

Fonction métathéâtrale de la métaphore

L'étude du vocabulaire théâtral dans le roman-mémoires du XVIIIe siècle montre que l'emploi métaphorique prévaut la plupart du temps sur l'emploi non métaphorique. À l'exception du *Paysan parvenu* (huit emplois métaphoriques contre seize non métaphoriques dans les cinq premières parties, 59 contre 82 dans l'ensemble de l'œuvre), des *Confessions du comte de* *** (treize contre 80) et des *Amours de Faublas* (157 dans les deux cas), le sens figuré l'emporte quantitativement sur le sens propre. Mais rappelons d'abord les mots théâtraux les plus employés au sens figuré :

---

441 Voir, entre autres, Shakespeare, *Le Marchand de Venise*, dans *Œuvres complètes, tome 1*, éd. Henri Fluchère, Paris, Gallimard, coll. « Bibliothèque de la Pléiade », 1959, I, 1, p. 1208 ; et, du même auteur, *Comme il vous plaira*, dans *Œuvres complètes, tome 2*, éd. Henri Fluchère, Paris, Gallimard, coll. « Bibliothèque de la Pléiade », 1959, II, 7, p. 114 ; *Macbeth*, dans *ibid.*, V, 5, p. 1005.

442 Voir, par exemple, La Bruyère, *Les Caractères, op. cit.*, « De la cour », p. 343.

443 Louis Van Delft, *Les Spectateurs de la vie : généalogie d'un regard moraliste*, Québec, Les Presses de l'Université Laval, « Les collections de La République des Lettres », 2005.

Romans	Nombre d'occurrences des mots théâtraux les plus utilisés au sens figuré
Mémoires et aventures	spectacle(s) (10), déguiser (8), scène(s) (5), spectateur(s) (4), tragique (4)
Manon Lescaut	scène (14), spectacle(s) (6), déguiser (5), déguisement (4)
La Vie de Marianne	spectacle (13), scène(s) (10), Tartuffe (5), déguiser (4)
Le Paysan parvenu (les cinq premières parties)	scène (5), déguiser (2)
Le Paysan parvenu (l'ensemble du roman)	scène (14), déguiser (10), personnage(s) (7), (jouer un) rôle (7)
Mémoires du comte de Comminge	spectacle (1)
Les Égarements	se déguiser (6), déguiser (5), (faire/jouer un) personnage(s) (5), (se donner en) spectacle(s) (5)
Les Confessions du comte de ***	jouer (un sentiment) (3), scène(s) (2)
La Religieuse	scène(s) (14), (jouer un/se représenter son) rôle (5), (se donner en) spectacle(s) (4)
Dolbreuse	tableaux (26), spectacle(s) (22), scène(s) (12), théâtre (12)
Les Amours	(faire une) scène(s) (64), (se donner en) spectacle(s) (13), comique(s) (16), jouer (un sentiment) (11), (jouer un) rôle(s) (10)

La lecture de ce tableau impose d'emblée deux remarques : la première est la récurrence, dans les romans, des mots « scène(s) » et « spectacle(s) » et, à un moindre degré, de « tableaux » qui confèrent une dimension visuelle au récit, le tableau étant, par ailleurs, au fondement de l'esthétique de la tragédie domestique que théorise Diderot dans ses *Entretiens sur le Fils naturel*. À sa façon, le roman donne donc à voir lui aussi, les termes « scène(s) » et « tableaux » étant d'autant plus significatifs que la composition de certains romans-mémoires s'organise – comme on le verra – à partir, justement, de scènes et de tableaux. Notons ensuite que les mots et expressions « déguiser », « déguisement »,

« personnage(s) », « rôle(s) », « jouer (un sentiment) » se rapportent, quant à eux, à la métaphore du théâtre du monde et, plus particulièrement, à celle de l'homme acteur.

Dans les dictionnaires de l'époque, « scène » comporte un ou plusieurs sens figurés : si elle peut désigner une « aventure particulière », un « incident » (Furetière, Trévoux), ou encore une « action extraordinaire » (*Dictionnaire* de l'Académie), elle renvoie également aux « personnages qu'on joue » (Richelet, Furetière, Trévoux). Le glissement du sens propre au sens figuré, qui recouvre de nombreuses acceptions depuis l'espace où jouent les acteurs en passant par la fable proprement dite jusqu'au lieu fictif où se déroule l'action – « *La scène est à Barcelone* »[444] – et aux divisions d'un acte que marquent les entrées et les sorties des personnages, relève de la métonymie. Mais « scène » est aussi un terme pictural utilisé pour décrire l'action que représente un tableau (Richelet, Furetière), témoignant ainsi des liens qui unissent théâtre et peinture.

« Spectacle », pour sa part, désigne trois réalités différentes : la première est la représentation théâtrale proprement dite (*Dictionnaire* de l'Académie) ; la deuxième concerne les jeux et les fêtes destinés à divertir et à émouvoir le public (Richelet) ainsi que « certaines grandes actions et cérémonies publiques » (Furetière, Trévoux, *Dictionnaire* de l'Académie) ; la troisième, enfin, se rapporte au caractère « extraordinaire » d'un objet qui « attire les regards » et « arrête la vue » (Furetière, Trévoux, *Dictionnaire* de l'Académie). À la dimension collective et récréative du spectacle s'ajoute donc la nature d'un objet propre à frapper le regard, qui est l'acception la plus fréquente dans les romans-mémoires du XVIIIe siècle auxquels certaines actions spectaculaires confèrent une dimension visuelle. Le mot « spectacle » est également à l'origine de nombreux syntagmes lexicalisés : servir de spectacle, se donner en spectacle ou être en spectacle.

Au demeurant, les acceptions que recouvre le terme pictural « tableau » sont nombreuses, mais deux d'entre elles retiendront notre attention, l'une désignant « l'idée vive qu'on donne d'une chose [ou d'une personne] en la décrivant », plus connue sous son appellation rhétorique d'*enargeia*, l'autre concernant les descriptions et les « représentations qui se font, soit de vive voix, soit par écrit, soit par des livres exprès, tant des choses naturelles que morales » (Furetière, Trévoux). Notons, pour conclure cet examen lexicologique, qu'à la fin du XVIIIe siècle, le *Dictionnaire* de l'Académie (1798) n'a toujours pas enregistré l'acception théâtrale du terme.

Mais que désignent les termes « scène », « spectacle » et « tableau » dans les romans-mémoires du XVIIIe siècle, lorsqu'ils sont pris figurément ?

---

444   Marivaux, *Le Prince travesti* [1724], dans *Théâtre complet, op. cit.*, p. 396.

Dans les préfaces, « scène » et « tableau » sont autant de pierres d'attente : dans l'Avis de l'auteur des *Mémoires d'un Homme de qualité*, par exemple, le narrateur Renoncour annonce « le fond du tableau »[445] de son récit que constitue le portrait du chevalier des Grieux, qui n'est d'ailleurs pas sans rappeler celui du héros tragique qui, tel Œdipe, court à sa perte à son insu et qui, comme le souhaite la *Poétique* d'Aristote, n'est ni tout à fait bon ni tout à fait méchant :

> J'ai à peindre un jeune aveugle, qui refuse d'être heureux, pour se précipiter volontairement dans les dernières infortunes ; qui, avec toutes les qualités dont se forme le plus brillant mérite, préfère, par choix, une vie obscure et vagabonde, à tous les avantages de la fortune et de la nature ; qui prévoit ses malheurs, sans vouloir les éviter ; qui les sent et qui en est accablé, sans profiter des remèdes qu'on lui offre sans cesse et qui peuvent à tous moments les finir ; enfin un caractère ambigu, un mélange de vertus et de vices, un contraste perpétuel de bons sentiments et d'actions mauvaises. Tel est le fond du tableau que je présente[446].

Cette unique occurrence de « tableau » dans *Manon Lescaut* clôt la métaphore picturale qu'ouvrait le verbe « peindre ». Renoncour présente des Grieux comme un jeune homme qui se refuse au bonheur, insistant sur le fait qu'il est l'artisan de ses propres malheurs. À cette conscience tragique du protagoniste s'ajoute un caractère complexe que mettent en évidence les syntagmes « caractère ambigu », « mélange de vertus et de vices », « contraste perpétuel de bons sentiments et d'actions mauvaises ». L'antithèse du dernier syntagme est renforcée par un triple chiasme opposant d'abord les sentiments qui relèvent des mouvements du cœur et les actions qui résultent d'une opération concrète, puis les adjectifs qui se font écho en encadrant les noms (adjectif/nom, nom/adjectif) et, enfin, les genres grammaticaux qui accentuent le chiasme pour mieux rendre compte de la complexité du personnage. Ce portrait montre la distance critique que Renoncour prend à l'égard du récit de des Grieux qu'il considère responsable de ses propres malheurs, même si des Grieux s'emploie tout au long de sa narration à convaincre ses auditeurs de la mauvaise fortune qui s'est attachée à son destin.

Dans *Les Égarements*, Crébillon procède comme le dramaturge, lorsqu'il annonce que Paris est « le lieu où se passe la scène » et souhaite, par ailleurs, que le roman devienne, « comme la Comédie, le tableau de la vie humaine,

---

445   Prévost, *Manon Lescaut, op. cit.*, p. 5.
446   *Ibid.*, pp. 4-5.

et qu'on y censurât les vices et les ridicules »[447], se réclamant ainsi – selon Jean Dagen – « du Molière de *La Critique de l'École des femmes* »[448]. Dans cette comédie, Molière « présente un milieu social nouveau », éloigné à la fois d'un « monde galant irréel de rois et de reines » et d'une « médiocre bourgeoisie assez aisée » ; il prend « ses personnages dans le 'monde' tout court »[449] et met en scène une précieuse (Climène), un turlupin (le Marquis), un auteur sans succès (Lysidas), une prude (Araminte) et un honnête homme (Dorante), se faisant alors le peintre satirique de ses contemporains et, plus généralement, de la comédie humaine pour en corriger les travers : les « plus beaux traits d'une sérieuse Morale sont moins puissants, le plus souvent, que ceux de la Satire, et rien ne reprend mieux la plupart des Hommes que la peinture de leurs défauts »[450]. C'est dans une perspective semblable que Crébillon inscrit son projet romanesque, *Les Égarements* se faisant également l'écho des mœurs des acteurs de leur temps où fausses prudes, coquettes et petits-maîtres occupaient une place de premier choix.

De même, dans sa préface à *Dolbreuse*, le narrateur observe que,

> pour nous amener et nous intéresser à la pratique du bien, ce n'est pas le tout encore d'avoir observé ; ce n'est pas le tout de calculer, de saisir exactement le produit des abus et des vices sur la scène changeante de la société, il faut (aujourd'hui, particulièrement, qu'on veut une forme dramatique à presque tous les ouvrages de l'esprit) posséder l'art, plus difficile qu'on ne pense, de montrer l'homme en action[451].

Ici, la métaphore théâtrale permet d'évoquer le caractère mouvant, inconstant, instable de la société sur lequel le narrateur revient d'ailleurs dès le début de son récit, lorsqu'il observe que le « théâtre où [l'homme] joue, se renouvelle sans cesse » et qu'« à tous les changements de scène, il voit disparaître un parent ou un ami et sent tarir en soi la source de tous ses plaisirs »[452]. C'est après avoir vu le monde, après s'y être abandonné et égaré, après en être sorti pour revenir vivre au sein d'une campagne paisible et bienveillante où il a

---

447 Crébillon, *Les Égarements*, *op. cit.*, pp. 71, 69.
448 Crébillon, *Les Égarements*, éd. Jean Dagen, *op. cit.*, p. 65, n. 3.
449 « Notice », *La Critique de l'École des femmes*, dans Molière, *Œuvres complètes, tome 1*, éd. Georges Couton, *op. cit.*, p. 638.
450 Molière, « Préface », *Le Tartuffe*, dans *Œuvres complètes, tome 2*, éds. Georges Forestier et Claude Bourqui, *op. cit.*, p. 93.
451 Loaisel de Tréogate, *Dolbreuse*, *op. cit.*, pp. 90-91.
452 *Ibid.*, p. 95.

retrouvé calme, sérénité et bonheur conjugal, que le narrateur entreprend ses mémoires en rappelant le mouvement perpétuel qui caractérise la société et la nature évanescente de l'existence. C'est donc une vision désenchantée de la vie qu'illustre la métaphore, dans un contexte où la succession des scènes figure le mouvement même de la vie, marquée par la perte, le deuil et la fuite inéluctable de ses joies si éphémères. Dans tous les cas, la métaphore théâtrale à laquelle les auteurs recourent dès leur préface permet de donner le ton à l'ouvrage et d'en préciser l'ambition, tantôt morale et tantôt satirique.

Quant à l'histoire proprement dite, le mot « spectacle » y est plus employé que « scène » – dix occurrences contre cinq – dans les deux premiers tomes des *Mémoires et aventures*, mais la tendance s'inverse dans *Manon Lescaut* avec six occurrences de « spectacle » contre quatorze de « scène ». À quoi renvoient ces deux termes chez Prévost ? Soulignent-ils le caractère visuel d'une scène ? Désignent-ils une scène dont la description suscite la terreur ou, au contraire, le rire ? Précisons d'abord que « scène » et « spectacle » sont la plupart du temps employés au singulier[453] et qu'ils se rapportent alors à un événement particulier. Souvent accompagnés d'adverbes d'intensité (« un si tragique spectacle », « un aussi mortel spectacle »[454], « une si étrange scène », « une scène si extraordinaire »[455]), de superlatifs absolus (« une scène bien affligeante », « une scène fort agréable »[456]) ou relatifs (« le plus affreux spectacle du monde »[457], « une des plus sanglantes et des plus horribles scènes »[458]), ils soulignent le caractère remarquable, voire exceptionnel de l'événement ou de l'épisode rapporté. De telles constructions impliquent l'emploi d'adjectifs qui, en l'occurrence, mettent le plus souvent l'accent sur la dimension tragique, funeste, voire macabre de ces spectacles que sont la mort de la sœur de Renoncour, la vue de son cercueil, celle du corps ensanglanté d'une jeune femme qui s'est donné la mort, ou encore le duel que des Grieux s'apprête à livrer contre son rival. Le narrateur met davantage en évidence les événements tragiques du récit que les scènes comiques, voire burlesques, l'utilisation des intensifs et des superlatifs étant, par ailleurs, plus propice à l'expression de la pitié et de la terreur qu'à celle du rire.

Cependant, les épisodes burlesques chez Prévost ne manquent pas : au cours du « spectacle » que constitue le souper du roi à Versailles, la vieille dame

---

453 Excepté dans les dernières pages du roman où il est question de « dernières scènes » (Prévost, *Mémoires et aventures, op. cit.*, p. 234).
454 *Ibid.*, pp. 51, 53.
455 Prévost, *Manon Lescaut, op. cit.*, pp. 136, 150.
456 *Ibid.*, pp. 144, 129.
457 Prévost, *Mémoires et aventures, op. cit.*, p. 88.
458 Prévost, *Manon Lescaut, op. cit.*, p. 195.

assise aux côtés de Rosambert évoque la « colique violente »[459] de sa fille. Plus tard, Renoncour se fait « spectateur »[460] d'un combat singulier qui n'est autre qu'une débauche de table de laquelle son ami Mariener sort vainqueur ; ce « spectacle » a un effet dissuasif sur Renoncour qui forme « intérieurement la sincère résolution d'éviter toute [s]a vie ces honteuses débauches »[461]. Mais s'il y a un « tragique spectacle » dans les *Mémoires et aventures*, il n'y en a pas de « comique », qualificatif dont la seule occurrence se rapporte à la scène de mystification qui clôt l'épisode italien de *Manon Lescaut* et qui, sans doute, est la scène la plus burlesque du roman. À « comique », Prévost préfère d'autres adjectifs pour caractériser les scènes de comédie de son roman : aussi la scène avec le vieux G...M... est-elle doublement qualifiée d'« agréable », puis de « ridicule », et celle du dîner avec le jeune G...M... de « fort agréable »[462]. Cette brève étude lexicologique montre, au demeurant, à quel point les scènes de comédie entrent en concurrence avec les scènes pathétiques dans un roman où comédie et tragédie se relaient jusqu'à l'issue fatale que l'on connaît.

Quoi qu'il en soit, dans *Manon Lescaut*, « scène » et « spectacle » se rapportent le plus souvent à des tableaux saisissants ou à des événements décisifs, comme le « spectacle » de Manon enchaînée dans l'hôtellerie de Pacy ; la « scène » de rencontre à Amiens ; la « scène fâcheuse » où Lescaut fait son apparition pour la première fois ; la « scène » de retrouvailles des amants à l'Hôpital ; le « spectacle » et la « scène » que Manon offre au prince italien ; la « scène fort agréable » que des Grieux et le jeune G...M... se jouent l'un à l'autre à l'auberge de Chaillot ; l'« étrange scène » à laquelle la remplaçante de Manon assiste dans la chambre d'un cabaret ; le « spectacle » d'une Manon tremblante aux yeux de son amant après qu'elle l'eut trahi pour la troisième fois ; la « scène si extraordinaire » du guet-apens tendu au jeune G...M... ; le « spectacle » que le vieux G...M... découvre en entrant dans la chambre de son fils ; le « spectacle » des deux convois conduisant les filles de joie au Havre-de-Grâce ; ou encore, « une des plus sanglantes et des plus horribles scènes »[463] qu'imagine des Grieux pour éliminer un rival. Par conséquent, les moments forts du récit, que constituent la rencontre des amants, les mauvais tours que ces derniers jouent aux prétendants de Manon, les trahisons de celle-ci, les retrouvailles et le départ pour l'Amérique, sont mis en valeur par

---

459 Prévost, *Mémoires et aventures, op. cit.*, p. 73.
460 *Ibid.*, p. 123.
461 *Ibid.*, p. 121.
462 Prévost, *Manon Lescaut, op. cit.*, pp. 75, 77, 129.
463 *Ibid.*, pp. 11, 21, 51, 103, 123 (« spectacle », « scène »), 129, 136, 141, 150, 153, 175, 195.

des termes qui, par ailleurs, soulignent leur dimension visuelle et leur force dramatique.

Aux adjectifs qualificatifs s'ajoutent les numéraux – le « premier spectacle », les « dernières scènes » – et les indéfinis – « quelque scène désagréable », « une autre scène »[464] –, supposant une ou plusieurs scènes qui précède ou qui suit celle qu'on nous décrit. Ces adjectifs révèlent le rôle de régie du narrateur qui guide le lecteur dans l'ordonnancement des scènes qu'il lui donne à voir : le « premier spectacle » qui s'offre à Renoncour et à Amulem précède la « tragique apparition » de ce « cheval qui cour[t] sans cavalier »[465], celui du jeune Grec que le Sultan vient d'assassiner ; plus tard, le « premier spectacle » que Renoncour découvre avec le fils de Mme Sanati – « trois statues de grandeur humaine » –, précède celui du « coffre de fer »[466] renfermant un poignard et des ossements humains. D'une certaine manière, un spectacle en appelle un autre, de sorte que les *Mémoires et aventures* présentent parfois une succession de scènes émouvantes, pathétiques, effrayantes, ou encore étranges. Enfin, « scène » et « spectacle » se justifient également par la présence d'un ou de plusieurs témoins ou spectateurs qui sont, en quelque sorte, des relais du lecteur : l'effet que le spectacle produit sur le personnage témoin permet d'éveiller la curiosité, d'inspirer un sentiment de compassion ou d'horreur, ou bien de frapper le lecteur. Dans les *Mémoires et aventures*, par exemple, une vieille dame montre une « attention curieuse » au souper du roi, un cordelier est « épouvanté » du spectacle qu'il découvre, une maîtresse de logis et une femme de chambre sont terrifiées à la vue d'un corps ensanglanté, un cheval sans monture frappe d'horreur Salem et Amulem, la métamorphose de Miracoloso Florisonti en ours suscite « quelque effroi » au marquis et la vue des « trois statues de grandeur humaine » saisit Renoncour qui, à ce spectacle, sent « son cœur glacé de crainte »[467]. La description de l'effet produit sur le témoin de la scène indique la nature de celle-ci, lorsqu'elle n'explicite pas l'adjectif qui s'y rapporte. Comme au théâtre où le spectateur s'identifie parfois à l'un des personnages qu'il observe sur scène, le lecteur peut se projeter à travers le témoin d'une scène avec lequel il est enclin à partager sentiments et émotions. En somme, « scène » et « spectacle » ont bien, chez Prévost, une fonction métathéâtrale, puisqu'ils se rapportent soit à des scènes comiques, burlesques (l'épisode italien), voire triviales (la débauche de table), soit à

---

464 Prévost, *Mémoires et aventures, op. cit.*, pp. 155, 195 (« premier spectacle »), 234, 174, 225.
465 *Ibid.*, p. 155.
466 *Ibid.*, p. 195.
467 *Ibid.*, pp. 73, 80, 189, 195 (« trois statues de grandeur humaine », « son cœur glacé de crainte »).

des scènes émouvantes (les retrouvailles des amants), pathétiques (Manon enchaînée), tragiques (l'assassinat de Julie), voire horribles (le suicide de la jeune femme à laquelle Rosambert porte secours), soulignant ainsi les événements dramatiques du récit.

Tout comme Prévost, Marivaux recourt avec parcimonie aux termes « scène », « spectacle » et « tableau » au regard de l'ampleur de ses romans-mémoires : on relève dix occurrences de « scène(s) », treize de « spectacle » et une seule de « tableau » dans *La Vie de Marianne* ; sept occurrences de « scène » et trois de « spectacle » dans les cinq premières parties du *Paysan parvenu*. Comme Prévost encore, Marivaux y adjoint souvent un ou plusieurs adjectifs : on découvre dans *La Vie de Marianne*, un « terrible spectacle », un « tableau bien amusant », une « terrible scène », une « effroyable scène », un « spectacle intéressant », un « touchant spectacle », un « spectacle aussi attendrissant », un « nouveau spectacle »[468] ; et, dans *Le Paysan parvenu*, une « petite scène muette », un « spectacle effrayant » et le « spectacle le plus singulier du monde »[469]. À défaut de qualificatif, un complément du nom permet de préciser l'objet ou la qualité du spectacle en question : un « spectacle de ce cœur naturel », le « spectacle d'une femme de condition dans l'indigence »[470], ou encore un « spectacle de mince valeur »[471]. Manifestement, Marivaux emploie moins les intensifs et les superlatifs que Prévost dont le style est, semble-t-il, plus lyrique ; en revanche, il utilise plus de syntagmes lexicalisés comme « se servir de spectacle », « se faire un spectacle de », « donner le spectacle de » ou « faire une scène »[472]. En outre, « scène » a souvent un sens plus général, puisqu'il désigne soit une situation scandaleuse – « ce sont là des scènes qu'il faut éviter le plus qu'on peut », « la scène n'aurait pu se passer sans elle », « elle en prévit une scène où elle craignit d'être impliquée elle-même » –, soit une situation qu'on a l'habitude de rencontrer – « Rien n'attendrit tant de part et d'autre que ces scènes-là »[473].

De même que le narrateur des *Mémoires et aventures*, Marianne évoque le « terrible spectacle » de la mort qu'a représenté l'assassinat de ses parents supposés, soulignant alors la curiosité dont les hommes font preuve à l'égard « des choses qui ont une certaine horreur »[474]. C'est une autre curiosité qui

---

468 Marivaux, *La Vie de Marianne, op. cit.*, pp. 11, 83, 191, 242, 254, 454, 510, 529.
469 Marivaux, *Le Paysan parvenu, op. cit.*, pp. 15, 36, 105.
470 Marivaux, *La Vie de Marianne, op. cit.*, pp. 376, 574.
471 Marivaux, *Le Paysan parvenu, op. cit.*, p. 204.
472 Marivaux, *La Vie de Marianne, op. cit.*, pp. 226, 380 (« se servir de spectacle »), 376, 574, 389.
473 *Ibid.*, pp. 106, 245, 408 et *Le Paysan parvenu, op. cit.*, p. 92.
474 Marivaux, *La Vie de Marianne, op. cit.*, p. 11.

conduit les religieuses et les pensionnaires du couvent où Marianne est reçue à l'observer attentivement le lendemain de son arrivée : elle est « une espèce de spectacle »[475] et un spectacle d'autant plus singulier que sa destinée est marquée par une succession d'infortunes. En dramaturge, Marivaux semble vouloir dévoiler la curiosité indiscrète des gens pour les événements ou pour les personnes dont le spectacle inspire terreur et pitié. Mais si Marianne éveille la curiosité de ses compagnes de couvent, elle fait également l'objet de « l'avidité curieuse » de Mme de Fare : « Je toussai par hasard ; elle en redoubla d'attention pour observer comment je toussais. Je tirai mon mouchoir ; comment m'y prendrai-je ? ce fut encore un spectacle intéressant pour elle, un nouvel objet de curiosité »[476]. Le décalage entre la trivialité des gestes auxquels Mme de Fare porte toute son attention et le syntagme « spectacle intéressant » montre l'ironie de la narratrice à l'égard d'un personnage dont elle révèle l'attitude inquisitoriale. Alors que le regard des pensionnaires et des religieuses anoblissait Marianne, celui de Mme de Fare l'assimile plutôt à un personnage de comédie. En ce sens, « spectacle » permet à Marivaux de dénoncer la curiosité inconvenante ou importune à laquelle entraîne la nature humaine.

Mais les mots « scène », « spectacle » et « tableau » se retrouvent également dans les passages où Marianne et Jacob ont affaire à un faux dévot, alors qu'ils évoquent les scènes de confrontation ou de scandale qui les ont opposés à ce caractère ou qu'ils se préparent à un nouvel affrontement. Ainsi, Marianne qualifie de « tableau bien amusant » la confusion de Climal qui surprend Valville à ses genoux ; plus tard, elle entre dans une fureur folle dont le « spectacle » et la « scène » décontenancent le tartuffe ; puis, lorsqu'elle s'aperçoit qu'on l'a conduite chez ce prétendu dévot, elle se remémore la « scène » qui s'est déroulée chez le père Saint-Vincent et appréhende « l'effroyable scène »[477] qu'elle s'apprête à vivre. D'une certaine manière, le roman-mémoires se fait théâtre intérieur : la narratrice présente ses souvenirs à la façon dont un dramaturge ordonne ses scènes. Dans *Le Paysan parvenu*, on se souvient de la « scène » où le directeur de conscience provoque la discorde entre les demoiselles Habert et du « spectacle le plus singulier du monde »[478] que provoque son entrée chez une hôtelière, Mme d'Alain, où il retrouve l'une des demoiselles Habert, décidée à épouser Jacob. Dès lors, le mot « scène » permet soit d'annoncer, soit de rappeler, soit encore de commenter un coup de théâtre où le faux dévot est impliqué, et corrobore ainsi l'idée selon laquelle ce caractère

---

475   *Ibid.*, p. 233.
476   *Ibid.*, p. 254.
477   *Ibid.*, pp. 83, 124 (« spectacle », « scène »), 242 (« scène », « effroyable scène »).
478   Marivaux, *Le Paysan parvenu, op. cit.*, pp. 66, 105.

constitue l'un des principaux ressorts dramatiques du roman-mémoires marivaudien. Mais « scène », « spectacle » et « tableau » se rapportent aussi à des épisodes pathétiques et sensibles qui jouent un rôle décisif dans la progression de l'action : la « douleur » et les « larmes » de Climal, avouant ses « fourberies » et ses « indignités » au père Saint-Vincent, à Marianne et à Valville, « font un spectacle dont les anges mêmes se réjouissent » ; plus tard, l'évanouissement de Varthon qui tombe dans les bras de sa mère éplorée forme un « spectacle » auquel succède un tableau sensible et séduisant ; enfin, la reconnaissance que la famille Dursan témoigne à Tervire offre un « spectacle aussi attendrissant » et ce « nouveau spectacle »[479] qui vient parfaire la scène de reconnaissance entre Mme Dursan et son fils mourant n'est autre que la belle-fille de celle-ci agenouillée à ses pieds. Comme Prévost et Diderot, mais d'une tout autre manière, Marivaux évoque également le spectacle de la mort : l'assassinat des parents supposés de Marianne est, on l'a vu, qualifié de « terrible spectacle » et la mort du maître de Jacob de « spectacle effrayant »[480], sans toutefois susciter terreur et pitié chez le lecteur, Marianne exposant les conclusions que l'on peut tirer des circonstances de cet assassinat sur ses probables origines aristocratiques et Jacob expliquant les conséquences salvatrices de cette péripétie. Rares, enfin, pour ne pas dire presque absents, sont les passages où l'espace romanesque est comparé à l'espace scénique : « C'était avec cette marchande de toile chez qui j'avais demeuré en qualité de fille de boutique, avec Mme Dutour, de qui j'ai dit étourdiment, ou par pure distraction, que je ne parlerais plus, et qui, en effet, ne paraîtra plus sur la scène »[481], confie Marianne, lorsqu'elle se retrouve malencontreusement face à cette marchande qui ne manque pas de la reconnaître devant Mlle de Fare et, du coup, de découvrir à cette dernière la vérité sur les origines incertaines de Marianne.

Chez Prévost comme chez Marivaux, en somme, le vocabulaire théâtral met généralement en valeur le caractère visuel d'une scène, mais aussi sa fonction dramatique, remplissant à ce titre une fonction métathéâtrale. Chez l'un, il est associé aux événements burlesques, comiques, tragiques, voire horribles, tandis que chez l'autre, il se rapporte aux péripéties liées aux faux dévots et aux scènes pathétiques et sensibles qui témoignent de ce goût des larmes si caractéristique du XVIIIe siècle. Sur ce point, on s'accorde avec le sentiment de Frédéric Deloffre selon lequel, bien que « Marivaux raconte les malheurs

---

479   Marivaux, *La Vie de Marianne*, op. cit., pp. 248 (« douleur », « larmes »), 246, 249, 248, 350, 510, 529.
480   *Ibid.*, p. 11 et *Le Paysan parvenu*, op. cit., p. 36.
481   Marivaux, *La Vie de Marianne*, op. cit., p. 263 ; voir également *Le Paysan parvenu*, op. cit., pp. 143-144.

de Marianne ou d'autres faits plus tragiques, on ne voit pas qu'il recoure nulle part à des effets d'horreur »[482], alors que Prévost, « selon un contemporain, 'fait couler le sang à chaque page, [il] effraie, [il] attriste, et cependant se fait lire, avec plaisir, par la pureté et la beauté de son style' »[483].

Dans *La Religieuse* de Diderot, les quinze occurrences de « scène » sont toutes employées au figuré ; parmi les six occurrences de « spectacle », trois sont métaphoriques et une apparaît dans l'expression « se donner en spectacle » ; quant à « tableau », on n'en a relevé qu'une seule occurence. De manière générale, Diderot caractérise les scènes par leur objet (la « scène du clavecin »), par leur ton (une « scène de désespoir », une « scène lugubre », des « scènes tumultueuses »), par leur type (« quelque scène d'éclat »), par le lieu où elles prennent place (la « scène du reposoir », celle « du cachot » et celle « dans le fiacre »), ou encore par le moment de la journée où elles se déroulent (la « scène de la nuit » et la « terrible scène de la nuit »[484]). Ajoutons encore celles que Suzanne passe sous silence : « La scène que je viens de peindre fut suivie d'un grand nombre d'autres semblables que je néglige »[485]. La plupart d'entre elles désignent les moments marquants, traumatisants, voire terrifiants et douloureux que Suzanne vit au couvent : la « scène lugubre », par exemple, est le récit des derniers instants de Mme de Moni, la « terrible scène de la nuit » décrit la folie de Mme de ***, parfois « obsédée du spectacle de différents supplices » ; mais il y a surtout ces scènes de violence et de sévices corporels (« je lui parlai de ma scène du cachot, de celle de mon exorcisme, de mon amende honorable ») auxquelles on peut rattacher les attouchements de la supérieure de Saint-Eutrope (la « scène du clavecin ») et les tentatives de viol (la « scène de la nuit » et celle « dans le fiacre »[486]). Toutefois, lorsque Suzanne emploie le mot « scène », elle l'entend au sens d'épisode et non pas au sens de spectacle donné à voir, même si les scènes en question font souvent spectacle. En fait, c'est uniquement lorsque « scène » renvoie à un événement très théâtral ou théâtralisé – comme le spectacle de la folie et la mise en scène des tortures physiques – ou à un épisode ayant une fonction dramatique, voire les deux

---

482 Frédéric Deloffre, « Introduction », dans *La Vie de Marianne, op. cit.*, p. lii.

483 Espiard de la Cour, *Œuvres mêlées contenant des pensées philologiques, et quelques poésies*, Amsterdam, 1749, p. 32, cité par Frédéric Deloffre, « Introduction », dans *La Vie de Marianne, op. cit.*, p. lii ; nous modernisons.

484 Diderot, *La Religieuse* [1760], dans *Contes et romans, op. cit.*, pp. 360, 244, 268, 378, 271, 284, 342, 378, 360, 375. Désormais, sauf indication contraire, toutes les références à ce roman renverront à cette édition.

485 *Ibid.*, p. 346.

486 *Ibid.*, pp. 268, 375, 377, 342, 360 (« scène du clavecin », « scène de la nuit »), 378.

(la scène du cachot), que le mot devient métathéâtral. Dans cette perspective, la « scène dans le fiacre »[487] est problématique, car sa brièveté empêche sa théâtralisation ; elle est, par ailleurs, narrée et non montrée. La « scène de désespoir » et la « scène d'éclat »[488] ne sont pas non plus théâtrales. En revanche, celle « du reposoir » où l'« état de transport et d'effusion » de Suzanne priant forme un « spectacle bien touchant »[489] suscite les larmes des religieuses qui l'observent, tandis que celle où la folâtre supérieure d'Arpajon découvre à Suzanne sa cellule étonne et fait sourire[490]. Enfin, contrairement au « tableau » de *La Vie de Marianne* qui constitue un coup de théâtre – Climal surprenant Valville agenouillé devant Marianne – l'unique « tableau »[491] de *La Religieuse* renvoie, comme on le verra, au seul tableau pictural du roman dont les fonctions sont esthétique et morale.

Loaisel de Tréogate, quant à lui, exploite abondamment la métaphore théâtrale, les occurrences de « scène(s) », « spectacle(s) » et « tableau(x) » étant beaucoup plus nombreuses dans *Dolbreuse* que dans les romans de Prévost, Marivaux et Diderot où, par ailleurs, le mot le plus utilisé au sens figuré est « scène ». Chez Loaisel, les douze occurrences de « scène » sont devancées par les 23 occurrences de « spectacle(s) » et par les 26 occurrences de « tableau(x) », dont l'importance est notable comparativement aux trois occurrences des *Égarements* et à l'unique occurrence métaphorique des *Confessions du comte de ****, de *La Vie de Marianne* et de *La Religieuse*. Néanmoins, la plupart du vocabulaire théâtral chez Loaisel n'a pas tant une fonction métathéâtrale que morale au moyen de la métaphore du *theatrum mundi* que permettent les occurrences de « scène ». Le mot « tableau », lui, recouvre différentes acceptions dans le roman, puisqu'il peut désigner toute une époque, un récit, un épisode, une image, ou encore une scène picturale[492]. Mais seul le « tableau » du « noir complot » que Dolbreuse trame contre la Comtesse de… fait progresser l'action tout en accroissant la corruption morale du héros qui devient pour lui-même « un objet d'épouvante et d'horreur »[493]. Ce tableau consiste en une mise en scène soigneusement préparée pour étourdir, séduire et vaincre

---

487   *Ibid.*, p. 378.
488   *Ibid.*, pp. 244, 271.
489   *Ibid.*, pp. 284, 283 (« état de transport et d'effusion », « spectacle bien touchant »).
490   Voir *ibid.*, p. 328.
491   *Ibid.*, p. 351.
492   Voir, pour l'époque, Loaisel de Tréogate, *Dolbreuse*, *op. cit.*, p. 93 ; pour le récit, *ibid.*, p. 237 ; pour l'épisode, *ibid.*, p. 192 ; pour l'image, *ibid.*, p. 139 ; pour la scène picturale, *ibid.*, p. 266.
493   *Ibid.*, pp. 192, 200, 211.

l'innocence et la vertu, « le spectacle varié de mille objets » ouvrant « les sens et l'âme de la jeune Comtesse à toutes les impressions de la volupté »[494]. Cependant, sitôt le forfait consommé, le spectacle enchanteur devient « importun » pour la jeune femme qui s'empresse de fuir « le théâtre de sa honte »[495]. Hormis ce long épisode où le vocabulaire théâtral souligne une mise en scène fondée sur la profusion et l'illusion enchanteresse que favorise « l'heureux accord des merveilles de l'art et des beautés de la nature »[496], la métaphore théâtrale fait plus généralement l'objet, chez Loaisel, d'une exploitation morale.

Finalement, la fonction métathéâtrale de « scène(s) » et de « spectacle(s) » est surtout manifeste dans *Les Amours du chevalier de Faublas* avec 54 occurrences du premier mot et seize du second. L'abondance du vocabulaire théâtral atteste de la nature dramatique des *Amours* et ce, plus fortement encore lorsqu'il se rapporte à des scènes caractéristiques de la dramaturgie comme les scènes à témoin caché : « Je les entendis bégayer, soupirer, se pâmer tous deux : on ne peut se figurer ce que je souffrais sous l'ottomane pendant cette étrange scène ; j'aurais étranglé les acteurs de mes mains [...] »[497], confie Faublas qui se fait le témoin indiscret des ébats du marquis de B*** avec son épouse. De même, Louvet recourt volontiers au vocabulaire théâtral dans les scènes où il ménage d'admirables coups de théâtre :

> Le baron, armé d'une bougie fatale, s'arrêta dans l'embrasure de la porte ; et quelle scène il éclaira ! D'abord lui-même, qui comptait ne trouver qu'une femme avec son fils, ne fut pas médiocrement étonné d'en voir deux qui se tenaient amicalement par la main. [...] Mais vous jugez que des quatre acteurs de cette étrange scène, je ne fus pas le moins stupéfait, lorsque d'un coup d'œil, furtivement jeté sur l'infortunée statue, m'eut fait reconnaître... [...] On devine que mon père ne resta pas paisible spectateur d'une scène aussi scandaleuse ; mais il n'est pas superflu de conter comment il y mit fin, comment il vengea mon affront[498].

Ce coup de théâtre repose sur une quadruple surprise : celle du baron, d'abord, qui découvre son fils avec une autre femme que la comtesse de Lignolle, puis

---

494   *Ibid.*, p. 203.
495   *Ibid.*, pp. 211-212.
496   *Ibid.*, p. 204.
497   Louvet de Couvray, *Les Amours, op. cit.*, pp. 193-194 ; voir aussi *ibid.*, pp. 385, 596.
498   *Ibid.*, pp. 638-641 ; voir également *ibid.*, pp. 306-307, 514.

celle de la comtesse elle-même qui devine l'identité de sa rivale, celle de Faublas ensuite qui reconnaît Justine alors qu'il croyait être avec la marquise de B*** et celle de Justine enfin, stupéfaite d'être confondue. Le vocabulaire renforce le caractère éminemment théâtral de cette scène qui, par ailleurs, se clôt, d'une manière tout aussi dramatique, par un soufflet. Manifestement, Louvet se plaît à surthéâtraliser les scènes qui possèdent déjà une importante charge dramatique. Il en est ainsi également le jour où Rosambert présente à son ami Faublas celle qu'il vient d'épouser et en laquelle Faublas reconnaît aussitôt celle qu'il a déniaisée ; là encore, le vocabulaire souligne plaisamment le comique de cette scène de reconnaissance où Rosambert devient un mari trompé avant l'heure : « Voilà, dit Rosambert, une véritable reconnaissance ! fort singulière, tout à fait théâtrale ! mais il me semble que dans cette scène, d'ailleurs très amusante, ce n'est pas moi qui joue le beau rôle »[499].

Au surplus, Louvet excelle à jouer avec le sens propre et le sens figuré du vocabulaire théâtral, de manière à renforcer le quiproquo et à susciter le rire. À titre d'exemple, songeons à cet épisode où – chez le commissaire devant lequel il comparaît – Faublas donne son nom tout en faisant croire au marquis de B*** qu'il préfère dissimuler sa véritable identité au commissaire (M. du Portail fils étant le nom sous lequel le marquis le connaît), afin que son père ne soit pas averti. Ainsi, lorsque le père de Faublas entre en scène, le marquis croit que celui-ci joue un rôle et ne tarit pas d'éloges sur sa prestation :

LE MARQUIS, *au baron, en le tirant par son habit.*
À merveille ! (*Au chevalier*). Il joue son rôle à merveille.
[…]

LE MARQUIS, *au chevalier.*
Ah ! mais, comme il joue donc son rôle ! cela n'est pas concevable.
[…]

Nous sortîmes tous trois. « Ah ! monsieur, dit alors le marquis à mon père, ah ! monsieur, comme vous jouez la comédie ! que de naturel ! que de vérité ! vous donneriez des leçons à ceux qui s'en mêlent ! (*Il s'adressa à moi.*) L'avez-vous entendu, quand il s'est écrié : qui ose attaquer l'honneur de mon fils ?... De son fils ! Il me l'aurait persuadé à moi-même, qui sais si bien ce qui en est[500].

---

499   *Ibid.*, pp. 1030-1031.
500   *Ibid.*, pp. 411-413.

Parce que le marquis se méprend, l'expression « jouer un rôle » – que les romanciers emploient généralement au figuré – garde ici son sens propre. D'une certaine manière, la surenchère théâtrale annule le sens métaphorique des mots pour leur redonner leur sens premier. De même, le personnage de la Dutour – femme de chambre de la marquise – s'essaie « à jouer le personnage important de madame de Verbourg »[501], mère supposée de Mme Ducange (autre travesti de Faublas), le syntagme « jouer le personnage de » gardant alors son sens propre dans un épisode qui repose sur un nouveau travestissement du héros. Rappelons, pour finir, la fameuse scène où Rosambert propose au marquis de B*** de jouer l'histoire de son propre cocuage : « [C]'était vraiment une scène à voir... on ne peut la peindre... mais on pourrait la jouer... Tenez, jouons-la »[502] ; nulle métaphore ici, mais simplement le désir de confondre ceux qui les ont trompés. Bref, Louvet brouille les frontières entre la réalité propre à l'univers fictionnel et les jeux de dissimulation auxquels se prêtent constamment les protagonistes, puisque cette réalité devient illusion, tromperie, imposture (les travestis de Faublas) et, inversement, ce que l'on croit parfois être un jeu n'en est pas un (scène chez le commissaire). L'espace romanesque devient ainsi un espace scénique où les protagonistes jouent un rôle – au sens propre – et, de ce point de vue, le vocabulaire théâtral assume pleinement une fonction métathéâtrale.

En conséquence, le vocabulaire théâtral peut simplement souligner un événement décisif dans l'économie de l'action et n'est pas nécessairement un indice de théâtralité, car si les mots « scène », « spectacle » et « tableau » désignent souvent un épisode dramatique, tous les épisodes dramatiques, en revanche, ne sont pas qualifiés de « scène » ou de « spectacle ». Le vocabulaire théâtral renvoie à des faits particulièrement spectaculaires, propres à éveiller la curiosité et à procurer les plaisirs paradoxaux que suscite, par exemple, le spectacle du malheur d'autrui ; mais il peut également rappeler ou annoncer une scène de comédie que les protagonistes s'apprêtent à jouer, une scène burlesque à laquelle ils assistent, une scène pathétique à laquelle ils participent, ou encore une scène tragique, voire horrible dont ils sont les témoins ou les malheureux acteurs. Chez Prévost, Marivaux et Louvet, ce vocabulaire désigne aussi des scènes caractéristiques de la dramaturgie classique, que ce soit les scènes à témoin caché où la fausse dévotion est mise au jour (Marivaux), les scènes de comédie que les travestissements et les déguisements saturent de théâtralité, notamment à la faveur de quiproquos, ou encore les scènes de reconnaissance, témoignant alors de la dimension théâtrale de ces scènes et assumant

---

501   *Ibid.*, p. 333.
502   *Ibid.*, p. 111.

à ce titre une fonction méathéâtrale. Louvet se distingue néanmoins de ses prédécesseurs par l'emploi remarquable qu'il fait de la métaphore théâtrale, qui se dépouille très souvent de son sens figuré en raison de l'abondance et de la fréquence des travestis : « jouer un rôle » retrouve dès lors son sens premier dans un récit où on ne cesse d'être ce qu'on n'est pas.

Fonction morale de la métaphore théâtrale
Plus généralement, la métaphore théâtrale participe du projet moral que poursuivent les romanciers qui se font, à leur manière, les peintres des travers et des vices, de l'aptitude chez l'homme à feindre ce qu'il n'est pas pour mieux servir ses desseins et ses intérêts, dissimulant pensées et sentiments véritables derrière le masque ou le rôle qu'il revêt sur le théâtre du monde. Pour ce faire, les auteurs recourent à un lexique associé aux arts de la scène et du spectacle – comme « (se) déguiser », « (se) démasquer », un « masque », « (se) masquer », « jouer (ou faire) un rôle », « jouer (ou faire) un personnage » – et dont le sens figuré permet de comparer, d'une part, l'homme à un comédien et, d'autre part, le monde à un vaste théâtre.

Prévost, il est vrai, utilise assez peu la métaphore théâtrale dans ses *Mémoires et aventures* et dans *Manon Lescaut*, mais il ne l'exclut pas non plus totalement, puisqu'au troisième livre des *Mémoires et aventures*, Renoncour renonce à « faire le personnage d'un lâche assassin »[503] en exécutant le roi Jacques d'Angleterre dont il a la garde. Refuser de commettre ce régicide concourt à la portée morale de l'œuvre : ce n'est pas, pense-t-il, parce qu'on est « le plus malheureux de tous les hommes » qu'on doit devenir « le plus détestable de tous les scélérats »[504]. Plus tard, esclave d'Elid Ibezu, Renoncour occupe la fonction de précepteur auprès des enfants de son maître et, malgré les sentiments violents qu'il se met à éprouver pour la jeune Selima, il poursuit ses leçons « en faisant toujours le même personnage »[505], de manière à dissimuler le trouble et la passion qu'elle lui inspire. Dans ce cas, la métaphore théâtrale indique l'attitude qu'adopte Renoncour, mais ne suppose aucune réflexion exemplaire, édifiante ou morale. Dans *Manon Lescaut*, en revanche, la portée morale de la métaphore théâtrale est plus manifeste. Lorsque le chevalier des Grieux rapporte ses pensées après que Lescaut lui a expliqué le personnage qu'il doit incarner auprès du vieux G...M...[506], il répugne à l'idée de tenir un rôle où il se fait à la fois le complice d'une escroquerie et celui du proxénète de Manon : « Quel

---

503 Prévost, *Mémoires et aventures, op. cit.*, p. 115.
504 *Id.*
505 *Ibid.*, p. 145.
506 Voir Prévost, *Manon Lescaut, op. cit.*, p. 71.

est l'infâme personnage qu'on vient ici me proposer ? »[507], s'indigne-t-il. Cependant, malgré les « pointes du remords » que lui font encore sentir « l'honneur et la vertu », la passion l'emportera sur l'innocence, le crime triomphera de la morale, de sorte que, désormais, son amabilité et sa sagesse ne seront plus qu'un masque derrière lequel il se dissimulera pour atteindre son but ultime, « vivre heureux et tranquille »[508] auprès de Manon. Aussi avoue-t-il en se remémorant son premier séjour en prison : « Je dois le confesser à ma honte, je jouai, à Saint-Lazare, un personnage d'hypocrite » ; avant d'ajouter : « Je n'avais d'espérance que dans le succès de mon hypocrisie »[509]. Par cette métaphore lexicalisée, des Grieux révèle la conduite artificieuse qu'il a adoptée pour tromper la bienveillance du supérieur de Saint-Lazare, maîtrisant cet art de feindre que l'on croyait propre à Manon. Dans cette perspective, la métaphore théâtrale participe du projet exemplaire de l'ouvrage qui, rappelons-le, se veut « un traité de morale, réduit agréablement en exercice »[510].

Si Marivaux recourt également à la métaphore de l'homme acteur, c'est pour dénoncer l'hypocrisie des faux dévots que sont, d'une part, Climal et le neveu du baron de Sercour[511] dans *La Vie de Marianne* et, d'autre part, M. Doucin dans *Le Paysan parvenu*. Marianne observe ainsi que Climal « se démasquait petit à petit », si bien que lorsque ce dernier prétend lui « parler raison »[512], ce ne sont que ses propres intérêts qu'il entend servir : « [J]e ne fais ici auprès de vous que le personnage d'un homme de bon sens, qui voit que vous n'avez rien, et qu'il faut pourvoir aux besoins de la vie »[513], dit-il à Marianne. Par la suite, Tervire, elle, se fait un devoir de « démasquer » auprès de M. et Mme Villot, qui la recueillent après l'infâme machination dont elle fut la victime, ce « scélérat d'abbé »[514] qui causa son déshonneur et sa perte. Au nombre de ces faux dévots, ajoutons encore le « perfide ravisseur »[515] de Suzanne Simonin qui tente de la violer dans le carrosse qui les conduit à Paris. Mais les faux dévots ne sont pas les seuls à cacher leur véritable nature sous le voile de la religion, puisque certaines religieuses savent aussi s'en parer pour affirmer

---

507   *Ibid.*, p. 73.
508   *Ibid.*, pp. 72 (« pointes du remords », « l'honneur et la vertu »), 91.
509   *Ibid.*, p. 83.
510   *Ibid.*, p. 6.
511   Voir Marivaux, *La Vie de Marianne, op. cit.*, pp. 470-471.
512   *Ibid.*, pp. 40, 113.
513   *Ibid.*, p. 113.
514   *Ibid.*, p. 479.
515   Diderot, *La Religieuse, op. cit.*, p. 378.

la foi chancelante de jeunes novices et les conforter dans un choix qui s'avère surtout avantageux pour elles-mêmes. Ainsi, lorsque Suzanne évoque son noviciat, elle se souvient de l'artifice de ces religieuses qui œuvrent seulement pour leurs intérêts personnels : « Ces femmes se vengent bien de l'ennui que vous leur portez : car il ne faut pas croire qu'elles s'amusent du rôle d'hypocrite qu'elles jouent, et des sottises qu'elles sont forcées de vous répéter ; cela devient à la fin si usé et si maussade pour elles ; mais elles s'y déterminent, et cela pour un millier d'écus qu'il en revient à leur maison »[516]. Par conséquent, la métaphore théâtrale concourt, chez Marivaux et chez Diderot, à dénoncer la fausse dévotion, attitude qui est d'autant plus condamnable que l'état religieux se réclame de la vertu et cherche à en imposer au nom d'une abnégation prétendue. La métaphore souligne alors la dissonance qu'introduit Marivaux non seulement entre le discours de Climal empreint de componction et la lasciveté de ses gestes envers Marianne, mais aussi entre le comportement qu'il adopte en privé avec Marianne et celui qu'il affiche en public avec la marchande et le père Saint-Vincent. La métaphore remplit donc une fonction de soulignement où se révèle la duplicité du protagoniste.

Mais c'est surtout dans les romans-mémoires libertins que la métaphore théâtrale s'épanouit et trouve son plein accomplissement, puisqu'elle prend place dans un récit où la mise en scène est inhérente à l'existence du moi et à la place que prétend occuper ce moi aristocratique sur le théâtre du monde. C'est ainsi que, sans surprise, on retrouve la métaphore théâtrale à plusieurs reprises dans la leçon que Versac dispense à Meilcour à l'Étoile et dont l'objet principal porte sur les moyens de plaire dans le monde[517]. Parmi les premiers conseils que le maître donne à son disciple, citons par exemple celui où il explique la nécessité de corrompre sa véritable nature, afin de devenir insaisissable pour autrui : « [V]ous devez apprendre à déguiser si parfaitement votre caractère que ce soit en vain qu'on s'étudie à le démêler »[518], confie-t-il à Meilcour. Se dénaturer est la condition nécessaire pour pouvoir plaire et briller en société, ce qui condamne l'homme à jouer indéfiniment le personnage qu'il s'est lui-même créé. « Nous ne nous déguisons jamais avec plus de soin que devant ceux à qui nous croyons l'esprit d'examen », ajoute Versac, avant d'avouer : « Pensez-vous que je me sois condamné sans réflexion au tourment de me déguiser sans cesse ? »[519] Cet art de plaire repose non seulement sur une observation et une compréhension aiguë de l'autre, mais aussi sur une

---

516 *Ibid.*, p. 246.
517 Voir Crébillon, *Les Égarements, op. cit.*, pp. 210-211, 214.
518 *Ibid.*, p. 211.
519 *Ibid.*, pp. 212, 214.

capacité à s'adapter incessamment aux caractères de chacun – pour ne pas dire de chacune – et sur une aptitude à jouer la comédie :

> Croyez-vous qu'il ne faille pas avoir dans l'esprit bien de la variété, bien de l'étendue, pour être toujours, et sans contrainte, du caractère que l'instant où vous vous trouvez exige de vous ; tendre avec la délicate, sensuel avec la voluptueuse, galant avec la coquette. Être passionné sans sentiment, pleurer sans être attendri, tourmenter sans être jaloux, voilà tous les rôles que vous devez jouer, voilà tout ce que vous devez être. Sans compter encore que vous ne pouvez avoir trop d'usage du monde pour voir une femme telle qu'elle est, malgré le soin extrême qu'elle apporte à se déguiser, et ne croire pas plus à la fausse vertu que souvent elle oppose, qu'à l'envie qu'elle témoigne de vous garder, lorsqu'elle s'est rendue[520].

Pour réussir sur le théâtre du monde et, plus précisément, dans la société mondaine de ce premier XVIIIe siècle, l'homme doit donc se faire comédien : feindre en tout temps ce qu'il n'est pas et ce qu'il ne ressent pas, tout en démêlant le jeu de chacun. L'aristocratie parisienne du XVIIIe siècle est un microcosme artificieux et artificiel où tout le monde se joue la comédie. Au cours de cette leçon que Versac assimile, par ailleurs, à un « Traité de Morale »[521], le maître exige que son élève taise ces principes sur l'art de plaire, afin qu'il ne perde rien de son ascendant : « [I]l m'est d'une extrême conséquence qu'on ne sache pas ce que je suis, et à quel point je me déguise »[522].

Dans *Les Égarements*, la métaphore théâtrale souligne également le mauvais rôle qu'a assumé le narrateur auprès de Mme de Lursay et pour lequel, à l'époque, il lui a tenu rigueur, bien que la responsabilité du personnage risible qu'il a joué lui revenait pour une bonne part : « [J]e me redis, pour m'animer, tout ce que Versac m'avait appris, je me remis devant les yeux tout ce qu'elle avait fait pour moi, et plus je rougissais du personnage que j'avais fait auprès d'elle, moins je pouvais lui pardonner le ridicule que je m'étais donné moi-même »[523], se souvient-il après que Versac lui a ouvert les yeux sur Mme de Lursay. Plus tard, alors qu'il imagine une liaison entre Mme de Lursay et le marquis de *** – ce que par ailleurs Mme de Lursay s'ingénie à lui faire accroire –, ce n'est pas son cœur qui en souffre, mais son amour-propre : « Ce manège à la fin m'impatienta ; ce n'était pas qu'il intéressât mon cœur,

---

520 *Ibid.*, p. 215.
521 *Ibid.*, p. 221.
522 *Ibid.*, p. 220.
523 *Ibid.*, p. 141.

mais il me semblait que je jouais là un rôle désagréable, et qu'au moins elle aurait dû me l'épargner »[524]. Dans les deux cas, la métaphore théâtrale permet au narrateur et à l'homme d'expérience qu'il est devenu, au moment où il écrit ses mémoires, de mettre au jour non seulement son amour-propre et son incapacité à démêler et à contenir les mouvements qui l'animaient alors, mais aussi l'habileté d'une femme rompue aux intrigues galantes qui, elle, a su tirer parti d'une blessure d'amour-propre pour parvenir à ses fins. Aussi est-ce sans doute moins Meilcour qui a joué un mauvais rôle que Mme de Lursay elle-même qui avoue, au cours de leur ultime entretien, que les craintes que celui-ci éprouvait lui ont « fait jouer plus d'une fois un assez mauvais personnage »[525]. Par la métaphore théâtrale, le narrateur met autant en évidence le jeu de dupes dont il fut l'objet à son entrée dans le monde que son inexpérience et sa méconnaissance des mouvements du cœur humain, tout en révélant l'adresse et l'intelligence remarquable d'une femme passée maître en l'art de plaire et de séduire. Pour prolonger la métaphore, l'histoire des *Égarements* pourrait, en ce sens, se résumer par l'entrée en scène d'un jeune débutant qui improvise avec gaucherie et dont une femme du monde qui, elle, joue son rôle à la perfection, prend en charge l'éducation sentimentale.

Si, pour sa part, Loaisel de Tréogate utilise abondamment la métaphore théâtrale de l'homme acteur dans *Dolbreuse*, il se distingue surtout par l'emploi du *topos* du *theatrum mundi*, tandis que la plupart des romanciers du XVIIIe siècle ne recourent généralement qu'à l'image qui lui est associée, celle de l'homme jouant un rôle sur le théâtre du monde. Aussi, dès la préface de *Dolbreuse*, le monde est-il comparé à un « grand théâtre » où seule l'expérience que l'on acquiert permet d'« observer l'influence de l'esprit de société sur le cœur humain » et, ainsi, d'« acquérir la science nécessaire pour combattre avec fruit ses habitudes dépravées »[526]. Selon Dolbreuse, l'observation et l'expérience sensible s'avèrent indispensables à la connaissance de l'homme et doivent nécessairement préluder à tout projet d'écriture qui se veut moral. Désormais retiré de ce « théâtre où joue l'espèce humaine », cet ancien acteur se propose de partager son expérience de la scène, de manière à « garantir ceux qui débutent dans le monde de la contagion des vices accrédités » et à « leur faire distinguer l'ombre de bonheur qui est à la portée de leurs sens grossiers, et leur indiquer le seul qu'ils doivent raisonnablement poursuivre et espérer d'atteindre ici bas »[527]. Participe de cette conception désenchantée de l'existence celle d'un monde en renouvellement permanent, sorte de

---

[524] *Ibid.*, p. 225.
[525] *Ibid.*, p. 234.
[526] Loaisel de Tréogate, *Dolbreuse*, *op. cit.*, pp. 89-90.
[527] *Ibid.*, pp. 248 (« théâtre où joue l'espèce humaine »), 96.

théâtre où, « à tous les changements de scène », l'homme « voit disparaître un parent ou un ami et sent tarir en soi la source de tous ses plaisirs »[528]. Suivant cette perspective, la vie n'est qu'une suite de deuils qui amenuise chez lui le sentiment du bonheur ou la félicité à laquelle l'homme peut prétendre, si bien qu'avec la métaphore du *theatrum mundi* s'exprime l'un des thèmes chéris de la philosophie morale depuis l'Antiquité jusqu'à Montaigne : celui d'un univers conçu comme une « branloire pérenne »[529] où, sur la scène du monde, se succèdent sans cesse les choses et les êtres.

Mais, dans *Dolbreuse*, la métaphore du *theatrum mundi* désigne également un espace plus limité que celui du monde pris dans sa totalité, puisqu'elle fait parfois référence soit à la Cour, présentée comme un « théâtre où la basse intrigue fait ses tours de forces et recueille le salaire de la vertu »[530], soit à la Ville. Source de corruption et de dépravation pour le héros, Paris rappelle volontiers l'image biblique de la grande prostituée qu'est Babylone[531]. De fait, si Dolbreuse grandit en Bretagne, où il découvre un amour pur que vivifient les plaisirs simples et innocents de la campagne, il perd sa candeur et sa vertu à son arrivée dans la capitale, où il s'abandonne à tous les vices. Commence alors pour lui une descente effrénée dans les abîmes du vice, de la perversion et du crime, si bien qu'au moment où il se croit responsable de la mort d'une jeune Comtesse qu'il a séduite – et qui en serait morte de honte et de chagrin – il perçoit le « sol qu['il] foule aux pieds » comme un « théâtre de deuil, de misères et de larmes »[532]. Cette vision funeste du monde résulte des remords qui l'oppressent, l'étouffent et l'effraient. Condamné par ses créanciers, arrêté et emprisonné, il recouvre finalement la liberté grâce à Ermance, son épouse, et retrouve sérénité et bonheur auprès d'elle dans sa campagne natale, paisible et riante. Cependant, tout meurt en ce bas monde : Dolbreuse en est le triste témoin et fait entendre une note shakespearienne, lorsqu'il « regarde le théâtre de la vie comme une place tumultueuse où un peuple nombreux s'empresse autour d'un vain spectacle »[533]. *Vanitas vanitatum omnia vanitas*, peut-on lire dans l'*Ecclésiaste*. Néanmoins, au terme de son existence et de ses mémoires, le narrateur n'a pas perdu la foi : « Acteur inutile en apparence sur la scène

---

528   *Ibid.*, p. 95.
529   Montaigne, *Les Essais* [1595], éds. Denis Bjaï, Bénédicte Boudou, Jean Céard, Isabelle Pantin, Paris, Librairie Générale Française, coll. « La Pochothèque », 2001, livre III, chap. 2, « Du repentir », p. 1255.
530   Loaisel de Tréogate, *Dolbreuse, op. cit.*, p. 159.
531   *Apocalypse*, 17, 5.
532   Loaisel de Tréogate, *Dolbreuse, op. cit.*, p. 227.
533   *Ibid.*, p. 313.

du monde, j'y sers encore à quelque chose, puisque Dieu m'y laisse »[534]. Sa vie avec ses joies et ses tourments n'aura pas été vaine, si ses mémoires permettent de ramener un seul de ces « êtres qui paraissent comme des ombres sur ce théâtre de larmes »[535] à la tolérance et à la bonté. Dès lors, la métaphore du *theatrum mundi* concourt au projet de régénération morale que Loaisel de Tréogate place au cœur de son entreprise romanesque, puisque les illusions trompeuses, dont le théâtre offre le dangereux spectacle, représentent l'image par excellence de la vacuité d'une existence fondée sur les mensonges, les faux-semblants et les vices.

Chez Louvet de Couvray, enfin, la métaphore théâtrale sert également une fonction morale lorsqu'elle met en évidence la capacité de certains personnages à affecter un sentiment ou à jouer un rôle : la marquise de B***, par exemple, feint la surprise, le dépit et l'intérêt[536], la baronne de Fonrose que Faublas juge « excellente comédienne » passe en un instant de l'extrême légèreté à la « dignité froide »[537] et Faublas lui-même joue l'embarras et l'étonnement[538] pour les besoins de la cause. Tout comme Versac, qui est parfaitement clairvoyant à l'égard de Mme de Lursay[539], Rosambert démêle la ruse de Mme de B*** et éclaire Faublas sur le mensonge dont il est la dupe depuis plusieurs mois : « Ainsi, vous concevez qu'elle n'a joué l'inquiétude que pour attendrir davantage votre cœur compatissant »[540], lui explique-t-il, quand il comprend qu'elle a feint une grossesse pour pouvoir s'attacher le chevalier. La métaphore théâtrale révèle donc la comédie que les protagonistes se jouent les uns aux autres et, en ce sens, s'inscrit dans le projet des moralistes qui s'appliquaient justement à analyser les ressorts secrets du comportement des hommes, toujours si habiles à mentir, à affecter des sentiments qu'ils n'éprouvent pas et à paraître sous la figure d'un personnage d'emprunt à seule fin de servir leurs propres intérêts.

Dans les romans-mémoires du XVIIIe siècle, en somme, la métaphore théâtrale remplit une fonction métathéâtrale, lorsqu'elle renvoie à des scènes caractéristiques de la dramaturgie classique, comme les scènes à témoin caché et les scènes de comédie où, parfois, les protagonistes recourent eux-mêmes

---

534   *Ibid.*, pp. 314-315.
535   *Ibid.*, p. 316.
536   Voir, pour la surprise, Louvet de Couvray, *Les Amours*, *op. cit.*, p. 75 ; pour le dépit, *ibid.*, p. 92 ; pour l'intérêt, *ibid.*, p. 804.
537   *Ibid.*, pp. 556, 555.
538   Voir, pour l'embarras, *ibid.*, p. 574 ; pour l'étonnement, *ibid.*, p. 624.
539   Voir Crébillon, *Les Égarements*, *op. cit.*, p. 159.
540   Louvet de Couvray, *Les Amours*, *op. cit.*, p. 380.

au travestissement pour créer ou entretenir le quiproquo. Plus généralement, elle permet de comparer l'homme à un comédien et le monde à un théâtre, signalant, de ce fait, l'aptitude qu'ont les hommes à déguiser pensées et sentiments pour pouvoir donner d'eux-mêmes au public l'image qu'ils veulent lui tendre. Le romancier se fait alors moraliste, cherchant à faire tomber les masques, à dévoiler les pièges de l'amour-propre, à révéler les dangers de l'artifice et des faux-semblants, afin de mettre au jour la comédie que les hommes se jouent en permanence. Éveiller la méfiance ou, tout au moins, favoriser la clairvoyance à l'égard de ce que l'on nous donne à voir et à entendre chez Crébillon et Marivaux, tout en incitant chacun à s'observer et à s'étudier, à se comprendre et se connaître soi-même ; dénoncer la violence, la cruauté et la folie que produisent les institutions religieuses chez Diderot ; inspirer la haine de la dissimulation pour mieux éduquer à la vertu chez Loaisel : voilà bien les fins morales que poursuit le théâtre en images chez les auteurs de romans-mémoires.

CHAPITRE 2

La topique théâtrale : décors, déguisements, types

Lieu théâtral et théâtralisation des lieux

Les romans-mémoires se font l'écho des mœurs de leur temps à une époque où le théâtre se trouve au cœur des divertissements mondains. Toutefois, si de nombreux romanciers conduisent au moins une fois leurs personnages à la Comédie ou à l'Opéra, ils préfèrent de beaucoup décrire le spectacle offert par la salle plutôt que celui se déroulant sur la scène. Lieu de sociabilité où l'on se met en scène, le théâtre constitue un cadre propice aux rencontres amoureuses et galantes, les comédiennes et les danseuses accueillant volontiers les admirateurs dans leurs loges après le spectacle. Mais l'envers du décor est parfois moins séduisant : la représentation d'un espace dédié aux plaisirs lascifs se double de celle d'un monde dont les vices et la corruption constituent le foyer. Par ailleurs, comme on l'a vu, on se plaît également à jouer chez les particuliers, dans les salons et les théâtres de société, tandis que les jardins d'une maison de campagne peuvent accueillir une mise en scène destinée à vaincre l'innocence et la vertu. Autrement dit, il y a non seulement le théâtre où l'on assiste à la comédie et où, surtout, l'on se donne en spectacle, mais aussi, hors de l'enceinte de l'édifice lui-même, il y a encore la théâtralisation des lieux et des rapports sociaux qu'imposent, au sein de la société curiale, l'art et la nécessité de plaire et de séduire.

Le vocabulaire théâtral témoigne d'abord de l'importance de la représentation romanesque du théâtre en tant que lieu de spectacle, ne serait-ce que dans la mesure où un certain nombre de mots relevant de ce lexique reviennent régulièrement : « acteur(s) » et « actrice(s) », « applaudir » et « applaudissements », « comédie » (la pièce, le théâtre, la rue), « comédien(s) » et « comédienne(s) », « déguisement », « (se) déguiser » et « (se) travestir », « loge(s) », « opéra » (la pièce, le théâtre) et « parterre », « personnage(s) » et « rôle », « scène(s) », « spectacle(s) » et « spectateur(s) », « théâtre » et « tragédie(s) ». À ces termes s'ajoutent « machines » et « machiniste » dans les *Mémoires et aventures*, « billet de parterre » dans *Manon Lescaut*, « amphithéâtre » et « coulisses » dans *Le Paysan parvenu*, « intrigue » et « balcons » dans *Les Égarements*, « action », « dictionnaire de l'Opéra » et « troupe » dans *Les Confessions du comte de **** », « dramatique » et « rideau » dans *Dolbreuse*, ou encore « costume », « masque », « (bal) masqué », « (se) (dé)masquer » et « travestissement(s) », « farce », « opéra-comique » et « drame », « reconnaissance »,

« claquements de mains », « public » et « représentations » dans *Les Amours*. Louvet, on l'a vu, est celui dont les références théâtrales sont les plus nombreuses et les plus variées ; de même est-il celui qui recourt le plus au vocabulaire théâtral dans toute la diversité de ses emplois. Au reste, dans l'ensemble du corpus, certains mots se démarquent par leur fréquence (TABLEAU 2). À la lumière de ce tableau montrant que les mots les plus employés au sens propre sont relatifs soit au théâtre en tant que lieu de spectacles (« Comédie » et « Opéra » dans *Manon Lescaut, Le Paysan parvenu* et *Les Égarements*), soit au déguisement et au travestissement dans *Les Amours*, la topique théâtrale se structure, on s'en aperçoit, autour de deux pôles principaux : d'une part, le théâtre proprement dit et, d'autre part, les déguisements, auxquels on peut rattacher les travestissements et les usurpations d'identité.

Romans[1]	Nombre d'occurrences des mots théâtraux les plus utilisés au sens propre
Mémoires et aventures (t. 1 et 2)	« machiniste » (4), « comédie (rue de la) » (3), « comédienne » (3), « tragédies » (3)
Manon Lescaut	« Comédie (le théâtre) » (8), « loge(s) » (2)
La Vie de Marianne	« déguisement » (2)
Le Paysan parvenu (les cinq premières parties)	« Comédie (le théâtre) » (5), « loge(s) » (3)
Le Paysan parvenu (l'ensemble du roman)	« Comédie (le théâtre) » (13), « loge(s) » (12), « spectacle(s) » (11), « théâtre (l'estrade) » (8)
Les Égarements	« Opéra (le théâtre) » (4), « loge » (4), « spectacle(s) » (3)
Les Confessions du comte de ***	« pièce(s) » (8), « applaudir » (6), « comédie (la pièce) » (6), « public » (6), « spectacle(s) » (6)
Dolbreuse	« personnage(s) » (3)
Les Amours	« déguiser » (24), « masque » (16), « travestissement(s) » (15), « (se) déguiser » (13), « déguisement » (12), « (bal) masqué » (7), « travestir » (6)

---

[1] Nous n'avons pas relevé de mots théâtraux utilisés au sens propre dans les *Mémoires du comte de Comminge* et nous n'avons identifié qu'une occurrence dans *La Religieuse*.

Divertissement public et mondain

Le théâtre est avant tout un lieu de divertissement où l'on se rend en fin d'après-midi avant le jeu et le souper, le spectacle commençant à cinq heures ou à cinq heures et quart selon la saison[2] et débutant par « une comédie ou une tragédie en cinq actes », à laquelle succède « une comédie en un ou trois actes, suivant la longueur de la première pièce »[3]. Ce passe-temps si apprécié par la société mondaine l'est tout particulièrement des protagonistes issus de la noblesse, que les journées oisives laissent entièrement libres de se divertir : le chevalier des Grieux, Meilcour, le comte de ***, Dolbreuse et Faublas, par exemple, se plaisent à aller au théâtre ou à l'Opéra. Le premier dialogue entre Meilcour et Mme de Lursay s'engage au sujet d'une comédie à laquelle ils ont assisté et qui, on le verra, fournit à la marquise le prétexte d'une conversation qu'elle mène si habilement qu'il finit par se déclarer. Plus tard, à l'Opéra, Meilcour fait la rencontre d'une « belle inconnue »[4], bientôt appelée à devenir la rivale de Mme de Lursay. Dolbreuse, lui, est mené au théâtre par « ces agréables de la capitale qui érigent la scélératesse en système, et la font passer en amusement »[5]. Quant à Faublas, s'il va aussi à l'Opéra[6] comme son père, il fréquente davantage les loges des danseuses. Dans tous les cas, le théâtre est avant tout présenté comme un divertissement aristocratique qui offre aux romanciers de nombreuses ressources, aussi bien pour la construction de l'intrigue que pour l'analyse morale. Aussi accueille-t-il Manon et Jacob dès que ceux-ci se sont élevés socialement, Prévost et Marivaux les y menant pour souligner justement un changement de condition ou leur avancement social.

C'est ainsi que Manon se rend au théâtre du jour où elle est entretenue par le riche fermier général, M. de B...[7] Puis, quand elle s'installe pour la première fois avec des Grieux à Chaillot, ce dernier prévoit, pour seule dépense, « l'entretien d'un carrosse » et « les spectacles » : « Vous aimez l'Opéra : nous irons deux fois la semaine »[8], lui dit-il. Si Manon aime le luxe et les divertissements, le théâtre en est un que des Grieux ne peut lui refuser, la parodie de ces vers d'*Iphigénie* (1675) témoignant à la fois de leur assiduité au théâtre et d'un plaisir réciproque à jouer la comédie :

---

2 Voir Henri Lagrave, *Le Théâtre et le public à Paris de 1715 à 1750*, Paris, Klincksieck, coll. « Bibliothèque française et romane », 1972, p. 234.
3 Prévost, *Manon Lescaut, op. cit.*, p. 133, n. 5.
4 Crébillon, *Les Égarements, op. cit.*, p. 93.
5 Loaisel de Tréogate, *Dolbreuse, op. cit.*, p. 174.
6 Voir Louvet de Couvray, *Les Amours, op. cit.*, pp. 291-294.
7 Voir Prévost, *Manon Lescaut, op. cit.*, pp. 39-40.
8 *Ibid.*, pp. 49-50.

Parlons de bonne foi, ajoutai-je ; cette offre ne vous tente-t-elle point ?
Moi ? répondit-elle, en ajustant à sa pensée deux vers de Racine :
Moi ! vous me soupçonnez de cette perfidie ?
Moi ! je pourrais souffrir un visage odieux,
Qui rappelle toujours l'Hôpital à mes yeux ?

Non, repris-je, en continuant la parodie :
J'aurais peine à penser que l'Hôpital, Madame,
Fût un trait dont l'Amour l'eût gravé dans votre âme[9].

Manon reprend les paroles d'Ériphile lorsque celle-ci dément les accusations d'Iphigénie[10]. On se souvient que, dans la tragédie de Racine, Ériphile tombe amoureuse d'Achille, dont elle est la prisonnière et qui est fiancé à Iphigénie qu'il aime éperdument. Dans la scène 5 de l'acte II, Iphigénie, qui s'est prise d'amitié pour la jeune captive, l'accuse de l'avoir trahie. À partir de ce schéma, Prévost a bien distribué les rôles : à Manon revient celui de la jeune femme perfide et à des Grieux celui de la candeur trompée. Cependant, à ce moment du récit, on est loin d'une atmosphère tragique : les amants viennent de jouer un tour au jeune G...M... qui prétend séduire Manon par « un très gros présent et par l'offre de dix mille livres de pension »[11]. Lorsque des Grieux demande à Manon si cette offre la tente, Manon parodie la réplique d'Ériphile pour l'assurer de son amour mais, à la différence d'Iphigénie qui refuse de croire sa rivale, des Grieux n'en exige pas plus pour être convaincu de sa bonne foi et de ses sentiments. Ce dernier aurait dû se méfier une fois de plus de cette Ériphile romanesque dont la parole n'est pas plus sincère que celle de l'Ériphile dramatique. En effet, Manon le trahira une troisième fois avec le jeune G...M... et c'est alors qu'il prononcera la même injure qu'Iphigénie lançait à la traîtresse : « perfide »[12]. Selon le plan élaboré par les amants, le jour où Manon devait dérober l'argent au jeune G...M..., elle lui aurait demandé de la conduire à la Comédie d'où elle se serait éclipsée pour rejoindre des Grieux, qui l'aurait attendue à la porte du théâtre à sept heures. La requête de Manon aurait paru toute naturelle au jeune G...M..., dans la mesure où, justement, la sortie au théâtre est une pratique sociale étroitement associée à la vie mondaine. Néanmoins, à l'heure dite, Manon ne se trouve ni à l'intérieur ni à l'extérieur du théâtre. Des Grieux, co-auteur de la comédie qui devait se jouer, pensait être

---

9   *Ibid.*, p. 130 ; c'est l'auteur qui souligne.
10 Voir Racine, *Iphigénie, op. cit.*, II, 5, v. 674-682, p. 725.
11 Prévost, *Manon Lescaut, op. cit.*, p. 127.
12 *Ibid.*, p. 142.

le spectateur d'une nouvelle fourberie, mais il devient l'acteur d'une mauvaise farce. On assiste alors à un retournement de situation : le trompeur se retrouve trompé. Manon, elle aussi co-auteure de la farce, en modifie le canevas initial : elle improvise et devient ainsi l'auteure exclusive d'une petite comédie dont elle occupe le rôle principal. Le spectacle n'est plus au théâtre, mais dans la vie, comme l'atteste l'aptitude de Manon à tenir un rôle, de sorte que comédie rime avec perfidie et que le nom du théâtre devient métonymique de ce grand jeu qu'est la vie elle-même.

Jacob non plus n'est pas un aristocrate. Il entre à la Comédie grâce au comte d'Orsan dont il vient de sauver la vie. Cette entrée au théâtre, qui clôt la cinquième partie du roman, marque l'apogée de son ascension sociale et représente la porte d'accès à un monde privilégié. Lorsque le comte l'invite à la Comédie, Jacob est d'abord « étourdi d'une vapeur de joie, de gloire, de fortune, de mondanité »[13], avant d'éprouver un vif sentiment d'infériorité. Le syntagme « ce pays-là » indique qu'il s'agit, pour lui, d'un autre monde où, par ailleurs, il se trouve « gauche » et « dérouté »[14]. Alors qu'il s'est toujours jusque-là bien adapté aux circonstances, pour la première fois, il est embarrassé. Il évoque son visage « déplacé » et « honteux », son absence de contenance, une « confusion secrète » et le « sentiment de [son] indignité »[15]. Il attribue son malaise à la rapidité de son ascension sociale. La description de sa physionomie, de sa tenue vestimentaire et de ses sentiments met en évidence l'écart considérable qu'il y a entre le monde d'où il vient et celui dans lequel il est introduit. Cette entrée au théâtre est d'autant plus spectaculaire pour lui que le comte le conduit directement sur la scène, Jacob et son protecteur s'installant alors au même niveau que les comédiens. Non seulement ils assistent au spectacle à partir d'une place privilégiée, mais en plus ils y participent. On sait en effet que les banquettes de scène étaient un moyen pour les aristocrates de se donner en spectacle, la société aulique favorisant de pareilles mises en scène de soi où s'estompent les frontières entre le théâtre et la vie – même si une telle intrusion des spectateurs dérangeait considérablement le jeu des acteurs et nuisait évidemment à l'illusion dramatique, comme le fera valoir la réforme adoptée en 1759, à la demande du tragédien Lekain et de Voltaire, qui interdira leur présence sur scène. Quoi qu'il en soit, la cinquième partie du *Paysan parvenu* s'achève avec cette entrée sur scène où, ce jour-là, on joue *Mithridate*. Dans la sixième partie de l'œuvre, le continuateur développe longuement cet épisode à la Comédie qui s'organise autour de deux motifs

---

13   Marivaux, *Le Paysan parvenu*, op. cit., p. 262.
14   *Ibid.*, p. 265.
15   *Id.*

récurrents dans les romans-mémoires du XVIIIe siècle : le spectacle des spectateurs et la rencontre amoureuse.

Spectacle des spectateurs

Chez Prévost, les sorties au théâtre sont évoquées, mais jamais décrites : on constate seulement que des Grieux et Manon sont suffisamment familiers avec *Iphigénie* pour pouvoir en parodier le texte. Il en va autrement chez le continuateur de Marivaux, qui amplifie l'épisode à la Comédie-Française où Jacob, devenu M. de la Vallée, assiste pour la première fois à une représentation. C'est donc à travers le regard d'un novice que le théâtre est présenté, dans un contexte où l'attention et la curiosité de ce dernier sont moins suscitées par la représentation elle-même que par le comportement de ses voisins. D'abord charmé par la musique qui prélude au spectacle, Jacob est totalement absorbé par le jeu des comédiens et, plus particulièrement, par celui de la Gaussin qui interprète le rôle de Monime, avant d'être rapidement distrait et amusé par le spectacle qu'offre le public. Ces « lorgneurs » et ces « contemplateurs »[16] s'intéressent à tout ce qui ne concerne pas directement la représentation de la pièce. Étrangers à toute retenue et à toute discrétion, ils scrutent les beautés féminines situées dans les loges, partagent leurs observations, répandent les bruits sur les personnes en vue et applaudissent à mauvais escient. Ce comportement gêne les comédiens et les seuls vrais spectateurs que sont les « provinciaux » et les « bourgeois »[17]. L'une des questions que Jacob pose au comte d'Orsan résume à elle seule l'attitude de ces nobles au théâtre : « Est-ce donc cette mode qui fait venir au spectacle pour ne s'en pas occuper ? »[18] Cette « mode », qui consiste à observer les femmes au moyen de lorgnettes, conduit les spectateurs à faire preuve, à l'égard de la représentation théâtrale, d'une désinvolture assimilée au « bel air »[19], que le héros, une fois éclairé, s'ingénie à reproduire : « Me voilà donc un peu à la mode : j'assiste maintenant à la comédie, c'est-à-dire que je fais nombre au spectacle »[20]. Une telle pratique rend compte du souci d'être le point de mire de toute une société au nom d'une volonté de distinction aristocratique : aussi le théâtre n'est-il pas tant le lieu d'une expérience esthétique que celui d'un spectacle du moi, où se mettent en scène la sociabilité mondaine et les affaires amoureuses et galantes qui s'y nouent. À ce titre, le théâtre devient l'emblème par excellence de la société de cour, où « l'être social

---

16 *Ibid.*, p. 284.
17 *Ibid.*, p. 287.
18 *Id.*
19 *Ibid.*, p. 286.
20 *Ibid.*, p. 287.

de l'individu est totalement identifié avec la représentation qui est donnée par lui-même ou par les autres »[21].

De même, dans *Les Égarements*, si Meilcour ne se donne pas en spectacle sur la scène, il s'efforce néanmoins de briller devant la demoiselle de la loge voisine :

> J'avais naturellement l'esprit badin, et porté à manier agréablement ces petits riens qui font briller dans le monde. L'envie que j'avais que mon inconnue ne perdît rien de tout ce qui pourrait me faire valoir me donna plus d'élégance dans mes expressions ; je n'en eus peut-être pas plus d'esprit. Je remarquai cependant qu'elle était plus attachée à ce que je disais qu'elle ne l'était au spectacle ; quelquefois même je la vis sourire[22].

La jeune femme n'est pas plus au spectacle que les deux hommes de la loge attenante à la sienne : ses sourires, que Meilcour surprend à plusieurs reprises, permettent au lecteur d'imaginer que, si ses yeux sont tournés vers la scène, ses oreilles, en revanche, sont à l'écoute de leurs bavardages. De fait, quelques jours plus tard, la dame qui l'accompagnait à l'Opéra lui rappelle l'intérêt tout particulier qu'avait éveillé en elle un jeune homme qu'elle ne connaissait pas :

> Eh bien, répondit la Dame, vous souvient-il de votre inconnu ? De votre attention à le regarder ? Du soin que vous prîtes de me le faire remarquer ? Ajoutez à cela l'opinion avantageuse que vous avez conçue de son esprit, sur quelques mots, jolis à la vérité, mais cependant assez frivoles pour ne devoir rien déterminer là-dessus[23].

Bref, Meilcour et Hortense ont porté plus attention l'un à l'autre qu'ils n'en ont accordé à l'opéra. Comme chez le continuateur de Marivaux où les aristocrates se donnent en spectacle pour se faire valoir, le héros des *Égarements* se met en scène pour plaire à l'objet de ses désirs. C'est par un effet de contraste avec un ami, présenté comme l'« un de ces étourdis brillants, familiers avec insolence »[24], qu'il tente d'obtenir la préférence, et la conversation d'Hortense

---

21   Roger Chartier, « Préface », dans Norbert Elias, *La Société de cour* [1969], trad. Pierre Kamnitzer et Jeanne Etoré, Paris, Flammarion, 1985, p. xxi.
22   Crébillon, *Les Égarements*, op. cit., p. 94.
23   *Ibid.*, p. 109.
24   *Ibid.*, p. 94.

et de sa dame de compagnie, que Meilcour surprend aux Tuileries, témoigne de la réussite de sa petite mise en scène.

Cet épisode à l'Opéra comprend, en somme, trois spectacles distincts : le premier, évident mais jamais décrit, est l'opéra lui-même ; le deuxième, la nouvelle venue qui suscite la curiosité du public ; le troisième, le héros paradant devant elle. Crébillon opère dès lors un déplacement du foyer de l'action dramatique qui, en passant de la scène à la salle, permet de souligner la facticité des personnages. Ceux-ci tiennent un rôle à la manière de comédiens, adaptent leurs discours en fonction de leur interlocuteur et adoptent les gestes et les positions que réclame l'ambition de se distinguer, comme l'avaient déjà noté, unanimes, les moralistes classiques, qui observaient, à l'exemple de Jacques Esprit, à quel point l'homme se fait « vanité de savoir l'art de tromper » et a « érigé en habileté sa duplicité et sa fourberie »[25].

Dans *Les Amours*, les loges de l'Opéra offrent, quant à elles, le cadre d'une scène de comédie dont les acteurs sont Faublas, Rosambert et le marquis de B***. Rappelons que le marquis prend Faublas pour le fils de M. du Portail et qu'il est intimement persuadé que la fille de ce dernier – qui n'est autre que Faublas travesti –, fréquente un certain Faublas. Cependant, ces trois personnages ne forment en réalité qu'une seule et même personne. Le rire surgit alors d'une situation, fréquente au théâtre, où le personnage dupé ignore ce que tout le monde, y compris le spectateur, sait. Cette situation favorise l'équivoque de certaines répliques à laquelle recourt Rosambert pour son plus grand plaisir :

> Il [le marquis] se plaignit de ce que depuis plus de deux mois, il n'avait pas eu le bonheur de pouvoir me joindre, et il me demanda comment mon père se portait. « Fort bien, monsieur le marquis, il est actuellement en Russie. — Ah ! ah ! cela est donc vrai ? — Assurément. — Monsieur, et mademoiselle du Portail ? — Ma sœur se porte à merveille. — Toujours à Soissons ? — Oui, monsieur. — Et quand revient-elle dans ce pays-ci ? — Au carnaval prochain », répondit Rosambert[26].

Le carnaval fait évidemment référence à la période festive qui précède le Carême, mais, dans ce contexte, il évoque surtout le travestissement de Faublas qui est à l'origine des quiproquos et qui lui permet de tromper impunément le marquis. Aussi la réplique de Rosambert peut-elle être entendue de deux manières : la première, sans conséquences, telle que la comprend le

---

25 Jacques Esprit, *La Fausseté des vertus humaines* [1678], Amsterdam, P. Mortier, 1710, p. 37 ; nous modernisons.
26 Louvet de Couvray, *Les Amours*, op. cit., p. 291.

marquis, la seconde, risible et compromettante, telle que l'entendent le héros, Rosambert et le lecteur. Mais le comte n'est pas en reste et poursuit sur sa lancée. Ainsi, lorsque le marquis propose à Faublas de lui présenter son épouse que, par ailleurs, ce dernier, étant son amant, connaît très bien, Rosambert se réjouit d'encourager la périlleuse rencontre :

> La marquise est ici : je veux vous présenter à la marquise. — Monsieur, je ne puis … — Venez, venez, elle vous recevra bien. — Je ne doute pas que, présenté par vous … — Mais, monsieur … — Hé ! mais pourquoi toutes ces façons ? me dit Rosambert ; madame la marquise est très aimable. — N'est-il pas vrai, monsieur, reprit le marquis, en s'adressant d'abord au comte, et ensuite à moi ; n'est-il pas vrai qu'elle est très aimable, ma femme ? … Elle a beaucoup d'esprit ! D'abord je ne l'aurais pas épousée sans cela. — La vérité est que madame la marquise a beaucoup d'esprit, et monsieur le sait bien, s'écria Rosambert. — Monsieur le sait bien ? répéta le marquis. — Oui, monsieur, ma sœur me l'a dit. — Ah ! mademoiselle votre sœur, oui … Je vous assure, monsieur, qu'il ne manque à ma femme que d'être un peu plus physionomiste. Mais cela viendra, cela viendra … J'ai déjà remarqué qu'elle a un goût naturel pour les belles figures …[27]

Cette fois-ci, c'est le caractère amphibologique des répliques du marquis qui suscite le rire : « [N]'est-il pas vrai qu'elle est très aimable, ma femme ? … Elle a beaucoup d'esprit ! » Louvet joue sans doute sur l'ambiguïté d'« aimable » et d'« esprit » que les deux libertins et le lecteur entendent tout autrement que le mari dupé. Si la marquise « est digne d'être aimé[e] » ou « mérite d'être aimé[e] »[28], c'est aussi dans la mesure où Rosambert l'a aimée pendant six semaines et où Faublas l'aime depuis deux mois et, si elle a en effet « beaucoup d'esprit », c'est bien parce qu'elle fait preuve d'une grande ingéniosité à tromper son époux. Par conséquent, le comique de la scène repose sur les nombreux sous-entendus incompris qui, par ailleurs, sont d'autant plus risibles qu'ils relèvent, pour la plupart, de la méprise du mari trompé qui fait erreur sur la distribution : ce n'est pas Mlle du Portail, autrement dit Faublas travesti, qui a noué une liaison avec Faublas, mais son épouse dont il vante tant l'amabilité et l'esprit. Outre le rire qu'engendre le quiproquo, cette scène, qui revêt un haut degré de théâtralité, supplante, une fois de plus, le spectacle

---

27   Ibid., p. 292.
28   Académie française, Dictionnaire [1694], tome 1, Paris, La Veuve de Bernard Brunet, 1762, p. 44.

proprement dit : rien n'est dit de l'opéra et l'attention se fixe entièrement sur les trois personnages.

Ce n'est donc pas la représentation théâtrale qui intéresse les romanciers, mais le phénomène socioculturel et la dimension anthropologique et morale qu'elle permet de révéler. Le théâtre est, en ce sens, un lieu où surviennent simultanément divers spectacles auxquels l'aristocratie participe activement, que ce soit sur scène, où des places sont réservées aux spectateurs, ou bien dans les loges, où elle se livre aux intrigues amoureuses. Mais le théâtre est aussi un espace de jeu où, par plaisir, l'on se donne la comédie, de sorte qu'entre la vie et le théâtre, les frontières se brouillent.

Lieu de rencontres amoureuses et galantes

Comme on l'a vu, le théâtre est présenté comme un lieu propice aux nouvelles rencontres et, plus particulièrement, un espace où se nouent des intrigues galantes. Par exemple, dans *Les Égarements*, c'est à l'Opéra que, pour la première fois, les regards de Meilcour et d'Hortense se croisent. Dans cette scène muette, la communication ne s'établit que par le regard, comme en témoignent les occurrences de « regards », « yeux », « vue », « regarder », « fixer », « (re)voir », ainsi que les pronoms possessifs « les miens » et « les siens »[29] désignant respectivement les yeux de Meilcour et ceux d'Hortense. Le premier de ces regards, le plus actif et le plus décrit, est le regard appuyé et analytique du narrateur, qui observe la nouvelle venue avec insistance, suit le mouvement de ses yeux, attire son regard et dialogue avec elle en silence (« [J]e ne sais ce que mes yeux lui dirent, mais elle détourna les siens en rougissant un peu »[30]) ; le deuxième, neuf, imprécis, mais expressif, le regard d'Hortense, qui traduit « le sentiment et l'esprit »[31], parcourt la salle avant de croiser celui de Meilcour ; le troisième, déplacé et présomptueux, celui de l'ami de Meilcour ; enfin, le quatrième et dernier, qui suscite la jalousie du héros, celui qu'Hortense échange avec le marquis de Germeüil. Dès lors, le premier échange entre Meilcour et la jeune femme est un regard qui suffit à lui seul à éveiller le désir amoureux. La vue précède le discours. Le regard relève de l'éloquence du corps qui, selon Baculard d'Arnaud, est « la langue première des passions »[32]. Il constitue un moyen de communication direct, efficace (Hortense déchiffre le regard de Meilcour), puissant (un regard en appelle un

---

29 Crébillon, *Les Égarements, op. cit.*, pp. 92-95.
30 *Ibid.*, p. 93.
31 *Id.*
32 Baculard d'Arnaud, « Discours préliminaires », dans *Le Comte de Comminge, ou les Amants malheureux*, [3ᵉ éd.], Paris, Le Jay, 1768, p. xlvi.

autre) et universel. Les nombreux regards, que le héros intercepte dans la salle, ont tous pour objet la jeune femme et suscitent alors sa jalousie. Ces relais entre regardants et regardés témoignent déjà de l'emprise d'un sentiment que le héros ne maîtrise pas. Dans « ma belle inconnue » et « mon inconnue »[33], les déterminants possessifs révèlent, chez lui, un désir exclusif de possession. Placée sous le signe de la jalousie et de la frustration, cette rencontre à l'Opéra est d'autant plus importante qu'elle introduit celle qui sera la rivale de la marquise de Lursay dans le cœur de Meilcour. Hortense incarne l'amour-passion, alors que la marquise représente l'amour-goût. De fait, à la fin du roman, lorsque Mme de Lursay triomphera de Meilcour, c'est Hortense qui reviendra « régner sur [s]on cœur »[34].

C'est également à la Comédie que le paysan parvenu, tel que le continuateur l'a imaginé, découvre l'amour. À plusieurs reprises, le narrateur souligne l'importance de son entrée au théâtre et, surtout, de la rencontre qu'il y fait: elle est pour lui « une circonstance, qui n'est pas la moins essentielle de [s]a vie, puisqu'elle fut la source du bonheur dont [il] joui[t] maintenant »[35]. Cet épisode revêt une fonction narrative essentielle, dans la mesure où l'une des dames dont le héros fait la connaissance deviendra sa seconde épouse et favorisera à la fois son avancement et sa fortune. Du point de vue du sentiment, Mme de Vambures est à Jacob ce qu'Hortense est à Meilcour et, lors de cette rencontre, les regards jouent un rôle tout aussi important que chez Crébillon. Rappelons d'abord que les personnages ne se trouvent pas au même endroit dans le théâtre: Jacob et le comte d'Orsan sont sur la scène, alors que Mme de Damville et Mme de Vambures sont dans une loge. Les deux hommes se situent donc à un niveau inférieur par rapport aux dames. Cette répartition spatiale permet à ces dernières de les observer à leur aise et de se faire ainsi les spectatrices de ce que l'on pourrait appeler la comédie humaine. Si, à ce moment du récit, la tragédie de Racine en est à son quatrième acte, il s'agit toutefois pour les personnages de l'exposition d'une pièce dont ils sont tour à tour acteurs et spectateurs. Les regards qu'ils échangent s'apparentent, d'une certaine manière, aux répliques d'un dialogue dans ce que Marivaux a appelé une « petite scène muette »[36]. Chacun exprime un sentiment particulier: le « grand œil brun et brillant » de Mme de Vambures révèle probablement

---

33   Crébillon, *Les Égarements*, op. cit., pp. 93 (« ma belle inconnue »), 94, 95.
34   *Ibid.*, p. 245.
35   Marivaux, *Le Paysan parvenu*, op. cit., p. 283.
36   *Ibid.*, p. 15.

son désir, alors que le « regard timide »[37] de Jacob, qui ne sait quelle attitude adopter, témoigne de son embarras. Le « rouge » au visage de Jacob et la « rougeur »[38] au front de Mme de Vambures sont les marques physiologiques de leur émotion. Enfin, un coup d'œil du comte d'Orsan suffit à lier la partie. L'éloquence du corps est d'autant plus importante que les bienséances et la pudeur n'autorisent pas les personnages à exprimer directement leurs désirs et leurs sentiments. Le langage corporel peut compléter et renforcer le langage articulé, mais il peut aussi s'y substituer. Ainsi, Jacob est parvenu à attirer l'attention de la marquise de Vambures avec ses regards, mais il craint de rompre l'illusion avec son discours. Toutefois, cette rencontre au théâtre, si prometteuse pour le héros, n'est pas avortée comme dans *Les Égarements* : les deux hommes rejoignent les deux dames qu'ils conduisent ensuite à leur carrosse et c'est une longue soirée qui commence. Que l'on soit dans un roman libertin ou dans un roman d'ascension sociale, le théâtre, en somme, est moins le lieu de l'illusion où l'on va chercher un divertissement ou un plaisir esthétique que le lieu même de la vie, mais d'une vie dont le texte brouille savamment les frontières avec l'univers de la représentation en faveur d'une existence d'autant plus fortement éprouvée que les personnages y rencontrent l'amour.

Néanmoins, l'amour comporte diverses acceptions. Chez Crébillon et le continuateur du *Paysan parvenu*, il s'agit de la passion amoureuse, mais chez Louvet, la danseuse Coralie, dont Faublas fait la connaissance dans la loge de Mlle *** à l'Opéra, où son ami Rosambert le conduit après le spectacle, annonce une nouvelle intrigue galante. Ici, nul jeu de regards, nul préliminaire, nulle précaution et nulle attente. Un rapide coup d'œil suffit à la connaisseuse pour juger le jeune homme : « Il est joli ! dit celle-ci, après m'avoir majestueusement toisé »[39]. Aucune présentation non plus n'est nécessaire : « C'est l'Amour, répondit l'autre, ou c'est le chevalier de Faublas ! »[40] Que faut-il de plus pour décider d'une affaire ? On se découvre, on se plaît et on se prend. Il n'en faut pas davantage au quatuor pour arrêter la « partie carrée »[41]. Au cours du tête-à-tête qui s'ensuit, le lapsus de Faublas suscite chez la danseuse une vive réaction qui prête à rire :

---

37   *Ibid.*, p. 290.
38   *Ibid.*, pp. 290-291.
39   Louvet de Couvray, *Les Amours, op. cit.*, p. 295.
40   *Id.*
41   *Id.*

> [J]e m'avisai de vouloir parler dans un de ces moments où l'homme le plus étourdi, exempt de toute distraction, ne laisse échapper que de très courts monosyllabes ou de longs soupirs étouffés. « Ah! Sophie! » m'écriai-je ; j'aurais dû dire « Ah! Coralie! » « Sophie! répéta la nymphe sans se déranger, Sophie! vous la connaissez ? Hé bien, c'est une sotte, une bégueule, une pécore, qui n'a jamais été jolie, qui est fanée, et à qui il est arrivé la semaine passée... »[42]

Le comique de cette scène est renforcé par le détachement et l'ironie de la danseuse qui feint de ne pas tenir rigueur à son partenaire de son erreur. Si les dénominatifs « sotte », « bégueule », « pécore » trahissent sa jalousie, sa volubilité rend la scène comique. Cet épisode, qui débute à l'Opéra et qui s'achève chez la « nymphe »[43], remplit plusieurs fonctions. En premier lieu, il introduit le charmant personnage de Coralie qui offre par la suite d'autres scènes de comédie où, parfois, l'influence de Molière est manifeste. Ce sera le cas, par exemple, lorsque la danseuse réapparaîtra chez les magnétiseurs sous le nom de Mme Leblanc. Fille de théâtre, elle joue la comédie dans la vie comme elle la jouait sur scène :

> Tu sais, mon ami, que je suis née rieuse, et que toujours je me suis divertie aux dépens de ceux que j'attrapais. D'ailleurs, on m'éleva pour les tréteaux, et le somnambulisme est presque une comédie publique : d'honneur, au mariage près, ma nouvelle condition ne me déplaît pas. Coralie ne danse plus, mais elle magnétise ; elle prophétise au lieu de déclamer ; tu vois qu'il me reste toujours un rôle à jouer, et que dans le fond je n'ai fait que changer de théâtre[44].

En second lieu, cet épisode participe d'un petit tableau de mœurs qui reprend le thème de la propension au libertinage chez les comédiennes :

> Qui ne sait pas qu'à l'Opéra, les divinités sont de bien faibles mortelles ; que c'est le pays du monde où les passions se traitent le plus lestement ; que c'est là surtout qu'une affaire de cœur commence et s'achève dans la même soirée ?[45]

---

42   *Ibid.*, p. 296.
43   *Ibid.*, p. 295.
44   *Ibid.*, p. 529.
45   *Ibid.*, p. 295.

Au début du XVIIIe siècle, Lesage évoquait déjà abondamment le milieu théâtral et ses comédiennes de mœurs légères dans *Gil Blas*[46]. Quelques années avant la publication des *Amours*, Loaisel de Tréogate, contemporain de Louvet, ira beaucoup plus loin, dans la mesure où, dans le souvenir de Rousseau, il décrira le théâtre et son personnel comme le foyer de tous les vices, faisant ainsi du monde du spectacle le principe de la corruption des mœurs.

Lieu de vices, de débauche et de corruption

Chez Loaisel, la naissance de l'amour s'accompagne de la découverte des « tragédies de Racine », de « ce code sublime de tendresse et de grands sentiments », les amants s'identifiant aux personnages raciniens et se projetant dans « divers tableaux »[47]. Outre la délectation que cette lecture procure à des cœurs qui battent pour la première fois, elle « développ[e] en [eux] le sentiment du goût » et leur révèle « une idée de la beauté essentielle des choses »[48]. Racine fait alors figure de poète de la passion et du sentiment d'émerveillement que l'on éprouve devant la magnificence du monde sensible. La poésie racinienne leur fait voir le monde autrement qu'ils ne le percevaient avant de s'éprendre l'un de l'autre. Aussi retrouvent-ils « toujours avec un nouveau plaisir [ce] poète immortel dont [ils ont] senti le prix dès le moment qu['ils ont] commencé d'aimer »[49]. Si le dramaturge joue un rôle important dans l'éducation sentimentale des protagonistes, il est toutefois supplanté par Jean-Jacques Rousseau et sa *Nouvelle Héloïse* qui « produi[t] en [eux] une grande métamorphose »[50]. Aux « passions douces »[51] succèdent le trouble, le ravissement et l'enivrement, de sorte que le roman achève ce que le théâtre avait commencé. Dans ce contexte, le genre romanesque est non seulement à même de reproduire les effets propres à la tragédie, mais il les exacerbe encore au point de dépasser la puissance esthétique de la poésie dramatique, déjouant ainsi les hiérarchies génériques traditionnelles en vertu de sa force émotionnelle. C'est Rousseau et non Racine qui leur fait « vers[er] des torrents de pleurs » et qui leur fait boire « à longs traits le philtre de l'amour »[52].

---

46 Voir Lesage, *Histoire de Gil Blas de Santillane* [1715-1735], éd. Roger Laufer, Paris, GF Flammarion, 1977, pp. 121, 152, 154, 170, 175-176.
47 Loaisel de Tréogate, *Dolbreuse, op. cit.*, p. 104.
48 *Ibid.*, pp. 104-105.
49 *Ibid.*, p. 105.
50 *Ibid.*, p. 106.
51 *Ibid.*, p. 105.
52 *Ibid.*, pp. 106, 105.

Les protagonistes se sont donc familiarisés très tôt avec la poésie dramatique, mais ils ne fréquentent que les théâtres de province. En revanche, lors de son séjour dans la capitale, Dolbreuse découvre avec horreur le théâtre parisien :

> [L]e spectacle fut l'écueil le plus funeste à mes principes de constance et de foi conjugale, déjà bien altérés. La pompe du théâtre, dont je n'avais vu qu'une faible esquisse en province, la perfection du jeu des acteurs et la beauté des femmes exagérée par tous les prestiges de l'art, qui exerce tant de pouvoir sur les yeux ; cette illusion complète et délicieuse qui fait oublier l'actrice pour laisser voir seulement le personnage qu'elle représente et ramener l'âme à tout l'intérêt qu'il inspire, cet attendrissement doux qu'on éprouve et qui dure encore lors même que l'illusion n'est plus ; ce charme, enfin, de songer que l'expression si vraie d'un sentiment vertueux et tendre ne peut partir que d'un cœur fait pour en être pénétré ; tout cela vint me livrer au délire passager, mais impétueux, de la passion la plus vive[53].

Le théâtre est d'abord présenté comme le lieu par excellence du libertinage et de la débauche, dans la mesure où le héros y perd ses « principes de constance et de foi conjugale ». Sur ce point, on se souvient que Jean-Jacques Rousseau, dans sa *Lettre à D'Alembert*, adressée à l'encyclopédiste en réponse à son article « Genève », paru un an plus tôt, évoquait déjà l'effet « funeste » de la comédie pour les mœurs[54]. De même, Loaisel décrit le théâtre comme le lieu de la faute morale et de la chute. Somptuosité des décors, performance remarquable des acteurs et beauté des comédiennes concourent à créer une « illusion complète et délicieuse », qui fait totalement oublier la tragédienne au profit du personnage qu'elle joue sur scène, l'illusion dramatique conduisant le spectateur à identifier la comédienne à son personnage. Au reste, cette illusion est tellement forte qu'elle perdure même après le spectacle. Dolbreuse s'affirme comme l'une des victimes de cette illusion fatale qui mène immanquablement l'homme à sa perte. De cette peinture du spectacle se dégage la volonté de dénoncer la nature pernicieuse des comédiennes et, par-delà, des spectacles, puisque le théâtre annihile chez l'homme sa capacité à différencier le vrai du faux, la sincérité du mensonge et la vertu du vice.

---

53   *Ibid.*, pp. 174-175.
54   Voir Rousseau, *Lettre à D'Alembert* [1758], éd. Marc Buffat, Paris, Flammarion, coll. « GF Flammarion », 2003, p. 83.

Comme l'a fort justement observé Philip Knee, le projet rousseauiste est structuré par l'intuition, sans cesse réaffirmée, « d'une dégradation du sentiment par sa représentation, ou par ce qu'on peut appeler son *spectacle* »[55]. C'est en ce sens que Loaisel s'inscrit dans la lignée de Rousseau et de sa vigoureuse condamnation du théâtre. L'illusion dramatique, qui se prolonge après la représentation, semble correspondre à cette « émotion, [c]e trouble et [cet] attendrissement qu'on sent en soi-même, et qui se prolonge après la pièce »[56]; cependant, Rousseau précise que la pitié suscitée par la tragédie n'est qu'« une émotion passagère et vaine, qui ne dure pas plus que l'illusion qui l'a produite »[57]. Autrement dit, l'illusion est aussi éphémère que les sentiments qu'elle éveille chez le spectateur. Par conséquent, chez Rousseau, l'évanescence de l'illusion dramatique empêche d'agir moralement sur le spectateur afin de pouvoir l'amener à la pratique du bien, alors que chez Loaisel, la persistance de cette illusion est la cause de la chute de l'homme. Chez l'un, l'illusion est inefficace, tandis que chez l'autre, elle est funeste. Loaisel semble donc insister plus que Rousseau sur l'action délétère de l'illusion dramatique dont la force repose sur sa nature captieuse et fallacieuse. Néanmoins, lorsque Rousseau évoque cette illusion fugitive qui disparaît à l'issue de la représentation, il pense uniquement à celle produite par la tragédie. Dans sa *Lettre à D'Alembert*, en effet, il montre également que l'illusion dramatique constitue un réel danger pour les mœurs :

> Le plus charmant objet de la Nature, le plus capable d'émouvoir un cœur sensible et de le porter au bien, est, je l'avoue, une femme aimable et vertueuse ; mais cet objet céleste, où se cache-t-il ? N'est-il pas bien cruel de le contempler avec tant de plaisir au théâtre, pour en trouver de si différents dans la société ? Cependant le tableau séducteur fait son effet. L'enchantement causé par ces prodiges de sagesse tourne au profit des femmes sans honneur. Qu'un jeune homme n'ait vu le monde que sur la scène, le premier moyen qui s'offre à lui pour aller à la vertu est de chercher une maîtresse qui l'y conduise, espérant bien trouver une Constance ou une Cénie tout au moins. C'est ainsi que, sur la foi d'un modèle

---

55 Philip Knee, « Les mésaventures politiques de la sympathie chez Rousseau », dans Thierry Belleguic, Éric Van der Schueren et Sabrina Vervacke (dirs.), *Les Discours de la sympathie : enquête sur une notion de l'âge classique à la modernité*, Québec, Les Presses de l'Université Laval, « Les collections de La République des Lettres », 2007, pp. 423-441, et p. 424 pour la citation ; c'est l'auteur qui souligne.
56 Rousseau, *Lettre à D'Alembert, op. cit.*, p. 69.
57 *Ibid.*, p. 72 ; voir également pp. 76-77.

imaginaire, sur un air modeste et touchant, sur une douceur contrefaite, *nescius auræ fallacis* [ne sentant pas les trahisons de la brise], le jeune insensé court se perdre, en pensant devenir un sage[58].

Qu'il s'agisse de la *Lettre à D'Alembert* ou de *Dolbreuse*, dans les deux cas, c'est le tableau de la vertu incarnée par la comédienne qui confond le spectateur et le précipite dans l'abîme. « Tableau séducteur » et « enchantement » témoignent de la fascination exercée par ces « prodiges de sagesse » qui n'ont de sage que l'apparence. Bien que Dolbreuse connaisse déjà la vertu en la personne d'Ermance, il agit comme ce « jeune insensé » qui croit la trouver dans les bras d'un « modèle imaginaire ». La comédienne se confond avec son personnage au point de former un mirage de vertu. Loaisel reprend cette idée selon laquelle l'image du bien trompe le spectateur et le conduit vers le mal. Il ne précise pas le genre des pièces auxquelles son héros assiste, tandis que Rousseau, lui, fait référence au drame bourgeois, qui « a renforcé l'intérêt de l'amour » faute de savoir « nourrir la force du comique et des caractères »[59]. En d'autres termes, si l'illusion produite par la tragédie est d'une certaine manière inoffensive, car trop inconsistante et trop éloignée de la réalité pour séduire le spectateur, celle produite par le drame est, en revanche, fatale, car l'image pervertie de la vertu représente un véritable danger pour le spectateur.

Par ailleurs, bien que Loaisel nuance sa critique[60], il reprend également au philosophe le préjugé selon lequel les comédiennes sont pernicieuses. Cet emprunt est d'autant plus important qu'il constitue l'un des prétextes de la *Lettre à D'Alembert*[61] et le second sujet de discussion sur le théâtre[62]. Rousseau annonce, en effet, dans sa préface qu'il entend réfuter un passage précis de l'article de Genève, où D'Alembert montre l'intérêt et l'utilité du théâtre et des spectacles qui, selon lui, « forme[nt] le goût des citoyens, et leur donne[nt] une finesse de tact, une délicatesse de sentiment » et où il dénonce le « préjugé barbare [des Genevois] contre la profession de comédien »[63]. Après avoir longuement évoqué tous les dangers auxquels exposerait inévitablement

---

58   *Ibid.*, p. 98.
59   *Ibid.*, p. 95.
60   Dans une note, il précise : « Ceci ne s'adresse pas plus à une comédienne qu'à toute femme devenue méprisable par sa conduite. Nous connaissons des actrices très estimables, capables des actions les plus belles et des procédés les plus délicats » (Loaisel de Tréogate, *Dolbreuse*, *op. cit.*, p. 175, n. 1).
61   Voir Rousseau, « Préface », *Lettre à D'Alembert*, *op. cit.*, p. 49.
62   Voir Rousseau, *Lettre à D'Alembert*, *op. cit.*, p. 108.
63   *Id.*

l'établissement d'un théâtre dans une petite ville, Rousseau aborde la question du métier d'acteur. Il considère l'« état de comédien » comme un « état de licence et de mauvaises mœurs », dénonçant « le désordre » des comédiens et la « vie scandaleuse »[64] des comédiennes, qui « cultiv[ent] pour tout métier de tromper les hommes »[65]. Du reste, il juge les actrices pires que les acteurs, car elles les entraînent dans leur propre « désordre », qui est une « source de mauvaises mœurs »[66]. Assimilées à des femmes galantes, elles constituent le principe de tous les vices, si bien qu'il n'y a de vertueux en elles que l'image factice qu'elles produisent sur scène[67].

Le passage de *Dolbreuse*, où le héros décrit le théâtre comme un lieu favorisant le libertinage et la corruption morale, permet d'inscrire le roman de Loaisel dans la continuité de la pensée rousseauiste et de sa condamnation du théâtre et, plus généralement, d'une société du spectacle indissociable des rituels propres à l'univers aulique. Toutefois, il semble que le romancier ait également subi l'influence d'un autre Rousseau, moins connu que son illustre homonyme, qu'il pastiche dans une *Lettre à M. ***, sur les spectacles des boulevards* (1781). On se souvient, en effet, que Dolbreuse présentait le spectacle comme « l'écueil le plus funeste à [s]es principes de constance et de foi conjugale » ; or, dans sa *Lettre sur les spectacles*, Thomas Rousseau évoquait déjà « les funestes salles du boulevard », « les funestes conséquences de ce spectacle », ou encore l'« utilité funeste » des « tréteaux »[68], qualifiant même les « écoles du rempart » d'« écoles funestes, qui sont autant d'écueils où viennent échouer, se perdre et s'engloutir la raison, l'honneur et les sentiments »[69]. Le parallèle entre le texte de Loaisel et celui de Thomas Rousseau est manifeste. Mais que le romancier se soit inspiré à la fois de son modèle et d'un épigone de celui-ci montre surtout à quel point la référence critique au théâtre dans un roman-mémoires de la fin du siècle se fait l'écho d'une condamnation radicale d'une société de cour désormais proche de son point de rupture.

Il semble donc que Loaisel n'ait retenu de Thomas Rousseau qu'un lexique et qu'il ait puisé chez Jean-Jacques l'idée, plus générale, selon laquelle l'illusion produite par le jeu de l'actrice engendre des conséquences funestes sur le

---

64   *Ibid.*, p. 127.
65   *Ibid.*, p. 132.
66   *Ibid.*, p. 134.
67   Voir *ibid.*, pp. 143-145.
68   Thomas Rousseau, *Lettre à M. ***, sur les spectacles des boulevards*, Bruxelles/Paris, Les libraires qui vendent les nouveautés, 1781, pp. 23, 38, 44 (l'« utilité funeste » des « tréteaux ») ; nous modernisons.
69   *Ibid.*, p. 41.

spectateur. Cette illusion trompeuse repose paradoxalement sur la représentation de la vertu qui perd de sa vérité en devenant spectacle et, par le fait même, son exemplarité morale. À l'origine de cette image pernicieuse se trouvent les comédiennes et leurs artifices qui achèvent d'égarer les spectateurs, en faisant du théâtre un simulacre qui éloigne de la pratique du bien. On est désormais loin du charmant lieu de rencontres amoureuses et galantes des romans libertins : le théâtre n'est plus qu'un lieu de désordres et de dissolution des mœurs qui concourt à la corruption morale.

Lieu empreint de théâtralité

Si l'Opéra est le lieu de représentations dramatiques chantées, il accueille également un autre divertissement fortement théâtralisé, le bal masqué : masques et dominos constituent alors les accessoires d'une fête où l'on perd volontiers son identité pour jouer, le temps d'une nuit, un autre rôle. Comme le carnaval, mais sans son caractère populaire et sans la généralisation à toute une ville, le bal masqué favorise la liberté de comportements habituellement régis par le code social pour lui en substituer d'autres. Un épisode des *Amours* se déroule justement au bal masqué qui sert de cadre à la deuxième entrée de Faublas dans le monde :

> Dès que nous [Faublas et la marquise de B***] parûmes à la porte de la salle, la foule des masques nous environna ; on nous examina curieusement, on nous fit danser : mes yeux furent d'abord agréablement flattés de la nouveauté du spectacle. Les habits élégants, les riches parures, la singularité des costumes grotesques, la laideur même des travestissements baroques, la bizarre représentation de ces visages cartonnés et peints, le mélange des couleurs, le murmure de cent voix confondues, la multitude des objets, leur mouvement perpétuel qui variait sans cesse le tableau en l'animant, tout se réunit pour surprendre mon attention bientôt lassée. Quelques nouveaux masques étant entrés, la contredanse fut interrompue, et la marquise, profitant du moment, se mêla dans la foule ; je la suivis en silence, curieux d'examiner la scène en détail. Je ne tardai pas à m'apercevoir que chacun des acteurs s'occupait beaucoup à ne rien faire, et bavardait prodigieusement sans rien dire[70].

La métonymie qui assimile les danseurs à des masques souligne d'emblée le caractère théâtral de ce divertissement où, à la manière d'un comédien sur scène, l'on devient, en l'espace d'une soirée, autre. On abandonne alors

---

70 Louvet de Couvray, *Les Amours, op. cit.*, pp. 90-91.

l'habit civil pour revêtir des « habits élégants », de « riches parures », des « costumes grotesques », des « travestissements baroques » qui offrent un spectacle hétéroclite au novice. Le grimage complète le masque pour achever la métamorphose. Les mots « spectacle », « représentation », « tableau », « scène », « acteurs » témoignent également de la théâtralité de cette fête où les participants se dissimulent au moyen des artifices propres à la représentation. Mais, paradoxalement, à ce moment du récit où l'on travestit son identité, l'incognito ne fonctionne pas. Rosambert reconnaît Faublas et la marquise de B*** ; deux masques sagaces inconnus procèdent peu de temps après à la même identification[71] ; enfin, grâce à l'étiquette collée sur son dos, toute l'assistance, à la fois actrice et spectatrice, démasque le marquis de B***. On joue certes, cependant Faublas et la marquise doivent jouer serré : lieu de pur divertissement, le bal masqué devient celui des tourments, des « rudes coups » et des « attaque[s] »[72]. Pour les parer, Faublas et sa maîtresse sont contraints d'improviser comme on le fait à la commedia dell'arte. Jeune noble amoureux et séduisant, Faublas pourrait être assimilé à Flavio ou à Lelio s'il n'était pas, toutefois, travesti en Mlle du Portail ; le vieux marquis, ridicule et trompé, se confond quelque peu avec Pantalon, quand sa bouffonnerie ne le rapproche pas davantage d'Arlequin. En effet, avant de se rendre au bal, il exécute une étonnante pirouette dont la mauvaise chute lui vaut une belle bosse au front, ce qui est une manière imagée d'afficher son cocuage. Enfin, la marquise pourrait être rapprochée d'Isabella ou de Silvia : elle en a la beauté, la finesse et témoigne d'une grande aptitude à la ruse. Aussi voit-on comment Faublas et la marquise s'efforcent tant bien que mal d'en imposer à Rosambert, désireux de les tourmenter pour avoir été trompé :

> Je [Faublas travesti] conviens, monsieur de Rosambert, que vous savez quelque chose que madame ne sait pas ; mais, ajoutai-je en affectant de lui parler bas, ayez donc un peu plus de discrétion ; la marquise n'a pas voulu vous croire avant-hier ; que vous coûte-t-il de lui laisser, seulement encore aujourd'hui, une erreur qui ne laisse pas d'être piquante ? — Fort bien, s'écria-t-il, la tournure n'est pas maladroite ! Vous, si novice

---

71   Voir *ibid.*, p. 96. Cet épisode est sans doute un clin d'œil au bal masqué qui eut lieu à l'Opéra, à la fin du mois de janvier 1778, où Marie-Antoinette, habillée en amazone, demanda à l'un des invités : « 'Qui es-tu, beau masque ? – Ton sujet, belle amazone, répondit-il en se démasquant'. C'était le comte d'Artois, qui avait changé de déguisement » (Jacques Boncompain, *Auteurs et comédiens au XVIIIe siècle*, Paris, Librairie Académique Perrin, 1976, p. 53).
72   Louvet de Couvray, *Les Amours, op. cit.*, pp. 95-96.

avant-hier ! aujourd'hui si *manégé* ! il faut que vous ayez reçu de bien bonnes leçons ! — Que dites-vous donc, monsieur ? reprit la marquise un peu piquée. — Je dis, madame, que ma jeune parente a beaucoup avancé en vingt-quatre heures ; mais je n'en suis pas étonné, on sait comment l'esprit vient aux filles. — Vous nous faites donc la grâce de convenir enfin que mademoiselle du Portail est de son sexe ! — Je ne m'aviserai plus de le nier, madame ; je sens combien il serait cruel pour vous d'être détrompée. Perdre une bonne amie, et ne trouver à sa place qu'un jeune serviteur ! la douleur serait trop amère. — Ce que vous dites là est tout à fait raisonnable, répliqua la marquise avec une impatience mal déguisée[73].

Dans cette scène de comédie où les amants essaient de faire accroire à Rosambert que la marquise ignore encore le travestissement de Faublas en Mlle du Portail, personne n'est dupe. Les syntagmes « en affectant de lui parler bas » et « avec une impatience mal déguisée » sont comparables à des indications scéniques permettant au lecteur de se représenter cette scène dialoguée dans les moindres détails. En outre, les adverbes de temps « avant-hier » et « aujourd'hui », que Rosambert reprend plusieurs fois dans la conversation, témoignent de sa parfaite clairvoyance à l'égard de la transformation de Faublas qui s'est opérée pendant la nuit et dont atteste la capacité de celui-ci à mentir : « Vous, si novice avant-hier ! aujourd'hui si *manégé* ! » et, un peu plus loin, en répondant à la marquise, « Ce qu'il en est madame ! je pouvais hasarder de le dire avant-hier, mais aujourd'hui c'est à moi à vous le demander »[74]. Par ailleurs, cet épisode du bal masqué passe du plaisant au comique farcesque avec l'entrée du marquis de B***. Dans le cas de ce dernier, le rire est suscité par un accessoire, l'étiquette, qui révèle à toute l'assemblée ce qui est caché sous son masque, à savoir la fameuse bosse. Ce rire est renforcé par l'incompréhension du personnage tourné en ridicule : « [J]amais je ne me suis si bien déguisé, et tout le monde m'a reconnu ! »[75] Le bal masqué s'affirme alors comme le lieu par excellence du paraître et de la comédie : on s'y rend déguisé, masqué et grimé pour y jouer un rôle. Toutefois, l'anonymat ne dure pas et l'événement festif laisse place à un jeu où l'on montre que l'on n'est pas dupe des apparences. Éminemment théâtral, ce divertissement mondain permet au romancier d'insérer, une fois de plus, des scènes de comédie et participe, à ce titre, à la théâtralité de l'œuvre.

---

73   *Ibid.*, pp. 93-94 ; c'est l'auteur qui souligne.
74   *Ibid.*, p. 94.
75   *Ibid.*, p. 98.

Lieu théâtralisé

Hors de l'enceinte même du théâtre, certains lieux font également l'objet d'une mise en scène et, à ce titre, deviennent propices au déroulement d'une intrigue dont les personnages constituent les acteurs. Dans *Dolbreuse*, par exemple, c'est une « délicieuse maison de campagne » située « sur les bords de la Seine » qui forme le cadre général d'une mise en scène soigneusement préparée par la vieille Baronne de... et par Dolbreuse afin de servir leur « noir complot »[76] : corrompre l'innocence et la vertu qu'incarne la jeune Comtesse de... Cette vile entreprise de séduction débute en amont, depuis que Dolbreuse – tel Valmont avec la présidente de Tourvel – travaille assidûment à rendre sa personne agréable, puis nécessaire à la Comtesse dont il veut conquérir l'âme et le cœur. À partir du jour où il décèle enfin chez elle les signes avérés du sentiment, il décide de « mettre en œuvre tous les prestiges de l'art pour achever le délire et consommer la défaite de la Comtesse »[77]. Avec la complicité maligne de la vieille intrigante, il s'absente quelque temps et réapparaît fort opportunément le jour d'une petite fête que la Baronne a organisée et qu'elle décide de prolonger dans une maison de campagne qu'elle dit être sienne. C'est d'abord par un effet de surprise, qu'une absence de plusieurs jours a ménagé, que Dolbreuse ravit la Comtesse, charmée de le retrouver. La maison de campagne qu'il a louée et apprêtée pour l'occasion offre un spectacle vertigineux destiné à éblouir la jeune femme :

> Des péristyles en treillages, des voûtes de lilas portées sur des colonnes de verdure aboutissaient à un jardin anglais qui, sous le nom d'*Île enchantée*, présentait, dans un petit espace, les sites les plus pittoresques et les plus variés de la nature[78].

Comparée au « palais d'Armide ou [à] la retraite magique de quelque génie »[79], cette demeure se caractérise par la magnificence et la somptuosité du décor extérieur. Alors qu'au théâtre Dolbreuse était victime de l'illusion, il en est ici l'ordonnateur. Les jardins se transforment en un spectacle, régi par une éclatante mise en scène dont les moindres détails sont destinés à étourdir, à transporter la Comtesse hors d'elle-même :

---

76   Loaisel de Tréogate, *Dolbreuse, op. cit.*, p. 200.
77   *Id.*
78   *Ibid.*, pp. 201-202 ; c'est l'auteur qui souligne.
79   *Ibid.*, p. 201.

> Des chœurs de musiciens, placés aux extrémités du jardin, remplissent tout à coup l'air de sons éclatants. Cent lustres suspendus aux arbres et soudain illuminés font disparaître l'éclat des astres et laissent voir une tente de taffetas incarnat enrichi de porfilures d'or, et parsemé d'étoiles d'argent. Des gradins chargés de fruits glacés, de rafraîchissements de toute espèce sont placés sous le pavillon ; des faisceaux de verdure et de fleurs destinés à servir de sièges et disposés autour d'une table délicatement servie invitent à prendre un souper délicieux[80].

Pervertie par l'artifice et par le luxe de la société mondaine, la nature compose le décor d'une pièce en un acte dont le dénouement va s'avérer moralement funeste pour les deux personnages. L'hyperbole « [c]ent lustres » et le choix de l'étoffe attestent de la profusion et de la richesse d'un décor qui se veut spectaculaire. L'« Île enchantée », où Dolbreuse conduit ensuite sa victime afin d'y jouir des plaisir de l'amour, rappelle, d'une part, le « jardin enchanté »[81], situé sur l'une de ces îles fortunées où Armide emmène Renaud pour pouvoir l'aimer à l'abri des regards et, d'autre part, l'île de la fée Alcine, qui y retient le chevalier Roger à qui elle fait oublier, par ses enchantements, sa maîtresse Bradamante[82]. D'ailleurs, le chant VII du *Roland furieux* avait déjà inspiré la somptueuse fête des *Plaisirs de l'île enchantée* donnée à Versailles, du 7 au 13 mai 1664[83], en l'honneur de la favorite du roi, Louise de la Vallière. Au cours de cette fête grandiose, le théâtre a occupé une place de choix, puisque la troupe de Molière a joué *La Princesse d'Élide*, le 8 mai, *Les Fâcheux*, le 11, *Tartuffe*, le 12, et *Le Mariage forcé*, le 13. On peut établir plusieurs parallèles entre l'île enchantée de Versailles et celle de *Dolbreuse*. Toutes deux, d'abord, se situent aux alentours d'une jolie maison de campagne comparée à un « palais enchanté »[84], celui d'Alcine ou celui d'Armide ; toutes deux, ensuite, mêlant harmonieusement l'art et la nature, se caractérisent par le faste, la mise en scène et le spectaculaire ; toutes deux, enfin, participent d'une entreprise de séduction adultérine. Comme Louis XIV désireux d'éblouir et d'honorer sa maîtresse, Dolbreuse veut vaincre les derniers scrupules de la Comtesse. Mais

---

80   *Ibid.*, pp. 202-203.
81   Le Tasse, *La Jérusalem délivrée* [1580], tome 2, Paris, J.B.G. Musier, 1774, chant XVI, p. 164.
82   Voir L'Arioste, *Roland furieux* [1532], Paris, Gallimard, coll. « Folio classique », 2003, chants VI-VIII, pp. 140-189.
83   *Les Plaisirs de l'île enchantée* durèrent du 7 au 10 mai, mais les divertissements se poursuivirent jusqu'au 13 mai.
84   Molière, *Les Plaisirs de l'île enchantée*, dans *Œuvres complètes, tome 1, op. cit.*, p. 521.

alors que la fête de Versailles dure trois jours pendant lesquels la cour se divertit, celle de Dolbreuse ne dure que quelques heures et s'ensuit d'un profond désarroi. À l'enchantement succède un cruel retour à la réalité. Cet épisode où la nature fait l'objet d'une mise en scène éclatante marque l'apogée de la corruption morale du héros qui recourt à l'artifice afin de créer un monde fallacieux qui frappe et séduit les sens pour mieux tromper. Dès lors, la théâtralité sert, non pas l'exaltation de l'artifice, comme ce pouvait être encore le cas dans *Point de lendemain*, mais la critique d'une société du spectacle, où, suivant une perspective rousseauiste, l'être se perd dans le paraître.

En somme, la plupart des romanciers introduisent dans leur récit une sortie à la Comédie ou à l'Opéra, mais aucun d'eux ne s'attache à décrire la représentation théâtrale qui s'y déroule ; au mieux, ils donnent le titre de la pièce jouée ce soir-là. En fait, c'est un autre spectacle qui les intéresse, celui de la salle où le public offre à lui seul un spectacle à part entière. Celui-ci s'inscrit dans un projet moral, dans la mesure où il dévoile une société où les rapports humains sont principalement fondés sur les apparences et le paraître, donc sur le mensonge et la duperie. Dans cette perspective, le théâtre constitue un cadre propice aux jeux de séduction, dont le regard se fait le catalyseur, et au libertinage auquel les comédiennes sont généralement associées. Alors qu'il est le terrain du jeu, de la comédie et des plaisirs sensuels chez Louvet, il est celui de la corruption et de la dépravation chez Loaisel, qui dénonce les effets pervers de l'illusion théâtrale : objet de simulacre, le sentiment moral s'en trouve avili et son action édifiante, réduite à néant ou, en tout cas, bien amoindrie.

Déguisements, travestissements, usurpations d'identité

Déguisements, travestissements et usurpations d'identité sont abondamment utilisés dans la comédie. Dans *Le Bourgeois gentilhomme*, par exemple, Covielle, le valet de Cléonte, se déguise en ambassadeur pour annoncer à M. Jourdain la venue du fils du Grand Turc et Cléonte lui-même se fait passer pour ce dernier (IV, 3-5). Dans *Le Malade imaginaire* encore, Cléante se présente comme un « ami [du] Maître de Musique »[85] d'Angélique (II, 1-5) et Toinette se déguise en « Médecin passager »[86] (III, 8 et 10). Chez Marivaux, le prince Léon apparaît comme un « simple gentilhomme »[87] nommé Lélio et le roi de Castille joue le rôle de son propre ambassadeur auprès de la Princesse dans *Le Prince travesti*

---

85 Molière, *Le Malade imaginaire*, dans *Œuvres complètes*, tome 2, op. cit., II, 1, p. 670.
86 *Ibid.*, [édition de 1682], III, 10, p. 734.
87 Marivaux, *Le Prince travesti*, dans *Théâtre complet*, op. cit., I, 2, p. 399.

(I, 5 et III, 11). On se souvient aussi, dans *L'Île des esclaves*, du seigneur Iphicrate qui, sous les ordres de Trivelin, doit échanger ses habits avec son valet Arlequin et d'Euphrosine qui doit adopter le nom de sa camérière Cléanthis (I, 2-3), cette dernière prenant l'identité de sa maîtresse. Chez Beaumarchais, le comte Almaviva joue l'ivresse dans un uniforme de cavalerie (II, 12-14), avant de reparaître en bachelier afin de pouvoir approcher Rosine dans *Le Barbier de Séville* (III, 2-13). Chérubin, lui, se travestit avec les habits de Suzanne, la Comtesse revêt ceux de sa camériste pour confondre son époux et Suzon s'approprie ceux de sa maîtresse dans *Le Mariage de Figaro* (II, 4-9 ; IV, 4-5 ; V, 4-9 et 18-19). Ces quelques exemples montrent, s'il en était besoin, l'importance des déguisements, des travestissements et des usurpations d'identité, qui sont autant de *topoï* de la production dramatique des XVIIe et XVIIIe siècles. En même temps, cette topique n'est pas non plus étrangère au récit en prose, depuis l'Antiquité gréco-latine jusqu'au roman pastoral du XVIIe siècle, comme en témoigne le travestissement de Céladon dans *L'Astrée*. Prolongeant une topique qui tient à la fois des genres dramatique et romanesque, les romans-mémoires du XVIIIe siècle exploitent également ce procédé, se faisant de surcroît l'écho d'une pratique sociale fréquente à une époque où, notamment pour les femmes, emprunter les habits de l'autre sexe permettait de favoriser une fuite ou de prévenir les dangers qu'elles pouvaient rencontrer sur les routes[88].

Dans *Les Décors et les choses dans le roman français du XVIIIe siècle*, Henri Lafon établit, pour le travestissement, « deux grands critères de classement »[89] qui correspondent précisément à la définition de « travestir » dans le *Dictionnaire* de l'Académie française en 1718 : « Déguiser en faisant prendre l'habit d'un autre sexe ou d'une autre condition »[90]. Lorsqu'il implique une inversion des sexes, le travestissement est utilisé « soit pour séduire, soit au contraire pour se protéger de la séduction »[91] et lorsqu'il entraîne un changement de condition, ou il est adopté par un « picaro » pour une « fourberie profitable », ou il est emprunté par un « noble héros » pour « les nécessités de l'aventure, ou celles de la passion »[92]. Au reste, dans les principaux

---

[88] Voir, sur ce point, Sylvie Steinberg, *La Confusion des sexes : le travestissement de la Renaissance à la Révolution*, Paris, Fayard, 2001.

[89] Henri Lafon, *Les Décors et les choses dans le roman français du XVIIIe siècle de Prévost à Sade*, Oxford, Voltaire Foundation, coll. « Studies on Voltaire and the Eighteenth Century », 1992, p. 69.

[90] Académie française, *Nouveau Dictionnaire*, tome 2, [2e éd.], [Paris], Jean-Baptiste Coignard, 1718, p. 732 ; nous modernisons.

[91] Henri Lafon, *Les Décors et les choses, op. cit.*, p. 71.

[92] *Ibid.*, p. 70.

dictionnaires du XVIIIe siècle, les deux termes sont interchangeables : dans le *Dictionnaire* de Furetière, le déguisement renvoie à « [t]out ce qui déguise »[93] et le travestissement au « [d]éguisement, [à l']action par laquelle on se travestit »[94]. Dans celui de Richelet, le déguisement désigne les « choses qui déguisent »[95] et le travestissement le « [d]éguisement, [l']action par laquelle on se travestit », « travesti » ayant alors pour définition « [d]éguisé »[96]. Dans le *Dictionnaire de Trévoux*, un déguisement est un « [h]abillement extraordinaire, différent de celui qu'on a coutume de porter », « [c]e qui empêche de connaître une chose ou une personne telle qu'elle est », ainsi qu'un « [c]hangement de forme extérieure d'apparence »[97] ; un travestissement est l'« [a]ction par laquelle on se travestit » ou l'« état de celui est qui travesti »[98]. Enfin, dans l'*Encyclopédie*, D'Alembert introduit une nuance entre les deux mots : « [I]l semble que *déguisement* suppose une difficulté d'être reconnu, et que *travestissement* suppose seulement l'intention de ne l'être pas, ou même seulement l'intention de s'habiller autrement qu'on n'a coutume »[99]. Quoi qu'il en soit, en raison de l'indétermination lexicologique des deux termes, on se propose de distinguer le déguisement, c'est-à-dire une métamorphose vestimentaire qui rend possible un changement de condition (un maître en valet, une soubrette en bourgeoise), et le travestissement qui consiste à emprunter un habit appartenant au sexe opposé et qui, dès lors, entraîne une métamorphose identitaire plus marquée du personnage. Au demeurant, si le déguisement et le travestissement peuvent s'accompagner d'une usurpation d'identité, celle-ci n'implique pas nécessairement que l'on change de vêtement.

Déguisements chez Marivaux

Dans *La Vie de Marianne*, le premier déguisement[100] s'inscrit dans la tradition romanesque, dans la mesure où il permet à Valville de lever deux obstacles qui concernent, pour l'un, le refus que Marianne lui aurait opposé après l'offense

---

93   Antoine Furetière, *Dictionnaire universel* [1690], tome 1, La Haye/Rotterdam, Arnoud et Reinier Leers, 1701, [n.p.].
94   *Ibid.*, tome 2, 1702, p. 1009 ; nous modernisons.
95   Pierre Richelet, *Dictionnaire de la langue française ancienne et moderne*, tome 1, [nouv. éd.], Amsterdam, Aux dépens de la compagnie, 1732, p. 486.
96   *Ibid.*, tome 2, p. 846 ; nous modernisons.
97   *Dictionnaire universel français et latin* [1704], tome 3, Paris, Par la compagnie des libraires associés, 1771, p. 183 ; nous modernisons.
98   *Ibid.*, tome 8, p. 163.
99   « Déguisement », dans Diderot et D'Alembert, *Encyclopédie*, tome 4, Paris, Briasson/David l'aîné/Le Breton/Durand, 1754, p. 769 ; nous modernisons.
100 Voir Marivaux, *La Vie de Marianne*, op. cit., pp. 160-161.

subie et, pour l'autre, les tracasseries que l'abbesse aurait pu lui faire lors de sa visite au couvent. En ce cas, il s'agit donc d'un simple expédient destiné à se procurer un accès auprès de la personne aimée. En revanche, dans l'histoire de la religieuse Tervire dont Marianne se fait l'auditrice, le déguisement que l'on suppose et l'usurpation d'identité qui l'accompagne revêtent un caractère dramatique. À l'initiative de Tervire, qui bénéficie de la protection de sa tante Mme Dursan, la belle-fille de cette dernière se fait passer pour une femme de chambre prénommée Brunon : « Je [Tervire] suis sûre que sous ce personnage elle gagnera le cœur de ma tante »[101]. Ce rôle est d'autant plus délicat à tenir que cette belle-fille est la cause de la rupture entre Mme Dursan et son fils ; cependant, elle parvient à se faire aimer de la vieille femme. Cette usurpation d'identité a pour but de favoriser la réconciliation entre Dursan fils et sa mère, dans un contexte où sa révélation constitue le point d'orgue d'une scène de reconnaissance extrêmement théâtrale et pathétique, alors que Dursan fils, malade, se meurt. C'est par un geste très théâtral que Brunon se découvre à sa belle-mère et complète le tableau sensible :

> Mais ma tante, lui dis-je [Tervire] alors, vous oubliez encore une personne qui est chère à vos enfants, qui nous intéresse tous, et qui vous demande la permission de se montrer.
>
> Je t'entends, dit-elle. Eh bien ! je lui pardonne ! Mais je suis âgée, ma vie ne sera pas encore bien longue, qu'on me dispense de la voir. Il n'est plus temps, ma tante, lui dis-je alors ; vous l'avez déjà vue, vous la connaissez, Brunon vous le dira.
>
> Moi, je la connais ! reprit-elle ; Brunon dit que je l'ai vue ? Eh ! où est-elle ? À vos pieds, répondit Dursan le fils. Et celle-ci à l'instant venait de s'y jeter.
>
> Ma tante, immobile à ce nouveau spectacle, resta quelque temps, sans prononcer un mot, et puis tendant les bras à sa belle-fille : Venez donc, Brunon, lui dit-elle en l'embrassant ; venez que je vous paye de vos services. Vous me disiez que je la connaissais, vous autres ; il fallait dire aussi que je l'aimais[102].

Le dévoilement de la véritable identité de la chambrière donne lieu à une scène spectaculaire qui constitue l'acmé d'un long épisode et en marque l'heureux dénouement. Bref, si Marivaux n'exploite pas les déguisements et les usurpations d'identité dans son roman autant que dans son théâtre, il

---

101   *Ibid.*, p. 511.
102   *Ibid.*, p. 529.

en fait néanmoins usage à un moment clef du récit, le procédé dramatique pouvant jouer un rôle déterminant dans la conception même de la fabrique d'une intrigue romanesque.

Usurpations comiques chez Prévost

Manon Lescaut commence par une sorte d'usurpation d'identité et inscrit alors le roman sous le signe de la ruse et de la tromperie, ressorts traditionnels de la farce et de la comédie. C'est ainsi que, lorsque des Grieux entreprend son récit, il se souvient notamment du subterfuge auquel Manon eut recours pour échapper à son Argus :

> Ma belle inconnue savait bien qu'on n'est point trompeur à mon âge ; elle me confessa que, si je voyais quelque jour à la pouvoir mettre en liberté, elle croirait m'être redevable de quelque chose de plus cher que la vie. Je lui répétai que j'étais prêt à tout entreprendre, mais, n'ayant point assez d'expérience pour imaginer tout d'un coup les moyens de la servir, je m'en tenais à cette assurance générale, qui ne pouvait être d'un grand secours pour elle et pour moi. Son vieil Argus étant venu nous rejoindre, mes espérances allaient échouer si elle n'eût assez d'esprit pour suppléer à la stérilité du mien. Je fus surpris à l'arrivée de son conducteur, qu'elle m'appelât son cousin et que, sans paraître déconcertée le moins du monde, elle me dît que, puisqu'elle était assez heureuse pour me rencontrer à Amiens, elle remettait au lendemain son entrée dans le couvent, afin de se procurer le plaisir de souper avec moi. J'entrai fort bien dans le sens de cette ruse. Je lui proposai de se loger dans une hôtellerie, dont le maître, qui s'était établi à Amiens, après avoir été longtemps cocher de mon père, était dévoué entièrement à mes ordres[103].

L'invention de cette pseudo-parenté avec des Grieux permet à Manon de fuir le couvent et marque ainsi le début de leurs aventures. Cette ruse montre non seulement la rouerie du personnage féminin, sa capacité à s'adapter rapidement à une situation et son aptitude à feindre, mais aussi l'habileté du chevalier à entrer dans ses plans. Ce jeu de rôles auquel il se prête immédiatement témoigne également de la violence d'une passion pour celle qu'il vient de rencontrer. Jeune noble brillant « dont tout le monde admir[e] la sagesse et la retenue »[104], il n'hésite pourtant pas à mentir et à seconder une inconnue pour laquelle il est déjà prêt à tout. Cette première usurpation sert donc à

---

103 Prévost, *Manon Lescaut, op. cit.*, p. 21.
104 *Ibid.*, p. 19.

faire progresser l'intrigue et introduit un certain nombre d'éléments relatifs au caractère des protagonistes et à l'amour naissant du chevalier.

La seconde usurpation est à l'origine de la première grande scène de comédie du roman. Alors que des Grieux se fait d'abord passer pour le cousin de Manon, il se voit ensuite attribuer, par Lescaut – le frère et le souteneur de celle-ci –, le rôle de son cadet :

> Je lui ai dit [Lescaut à des Grieux en parlant de M. de G...M...] que cela était honnête pour le présent, mais que l'avenir amènerait à ma sœur de grands besoins ; qu'elle s'était chargée, d'ailleurs, du soin d'un jeune frère, qui nous était resté sur les bras après la mort de nos père et mère, et que, s'il la croyait digne de son estime, il ne la laisserait pas souffrir dans ce pauvre enfant qu'elle regardait comme la moitié d'elle-même. Ce récit n'a pas manqué de l'attendrir. Il s'est engagé à louer une maison commode, pour vous et pour Manon, car c'est vous-même qui êtes ce pauvre petit frère orphelin[105].

« Quel est l'infâme personnage qu'on vient ici me proposer ? »[106], s'insurge intérieurement des Grieux, réduit à jouer un rôle détestable sous les yeux de sa maîtresse et du nouveau protecteur de celle-ci. Les qualificatifs employés par Lescaut – « pauvre enfant », « pauvre petit frère orphelin » – montrent qu'il a su éveiller la pitié du vieux G...M... afin d'obtenir la place de des Grieux. Il a aussi présenté ce dernier comme la « moitié » de Manon, ce que le héros ne manquera pas de reprendre à sa manière lors du souper chez G...M... : « [J]'aime ma sœur Manon comme un autre moi-même »[107]. Cette usurpation participe d'une stratégie que les deux hommes préparent avec soin. Aussi est-ce ensemble qu'ils réfléchissent au rôle du petit frère orphelin :

> Nous concertâmes de quelle manière nous pourrions prévenir les défiances que M. de G...M... pourrait concevoir de notre fraternité, en me voyant plus grand et un peu plus âgé peut-être qu'il ne se l'imaginait. Nous ne trouvâmes point d'autre moyen, que de prendre devant lui un air simple et provincial, et de lui faire croire que j'étais dans le dessein d'entrer dans l'état ecclésiastique, et que j'allais pour cela tous les jours au collège. Nous résolûmes aussi que je me mettrais fort mal, la première fois que je serais admis à l'honneur de le saluer[108].

---

105   *Ibid.*, p. 71.
106   *Ibid.*, p. 73.
107   *Ibid.*, p. 77.
108   *Ibid.*, p. 73.

Des Grieux est désormais entré dans les vues de Lescaut : nul déguisement n'est nécessaire, mais « un air simple et provincial » et une tenue négligée pourvoient à son personnage. Tout repose alors sur sa prestation qui, finalement, ne durera que le temps d'une soirée :

> Il fut donc réglé que nous nous trouverions tous à souper avec M. de G...M..., et cela pour deux raisons : l'une, pour nous donner le plaisir d'une scène agréable en me faisant passer pour un écolier, frère de Manon ; l'autre, pour empêcher ce vieux libertin de s'émanciper trop avec ma maîtresse, par le droit qu'il croirait s'être acquis en payant si libéralement d'avance[109].

Non seulement la ruse consiste à tromper pour voler, mais elle permet également aux personnages de s'offrir une « scène agréable ». À la tromperie collective s'ajoute donc la volonté de s'amuser et de rire aux dépens d'une dupe. Les trois complices et leur victime se font alors les acteurs d'une scène de comédie dont les lecteurs deviennent spectateurs. Sa longueur, la description des objets, les précisions concernant la situation des personnages dans l'espace et leurs déplacements, les verbes indiquant leurs actions et le dialogue donnent à voir l'ensemble de la scène. Le discours direct confère une immédiateté et accentue l'effet de réel. On lit la scène comme on y assisterait au théâtre. Par ailleurs, le narrateur choisit de rapporter en style direct uniquement la présentation du prétendu frère à G...M... ; or, comme il ne privilégie pas ce style, il met ainsi en évidence la prestation du personnage qui, du reste, joue son rôle à merveille :

> Excusez, monsieur, lui dit Lescaut, c'est un enfant fort neuf. Il est bien éloigné, comme vous voyez, d'avoir les airs de Paris ; mais nous espérons qu'un peu d'usage le façonnera. Vous aurez l'honneur de voir ici souvent monsieur, ajouta-t-il, en se tournant vers moi ; faites bien votre profit d'un si bon modèle. Le vieil amant parut prendre plaisir à me voir. Il me donna deux ou trois petits coups sur la joue, en me disant que j'étais un joli garçon, mais qu'il fallait être sur mes gardes à Paris, où les jeunes gens se laissent aller facilement à la débauche. Lescaut l'assura que j'étais naturellement si sage, que je ne parlais que de me faire prêtre, et que tout mon plaisir était à faire de petites chapelles. Je lui trouve de l'air de Manon, reprit le vieillard en me haussant le menton avec la main. Je répondis d'un air niais : Monsieur, c'est que nos deux chairs se touchent de bien

---

109 *Ibid.*, pp. 75-76.

> proche ; aussi, j'aime ma sœur Manon comme un autre moi-même. C'est dommage que cet enfant-là n'ait pas un peu plus de monde. Oh ! monsieur, repris-je, j'en ai vu beaucoup chez nous dans les églises, et je crois bien que j'en trouverai, à Paris, de plus sots que moi. Voyez, ajouta-t-il, cela est admirable pour un enfant de province[110].

Le jeu de des Grieux est une réussite : G... M... est dupe de cet « enfant de province » auquel il donne quelques recommandations bienveillantes. On imagine aisément l'« air niais » du chevalier qui fait le benêt. Au comique de caractère et de geste s'ajoute un comique de mots, perceptible à travers l'ironie du chevalier (« nos deux chairs se touchent de bien proche »). Sans développer davantage ici le traitement du comique, on soulignera l'importance du rôle de des Grieux, d'une part, dans le succès de cette fourberie et, d'autre part, dans la dramatisation de la scène. Cette usurpation constitue le ressort d'une scène de comédie qui fait rire les personnages et les lecteurs. Avec la scène de rencontre à Amiens, elle forme également l'un des principaux nœuds de l'intrigue.

Enfin, le travestissement de Manon à l'Hôpital, qui est un expédient destiné à la faire évader (« [N]ous résolûmes d'apporter des habits d'homme, dans la vue de faciliter notre sortie »[111]), tient davantage de la topique romanesque que théâtrale et comique, ne serait-ce que dans la mesure où il manque de tourner au drame :

> J'avais avec moi, pour Manon, du linge, des bas, etc., et par-dessus mon juste-au-corps, un surtout qui ne laissait rien voir de trop enflé dans mes poches. Nous ne fûmes qu'un moment dans sa chambre. M. de T... lui laissa une de ses deux vestes ; je lui donnai mon juste-au-corps, le surtout me suffisant pour sortir. Il ne se trouva rien de manque à son ajustement, excepté la culotte que j'avais malheureusement oubliée. L'oubli de cette pièce nécessaire nous eût, sans doute, apprêté à rire si l'embarras où il nous mettait eût été moins sérieux. J'étais au désespoir qu'une bagatelle de cette nature fût capable de nous arrêter. Cependant, je pris mon parti, qui fut de sortir moi-même sans culotte. Je laissai la mienne à Manon. Mon surtout était long, et je me mis, à l'aide de quelques épingles, en état de passer décemment à la porte[112].

---

110 *Ibid.*, pp. 76-77.
111 *Ibid.*, p. 105.
112 *Ibid.*, pp. 105-106.

L'évocation des différents vêtements qui composent l'habillement masculin met en évidence la pièce manquante que des Grieux cède à Manon. Le sacrifice de cette « pièce nécessaire » est, d'une certaine manière, métonymique de la relation du héros avec sa maîtresse. Après avoir renoncé à sa carrière ecclésiastique, non seulement il rompt avec sa famille, mais il oublie aussi jusqu'à son honneur et sa probité. On oscille ici entre le rire et le désespoir mais, entre ces deux extrémités, la seconde annihile la première. En effet, comme l'explique des Grieux, l'oubli de la culotte est risible, mais les conséquences redoutées de cet oubli malencontreux entravent le rire. Finalement, le changement de sexe qu'opère le travestissement assure une métamorphose temporaire qui permet à Manon de s'échapper plus sûrement de sa prison. Aussi est-ce la faute de des Grieux et non la sienne lorsque le cocher découvre la supercherie qui devient l'objet d'un chantage dont les suites s'avéreront funestes. L'évasion est réussie, mais l'issue en sera malheureuse. Par conséquent, si les usurpations d'identité du chevalier font appel à ses talents de comédien qui en profite pour rire et faire rire, le travestissement de Manon, lui, donne lieu indirectement et involontairement à un incident mortel.

Déguisements et travestissements en miroir chez Mme de Tencin

Comme *Manon Lescaut*, les *Mémoires du comte de Comminge* débutent par une sorte d'usurpation d'identité et s'achèvent sur un long épisode dont un travestissement constitue la clef, ce qui témoigne de l'importance de cette topique dans ce petit roman où les protagonistes peuvent se déguiser pendant plusieurs jours, plusieurs mois, voire toute une année. Envoyé secrètement par son père à l'abbaye de R... pour y récupérer des papiers destinés à assurer sa succession, Comminge se présente sous le nom de marquis de Longaunois à sa cousine Adélaïde[113], dont il tombe amoureux avant même de connaître l'identité et d'apprendre, par conséquent, que son action va la déshériter elle et sa famille. Cette première usurpation place la passion sous le signe du mensonge et de la tromperie, car Comminge entreprend de se faire aimer de sa cousine malgré l'inimitié de leurs familles respectives : « Pourquoi, [...] m'avez-vous trompée ? que ne vous montriez-vous sous votre véritable nom ; il m'aurait averti de vous fuir »[114], lui reproche Adélaïde, quand elle apprend son nom. Cet artifice, qui permet la naissance de l'amour, est à l'origine des malheurs des amants et de leur histoire tragique. De ce fait, Mme de Tencin opère un

---

113 Voir Mme de Tencin, *Mémoires du comte de Comminge*, éd. Michel Delon, Paris, Desjonquères, coll. « XVIIIe siècle », 1996, p. 24. Désormais, toutes les références à ce roman renverront à cette édition.
114 *Ibid.*, p. 32.

renversement dans l'utilisation du *topos* romanesque. Alors qu'il devait être un expédient pour Comminge afin d'assurer le succès de son entreprise, le déguisement devient l'instrument de sa perte : soucieux d'empêcher que sa maîtresse ne soit déshéritée, Comminge brûle les papiers de la succession, son père le fait emprisonner à l'annonce de cette nouvelle et n'accepte de lui rendre la liberté qu'à condition qu'Adélaïde se marie. Comminge ne recouvrira la liberté que pour pleurer celle qu'il a perdue.

Par la suite, le personnage de Saint-Laurent, ancienne connaissance de Comminge, est envoyé par celui-ci à Bordeaux afin de s'enquérir d'Adélaïde nouvellement mariée. Il se rend ensuite en Biscaye où elle est désormais installée et où il se fait passer pour un architecte afin de pénétrer incognito chez elle. Ce premier artifice permet d'en introduire un second, puisque le héros va pouvoir, à son tour, entrer dans la demeure en tant que peintre[115] et c'est à ce titre qu'il surprend Adélaïde à son insu à deux reprises :

> Il y avait plusieurs jours que mon travail était commencé sans que j'eusse encore vu madame de Bénavidès ; je la vis enfin un soir passer sous les fenêtres de l'appartement où j'étais pour aller à la promenade ; elle n'avait que son chien avec elle ; elle était négligée ; il y avait dans sa démarche un air de langueur ; il me semblait que ses beaux yeux se promenaient sur tous les objets sans en regarder aucun. Mon Dieu, que cette vue me causa de trouble. Je restai appuyé sur la fenêtre tant que dura la promenade. Adélaïde ne revint qu'à la nuit. Je ne pouvais plus la distinguer quand elle repassa sous ma fenêtre, mais mon cœur savait que c'était elle[116].

Dans cette scène de voyeurisme où le héros occupe la place d'un spectateur, Comminge relève non seulement l'aspect « néglig[é] » d'Adélaïde, mais aussi sa mélancolie et son absence à l'égard du monde sensible. Ce comportement témoigne de la profonde tristesse du personnage et, ainsi, de sa passion secrète. Le cadre de la fenêtre offre les contours d'un tableau que le narrateur donne à voir au lecteur. La critique a déjà fait le rapprochement entre cette scène de voyeurisme et celle, fameuse, de *La Princesse de Clèves*, où le duc de Nemours surprend aussi Mme de Clèves à son insu[117], l'épisode du cabinet constituant

---

115 Voir *ibid.*, p. 56. Mme de Tencin s'inscrit dans une tradition, car l'un des personnages de l'*Histoire d'Hypolite* (1690) de Mme d'Aulnoy se déguisait déjà en peintre.

116 *Ibid.*, p. 57.

117 Voir Diane Duffrin Kelley, « Epiphanies : The Narrative Effect of the Woman's Spying Gaze in Lafayette's *Princesse de Clèves* and Tencin's *Mémoires du Comte de Comminge* », *Women in French Studies*, n° 14, 2006, pp. 27-36.

l'une des grandes scènes du roman et s'apparentant à un véritable spectacle[118]. Ces deux œuvres ont d'ailleurs été publiées ensemble au XIXe siècle[119]. Or, si la scène des *Mémoires de Comminge* est beaucoup plus courte que celle de *La Princesse de Clèves*, on y retrouve néanmoins l'amant en spectateur, épiant d'une porte-fenêtre la femme aimée[120] ; toutefois, l'un observe de l'intérieur – Comminge se trouve dans un appartement –, tandis que l'autre regarde de l'extérieur – le duc est dans le jardin. Mme de Tencin insiste donc sur le caractère mélancolique du personnage féminin, que lui confère la promenade à la tombée du jour, alors que Mme de Lafayette souligne la dimension intime de cette observation indiscrète. Les deux scènes se déroulent aussi le soir et la nuit, ce qui non seulement facilite l'entreprise des amants, mais leur ménage aussi un moment propice à l'intimité et au rêve. Relevons également la présence d'un élément appartenant à l'être aimé ou rappelant ce dernier : le chien de Comminge que promène Adélaïde[121] et la canne de M. de Nemours que possède Mme de Clèves[122] sont métonymiques de l'être aimé. L'aspect négligé des deux femmes accentue leur beauté et leur sensualité et au « transport » et au « trouble »[123] du duc de Nemours fait écho le « trouble »[124] de Comminge. Tous deux aussi éprouvent la même crainte de déplaire à la femme aimée, Mme de Tencin citant textuellement Mme de Lafayette : « [L]a crainte de lui déplaire m'arrêtait »[125] reprend mot pour mot une des exclamations du duc, « Quelle crainte de lui déplaire ! »[126] Cependant, les deux hommes n'ont pas les mêmes intentions : M. de Nemours veut « voir Mme de Clèves, sans être vu que d'elle »[127], tandis que Comminge aspire à la « voir sans être vu »[128]. Leur projet diffère radicalement : l'un entreprend de la rencontrer, alors que l'autre prétend uniquement la voir. La résolution de Comminge s'affaiblit néanmoins à mesure qu'il la contemple :

---

118   Voir Françoise Gevrey, *L'Esthétique de Mme de Lafayette*, Paris, SEDES, coll. « Esthétique », 1997, p. 84.
119   Voir *Œuvres complètes de Mmes de La Fayette et de Tencin*, Paris, Colnet, 1804.
120   Voir Mme de Lafayette, *La Princesse de Clèves* [1678], dans *Œuvres complètes*, éd. Camille Esmein-Sarrazin, Paris, Gallimard, coll. « Bibliothèque de la Pléiade », p. 451.
121   Voir Mme de Tencin, *Mémoires du comte de Comminge*, *op. cit.*, p. 56.
122   Voir Mme de Lafayette, *La Princesse de Clèves*, *op. cit.*, p. 451.
123   *Id.*
124   Mme de Tencin, *Mémoires du comte de Comminge*, *op. cit.*, p. 57.
125   *Ibid.*, p. 54.
126   Mme de Lafayette, *La Princesse de Clèves*, *op. cit.*, p. 452.
127   *Ibid.*, p. 450.
128   Mme de Tencin, *Mémoires du comte de Comminge*, *op. cit.*, p. 54.

> Je la vis la seconde fois dans la chapelle du château. Je me plaçai de façon que je la pusse regarder pendant tout le temps qu'elle y fut, sans être remarqué. Elle ne jeta point les yeux sur moi ; j'en devais être bien aise, puisque j'étais sûr que si j'en étais reconnu, elle m'obligerait de partir. Cependant je m'en affligeai, je sortis de cette chapelle avec plus de trouble et d'agitation que je n'y étais entré[129].

Cette deuxième scène de voyeurisme témoigne d'un changement sensible chez le héros : au spectacle des manifestations de l'amour d'Adélaïde succède la description de sa propre frustration. Son « trouble » et son « agitation » ne sont plus l'effet des regards qu'il jette sur la jeune femme, mais celui de sa tristesse et de sa souffrance. Le désir de lui parler supplante celui de la voir. Dès lors, si son déguisement lui a permis de pénétrer dans la demeure des Bénavidès et de se fondre dans le personnel qui y travaille pour pouvoir partager l'intimité d'Adélaïde et la contempler à loisir à son insu, comme il en avait le projet initialement, il devient désormais le moyen commode de l'approcher pour lui parler. Mais cette folle entreprise éloignera les amants une fois de plus. Surpris par Benavidès, ils sont séparés : Comminge, blessé, se réfugie dans un couvent voisin d'où il apprend, plus tard, la mort de sa maîtresse qui aurait succombé à une fièvre. Cependant, l'annonce de cette disparition n'est qu'un bruit répandu par le mari jaloux qui retient Adélaïde recluse. À la mort de ce dernier, Adélaïde, libre, croise le chemin de l'abbaye où Comminge s'est retiré et décide d'intégrer la communauté pour demeurer à ses côtés sans troubler son repos. Cette fois-ci, c'est elle, habillée en moine, qui surprend Comminge à son insu, comme elle le conte avant d'expirer :

> Voici le moment heureux que Dieu avait préparé pour m'attirer à lui ; nous allions dans la forêt couper du bois pour l'usage de la maison, quand je m'aperçus que mon compagnon m'avait quitté ; mon inquiétude m'obligea à le chercher. Après avoir parcouru plusieurs routes du bois, je le vis dans un endroit écarté, occupé à regarder quelque chose qu'il avait tiré de son sein. Sa rêverie était si profonde que j'allai à lui et que j'eus le temps de considérer ce qu'il tenait sans qu'il m'aperçut : quel fut mon étonnement quand je reconnus mon portrait ! je vis alors que bien loin de jouir de ce repos que j'avais tant craint de troubler, il était comme moi la malheureuse victime d'une passion criminelle[130].

---

129   *Ibid.*, pp. 57-58.
130   *Ibid.*, pp. 91-92.

La spécificité des *Mémoires de Comminge* tient à cette symétrie des scènes de voyeurisme, où le spectateur est systématiquement déguisé ou travesti. On retrouve ainsi la mélancolie suscitée par l'amour malheureux (« rêverie »), l'objet mémoriel (le portrait) et l'obsession (« la malheureuse victime d'une passion criminelle »). Cette scène est révélatrice pour l'héroïne qui découvre que la ferveur de Comminge n'est pas destinée à Dieu, comme elle le croyait, mais à sa mémoire à elle. Prendre conscience qu'il n'a jamais cessé de l'aimer entraîne chez elle une véritable conversion qui la détourne de sa passion au profit d'un amour céleste : « Je goûtai dès ce moment la paix d'une âme qui est avec vous et qui ne cherche que vous »[131]. Cette révolution morale relance l'action et conduit au dénouement tragique où la jeune femme se dévoile aux yeux de son amant et des Trappistes.

En somme, le travestissement d'Adélaïde[132] constitue d'abord un moyen de faciliter sa fuite du château où son époux la retenait prisonnière, puis lui permet d'intégrer la communauté des Trappistes, où elle retrouve Comminge, et participe enfin d'un long cheminement qui la mène jusqu'à la mort : « Dieu qui voulait, en m'abandonnant à moi-même, me donner de plus en plus des raisons de m'humilier un jour devant lui, permettait sans doute ces douceurs empoisonnées que je goûtais à respirer le même air, à être dans le même lieu »[133]. En d'autres termes, le travestissement comme expédient fait place à un travestissement subversif et blasphématoire d'un point de vue religieux[134] mais, d'un point de vue narratif, il conduit l'intrigue à son dénouement et, plus particulièrement, à ce long monologue aux accents lyriques et pathétiques au cours duquel Adélaïde retrace l'histoire de cette passion malheureuse :

> Je suis indigne de ce nom de frère dont ces saints religieux m'ont honoré. Vous voyez en moi une malheureuse pécheresse qu'un amour profane a conduite dans ces saints lieux. J'aimais et j'étais aimé d'un jeune homme d'une condition égale à la mienne. La haine de nos pères mit obstacle à notre mariage. Je fus même obligée pour l'intérêt de mon amant d'en

---

131   *Ibid.*, p. 92.
132   Sur l'origine de ce travestissement, voir Henri Coulet, « Expérience sociale et imagination romanesque dans les romans de Mme de Tencin », *Cahiers de l'Association internationale des études françaises*, n° 46, 1994, pp. 31-51, et p. 47 pour la citation.
133   Mme de Tencin, *Mémoires du comte de Comminge, op. cit.*, p. 90.
134   Voir Lynn Ramey, « A Crisis of Category : Transvestism and Narration in Two Eighteenth-Century Novels », dans *Proceedings of the Fourth Annual Graduate Student Conference in French and Comparative Literature*, [New York], Columbia University, 1994, pp. 72-77, et p. 74 pour la citation.

épouser un autre. [...] Dieu a permis qu'un mariage contracté par des vues si criminelles ait été pour moi une source de malheurs[135].

À cette confession répond le désespoir de Comminge :

> Tant qu'elle avait parlé, la crainte de perdre une de ses paroles avait retenu mes cris ; mais quand je compris qu'elle avait expiré, j'en fis de si douloureux que les religieux vinrent à moi et me relevèrent. Je me démêlai de leurs bras, je courus me jeter à genoux auprès du corps d'Adélaïde, je lui prenais les mains que j'arrosais de mes larmes. [...] Le père abbé attendri de ce spectacle tâcha par les exhortations les plus tendres et les plus chrétiennes de me faire abandonner ce corps que je tenais étroitement embrassé[136].

Au spectacle de la mort s'ajoute celui de la détresse du héros, qui forme un tableau dont la force transforme le travestissement d'Adélaïde en un « exemple tragique »[137] et qui, à ce titre, retiendra tout particulièrement l'attention de Baculard d'Arnaud lorsqu'il en tirera son drame monacal, *Les Amants malheureux, ou le Comte de Comminge*[138] (1764).

Quelle que soit la fortune de ce roman au théâtre, usurpation, déguisement et travestissement forment une topique qu'exploite du début jusqu'à la fin Mme de Tencin. L'usurpation initiale de Comminge est à l'origine de cette passion tragique et le déguisement auquel il recourt pour s'introduire chez Adélaïde lui permet à plusieurs reprises de se faire le témoin indiscret de sa mélancolie et, plus généralement, de son malheur. Mais lorsque s'inversent ces rôles de regardant et de regardé, on passe de la contemplation irrépréssible qu'implique la passion au dénouement tragique, si bien que l'usage de cette topique se révèle aussi étendu et varié qu'au théâtre.

---

135   Mme de Tencin, *Mémoires du comte de Comminge, op. cit.*, pp. 88-89.
136   *Ibid.*, pp. 93-94.
137   Henri Lafon, *Les Décors et les choses, op. cit.*, p. 72.
138   Sur cette adaptation, voir notre article « La réception des *Mémoires du comte de Comminge* de Mme de Tencin : un canevas de drame pour Baculard d'Arnaud », dans Solange Lemaître-Provost et Esther Ouellet (dirs.), *Sciences et littérature : actes du VIIe colloque Jeunes chercheurs du CIERL*, suivi de Marilyne Audet et Lou-Ann Marquis (dirs.), *Fortunes des œuvres d'Ancien Régime : lectures et réceptions avant la Révolution. Actes du VIIIe colloque Jeunes chercheurs du CIERL*, Paris, Hermann, « Les collections de La République des Lettres », 2013, pp. 409-431.

La ronde des travestissements chez Louvet

De tous les romans-mémoires du XVIIIe siècle, *Les Amours* sont sans nul doute celui qui exploite le plus les usurpations, les déguisements et les travestissements, que ce soit par la fréquence ou par la diversité de leurs emplois. Selon Jacques Rustin, ce roman « se fonde sur la multiplication et l'efficacité quasi magique des travestis »[139], de sorte que le travestissement s'affirme véritablement comme une seconde nature chez Faublas qui ne cesse de revêtir l'habit féminin. Aussi est-il particulièrement révélateur qu'il fasse son entrée dans le monde sous un travesti :

> Tenez, ajouta-t-il [Rosambert], je veux demain vous conduire à un bal charmant où je vais régulièrement quatre fois par semaine ; vous y verrez bonne compagnie. » J'hésitais encore. « Il est sage comme une fille ! poursuivit le comte ; hé ! mais craignez-vous que votre honneur ne coure quelques hasards ? habillez-vous en femme : sous des habits qu'on respecte, il sera bien à couvert. » Je me mis à rire sans savoir pourquoi. « En vérité, reprit-il, cela vous irait mieux ! vous avez une figure douce et fine, un léger duvet couvre à peine vos joues ; cela sera délicieux !... et puis... tenez, je veux tourmenter certaine personne... Chevalier, habillez-vous en femme, nous nous amuserons... Cela sera charmant... vous verrez, vous verrez ![140]

Prétexte d'abord pour vaincre les scrupules de Faublas qui hésite à se rendre au bal, ce premier travestissement devient pour Rosambert le moyen de se divertir aux dépens d'une « certaine personne ». Comme l'écrit Henri Lafon, « Louvet détourne ici le cliché de son emploi traditionnel, car ce travestissement qui se présente comme 'de protection', sera en vérité un travestissement 'de séduction' »[141] qui, de fait, éblouira toute l'assemblée, suscitant la jalousie des femmes par l'intérêt manifeste que les hommes lui porteront immédiatement. Mais si Faublas séduit également la marquise de B***, son travestissement, en revanche, ne la trompe pas. Son amant Rosambert, qui espérait la tourmenter, devient alors la dupe de son propre jeu, de sorte que, suivant le schéma farcesque bien connu, tel est pris qui croyait prendre. Ce premier

---

139 Jacques Rustin, « Travestis : Faublas entre l'abbé de Choisy et le chevalier d'Éon (1735-1836) », dans Pierre Hartmann (dir.), *Entre Libertinage et Révolution*, op. cit., p. 25.
140 Louvet de Couvray, *Les Amours*, op. cit., p. 64.
141 Henri Lafon, *Les Décors et les choses*, op. cit., p. 71.

rôle, pour lequel on a compté « trois changements de costume »[142] dans « Une année de la vie de Faublas », inscrit le travestissement au cœur d'une intrigue où Faublas ne cesse de s'habiller et de se déshabiller, endossant au total pas moins de quatorze rôles, tantôt usurpant l'identité de personnes qu'il connaît plus ou moins (Justine, Flourvac), qu'il invente de toutes pièces ou dont il suppose l'existence (le fils du commissaire Chénon), tantôt jouant un personnage qu'on lui impose volontairement ou pas (Mlle du Portail, M. du Portail fils, Mme Ducange, Mme Firmin, M. de Noirval[143], etc.). Tous ces rôles participent à la progression de l'intrigue et la plupart d'entre eux donnent lieu à de véritables scènes de comédie ou de farce. On pense, par exemple, à cette aventure où Faublas contrefait Justine pour sortir de la chambre où il a été enfermé :

> J'examinais la serrure avec attention, je tâchais de l'ouvrir avec mon couteau, quand la Jeunesse, dont je reconnus la voix, me dit tout bas : « C'est toi, Justine ? Je te croyais chez ta maîtresse. Ouvre-moi donc. » L'occasion était trop belle pour la laisser échapper. Je prends mon parti sur-le-champ, et résolu de donner quelque chose au hasard, je déguise ma voix en la diminuant ; je contrefais de mon mieux celle de Justine, et glissant, pour ainsi dire, les mots à travers la serrure, je réponds : « C'est toi, la Jeunesse ? Dis-moi donc comment va ma maîtresse. — Ta maîtresse va bien, la peau est à peine écorchée ; Monsieur vient de nous dire que le chirurgien a dit que ce n'était rien. Mais comment ne sais-tu pas cela, toi ? Ouvre-moi donc. — Je ne puis pas, mon bon ami, madame m'a enfermée. — Bah ! — Oui ; tiens, la clef est par terre dans le corridor : cherche. »
> La Jeunesse regarde et trouve la clef ; il ouvre la porte et me regarde. « Ah ! mon Dieu ! c'est le diable ! » dit-il. Je tente le passage, il m'adresse un grand coup de poing ; je pare et je riposte. Le coup est si prompt, si heureux, que le coquin tombe à la renverse, avec une balafre sur l'œil. Je saute par-dessus lui, je me précipite sur l'escalier ; mon ennemi se relève et me poursuit[144].

---

142 Michèle Bokobza-Kahan, « *Les Amours du chevalier de Faublas* : du déguisement à la folie », dans Pierre Hartmann (dir.), *Entre Libertinage et Révolution, op. cit.*, pp. 51-61, et p. 56 pour la citation.

143 Voir, pour Justine, Louvet de Couvray, *Les Amours, op. cit.*, p. 399 ; pour Flourvac, *ibid.*, p. 509 ; pour le fils Chénon, *ibid.*, p. 531 (parmi les deux graphies de ce nom que l'on trouve aux pages 531 et 542, nous choisissons l'une des deux par souci d'uniformité) ; pour Mlle du Portail, *ibid.*, p. 70 ; pour M. du Portail fils, *ibid.*, p. 157 ; pour Mme Ducange, *ibid.*, p. 333 ; pour Mme Firmin, *ibid.*, p. 346 ; pour M. de Noirval, *ibid.*, p. 452.

144 *Ibid.*, pp. 399-400.

Cette usurpation permet non seulement à Faublas de s'échapper de sa prison, mais aussi de s'amuser aux dépens de la Jeunesse, qui croit voir le diable, lorsqu'il découvre le visage de Faublas couvert de suie[145]. La tromperie du chevalier qui « déguise [s]a voix » et « contrefai[t] de [s]on mieux celle de Justine », la surprise qu'elle engendre et les coups de poing, manqué et réussi, sont caractéristiques de la farce. À ce schéma farcesque, où un personnage emprisonné recourt à la ruse pour pouvoir s'échapper, s'ajoute la mine de Faublas qui rappelle celle du Barbouillé de Molière, dont l'emploi exigeait qu'il noircisse son visage[146]. Dans cette farce, Barbouillé verrouille la porte de la maison afin qu'Angélique, son épouse infidèle, ne puisse pas rentrer (I, 11) ; mais cette dernière recourt à une ruse qui la met à même d'inverser les rôles. Par conséquent, si le visage de Faublas évoque d'abord le personnage du Barbouillé, la ruse qu'il utilise est, en revanche, digne d'Angélique. En ce sens, la situation dans laquelle se trouve le chevalier et, surtout, le moyen qu'il emploie pour sortir de la chambre, s'inscrivent dans une longue tradition qui remonte, scatologie mise à part, au malheureux amant de la farce du *Retrait*[147] : comme lui, il a le visage barbouillé – mais d'une matière moins vile – et il fait fuir l'importun en prenant l'apparence d'un diable. Dans les deux cas, la feinte fonctionne ; dans les deux cas également, c'est moins la vraisemblance qui importe que le rire du spectateur ou du lecteur. Enfin, rappelons-le, l'importun porte le nom de la Jeunesse comme ce vieux domestique de Bartholo qui était déjà à l'origine d'un comique farcesque.

L'usurpation de l'identité du chevalier de Flourvac donne aussi lieu à une scène de farce magistrale. Selon la typologie des personnages farcesques qu'a proposée Konrad Schœll, la femme infidèle choisit généralement pour amant un homme d'une condition sociale plus élevée que la sienne et, dans cette guerre des sexes, elle a pour alliée sa chambrière[148]. De même, chez Louvet, Faublas prend la place du gentilhomme Flourvac dans le lit de la bourgeoise Desglins et s'y introduit à la faveur de l'obscurité :

---

145   Peu de temps auparavant, Faublas était caché dans la cheminée (voir *ibid.*, p. 396).
146   Voir Molière, *La Jalousie du Barbouillé*, dans *Œuvres complètes, tome 1*, éd. Georges Couton, *op. cit.*, p. 13, n. 1.
147   Voir André Tissier, *Recueil de farces (1450-1550), tome 1*, Genève, Droz, coll. « Textes littéraires français », 1986, pp. 177-242.
148   Voir Konrad Schœll, *La Farce du quinzième siècle*, Tübingen, Gunter Narr Tübingen, 1992, pp. 85-86.

J'avance à pas comptés, sans bruit j'arrive, et doucement je tâtonne. Comment donc se fait-il qu'on m'ait entendu ? Je ne le conçois pas ; mais enfin la porte m'est ouverte, et comme je ne vois plus de lumière, j'entre avec confiance.

« C'est vous, monsieur le chevalier ? » me dit-elle alors tout bas. Aussitôt je déguise ma voix en l'adoucissant beaucoup, et d'un ton aussi mystérieux que le sien, je réponds : « Oui, c'est moi. » Elle avance au hasard sa main qui rencontre la garde de mon épée : « Vous avez l'épée à la main ! — Oui. — Est-ce qu'on vous poursuit ? — Oui. — Est-ce qu'on vous a vu passer par la brèche ? — Oui. — Ne le dites pas à ma maîtresse, elle aurait peur. — Où est-elle ? — Qui ? ma maîtresse ? — Oui. — Vous le savez bien, dans son lit. Vous pourrez passer toute la nuit ensemble ; Monsieur est allé à Versailles accoucher une grande dame ; il ne reviendra que demain. — Bon. Mène-moi chez ta maîtresse. — Ne savez-vous pas les êtres ? — Oui, mais j'ai eu peur, ma tête n'y est plus ; conduis-moi... Là, bien, par la main. »

À peine avons-nous fait quatre pas que la femme de chambre, en ouvrant une seconde porte, dit « Madame, c'est lui. »

La dame du logis m'adresse la parole : « Tu viens bien tard ce soir, mon cher Flourvac. — Impossible plus tôt. — Ils t'ont retenu ? — Oui. — Eh bien ! où donc es-tu ? — Je viens. — Qui t'arrête ? — Je me déshabille[149].

Comme avec la Jeunesse, Faublas « déguise [s]a voix en l'adoucissant beaucoup » et prend « un ton aussi mystérieux » que la femme de chambre qui le reçoit d'abord. L'usurpation est d'autant plus remarquable qu'elle trompe à la fois la cameriste et sa maîtresse. À cette première forme d'usurpation, où Faublas maquille sa voix, s'en ajoute une seconde, puisqu'il va jusqu'à s'arroger le titre d'amant. On remarque ici l'adresse avec laquelle il procède, parlant peu et s'efforçant « de ne répondre que par de courts monosyllabes aux questions que multipli[e] l'inconnue trompée »[150]. Cette fois-ci, la tromperie rappelle celle que l'Abuseur de Séville joue à Isabelle (I, 1)[151] : Don Juan usurpe l'identité du duc Octave, à la faveur de la nuit, pour abuser de cette femme. Faublas se révèle ainsi un *burlador*. Cependant, si le rapprochement entre les deux scènes inscrit le personnage romanesque dans une tradition théâtrale,

---

149 Louvet de Couvray, *Les Amours*, op. cit., p. 509.
150 *Ibid.*, p. 511.
151 Voir Tirso de Molina, *L'Abuseur de Séville et l'invité de Pierre (Don Juan). El Burlador de Sevilla y Convidado de Piedra* [1630], éds. Pierre Guenoun et Bernard Sesé, Paris, Aubier, coll. « Domaine hispanique bilingue », 1991, p. 27.

celui-ci se distingue néanmoins de Don Juan, car il n'y a en lui nulle perversité. Cette scène provoque le rire, mais il ne s'agit pas d'un rire grinçant et, si cette usurpation lui permet d'obtenir des faveurs qui ne lui étaient pas destinées, elle est le fruit du hasard et non celui du calcul. À la différence du *Burlador de Sevilla* qui commence juste après que le crime a été perpétré, la scène des *Amours* présente, sur un ton enjoué, toutes les circonstances de la tromperie. Alors que le dramaturge espagnol met l'accent sur le dénouement et ses suites fâcheuses (exil de Don Juan, arrestation du duc et de la duchesse), le romancier, lui, développe une scène de comédie qui réjouit le lecteur. Contrairement à *L'Abuseur de Séville* qui invite le spectateur à condamner la fourberie de Don Juan, *Les Amours* font du lecteur le complice amusé de Faublas. Autrement dit, si la pièce entend susciter l'indignation, le roman inscrit résolument les usurpations de Faublas dans l'espace de la comédie, dans un contexte où la tromperie renvoie moins au caractère tragique de la condition humaine, comme l'affirmait le théâtre baroque espagnol, qu'à une manière de se jouer des autres pour mieux jouir de la vie.

Le rôle de M. du Portail fils fournit aussi l'occasion de scènes de comédie[152]. Rappelons que c'est parce que le marquis de B*** a d'abord rencontré Faublas sous les traits de Mlle du Portail qu'il croit reconnaître en lui, lorsqu'il le croise pour la première fois[153], le frère de celle-ci, M. du Portail fils. Plus loin, le rôle de Chénon fils remplit également une fonction dramatique, dans la mesure où il entraîne un renversement de situation : alors qu'il est pourchassé par les agents de la police, Faublas se fait passer pour le fils du commissaire, cessant ainsi immédiatement d'être l'objet de leur poursuite. Si cette nouvelle usurpation lui permet de se sortir d'une situation périlleuse, elle donne lieu à une autre scène de comédie où le héros fait montre, une fois de plus, de ses talents de comédien :

> Je quittais à peine le seuil hospitalier, que plusieurs hommes me suivaient déjà. L'un d'entre eux surtout m'épouvanta d'un coup d'œil scrutateur ; puis, d'un air tantôt irrésolu, tantôt décidé, reportant alternativement son louche regard sur ma figure pâlie et sur les basses figures de ses vils compagnons, il sembla plusieurs fois les consulter, et plusieurs fois aussi leur dire : c'est lui ! je vis le moment où j'étais pris. Persuadé que je ne pouvais échapper au danger qu'en payant d'audace, j'assurai promptement mon maintien, et ma mémoire m'ayant à propos servi, je répétai à haute voix le nom que m'avait dit madame Leblanc. « Griffart, m'écriai-je.

---

152 Voir Louvet de Couvray, *Les Amours, op. cit.*, pp. 173-178, 291-293.
153 Voir *ibid.*, pp. 157-161.

> Le vilain monsieur qui m'inquiétait, c'était justement ce monsieur Griffart ! — *Qu'est-ce que y a ?* me dit-il. — Comment ! tu ne me reconnais pas ? — *Je ne sais pat encore. Et vous, messieurs ?* — *Pis qui n'sait pat, lui*, répondit l'un deux, *nous n'savont pat itou*. » Alors je pris noblement un air dédaigneux, par-dessus mon épaule je passai toute la troupe en revue, je toisai le chef de la tête aux pieds, enfin je laissai tomber de ma bouche ces mots : « Quoi ! mes beaux messieurs, vous ne connaissez pas le fils du commissaire Chénon ? » À ce nom révéré, vous eussiez vu tous mes coquins saisis de respect, soudain mettre bas chapeaux de laine ou bonnets de coton ; d'une façon gentille empoigner leurs toupets, subtilement rejeter leurs pieds droits en arrière et me faire ainsi, avec de très humbles excuses, la révérence de cérémonie. D'un signe de tête, je témoignai que j'étais content ; et m'adressant à Griffart : « Eh bien ! mon brave, y a-t-il quelque chose de nouveau ? — *Pat encore, not matte, mais y a gros que ça n'tardera pas. Je crois que nous l'avons reluquée sur le toit, la bonne fille ! Faudra ben qu'elle en dégringolle. Elle a pris les habits de mon sesque ; mais c'est zégal, je dis quoique ça qu'elle n'gourera pas Griffart*. — Et si elle se présente au bout de la rue ? — *Ah ! je dis, on la gobe, Bras-de-Fer l'allume zavec les enfans perdus*. — Et de ce côté-là ? — *Tout de même pour changer. Trouve-Tout bat l'antif avec les lurons !* — Avec les lurons ! tenez, mes enfants, allez déjeuner au cabaret ; toi, Griffart, je te charge de porter tout de suite un bon morceau de pain, une pièce de rôti et une bouteille de vin à un sieur Florval qui demeure là... dans cette allée, au cinquième étage. Ce qui restera de mes six francs, tu reviendras au cabaret le boire avec tes camarades. »[154]

L'usurpation fonctionne à merveille : au « coup d'œil scrutateur » et au « louche regard » du chef Griffart succèdent chapeaux bas et « révérence de cérémonie ». Les compléments de matière, « chapeaux de laine » et « bonnets de coton », soulignent la condition modeste des hommes auxquels Faublas a affaire et mettent en évidence le ridicule d'un cérémonial qui prête à rire. En parfait accord avec la tradition de la comédie classique, cette mise en scène grotesque recourt au langage populaire et patoisant, qui n'est pas sans rappeler les *Parades* de Beaumarchais. On sait en effet que, dans ces courtes pièces, les personnages réjouissent les spectateurs par les nombreux pataquès qu'ils font entendre et par leur façon d'écorcher les mots. Les « *pat encore* », « *pis* », « *nous n'savont pat itou* », « *sesque* », « *c'est zégal* », « *zavec* » de Griffart et de ses acolytes font écho au langage des personnages des *Parades*. Sans le savoir, ces

---

[154] *Ibid.*, pp. 542-543 ; c'est l'auteur qui souligne.

coquins renseignent eux-mêmes celui qu'ils poursuivent. Informé de l'état de leurs recherches, Faublas peut alors prévoir ce qu'il doit faire pour leur échapper, dans un contexte où les noms mêmes de Griffart, Bras-de-Fer et Trouve-Tout, particulièrement signifiants, accentuent la menace qui plane sur lui. Comme les précédentes, cette usurpation réussit et, fort heureusement, permet à Faublas non seulement d'échapper au danger, mais le détermine aussi à reprendre, une fois encore, l'habit féminin, cette usurpation étant à l'origine de son travestissement en femme publique. Tout est donc imbriqué dans *Les Amours* : certains travestissements entraînent des usurpations – celui de Mlle du Portail engendre celle de l'identité de M. du Portail fils – et, inversement, celle de Chénon fils entraîne celui de Faublas en femme publique, de sorte que ce dernier semble prisonnier de cette succession de rôles féminins et masculins, l'un en amenant un autre.

Enfin, les rôles de M. de Noirval et de Flourvac, dont Faublas emprunte le nom pour la seconde fois, ont une moindre importance dans l'intrigue. Aussi le nom de Noirval est-il simplement, pour Faublas, une précaution pour garantir son anonymat à l'étranger, ce nom étant peut-être, dans ce contexte, une manière de rappeler la nécessité de se cacher, de rester dans le noir. Quant à l'usurpation de l'identité de Flourvac[155], elle est évidemment inspirée de l'aventure avec Mme Desglins : Faublas y recourt pour préserver son anonymat auprès de sa nouvelle maîtresse, Mme de Lignolle, sans grand succès du reste, puisque celle-ci ne tarde pas à découvrir la véritable identité de son amant : « Nous y reviendrons, monsieur de Faublas, du Portail, de Flourvac, de Florville ; car vous êtes le jeune homme aux cinquante noms »[156].

À ces usurpations s'ajoutent deux déguisements : Faublas revêt un « large habit noir »[157] appartenant au médecin Leblanc, puis une robe d'avocat[158]. Dans les deux cas, le déguisement est un moyen de couvrir sa fuite. Le premier, qui lui permet de s'échapper de la maison des magnétiseurs cernée par la police, rappelle celui de Sganarelle, qui se déguisait déjà en médecin[159] pour fuir des hommes à cheval. Le second est également un expédient, alors qu'il doit à nouveau changer de costume : l'avocat Florval lui offre sa robe, qui a d'autant plus de valeur qu'elle est le seul bien appartenant encore à cet homme. Mais que ce soit l'habit du médecin ou de l'avocat, Faublas ne les endosse que très peu de temps. À ce moment du récit, il est pris dans un tourbillon de

---

155 Voir *ibid.*, p. 598.
156 *Ibid.*, p. 627.
157 *Ibid.*, p. 531.
158 Voir *ibid.*, p. 538.
159 Voir Molière, *Le Festin de Pierre*, dans *Œuvres complètes, tome 2, op. cit.*, III, 1, p. 873.

déguisements et de travestissements, si bien qu'à la robe de l'avocat succède rapidement celle de Mlle de Brumont : plus à couvert sous les habits féminins que sous les habits masculins, il fait du travestissement une seconde nature. Tour à tour, il devient ainsi Mlles du Portail et de Brumont, Mmes Ducange et Firmin, une religieuse, une fille publique et la veuve Grandval[160]. S'il endosse la plupart du temps les habits d'une demoiselle, il se voit aussi contraint de porter momentanément « l'ajustement *du Panthéon* »[161] que lui vend Fanchette. Certains travestissements impliquent alors un changement de condition.

Mais ce sont surtout les rôles de Mlles du Portail et de Brumont que Faublas joue le plus souvent et le plus longtemps au cours de ses aventures : le premier est celui qu'il tient dans la première partie du roman et le second, celui qu'il occupe dans les deuxième et troisième parties. Dans les deux cas, il ne s'agit pas d'un travestissement momentané, comme celui de la religieuse et de la femme publique, mais d'un emploi à part entière : présenté comme la parente de Rosambert, il devient la fille de la marquise de B***, puis la « demoiselle de compagnie, secrétaire et lectrice chez madame de Lignolle »[162]. Ces deux travestissements, dont Faublas n'est pas l'instigateur[163], sont avant tout un moyen pour lui de se protéger : l'un pour préserver son honneur, l'autre pour garantir son anonymat dans un royaume où il est désormais interdit de séjour. Mais ils deviennent rapidement un subterfuge pour servir ses amours, tout en multipliant les occasions de rire aux dépens d'une dupe, dans des scènes dont le canevas farcesque de la femme, de l'amant et du mari trompé est bien connu. On peut citer, par exemple, le premier et le second souper chez la marquise de B***, l'arrivée de Faublas travesti chez M. du Portail, la scène de l'ottomane et la scène avec l'astrologue dans la première partie[164] ; la leçon de Mlle de Brumont dans la deuxième partie[165] ; la scène de dépit de la comtesse, le souper chez cette dernière – variante de celui qui a lieu chez la marquise –, les scènes dans le château du Gâtinais, celle où un prétendu docteur ordonne à M. de Lignolle de faire un enfant à sa femme et celle encore

---

160   Voir Louvet de Couvray, *Les Amours, op. cit.*, pp. 70, 562, 333, 346, 487, 545, 609.
161   *Ibid.*, p. 545 ; c'est l'auteur qui souligne.
162   *Ibid.*, p. 560.
163   C'est Rosambert qui propose à Faublas de se déguiser en fille et c'est la baronne de Fonrose qui le fait entrer travesti au service de Mme de Lignolle.
164   Voir Louvet de Couvray, *Les Amours, op. cit.*, pp. 72-74, 98-116 (les soupers chez Mme de B***), 79-81, 188-194, 340-345.
165   Voir *ibid.*, pp. 601-603.

où ce même docteur vient constater les effets de son remède destiné à guérir l'époux impuissant[166].

Dans ces scènes de comédie, on distingue différents schémas qui reposent systématiquement sur la présence d'un ou de plusieurs personnages travestis et déguisés. Le premier suppose le trio de la femme, de l'amant et de l'époux trompé dans des scènes où les amants se jouent de la méprise du mari. À l'aveuglement de ce dernier s'ajoutent, par ailleurs, des vices caractéristiques des personnages de comédie : le marquis de B*** se dit « grand physionomiste » et doué de « talents pour l'astrologie »[167], tandis que le comte de Lignolle se pique d'exceller dans l'art des charades et se révèle avare. Le second schéma comprend le trio précédent ainsi qu'un personnage informé du travestissement, qui menace de révéler la ruse au mari trompé. La confrontation du travesti et de l'importun crée une tension dramatique dans des scènes de comédie qui manquent parfois de tourner au drame. De plus, le comique est souvent renforcé par la présence d'un personnage déguisé : dans celle de l'astrologue, par exemple, Mme Dutour, servante de la marquise de B***, se fait passer pour la mère de la jeune Mme Ducange[168] qui n'est autre que Faublas travesti :

> Madame de Verbourg [Madame Dutour déguisée], qui venait de mettre sa belle robe, entra dans ce moment. Elle fut très déconcertée en voyant le marquis de B***. Après avoir fait une révérence comique, elle vint à moi ; je lui dis tout bas de quoi il s'agissait. Je ne sais quelle question le marquis faisait alors à sa femme ; mais j'entendis celle-ci lui répondre : « C'est une mère supposée. » Le marquis salua madame de Verbourg, qu'il regarda beaucoup. « C'est là madame votre mère ? Mais je crois... en vérité, madame, je crois avoir eu l'honneur de vous voir quelque part ? — Cela se peut bien, monsieur, répondit la Dutour qui perdait la tête, cela se peut bien ; j'y vais quelquefois. — Où cela, madame ? — *Ousque* vous disiez, monsieur. — Comment ! madame, est-ce que vous m'avez entendu parler du boudoir ? C'était une plaisanterie. — Quoi ! du boudoir ! *Quoi que* vous me rabâchez donc, monsieur, avec votre boudoir ? — Rien, rien, madame. Nous ne nous entendons pas. — Ni moi non plus, interrompit Villartur, je ne comprends plus rien à ce qu'ils disent ! »

---

166   Voir, pour la scène de dépit, *ibid.*, pp. 662-669 ; pour le souper, *ibid.*, pp. 670-675 ; pour les scènes dans le château, *ibid.*, pp. 787-791, 792-801, 803-816, 824-830 ; pour celles du prétendu docteur, *ibid.*, pp. 965-976 et 980-991.
167   *Ibid.*, pp. 159, 342.
168   Voir *ibid.*, p. 333.

Ma belle maîtresse riait de tout son cœur, et moi, qui étais las de me contenir, je saisis le moment pour donner un libre cours à ma gaieté.

Mais, reprit le marquis, voyez donc comme elle rit !... Madame, madame votre fille est un peu folle. Prenez garde qu'elle ne fasse une fausse couche ! — Une fausse couche ! répondit madame de Verbourg, une fausse couche ! elle ! pardieu ! Je voudrais bien voir ça. — Madame ! prenez-y garde, vous dis-je ; madame votre fille monte à cheval, et cela est dangereux. — Sans doute, interrompit Villartur, on peut tomber ; cela m'est arrivé l'autre jour. — Tomber ! répondit le marquis, ce n'est pas cela que je crains pour elle. — Hé ! pourquoi ne tomberait-elle pas ? je suis bien tombé, moi. — Pourquoi ? parce qu'elle monte mieux que vous. Vous n'imagineriez pas comme elle est forte, cette jeune dame-là ! Mon ami Villartur, quoique vous soyez bien gros et bien rond, je ne vous conseillerais pas de vous battre avec elle. — Bon ! voyons donc ça ! s'écria le financier en venant à moi. — Monsieur, lui dis-je, êtes-vous fou ? » Il voulut me prendre au corps, je le saisis par le bras droit : « *Quoi que* c'est donc que cet homme-là qui veut tripoter madame ma fille ? » dit la Dutour. Elle empoigna le bras gauche de Villartur. Le lecteur se souvient d'avoir fait tourner en tous sens, dans son enfance, un petit moule de bouton, traversé d'une mince allumette. M. de Villartur, mû par une double secousse, fit, comme ce frêle jouet plusieurs tours sur lui-même en chancelant, et finit par tomber sur le parquet[169].

Après avoir exploité, au début de la scène, le comique relevant du travestissement de Faublas, Louvet poursuit sur sa lancée en introduisant la Dutour déguisée. Cette surenchère dans la théâtralité accentue le comique d'une situation de plus en plus complexe. La servante suscite le rire en raison du décalage entre le rang du personnage qu'elle joue et le niveau de langue qui est le sien. Les « ousque », « quoi que », « pardieu » et « tripoter » n'appartiennent pas au langage soutenu d'une aristocrate ; elle n'en a pas non plus l'élégance, puisqu'elle « fait une révérence comique ». Le rire résulte également du dialogue de sourds qui s'engage entre les personnages. Il manque une information à la Dutour : le marquis de B*** a reconnu Mlle du Portail dont la marquise invente la grossesse afin d'expliquer son nom d'emprunt, Mme Ducange. Cette scène de comédie est un spectacle à la fois pour les protagonistes – Faublas et la marquise – et pour le lecteur. En outre, l'esquisse de lutte entre les personnages déguisés et l'imposant financier s'apparente, par le contact physique qu'elle implique et la chute qu'elle cause, au procédé farcesque des coups de bâton.

---

169   *Ibid.*, pp. 344-345 ; c'est l'auteur qui souligne.

Comme l'explique le narrateur, Villartur devient une sorte de toupie dont le mouvement automate rappelle la fameuse définition que Bergson donne du rire : du « *mécanique plaqué sur du vivant* »[170].

Le travestissement prend une ampleur considérable dans la vie du héros et, de ce fait, dans la construction même de l'intrigue : le jour où le marquis de B*** rend inopinément visite à M. du Portail et rencontre Faublas, il croit faire la connaissance de M. du Portail fils[171]. Paradoxalement, l'absence de travestissement provoque une nouvelle scène de comédie qui prend sa source dans le déguisement initial du héros : c'est parce que Faublas s'est d'abord présenté au marquis sous les habits de Mlle du Portail que le marquis pense découvrir le frère de la demoiselle. Involontairement, le marquis va alors contraindre Faublas à se travestir de nouveau, puisqu'il décide d'attendre la demoiselle :

> « [...] Mais n'aurais-je pas le bonheur de voir la chère sœur ? » M. du Portail se hâta de répondre : « Non, monsieur, elle est allée faire ses adieux. — Ses adieux ! — Oui, monsieur ; elle part demain pour son couvent. — Pour son couvent ! À Paris ? — Non... à... Soissons. — À Soissons ! demain matin ? Cette chère enfant nous quitte ? — Il le faut bien, monsieur. — Elle fait actuellement ses visites ? — Oui, monsieur. — Et sans doute elle viendra dire adieu à sa maman ? — Assurément, monsieur, et elle doit même être actuellement chez vous. — Ah ! que je suis fâché ! ce matin, la marquise était encore malade, elle a voulu sortir ce soir ! je lui ai représenté qu'il faisait froid, qu'elle s'enrhumerait ; mais les femmes veulent ce qu'elles veulent, elle est sortie ; hé bien ! tant pis pour elle, elle ne verra pas sa chère fille, et moi je la verrai ; car elle ne tardera sûrement pas à revenir. — Elle a plusieurs visites à faire, dis-je au marquis. — Oui, ajouta M. du Portail, nous ne l'attendons que pour souper. — On soupe donc ici ? vous avez raison ; ils ont tous la manie de ne pas manger le soir : moi, je n'aime pas à mourir de faim parce que c'est la mode. Vous soupez, vous ! hé bien ! je reste, je soupe avec vous [...][172].

Malgré leurs efforts, M. du Portail et Faublas ne parviennent pas à chasser le marquis. Le héros est alors obligé d'aller se métamorphoser en Mlle du Portail, ce qui donnera lieu à une scène d'habillage qui, comme on l'a vu,

---

170   Henri Bergson, *Le Rire : essai sur la signification du comique* [1900], Paris, Quadrige/Presses Universitaires de France, coll. « Bibliothèque de Philosophie contemporaine », 2007, p. 29 ; c'est l'auteur qui souligne.
171   Voir Louvet de Couvray, *Les Amours*, *op. cit.*, p. 157.
172   *Ibid.*, p. 160.

rappelle celle de Chérubin dans *La Folle Journée*, et à une nouvelle scène de comédie[173]. Bref, l'absence de travestissement impose le recours au travestissement, de sorte que Faublas devient progressivement prisonnier de ses rôles féminins. C'est ainsi que, dans la dernière partie des *Amours*, il est également forcé de reprendre l'habit de Mlle de Brumont pour sauver l'honneur de sa maîtresse[174] et doit jouer une dernière fois son rôle de demoiselle de compagnie auprès d'elle. En ce sens, les travestissements de Faublas constituent un important ressort dramatique, puisqu'ils occasionnent d'innombrables scènes de comédie et sont eux-mêmes parfois à l'origine de péripéties : « Monsieur, votre ancien travestissement a nécessité des travestissements nouveaux »[175], rappelle la marquise à Faublas. À celui de Mlle du Portail succède celui de Mme Ducange, qui est rapidement supplanté par celui de Mme Firmin. Le chevalier n'a alors guère le temps de reprendre l'habit masculin, passant directement d'un travestissement à un autre :

> Rosambert me dit : « Nous voilà déjà près de la Bastille ; allons, belle enlevée, cette superbe parure, qui sied si bien à une femme de qualité, ne convient pas du tout à une bourgeoise. Il s'agit de faire une autre toilette. D'abord, ôtons ce brillant chapeau ; de ces cheveux flottants, faisons, le moins mal que nous le pourrons, un chignon modeste ; couvrons ces grosses boucles de la simple *baigneuse* que voici ; à cette robe galante, substituons ce petit *caraco* blanc. Belle dame, mettez ce *jupon* hardiment ; je ne serai pas téméraire ; je vous aime beaucoup, mais je vous respecte davantage. Fort bien ; allons, couvrez votre sein de ce *fichu* de mousseline ; arrangez ce mantelet noir par-dessus ; cachez votre visage sous cet ample *thérèse*. Voilà qui est fait et vous êtes encore gentille à croquer[176].

Cette « belle enlevée » rappelle que la plupart de ces travestissements successifs permettent à Faublas de s'évader d'un lieu où on le retient prisonnier : celui de Mme Ducange de la prison de son père, celui de Mme Firmin de la prison de la marquise et, plus tard, celui de la religieuse de la maison d'*Hollriss*. Mais s'ils sont un moyen de s'échapper, ils peuvent aussi le mener en prison : travesti en fille publique, Faublas est conduit à Saint-Martin. Le héros est pris dans une sorte d'engrenage où le travestissement devient le moyen sûr de prolonger ses

---

173 Voir *ibid.*, pp. 173-178.
174 Voir *ibid.*, pp. 963-964.
175 *Ibid.*, p. 373.
176 *Ibid.*, pp. 346-347 ; c'est l'auteur qui souligne.

aventures et ses métamorphoses sont souvent le ressort d'une succession de scènes qui s'enchaînent « à un rythme rapide et haletant, évoquant [alors] le tourbillon de 'La Folle Journée' »[177]. Dans la deuxième partie, par exemple, on le voit travesti en religieuse, conduit dans un cachot d'où il s'échappe pour tomber sur une escouade dont le chef est l'amant de Justine, s'enfuir de la petite maison de M. de Valbrun pour se retrouver dans le jardin de Mme Desglins, avant d'atteindre l'enclos des magnétiseurs[178], etc. Dans ces scènes où Faublas ne cesse de se vêtir et de se dévêtir, il se trouve entraîné par les événements, doit s'adapter, improviser et faire preuve d'audace. Cette course folle crée une tension dramatique à laquelle son arrestation met fin.

Mais il n'est pas le seul personnage à se travestir. Comme l'écrit Jacques Rustin, « les métamorphoses sexuelles du héros enclenchent d'autres métamorphoses »[179]. Au travestissement de Mlle du Portail fait écho celui du vicomte de Florville qu'adopte la marquise de B***[180]. Ce « jeu de miroir »[181] sert occasionnellement les amours clandestines, mais il se révèle très périlleux le jour où la marquise revêt à nouveau le costume de Florville pour secourir Faublas, secondant alors sa rivale, la comtesse de Lignolle. Les anciens amants – Faublas travesti en Mlle du Portail et la marquise travestie en Florville – parviennent à en imposer à la comtesse jusqu'à l'arrivée d'une autre ennemie de la marquise qui dévoilera son subterfuge[182]. En revanche, aux Tuileries, où le premier scandale éclate[183], aucun personnage n'est déguisé. C'est la présence d'Adélaïde – sœur de Faublas que le marquis de B*** prend pour Mlle du Portail – qui engendre un quiproquo de sorte que, cette fois-ci, ce n'est pas parce qu'il y a travestissement, mais parce qu'il y a eu travestissement que le malentendu survient. Il apparaît alors que l'absence ou, au contraire, la multiplication des travestissements provoque un violent retour à la réalité mais, dans tous les cas, ce ressort dramatique participe tellement de l'intrigue qu'il engendre parfois un scandale même lorsque les personnages n'y ont pas recours. Tout l'art de Louvet réside dans cet usage paradoxal du travestissement. *Les Amours* deviennent ainsi un

---

177   Catherine Ramond, « Les éléments théâtraux dans *Les Amours* », *art. cit.*, p. 65.
178   Voir, pour le cachot, Louvet de Couvray, *Les Amours, op. cit.*, p. 493 ; pour l'escouade, *ibid.*, pp. 497-507 ; pour le jardin de Mme Desglins, *ibid.*, pp. 507-515 ; pour l'enclos des magnétiseurs, *ibid.*, pp. 515-531.
179   Jacques Rustin, « Travestis : Faublas entre l'abbé de Choisy et le chevalier d'Éon », *art. cit.*, p. 25.
180   Voir Louvet de Couvray, *Les Amours, op. cit.*, p. 201.
181   Jacques Rustin, « Travestis : Faublas entre l'abbé de Choisy et le chevalier d'Éon », *art. cit.*, p. 25.
182   Voir Louvet de Couvray, *Les Amours, op. cit.*, p. 818.
183   Voir *ibid.*, pp. 417-419.

immense jeu de rôles dont la tonalité générale est le plus souvent comique, mais dont l'issue s'avère tragique pour bon nombre de participants : la comtesse de Lignolle se précipite dans la rivière où elle se noie, la marquise de B*** succombe sous le fer de son époux, la baronne est estropiée par un coup de pistolet, le valet La Fleur est pendu et Rosambert se retire du monde. Quant à Faublas, ses métamorphoses finissent par le rendre fou, de sorte qu'à force de jouer, il en vient à se perdre. Le « jeune homme aux cinquante noms »[184] en arrive à ne plus savoir quel est le sien et, s'il recouvre finalement la raison, il reste à jamais hanté par les fantômes de ses amours libertines.

En somme, à la différence des dramaturges qui recourent à ces *topoï* essentiellement dans la comédie, les romanciers en font un usage plus étendu, puisqu'ils s'en servent pour susciter tantôt le rire, tantôt les larmes. Marivaux les exploite davantage dans ses comédies, dont ils constituent l'un des ressorts principaux, que dans sa *Vie de Marianne* où ils permettent néanmoins de mettre en relief une scène d'importance dans l'histoire de Tervire. Chez Prévost, les usurpations d'identité du chevalier des Grieux inscrivent l'histoire des amants sous le signe de la ruse et de la tromperie et le travestissement de Manon, qu'elle utilise pour s'évader de prison, a des conséquences funestes. Chez Mme de Tencin, usurpation, déguisement et travestissement forment le nœud de l'intrigue : la passion naît d'une usurpation, le déguisement permet de surprendre l'être aimé dans son intimité et d'introduire ainsi des scènes de voyeurisme. Au déguisement du héros fait écho le travestissement d'Adélaïde qui endosse l'habit monacal pour vivre à ses côtés. Ces expédients favorisent une proximité avec un être auquel il est devenu impossible de s'unir : Adélaïde est mariée et Comminge, retiré du monde. Quand l'héroïne se dévoile enfin, c'est à l'occasion d'une longue scène pathétique et tragique où, avant d'expirer, elle retrace le tableau d'une passion malheureuse, tant et si bien que ce roman montre, encore là, les potentialités tragiques de ces *topoï*. De même, les travestissements de Faublas se situent au cœur de l'action mais, par la répétition des scènes de comédie qu'ils suscitent, ils se perdent dans une multitude d'aventures où le héros semble être entraîné malgré lui. Moyen commode pour se protéger ou pour se sortir d'une situation compromettante, le travestissement entre certes au service du libertinage et de la comédie, mais il entraîne aussi les personnages dans des situations inextricables que seule la mort peut dénouer, la figure du libertin et sa critique, si caractéristiques des Lumières finissantes, se trouvant dès lors liées à une topique qu'elle partage avec le théâtre.

---

184   *Ibid.*, p. 627.

Types théâtraux et avatars romanesques

Les romans-mémoires sont peuplés de coquettes, de petits-maîtres, de faux médecins, de malades imaginaires ou encore de maris trompés, qui sont tous des caractères ou des types auxquels le théâtre des XVIIe et XVIIIe siècles recourt également abondamment. Ce fait n'a pas échappé à la critique : dans les romans de Marivaux, par exemple, Fabienne Boissiéras remarque « toute une galerie de portraits auxquels le romancier prête les traits plus ou moins typisés des personnages moliéresques »[185]. Quant à Catherine Ramond, elle note que le roman du XVIIIe siècle reste imprégné « des conceptions classiques du théâtre, et s'il lui emprunte des personnages, ce seront, pour une bonne part, des types, et peut-être même ce que les types peuvent comporter de plus conventionnel »[186]. Aussi importe-t-il d'étudier les types dont les romans-mémoires du XVIIIe siècle ont hérité et d'observer le traitement que les auteurs en ont fait. Avec le personnage de Climal, inspiré de Tartuffe, nous avons vu ce que Marivaux non seulement retenait de son modèle dramatique, mais aussi ce qu'il y apportait afin de créer, à partir de ce caractère, un personnage nouveau, susceptible d'une transformation morale. L'appropriation d'un type par les romanciers conduit souvent à une telle transformation, surtout dans un contexte où, si « la limitation du temps théâtral exige l'unité et la cohérence du personnage », la durée romanesque, en revanche, « permet de faire évoluer et même de changer un héros »[187], notamment en regard d'un projet d'analyse morale qui, au XVIIIe siècle, cherche à dépasser les catégories conventionnelles héritées de la caractérologie classique.

Coquettes et petits-maîtres

Au XVIIe siècle, le type de la coquette a inspiré de nombreuses pièces de théâtre, auquel plusieurs d'entre elles doivent d'ailleurs leur titre : par exemple, *La Mère coquette, ou les Amants brouillés* de Donneau de Visé (1665), dont Quinault aurait tiré une comédie sur le même sujet, en en reprenant le titre et en la portant à la scène une semaine avant celle de son rival[188]. Quelques

---

185   Fabienne Boissiéras, « Marivaux ou la confusion des genres », *art. cit.*, p. 78.
186   Catherine Ramond, « Les Éléments théâtraux dans le roman et l'évolution du genre romanesque en France au XVIIIe siècle », thèse de doctorat, Université de la Sorbonne Nouvelle Paris III, 1993, vol. 2, p. 230.
187   *Ibid.*, p. 228.
188   Telle est du moins l'hypothèse de Pierre Mélèse (voir « Introduction », dans Donneau de Visé, *Trois Comédies :* La Mère coquette. La Veuve à la mode. Les Dames vengées, Paris, Droz, coll. « Société des Textes Français Modernes », 1940, pp. vii-xxii).

décennies plus tard, Dancourt fait représenter son *Été des coquettes* (1690), Regnard fait jouer sa *Coquette, ou l'Académie des dames* (1691) et, au siècle suivant, Dufresny présente sa *Coquette de village, ou le Lot supposé* (1715). Même lorsque le titre de la pièce ne s'y réfère pas, ce type tient néanmoins un rôle important : songeons au personnage bien connu de Célimène[189] dans *Le Misanthrope* (1666), à celui d'Euphrosine[190] dans *L'Île des esclaves* (1725), ou encore à celui d'Églé[191] dans *La Dispute* (1744).

Ce type se caractérise par un certain nombre de traits que l'on retrouve dans la plupart des pièces où il paraît. Tout d'abord, la coquette est souvent entourée d'une petite cour de prétendants qu'elle ménage les uns autant que les autres : Célimène épargne aussi bien Alceste que Clitandre qui peut l'aider pour son procès, Acaste qui pourrait la desservir à la Cour qu'Oronte[192]. Regnard se souviendra sans doute de ce personnage pour sa propre coquette : Colombine reçoit successivement Octave (son amant), Pierrot (un valet), Nigaudin (un juge), un capitaine et Arlequin, le baillif du Maine, que son père lui destine et qui se fait marquis pour la satisfaire[193]. Chez Dancourt, Angélique, pour sa part, accueille d'abord son maître à chanter, nommé Des Soupirs, puis M. l'abbé Cheurepied, ensuite M. Patin (un financier) et, enfin, Clitandre[194] ; et tous ces soupirants, aussi ridicules les uns que les autres, défilent devant celle qui se « diverti[t] de toutes sortes d'originaux »[195]. On observe alors avec quel art consommé, la coquette flatte leur fatuité, s'adaptant avec une extrême habileté à chacun d'eux. Un si grand nombre de courtisans implique nécessairement des rivalités amoureuses, comme celle de Clitandre et d'Acaste, d'Alceste et d'Oronte, de Nigaudin et du capitaine, ou encore d'Arimant et du Marquis[196]. À ces rivalités masculines, qui résultent du comportement de la

---

189 Voir Molière, *Le Misanthrope, op. cit.*, I, 1, v. 215-220, p. 656.

190 Voir Marivaux, *L'Île des esclaves*, dans *Théâtre complet, op. cit.*, scène 3, p. 599.

191 Voir Marivaux, *La Dispute*, dans *ibid.*, scène 15, p. 1793.

192 Voir, pour Clitandre, Molière, *Le Misanthrope, op. cit.*, II, 1 ; pour Acaste, *ibid.*, II, 2 ; pour Oronte, *ibid.*, IV, 2-3.

193 Voir, pour Octave, Regnard, *La Coquette, ou l'Académie des dames*, dans Évariste Gherardi, *Le Théâtre italien, tome 2, op. cit.*, I, 3 ; pour Pierrot, *ibid.*, I, 5 ; pour Nigaudin, *ibid.*, I, 6 ; pour le capitaine, *ibid.*, I, 7 ; pour Arlequin, *ibid.*, II, 3 et III, 3.

194 Voir Dancourt, *L'Été des coquettes*, dans *Théâtre du XVIIe siècle, tome 3*, éds. Jacques Truchet et André Blanc, Paris, Gallimard, coll. « Bibliothèque de la Pléiade », 1992, scènes 7, 10, 16, 21.

195 *Ibid.*, scène 1, p. 427.

196 Voir, pour Clitandre et Acaste, Molière, *Le Misanthrope, op. cit.*, III, 1 et V, scène dernière ; pour Alceste et Oronte, *ibid.*, IV, 2 et V, 2-3 ; pour Nigaudin et le capitaine, Regnard,

coquette désireuse d'être constamment sollicitée par ses adorateurs, font écho des rivalités féminines. La prude Arsinoé provoque Célimène et cherche à lui soustraire Alceste[197], Lucinde veut ravir le jeune Arimant à sa fille Belamire[198]. Dans la comédie de Dancourt, le ressort est différent : si Angélique, Cidalise et la Comtesse sont rivales, c'est parce qu'elles ont toutes été trompées par Clitandre[199] et non parce qu'elles œuvrent les unes contre les autres afin de le conquérir. En outre, ces intrigues amoureuses intègrent volontiers des scènes de dépit où l'amant(e) blessé(e) décide d'offrir son cœur à un(e) autre pour se venger d'une (supposée) trahison : Arimant déclare sa flamme à Lucinde (sa future belle-mère) pour punir Belamire, cette dernière feint de l'amour pour le Marquis et accepte de souffrir Géronte (son futur beau-père)[200] ; Alceste, lui, donne son cœur à Éliante pour tirer vengeance de Célimène[201]. Enfin, au dénouement, soit la coquette triomphe, soit elle est confondue et abandonnée de tous[202].

Ce type est également présent dans les romans-mémoires du XVIIIe siècle. On se souvient, par exemple, de Mme de Senanges que Meilcour perçoit comme « une coquette délabrée »[203] et dont la querelle avec Mme de Mongennes rappelait celle de Célimène et d'Arsinoé. Mmes de Sezanne et de Lery des *Confessions du comte de **** relèvent aussi de ce type commun au roman, au théâtre et à l'écriture moraliste, tout comme l'héroïne de *La Vie de Marianne* qui apparaît comme la coquette par excellence. Marivaux s'intéresse d'ailleurs de bonne heure au thème de la coquetterie, qu'il aborde dans ses *Lettres contenant une aventure*[204] et qu'il traite également dans ses comédies, en sachant que « la conception de la coquetterie féminine qui s'exprime dans des pièces telles que *le Jeu de l'Amour et du Hasard*, *l'Heureuse Surprise* ou *les*

      La Coquette, *op. cit.*, I, 7-8 ; pour Arimant et le Marquis, Donneau de Visé, *La Mère coquette*, *op. cit.*, II, 7-8.
197   Voir Molière, *Le Misanthrope*, *op. cit.*, III, 3, 5.
198   Voir Donneau de Visé, *La Mère coquette*, *op. cit.*, I, 1-3.
199   Voir Dancourt, *L'Été des coquettes*, *op. cit.*, scène 14.
200   Voir, pour Arimant, Donneau de Visé, *La Mère coquette*, *op. cit.*, II, 2-3 et III, 4 ; pour Belamire et le Marquis, *ibid.*, II, 7 ; pour Belamire et Géronte, *ibid.*, III, 6-7.
201   Voir Molière, *Le Misanthrope*, *op. cit.*, IV, 2.
202   Voir, pour le triomphe de la coquette, Regnard, *La Coquette*, *op. cit.*, III, scène dernière et Dancourt, *L'Été des coquettes*, *op. cit.*, scènes 21-23 et dernière ; pour son échec, Molière, *Le Misanthrope*, *op. cit.*, V, scène dernière.
203   Crébillon, *Les Égarements*, *op. cit.*, p. 148.
204   Voir, sur ce point, Jean Rousset, *Narcisse romancier*, *op. cit.*, pp. 105, 109.

Sincères »[205] a sans doute été empruntée à Dufresny. Il y revient également en 1734 dans la cinquième feuille du *Cabinet du Philosophe*[206] (« Réflexions sur les Coquettes »).

Comme toute coquette digne de ce nom, Marianne estime appartenir ou, plutôt, avoir appartenu à la catégorie des « jolies femmes », puisqu'au moment où elle rédige l'histoire de sa vie ses « agréments sont passés »[207]. Comme souvent au théâtre, la coquetterie est affaire de jeunesse[208] : chez Molière, par exemple, Célimène fait « sonner, terriblement, [son] Âge »[209] devant Arsinoé. De même, chez Marivaux, en s'adressant à la destinatrice de ses lettres, Marianne conclut en ces termes une réflexion sur l'art de se parer : « Je badine un peu sur notre science, et je n'en fais point de façon avec vous, car nous ne l'exerçons plus ni l'une ni l'autre ; et à mon égard, si quelqu'un riait de m'avoir vu coquette, il n'a qu'à venir me trouver, je lui en dirai bien d'autres, et nous verrons qui de nous deux rira le plus fort »[210]. Au caractère de la coquette répond l'analyse morale qu'en propose une femme expérimentée qui connaît le soin infini que ses pareilles peuvent apporter à leur parure et le pouvoir que celle-ci exerce sur les hommes.

Petite déjà, Marianne promettait beaucoup. « J'étais jolie, j'avais l'air fin », écrit-elle, avant d'ajouter : « Je vous avouerai aussi que j'avais des grâces et de petites façons qui n'étaient point d'un enfant ordinaire ; j'avais de la douceur et de la gaieté, le geste fin, l'esprit vif, avec un visage qui promettait une belle physionomie ; et ce qu'il promettait, il l'a tenu »[211]. Outre la beauté physique dont elle se flatte, Marianne dit avoir un caractère affable et jovial, des grâces charmantes et délicates, un esprit prompt et une âme pénétrante, la coquette revendiquant toujours cette alliance de la beauté avec l'intelligence : « Oui, je me plais à connaître les différents effets que l'esprit et la beauté peuvent produire dans les cœurs »[212], confie ainsi Angélique à sa suivante dans *L'Été des coquettes*. Telles les coquettes de théâtre qui savent comment « engager un homme »[213], Marianne maîtrisait aussi l'art de séduire :

---

205   Frédéric Deloffre, *Une Préciosité nouvelle*, op. cit., p. 130.
206   Voir Marivaux, *Journaux et œuvres diverses*, éds. Frédéric Deloffre et Michel Gilot, Paris, Garnier Frères, 1969, pp. 371-375.
207   Marivaux, *La Vie de Marianne*, op. cit., p. 8.
208   Au théâtre, lorsqu'une coquette est d'un âge avancé, elle échoue. Par exemple, dans *La Mère coquette*, Lucinde n'épousera pas le jeune Arimant qui est l'amant de sa fille.
209   Molière, *Le Misanthrope*, op. cit., III, 4, v. 986, p. 692.
210   Marivaux, *La Vie de Marianne*, op. cit., p. 50.
211   *Ibid.*, pp. 13, 15.
212   Dancourt, *L'Été des coquettes*, op. cit., scène 1, p. 427.
213   Regnard, *La Coquette*, op. cit., I, 2, p. 299.

> J'ai eu un petit minois qui ne m'a pas mal coûté de folies, quoiqu'il ne paraisse guère les avoir méritées à la mine qu'il fait aujourd'hui : aussi il me fait pitié quand je le regarde, et je ne le regarde que par hasard ; je ne lui fais presque plus cet honneur-là exprès. Mais ma vanité, en revanche, s'en est bien donné autrefois : je me jouais de toutes les façons de plaire, je savais être plusieurs femmes en une. Quand je voulais avoir un air fripon, j'avais un maintien et une parure qui faisaient mon affaire ; le lendemain on me retrouvait avec des grâces tendres ; ensuite j'étais une beauté modeste, sérieuse, nonchalante. Je fixais l'homme le plus volage ; je dupais son inconstance, parce que tous les jours je lui renouvelais sa maîtresse, et c'était comme s'il en avait changé[214].

Marianne se souvient non seulement des attraits qu'elle possédait et qui, à cette époque, ont assuré son succès, mais aussi de sa capacité à s'adapter à chaque homme. À la façon d'une comédienne qui change de personnage, de costume et de texte en fonction des rôles qu'elle joue sur scène, la coquette adopte un comportement et choisit une toilette en fonction de celui sur lequel elle jette son dévolu. Aux dires de l'ancienne coquette qu'elle a été, la mobilité de l'esprit et des sentiments est paradoxalement garante de constance, dans la mesure où elle participe de jeux de séduction susceptibles de fixer l'inconstance même.

Mais si elle décrit comment elle s'y prenait alors, c'est à l'église qu'on la découvre pour la première fois à l'œuvre. Avant de s'y rendre, Marianne est impatiente à l'idée de paraître dans le monde avec ses nouveaux atours : « Il me tardait de me montrer et d'aller à l'église pour voir combien on me regarderait »[215]. Elle sait qu'elle ne passera pas inaperçue et se réjouit par avance de l'effet qu'elle va produire. Déjà la scène d'habillage, qui précédait sa sortie, révélait son caractère :

> À cet aspect, Toinon et moi nous perdîmes d'abord toutes deux la parole, moi d'émotion de joie, elle de la triste comparaison qu'elle fit de ce que j'allais être à ce qu'elle serait : elle aurait bien troqué son père et sa mère contre le plaisir d'être orpheline au même titre que moi ; elle ouvrait sur mon petit attirail de grands yeux stupéfaits et jaloux et d'une jalousie si humiliée que cela me fit pitié dans ma joie ; j'essayai mon habit le plus modestement qu'il me fut possible, devant un petit miroir ingrat qui ne

---

214 Marivaux, *La Vie de Marianne, op. cit.*, p. 51.
215 *Ibid.*, p. 52.

> me rendait que la moitié de ma figure ; et ce que j'en voyais me paraissait bien piquant.
>
> Je me mis donc vite à me coiffer et à m'habiller pour jouir de ma parure ; il me prenait des palpitations en songeant combien j'allais être jolie : la main m'en tremblait à chaque épingle que j'attachais ; je me hâtais d'achever sans rien précipiter pourtant : je ne voulais rien laisser d'imparfait. Mais j'eus bientôt fini, car la perfection que je connaissais était bien bornée ; je commençais avec des dispositions admirables, et c'était tout[216].

La jalousie de Toinon témoigne de la beauté de l'habit que Marianne revêt et qui, évidemment, met ses grâces naturelles en valeur. Cette dernière qualifie le « petit miroir » de sa chambre d'« ingrat », car il ne lui permet pas de se contempler de la tête aux pieds. Les réactions physiologiques qu'elle éprouve – palpitations, tremblements de la main – traduisent l'intensité de son amour-propre, l'attention portée à la manière dont les agitations du cœur et de l'esprit s'incarnent dans le corps étant, par ailleurs, caractéristique de l'écriture moraliste. Apprêtée comme elle ne l'a jamais été auparavant, elle est aussi impatiente qu'elle l'aurait été le jour d'un grand événement. Ainsi, en dépit d'une certaine maladresse due à son inexpérience, Marianne va pourtant séduire ceux dont elle croise le chemin :

> Je sortis donc toute seule, un peu embarrassée de ma contenance, parce que je m'imaginais qu'il y en avait une à tenir, et qu'étant jolie et parée, il fallait prendre garde à moi de plus près qu'à l'ordinaire. Je me redressais, car c'est par où commence une vanité novice ; et autant que je puis m'en ressouvenir, je ressemblais assez à une aimable petite fille, toute fraîche sortie d'une éducation de village, et qui se tient mal, mais dont les grâces encore captives ne demandent qu'à se montrer.
>
> Je ne faisais pas valoir non plus tous les agréments de mon visage : je laissais aller le mien sur sa bonne foi, comme vous le disiez plaisamment l'autre jour d'une certaine dame. Malgré cela, nombre de passants me regardèrent beaucoup, et j'en étais plus réjouie que surprise, car je sentais fort bien que je le méritais ; et sérieusement il y avait peu de figures comme la mienne, je plaisais au cœur autant qu'aux yeux, et mon moindre avantage était d'être belle[217].

---

216 *Ibid.*, pp. 49-50.
217 *Ibid.*, p. 52.

Bien qu'elle ne sache pas encore faire valoir toutes ses grâces, elle parvient non seulement à séduire, mais aussi à toucher : « [J]e plaisais au cœur autant qu'aux yeux ». Au demeurant, on ne peut pas dire qu'elle fasse preuve de modestie : « [J]e sentais fort bien que je le méritais », écrit-elle, et « il y avait peu de figures comme la mienne » précise-t-elle, avant de conclure que son « moindre avantage était d'être belle ». Marianne est jolie, elle le sait et veut le montrer, mais elle est aussi plus qu'une jolie fille à ravir les yeux : c'est sans doute à sa noblesse supposée, à sa vertu et à son intégrité que pense la narratrice, si bien que sa coquetterie procède plus généralement de son amour-propre. Une telle autolâtrie paraît s'accorder difficilement avec une « vanité novice », mais semble plutôt révéler son caractère, comme le montre la scène de l'église où, loin d'être ingénue, Marianne sait se mettre en valeur :

> Je vous ai dit que j'allai à l'église, à l'entrée de laquelle je trouvai de la foule ; mais je n'y restai pas. Mon habit neuf et ma figure y auraient trop perdu ; et je tâchai, en me glissant tout doucement, de gagner le haut de l'église, où j'apercevais du beau monde qui était à son aise. [...]
>
> La place que j'avais prise me mettait au milieu du monde dont je vous parle. Quelle fête ! C'était la première fois que j'allais jouir un peu du mérite de ma petite figure. J'étais toute émue de plaisir de penser à ce qui allait en arriver, j'en perdais presque haleine ; car j'étais sûre du succès, et ma vanité voyait venir d'avance les regards qu'on allait jeter sur moi.
>
> Ils ne se firent pas longtemps attendre. À peine étais-je placée, que je fixai les yeux de tous les hommes. Je m'emparai de toute leur attention ; mais ce n'était encore là que la moitié de mes honneurs, et les femmes me firent le reste.
>
> Elles s'aperçurent qu'il n'était plus question d'elles, qu'on ne les regardait plus, que je ne leur laissais pas un curieux, et que la désertion était générale. [...]
>
> Quoi qu'il en soit, cette petite figure dont on avait refusé de tenir compte, et devant qui toutes les autres n'étaient plus rien, il fallut en venir à voir ce que c'était pourtant, et retourner sur ses pas pour l'examiner, puisqu'il plaisait au caprice des hommes de la distinguer, et d'en faire quelque chose.
>
> Voilà donc mes coquettes qui me regardent à leur tour, et ma physionomie n'était pas faite pour les rassurer : il n'y avait rien de si ingrat que l'espérance d'en pouvoir médire ; et je n'avais, en vérité, que des grâces au service de leur colère[218].

---

218 *Ibid.*, pp. 58-61.

Tout d'abord, Marianne est parfaitement consciente de la nécessité de se placer de manière stratégique parmi la foule des fidèles, afin non seulement de se faire voir, mais aussi, sans doute, de se faire remarquer par un gentilhomme. Pour quelle autre raison irait-elle s'asseoir au sein du « beau monde » si ce n'est l'espérance de conquérir un cœur ? À moins que cette conduite ne soit ici le comble de la coquetterie : quoi de plus valorisant, en effet, pour elle que d'attirer toute l'attention de la haute société ? En témoigne, dans ce passage, un élément stylistique caractéristique de Marivaux : comme le remarque Jean Rousset, « [t]out autre eût écrit : je voyais venir [d'avance les regards qu'on allait jeter sur moi] »[219] au lieu de « ma vanité voyait venir [...] ». Préférer un substantif abstrait à un pronom personnel sujet permet au romancier de se faire moraliste en assimilant « le personnage à sa seule vanité »[220]. En d'autres termes, Marianne est présentée comme le narcissisme incarné. D'ailleurs, ce sentiment constitue l'essence même du personnage féminin marivaudien, chez lequel se distinguent « deux sortes d'esprit » : d'une part, « celui qui nous sert à raisonner » et, d'autre part, celui « que la vanité de plaire nous donne, et qu'on appelle, autrement dit, la coquetterie », défini par Marivaux comme « un enfant de l'orgueil qui naît tout élevé », auquel on peut « enseigner des grâces et l'aisance », mais qui « n'apprend que la forme, et jamais le fond »[221]. Cette idée selon laquelle la coquetterie serait innée chez la femme est un emprunt de Marivaux à la pensée morale de l'âge classique et, sans doute plus précisément, à Dufresny[222], dans la mesure où la scène offre un lieu privilégié pour révéler ce caractère : comme au théâtre, Marivaux montre donc la coquette en action, mais le roman lui permet d'élargir l'espace scénique et le récit rétrospectif favorise l'approfondissement de l'analyse morale.

À l'église, Marianne ne manque pas son effet, puisqu'elle capte presque instantanément tous les regards : masculins d'abord, féminins ensuite et par contrecoup. En effet, comme elle l'explique, les coquettes finissent par la distinguer, parce qu'elle devient le centre d'intérêt de ceux qui leur prêtaient attention avant qu'elle ne fasse son entrée. Objet de tous les regards, Marianne se donne alors en spectacle, afin de soutenir l'attention de son public :

---

219   Jean Rousset, *Narcisse romancier, op. cit.*, p. 107.
220   *Id.*
221   Marivaux, *La Vie de Marianne, op. cit.*, p. 59.
222   Voir *ibid.*, p. 59, n. 1.

> De temps en temps, pour les tenir en haleine, je les régalais d'une petite découverte sur mes charmes ; je leur en apprenais quelque chose de nouveau, sans me mettre pourtant en grande dépense. Par exemple, il y avait dans cette église des tableaux qui étaient à une certaine hauteur : eh bien ! j'y portais ma vue, sous prétexte de les regarder, parce que cette industrie-là me faisait le plus bel œil du monde.
>
> Ensuite, c'était ma coiffe à qui j'avais recours ; elle allait à merveille, mais je voulais bien qu'elle allât mal, en faveur d'une main nue qui se montrait en y retouchant, et qui amenait nécessairement avec elle un bras rond, qu'on voyait pour le moins à demi, dans l'attitude où je le tenais alors[223].

À quinze ans et demi, Marianne maîtrise déjà parfaitement l'art de plaire : au moyen d'une action – contempler des tableaux – ou d'un geste – replacer une coiffe –, en apparence naturels et innocents, mais en vérité étudiés, elle met en valeur quelques-uns de ses agréments : un « bel œil », « une main nue », « un bras rond ». Bref, tout est soigneusement pensé et exécuté afin de produire l'effet attendu. Mais alors qu'elle attire tous les regards et qu'elle se soucie uniquement du soin de les conserver, Marianne va à son tour porter son attention sur l'un de ses admirateurs et c'est à ce moment précis que survient « la naissance de l'amour » : « *Être aimable*, c'est-à-dire se laisser aimer, va faire place à une activité du cœur orientée vers les élus, le jeune premier d'abord, sa mère ensuite »[224]. Cependant, comme le note encore Jean Rousset, « à côté de la nouvelle Marianne découvrant la tendresse, continue de vivre l'ancienne, cette coquette qui appartient à un fond permanent du personnage marivaudien : pendant que le cœur de l'une ne se détournera plus de Valville, l'autre ne se perdra jamais de vue, jusqu'au jour où, se retournant exclusivement sur elle-même et sur son passé, elle rédigera cette autobiographie complaisante »[225].

Toutefois, si Marianne est bien l'incarnation de la coquetterie, que partage-t-elle vraiment avec ses devancières au théâtre ? Tout d'abord, comme elles, Marianne a plusieurs soupirants : Climal est le premier d'entre eux, Valville, le deuxième, M. Villot, le troisième – quoiqu'il soit en vérité imposé à Marianne – et un officier que, peut-être, elle épousa. En outre, certains de ses prétendants

---

[223] *Ibid.*, p. 62.
[224] Jean Rousset, *Narcisse romancier, op. cit.*, pp. 107-108 ; c'est l'auteur qui souligne.
[225] *Ibid.*, p. 108.

se rencontrent à plusieurs reprises, tels Climal et Valville, et elle est fiancée à Valville lorsqu'on lui présente M. Villot : tout cela pourrait provoquer des scènes de rivalité, mais Marivaux préfère l'effet de la surprise à l'action (des personnages figés, car stupéfaits), l'insulte et le mépris à la querelle. Au surplus, à la différence des coquettes de théâtre, à aucun moment Marianne n'entretient plusieurs intrigues à la fois. Certes, elle a accepté les présents de Climal lorsqu'elle rencontre Valville, mais elle ne s'est nullement engagée avec le dévot. Enfin, contrairement à ses devancières, au lieu d'essayer de nuire à sa rivale, Mlle Varthon, en menant diverses intrigues, Marianne se plaint de son sort, adresse des reproches à son ennemie, la démêle et la confond, puis démasque l'infidèle[226]; mais jamais elle ne s'abaisse à dénoncer les amants. Ignorant la vengeance, elle fait preuve de grandeur d'âme, cette magnanimité concourant surtout à construire l'image embellie qu'elle cherche à donner d'elle-même. Cependant, si Marivaux n'exploite pas dramatiquement la rivalité entre les deux femmes, il emprunte un thème que l'on retrouve notamment au théâtre, celui des « rivales confidentes »[227]. De ce fait, Marivaux reprend le type de la coquette, mais il le modifie également en profondeur. Marianne est certes un personnage de comédie, dans la mesure où elle « a deviné très tôt que tout est théâtre » et, à cet égard, elle « dispose sans apprentissage d'une gamme suffisante de rôles »[228]. En même temps, elle est aussi un personnage qui, contrairement aux coquettes de comédie, recourt à une palette émotionnelle plus vaste, permettant à Marivaux de dépasser la dimension satirique propre à la tradition théâtrale et de réhabiliter la coquetterie qui n'est pas tant un vice qu'un sentiment naturel, indissociablement lié à l'élévation morale vers laquelle elle tend.

Tandis que Marivaux en fait l'héroïne de son roman, chez Duclos, la coquette est un personnage parmi d'autres, beaucoup plus rapidement esquissé, qui présente plusieurs traits communs avec la Célimène de Molière. De fait, le personnage de Mme Lery possède l'art de mener plusieurs intrigues de front et de garder auprès d'elle ceux qui viennent à se lasser de son manège. Aux dires du narrateur, ce ne sont pas trois ou quatre amants qu'elle amuse, mais une trentaine dont une « demi-douzaine » passent leur temps à ses côtés où ils applaudissent et encouragent son esprit médisant :

---

226 Voir Marivaux, *La Vie de Marianne, op. cit.*, pp. 367-368, 387-394, 401-406.
227 *Ibid.*, p. 369, n. 1.
228 Jean Dagen, « Préface », dans Marivaux, *La Vie de Marianne*, Paris, Gallimard, coll. « Folio classique », 1997, p. 37.

Nous nous trouvions toujours chez Mme de Lery une demi-douzaine d'amants, et ce n'était pas le quart des prétendants. Elle était vive, parlant avec facilité et agrément, extrêmement amusante, et par conséquent médisante. Elle plaisantait assez volontiers tous ceux qui l'entouraient ; mais elle déchirait impitoyablement les absents, et les chargeait de ridicules d'autant plus cruels qu'ils étaient plus plaisants. Il est rare que les absents trouvent des défenseurs, et l'on n'applaudit que trop lâchement aux propos étourdis d'une jolie femme. J'ai toujours été assez réservé sur cette matière ; mais l'homme le plus en garde n'est jamais parfaitement innocent à cet égard[229].

À ce portrait, on reconnaît aisément le souvenir de Célimène qui, elle aussi, excellait dans l'art du portrait-charge, le trait d'esprit l'emportant sur le souci de vérité pour mieux briller au sein d'une petite cour. Cependant, à la différence de Molière qui montre la coquette à l'œuvre, peignant les uns après les autres Damon, Timante, Géralde, Bélise, Adraste, Cléon, Damis et Alceste, pour le plus grand plaisir de ses auditeurs, Duclos, lui, décrit comment la coquette exerce son esprit médisant, mais il ne la donne pas à voir. En cela, Duclos ne cherche pas tant à tirer de la coquette un ressort dramatique qu'à exemplifier, une fois de plus, un type bien connu de la caractérologie classique.

Quant à Mme de Sezanne, que le héros rencontre après son aventure avec l'italienne Marcella, il ne s'agit probablement pas d'une véritable coquette, bien que le terme apparaisse dans le texte. Si elle est « jeune, belle, bien faite et nouvellement mariée »[230], elle entretient une relation de deux mois avec le comte de *** avant qu'il ne s'aperçoive de sa supposée coquetterie. L'hyperbole « mille amants s'empressèrent autour d'elle » révèle la jalousie du comte qui « trouv[e] qu'elle se prêt[e] avec trop de facilité à toutes les agaceries qu'on lui fai[t] »[231]. En réalité, Mme de Sezanne n'est coquette qu'à travers le regard du narrateur qui, par ailleurs, finit par lui rendre justice : « Ce qu'il y a de singulier, c'est qu'elle n'a jamais pris d'autre amant ; le public l'a toujours regardée comme un caractère fort opposé à la coquetterie, et elle m'a paru depuis à moi-même mériter le jugement du public »[232]. Par conséquent, à la différence de Marivaux qui montre avec Marianne la petite comédie à laquelle se livre la coquette, Duclos décrit la jalousie d'un amant plus habitué à la « constance

---

229 Duclos, *Les Confessions, op. cit.*, p. 89.
230 *Ibid.*, p. 62.
231 *Ibid.*, p. 63.
232 *Ibid.*, pp. 63-64.

espagnole » et à la « passion italienne » qu'à « la légèreté et la galanterie française »[233]. La coquette est le fantasme sur lequel se cristallise la jalousie du narrateur. Enfin, contrairement au théâtre où les points de vue multiples permettent de nuancer les portraits – Philinte ne voit pas Célimène de la même manière qu'Alceste –, le roman-mémoires rend compte d'un caractère à partir d'un unique point de vue.

Le type de la coquette en appelle un autre tout aussi connu et qui lui fait pendant : celui du petit-maître. Dans le *Recueil de ces messieurs*, Caylus en propose ce portrait qui fait la synthèse de toute une tradition d'analyse morale :

> [L]'histoire d'une coquette est l'histoire de toutes les coquettes ; et les incidents de la vie d'un petit-maître sont les mêmes que ceux qui sont arrivés et qui arriveront toujours à ceux qui courent cette brillante carrière.
>
> Aussi vivent-ils (chacun de son sexe) à peu près sur les mêmes fonds ; leur conduite roule sur le même pivot, le mécanisme de l'un est le mécanisme de l'autre. Une grande légèreté, une étourderie continuelle, beaucoup de perfidie sans remords, une source inépuisable d'amour-propre et de mépris réciproque, voilà les moyens généraux qui font mouvoir les deux machines. Le tableau d'une coquette est toujours le digne pendant de celui d'un petit-maître ; l'un et l'autre rendent les traits (à quelques nuances près) de toutes les coquettes et de tous les petits-maîtres nés et à naître ; il en est d'eux comme de la confession des honnêtes gens ; elle ne diffère que par le plus ou moins de fois[234].

Tout comme la coquette, le petit-maître est donc un type dont les avatars ont en partage un ensemble de traits communs qui en font, suivant l'expression de Caylus, une « machine » extrêmement reconnaissable. C'est d'ailleurs à ce titre que le petit-maître correspond à un emploi au théâtre. Frédéric Deloffre a relevé une soixantaine de pièces où figure le personnage[235], dont onze de

---

233   *Ibid.*, p. 64.
234   [Caylus *et al.*], « À deux de jeu. Histoire racontée », dans *Recueil de ces messieurs*, Amsterdam, Les Frères Westein, 1745, pp. 56-58 ; nous modernisons.
235   Voir Marivaux, *Le Petit-Maître corrigé*, éd. Frédéric Deloffre, Genève/Lille, Droz/Giard, coll. « Textes littéraires français », 1955, pp. 44-85. Les pièces citées aux pages 86-87 concernent le personnage du fat et non celui du petit-maître.

1685 à 1697[236] et quarante-cinq de 1700 aux environs de 1770[237], époque où le petit-maître disparaît au profit du fat[238]. Bien que Frédéric Deloffre considère *Le Rendez-vous des Tuileries, ou le Coquet dupé* (1685) de Baron comme la première comédie introduisant le personnage du petit-maître, même si le terme n'apparaît que l'année suivante dans *L'Homme à bonnes fortunes* du même auteur[239], Molière en « immortalisa les devanciers [quelques années] plus tôt avec [leurs] 'talons rouges' »[240]. On pense, par exemple, au personnage d'Oronte dans *Le Misanthrope*, aux petits marquis applaudissant aux portraits médisants de Célimène, dans la même pièce, ou encore à Trissotin dans *Les Femmes savantes*. Dans tous les cas, le petit-maître a, semble-t-il, été introduit au théâtre avant de l'avoir été dans le roman : « [L]es petits-maîtres échappèrent aux mémorialistes et aux pamphlétaires, pour devenir le gibier commun des auteurs comiques, des satiriques et des moralistes, avant d'être celui des romanciers et des journalistes »[241].

C'est donc en reprenant la tradition dramatique et morale que Crébillon, dans *Les Égarements*, met en scène plusieurs petits-maîtres. Le narrateur, Meilcour, y décrit Versac comme « le plus audacieux petit Maître qu'on eût

---

236 *Le Chevalier à la mode* (1687), *La Femme d'intrigues* (1692) et *L'Impromptu de garnison* (1692) de Dancourt, *L'Homme à bonnes fortunes* (1690), *Le Distrait* (1697) de Regnard, *Le Caffé* (1694) de Jean-Baptiste Rousseau, *Les Dames vengées* (1695) de Donneau de Visé, *La Foire Saint-Germain* (1695) de Regnard et Dufresny, etc.

237 Pour n'en citer que quelques-unes : *Le Retour imprévu* (1700) de Regnard, *Le Petit-Maître de campagne, ou le Vicomte de Génicourt* (1701), *Le Petit-Maître de robe* de Nicolas Boindin, *Les Petits-Maîtres* (1712) de Lesage, *L'Écolier petit-maître, ou M. Nigaudinet* (1714) de Denis Carolet, *L'Obstacle imprévu* (1717) de Destouches, *Les Petits-Maîtres* (1719) de Juste Van Effen, *L'Indiscret* (1725) de Voltaire, *Le Petit-Maître corrigé* (1734) de Marivaux, *Le Préjugé à la mode* (1735) de Nivelle de La Chaussée, *L'École des petits-maîtres* (1740) de Charles Coypel, *Le Méchant* (1747) de Gresset, *Le Petit-Maître en province* (1765) d'Harny de Guerville.

238 Voir Frédéric Deloffre, « Introduction », dans Marivaux, *Le Petit-Maître corrigé, op. cit.*, p. 85. On ne saurait donc s'accorder avec Philippe Laroch qui inclut dans son décompte les pièces où le fat a pris le relai du petit-maître (voir *Petits-Maîtres et roués : évolution de la notion de libertinage dans le roman français du XVIIIᵉ siècle*, Québec, Les Presses de l'Université Laval, 1979, p. 19).

239 Voir Frédéric Deloffre, « Introduction », dans Marivaux, *Le Petit-Maître corrigé, op. cit.*, p. 15.

240 Philippe Laroch, *Petits-Maîtres et roués, op. cit.*, p. 19.

241 Frédéric Deloffre, « Introduction », dans Marivaux, *Le Petit-Maître corrigé, op. cit.*, pp. 21-22.

jamais vu » et le marquis de Pranzi comme un « homme à la mode, élève et copie éternelle de Versac »[242]. Cependant, la seule apparition de Pranzi chez Mme de Lursay montre qu'il est très loin du modèle qu'on lui assigne. Introduit par Versac, il est volontairement présenté par celui-ci comme « une ancienne connaissance » et « un vieux ami » de Mme de Lursay, insinuant ainsi l'existence d'une ancienne liaison entre eux : « Quand on a, pour ainsi dire, vu naître les gens, qu'on les a mis dans le monde, on a beau les perdre de vue, on s'intéresse à eux, on est toujours charmé de les retrouver »[243]. Le dessein de Versac est non seulement de dévoiler à Meilcour la relation passée entre Mme de Lursay et Pranzi, mais aussi de dégrader la marquise aux yeux du jeune homme en lui présentant ce personnage infatué. Ce double projet est couronné de succès : « [J]e conclus sur-le-champ, de son silence, et de son air humilié, que Pranzi était infailliblement un de mes prédécesseurs »[244], confie le narrateur. Après avoir porté un premier coup à sa rivale, Versac poursuit ainsi :

> Devineriez-vous bien, Madame, dit-il à Madame de Lursay, d'où j'ai tiré Pranzi aujourd'hui, où cet infortuné allait passer sa soirée ? Eh paix ! interrompit Pranzi ; Madame connaît, ajouta-t-il d'un air railleur, mon respect, et si je l'ose dire, mon tendre attachement pour elle. Je me souviens de ses bontés, et je n'aurais point résisté à Versac, si j'avais pu croire qu'elle me les eût conservées. Discours poli, dit Versac, et qui ne détruit rien de ce que je voulais dire : en honneur, il allait souper tête-à-tête avec la vieille Madame de ***. Ah mon Dieu ! s'écria Madame de Senanges, est-il vrai, Pranzi ? quelle horreur ! Madame de *** ! mais cela a cent ans ! Il est vrai, Madame, reprit Versac, mais cela ne lui fait rien, peut-être même la trouve-t-il trop jeune ; quoi qu'il en soit, ce que je sais et quelques autres aussi, c'est que vers cinquante ans, on ne lui déplaît pas ?[245]

Cette révélation a pour fonction d'avilir la réputation du petit-maître, réduit à avoir une relation avec une femme dont la conquête ne saurait contribuer à ses succès mondains. Les exclamations de Mme de Senanges – « Ah mon Dieu ! », « quelle horreur ! », « mais cela a cent ans ! » – concourent également à la dégradation de cette réputation et, par contrecoup, à celle de Mme de Lursay. L'hyperbole et le pronom démonstratif neutre « cela », qui a une valeur désexualisante, témoignent du mépris de Mme de Senanges pour la vieille

---

242   Crébillon, *Les Égarements*, *op. cit.*, pp. 131, 149.
243   *Ibid.*, p. 150.
244   *Ibid.*, p. 151.
245   *Ibid.*, pp. 151-152.

Mme de *** à laquelle elle refuse le statut même de sujet. Aussi méprisable que Pranzi puisse paraître, son comportement ne dément nullement son portrait : servile exécutant de Versac, il passe la soirée à « traiter familièrement » avec Mme de Lursay, lui tenant des « propos indécents, équivoques et familiers », « la pressa[nt] assez haut de lui rendre des bontés qui, disait-il, lui devenaient plus nécessaires que jamais »[246]. Si le narrateur précise que le petit-maître accapare la parole pendant tout le souper, il ne rapporte qu'une seule réplique du personnage qui suffit néanmoins à montrer son attitude condescendante à l'égard d'une femme que le public croit en commerce avec Versac : « Oui ! elle est jolie, dit Pranzi, cela est vrai, mais cela est obscur : c'est une femme de fortune, cela n'a point de naissance, ne convient pas à un homme d'un certain nom ; il faut surtout dans le monde garder les convenances. L'homme de la Cour le plus désœuvré, le plus obéré même, serait encore blâmé, et à juste titre, de faire un pareil choix »[247]. Comme le remarquent Michel Gilot et Jacques Rustin[248], on retrouve le pronom neutre – « cela » – que Mme de Senanges utilisait peu de temps auparavant pour marquer son mépris à l'égard de Mme de ***. Or, quand on sait que Pranzi est « noble à peine »[249], on saisit l'impudence de ce personnage dont l'origine n'est guère plus illustre que celle qu'il dénigre. L'attitude de la jeune Hortense atteste également du peu de cas qu'elle fait de ce petit-maître tout aussi méprisant que méprisable : « Pour Monsieur de Pranzi qui s'avisa aussi de lui donner des marques d'attention, elle ne daigna seulement pas témoigner qu'elle s'aperçût de sa présence »[250]. Finalement, le portrait qu'en dresse le narrateur résume parfaitement la nature foncièrement déplaisante du personnage :

> C'était un homme qui, noble à peine, avait sur sa naissance cette fatuité insupportable même dans les personnes du plus haut rang, et qui fatiguait sans cesse de la généalogie la moins longue que l'on connût à la Cour. Il faisait avec cela semblant de se croire brave ; ce n'était pas cependant ce sur quoi il était le plus incommode, quelques affaires, qui lui avaient mal tourné, l'avaient corrigé de parler de son courage à tout le monde. Né sans esprit comme sans agréments, sans figure, sans biens,

---

246 *Ibid.*, pp. 155, 156, 160.
247 *Ibid.*, p. 154.
248 Voir *ibid.*, p. 152, n. 90. Il y a bien répétition du pronom neutre, mais dans « cela est obscur », le pronom ne renvoie pas à la femme comme dans l'occurrence suivante, et met plutôt en cause l'origine sociale.
249 *Ibid.*, p. 151.
250 *Ibid.*, p. 153.

> le caprice des femmes et la protection de Versac en avaient fait un homme à bonnes fortunes, quoiqu'il joignît à ses autres défauts le vice bas de dépouiller celles à qui il inspirait du goût. Sot, présomptueux, impudent, aussi incapable de bien penser que de rougir de penser mal ; s'il n'avait pas été un fat (ce qui est beaucoup à la vérité), on n'aurait jamais su ce qui pouvait lui donner le droit de plaire[251].

Pranzi semble renfermer en sa seule personne tous les défauts des petits-maîtres : dépourvu d'attraits, suffisant, outrecuidant et profiteur, il est au surplus qualifié d'« homme à bonnes fortunes », type à partir duquel certains dramaturges ont également construit des comédies à part entière, comme *L'Homme à bonnes fortunes* (1686) de Baron, qui est entièrement « consacrée à un personnage de petit-maître », *Le Chevalier à la mode* (1687) de Dancourt, où le « chevalier de Villefontaine, dont la noblesse est fort suspecte est un coureur de dot »[252], ou encore *L'Homme à bonnes fortunes* (1690) de Regnard. Mais si Pranzi partage les vices de certains petits-maîtres de théâtre, dont le caractère se confond parfois avec celui de l'homme à bonnes fortunes, il tient pourtant un rôle presque insignifiant dans *Les Égarements* où il apparaît avant tout comme un moyen de tourmenter Mme de Lursay. Élément perturbateur, il contribue à rendre la marquise encore plus méprisable aux yeux de Meilcour, mais il n'est qu'une « machine » et, en l'occurrence, une pâle réplique de son mentor Versac.

Ce dernier, en effet, s'affirme comme le petit-maître par excellence et joue un rôle important dans le roman. Aussi le portrait qu'en fait Meilcour, lors de leur première rencontre, contraste-t-il nettement avec celui de Pranzi :

> Versac, de qui j'aurai beaucoup à parler dans la suite de ces Mémoires, joignait à la plus haute naissance l'esprit le plus agréable et la figure la plus séduisante. Adoré de toutes les femmes qu'il trompait et déchirait sans cesse, vain, impérieux, étourdi, le plus audacieux petit Maître qu'on eût jamais vu, et plus cher peut-être à leurs yeux par ces mêmes défauts, quelque contraires qu'ils leur soient : quoi qu'il en puisse être, elles l'avaient mis à la mode dès l'instant qu'il était entré dans le monde, et il était depuis dix ans en possession de vaincre les plus insensibles, de fixer les plus coquettes, et de déplacer les Amants les plus accrédités ; ou s'il lui était arrivé de ne pas réussir, il avait toujours su tourner les choses si bien

---

251   *Ibid.*, p. 151.
252   Frédéric Deloffre, « Introduction », dans Marivaux, *Le Petit-Maître corrigé, op. cit.*, pp. 44-45.

à son avantage, que la Dame n'en passait pas moins pour lui avoir appartenu. Il s'était fait un jargon extraordinaire qui tout apprêté qu'il était, avait cependant l'air naturel. Plaisant de sang-froid et toujours agréable, soit par le fond des choses, soit par la tournure neuve dont il les décorait, il donnait un charme nouveau à ce qu'il rendait d'après les autres, et personne ne redisait comme lui ce dont il était l'inventeur. Il avait composé les grâces de sa personne comme celles de son esprit, et savait se donner de ces agréments singuliers qu'on ne peut ni attraper, ni définir. Il y avait cependant peu de gens qui ne voulussent l'imiter, et parmi ceux-là, aucun qui n'en devînt plus désagréable ; il semblait que cette heureuse impertinence fût un don de la nature, et qu'elle n'avait pu faire qu'à lui. [...] Vêtu superbement, il l'était toujours avec goût et avec noblesse, et il avait l'air Seigneur, même lorsqu'il l'affectait le plus[253].

Homme de cour et, de ce fait, consommé dans l'art de plaire, Versac est un petit-maître de haute extraction, séduisant, aimable et redoutable, le superlatif « le plus audacieux » marquant sa stature hors norme, inimitable en son genre, car incarnant l'idée même de petit-maître au-delà de toute comparaison. Considéré comme le « premier des conquérants »[254], il devient presque un type à lui seul, une sorte de « Héros »[255], comme en témoigne la nominalisation qu'opère Mme de Senanges : « Peut-on savoir, lui demanda-t-elle, d'où vient le Versac ? »[256] Il se caractérise également par la médisance et la menace qu'il constitue pour celles qu'il entreprend de tourmenter ou dont il veut contrecarrer les projets. Ainsi, lorsqu'il entre en scène pour la première fois chez Mme de Meilcour, il calomnie une certaine Comtesse et Mme de Lursay[257] ; quand il comprend ensuite les desseins de cette dernière à l'égard de Meilcour, il s'ingénie à la discréditer aux yeux du jeune homme[258]. Principal opposant de Mme de Lursay, il remplit une fonction essentielle dans le récit et c'est pourquoi, si Versac partage avec les petits-maîtres de théâtre certains traits, Crébillon approfondit ce caractère en lui conférant une dimension plus grave et une stature autrement plus imposante. La longue leçon qu'il donne à Meilcour relève même d'un esprit de « Philosophe », capable d'un retour réflexif et critique sur lui-même, regrettant d'être « né si différent » de ce qu'il paraît

---

253   Crébillon, *Les Égarements*, op. cit., pp. 131-132.
254   *Ibid.*, p. 152.
255   *Ibid.*, p. 153.
256   *Id.*
257   Voir *ibid.*, pp. 132-134.
258   Voir *ibid.*, pp. 149-165.

et d'être condamné « au tourment de [s]e déguiser sans cesse »[259]. Crébillon en fait donc un personnage supérieur, plus subtil et plus profond, acteur d'une société du spectacle, qui lui doit certes de nouveaux ridicules qu'il met en vogue, mais dont il sait également analyser les rouages de manière à donner du rôle qu'il y tient une vision désenchantée. Admirateur de ce petit-maître d'exception, Meilcour en sera le disciple et la « copi[e] gauch[e] »[260] avant d'en devenir le rival : on ne verra pas le séducteur à l'œuvre, mais on peut imaginer le parcours de ce futur petit-maître qui, comme l'annonce la préface, sera finalement « rendu à lui-même »[261]. Mais qu'il s'agisse de Pranzi qui est médiocre, de Versac qui est d'une essence supérieure ou de Meilcour, qui est en devenir, ces trois petits-maîtres illustrent les inflexions possibles que connaît ce type chez Crébillon, qui reprend la tradition dramatique et morale pour mieux, encore une fois, servir son projet de réformer le roman en le rendant, « comme la Comédie, le tableau de la vie humaine »[262].

Prétendus médecins et faux malades

Les prétendus médecins et les faux malades appartiennent à une longue tradition littéraire dont le fabliau du *Vilain Mire*, au XIIIe siècle, est sans doute l'une des illustrations les plus connues[263]. Ce fabliau est l'histoire d'un paysan jaloux qui bat sa femme tous les matins, afin de tenir éloignés d'éventuels prétendants pendant qu'il travaille dans les champs. Un jour, son épouse fait croire à deux messagers en quête d'un médecin pour la fille du roi que son mari est docteur, mais qu'il est fait de telle sorte qu'on doit le battre pour en obtenir quelque chose. Ce thème était promis à une belle fortune, car Molière, par exemple, l'a repris dans son *Médecin malgré lui*. Du reste, les farces recourent volontiers, elles aussi, aux prétendus médecins et aux faux malades. Dans l'*Amoureux*, Alison feint d'être malade pour faire sortir son mari qui manque de la surprendre au lit avec son amant et à qui elle confie le soin d'emmener son urine au médecin[264]. Dans *Le Badin, la femme et la chambrière*, le badin se déguise en médecin pour ausculter sa femme et découvrir « ses fredaines passées »[265] avec

---

259   *Ibid.*, pp. 209 (« Philosophe »), 214.
260   *Ibid.*, p. 132.
261   *Ibid.*, p. 72.
262   *Ibid.*, p. 69.
263   Voir *Le Vilain Mire*, dans *Fabliaux*, trad. Gilbert Rouger, Paris, Gallimard, coll. « Folio classique », 1978, pp. 40-46.
264   Voir Bernard Faivre, *Répertoire des farces françaises : des origines à Tabarin*, Paris, Imprimerie nationale, coll. « Le spectateur français », 1993, pp. 39-40.
265   *Ibid.*, p. 64.

son amant et médecin. La comédie française du XVIIe siècle s'empare à son tour de ces médecins usurpateurs et de ces malades simulateurs[266], que l'on observe à l'œuvre dans *Francion* (1642) de Gillet de la Tessonerie, *Le Médecin volant* (1659), *L'Amour médecin* (1665), *Dom Juan, ou le Festin de Pierre* (1665), *Le Médecin malgré lui* (1666), *Monsieur de Pourceaugnac* (1669) et *Le Malade imaginaire* (1673) de Molière, *La Désolation des filoux* (1662) de Chevalier, *Le Médecin volant* de Boursault (1665), *Crispin médecin* (1670) de Hauteroche, *Le Festin de Pierre* (1677) de Thomas Corneille, ou encore *La Dame médecin* (1678) de Montfleury.

Au surplus, le type du faux malade comprend soit le personnage qui feint une maladie, soit le malade imaginaire qui croit réellement souffrir d'un mal. Quoi qu'il en soit, ces deux figures propres à la farce et à la comédie migrent tout naturellement dans les romans comiques ou à tonalité comique. Ainsi, au début du XVIIIe siècle, Lesage en introduit dans *Gil Blas* : il y a d'abord le docteur Sangrado (Saigné) qui n'est pas un faux médecin, mais qui « est si expéditif, qu'il ne donne pas le temps à ses malades d'appeler des notaires »[267]. Il livre à son élève Gil Blas « le secret de guérir toutes les maladies du monde », qui consiste en tout et pour tout à « saigner et faire boire de l'eau chaude »[268]. Il le charge d'aller visiter ses malades du Tiers-État, faisant ainsi de lui un faux médecin : « Je pendis au croc une seconde fois mon habit pour en prendre un de mon maître et me donner l'air d'un médecin »[269]. Ces deux personnages œuvrent tant et si bien « qu'en moins de six semaines [ils font] autant de veuves et d'orphelins que le siège de Troie »[270]. Quatre des neufs chapitres du deuxième livre de *Gil Blas* servent la satire de la médecine et des médecins qui sont qualifiés d'« ignorants » et d'« assassins »[271]. Cette satire est d'autant plus caustique que, contrairement aux faux médecins de comédie qui n'auscultent que de faux malades, Gil Blas médecin se rend au chevet de vrais malades dont il cause systématiquement la mort. Le jour où le héros vient à passer par Valladolid plusieurs années après y avoir exercé la médecine sous les auspices du docteur Sangrado, il confie même à son serviteur : « Ma conscience m'en fait de secrets reproches dans ce moment, il me semble que tous les malades

---

266 Voir Irene Pihlström, *Le Médecin et la médecine dans le théâtre comique français du XVIIe siècle*, Stockholm, Almqvist & Wiksell International, coll. « Acta Universitatis Upsaliensis/Studia Romanica Upsaliensia », 1991, p. 61.
267 Lesage, *Histoire de Gil Blas, op. cit.*, livre II, chap. 2, p. 84.
268 *Ibid.*, livre II, chap. 3, p. 88.
269 *Id.*
270 *Ibid.*, livre II, chap. 5, p. 100.
271 *Id.*

que j'ai tués sortent de leurs tombeaux, pour venir me mettre en pièces »[272]. Ce thème du médecin assassin revient incessamment dans l'œuvre de Lesage[273].

À l'instar de Lesage qui exploite dans un roman picaresque le type du faux médecin non seulement pour servir la critique d'une médecine traditionnelle dont la pratique repose sur les mêmes moyens thérapeutiques quels que soient les symptômes du malade, mais aussi, et surtout, pour introduire des scènes de comédie et susciter ainsi le rire du lecteur, Louvet recourt à ce type à plusieurs reprises dans ses *Amours*. On se souvient, par exemple, du docteur Desprez qui ne cesse d'administrer des tisanes à Faublas, du docteur Rosambert qui prépare une potion pour guérir le comte de Lignolle de son impuissance sexuelle, sans oublier les magnétiseurs[274]. Comme dans la comédie où un valet revêt un habit de médecin pour favoriser les amours de son maître ou celles de son donateur[275], dans le roman de Louvet, le « plus ancien et le plus affidé de[s] serviteurs » de la marquise de B***, nommé Dumont, se fait passer pour le docteur Desprez afin que sa maîtresse puisse « veiller sur les jours de son amant » et « le conserver pour [elle] »[276]. Mais la comédie du XVIIe siècle ne recourt pas seulement aux valets et aux servantes pour remplir ce rôle : dans *L'Amour médecin*, Clitandre se déguise en docteur (III, 5-6) et dans *Le Médecin malgré lui*, Léandre se fait passer pour un apothicaire (III, 1 et 6). De même, dans *Les Amours*, le comte de Rosambert joue le rôle d'un médecin afin de rendre un important service à Faublas : sauver l'honneur de sa maîtresse Mme de Lignolle. Quant à Mme Leblanc, il s'agit, dirions-nous aujourd'hui, d'une véritable reconversion professionnelle, puisque le « docteur femelle »[277] n'est autre que la danseuse Coralie que Faublas a connue à l'Opéra. À titre de prophétesse, elle pratique le magnétisme, ce qui équivaut, selon ses dires, à jouer « une comédie publique » : lorsqu'elle découvre pour la première fois la

---

272 *Ibid.*, livre X, chap. 1, p. 466.
273 Outre le docteur Sangrado qui fait mourir le licencié Sedillo (II, 2) et beaucoup d'autres encore, le héros rencontre le docteur Cuchillo (Couteau) contre lequel il se bat (II, 4), les docteurs Andros et Oquetos qui fait mourir le seigneur don Vincent (IV, 3), un médecin et un apothicaire qu'il prend pour « deux manières de petits-maîtres » (*ibid.*, VI, 14, p. 376), ou encore les deux médecins que Tordesillas conduit à son chevet et qu'il décrit comme de « grands serviteurs de la déesse Libitine » (*ibid.*, IX, 8, p. 455).
274 Voir, pour Desprez, Louvet de Couvray, *Les Amours*, *op. cit.*, p. 449-450, 454, 456 ; pour Rosambert, *ibid.*, pp. 965-976, 980-992 ; pour les magnétiseurs, *ibid.*, pp. 515-532.
275 Dans *Le Médecin volant* de Molière, Sganarelle se déguise en médecin à la demande de son maître Valère et, dans *Le Médecin malgré lui*, Léandre paie Sganarelle afin qu'il serve ses amours avec Lucinde.
276 Louvet de Couvray, *Les Amours*, *op. cit.*, pp. 474-475.
277 *Ibid.*, p. 531.

maison des magnétiseurs, ne la trouve-t-elle pas « pleine de malades imaginaires et de prétendus docteurs »[278] ? De fait, elle associe elle-même le magnétisme à une pratique spécieuse dont elle offre d'ailleurs à Faublas et au lecteur une belle démonstration.

Ces trois prétendus docteurs que sont M. Desprez, Mme Leblanc et Rosambert interviennent à chaque fois à un moment critique dans la vie du héros : le premier survient après l'enlèvement de son épouse Sophie à Luxembourg, le deuxième entre en scène lorsque le chevalier fuit Flourvac – l'amant de Mme Desglins –, et le troisième peu de temps après que Faublas a appris la grossesse de sa maîtresse, dont le mariage n'a jamais été consommé. Ces faux médecins animent également de longs épisodes ou des scènes assez étendues : l'épisode d'Hollriss dure un mois et s'étend sur quarante pages où le personnage de Desprez se manifeste régulièrement pendant tout le passage ; l'épisode chez les magnétiseurs ne dure qu'une nuit, mais s'étend sur dix-sept pages ; et les deux scènes où Rosambert médecin se présente chez la comtesse de Lignolle, la première fois pour émettre un diagnostic sur sa maladie et prescrire un remède, la seconde fois pour en constater les effets, ne comptent pas moins de vingt-trois pages[279]. Tous ces épisodes contiennent d'amples scènes de comédie et, dans deux d'entre eux, les prétendus médecins (Mme Leblanc et Rosambert) ont affaire à de faux malades : Faublas, Mlle Robin et Mme de Lignolle. Tous les personnages endossent alors un rôle, le plus drôle étant incontestablement celui du faux médecin. Notons, enfin, que la plupart de ces épisodes sont, d'une certaine manière, saturés de théâtralité : à Hollriss, le baron de Faublas devient M. de Belcourt, Faublas prend le nom de M. de Noirval et la marquise de B*** se transforme en « charmant revenant », en « joli revenant » ou en « revenant femelle »[280]. Au reste, cet épisode s'achève sur une « cruelle pantomime » ou sur ce que Rosambert appelle, de son point de vue, une « galante catastrophe »[281], lorsqu'il viole Mme de B*** en se faisant passer pour Faublas. Ce lexique souligne, s'il en était besoin, la théâtralité de ce récit sur lequel s'achèvent les amours de Faublas et de la marquise, et qui marque le début d'une ère nouvelle pour le chevalier. Saturation ou, du moins, forte théâtralité encore dans les scènes où Rosambert joue le rôle d'un médecin : Faublas est travesti en Mlle de Brumont, le capitaine – frère du comte de

---

278 *Ibid.*, p. 529.
279 Voir pour l'épisode d'Hollriss, *ibid.*, pp. 449-489 ; pour celui chez les magnétiseurs, *ibid.*, pp. 515-532 ; pour les scènes avec Rosambert, *ibid.*, pp. 965-976, 980-992.
280 *Ibid.*, pp. 463-464.
281 *Ibid.*, pp. 472, 484.

Lignolle – est un vrai matamore et, typographiquement, le dialogue est disposé comme celui d'un poème dramatique.

Une fois évoqués les épisodes où interviennent ces prétendus médecins, revenons sur ces derniers et sur leurs faux malades. Tout d'abord, dans l'épisode qui prend place à Luxembourg, on assiste à une première scène de comédie lorsque Faublas, excédé de la tisane de M. Desprez, en verse le contenu sur la tête de celui-ci. Au comique de geste succède une réplique digne d'un médecin de comédie : « Ah ! ah ! dit froidement le petit homme en épongeant sa ronde perruque et son habit court, il y a encore du délire ! »[282] Comme l'exige son rôle, le valet Dumont – qui incarne M. Desprez – utilise un mot appartenant au vocabulaire médical, sans compter que cette scène rappelle également celle où Gil Blas malade renverse la préparation de l'apothicaire sur ce dernier[283]. Un peu plus tard, on apprend que le docteur Desprez s'est opposé au « plus habile médecin de Luxembourg »[284]. Si cette scène de rivalité n'est pas jouée, mais seulement narrée, le lecteur peut néanmoins l'imaginer, dans un contexte où le public connaît fort bien l'exploitation dramatique que Molière a faite de ce type de scène dans son *Amour médecin* (II, 4). Lesage aussi a plusieurs fois tiré parti des ressources comiques de ces scènes dans son roman picaresque : on se souvient, par exemple, de la rixe entre Gil Blas médecin et le docteur Cuchillo et de la dispute entre les docteurs Andros et Oquetos[285]. Le docteur Desprez, on l'a vu, conte également à Faublas une histoire qui rappelle celle du *Médecin malgré lui*, à cette différence près que celle de Desprez s'achève par un drame, alors que la pièce de Molière se termine bien. On assiste alors à un curieux enchevêtrement d'éléments théâtraux parmi lesquels on distingue un type propre à la comédie (le faux médecin) et une histoire qui fait écho au *Médecin malgré* que, par ailleurs, Faublas cite explicitement. En somme, ce faux docteur Desprez, qui a un rôle d'adjuvant dans le récit, revêt une forte charge comique : il constitue avant tout le fil conducteur d'un long épisode où il permet de justifier la présence du « revenant femelle » qui n'est autre que la marquise de B***, tout en procurant à Faublas et au lecteur de « salutaires distractions »[286].

---

282   *Ibid.*, p. 451.
283   Voir Lesage, *Histoire de Gil Blas*, op. cit., livre VII, chap. 16, p. 377.
284   Louvet de Couvray, *Les Amours*, op. cit., p. 454.
285   Voir, pour la dispute entre Gil Blas et Cuchillo, Lesage, *Histoire de Gil Blas*, op. cit., livre II, chap. 4, p. 91 ; pour celle entre les docteurs Andros et Oqutetos, *ibid.*, livre IV, chap. 3, p. 186.
286   Louvet de Couvray, *Les Amours*, op. cit., p. 454.

Outre cet épisode à Hollriss que Desprez anime jusqu'à la « catastrophe » (le viol de Mme de B*** par Rosambert), Louvet introduit dans sa deuxième partie un épisode chez les magnétiseurs. Les prétendus médecins sont Mme Leblanc et ses confrères magnétiseurs et les faux malades sont Faublas et la fille d'une certaine Mme Robin. Le premier dit souffrir de « pléthore » et de « faim dévorante » et réclame « une bouteille de Perpignan et un morceau de dinde aux truffes »[287], la seconde se plaint d'hydropisie et demande un mari. Voici comment la prophétesse opère avec ses patients :

> Jeune Robin, dormez-vous ? Elle répondit d'une voix basse et d'un ton mystérieux : « Oui. — Cependant vous parlez ? — Parce que je suis somnambule. — Qui vous a initiée ? — La prophétesse madame Leblanc et le docteur d'Avo. — Quel est votre mal ? — L'hydropisie. — Le remède ? — Un mari. — Un mari pour l'hydropisie ! dit la mère Robin. — Oui, madame, un mari, la somnambule a raison. — Un mari avant quinze jours, reprit mademoiselle Robin ; [...] Point de ces vieux garçons, maigres, secs, décharnés, édentés, rabougris, vilains, crasseux, infirmes, grondeurs, sots et boiteux. — Boiteux ! interrompit madame Robin ; ah ! cependant il boite ce brave M. Rifflard qui la demande. — Paix, donc, madame Robin, s'écria quelqu'un ; tant que la somnambule parle, il faut écouter sans rien dire. — Fi de ces gens-là, reprit mademoiselle Robin ; ils n'ont d'autre mérite que de prendre une fille sans dot ; ils font trembler une pauvre vierge dès qu'ils parlent de l'épouser. — Ah ! pourtant... — Paix donc, madame. — Mais un jeune homme de vingt-sept ans tout au plus, cheveux bruns, peau blanche, œil noir, bouche vermeille, barbe bleue, visage rond, figure pleine, cinq pieds sept pouces, bien taillé, bien portant, alerte et gai. — Ah ! dit madame Robin, c'est tout le portrait du fils de notre voisin M. Tubeuf, un pauvre diable. Ah ! mon enfant, que n'ai-je de la fortune pour t'établir ! »[288]

Le somnambulisme de Mlle Robin offre à Faublas et au lecteur une scène de charlatanisme digne d'une comédie. Comme Lucile qui contrefait la malade dans *Le Médecin volant* (sc. 5) et Lucinde qui feint d'avoir perdu la parole dans *Le Médecin malgré lui* (II, 4) pour ne pas épouser celui que leur père leur destine, ou encore comme Lucinde qui joue la malade pour obtenir un mari (*L'Amour médecin*, I, 6), Mlle Robin se remet entre les mains de la magnétiseuse

---

287 *Ibid.*, p. 526.
288 *Ibid.*, p. 522.

pour arracher la promesse d'un mariage avec celui qu'elle aime. Au surplus, la réplique « Un mari » de Mlle Robin, qui révèle elle-même le remède à son mal, fait écho à celle de la servante Lisette qui intervient en faveur de Lucinde auprès de Sganarelle[289]. Louvet reprend donc à Molière le comique de répétition et propose une variante burlesque du *topos* de la maladie d'amour, qu'il actualise en regard de la vogue du mesmérisme, l'innovation du romancier résidant dans la mise en scène d'une séance de magnétisme dont le ressort repose sur le somnambulisme. Alors que la malade feint d'être plongée dans un état second, la prophétesse reprend une à une les informations livrées par la somnambule :

> Silence, dit madame Leblanc, le dieu du magnétisme m'a saisie, il me brûle, il m'inspire ! je lis dans le passé, dans le présent, dans l'avenir ! Silence. Je vois dans le passé que la mère Robin nous a envoyé ce soir une dinde aux truffes. — Cela est vrai, répondit-elle. — Paix donc ! madame, lui dit quelqu'un… — Je vois qu'il y a quinze jours elle voulait marier sa fille au vieux garçon Rifflard, qui est infirme, grondeur et boiteux… — Un bien aimable homme cependant. — Paix donc ! madame Robin. — Je vois que la fille Robin a distingué le jeune Tubeuf, cinq pieds sept pouces, bien taillé, bien portant, alerte et gai… — Oui ; mais si pauvre ! si pauvre ! — Paix donc ! madame Robin. — Je vois dans le présent que la mère Robin tient cachés au fond de l'un des tiroirs de sa grande armoire cinq cents doubles… — Mon Dieu ! — Cinq cents doubles… — Mon Dieu ! — Cinq cents doubles… — N'achevez pas. — Cinq cents doubles louis en vingt rouleaux. — Pourquoi l'avoir dit ?… — Mais paix donc ! madame Robin. — De huit rouleaux au moins pour l'établissement de sa fille avec le fils du voisin Tubeuf ; je vois… […] — Ah ! s'écria madame Robin saisie d'épouvante, je la marierai ! Je la marierai la semaine prochaine ! Oui, la semaine prochaine elle épousera ce coquin de Tubeuf[290].

Le magnétisme de Mme Leblanc ressemble étrangement à de la voyance, puisqu'elle dit pouvoir lire « dans le passé, dans le présent, dans l'avenir ». D'ailleurs, sa lecture extralucide des événements relève d'une inspiration et sa première vision, tout à fait triviale – la dinde aux truffes –, donne d'emblée le ton à cette mystification : avant même de recevoir Mme Robin, la prophétesse savait évidemment que cette dernière leur avait envoyé une dinde. La

---

289   Voir Molière, *L'Amour médecin*, dans *Œuvres complètes, tome 1, op. cit.*, I, 3, p. 613.
290   Louvet de Couvray, *Les Amours, op. cit.*, pp. 522-523.

devineresse reprend ensuite l'un après l'autre les éléments fournis par la prétendue malade et dénonce l'avarice d'une mère dont moins de la moitié de la fortune suffirait à établir la fille. Enfin, à l'annonce d'un avenir effrayant – le vol de l'argent de la mère et la perte de l'honneur de la fille –, la magnétiseuse obtient la promesse attendue : « [J]e la marierai la semaine prochaine ! oui, la semaine prochaine elle épousera ce coquin de Tubeuf ». Outre ce « mélange d'effronterie, d'extravagance et de charlatanisme »[291] auquel on assiste, le comique de la scène repose sur la répétition de « Paix donc ! madame Robin » et de ses variantes. À Mme Robin revient uniquement le droit de se taire. Louvet introduit ici une véritable scène de comédie dont les dialogues renforcent incontestablement la théâtralité, dans un contexte où le comique entre au service de la satire d'une pratique thérapeutique telle que le magnétisme animal de Mesmer qui connaît un vif succès dans la seconde moitié du XVIIIe siècle. Comme Molière qui faisait la satire des mœurs et des médecins de son temps, Louvet dénonce à son tour certaines pratiques spécieuses qui renvoient aux faux savoirs en vogue à son époque. La perspective est celle d'un moraliste : près d'un siècle plus tard, rien n'a changé, les gens ne sont guère plus éclairés qu'auparavant et les charlatans continuent de vivre aux dépens d'un public ignorant et crédule. Le personnage de Mme Leblanc en fait d'ailleurs l'aveu à Faublas :

> Chevalier, pour revenir à M. Leblanc, je l'épouse donc. Il m'amène dans cette maison que je trouve pleine de malades imaginaires et de prétendus docteurs. Mon mari, que chaque jour le magnétisme enrichit davantage, m'enseigne la *fameuse doctrine* que je pratique vraiment fort bien, parce qu'elle m'amuse. Tu sais, mon ami, que je suis née rieuse, et que toujours je me suis divertie aux dépens de ceux que j'attrapais. D'ailleurs, on m'éleva pour les tréteaux, et le somnambulisme est presque une comédie publique : d'honneur, au mariage près, ma nouvelle condition ne me déplaît pas. Coralie ne danse plus, mais elle magnétise ; elle prophétise au lieu de déclamer ; tu vois qu'il me reste toujours un rôle à jouer, et que dans le fond je n'ai fait que changer de théâtre[292].

La métaphore théâtrale permet d'assimiler le magnétisme et, plus particulièrement, le somnambulisme à un art de la scène où cette ancienne danseuse de l'Opéra a fait ses premiers pas. Désormais, Coralie ne joue plus la comédie

---

291 *Ibid.*, p. 524.
292 *Ibid.*, p. 529 ; c'est l'auteur qui souligne.

au sens propre, elle pratique le somnambulisme ; elle « ne danse plus », « elle magnétise » ; elle ne « déclam[e] » plus, elle « prophétise ». De fait, le métier demeure le même, mais le décor a changé : « [I]l me reste toujours un rôle à jouer, et [...] dans le fond je n'ai fait que changer de théâtre ». Cependant, à la différence des spectateurs qui, au théâtre, savent qu'ils assistent à une pièce, les participants aux séances de magnétisme, eux, l'ignorent. Tandis que Coralie jouait sur scène pour divertir le public, Mme Leblanc tient désormais un rôle pour s'amuser et pour s'enrichir malhonnêtement. Dès lors, la métaphore théâtrale participe de la satire du magnétisme, au même titre que les scènes de comédie entre la prophétesse et ses malades en soulignaient le caractère ridicule pour mieux l'assimiler à une pratique médicale fallacieuse, voire à une fourberie.

Si Louvet fait la satire du magnétisme, en revanche, il ne fait pas, comme Molière, celle de la médecine et des médecins. En fait, il recourt au type du faux médecin non seulement pour nourrir le comique de son œuvre, mais aussi pour dénouer une situation critique. Tel est le cas, par exemple, dans la longue scène d'auscultation où Rosambert, déguisé en médecin, vient examiner la comtesse enceinte et finit par émettre le diagnostic suivant :

ROSAMBERT

[...] D'honneur (*s'écria-t-il ensuite*), je n'y conçois plus rien ! car enfin c'est une maladie de fille, et pourtant cette jolie personne est madame la comtesse... (*À M. de Lignolle, très bas, mais très distinctement, de manière que nous ne perdîmes pas un mot.*) Dites-moi, vous négligez donc beaucoup votre charmante femme ? (*Nous ne pûmes entendre la réponse du mari, mais Rosambert reprit :*) Il faut bien que cela soit ; car il y a plénitude, engorgement, pléthore complète ; et si vous n'y mettez ordre, la jaunisse infailliblement viendra ; et après la jaunisse... ma foi ! vous rendriez la dot, prenez-y garde.

MONSIEUR DE LIGNOLE, *d'une voix altérée.*
Je vous assure que ce n'est pas la dot...

ROSAMBERT, *à madame de Lignolle.*
Combien y a-t-il donc que vous êtes mariée ?

LA COMTESSE
Bientôt huit mois, docteur.

ROSAMBERT

Huit mois ! mais vous devriez être sur le point d'accoucher... Monsieur le comte, vite un enfant à madame ; un enfant, dès ce soir ! Ou je ne réponds plus des événements.
[...]

LA MARQUISE D'ARMINCOUR, *en pleurant.*

Hélas ! monsieur le docteur, vous lui ordonnez peut-être l'impossible[293].

La théâtralité de cette scène de comédie est renforcée par la disposition des répliques, qui adopte celle d'un poème dramatique, et par les nombreuses didascalies, qui permettent au lecteur de se représenter cette scène avec précision. On quitte momentanément le roman pour le théâtre. Si Rosambert suscite le rire du lecteur, il provoque également celui de l'assemblée présente, puisqu'on sait qu'il parle « *très bas* » au comte, « *mais très distinctement* » pour se faire entendre des autres. On retrouve ici l'un des principes à l'œuvre au théâtre, celui de la double énonciation. En outre, le remède qu'il prescrit est digne des remèdes de comédie qui, la plupart du temps, se caractérisent par une grande fantaisie. À l'instar de Sganarelle qui demande « quantité de Pain trempé dans du Vin »[294] pour Lucinde et de Toinette qui ordonne à Argan de « boire [son] vin pur » et de « manger de bon gros Bœuf, de bon gros Porc, de bon fromage de Hollande, du gruau et du riz, et des marrons et des oublies »[295], Rosambert somme le comte de faire un enfant à sa femme. Or, ce premier remède en appelle un second tout aussi fantaisiste, destiné à guérir l'impuissance sexuelle du mari que Rosambert médecin explique par un raisonnement saugrenu[296]. Pourtant, aussi invraisemblable soit-il, ce raisonnement trouve un adepte chez le mari cocu qui devient alors un malade imaginaire.

Louvet, on s'en aperçoit, recourt donc volontiers aux types du prétendu médecin et du faux malade à la fois pour alimenter la veine comique de son roman et pour démêler des intrigues. Mais, à la différence de Molière et de Lesage qui font la satire du corps médical, Louvet ne remet pas en cause la médecine et ses praticiens : il dénonce uniquement le magnétisme, qu'il

---

293 *Ibid.*, pp. 971-972.
294 Molière, *Le Médecin malgré lui, op. cit.*, II, 4, p. 752.
295 Molière, *Le Malade imaginaire* [édition de 1682], *op. cit.*, III, 10, p. 735.
296 Voir Louvet de Couvray, *Les Amours, op. cit.*, p. 974.

présente comme un faux savoir et une pratique dont tirent profit les charlatans. On se souvient, en effet, que « le médecin connu de Luxembourg » prescrit « les remèdes et le régime nécessaires »[297] pour la guérison de Faublas et que le docteur anglais Willis le sauve de sa folie par une mise en scène thérapeutique sur laquelle s'achève le roman. Celle-ci consiste à faire revivre à Faublas le drame qui est à l'origine de sa maladie, en l'occurrence le suicide de sa maîtresse, tout en introduisant un élément perturbateur et décisif, l'amour, qui le conduit à la guérison. Avec cette dynamique où médecine et sentiment participent l'un et l'autre d'une thérapie salvatrice, on observe néanmoins, comme l'a déjà relevé Catherine Ramond, que l'« intrusion décisive de la spontanéité et du sentiment vient tempérer l'aspect médical et théâtral de cet épisode et confirme l'évolution du roman de la comédie vers le mélodrame, des jeux de l'illusion et du libertinage vers la sincérité et le sentiment, de l'amoralisme du début vers la moralité », et cette tendance est d'autant plus « comparable à celle de Beaumarchais dans sa trilogie »[298] que l'économie générale des *Amours* suit la même évolution.

Cocus ridicules et monomaniaques

Le type du cocu ridicule caractérise davantage la farce que la comédie, dans laquelle le mari ou le tuteur qui prétend à sa filleule est souvent menacé de cocuage, mais rarement trompé. Ainsi, George Dandin apprend de Lubin que son épouse Angélique accepte de recevoir Clitandre, puis il découvre qu'elle le reçoit chez elle et, enfin, qu'elle lui a fixé un rendez-vous pendant la nuit[299]. George Dandin tente alors de la confondre devant ses parents, mais, à chaque fois, il échoue. Si Arnolphe, pour sa part, n'est pas encore marié, il projette toutefois d'épouser sa pupille Agnès qu'il a fait élever loin du monde afin de se prémunir contre le cocuage[300]. Cette précaution, qu'il résume en un vers – « Épouser une Sotte, est pour n'être point Sot »[301] –, se révèle néanmoins inutile, puisque la jeune femme établit innocemment un commerce avec le premier venu. Comme Lubin, Horace (le jeune galant) choisit mal son confident (Arnolphe), car il informe son propre rival des progrès de ses amours et des ruses imaginées par Agnès pour déjouer la surveillance de son tuteur. Arnolphe

---

297   *Ibid.*, pp. 454-455.
298   Catherine Ramond, « Les Éléments théâtraux dans le roman », *op. cit.*, vol. 1, p. 180.
299   Voir Molière, *George Dandin, ou le Mari confondu*, dans *Œuvres complètes, tome 1, op. cit.*, I, 2, p. 978 ; I, 5, p. 995 ; III, 3, pp. 1002-1003.
300   Voir Molière, *L'École des femmes*, dans *Œuvres complètes, tome 1, op. cit.*, I, 1, v. 73-80, p. 401.
301   *Ibid.*, I, 1, v. 82, p. 401.

craint pour son honneur et s'efforce de contrecarrer leurs actions. C'est cette volonté d'éviter vainement la tromperie qui assure l'unité dramatique de la pièce. Bref, le thème du cocuage est assurément présent dans le théâtre de Molière, mais ses personnages ne sont pas cocus : ils craignent seulement de l'être. Dans ces comédies, le premier enjeu consiste, pour les maris ou les tuteurs, à empêcher le galant d'approcher de leur épouse ou de leur pupille ; le second, pour les amants, à tromper leur surveillance. Le roman de Louvet ne reprend que le second de ces enjeux : en cela, il rejoint davantage la farce et annonce même le vaudeville et le théâtre de boulevard des XIXe et XXe siècles.

Dans *Les Amours*, Louvet met en scène « deux cocus ridicules »[302] autour desquels s'organisent approximativement les première et troisième parties : le marquis de B*** occupe une place centrale dans « Une année de la vie du chevalier de Faublas » et le comte de Lignolle, bien qu'il apparaisse déjà dans le dernier tiers de la deuxième partie, est surtout présent dans « La fin des Amours ». L'un comme l'autre n'éprouvent aucune défiance envers leur épouse ; pourtant, l'un et l'autre sont cocufiés par le même personnage, Faublas. Louvet pousse même la gageure jusqu'à présenter M. de B*** tel un homme qu'a séduit Mlle du Portail[303], c'est-à-dire l'amant de sa femme travesti, et à le rendre jaloux d'un certain « M. de Faublas »[304] qu'il prend pour l'amant de Mlle du Portail[305]. On peut difficilement pousser plus loin le quiproquo. Quant à M. de Lignolle, il est enchanté de la nouvelle demoiselle de compagnie de son épouse qui n'est autre, là encore, que Faublas travesti : « Baronne, vous avez raison, c'est une fille vraiment étonnante ! [...] — D'honneur, répéta-t-il, une fille étonnante ! »[306] Par conséquent, l'un et l'autre ne se rendent compte de rien et, sans le savoir, vivent en parfaite harmonie avec l'amant de leur épouse. Les passages où l'on retrouve le trio du mari, de la femme et de l'amant, auquel d'autres personnages s'ajoutent parfois pour renforcer la tension dramatique, donnent lieu à des scènes de comédie d'inspiration farcesque. Pour le seul M. de B***, on dénombre au moins une dizaine de scènes :

---

302   « Préface », dans *Romanciers du XVIIIe siècle, tome 2*, éd. René Étiemble, Paris, Gallimard, coll. « Bibliothèque de la Pléiade », 1965, p. xxiv.
303   Voir Louvet de Couvray, *Les Amours, op. cit.*, pp. 72-75, 79-81, 87-90, 100-116, 157-161, 173-178, etc.
304   *Ibid.*, p. 190.
305   Voir *ibid.*, pp. 188-194.
306   *Ibid.*, p. 565.

Pages	Lieux	Personnages	Résumé des scènes
pp. 72-75	L'Hôtel de M. de B*** et le lit de Mme de B***	M. et Mme de B***, Mlle du Portail	Souper à l'hôtel du marquis qui s'empare d'une des mains de Mlle du Portail (Faublas travesti). Il insiste pour qu'elle passe la nuit avec sa femme.
pp. 79-81	L'hôtel de M. du Portail à l'Arsenal	M. et Mme de B***, M. et Mlle du Portail, le baron de Faublas	M. et Mme de B*** raccompagnent Mlle du Portail chez son père supposé, M. du Portail. M. de B*** apprend à ce dernier et au baron de Faublas que la demoiselle a couché avec sa femme.
pp. 87-90	Le boudoir de Mme de B***	M. et Mme de B***, Mlle du Portail	M. de B*** veut conduire Mme de B*** et Mlle du Portail au bal masqué. Il fait une « pirouette », mais tombe et se fait une bosse au front. Mlle du Portail tente d'« aplatir la bosse ».
pp. 100-116	L'hôtel de M. de B***	M. et Mme de B***, Mlle du Portail, Rosambert	Souper chez M. de B*** à qui Rosambert raconte l'histoire de son propre cocuage et celui d'un mari qui n'est autre que M. de B***. Ce dernier apprend à Rosambert que Mlle du Portail a dormi avec sa femme.
pp. 157-161	L'hôtel de M. du Portail à l'Arsenal	M. du Portail, Faublas, M. de B***	M. de B*** rencontre Faublas pour la première fois et croit qu'il est le frère de Mlle du Portail. Il décide d'attendre le retour de Mlle du Portail et s'invite à souper.
pp. 173-178	L'hôtel de M. du Portail à l'Arsenal	M. et Mlle du Portail, M. de B***, le baron de Faublas	Souper chez M. du Portail. M. de B*** dit à Mlle du Portail qu'il a immédiatement reconnu son frère sans qu'on l'informe au préalable de leur lien de parenté. Arrivée inattendue du baron de Faublas.

Pages	Lieux	Personnages	Résumé des scènes
pp. 188-194	La chambre à coucher de Mme de B*** et son boudoir	Faublas, M. et Mme de B***	M. de B*** manque de surprendre les amants. Faublas se cache sous l'ottomane et écoute leur conversation. M. de B*** croit que Mlle du Portail est avec un certain M. de Faublas.
pp. 291-294	L'Opéra	Faublas, Rosambert, M. de B***	M. de B*** demande à Faublas (qu'il prend pour M. du Portail fils) des nouvelles de sa sœur (Mlle du Portail). Il veut lui présenter son épouse.
pp. 340-345	Un appartement à l'hôtel de ***, rue du faubourg Saint-Honoré	Mme Ducange (Faublas travesti), M. de Villartur, M. et Mme de B***, Mme de Verbourg (la Dutour déguisée)	M. de Villartur présente à Mme Ducange et à Mme de B*** le fameux astrologue dont il leur a parlé, mais qui n'est autre que M. de B***.
pp. 401-414	Chez un commissaire	Faublas, la Jeunesse, le commissaire, un clerc, M. de B*** et le baron de Faublas	Faublas révèle son nom au commissaire, mais à l'arrivée de M. de B***, il reprend l'identité de M. du Portail fils. La catastrophe est évitée, mais le baron de Faublas fait son entrée. M. de B*** demande alors à ce dernier de jouer le rôle du père.
pp. 417-420	Aux Tuileries	Faublas, Adélaïde, M. du Portail, Rosambert, M. de B*** et le baron de Faublas	À la vue d'Adélaïde (sœur de Faublas), M. de B*** croit rencontrer la fille de M. du Portail. Furieux de cette méprise, le baron lui apprend la vérité.

Toutes ces scènes mettent en présence non seulement le mari et l'amant, mais aussi des témoins, dont au moins un d'entre eux est au fait de la situation. Comme on l'a vu, le cocuage du marquis est souligné dès le début par une bosse à son front qui survient après une pirouette qu'il exécute pour impressionner Mlle du Portail : « Sa tête alla frapper contre la boiserie trop dure, qui ne lui épargna une chute pesante qu'en lui faisant une large meurtrissure au front. [...] Cependant la contusion que le marquis s'était faite devenait plus apparente, et sa bosse grossissait à vue d'œil »[307]. L'apparition de cette bosse proéminente rappelle la corne, traditionnellement associée à la figure du cocu, et cette allusion est d'ailleurs corroborée par une remarque équivoque du marquis, lorsque celui-ci explique à Faublas « ce qu'il [a] au front » : « Ce n'est rien, me dit-il avec un rire forcé ; quand on est marié, on est exposé à ces accidents-là »[308]. Plus tard, au bal masqué, un papier accroché dans le dos du marquis permet à tous les invités de le reconnaître : « *C'est M. le marquis de B***, qui s'est fait une bosse au front !* »[309] Clamée par la foule, cette exclamation rend public son cocuage qui, désormais, fait partie de la « chronique scandaleuse »[310]. À la suite de cet épisode, Louvet introduit une longue scène qui constitue une mise en abyme du cocuage. Rosambert trompé par la marquise de B***, dont il était l'amant, entreprend de raconter au marquis l'histoire de son cocuage et, par contrecoup, le double cocuage du marquis, que son épouse a d'abord trompé avec Rosambert, puis avec Faublas :

LE COMTE
Je vous disais, monsieur le marquis, qu'une jeune dame m'honorait la semaine passée d'une attention toute particulière... [...] Cette dame était au bal... je ne sais plus quel jour... (*À la marquise.*) Madame, aidez-moi donc, vous y étiez aussi...

LA MARQUISE, *vivement.*
Le jour ! Monsieur ; hé ! qu'importe le jour ? Pensez-vous, d'ailleurs, que j'aie remarqué... [...]

LE COMTE
Hé bien ! j'allai à ce bal avec un de mes amis, qui s'était déguisé le plus joliment du monde, et que personne ne reconnut.

---

307   *Ibid.*, pp. 88-89.
308   *Id.*
309   *Ibid.*, p. 97 ; c'est l'auteur qui souligne.
310   *Ibid.*, p. 96.

LE MARQUIS

Que personne ne reconnut ! il était bien habile, celui-là ! quel habit avait-il donc ?

LA MARQUISE, *très vivement.*

Un habit de caractère, apparemment ?

LE COMTE

Un habit de caractère !... mais, non... (*En regardant la marquise.*) Cependant je le veux bien, si vous le voulez ; un habit de caractère, soit ; personne ne le reconnut ; personne, excepté la dame en question, qui devina que c'était un fort beau garçon. [...] Pour abréger, vous saurez que mon jeune ami plut beaucoup à la dame ; que ma présence ne tarda pas à la gêner ; et le moyen qu'elle imagina pour se débarrasser de moi...

LA MARQUISE

C'est un roman, que cette histoire-là.

LE COMTE

Un roman, madame ! Ah ! tout à l'heure, si l'on m'y force, je convaincrai les plus incrédules. Le moyen qu'elle imagina fut de me détacher une jeune comtesse, son intime amie, femme très adroite, très obligeante, qui s'empara de moi tellement...

LE MARQUIS

Comment ! on t'a donc bien joué ?

LE COMTE

Pas mal, pas mal ; mais beaucoup moins que le mari qui arriva...

LE MARQUIS

Il y a un mari !... tant mieux !... j'aime beaucoup les aventures où figurent des maris comme j'en connais tant ! Hé bien ! le mari arriva... Qu'avez-vous donc, madame ?

LA MARQUISE

Un mal de tête affreux !... je suis au supplice... (*Au comte.*) Monsieur, remettez de grâce à un autre jour le récit de cette aventure.

LE MARQUIS

Hé non, conte, conte donc, cela la dissipera. [...]

MADEMOISELLE DU PORTAIL, *au marquis, tout bas.*

M. de Rosambert aime beaucoup à jaser et ment quelquefois passablement.

LE MARQUIS

Je sais bien, je sais bien ; mais cette histoire est drôle ; il y a un mari ; je parie qu'on l'a attrapé comme un sot.

LE COMTE, *sans écouter la marquise qui veut lui parler.*

Le mari arriva, et ce qu'il y eut d'étonnant, c'est qu'en voyant la figure douce, fine, agréable, fraîche du jeune homme, si joliment déguisé, le mari crut que c'était une femme...

LE MARQUIS

Bon !... oh ! celui-là est excellent ! on ne m'aurait pas attrapé comme cela, moi, je me connais trop bien en physionomie ![311]

L'histoire de cette tromperie amuse beaucoup le marquis, mais le fait qu'entre en scène un mari trompé, en l'occurrence lui-même, le réjouit davantage. Si les amants ne rient pas, le lecteur, lui, s'amuse de ce personnage qui ne comprend pas qu'il est le sot dont on se divertit. En effet, malgré les nombreuses allusions – « Madame, aidez-moi donc, vous y étiez aussi », « [I]l en vint jusqu'à lui prendre la main, et à la lui serrer doucement... (*Au marquis.*) tenez, à peu près comme vous faites à présent à ma cousine »[312] –, à aucun moment, le marquis ne fait le rapprochement entre l'histoire du comte et sa propre situation. Louvet joue constamment sur les rapports entre illusion et réalité, de sorte qu'on retrouve le même procédé dans la scène qui prend place chez le commissaire. À ce moment du récit, le marquis croit que le baron de Faublas joue le rôle du père du chevalier mais, en vérité, le baron ne joue aucun rôle :

Ah ! mais, comme il joue donc son rôle ! cela n'est pas concevable[313].

Ah ! monsieur, dit alors le marquis à mon père, ah ! monsieur, comme vous jouez la comédie ! que de naturel ! que de vérité ! vous donneriez des leçons à ceux qui s'en mêlent ! (*Il s'adressa à moi.*) L'avez-vous entendu,

---

311 *Ibid.*, pp. 101-105 ; c'est l'auteur qui souligne.
312 *Ibid.*, pp. 102, 106 ; c'est l'auteur qui souligne.
313 *Ibid.*, p. 412.

quand il s'est écrié : qui ose ainsi attaquer l'honneur de mon fils ?...
De son fils ! il me l'aurait persuadé à moi-même, qui sais si bien ce qui
en est[314].

Ce que le marquis considère comme un jeu de rôles improvisé n'en est pas un, si bien que les métaphores théâtrales, qui n'ont de sens que pour lui, participent à la peinture d'un personnage ridicule incapable de distinguer les apparences de la réalité. Dans la scène évoquée précédemment, ce jeu entre illusion et réalité est poussé à son paroxysme, lorsque Rosambert propose de jouer l'histoire qu'il raconte et qu'il invite chacun à interpréter son propre rôle :

LE COMTE
La dame fort émue prodiguait au jeune Adonis les confidences flatteuses, les doux propos, les petits baisers tendres... c'était vraiment une scène à voir... on ne peut la peindre... mais on pourrait la jouer... Tenez, jouons-là.

LE MARQUIS
Tu badines !

LA MARQUISE
Quelle folie !

MADEMOISELLE DU PORTAIL
Quelle idée !

LE COMTE
Jouons-la ; madame sera la dame en question ; moi, je suis le pauvre amant bafoué... Ah ! c'est qu'il nous manquera une comtesse !... (*À la marquise.*) mais madame a des talents précieux, elle peut bien remplir à la fois deux rôles difficiles[315].

Au comte revient le rôle du « pauvre amant bafoué » et à la marquise ceux de la dame et de la comtesse qui fut dépêchée auprès de lui le soir du bal. À ceux-là Rosambert aurait pu ajouter celui du mari trompé (le marquis ici présent) et du « jeune Adonis » (présent également), mais il préfère provoquer

---

314 *Ibid.*, p. 413 ; c'est l'auteur qui souligne.
315 *Ibid.*, pp. 111-112 ; c'est l'auteur qui souligne.

la marquise en invoquant ironiquement ses talents de comédienne, autrement dit, sa duplicité. Il ne s'agit pas tant pour le comte de rejouer la scène que de passer à l'offensive en proposant à son infidèle un jeu de rôles permettant de lui montrer qu'il n'a pas été dupe de son manège. En dépit des nombreuses tentatives de la marquise pour l'empêcher de poursuivre son récit, Rosambert finit par apprendre du mari ce qu'il cherchait tant à savoir. C'est d'une manière très théâtrale que la marquise met fin à ce combat particulièrement éprouvant : « *La marquise porta la main à son front, jeta un cri de douleur et s'évanouit* »[316]. La présence du marquis permet de créer et de maintenir la tension dramatique de cette scène digne d'une comédie. Cette tension règne dans la plupart des scènes où le mari est présent, mais soit elle est manifeste dès le début avant d'être plus ou moins rapidement désamorcée (la scène de l'ottomane et celle de l'astrologue), soit elle est provoquée par l'arrivée impromptue d'un personnage (chez M. du Portail[317], chez le commissaire), soit elle est maintenue tout au long de la scène (celle avec Rosambert). En fait, le lecteur comme les personnages craignent souvent que la comédie ne tourne au drame, mais le pire est presque toujours évité et la peur du scandale laisse place au rire. En somme, le type du cocu est, d'une certaine manière, au fondement de la construction dramatique du roman ; il est à l'origine de scènes de comédie dont Louvet décline toutes les possibilités, tout en s'efforçant à présenter les unes comme la conséquence des autres. Par exemple, l'entrée inattendue du marquis chez M. du Portail, où – à la vue de Faublas – il croit faire la connaissance de M. du Portail fils, oblige le chevalier à revenir sous les traits de Mlle du Portail. C'est aussi parce que le marquis s'imagine que Mlle du Portail est la maîtresse de Faublas (la scène de l'ottomane) que son épouse peut le persuader que Mlle du Portail est enceinte (la scène avec l'astrologue). Et c'est finalement parce que le marquis pense que Mlle du Portail est enceinte que le scandale éclate aux Tuileries. Les scènes où le marquis trompé est présent sont, on le voit, souvent imbriquées et permettent parfois de rapprocher la construction du roman de celle d'une pièce où ce principe prévaut d'autant plus que la comédie classique est régie par la règle de la liaison des scènes. Ici comme au théâtre, rien n'est laissé au hasard : tel événement a nécessairement une incidence sur la suite de l'intrigue.

Si le type du cocu possède une importante charge comique, celle-ci est renforcée par le portrait même du personnage, qui s'inscrit dans la lignée de ceux de la comédie classique, habités par une idée fixe. On pense, par exemple, à Magdelon et à Cathos dans *Les Précieuses ridicules*, à M. Jourdain dans

---

316 *Ibid.*, p. 113 ; c'est l'auteur qui souligne.
317 Voir *ibid.*, pp. 173-178.

Le Bourgeois gentilhomme, à Armande, Philaminte et Bélise dans *Les Femmes savantes*, ou encore à Dandin dans *Les Plaideurs*. À la différence des comédies de caractère où Molière s'attaque à des vices tels que l'avarice (Harpagon), la volonté de séduire à tout prix (Don Juan) ou encore l'hypocrisie (Tartuffe), ces pièces mettent en scène des personnages dont l'extravagance ou la lubie les rend ridicules. Le marquis de B*** est comparable à ces derniers lorsqu'il se dit physionomiste, prétention absurde qui définit principalement son caractère. On se souvient qu'il évoquait déjà ce talent dans la scène où Rosambert lui révélait son cocuage : « [O]n ne m'aurait pas attrapé comme cela, moi, je me connais trop bien en physionomie ! » ; ou encore : « Bon ! bon ! elle en sait plus qu'on ne croit ! la petite personne est futée ! allez, je me connais en physionomie »[318]. Le personnage ne cessera d'affirmer sa prétendue aptitude à saisir le caractère des autres d'après les traits de leur visage et, surtout, à découvrir des liens de parenté sur la base de ressemblances qui n'existent pas. Sur ce point, deux scènes comiques le montrent en action : dans la première, il surprend M. du Portail et Faublas qu'il ne connaît que sous les traits de Mlle du Portail et, dans la seconde, après que le chevalier est allé se travestir, il compare ses traits à ceux de son « prétendu père »[319] (M. du Portail) sans faire le moindre rapprochement entre Faublas et son véritable père (le baron de Faublas). Autrement dit, dans la première scène, il s'efforce de distinguer les traits de deux personnes qui, en réalité, ne sont qu'une et, dans la seconde, il s'évertue à retrouver les traits de Mlle du Portail (Faublas travesti) chez un homme qui n'a aucun lien de parenté avec elle. Dans les deux cas, le comique naît du décalage entre ce qu'est véritablement le marquis – un homme aveuglé par ses prétentions – et ce qu'il s'estime être, c'est-à-dire un grand physionomiste. Difficile, en effet, d'avoir moins de discernement qu'il n'en a :

> Savez-vous bien, me dit-il enfin, que vous [Faublas en tant que M. du Portail fils] ressemblez beaucoup à mademoiselle votre sœur ? — Monsieur, vous me flattez. — Mais, c'est que cela est frappant : allez, allez, je m'y connais bien ; d'abord tous mes amis conviennent que je suis physionomiste ; je vous le demande à vous-même : je ne vous avais jamais vu, et je vous ai reconnu tout de suite !
>
> M. du Portail ne put s'empêcher de rire avec moi de la bonne foi du marquis : « Monsieur, dit-il à celui-ci, c'est que, comme vous l'avez fort bien remarqué, mon fils et ma fille se ressemblent un peu : il faut convenir qu'il y a un air de famille. — Oui, répondit le marquis en me regardant

---

[318] *Ibid.*, pp. 105, 110.
[319] *Ibid.*, p. 175.

toujours, ce jeune homme est bien, fort bien ; mais sa sœur est mieux, beaucoup mieux. (*Il me prit par le bras.*) Elle est un peu plus grande, elle a l'air plus raisonnable, quoiqu'elle soit un peu espiègle ! c'est bien là sa figure ; mais il y a dans vos traits quelque chose de plus hardi ; vous avez moins de grâce dans le maintien, et dans toute l'attitude du corps quelque chose de plus... nerveux, de plus raide. Oh ! dame, n'allez pas vous fâcher, tout cela est bien naturel ; il ne faut pas qu'un garçon soit fait comme une fille. (*Le flegme de M. du Portail ne put tenir contre ces derniers propos ; le marquis nous vit rire et se mit à rire de tout son cœur*). Oh ! reprit-il, je vous l'ai dit, je suis grand physionomiste, moi ![320]

Le leitmotiv « Je suis physionomiste », que le marquis ne cesse de répéter, apparaît à chaque fois, ou presque, qu'il entre en scène[321]. Dans ce passage, M. de B*** procède à un examen détaillé des différences physiques entre le frère et la sœur qui ne sont que le fruit de son imagination. Le narrateur souligne l'effet comique de cette comparaison chimérique en précisant que M. du Portail et Faublas rient de bon cœur à ses dépens. Le rire est d'ailleurs presque toujours sollicité lorsque paraît ce personnage ridicule dont les autres se jouent et que la gaieté générale, dont il est involontairement à l'origine, finit par contaminer[322]. Ainsi, lorsque Faublas revient travesti chez M. du Portail, les deux hommes s'en donnent à cœur joie :

Comment, mademoiselle ! Vous ne croiriez jamais ce qui m'est arrivé ! En entrant ici, j'ai reconnu monsieur votre frère, que je n'avais jamais vu ! [...] En ce cas, monsieur, il faut que vous soyez grand physionomiste. — Oh ! ça, c'est vrai, répondit-il avec une joie extrême, personne ne se connaît en physionomie comme moi.

M. du Portail s'amusait de la conversation ; et de peur qu'elle ne finît trop tôt : « Il faut convenir aussi, dit-il au marquis, qu'il y a un air de famille. — J'en conviens, répliqua celui-ci, j'en conviens ; mais c'est justement cet air de famille qu'il faut saisir, qu'il faut distinguer dans les traits ; c'est là ce qui constitue les vrais connaisseurs. [...] — De sorte que, si après m'avoir vue, mais avant d'avoir vu mon père, mon père que voici, vous l'aviez par hasard rencontré au milieu de vingt personnes... — Lui ! dans mille je l'aurais reconnu ».

---

320   *Ibid.*, p. 159 ; c'est l'auteur qui souligne.
321   Voir *ibid.*, pp. 160, 164, 342, 394, 871.
322   Voir *ibid.*, pp. 73, 190-191, 342, 344.

> M. du Portail et moi nous nous mîmes à rire. Le marquis se leva, quitta la table, alla à M. du Portail, lui prit la tête d'une main, et promenant un doigt sur le visage de mon prétendu père : « Ne riez donc pas, monsieur, ne riez donc pas. Tenez, mademoiselle, voyez-vous ce trait-là, qui prend ici, qui passe par là, qui revient ensuite ? ... Revient-il ? ... non, il ne revient pas, il reste là. Hé bien ! tenez... (Il venait à moi.) [...] — Hé bien ! mademoiselle, ce même trait, le voilà, là, ici, et encore là... là ; voyez-vous ? — Hé ! monsieur, comment voulez-vous que je voie ? — Vous riez !... il ne faut pas rire, cela est sérieux...[323]

Rien de ce qu'établit le marquis ne peut s'avérer exact : Faublas et l'ami de son père, M. du Portail, n'ont évidemment aucun lien de parenté. On voit bien que les aptitudes du physionomiste reposent uniquement sur un défaut d'observation que secondent une grande faculté imaginative et une fatuité, qui rendent ce personnage ridicule digne des monomaniaques de comédie. De fait, malgré le scandale aux Tuileries où il découvre la vérité et, par conséquent, son cocuage, il finira par croire qu'il n'a jamais été trompé[324], ce qui confirme non seulement sa sottise et sa crédulité, mais encore la fixité de son caractère : comme les personnages de comédie, M. de B*** n'évolue pas. Enfin, il est également un adepte fervent de l'astrologie ou, plutôt, de la chiromancie, ce qui donne aussi lieu à une scène de franche comédie[325] où il est présenté comme un « grand sorcier »[326]. En bref, ce personnage cocu, sot, fat et antiphilosophe[327], qui semble tout droit sorti d'une comédie, constitue l'une des principales sources du comique dans un roman auquel il fournit d'innombrables scènes de farce.

À la différence du marquis de B*** qui, certes, n'a plus « l'avantage de la première jeunesse »[328], mais qui n'est pas non plus un vieillard, le comte de Lignolle, lui, s'inscrit dans la lignée des vieillards de comédie[329] tels qu'Arnolphe et Bartholo, bien que sa situation ne soit pas la même que celle de ces personnages : il a déjà épousé la jeune comtesse de trente-quatre ans sa cadette. Toutefois, à l'instar de M. de B***, c'est un mari cocu, un personnage infatué, présenté pour sa part comme un de « ces petits beaux esprits de

---

323 *Ibid.*, pp. 174-175.
324 Voir *ibid.*, pp. 864-872.
325 Voir *ibid.*, pp. 340-345.
326 *Ibid.*, p. 343.
327 Voir *ibid.*, p. 177.
328 *Ibid.*, p. 870.
329 Voir *ibid.*, pp. 573, 584, 586, 589, 973.

qualité dont Paris fourmille, de ces nobles littérateurs qui croient aller au temple de mémoire par des quatrains périodiquement imprimés dans les papiers publics »[330]. En témoigne, par exemple, la façon dont il compose ses obscures charades :

> D'abondance, interrompit-il ; mes plus longs vers ne me coûtent pas quinze jours de travail. Pour la mesure, je compte sur mes doigts ; la rime, je la prends dans le dictionnaire de Richelet ; et la raison, je l'attends pendant trois semaines, s'il le faut : aussi mes vers sont très faciles[331].

Ses charades deviennent rapidement pour Faublas et la comtesse la métaphore de l'acte amoureux et il en découle une série de quiproquos tous aussi savoureux les uns que les autres[332]. L'ignorance dans laquelle le mari tient sa femme donne aussi lieu à quelques quiproquos réjouissants[333] et, à cet égard, M. de Lignolle rappelle l'attitude d'Arnolphe envers sa pupille. D'une certaine manière, le vieux mari est puni par où il ne pèche pas : il a épousé une riche demoiselle en sachant pertinemment qu'il ne pourra jamais assurer une descendance. Comme la première partie des *Amours*, la troisième s'organise autour du trio formé par le mari, la femme et l'amant, ce même groupe d'actants produisant alors le même type de scène. On relève également un certain nombre d'échos entre ces deux configurations : dans « Une année de la vie du chevalier de Faublas », Mme de B*** est l'initiatrice et Faublas l'initié, dans « Six semaines » et « La fin des Amours », Faublas devient l'initiateur et Mme de Lignolle l'initiée ; alors que Mme de B*** feint une grossesse, Mme de Lignolle la vit réellement ; enfin, comme Rosambert qui raconte au marquis l'histoire de son cocuage, M. de Lignolle rapporte à Mlle de Brumont (Faublas travesti) la célèbre mésaventure du marquis qui, par ailleurs, évoque sa propre situation :

> Vous ne savez donc pas son histoire, mademoiselle ? Je vais vous la conter. D'abord, il a quitté les habits de son sexe, et se donnant pour femme, il est entré dans le lit de la marquise de B***, presque sous les yeux de son mari. N'est-ce pas affreux ? — Permettez que je vous arrête, monsieur ; ceci ne me paraît pas vraisemblable. Est-il possible qu'un homme ressemble à une femme si bien qu'on s'y méprenne ? — Cela n'est pas

---

[330] *Ibid.*, p. 561.
[331] *Ibid.*, p. 566.
[332] Voir *ibid.*, pp. 601-603, 604, 608, 667-668, 687-688, 695-696, etc.
[333] Voir *ibid.*, pp. 573-574, 583-590.

> ordinaire ; mais cela s'est vu. — Si vous ne me l'assuriez, je ne le croirais pas, dit la comtesse. — Il faut le croire, répondit-il, car c'est un fait. Au reste, ce marquis de B*** n'en est pas moins un imbécile, avec ses connaissances physionomiques. C'est la science du cœur humain qu'il faut posséder... Je l'interrompis : « Il me paraît que si vous aviez été à la place du malheureux marquis, ce M. de Faublas ne vous eût pas fait sa dupe. — Oh ! soyez-en sûre. Je n'ai peut-être pas plus d'esprit qu'un autre ; mais je suis observateur, je connais le cœur de l'homme, et *nulle affection de l'âme ne m'échappe*[334].

Aussi peu observateur que le marquis de B*** et aussi cocu que lui, M. de Lignolle possède également de nombreux travers. M. de B*** se targuait d'être physionomiste et astrologue, M. de Lignolle, lui, prétend avoir du talent pour les lettres et se révèle antiphilosophe[335] et avare : « [T]u vois l'homme du monde le plus insensible et le plus avare », dit la comtesse à Faublas, « [s]on unique bonheur est de thésauriser, il s'est fait un dieu de son or ! »[336], ajoute-t-elle. Par conséquent, Louvet dote ses maris cocus de défauts qui les rendent encore plus ridicules. Aux vices (l'avarice) s'ajoutent les travers (la fatuité, la sottise, la bêtise, l'esprit rétrograde) et la faiblesse physique (l'impuissance), autant d'éléments qui permettent de multiplier à loisir les scènes de comédie.

Les destins que connaissent les types théâtraux dans les romans-mémoires s'inscrivent, semble-t-il, dans une double tradition à la fois dramatique et morale. Ceux de la coquette et du petit-maître interviennent soit dans des romans de mœurs (*La Vie de Marianne*), soit dans des romans mondains et libertins (*Les Égarements, Les Confessions du comte de* ***), tandis que ceux du prétendu médecin, du faux malade et du cocu ridicule figurent surtout dans des romans à tonalité comique (*Gil Blas, Les Amours*). Les premiers concourent à la théâtralité de l'œuvre, dans la mesure où ils sont constamment en représentation : la coquette comme le petit-maître jouent un rôle sur le théâtre du monde ; comme des comédiens, ils connaissent leurs textes, calculent leurs gestes et méditent leurs attitudes en vue de produire l'effet attendu ; l'un et l'autre donnent d'eux-mêmes une image étudiée, destinée à les mettre en valeur, et participent ainsi du tableau de mœurs que *Les Égarements* cherchent à rendre dans le but de rénover le roman en en faisant un genre moralement utile. Mais, au regard de leurs modèles théâtraux, le type de la coquette subit un infléchissement, puisque sa conduite procède moins d'un vice que d'un

---

334   *Ibid.*, p. 671 ; c'est l'auteur qui souligne.
335   Voir *ibid.*, pp. 576-578.
336   *Ibid.*, p. 685.

sentiment également susceptible de favoriser l'élévation morale ; quant à celui du petit-maître, il bénéficie d'un approfondissement, puisque le romancier en explore différentes figures, allant même jusqu'à faire de Versac un philosophe que ses leçons transforment en un maître à penser. Les seconds contribuent à la dramatisation de l'œuvre romanesque en suscitant des scènes propres à la farce ou à la comédie – auscultations et diagnostics loufoques, chutes, scènes à témoin caché, etc. –, où prétendus médecins et physionomistes servent une critique des faux savoirs. L'effet est alors le même qu'au théâtre : on rit et on rit encore en raison de procédés bien connus tels que le quiproquo. De surcroît, les deux monomaniaques des *Amours* sont comiques en eux-mêmes : outre leur cocuage et la manie qui les caractérise, Louvet semble avoir accentué leur ridicule, et donc leur charge comique, en les dotant de nombreux autres travers, cette accumulation de tares permettant de mobiliser inlassablement les ressorts les plus éprouvés de la comédie.

CHAPITRE 3

Ressorts, fonctions et effets de la théâtralité

Construction dramatique de la fable

Vaine serait l'entreprise qui consisterait à comparer de manière systématique la structure des romans-mémoires du XVIIIe siècle à celle d'une pièce de théâtre dont les contraintes formelles s'opposent à la liberté d'invention dont bénéficie le genre romanesque. Toutefois, nombreux sont les critiques qui ont relevé certains rapports d'homologie, une composition, un type de scène, un rythme rappelant de façon plus ou moins patente ceux qui sont propres au théâtre. Au surplus, la prégnance du théâtre dans la construction des romans-mémoires ne se manifeste pas de la même façon d'un auteur à l'autre : alors que la composition des *Mémoires du comte de Comminge* repose sur une certaine condensation dramatique, celle du *Paysan parvenu*, de *La Vie de Marianne* et de *La Religieuse* privilégie, au contraire, de longues scènes ou tableaux qui placent le lecteur en position de spectateur. Le premier se caractérise par une impression de brièveté, une réduction du temps de l'action, une structure organique – un début, un milieu, une fin –, une valorisation de l'action par rapport à la description et aux réflexions morales et philosophiques, tandis que les autres traitent différemment, par exemple, le temps de l'action. Sur ce point, Marivaux procède, en quelque sorte, à une extension du temps, lorsqu'il fragmente un épisode en une multitude de scènes dont l'enchaînement constitue une unité dramatique ou, ce qu'on a appelé, une séquence de scènes[1]. Les romans-mémoires marivaudiens semblent alors progresser par successions de ces regroupements de scènes. Si la structure des *Égarements*, de *La Vie de Marianne* et du *Paysan parvenu* repose globalement sur ces séquences, celle de *La Religieuse*, en revanche, privilégie les tableaux pathétiques. Par ailleurs, participent à l'unité, au rythme et à la vraisemblance de ces scènes les nombreux dialogues auxquels on s'intéressera en dernier lieu.

Condensation dramatique
Manon Lescaut : de la comédie à la tragédie

Rappelons que *Manon Lescaut* constitue le dernier tome des *Mémoires et aventures* que Renoncour présente comme un « exemple terrible de la force

---

[1] Voir *supra*, p. 55, n. 233.

des passions »[2]. Si les aventures de des Grieux prennent place dans un vaste ensemble, elles forment néanmoins un tout organique qui peut être étudié indépendamment du récit cadre. C'est d'ailleurs en raison de la longueur de ce récit que Renoncour décide précisément de le détacher de ses mémoires. Mais bien que ce récit soit considéré trop long pour être intégré aux *Mémoires et aventures*, son narrateur n'y raconte pas non plus toute l'histoire de sa vie. Mutatis mutandis, *Manon Lescaut* peut être comparé par sa brièveté à *La Princesse de Clèves*, qui se rattache au genre de la nouvelle historique. Ces deux œuvres ont pour sujet une passion tragique qu'elles narrent avec une grande économie de moyens. De ce point de vue, *Manon Lescaut* semble relever d'une esthétique classique, l'action y faisant l'objet d'une forte concentration[3] qui s'appréhende d'abord dans le traitement du temps, aussi bien dans le récit cadre de Renoncour que dans le récit encadré du chevalier des Grieux. De fait, le premier de ces personnages s'efface rapidement derrière le second, de sorte que le lecteur a l'impression de n'entendre que le chevalier. Les indications temporelles concernant le récit cadre montrent également que le temps de la narration est relativement court. Étant donné que des Grieux passe « plus d'une heure »[4] à raconter la première partie de son histoire, on suppose qu'il lui en faut tout autant pour rapporter la seconde partie, qui est approximativement d'une longueur similaire. Quelques heures donc suffisent au protagoniste pour retracer son histoire.

Dans le récit encadré, les principales indications temporelles depuis la rencontre des amants jusqu'au retour du chevalier en France[5] mettent aussi en évidence une certaine concentration du récit. En effet, malgré quelques incohérences dans la chronologie de l'histoire[6], on obtient un décompte d'environ cinq ans au cours desquels les amants ne restent guère que deux années ensemble. En retranchant les deux ans que le héros passe chez son père et à Saint-Sulpice, les trois mois à Saint-Lazare et les sept mois en Amérique après la mort de Manon, on parvient bien à un total de vingt-six mois. Autrement dit, sans surprise, le temps de la passion est court. Il serait alors tentant de parler de

---

2   Prévost, *Manon Lescaut, op. cit.*, p. 4.
3   Voir Jean-Luc Seylaz, « Structure et signification dans *Manon Lescaut* », *Études de Lettres* (série 2), *tome 4*, n° 3, 1961, p. 102.
4   Prévost, *Manon Lescaut, op. cit.*, p. 116.
5   Voir le tableau « Principales indications temporelles dans *Manon Lescaut* », dans Charlène Deharbe, « La Porosité des genres littéraires au XVIIIe siècle : le roman-mémoires et le théâtre », thèse de doctorat, Université de Reims Champagne-Ardenne et Université du Québec à Trois-Rivières, 2012, vol. 2, pp. 591-599.
6   Voir Prévost, *Manon Lescaut, op. cit.*, pp. 32, 64, 118, n. 1 ; p. 159, n. 2.

temps tragique mais, pour resserrée qu'elle soit, l'action excède de beaucoup vingt-quatre heures. Les personnages vieillissent[7] et tirent des leçons de leurs expériences passées[8] ; en cela, il s'agit bien d'une temporalité romanesque. Néanmoins, l'impression du lecteur est sensiblement différente, d'autant que Prévost écarte récits secondaires et réflexions morales ou philosophiques qui n'ont pas leur place dans un récit essentiellement centré sur les événements liés à la passion et à l'expression lyrique de ses tourments.

Pourtant, un examen attentif des péripéties conduit, contre toute attente, vers la comédie : on assiste en effet à une succession de duperies et de vols indignes de la scène tragique. Il y a d'abord l'épisode qui s'organise autour de M. de B..., lequel repose sur la tromperie de Manon, sur un chassé-croisé des personnages masculins et sur la confusion de la soubrette[9]. Tous les éléments d'une scène de comédie sont réunis, mais le point de vue du narrateur en désamorce complètement l'effet comique que réactive toutefois le récit que le père du chevalier fait de cette aventure :

> On se mit à table pour souper ; on me railla sur ma conquête d'Amiens, et sur ma fuite avec cette fidèle maîtresse. [...] Mais quelques mots lâchés par mon père me firent prêter l'oreille avec la dernière attention : il parla de perfidie et de service intéressé, rendu par Monsieur B... Je demeurai interdit en lui entendant prononcer ce nom, et je le priai humblement de s'expliquer davantage. [...] Il me demanda d'abord si j'avais toujours eu la simplicité de croire que je fusse aimé de ma maîtresse. Je lui dis hardiment que j'en étais si sûr que rien ne pouvait m'en donner la moindre défiance. Ha ! ha ! ha ! s'écria-t-il en riant de toute sa force, cela est excellent ! Tu es une jolie dupe, et j'aime à te voir dans ces sentiments-là. C'est grand dommage, mon pauvre Chevalier, de te faire entrer dans l'Ordre de Malte, puisque tu as tant de disposition à faire un mari patient et commode. Il ajouta mille railleries de cette force, sur ce qu'il appelait ma sottise et ma crédulité. [...] Là-dessus, les éclats de rire recommencèrent. J'écoutais tout avec un saisissement de cœur auquel j'appréhendais de ne pouvoir résister jusqu'à la fin de cette triste comédie[10].

---

7   Des Grieux a dix-sept ans au début de la première partie et il en a dix-neuf au début de la seconde (voir *ibid.*, pp. 17, 117).
8   Voir *ibid.*, pp. 159, 190.
9   Voir *ibid.*, p. 27.
10 *Ibid.*, pp. 33-34.

Les interjections « [h]a ! ha ! ha ! », le verbe « rire », l'hyperbole « mille railleries », le syntagme « éclats de rire », tout montre que l'infidélité de Manon et la scène qui s'est jouée dans l'appartement de la rue V... à Paris sont dignes du théâtre comique. Le père et le frère du chevalier rient de sa « sottise » et de sa « crédulité » en le qualifiant de « mari patient et commode », cette allusion au type du mari cocu confirmant la lecture farcesque qu'ils font de l'aventure. Des Grieux, lui, est le benêt trompé et ses larmes n'attendrissent que lui seul. Au demeurant, il ne cessera d'être la dupe de Manon, même s'il jouera souvent la comédie de concert avec elle pour voler ses riches prétendants.

À vrai dire, la composition du roman fait apparaître une solidarité du comique et du tragique. En reprenant en partie les analyses de Charles Mauron, on pourrait caractériser *Manon Lescaut* de « comédie qui tourne mal »[11] au sein de laquelle on perçoit également le mouvement propre à la tragédie : celui de la chute après l'élévation. Ainsi, lorsque la situation matérielle des amants est florissante, elle est brutalement renversée par des événements inopinés. La succession des scènes obéit à une sorte de mouvement ondulatoire qui subit des variations d'intensité de plus en plus fortes : d'abord, l'incendie de leur maison à Chaillot ruine leurs efforts pour s'installer ; ensuite, le vol que commettent leurs domestiques réduit à néant les succès de des Grieux au jeu. Le rythme s'accélère avec les G... M... et renforce les effets d'alternance entre prospérité et pauvreté. Après le vol du vieux G... M..., les amants disposent de deux mille quatre cents livres, mais seulement le temps d'une nuit[12]. Pire encore avec le jeune G... M..., les dix mille livres ne restent pas plus que le temps d'un souper entre leurs mains[13]. À chaque nouvelle péripétie, les enjeux et les risques sont plus grands. Le mouvement de balancier est de plus en plus marqué : au début, M. de B... se borne à entretenir Manon, et, si les conséquences de cette première trahison sont certes pénibles pour des Grieux, que son père envoie chercher, elles ne sont pas catastrophiques. Il s'agit ensuite de dépouiller le vieux G... M... de deux mille quatre cents pistoles et de bijoux. Cette nouvelle friponnerie, qui tourne mal, leur coûte plus cher, puisqu'elle leur vaut trois mois de prison. Enfin, la dernière escroquerie vise à voler au jeune G... M... une bourse de dix mille francs. Cette fois, les effets sont fatals : c'est le Châtelet et le départ pour l'Amérique. Ces échecs successifs, qui sont de plus en plus importants, conduisent à la chute finale, tant et si bien que

---

11   Charles Mauron, « *Manon Lescaut* et le mélange des genres », dans *L'Abbé Prévost : actes du colloque d'Aix-en-Provence, 20 et 21 décembre 1963*, Aix-en-Provence, Éditions Ophrys, 1965, pp. 113-118, et p. 113 pour la citation.
12   Voir Prévost, *Manon Lescaut, op. cit.*, p. 78.
13   Voir *ibid.*, p. 152.

la construction du roman semble reposer sur une dramatisation accrue. Le parallèle avec la tragédie s'impose : ces chutes sont autant de péripéties qui mènent à la catastrophe au sens théâtral du terme. Quant aux scènes de comédie, leurs conséquences sont de plus en plus graves et dommageables, de sorte qu'on peut déceler dans *Manon* une « construction en spirale »[14] qui évoque, de façon imagée, l'idée d'un « resserrement progressif de la fatalité autour de sa victime »[15].

Aucun personnage ne s'est pourtant rendu coupable d'*hamartia* : Manon ne commet pas de faute tragique à proprement parler. Ses ruses tournent mal en raison de circonstances qui constituent les rouages de la machine tragique. En revanche, on pourrait penser que des Grieux en commet une lorsqu'il tue le portier de Saint-Lazare, mais son meurtre n'a aucune conséquence sur l'action, puisque le supérieur de Saint-Lazare s'ingénie à étouffer l'affaire. Quant à l'assassinat qu'il perpètre en Louisiane ou, plutôt, qu'il croit avoir perpétré, il semble bien relever d'une *hamartia*, dans la mesure où il oblige les amants à fuir dans un désert où Manon périt :

> Nous avions passé tranquillement une partie de la nuit. Je croyais ma chère maîtresse endormie et je n'osais pousser le moindre souffle, dans la crainte de troubler son sommeil. Je m'aperçus dès le point du jour, en touchant ses mains, qu'elle les avait froides et tremblantes. Je les approchai de mon sein, pour les échauffer. Elle sentit ce mouvement, et faisant un effort pour saisir les miennes, elle me dit, d'une voix faible, qu'elle se croyait à sa dernière heure. Je ne pris d'abord ce discours que pour un langage ordinaire dans l'infortune, et je n'y répondis que par les tendres consolations de l'amour. Mais, ses soupirs fréquents, son silence à mes interrogations, le serrement de ses mains, dans lesquelles elle continuait de tenir les miennes me firent connaître que la fin de ses malheurs approchait. N'exigez point de moi que je vous décrive mes sentiments, ni que je vous rapporte ses dernières expressions. Je la perdis ; je reçus d'elle des marques d'amour, au moment même qu'elle expirait. C'est tout ce que j'ai la force de vous apprendre de ce fatal et déplorable événement[16].

La mort de Manon aurait pu donner lieu à une scène spectaculaire, centrée sur l'expression de la souffrance et du désespoir du chevalier, mais à cela le

---

14   Expression empruntée à Bernard Pingaud par Jean-Luc Seylaz, « Structure et signification dans *Manon Lescaut* », art. cit., p. 100.
15   *Id.*
16   Prévost, *Manon Lescaut, op. cit.*, pp. 199-200.

narrateur préfère un court récit qui passe sous silence les tout derniers instants de Manon. Par sa concision et sa densité si caractéristiques de l'esthétique classique, la litote « Je la perdis » dit le moins pour mieux faire entendre le plus, c'est-à-dire la violente douleur de celui qui perd l'objet de sa passion, si bien que la référence à la tragédie se trouve inscrite en creux dans le dénouement. En revanche, la scène de l'ensevelissement qui s'ensuit constitue un « grand tableau pathétique »[17] où des Grieux, s'abandonnant entièrement à sa souffrance, attend la mort :

> Il ne m'était pas difficile d'ouvrir la terre, dans le lieu où je me trouvais. C'est une campagne couverte de sable. Je rompis mon épée, pour m'en servir à creuser, mais j'en tirai moins de secours que de mes mains. J'ouvris une large fosse. J'y plaçai l'idole de mon cœur, après avoir pris soin de l'envelopper de tous mes habits, pour empêcher le sable de la toucher. Je ne la mis dans cet état qu'après l'avoir embrassée mille fois, avec toute l'ardeur du plus parfait amour. Je m'assis encore près d'elle. Je la considérai longtemps. Je ne pouvais me résoudre à fermer la fosse. Enfin, mes forces recommençant à s'affaiblir, et craignant d'en manquer tout à fait avant la fin de mon entreprise, j'ensevelis pour toujours dans le sein de la terre ce qu'elle avait porté de plus parfait et de plus aimable. Je me couchai ensuite sur la fosse, le visage tourné vers le sable, et fermant les yeux avec le dessein de ne les ouvrir jamais, j'invoquai le secours du Ciel et j'attendis la mort avec impatience[18].

Notons que des Grieux, à la différence du héros tragique, ne met pas fin à ses jours, mais attend la mort. Dans ce contexte, l'inspiration de cette scène déchirante procède sans doute moins de la tragédie que du drame, dont l'esthétique va se développer tout au long du XVIIIe siècle à partir d'une valorisation du sentiment et, notamment, des affections mélancoliques comme celles que manifeste justement le cérémonial mortuaire qu'observe des Grieux et du tableau final qui en découle. En ce sens, si Manon meurt en effet à la suite d'un « malentendu fatal »[19] qui, comme l'a déjà relevé René Démoris, fait écho à l'histoire de Pyrame et Thisbé, le dénouement s'en éloigne au profit d'une scène où domine une mélancolie funèbre qui préside autant à l'ensevelissement du corps de Manon qu'à l'attitude prostrée du chevalier sur sa tombe.

---

17   René Démoris, *Le Silence de Manon*, Paris, Presses Universitaires de France, coll. « Le texte rêve », 1995, p. 119.
18   Prévost, *Manon Lescaut, op. cit.*, p. 200.
19   René Démoris, *Le Silence de Manon, op. cit.*, p. 119.

Cette dimension sentimentale qui, depuis le début du récit, s'adjoint au tragique, explique sans doute pourquoi *Manon Lescaut* ne s'achève pas sur la mort de des Grieux. À ce premier motif s'en ajoute peut-être un second, relevant cette fois de la poétique et que Racine avait jadis formulé dans sa préface à *Britannicus* (1769), où il justifiait la présence de Junie après la mort du personnage éponyme :

> Pour moi j'ai toujours compris que la Tragédie étant l'imitation d'une action complète, où plusieurs personnes concourent, cette action n'est point finie que l'on ne sache en quelle situation elle laisse ces mêmes personnes. C'est ainsi que Sophocle en use presque partout. C'est ainsi que dans l'*Antigone* il emploie autant de vers à représenter la fureur d'Hémon et la punition de Créon après la mort de cette Princesse, que j'en ai employé aux imprécations d'Agrippine, à la retraite de Junie, à la punition de Narcisse, et au désespoir de Néron, après la mort de Britannicus[20].

Dans *Manon Lescaut*, des Grieux survit à la mort de Manon pour pouvoir raconter ensuite qu'il a perdu à la fois celle qu'il aimait et son père dont il est informé de la mort à son retour de la Nouvelle Orléans. Il ne lui reste plus rien, hormis l'amitié de Tiberge et la triste consolation que représente le récit qu'il fait à Renoncour de ses malheurs et de ses souffrances.

Si cette relecture sentimentale de la tradition tragique est manifeste, on ne saurait, en même temps, assez souligner la présence du comique qui a souvent été négligé par la critique. Certes, le mouvement inéluctable qui conduit les amants à la séparation définitive est scandé par la répétition des malheurs qu'ils connaissent, mais il l'est aussi par celle de scènes de comédie. De même que Jean-Luc Seylaz considère la répétition comme l'« une des formes les plus efficaces de l'expression de la fatalité »[21], de même Charles Mauron rappelle que ce procédé est propre au genre comique[22]. Il est vrai que les chutes se répètent, mais les scènes de comédie aussi. Prévost établit d'ailleurs un système d'échos entre elles : le portrait que Manon tend au prince italien rappelle celui que des Grieux fait au vieux G...M... ; la duperie dont est victime le jeune G...M... évoque à son tour celle que son père a essuyée ; les bijoux que le jeune G...M... donne à Manon sont ceux que M. de G...M... avait déjà offerts à celle-ci. On peut également établir un parallèle entre les

---

20   Racine, « Préface », *Britannicus*, dans *Œuvres complètes, tome 1, op. cit.*, p. 374.
21   Jean-Luc Seylaz, « Structure et signification dans *Manon Lescaut* », *art. cit.*, p. 100.
22   Charles Mauron, « *Manon Lescaut* et le mélange des genres », *art. cit.*, p. 115.

retournements de situation : à deux reprises, le vieux G...M... surprend les amants dans le lit ou sur le point de s'y mettre. Dans la première partie, la trahison de Manon avec ce même G...M... est suivie d'une scène de comédie qui repose sur une friponnerie. Le recours à la ruse, qui est l'un des principaux ressorts de la comédie, donne lieu à une « scène agréable » et à une « ridicule scène »[23] où des Grieux se fait passer pour le jeune frère de Manon. Cette mise en scène destinée à voler le vieux G...M... est l'occasion pour les protagonistes de se divertir à ses dépens. Dans cette petite comédie parfaitement réglée, chacun a un rôle à jouer. Son effet comique résulte essentiellement du dialogue entre le vieux G...M..., qui croit s'adresser à un écolier niais, et le chevalier feignant de l'être et tenant des propos équivoques. Des Grieux pousse même la raillerie jusqu'à lui conter la situation dans laquelle il se trouve et à faire son portrait, la vanité empêchant le vieillard de se reconnaître ; Louvet, on l'a vu, utilise le même procédé d'ironie comique dans ses *Amours*. Quoi qu'il en soit, la comédie ne dure que le temps du souper : les éclats de rire de Manon ne retentiront plus avant longtemps[24], puisque cette fourberie leur coûtera trois mois de prison. Comme le dit si bien des Grieux, « j'étais né pour les courtes joies et les longues douleurs »[25], de sorte que si, dans la comédie, la tromperie fonctionne, dans *Manon Lescaut*, elle échoue pour laisser place au drame.

Dans la seconde partie du roman, une scène de comédie succède encore à une nouvelle trahison de Manon, mais elle ne fait plus l'objet d'un spectacle que l'on donne à voir. La scène romanesque supplante la scène dramatique que le dialogue permettait d'animer :

> Je retournai aussitôt chez Manon, et pour ôter tout soupçon aux domestiques, je lui dis, en entrant, qu'il ne fallait pas attendre M. de G...M... pour souper, qu'il lui était survenu des affaires qui le retenaient malgré lui, et qu'il m'avait prié de venir lui en faire ses excuses et souper avec elle, ce que je regardais comme une grande faveur auprès d'une si belle dame. Elle seconda fort adroitement mon dessein. Nous nous mîmes à table. Nous y prîmes un air grave, pendant que les laquais demeurèrent à nous servir. Enfin, les ayant congédiés, nous passâmes une des plus charmantes soirées de notre vie[26].

---

23   Prévost, *Manon Lescaut, op. cit.*, pp. 75, 77.
24   Les éclats de rire de Manon ne se feront entendre à nouveau qu'après le mauvais tour joué au Prince italien (voir *ibid.*, p. 124).
25   *Ibid.*, p. 75.
26   *Ibid.*, pp. 150-151.

Aucun élément de décor ou de mise en scène n'est donné, aucun geste n'est indiqué et aucun discours n'est rapporté. On sait seulement que les personnages adoptent un « air grave » pour tromper le personnel de maison. De même, dans la scène où Manon feint d'accepter la proposition du jeune G... M..., la narration supplante le dialogue entre les personnages :

> Nous vîmes paraître son carrosse vers les onze heures. Il [G... M...] nous fit des compliments fort recherchés sur la liberté qu'il prenait de venir dîner avec nous. Il ne fut pas surpris de trouver M. de T..., qui lui avait promis la veille de s'y rendre aussi, et qui avait feint quelques affaires pour se dispenser de venir dans la même voiture. Quoiqu'il n'y eût pas un seul de nous qui ne portât la trahison dans le cœur, nous nous mîmes à table avec un air de confiance et d'amitié. G... M... trouva aisément l'occasion de déclarer ses sentiments à Manon. Je ne dus pas lui paraître gênant, car je m'absentai exprès pendant quelques minutes. Je m'aperçus à mon retour, qu'on ne l'avait pas désespéré par un excès de rigueur. Il était de la meilleure humeur du monde. J'affectai de le paraître aussi. Il riait intérieurement de ma simplicité, et moi de la sienne. Pendant tout l'après-midi, nous fûmes l'un pour l'autre une scène fort agréable. Je lui ménageai encore, avant son départ, un moment d'entretien particulier avec Manon, de sorte qu'il eut lieu de s'applaudir de ma complaisance autant que de la bonne chère[27].

Le comique de la scène naît de ce double jeu qui fait en sorte que des Grieux feint de ne pas connaître les intentions de G... M..., allant jusqu'à lui ménager des moments d'entretien avec Manon, tandis que G... M... agit sans savoir que ses intentions malveillantes sont connues du couple. Cette situation du trompeur trompé est caractéristique de la farce et de la comédie. Par rapport à la première partie du roman, Prévost semble traiter différemment les scènes de tromperie, qui sont désormais réduites à de simples résumés. Elles ont perdu la théâtralité que leur conférait notamment le dialogue et ce changement de régime permet au narrateur de mettre l'accent sur la progression tragique de l'histoire, en estompant le comique qui perd son caractère spectaculaire au bénéfice du tragique.

Toujours dans la seconde partie, la scène de comédie qui clôt l'épisode du Prince italien fait néanmoins exception. Éminemment dramatique, elle constitue l'acmé d'un long passage que Prévost a ajouté dans l'édition de 1753. C'est Manon qui préside seule à toute l'organisation de cette petite comédie qu'elle

---

27 *Ibid.*, p. 129.

mène pour le simple plaisir de s'amuser. On la découvre « auteur, actrice, régisseur et même [coiffeuse], puisqu'elle [...] coiffe elle-même »[28] son amant. Le soin qu'elle apporte à cette coiffure témoigne non seulement d'un souci scrupuleux de la mise en scène, mais aussi du plaisir manifeste qu'elle en tire. Ces préparatifs n'ont rien à envier à ceux de comédiens qui doivent entrer en scène, sans compter que le déroulement de la mystification et le discours qu'elle prononce ont été également calculés :

> Mais entendant ouvrir la porte de l'antichambre, elle empoigna d'une main mes cheveux, qui étaient flottants sur mes épaules, elle prit de l'autre son miroir de toilette ; elle employa toute sa force pour me traîner dans cet état jusqu'à la porte du cabinet, et l'ouvrant du genou, elle offrit à l'étranger, que le bruit semblait avoir arrêté au milieu de la chambre un spectacle qui ne dut pas lui causer peu d'étonnement. Je vis un homme fort bien mis, mais d'assez mauvaise mine. Dans l'embarras où le jetait cette scène, il ne laissa pas de faire une profonde révérence. Manon ne lui donna pas le temps d'ouvrir la bouche. Elle lui présenta son miroir : Voyez, monsieur, lui dit-elle, regardez-vous bien, et rendez-moi justice. Vous me demandez de l'amour. Voici l'homme que j'aime, et que j'ai juré d'aimer toute ma vie. Faites la comparaison vous-même. Si vous croyez lui pouvoir disputer mon cœur, apprenez-moi donc sur quel fondement, car je vous déclare qu'aux yeux de votre servante très humble, tous les princes d'Italie ne valent pas un des cheveux que je tiens[29].

En actrice consommée, Manon joue et se joue du Prince auquel elle a réservé un accueil pour le moins surprenant. L'effet de ce coup d'éclat est réussi : aussi bien le lecteur que le chevalier et le Prince ne s'attendaient pas à un tel spectacle. Acteurs à leur insu, ces derniers découvrent simultanément le rôle qu'ils occupent dans une comédie qui ne fait rire que Manon. Si le lecteur peut être amusé, des Grieux, lui, juge « la plaisanterie [...] excessive »[30]. La brutalité de l'héroïne et le caractère insultant et provocateur de la harangue qu'elle adresse au Prince concourent au comique déroutant de la scène. On a vu que cette scène rappelait celle du souper chez M. de G...M... ; cependant, Manon fait bien plus que répéter « la moquerie de des Grieux faisant au vieux G...M... son 'portrait' au 'naturel' »[31] : elle confronte le Prince à son reflet

---

28   Frédéric Deloffre et Raymond Picard, « Introduction », dans *ibid.*, p. cxlix.
29   Prévost, *Manon Lescaut, op. cit.*, p. 123.
30   *Ibid.*, p. 124.
31   Charles Mauron, « *Manon Lescaut* et le mélange des genres », *art. cit.*, p. 116.

dans le miroir. Au moyen de cet objet qui devient un accessoire de théâtre, elle concrétise ce que des Grieux ne faisait que de manière abstraite. On passe ainsi de la parole à l'action et du subtil au vulgaire, Manon apparaissant sans façon, fruste et cruelle. Enfin, cette scène, qui met fin à l'épisode italien, introduit une rupture notable dans la construction du roman. Prévost rompt avec elle le rythme auquel le lecteur était accoutumé. La structure de la première partie laissait, en effet, présager une « nouvelle infidélité »[32] de Manon et, bien que le narrateur annonce que le dénouement de la scène sera comique, l'épisode instaure un climat de suspicion envers Manon :

> Après quelques détours, il [le domestique de des Grieux] me fit entendre qu'un seigneur étranger semblait avoir pris beaucoup d'amour pour Mademoiselle Manon. [...] Il me répondit, [...] qu'ayant observé, depuis quelques jours, que cet étranger venait assidûment au bois de Boulogne, qu'il y descendait de son carrosse, et que, s'engageant seul dans les contre-allées, il paraissait chercher l'occasion de voir ou de rencontrer mademoiselle, il lui était venu à l'esprit de faire quelque liaison avec ses gens, pour apprendre le nom de leur maître ; qu'ils le traitaient de prince italien, et qu'ils le soupçonnaient eux-mêmes de quelque aventure galante [...][33].
>
> Deux jours se passèrent sans aucun autre incident. Le troisième fut plus orageux. J'appris, en arrivant de la ville assez tard, que Manon, pendant sa promenade, s'était écartée un moment de ses compagnes, et que l'étranger, qui la suivait à peu de distance, s'étant approché d'elle au signe qu'elle lui en avait fait, elle lui avait remis une lettre qu'il avait reçue avec des transports de joie[34].

Toutefois, contrairement à ce que l'on pouvait craindre, le dénouement de cet épisode est heureux pour des Grieux qui y voit un témoignage de la « tendresse » de Manon et des « agréments de son esprit »[35] ; Prévost, quant à lui, disait vouloir donner « plus de 'plénitude' au caractère de Manon »[36]. Mais l'enjeu de cet épisode réside-t-il uniquement dans une volonté de « moraliser

---

32 Prévost, *Manon Lescaut, op. cit.*, p. 122.
33 *Ibid.*, p. 119.
34 *Ibid.*, pp. 120-121.
35 *Ibid.*, p. 119.
36 Bernard Guyon, « Notes sur l'art du roman dans 'Manon Lescaut' », dans *Hommage au Doyen Étienne Gros*, Faculté des Lettres et sciences humaines d'Aix-en-Provence, Gap, Imprimerie Louis-Jean, 1959, pp. 185-192, et p. 188 pour la citation.

le caractère de Manon et [de] prouver qu'elle [est] capable de sacrifier la richesse à l'amour »[37] ? Sans doute ; néanmoins, lorsqu'on replace le passage dans l'ensemble de l'œuvre, on constate que non seulement Prévost s'ingénie à déjouer l'attente de ses lecteurs en montrant une Manon fidèle, mais qu'il lui importe aussi d'ajouter une scène de comédie au roman. Serait-ce alors un moyen pour Prévost d'ironiser sur la conscience tragique du narrateur qui ne peut s'empêcher de craindre une nouvelle infidélité ? L'épisode italien comprend la plus longue scène de comédie de la seconde partie du roman, car si les amants joueront à nouveau la comédie à l'auberge de Chaillot pour tromper le jeune G... M..., la scène sera narrée et non plus théâtralisée. Après cet épisode, le héros comme le lecteur n'imaginent pas que Manon puisse à nouveau trahir des Grieux : repousser les avances d'un Prince apparaît comme le témoignage suprême de l'amour qu'elle porte à des Grieux ; pourtant, Manon le trompera une troisième fois. L'insertion de cet épisode crée donc une surprise à double détente : Manon semble définitivement engagée sur la voie de la fidélité, mais se révèlera encore plus infidèle et indélicate. Si le passage apporte des éléments sur le caractère et les sentiments de l'héroïne, il joue également un rôle dans la composition générale de l'œuvre, son comique servant de contrepoint au tragique qui va s'intensifier et s'accélérer jusqu'au dénouement que l'on connaît.

Manon Lescaut est donc un récit dense, centré sur la passion amoureuse dont il marque les temps forts et rythmé par les trahisons de Manon dont les conséquences s'avèrent de plus en plus graves pour les amants jusqu'à l'issue fatale. Aussi les scènes de comédie que ces derniers se plaisent souvent à jouer aux dépens de dupes fortunées ne durent-elles qu'un moment et se révèlent-elles moins théâtralisées à mesure que le récit progresse. Bien que ces scènes de tromperie tournent mal, elles tiennent pourtant un rôle dans l'économie du roman où, par effet de contraste, elles mettent en relief les événements tragiques, mais où elles constituent aussi des pauses qui visent à divertir le lecteur : à cet égard, l'épisode du Prince italien est emblématique. À ce mélange des genres, où la comédie s'entremêle en mode mineur à la tragédie, s'ajoute enfin une forme elle-même hybride de tragique où l'héritage classique se mêle aux élans pathétiques du drame larmoyant alors en train de s'inventer.

Mémoires du comte de Comminge : un roman-tragédie

Avec les *Mémoires du comte de Comminge*, on entre dans un univers purement tragique. Paru anonymement en Hollande en 1735, ce petit roman-mémoires

---

37 Henri Coulet, « Le comique dans les romans de Prévost », dans *L'Abbé Prévost : actes du colloque d'Aix-en-Provence, op. cit.*, pp. 173-183, et p. 173 pour la citation.

est considéré comme le chef d'œuvre de Mme de Tencin : « [C]omposé de 184 pages et écrit tout d'un trait – il n'y a pas de division en parties ou en chapitres, mais une suite de scènes qui se succèdent normalement – [il] se caractérise par sa brièveté et son intensité »[38] ; en cela, il adopte une forme analogue aux nouvelles de Mme de Lafayette, de Saint-Réal et de Catherine Bernard. La description de la première édition de l'ouvrage, présenté comme un ensemble concis et dense, offre un premier indice de ce caractère éminemment dramatique. D'un point de vue chronologique d'abord, quelques mois vont décider du malheureux sort des protagonistes. Il est impossible de déterminer précisément la durée de l'histoire, mais on sait que Comminge se retire du monde moins d'un an après avoir rencontré Adélaïde. Les principales indications temporelles montrent que la majeure partie de l'action se déroule en moins d'un an (approximativement dix mois)[39]. En effet, même si Adélaïde meurt environ quatre ans après leur rencontre à Bagnières, Comminge entre à l'abbaye de T... dix mois après le mariage d'Adélaïde avec Bénavidès. En d'autres termes, Mme de Tencin aurait pu achever son récit au moment où le héros quitte le monde, mais l'ultime événement, que constitue la mort d'Adélaïde sur le lit de cendres des Trappistes, donne lieu à une surenchère tragique : elle meurt une seconde fois aux yeux de Comminge qui, ce jour-là, apprend que non seulement elle a été séquestrée pendant deux ans, mais qu'elle a aussi enduré les souffrances de la discipline claustrale, la vie d'Adélaïde n'ayant été qu'une succession de sacrifices pour son amant.

Dans la mesure où le temps de l'action est assez court, on peut réduire l'histoire à quatre événements principaux : le séjour à Bagnières où les amants se rencontrent, l'emprisonnement de Comminge dans les Pyrénées, la vie maritale d'Adélaïde en Biscaye et l'abbaye de T... L'action et le dialogue sont privilégiés par rapport à la description et aux réflexions du narrateur. Le récit est en quelque sorte épuré, l'intrigue resserrée, si bien qu'ils confèrent au roman une certaine densité dramatique. En outre, le nombre de personnages qui constituent l'entourage des protagonistes est restreint : les mères de Comminge et d'Adélaïde dans un premier temps, Saint-Laurent, Dom Gabriel et Bénavidès dans un deuxième temps, Dom Jérôme et le père abbé dans un troisième temps. À la simplicité de l'action correspond un nombre limité de personnages. L'histoire de cette passion malheureuse est également digne d'un poème tragique par son caractère inéluctable, puisqu'au fil du récit, la destinée semble

---

38 Marinella Mariani, « Un roman d'amour de Mme de Tencin », *art. cit.*, pp. 120, 122.

39 Voir le tableau « Principales indications temporelles dans les *Mémoires du comte de Comminge* », dans Charlène Deharbe, « La Porosité des genres littéraires », *op. cit.*, vol. 2, pp. 601-604.

s'acharner contre les amants. Par ailleurs, comme dans la tragédie racinienne dont le moteur est souvent la passion, l'amour est à l'origine des péripéties romanesques.

Mme de Tencin accentue la tonalité tragique de son roman en dotant ses personnages d'un sens de l'honneur et du devoir qui n'a rien à envier aux héros cornéliens. Ainsi, à plusieurs reprises, Adélaïde répond à Comminge qu'elle préfère être malheureuse que criminelle : « [J]e vous ai laissé voir mes sentiments, je veux bien que vous les connaissiez, mais souvenez-vous que je saurai quand il le faudra les sacrifier à mon devoir », déclare-t-elle ; ailleurs, elle ajoute : « [J]e ferai ce que je pourrai, me dit-elle, pour régler mes sentiments par mon devoir ; mais je sens que je serai très malheureuse si ce devoir est contre vous », ou encore « [M]a tendresse peut me rendre malheureuse, je vous l'ai dit, mais elle ne me rendra jamais criminelle »[40]. De fait, une fois mariée à Bénavidès, la jeune femme n'obéit qu'à son devoir : « [J]e sais seulement que mon devoir m'oblige à ne pas l'abandonner [Bénavidès] et je le remplirai quoi qu'il m'en puisse coûter » ; elle confie encore : « [V]ous avez dû voir que si je n'ai pas été maîtresse de mes sentiments, je l'ai du moins été de ma conduite et que je n'ai fait aucune démarche que le plus rigoureux devoir puisse condamner » ; ou bien « Je sais, me dit-elle, que je ne puis être heureuse avec monsieur de Bénavidès, mais j'aurai du moins la consolation d'être où mon devoir veut que je sois »[41]. Tandis que Comminge lui propose – si leurs parents persistent à s'opposer à leur union – de fuir pour vivre heureux loin de cette haine et de cette rancune familiales, Adélaïde refuse de désobéir au devoir qui lui incombe, se rendant alors digne d'une héroïne tragique qui se résigne et accepte sa destinée quelle qu'elle soit. Cette « rigueur du devoir »[42] constitue l'un des obstacles à leur union et autorise le rapprochement entre les *Mémoires du comte de Comminge* et *La Princesse de Clèves* qui, comme on l'a vu, ont fait l'objet d'une édition commune. Comme dans la tragédie, les personnages ne sont pas libres de leurs actes : la nécessité de répondre à un certain code de l'honneur ou au devoir les oblige à sacrifier leurs sentiments pour se soumettre à des impératifs sociaux ou moraux.

C'est pourquoi le récit s'organise autour de trois obstacles principaux : l'opposition du père de Comminge, le mariage d'Adélaïde et les vœux monastiques du héros. En premier lieu, Adélaïde aurait épousé Comminge si le père de celui-ci avait accepté leur union. Intraitable, emporté et violent, le père manque même de tuer son fils, lorsqu'il apprend que ce dernier a brûlé les papiers lui assurant

---

40   Mme de Tencin, *Mémoires du comte de Comminge*, *op. cit.*, pp. 33, 40, 41-42.
41   *Ibid.*, pp. 78, 80, 84.
42   Marinella Mariani, « Un roman d'amour de Mme de Tencin », *art. cit.*, p. 123.

la succession. Il l'exile à la montagne et conclut une alliance avec la Maison de Foix. Au refus de Comminge, fidèle à Adélaïde, il exerce alors un ignoble chantage sur la jeune femme : la liberté de son amant contre le sacrifice de la sienne. À peine est-il parvenu à ses fins (Adélaïde épouse Bénavidès) que surgit un autre obstacle. Bénavidès est le pire de tous les prétendants : « Ce que je connais de son caractère m'annonce tout ce que j'aurai à souffrir »[43], écrit Adélaïde à Comminge. Il « a une figure désagréable qui le devient encore davantage par son peu d'esprit et par l'extrême bizarrerie de son humeur »[44], confie également Mme de Comminge à son fils. Ce choix n'est qu'un moyen supplémentaire pour Adélaïde de témoigner l'amour qu'elle porte à son amant. D'une jalousie excessive, Bénavidès lui rend la vie extrêmement pénible. Prêt à l'immoler lorsqu'il surprend Comminge à ses pieds, il l'emprisonne pendant deux ans « sans autre consolation que celle que tâchait de [lui] donner celui qui était chargé de [lui] apporter [sa] nourriture »[45]. Quand, enfin, à la mort de ce cruel époux, Adélaïde recouvre la liberté, elle retrouve Comminge au moment précis où lui, en revanche, n'en dispose plus. Après tant d'épreuves et de souffrances, la fatalité leur refuse l'accès au bonheur.

Ces obstacles suscitent des scènes très théâtrales, telles que la querelle entre Comminge et son père[46], ou encore celle-ci, où Bénavidès surprend Comminge aux pieds d'Adélaïde :

> J'entrai dans la chambre avec tant de précipitation qu'Adélaïde ne me vit que quand je fus près d'elle ; elle voulut s'échapper aussitôt qu'elle m'aperçut ; mais la retenant par sa robe : « Ne me fuyez pas, lui dis-je, madame ; laissez-moi jouir pour la dernière fois du bonheur de vous voir ; cet instant passé, je ne vous importunerai plus, j'irai loin de vous mourir de douleur des maux que je vous ai causés et de la perte de votre cœur. Je souhaite que Dom Gabriel, plus fortuné que moi...
>
> Adélaïde que la surprise et le trouble avait jusque-là empêché de parler m'arrêta à ces mots et jetant un regard sur moi : Quoi, me dit-elle, vous osez me faire des reproches, vous osez me soupçonner, vous...
>
> Ce seul mot me précipita à ses pieds.
>
> Non, ma chère Adélaïde, lui dis-je, non je n'ai aucun soupçon qui vous offense ; pardonnez un discours que mon cœur n'a point avoué.

---

43 Mme de Tencin, *Mémoires du comte de Comminge, op. cit.*, p. 47.
44 *Ibid.*, p. 52.
45 *Ibid.*, p. 89.
46 Voir *ibid.*, pp. 34-36.

> Je vous pardonne tout, me dit-elle, pourvu que vous partiez tout à l'heure et que vous ne me voyez jamais. Songez que c'est pour vous que je suis la plus malheureuse personne du monde ; voulez-vous faire croire que je suis la plus criminelle ?
> Je ferai, lui dis-je, tout ce que vous m'ordonnerez, mais promettez-moi du moins que vous ne me haïrez pas.
> Quoique Adélaïde m'eût dit plusieurs fois de me lever, j'étais resté à ses genoux ; ceux qui aiment savent combien cette attitude a de charmes ; j'y étais encore quand Bénavidès ouvrit tout d'un coup la porte de la chambre ; il ne me vit plutôt aux genoux de sa femme que, venant à elle l'épée à la main : Tu mourras, perfide, s'écria-t-il[47].

Le dépit amoureux, le geste théâtral du héros qui s'agenouille aux pieds d'Adélaïde, l'arrivée impromptue de l'époux, la méprise et la fureur : tout, jusqu'à l'exclamation de ce dernier – « Tu mourras, perfide » –, relève de la scène tragique. Au surplus, cet épisode représente un véritable coup de théâtre qu'animent le dialogue et la brièveté des répliques en lui conférant une dimension éminemment dramatique. S'ensuivront un duel, l'arrestation du vainqueur et sa fuite, la vengeance de Bénavidès et la retraite de Comminge. Ce dernier ne croyait sans doute pas si bien dire lorsqu'il demandait à Adélaïde de le laisser « jouir pour la dernière fois du bonheur de [la] voir ». Il ne la retrouvera en effet que deux ans plus tard, le jour où elle révèlera son identité aux yeux des Trappistes, tout juste avant d'expirer. Cette longue scène de reconnaissance sera l'un des épisodes les plus pathétiques et tragiques du roman dont s'emparera, presque trente ans plus tard, Baculard d'Arnaud dans ses *Amants malheureux*[48]. En somme, avec sa brièveté, sa sobriété, un temps de l'action resserré, une intrigue centrée autour de quelques événements, la place accordée à l'action au détriment de la description, le nombre limité de personnages, les scènes dramatiques suscitées par les obstacles, le roman-mémoires devient ici un roman-tragédie, le thème de la passion fatale et le caractère cornélien de l'héroïne nourrissant une action dont la dimension tragique est maintes fois soulignée.

Séquences de scènes et tableaux dramatiques
Les Égarements : une comédie des contresens

Les Égarements de Crébillon peuvent être apparentés, mutatis mutandis, à une comédie de mœurs et de caractères dont le rire grinçant surgit du regard

---

47   *Ibid.*, pp. 63-64.
48   Voir *supra*, p. 162.

rétrospectif que le narrateur porte sur les bévues et les ridicules de celui qu'il était à son entrée dans le monde[49]. La concentration du temps de l'action, une intrigue simple, une composition reposant notamment sur des scènes et des séquences de scènes invitent même à y apercevoir parfois la structure d'une pièce de théâtre. Notons d'abord que Les Égarements forment un ensemble cohérent malgré leur inachèvement. Autant qu'on puisse en juger, Crébillon n'a pas suivi le plan initial exposé dans la préface de son ouvrage[50], qui prévoyait une première et une deuxième parties traitant de l'ignorance et des premières amours d'un jeune homme devenu par la suite « un homme plein de fausses idées, et pétri de ridicules, [...] entraîné [...] par des personnes intéressées à lui corrompre le cœur et l'esprit », avant d'être « rendu à lui-même, [et] devoir toutes ses vertus à une femme estimable »[51]. Si le lecteur découvre en effet un novice étranger au code mondain et au langage de la séduction, aux prises avec l'amour-goût qu'il éprouve pour Mme de Lursay et l'amour-passion qu'il ressent pour Hortense, il ne le verra pas, en revanche, revenir de ses erreurs et retrouver le chemin de la vertu. En outre, certaines phrases du roman évoquent un avenir que la suite du récit va démentir : « Madame de Senanges à qui, comme on le verra dans la suite, j'ai eu le malheur de devoir mon éducation [...] »[52], précise ainsi le narrateur en créant un effet d'annonce que, pourtant, la fin du récit déçoit, puisque c'est Mme de Lursay qui se chargera de son apprentissage. D'autres phrases encore signalent une scène que le lecteur attendra en vain : « [N]ous pourrions en venir aux femmes, mais la conversation que nous venons d'avoir ensemble a été d'une longueur si énorme qu'avec plus d'ordre, et des idées plus approfondies, elle pourrait presque passer pour un Traité de Morale. Remettons-en le reste à un autre jour »[53], dit Versac à Meilcour lors de leur promenade à l'Étoile ; mais le lecteur n'en saura pas davantage. Si ces annonces suscitent la curiosité du lecteur, elles ne sont guère indispensables à la compréhension de l'histoire. D'ailleurs, le narrateur laisse un certain nombre d'indications pour permettre au lecteur d'imaginer la suite de ses aventures et le devenir des personnages qu'il rencontre à ses débuts : Meilcour deviendra un fat et supplantera son maître en la matière[54] et Hortense sera peut-être

---

49   Voir Françoise Gevrey, « Le ridicule dans Les Égarements du cœur et de l'esprit », Recherches et travaux, n° 51, 1996, pp. 55-69.
50   Il n'est pas certain que nous ayons le manuscrit au complet.
51   Crébillon, « Préface », Les Égarements, op. cit., pp. 71-72.
52   Crébillon, Les Égarements, op. cit., p. 147.
53   Ibid., p. 221.
54   Voir ibid., pp. 73 et 132.

cette « femme estimable » qui le « rend[ra] à lui-même »[55]. Cela dit, il importe peu que le lecteur connaisse les circonstances des événements à venir, l'intérêt du récit étant ailleurs. *Les Égarements* sont l'histoire d'une initiation et le récit s'achève là où il devait aboutir : Mme de Lursay qui entreprend de déniaiser Meilcour parvient à ses fins. De fait, le roman s'ouvre et se ferme sur ces deux protagonistes : la déclaration de Meilcour à Mme de Lursay est la première scène dialoguée du récit et la confession de Mme de Lursay à Meilcour en est la dernière. D'un point de vue formel, le roman reste ouvert, mais il constitue « un ensemble cohérent et suffisant » et peut, à ce titre, être considéré comme « un roman fermé »[56] ; de nombreux critiques s'accordent sur ce fait[57]. Enfin, on a aussi comparé *Les Égarements* à « une longue nouvelle qui [aurait pu] s'intituler *Quinze jours de la vie de Monsieur de Meilcour* »[58], de sorte que, même si ce roman demeure inachevé, il comporte bien un début, un milieu et une fin.

De plus, l'unité du récit est assurée par la simplicité et la linéarité d'une intrigue qui pourrait se résumer à la question de savoir si Mme de Lursay finira par conquérir Meilcour. L'action étant « chargée de peu de matière »[59], le tour de force de Crébillon « consiste à faire quelque chose de rien »[60]. De même que, selon Racine, la simplicité d'une action oblige le dramaturge à la faire avancer « par degrés vers sa fin » et à la soutenir « par les intérêts, les sentiments, et les passions des personnages »[61], de même Crébillon semble faire progresser l'action par les seuls affects des personnages. Concernant le traitement du temps, sans aller jusqu'aux vingt-quatre heures que respectent la plupart des pièces de théâtre à l'époque moderne, l'action des *Égarements* se déroule en treize jours et une nuit[62]. Un tel resserrement temporel met

---

55 Crébillon, « Préface », *Les Égarements, op. cit.*, p. 72.
56 Michel Gilot et Jacques Rustin, « Introduction », dans Crébillon, *Les Égarements, op. cit.*, p. 35.
57 Voir Jean Dagen, *Introduction à la sophistique amoureuse dans* Les Égarements du cœur et de l'esprit *de Crébillon fils*, Paris, Honoré Champion, coll. « Unichamp », 1995, p. 26 ; Henri Coulet, « *Les Égarements*, roman inachevé ? », dans *Songe, illusion, égarement dans les romans de Crébillon*, Grenoble, Université Stendhal, 1996, pp. 245-256 ; Jean Sgard, « Hortense », dans *ibid.*, pp. 261-262.
58 Michel Gilot et Jacques Rustin, « Introduction », dans Crébillon, *Les Égarements, op. cit.*, p. 35.
59 Racine, « Préface », *Britannicus, op. cit.*, p. 374.
60 Racine, « Préface », *Bérénice*, dans *Œuvres complètes, tome 1, op. cit.*, p. 451.
61 Racine, « Préface », *Britannicus, op. cit.*, p. 374.
62 À la différence de Carole Dornier (*Les Mémoires d'un désenchanté : Crébillon fils*, Les Égarements du cœur et de l'esprit, Orléans, Paradigme, coll. « Références/3 », 1995,

d'autant plus en relief une action qui avance par revirements, le héros étant une véritable girouette qui tourne au gré des mouvements fluctuants de sa vanité. Par exemple, à la fin de la première partie, Meilcour change totalement d'opinion sur Mme de Lursay, se refusant à grossir la liste de ces jeunes gens qu'elle aurait déniaisés. Cette volte-face intervient immédiatement après l'entrée en scène de Versac dont le discours produit sur lui l'effet d'une révélation. Meilcour passe alors d'une « vénération profonde » et du « plus grand respect » à « l'intention de [s]e venger »[63] et au mépris. Tout bascule à partir de cette scène qui clôt la première partie et que l'on peut considérer comme le nœud de cette comédie de mœurs. Ce brusque changement de comportement ne passe évidemment pas inaperçu aux yeux de la marquise qui lui « demand[e], mais avec une douceur extrême, pourquoi [il] [a] passé de beaucoup de respect, même d'un respect trop timide, à une familiarité désobligeante »[64]. En revanche, à l'issue de la deuxième partie, l'arrivée aux Tuileries annonce la longue promenade qui s'ensuit, mais ne forme pas à proprement parler une péripétie affectant le cours du récit. En fait, l'ultime retournement de situation sera la confession finale de Mme de Lursay, qui lui permettra de confondre Meilcour et d'en triompher. Par conséquent, la division tripartite des *Égarements* ne correspond pas à une composition dramatique et la théâtralité de leur structure, que l'on peut déceler dans les longues scènes dialoguées et les successions de scènes qui forment une unité narrative, résiderait dans cet enchaînement de contresens que font les protagonistes et que les grandes scènes du récit mettent en évidence.

Parmi ces scènes, on retrouve une typologie bien connue que sont les scènes à témoin caché, les scènes d'aveu et de dépit. Ainsi, la première scène aux Tuileries où Meilcour surprend une conversation entre Hortense et une dame est une scène à témoin caché : « [L]e désir de découvrir quelque chose de ses sentiments dans un entretien dont elle croirait n'avoir pas de témoin, me rendit plus tranquille, et me fit résoudre à me cacher »[65]. Au théâtre, ce type de scène permet, par exemple, de démêler la cause d'une folie apparente[66],

---

pp. 9-12), Michel Gilot et Jacques Rustin (« Introduction », dans *Les Égarements, op. cit.*, pp. 30-31) selon lesquels l'action des *Égarements* dure quinze jours, nous retrouvons la même chronologie que Jean Dagen (*Introduction à la sophistique amoureuse, op. cit.*, pp. 84-100). Voir « Principales indications temporelles et spatiales dans *Les Égarements du cœur et de l'esprit* », dans Charlène Deharbe, « La Porosité des genres littéraires », *op. cit.*, vol. 2, pp. 607-614.

63 Crébillon, *Les Égarements, op. cit.*, pp. 80, 134, 135.
64 *Ibid.*, p. 143.
65 *Ibid.*, p. 108.
66 Voir Shakespeare, *Hamlet*, dans *Œuvres complètes, tome 2, op. cit.*, III, 1 et 4.

de découvrir la fourberie d'un secrétaire qui sert ses amours au lieu de servir celles de son maître[67], de s'assurer qu'une femme convoitée anéantisse tout espoir chez son amant[68], de dévoiler un hypocrite[69], d'ouvrir les yeux à un mari crédule et à un père aimé[70], ou encore de surprendre les projets malveillants d'un grand seigneur séducteur[71]. Elle peut être préparée par les personnages eux-mêmes pour démêler une intrigue, comme dans *Le Tartuffe* ou *Le Malade imaginaire*, ou bien être l'effet du hasard : un personnage assiste alors à une scène qu'il n'aurait pas dû voir. Dans *Les Égarements*, le héros surprend, contre toute attente, une conversation entre la belle inconnue de l'Opéra et la dame qui l'accompagnait ce soir-là, parlant en secret d'un jeune homme entrevu là-bas[72]. On imagine l'intérêt que le témoin indiscret peut prendre à une conversation dont il est sans doute l'objet. Le narrateur qualifie d'ailleurs ce moment comme « le plus cher de [s]a vie »[73]. Toutefois, si le dialogue entre les deux dames porte à croire qu'il est l'« inconnu »[74] dont elles parlent, Meilcour se persuade du contraire. Alors qu'au théâtre, la scène a souvent une fonction de révélation, dans le roman de Crébillon, elle éclaire le lecteur sur l'identité probable de celui qui a touché Hortense, mais elle obscurcit le jugement du héros incapable d'interpréter correctement le discours d'autrui.

Au théâtre, les scènes d'aveu sont fréquentes, mais il convient de distinguer une déclaration d'amour de l'aveu d'un mauvais tour que l'on a joué à quelqu'un. L'aveu de Phèdre à Hyppolyte[75], d'Antiochus à Bérénice[76] ou d'Arlequin à Lisette[77] n'est pas de la même nature que celui de Sganarelle à Léandre[78] ou de Scapin à Léandre[79]. Parmi le premier type d'aveu, on peut aussi différencier l'aveu direct que l'on adresse à la personne aimée, comme celui d'Adraste

---

67 Voir Corneille, *L'Illusion comique*, dans *Œuvres complètes, tome 1, op. cit.*, III, 8.
68 Voir Racine, *Britannicus, op. cit.*, II, 6.
69 Voir Molière, *Le Tartuffe, op. cit.*, IV, 5.
70 Voir Molière, *Le Malade imaginaire* [édition de 1682], *op. cit.*, III, 12-14.
71 Voir Beaumarchais, *Le Mariage de Figaro, op. cit.*, I, 8.
72 Cette scène est directement inspirée de *La Princesse de Clèves* où M. de Nemours surprend l'aveu de Mme de Clèves à son époux (voir Mme de Lafayette, *La Princesse de Clèves, op. cit.*, pp. 417-422).
73 Crébillon, *Les Égarements, op. cit.*, p. 112.
74 *Ibid.*, pp. 109-110, 112.
75 Voir Racine, *Phèdre, op. cit.*, II, 5.
76 Voir Racine, *Bérénice, op. cit.*, I, 4.
77 Voir Marivaux, *Le Jeu de l'amour et du hasard*, dans *Théâtre complet, op. cit.*, III, 6.
78 Voir Molière, *Le Médecin malgré lui, op. cit.*, III, 1.
79 Voir Molière, *Les Fourberies de Scapin*, dans *Œuvres complètes, tome 2, op. cit.*, II, 3.

à Isabelle[80] ou de Tartuffe à Elvire[81], et l'aveu indirect que l'on confie à une tierce personne, comme celui de Néron à Narcisse[82], d'Ériphile à Doris[83], ou encore d'Horace à Arnolphe[84]. Dans *Les Égarements*, les nombreuses scènes d'aveu ne traitent que de sentiments. Pour preuve de leur importance dans le récit, ce sont elles qui, pour ainsi dire, ouvrent et ferment le roman. L'aveu est le sujet du premier dialogue entre Meilcour et Mme de Lursay : « [U]ne Comédie qu'on jouait alors, et avec succès, [...] fournit l'occasion »[85] à la marquise de porter le sujet de la conversation sur la déclaration d'amour. Elle évoque l'intrigue et le style de la pièce, mais insiste surtout sur le traitement des sentiments et, plus particulièrement, sur la « déclaration d'amour » qui « est un des morceaux qu['elle] en estime le plus »[86]. Pour Mme de Lursay, le principal enjeu de cette conversation avec Meilcour est de l'amener à se déclarer et, si elle feint de ne pas le comprendre une première fois, elle ne peut, en revanche, faire fi de son second aveu :

> En un mot, Meilcour, je le veux ; mon amitié pour vous m'oblige de prendre ce ton : dites-moi qui vous aimez. Ah ! Madame, répondis-je en tremblant, je serais bientôt puni de vous l'avoir dit.
> Dans la situation présente, ce discours n'était point équivoque, aussi Madame de Lursay l'entendit-elle ; mais ce n'était pas encore assez, et elle feignit de ne m'avoir pas compris.
> Que prétendez-vous dire, reprit-elle en radoucissant sa voix : vous seriez bientôt puni de l'avoir dit ? Croyez-vous que je fusse indiscrète ? Non, répliquai-je, ce ne serait pas ce que je craindrais ; mais Madame, si c'était une personne telle que vous que j'aimasse, à quoi me servirait-il de le lui dire ? À rien peut-être, répondit-elle en rougissant. [...] Non, reprit-elle, ce n'est pas que j'en aie peur ; craindre de vous voir amoureux serait avouer à demi que vous pourriez me rendre sensible ; l'Amant que l'on redoute le plus est toujours celui que l'on est le plus près d'aimer, et je serais bien fâchée que vous me crussiez si craintive avec vous. Ce n'est pas non plus ce dont je me flatte, répondis-je ; mais enfin si je vous aimais, que feriez-vous donc ? Je ne crois pas, reprit-elle, que sur une

---

80   Voir Corneille, *L'Illusion comique*, *op. cit.*, II, 3.
81   Voir Molière, *Le Tartuffe*, *op. cit.*, IV, 5.
82   Voir Racine, *Britannicus*, *op. cit.*, II, 2.
83   Voir Racine, *Iphigénie*, *op. cit.*, II, 1.
84   Voir Molière, *L'École des femmes*, *op. cit.*, I, 4.
85   Crébillon, *Les Égarements*, *op. cit.*, p. 80.
86   *Ibid.*, p. 81.

supposition vous ayez attendu une réponse positive. Oserais-je donc, Madame, vous dire que je ne suppose rien ?[87]

« Je serais bientôt puni de vous l'avoir dit » : la brièveté de cet aveu est d'autant plus frappante qu'il survient au terme d'un long dialogue dont il annonce la conclusion. « Oserais-je, Madame, vous dire que je ne suppose rien » : ce second aveu illustre à merveille cet art de la litote dont use abondamment la langue classique. À cet aveu difficile de Meilcour fait écho celui de Mme de Lursay qui clôt définitivement la conversation. Bien que les bienséances l'obligent à tenir un discours implicite, elle en dit suffisamment, en effet, pour ne pas faire disparaître tout espoir chez le jeune homme :

> Vous ne prévoyez tant de malheurs que parce que vous ne m'aimez pas. Mais non, dit-elle, n'allez pas croire cela ; je vous dirai plus, car vous me trouverez toujours sincère : vous moins jeune, ou moi moins raisonnable, je sens que je vous aimerais beaucoup ; mais je dis beaucoup : au reste, ne m'en demandez pas davantage. Dans l'état tranquille où je suis, je ne sais ce qu'est mon cœur ; le temps seul peut en décider, et peut-être après tout qu'il ne décidera rien[88].

Si Mme de Lursay déclare à demi-mot son amour à Meilcour, l'incertitude dans laquelle elle le laisse produit néanmoins l'effet contraire à celui qu'elle espérait : la marquise lui ôte toute hardiesse au lieu de l'engager à poursuivre ses galanteries. L'inexpérience de Meilcour à laquelle s'ajoute une première blessure d'amour-propre va obliger la marquise à dévoiler ses sentiments à plusieurs reprises et en vain, même si, la deuxième fois, elle est beaucoup plus explicite et engageante :

> Oui, reprit-elle en me regardant le plus tendrement du monde, oui, Meilcour, vous avez raison de vous plaindre, je ne vous traite pas bien, mais ce reste de fierté doit-il vous déplaire ? ne voyez-vous pas combien il m'en coûte pour le prendre ? Ah ! si je m'en croyais, combien ne vous dirais-je pas que je vous aime ! Que je suis fâchée de n'avoir pas su plus tôt que vous vouliez qu'on vous prévînt ! au hasard de tout ce qui aurait pu en arriver, vous ne m'auriez point parlé le premier ; vous n'auriez fait que me répondre.

---

87 *Ibid.*, p. 84.
88 *Ibid.*, p. 86.

> J'ai depuis, senti toute l'adresse de Madame de Lursay, et le plaisir que lui donnait mon ignorance ; tous ces discours qu'elle n'aurait pu tenir à un autre sans qu'ils eussent tiré pour elle à une extrême conséquence, ces aveux qu'elle faisait de ses vrais sentiments, loin de les comprendre, me jetèrent dans le plus cruel embarras. [...] En vérité, continua-t-elle, en voyant mon air sombre, si vous refusez plus longtemps de me croire, je ne vous réponds pas que je ne vous donne demain un rendez-vous : n'en seriez-vous pas embarrassé ? Au nom de vous-même, Madame, lui dis-je, épargnez-moi ; l'état où vous me mettez est affreux... Je ne vous dirai donc plus que je vous aime, interrompit-elle ; vous me privez là cependant d'un grand plaisir[89].

Le langage qu'utilise Meilcour – « le plus cruel embarras », « cruelles chaînes »[90] – est celui, hyperbolique, de la galanterie, dont les lieux communs prêtent d'autant plus au rire qu'il se méprend. Incapable de démêler les « discours équivoques »[91], piqué du refus qu'il a essuyé et le cœur déjà tourné vers la belle inconnue rencontrée à l'Opéra, Meilcour prend soin d'éviter Mme de Lursay qui se voit alors contrainte de provoquer les occasions pour l'amener à de nouveaux aveux :

> Eh bien, reprit-elle d'un ton plus doux, voyons lequel de nous deux a le plus de tort : je ne demande qu'un éclaircissement, je consens même à vous pardonner : j'oublie dès cet instant que vous m'avez dit que vous m'aimiez... Ah, Madame ! lui dis-je, emporté par le moment, qu'en pardonnant même, vous êtes cruelle ! Vous croyez me faire une grâce, et vous achevez de m'accabler ! Vous oublierez, dites-vous, que je vous aime ; faites-le-moi donc oublier aussi ; que ne savez-vous, continuai-je en me jetant à ses genoux, l'état horrible où vous réduisez mon cœur... Juste Ciel ! s'écria-t-elle en reculant, à mes genoux ! levez-vous, que voudriez-vous que l'on pensât si l'on vous y surprenait ? Que je vous jure, repartis-je, tout l'amour et le respect que vous inspirez. Eh pensez-vous, reprit-elle en m'obligeant de me lever, que j'en fusse plus satisfaite ! Voilà donc les effets de cette circonspection que vous m'avez promise ? Mais enfin, que me demandez-vous ? Que vous croyiez que je vous aime, répondis-je, que vous me permettiez de vous le dire, et d'espérer qu'un jour je vous y verrai plus sensible. Vous m'aimez donc beaucoup, repartit-elle, et c'est

---

89   *Ibid.*, pp. 90-91.
90   *Ibid.*, p. 91.
91   *Ibid.*, p. 99.

> bien ardemment que vous souhaitez du retour ? Je ne puis que vous répéter ce que je vous ai déjà dit. Mon cœur est encore tranquille, et je crains d'en voir troubler le repos : cependant... Mais non, je n'ai plus rien à vous dire, je vous défends même de me deviner[92].

Fine manipulatrice, la marquise lui fait renouveler ses aveux pour pouvoir, cette fois-ci, lui laisser espérer un retour possible. On note, en effet, une progression dans l'expression des sentiments : son « cœur est encore tranquille », mais désormais elle « crain[t] d'en voir troubler le repos », sans compter que l'aposiopèse traduit un silence éloquent. Cette interruption adroitement calculée aurait dû suffire à exprimer ce qu'elle se refuse à dire explicitement, mais la sottise de Meilcour l'empêche d'en interpréter le sens implicite. La maîtrise des codes mondains, qui suppose respect des bienséances et coquetterie étudiée, ne sert de rien à Mme de Lursay, qui progresse difficilement avec ce novice dépourvu de toute clairvoyance. Elle se voit donc obligée de faire l'aveu de ses sentiments :

> Écoutez, ajouta-t-elle d'un air de réflexion, je crois vous avoir dit que j'étais sincère, et je suis bien aise de vous en donner des preuves. [...] Il me paraîtrait d'un extrême ridicule de donner aujourd'hui dans un travers qui, par mille raisons que vous ne sentez pas, pourrait m'être moins pardonné que jamais ; cependant j'ai du goût pour vous. Je ne dis plus un mot. Rassurez-moi contre tout ce que j'ai à craindre de votre âge et de votre peu d'expérience, que votre conduite m'autorise à prendre de la confiance en vous, vous serez content de mon cœur. Cet aveu que je vous fais me coûte ; il est, et vous pouvez m'en croire, le premier de cette nature que j'aie fait de ma vie. Je pouvais, je devais même vous le faire attendre plus longtemps, mais je hais l'artifice, et personne au monde n'en est moins capable que moi[93].

Mme de Lursay affirme ouvrir son cœur pour la première fois, afin de mieux représenter à Meilcour l'honneur qu'elle lui fait en lui accordant sa confiance. Mais si, par la suite, elle se livre de plus en plus – « Je vous laisse dire que vous m'aimez et je vous dis presque que je vous aime », ou encore « [V]ous m'aimerez, vous me le direz ! Oui, Meilcour, reprit-elle en souriant, et en me tendant la main ; oui je vous le dirai, et le plus tendrement du monde »[94] –,

---

92   *Ibid.*, p. 103.
93   *Ibid.*, p. 119.
94   *Ibid.*, pp. 127-128.

elle ne le conquiert véritablement qu'à la fin du roman. Son ultime confession se présente non seulement comme une longue justification, mais aussi une déclaration dont l'adresse consommée lui permet de montrer que tous ses soins étaient commandés par l'amour :

> Liée à votre mère par l'amitié la plus tendre, je vous ai aimé avant que je susse si vous méritiez de l'être ; avant que vous sussiez vous-même ce que c'est que d'être aimé ; et sans que je pusse imaginer que le goût que j'avais pour vous pût me conduire où j'ose enfin avouer que je suis.
> [...] Il est donc vrai, continua-t-elle, que je vous ai aimé. Je pourrais n'en pas convenir, puisque je ne vous l'ai jamais dit affirmativement ; mais après ce qui s'est passé entre nous, ce détour serait aussi inutile que déplacé, et il vaudrait mieux que je vous eusse dit mille fois que je vous aime, que de vous l'avoir une seule, prouvé comme j'ai fait. [...]
> [...] Il faudrait sans doute, pour mériter votre estime, que je n'eusse jamais été déterminée à l'amour que par vous. Je ne l'ai pas moins désiré que vous auriez pu le désirer vous-même, et quand j'ai commencé à vous aimer, j'ai eu un extrême regret de ce que mon cœur n'était pas aussi neuf que le vôtre, et de ne pouvoir pas vous en offrir les prémices.
> [...] Un autre que vous aurait senti que sa tendresse seule pouvait m'étourdir sur la faute irréparable que la mienne me faisait commettre ; et qu'en l'aimant, je le chargeais du repos et du bonheur de ma vie ; mais, ajouta-t-elle, en tournant vers moi des yeux qui se remplissaient de larmes, cette façon de penser n'était pas faite pour vous. [...]
> Levez-vous, ajouta-t-elle d'une voie presque éteinte, vous ne voyez que trop que je vous aime[95].

C'est par un long plaidoyer émouvant où elle retrace l'histoire de leur relation que la marquise s'efforce de faire sentir à Meilcour l'insolence de ses procédés et qu'elle œuvre ainsi à le culpabiliser pour mieux vaincre son amour-propre qui, allié à son inexpérience, l'a rendu sourd à toutes les déclarations faites à demi-mot. Autrement dit, à la différence d'une pièce de théâtre où l'aveu fait généralement l'objet d'une scène unique, Crébillon, lui, les multiplie en accumulant mésinterprétations et mésintelligences, de sorte qu'en explorant les détours du langage et les stratagèmes de l'amour-propre, le roman s'apparente, en quelque sorte, à une comédie des contre-sens.

Au demeurant, les dramaturges exploitent tout aussi fréquemment les scènes de dépit amoureux. Citons, chez Molière, par exemple, la rupture, puis

---

95   *Ibid.*, pp. 235-243.

la réconciliation entre Éraste et Lucile[96], la querelle entre Valère et Mariane à laquelle Dorine met un terme[97], la fâcherie entre Cléanthis et Mercure[98], les reproches qu'Amphitryon adresse à Alcmène[99], le « transport furieux »[100] de Cléanthis contre Sosie, ou encore la colère de Cléonte et Covielle, leurs plaintes et le dépit qu'ils manifestent respectivement à l'égard de Lucile et Nicole[101]. Toutes ces scènes mettent aux prises des amants inquiets de soins qu'on ne leur rend pas ou de l'annonce d'un mariage et montrent leur crainte de perdre l'être aimé. Ces scènes de dépit donnent lieu à de longs reproches, réciproques ou pas, et s'achèvent souvent, mais pas toujours, par la réconciliation des amants. Dans *Les Égarements*, Mme de Lursay se plaint souvent du comportement de Meilcour à son égard, mais la brièveté de ses reproches ne permet pas toujours de parler de véritables scènes de dépit. Par exemple, le jour où Meilcour se rend chez elle bien plus tard qu'elle ne l'avait espéré, elle engage la conversation par une remarque empreinte de reproches : « Vous êtes, me dit-elle en souriant, un Amant singulier, et si vous voulez que je juge de votre amour par vos empressements, vous ne prétendez pas sans doute que j'en prenne bonne opinion »[102]. En revanche, on assiste à une vraie scène de dépit le jour où Meilcour, hanté par l'image d'Hortense, rencontre la marquise quatre jours après l'avoir soigneusement évitée :

> [V]ous trouverez peut-être singulier, Monsieur, me dit-elle, que je vous demande une explication. À moi, Madame ! m'écriai-je ; oui, Monsieur, répliqua-t-elle, à vous-même. Depuis quelques jours, vous avez avec moi des procédés peu convenables. Pour vous trouver innocent, j'ai eu la complaisance de me chercher des crimes, je ne m'en découvre pas ; apprenez-moi ce que vous avez à me reprocher ; justifiez-vous, s'il est possible, sur le peu d'égards que vous avez pour moi. [...] On fait des fautes, je le veux, mais du moins ce sont des fautes qu'un sentiment trop vif fait commettre, et qui souvent n'en persuadent que mieux. Si je vous avais été chère, vous n'auriez été capable que de celles-là, et je n'aurais pas à me plaindre aujourd'hui du peu d'égards que vous avez pour moi. Me voilà donc enfin, Madame, lui dis-je, éclairci de mes torts. En vérité ! vous êtes bien injuste.

---

96   Voir Molière, *Le Dépit amoureux*, dans *Œuvres complètes, tome 1, op. cit.*, IV, 3.
97   Voir Molière, *Le Tartuffe, op. cit.*, II, 4.
98   Voir Molière, *Amphitryon*, dans *Œuvres complètes, tome 1, op. cit.*, I, 4.
99   Voir *ibid.*, II, 2.
100 *Ibid.*, II, 3, v. 1097, p. 897.
101 Voir Molière, *Le Bourgeois gentilhomme*, dans *Œuvres complètes, tome 2, op. cit.*, III, 8-10.
102 Crébillon, *Les Égarements, op. cit.*, p. 90.

> Après la façon dont vous m'avez traité, serait-ce à vous à vous plaindre ? Eh bien, reprit-elle d'un ton plus doux, voyons lequel de nous deux a le plus de tort : je ne demande qu'un éclaircissement : je consens même à vous pardonner[103].

La brièveté des premières répliques témoigne de la tension qui règne. Le lexique du dépit amoureux – les verbes « reprocher », « se plaindre », « justifier », « pardonner », les noms « fautes », « crimes », « torts » et « colère » ainsi que les adjectifs « innocent », « coupable », « injuste » et « cruelle »[104] – met en évidence la violence des reproches formulés et, du même coup, fait entendre le cri de l'amour-propre blessé. Notons l'adresse avec laquelle Mme de Lursay transforme un Meilcour indifférent, détaché et entièrement livré à la pensée d'Hortense en un Meilcour amoureux, repentant et soumis. Comme au théâtre, la rancœur devient douceur. Aux reproches va succéder un aveu implicite de la marquise. Le jour suivant, le héros écourte une nouvelle scène de dépit en devenant plus entreprenant :

> Vous n'êtes donc pas sortie aujourd'hui ? continuai-je. Eh ! mon Dieu non, reprit-elle d'un air fin, il me semble même que je vous l'avais dit. Comment se peut-il donc, repartis-je, que je l'aie oublié ? La chose ne vaut pas, répondit-elle, que vous vous en fassiez des reproches, et elle est par elle-même si indifférente que j'avais oublié aussi que vous m'aviez promis de venir. [...] Ah ! finissons cette caquetterie, interrompit-elle ; ou ne me parlez plus sur ce ton, ou soyez du moins d'accord avec vous-même. Ne sentez-vous pas que de la chose du monde la plus simple vous en faites actuellement la plus ridicule ? Comment pouvez-vous vous imaginer que je croie ce que vous me dites ? Si vous aviez désiré de me voir, qui vous en empêchait ? Moi-même, repris-je, qui crains de m'engager avec vous. Voyez cependant, comme je réussis, continuai-je, en lui prenant la main qu'elle avait sous le métier[105].

Si, dans un premier temps, la marquise contient sa colère, feignant même d'avoir oublié l'engagement de Meilcour qu'elle ne manque pas toutefois de lui rappeler, la mauvaise foi du jeune homme ne lui échappe pas et déclenche une série de questions qui trahissent son dépit. Pour la première fois, la marquise n'est plus tout à fait maîtresse d'elle-même et, pour la première fois

---

103   *Ibid.*, pp. 100-103.
104   *Id.*
105   *Ibid.*, p. 117.

aussi, Meilcour lui prend la main. À la timidité et aux mouvements velléitaires succède une certaine audace; cependant, ce ne sera qu'une attente frustrée, une déception de plus, car Meilcour manquera et le moment et la nuit. De ce jour, la plupart des rencontres entre Meilcour et Mme de Lursay commenceront comme des scènes de dépit, mais évolueront vers des aveux incompris ou conduiront à une occasion manquée[106]. Hormis la dernière, toutes seront des insuccès. Alors qu'au théâtre, les scènes de dépit se terminent le plus souvent par une réconciliation, dans *Les Égarements*, elles sont manifestement vouées à l'échec pour au moins trois raisons: l'inexpérience du héros, l'obstacle que constitue pour Mme de Lursay la jeune Hortense dans le cœur de Meilcour et l'ascendant qu'exercent, dans l'esprit de Meilcour, les propos médisants de Versac sur la marquise. Quant à la plus longue scène de dépit du roman[107], elle résulte, contre toute attente, d'une erreur de jugement et d'un mouvement de jalousie de Mme de Lursay, persuadée que Mme de Senanges a séduit Meilcour. Cette erreur, si elle dévoile une faille chez le personnage féminin qui n'est pas aussi lucide qu'on pouvait le croire, produit également un effet comique: le héros comme le lecteur assistent à une querelle dont l'objet n'est pas le bon et Meilcour ne peut s'empêcher de « sourire »[108] de ce contresens qu'amplifient la longueur du dialogue et l'abondance des reproches partiellement infondés. La jalousie de Mme de Lursay perce au travers du portrait malveillant qu'elle fait de sa rivale supposée, qui apparaît en filigrane dans l'exposé des conséquences sociales auxquelles s'expose inévitablement le jeune imprudent:

> En effet que m'importe à moi que vous aimiez Madame de Senanges? n'êtes-vous pas le maître de vous donner tous les ridicules qu'il vous plaira. Des ridicules, repris-je, et à propos de quoi? À propos de Madame de Senanges seulement, répondit-elle; on partage toujours le déshonneur des personnes à qui l'on s'attache; un mauvais choix marque un mauvais fond, et prendre du goût pour une femme comme Madame de Senanges, c'est avouer publiquement qu'on ne vaut pas mieux qu'elle; c'est se dégrader pour toute sa vie. Oui, Monsieur, ne vous y trompez pas, une fantaisie passe, mais la honte en est éternelle, quand l'objet en a été méprisable. Nous sortirons à présent quand vous voudrez, ajouta-t-elle en se levant, je n'ai plus rien à vous dire[109].

---

106   Voir *ibid.*, pp. 90-91, 100-103, 115-130.
107   Voir *ibid.*, pp. 169-172.
108   *Ibid.*, p. 170.
109   *Ibid.*, pp. 171-172.

En conduisant la marquise à son carrosse, Meilcour remarque « qu'elle [a] sur le visage des marques du plus violent dépit »[110], la scène s'achevant ainsi sur un portrait moral attentif à relever la manière dont se peignent les affections intimes sur le visage de la marquise.

La dernière scène de dépit du roman présente une double particularité[111] : d'une part, pour la première fois, Meilcour est celui qui formule longuement des plaintes ; d'autre part, ce mouvement de dépit est sciemment et adroitement provoqué par le manège de Mme de Lursay. Il est donc le résultat attendu d'une petite comédie qu'elle se plaît à jouer avec le marquis de ***. Cette fois-ci, le comique naît d'une erreur de jugement de Meilcour, inconscient à la fois du stratagème dont il est l'objet et de l'amour-propre qui cause son dépit. Toutefois, l'homme expérimenté qu'il est devenu peut, après coup, dévoiler le jeu habile de cette femme décidée à le reconquérir une fois pour toutes et décrire les mouvements qui l'assaillaient alors :

> La partie où elle m'avait engagé ne fut pas sitôt finie, que, dans mon premier mouvement de dépit, je m'approchai pour prendre congé d'elle ; mais d'un air si contraint, qu'elle sentit bien qu'elle n'aurait pas de peine à me faire rester[112].

> Quoique cette préférence qu'elle lui donnait sur moi eût été habilement conduite, elle ne m'échappa pas, et j'en ressentis un dépit extrême. Si elle m'avait offert cette place, il est constant que je ne l'aurais pas prise : mais je ne pus, sans colère, la voir remplir par un autre[113].

Vanité et jalousie sont à l'origine du profond dépit qu'il éprouve, si bien qu'en inversant les rôles, la marquise vient finalement à bout de celui qui lui a fait essuyer tant de déboires. Cette longue scène de dépit est la seule du roman qui s'achève par une victoire. À l'instar de son contemporain Marivaux, Crébillon écrit, en quelque sorte, une comédie dont les ressorts tiennent au sentiment. Marivaux, rappelons-le, a marqué une profonde rupture avec ses prédécesseurs en se détachant non seulement de la théorie aristotélicienne, qui concevait le théâtre comme un ensemble cohérent avec un début, un milieu et une fin, mais aussi de la doctrine dramaturgique classique. À la place des comédies de caractère, de mœurs et de situation, il crée des pièces dont l'action repose essentiellement sur les aléas du sentiment. Depuis Voltaire jusqu'à nos

---

110   *Ibid.*, p. 172.
111   Voir *ibid.*, pp. 231-235.
112   *Ibid.*, p. 227.
113   *Ibid.*, p. 228.

jours, la critique s'est souvent demandé s'il s'agissait, en ce sens, de « comédies métaphysiques »[114], puisque le langage et l'analyse morale y forment à eux seuls les ressorts de l'action dramatique. De ce fait, à la différence des comédies classiques, l'obstacle n'est pas extérieur au personnage, mais il procède de lui. Or, l'œuvre romanesque de Crébillon participe de cette évolution qu'avait illustrée le théâtre de Marivaux. L'intrigue des *Égarements* consiste en effet à savoir comment une fausse prude va conquérir un jeune homme qui n'entend rien au langage de la galanterie et aux discours équivoques. Les péripéties du roman sont alors de la même nature que celles des comédies de Marivaux, puisque l'« épreuve, le serment, la confidence, la contrainte »[115] y deviennent autant d'événements discursifs qui, jouant sur l'équivoque et accumulant les contresens, font progresser l'action.

Enfin, tout comme dans le théâtre de Marivaux dont les scènes adoptent « la durée et le rythme d'une longue conversation »[116], la plupart des dialogues mondains et galants des *Égarements* constituent des scènes à part entière, qui souvent s'enchaînent et forment un ensemble que l'on pourrait appeler, à la suite de Gabriel Conesa, une « séquence de scènes », qui comporte trois caractéristiques principales : « [D]'une part, les scènes qu'elle contient ont un même épisode complet, d'autre part, elle concerne un même groupe de personnages, et, enfin, elle est supposée se dérouler en temps réel, comme le montre la continuité du dialogue »[117]. C'est ainsi que la construction des *Égarements*[118] repose principalement sur des scènes et des séquences qui regroupent diverses situations simultanées ou successives prenant place dans un lieu unique, souvent compartimenté, comme le salon, la chambre et l'antichambre d'un même appartement, pendant une durée variable. On peut parler de scènes, car ces différents moments sont délimités, comme au théâtre, par l'entrée ou la sortie d'un ou de plusieurs personnages et par un changement de lieu. Ces scènes prennent place au cours d'activités qui rythment le quotidien de la vie mondaine au XVIIIe siècle : l'opéra, les travaux d'aiguille, un souper, une promenade, une conversation.

---

114   Pierre Frantz et Sophie Marchand (dirs.), *Le Théâtre français du XVIIIe siècle : histoire, textes choisis, mises en scène*, Paris, L'avant-scène théâtre, coll. « Anthologie de L'avant-scène théâtre », 2009, p. 202.

115   *Ibid.*, p. 205.

116   *Ibid.*, p. 203.

117   Gabriel Conesa, *La Trilogie de Beaumarchais*, *op. cit.*, p. 134.

118   Voir le tableau « Scènes et 'séquences de scènes' dans *Les Égarements du cœur et de l'esprit* », dans Charlène Deharbe, « La Porosité des genres littéraires », *op. cit.*, vol. 2, pp. 617-625.

L'une des séquences les plus remarquables du roman est, sans aucun doute, celle que l'on a nommée « Une soirée détestable », qui s'étend sur plusieurs dizaines de pages et qui met en évidence les différents temps forts d'une longue soirée mondaine où la conversation joue un rôle prééminent. Décidé à confondre Mme de Lursay dont il a découvert la véritable nature, Meilcour fait son entrée chez elle où, à sa grande surprise, il retrouve Versac, qu'il vient de quitter et qui entretient la marquise de questions d'amour[119]. Parfaitement lucide sur le commerce de Mme de Lursay et de Meilcour, ce dernier décrit leur situation avec la plus grande clairvoyance, menaçant de tout dévoiler au public, tout en parvenant néanmoins à se faire inviter à la soirée qui, le soir même, doit avoir lieu chez la marquise[120]. Après son départ, Mme de Lursay dresse un portrait effroyable du personnage. Une nouvelle scène débute alors, mais cet entretien privé montre un héros changé, entreprenant et direct, où la description de son attitude désinvolte et audacieuse précède le récit d'une querelle, la formulation de reproches auxquels le jeune homme ne trouve rien à répondre, ainsi qu'une explication et une mise en pratique destinée à illustrer la notion de « gradations »[121]. L'arrivée impromptue de Mme de Théville et de sa fille interrompt la leçon galante et plonge momentanément le héros dans des réflexions qui encadrent la relation des politesses d'usage[122]. Aux témoignages d'amitié entre Mme de Lursay et son hôte s'oppose le silence d'un Meilcour intimidé et complètement décontenancé par la demoiselle, rapportant alors ses tristes pensées. Cette scène presque entièrement narrée contraste avec l'arrivée bruyante de Mme de Senanges et l'entrée fracassante de Versac[123] qui va replacer la conversation au premier plan tout en lui conférant un ton persifleur, bien déterminé à perdre la marquise dans le cœur de Meilcour. Aux attaques verbales qu'il multiplie à l'égard de Mme de Lursay succède une entreprise de séduction auprès de la jeune Hortense. Puis, les questions de Mme de Senanges relancent la joute conversationnelle[124] que l'annonce du souper suspend un instant avant de reprendre de plus belle[125]. La conversation est l'élément constitutif de cette soirée mondaine, puisqu'elle en marque les différents temps forts, tout en en assurant l'unité à travers les diverses occupations des protagonistes (souper, jeu), de sorte que l'on pourrait parler de

---

119 Voir Crébillon, *Les Égarements*, *op. cit.*, pp. 138-140.
120 Voir *ibid.*, pp. 139-140.
121 Voir *ibid.*, pp. 140-144.
122 Voir *ibid.*, pp. 144-146.
123 Voir *ibid.*, pp. 146, 149.
124 Voir *ibid.*, pp. 153-155.
125 Voir *ibid.*, pp. 156-160.

scénographie conversationnelle. Cette séquence se déroule dans un lieu unique – le salon de Mme de Lursay –, mais les allées et venues des personnages ainsi que l'utilisation du dialogue permettent aisément le passage d'une scène à l'autre. Malgré les réflexions du narrateur, la description du comportement de chacun et les nombreux portraits qui émaillent le récit (Versac, Mme de Théville, Mme de Senanges, M. de Pranzi[126]), le dialogue occupe, en effet, une place considérable, se prolongeant parfois sur plusieurs pages, et une fonction dramatique manifeste.

En somme, en dépit de leur inachèvement, *Les Égarements* se structurent autour de quelques règles de composition qui en assurent la cohérence : quelques jours suffisent à nouer l'action, à la développer et à la conclure. Toutefois, cette action progresse moins par la succession d'événements spectaculaires que par celle de sentiments que le héros découvre – amour-goût et amour-passion – et que le roman développe en explorant divers mouvements du cœur – dépit, jalousie –, qui animent la conduite des protagonistes. Incompréhensions et malentendus rappellent les comédies marivaudiennes où les ambiguïtés du langage et les aléas du sentiment forment des entrelacs complexes. C'est pourquoi Crébillon exploite abondamment des scènes caractéristiques de l'écriture dramatique, depuis les scènes d'aveux, présentes du début à la fin, jusqu'aux scènes de dépit, sans toutefois les reproches réciproques et sans issue heureuse, en passant par les scènes à témoin caché, qui sont particulièrement révélatrices du caractère du héros. Enfin, la composition du roman repose essentiellement sur des scènes dialoguées et des séquences de scènes qui forment de grandes progressions dramatiques et qui participent alors à une véritable scénographie conversationnelle, ce qui corrobore l'influence d'un modèle dramatique dont le propre est de privilégier la conversation au détriment de l'action ou, pour être plus précis, de faire de la conversation le moteur de l'action.

La Vie de Marianne : tableaux sensibles et pathétiques

Dans *La Vie de Marianne* de Marivaux, Fabienne Boissiéras distingue une « [u]nité de temps et d'espace », une « chronologie *stricto sensu* dramatique »[127], un « découpage du roman [qui] épouse une partition dramatique », un « agencement des séquences [obéissant aux] contraintes inhérentes au genre de la comédie »[128] ainsi que des « scènes juxtaposées qui filent la narration sur le

---

126 Voir *ibid.*, pp. 140-141, 145, 147-148, 151.
127 Fabienne Boissiéras, « Marivaux ou la confusion des genres », *art. cit.*, p. 81.
128 *Ibid.*, p. 80.

mode de la comédie »[129]. De même, Michel Gilot avait déjà relevé un découpage des scènes et dénombré 165 jalons dont l'agencement permet au romancier d'« organise[r] de puissantes progressions dramatiques »[130]. Maria Rosaria Ansalone, quant à elle, consacre le premier chapitre d'*Una Donna, una vita, un romanzo* à l'esthétique théâtrale de *La Vie de Marianne* dont elle compare la composition à une pièce de théâtre, à condition toutefois de n'en retenir que les événements : « Si on pouvait imaginer, en somme, de soumettre le roman à la violence d'une réduction à la pure succession des événements, des éléments de l'intrigue, si on pouvait transposer un système de représentation artistique dans un autre, on trouverait, très probablement, avant tout la structure d'une belle pièce de théâtre »[131]. Enfin, Roseann Runte observe que « les chapitres [des romans de Marivaux] ressemblent aux actes des pièces et [...] les scènes et tableaux encadrent des dialogues dramatiques »[132], alors que Jean Dagen assimile la structure d'ensemble du roman à « un tableau composé de scènes juxtaposées »[133]. Autant de remarques, en somme, montrent à quel point la critique a été sensible jusqu'à ce jour à la prégnance du genre dramatique dans *La Vie de Marianne*, dont il reste néanmoins à approfondir les modalités spatio-temporelles, tout comme celles qui président à la composition et à l'enchaînement des scènes.

Notons d'abord que, dans *La Vie de Marianne*, l'unité de lieu n'est pas plus évidente que l'unité de temps. S'il est vrai qu'une partie de l'action se déroule dans « le beau monde »[134], autrement dit dans les salons de Mme de Miran et de Mme Dorsin où les protagonistes se rendent à plusieurs reprises, chez

---

129   *Ibid.*, p. 83.
130   Michel Gilot, « Introduction », dans *La Vie de Marianne*, *op. cit.*, p. 20.
131   « Se si potesse immaginare, insomma, di sottoporre il romazo alla violenza di una riduzione al puro succedersi degli avvenimenti, degli elementi dell'intreccio, se si potesse transcodificare un sistema di simulazione artistica in un altro, ci si troverebbe, molto probabilmente, proprio dinanzi alla structura di una bella *pièce* teatrale » (Maria Rosaria Ansalone, *Una Donna, una vita, un romanzo : saggio su « La Vie de Marianne » di Marivaux*, Fasano, Schena, coll. « Biblioteca della Ricerca/Cultura Straniera/10 », 1985, pp. 25-26 ; nous traduisons).
132   Roseann Runte, « Romans dramatiques et théâtre romanesque : la stylistique marivaudienne », dans Magdy Gabriel Badir et Vivien Bosley (dirs.), *Le Triomphe de Marivaux*, Edmonton, University of Alberta, 1989, pp. 145-150, et p. 145 pour la citation.
133   Jean Dagen, « Préface », dans Marivaux, *La Vie de Marianne*, *op. cit.*, p. 26.
134   Voir Fabienne Boissiéras, « Marivaux ou la confusion des genres », *art. cit.*, p. 78. La narratrice évoque également le salon de Mme de Kilnare où Valville et Mlle Varthon se rencontrent plusieurs fois (*La Vie de Marianne*, *op. cit.*, pp. 363-364, 403), mais elle n'y développe pas de scène.

Mme de Fare et chez le ministre[135], de nombreuses scènes ont également lieu dans le couvent où l'héroïne séjourne la plupart du temps. Le lecteur se remémore surtout ces lieux, parce que les personnages y retournent souvent – comme chez Mme de Miran et au parloir –, ou parce qu'une longue séquence de scènes s'y passe et occupe le temps de la narration sur plusieurs dizaines de pages – comme chez le ministre où l'épisode comprend 35 pages dans l'édition choisie. Parmi ces lieux qui marquent le lecteur soit par leur fréquence, soit par leur portée dans la diégèse – tant par la durée de la scène dont ils constituent le cadre que par l'importance de l'événement qui s'y déroule –, on se souvient également de la modeste demeure où vivent le curé et sa sœur qui recueillent Marianne enfant, de l'auberge où l'héroïne et sa tante d'adoption logent pendant trois ou quatre mois, de la boutique de Mme Dutour, de l'église où les amants se rencontrent, du couvent du père Saint-Vincent, de la maison de Climal, de cet autre couvent où Mlle Cathos conduit Marianne de force, ainsi que des carrosses[136]. Ces lieux ne sont jamais décrits de manière à mettre en valeur la scène qui s'y produit. Ils fournissent un cadre à un ou à plusieurs événements importants dans la progression de l'action et délimitent une scène ou une séquence, participant ainsi à la scénographie du roman. En outre, ils se subdivisent en plusieurs espaces : par exemple, chez Mme de Miran, Marianne blessée est transportée dans une salle sur un lit ; plus tard, elle y est conviée à dîner ; après le procès chez le ministre, elle découvre la chambre de Mme de Miran et celle qui sera la sienne ; et après l'infidélité de Valville, elle confond celui-ci dans le cabinet de verdure[137]. Au couvent de filles où Marianne devient pensionnaire, elle pénètre d'abord dans l'église, avant d'être conduite au parloir de la prieure[138]. La narratrice évoque de nombreuses scènes qui prennent place dans le parloir et dans sa chambre ; deux scènes se déroulent également dans le jardin du couvent, une au réfectoire, sans oublier

---

135   Chez Mme de Miran, voir Marivaux, *La Vie de Marianne*, *op. cit.*, pp. 342-346, 401-413, 347-348 ; chez Mme Dorsin, *ibid.*, pp. 208, 211-216, 219-230, 237, 239, 347, 425 ; chez Mme de Fare, *ibid.*, pp. 261-278 ; chez le ministre, *ibid.*, pp. 306-340.

136   Voir, pour la modeste demeure, *ibid.*, pp. 12, 14 ; pour l'auberge, *ibid.*, pp. 18, 24 ; pour la boutique, *ibid.*, pp. 31, 42, 90, 157 ; pour l'église, *ibid.*, p. 58 ; pour le couvent du père Saint-Vincent, *ibid.*, pp. 133, 136 ; pour la maison de Climal, *ibid.*, p. 241 ; pour le couvent où Marianne est conduite de force, *ibid.*, p. 292 ; pour les carrosses, *ibid.*, pp. 30-31, 40-42, 209-211, 230-231, 238-239, etc.

137   Voir, pour le lit de repos, *ibid.*, p. 67 ; pour les invitations, *ibid.*, pp. 344, 401 ; pour la chambre de Mme de Miran, *ibid.*, pp. 344-345 ; pour le cabinet de verdure, *ibid.*, p. 401.

138   Voir *ibid.*, pp. 145, 148.

la chambre de la tourière où l'on porte Mlle Varthon sans connaissance[139]. Dans ces conditions, comment parler d'unité de lieu ? Si certains lieux sont évoqués plus que d'autres – le parloir, les carrosses, le salon de Mme de Miran –, on ne peut guère réduire l'unité spatiale du roman à ce « beau monde ». Certes, l'univers des salons est bien représenté, mais on relève aussi des lieux beaucoup moins cossus : Marianne loge pendant plusieurs jours chez une marchande de linge et Tervire habite durant cinq ans chez l'ancien fermier de son grand-père. Il ne saurait donc être question d'unité de lieu, à moins que l'on entende par là une conception très élargie de l'unité de lieu.

En ce qui concerne le traitement du temps, la critique s'est, encore là, beaucoup attardée à cette question. Si Béatrice Didier distingue « le temps de l'héroïne » et « le temps de la narratrice »[140], la perspective dramatique invite à ne retenir que la première de ces temporalités, dont nous avons calculé la durée à partir de l'arrivée de l'héroïne à Paris, alors âgée de « quinze ans, plus ou moins »[141]. Dans la mesure où Marianne est très souvent approximative (« [A]près bien des discussions, qui durèrent trois ou quatre mois »[142]), il est difficile de déterminer combien de temps exactement elle séjourne à Paris. Cependant, nous avons évalué une durée indicative de neuf mois et trois semaines[143], autrement dit le double de ce que Michel Gilot et Jean Dagen ont obtenu pour la même période[144] ; toutefois, si l'on soustrait de ce temps de l'histoire les « trois ou quatre mois » que Marianne passe à l'auberge et que, peut-être, ces critiques n'ont pas pris en compte, on obtient une durée de six ou sept mois assez proche de la leur. Béatrice Didier, quant à elle, observe qu'il « est bien difficile [pour Marivaux] de dire combien de temps s'est écoulé entre les quinze ans du premier et l'âge indéterminé qu'atteint Marianne à la fin du huitième livre. Fort peu de temps finalement : le séjour chez la Dutour, le passage au couvent, tout cela ne dure que peu »[145]. Enfin, « '[n]ous avons jusqu'ici environ un mois de la vie de Marianne', note [pour sa part] l'abbé Desfontaines

---

139   Voir, pour le parloir, *ibid.*, pp. 160-161, 172-190, 191-200, 204-207, 280-287, etc. ; pour sa chambre, *ibid.*, pp. 232, 358-363, 364-371, 377-386, 387-394, etc. ; pour le jardin, *ibid.*, pp. 233-234, 235-237 ; pour le réfectoire, *ibid.*, pp. 232, 234-235 ; pour la chambre de la tourière, *ibid.*, p. 350.

140   Béatrice Didier, *La Voix de Marianne : essai sur Marivaux*, Paris, José Corti, 1987, p. 24.

141   Marivaux, *La Vie de Marianne, op cit.*, p. 15.

142   *Ibid.*, p. 18 ; voir également pp. 34, 160, 208, 287, 347, 418.

143   Voir « Principales indications temporelles et spatiales dans *La Vie de Marianne* », dans Charlène Deharbe, « La Porosité des genres littéraires », *op. cit.*, pp. 627-667.

144   Voir Michel Gilot, « Introduction », dans *La Vie de Marianne, op. cit.*, p. 15 et Jean Dagen, « Préface », dans *La Vie de Marianne, op. cit.*, p. 28.

145   Béatrice Didier, *La Voix de Marianne, op. cit.*, p. 38.

après la lecture de la sixième partie »[146]. Comme on peut le constater, la durée de l'histoire de Marianne est loin de faire l'unanimité ; néanmoins, lorsqu'on sait que Marianne passe « trois ou quatre mois » dans une auberge, qu'elle y reste « quinze jours » supplémentaires après la mort de sa tante adoptive, qu'elle loge environ une semaine chez une marchande, qu'elle est pensionnaire au couvent depuis « trois semaines » quand elle revoit Valville, qu'elle le retrouve cinq jours après que Mme de Miran a accepté d'annuler le mariage initialement prévu, qu'elle séjourne « huit ou dix jours » à la campagne avec cette dernière et qu'elle patiente encore « plus d'un mois »[147] après que son propre mariage a été conclu, le séjour de Marianne à Paris dure incontestablement plus de cinq mois.

Dans tous les cas, qu'il s'agisse de cinq ou de neuf mois, le temps de l'héroïne demeure très court par rapport à l'ampleur du volume, puisque les huit premières parties de *La Vie de Marianne* comptent à elles seules 421 pages dans l'édition retenue. En guise de comparaison, *Manon Lescaut*, qui s'étend sur une durée approximative de cinq ans, comprend, pour sa part, 268 pages dans la même collection. Paradoxalement, le temps de l'histoire du chevalier des Grieux est plus long que celui de Marianne – à partir de son arrivée à Paris –, mais la densité dramatique est plus grande chez Prévost que chez Marivaux. Cette densité fait place, dans *La Vie de Marianne*, à un éclatement de l'action en une multitude de moments infimes[148], mais dramatiques, parce que décisifs. Cette écriture donne l'impression que l'histoire de Marianne se réduit à quelques événements. Ainsi, une seule journée se passe entre la fin de la première partie, où l'héroïne revêt ses nouveaux habits pour se rendre à l'église, et la fin de la troisième partie, où elle entre au couvent sous la protection de Mme de Miran. En d'autres termes, deux parties sur huit ou 110 pages ont été nécessaires pour décrire vingt-quatre heures de la vie de Marianne. De la même manière, le jour où elle doit rencontrer l'homme que la famille de Mme de Miran lui destine marque le début d'un épisode qui commence à la page 305 de la sixième partie (« Quoi qu'il en soit, je passai une nuit cruelle ; et le lendemain, le cœur me battit toute la matinée ») et qui s'achève à la page 346 de la septième partie (« Nous voici arrivées au couvent, où nous vîmes un instant l'abbesse dans son parloir. Ma mère l'instruisit de la fin de

---

146 L'abbé Desfontaines cité par Jean Fabre, *Idées sur le roman de Madame de Lafayette au Marquis de Sade*, Paris, Klincksieck, coll. « Bibliothèque française et romane », 1979, p. 83.

147 Voir, pour « trois ou quatre mois », Marivaux, *La Vie de Marianne, op. cit.*, p. 18 ; pour « quinze jours », *ibid.*, p. 24 ; pour « trois semaines », *ibid.*, p. 160 ; pour « le quatrième jour », *ibid.*, p. 201 ; pour « huit ou dix jours » et « plus d'un mois », *ibid.*, p. 347.

148 Voir Fabienne Boissiéras, « Marivaux ou la confusion des genres », *art. cit.*, pp. 81-82.

mon aventure, et puis je rentrai »). Entre ces deux repères temporels, Marianne a voyagé du couvent à la maison du ministre, rencontré M. Villot, gagné le procès qu'on lui a intenté, est retournée au couvent, où Cathos l'avait conduite, pour récupérer son coffre et remercier l'abbesse, a dîné chez Mme de Miran, où elle a découvert son futur appartement et dû attendre que cette dernière finisse ses visites, avant de rentrer au couvent. Par conséquent, Marivaux décompose certaines journées en une multitude de scènes plus ou moins étendues et les nombreuses indications sur les déplacements des personnages, l'expression des regards et les gestes, aussi éloquents que la parole, ainsi que les dialogues permettent au lecteur de suivre l'héroïne dans ses moindres mouvements et d'être le spectateur privilégié de ces scènes dont elle est l'objet principal.

Alors qu'il procède à une sorte d'atomisation de l'action, Marivaux recourt aux ellipses temporelles lorsqu'il veut donner l'impression qu'aucun autre événement ne mérite d'être rapporté. Il choisit donc de ne représenter que les scènes ayant un « intérêt dramatique »[149] et dont l'agencement forme une séquence qui permet de distinguer de grandes progressions dramatiques. Ces séquences peuvent elles-mêmes être regroupées en épisodes, qui se définissent non seulement par une unité d'action, que favorise la présence prégnante d'un personnage, mais aussi par l'utilisation de ressorts dramatiques propres à conférer un rythme à l'épisode. Toutefois, précisons d'emblée que le découpage scénique de cette composition en gigogne[150] doit souffrir quelques approximations en raison des interférences induites par les avertissements de l'éditeur fictif et de la narratrice, par les nombreuses réflexions de cette dernière, par ses monologues intérieurs, par les portraits des personnages dont elle croise le chemin[151] ainsi que par l'histoire de Tervire à laquelle les trois dernières parties du roman sont consacrées. Il est impossible de les écarter, car la narratrice ne cesse de rapporter ses pensées ou ses sentiments, avant de les expliciter grâce au recul dont elle bénéficie, d'abandonner momentanément le fil de son récit pour livrer une réflexion et d'interpeller sa destinataire. Selon Claude Roy, les « réflexions [de Marianne] n'alourdissent pas mais nourrissent le récit, en enrichissant la trame, en justifient le rythme et les

---

149   Voir Béatrice Didier, *La Voix de Marianne*, *op. cit.*, p. 40.
150   Voir « Tableau des épisodes, séquences et scènes dans *La Vie de Marianne* », dans Charlène Deharbe, « La Porosité des genres littéraires », *op. cit.*, pp. 368-372.
151   Voir, pour l'avertissement de l'éditeur fictif, Marivaux, *La Vie de Marianne*, *op. cit.*, pp. 5-6 ; pour celui de la narratrice, *ibid.*, pp. 55-56 ; pour les réflexions de Marianne, *ibid.*, pp. 8, 21, 22-23, 29-30, 50-51, etc. ; pour les portraits, *ibid.*, pp. 98-99, 166-172, 214-216, 219-230, 253-255, etc.

développements »[152]. Cette étroite liaison entre l'événementiel et l'analyse ne facilite donc pas le découpage en scènes dont on distingue quatre sortes : la première est parfaitement distincte du récit, comme celle de la désillusion du père Saint-Vincent[153], où la narratrice s'efface totalement, ou presque, derrière les personnages dont elle reproduit intégralement le dialogue, de sorte que le récit fait place à la représentation ; la deuxième est aussi nettement coupée du récit et, si elle est amplement dialoguée, elle peut être néanmoins interrompue une ou plusieurs fois par un portrait, par le monologue intérieur de l'héroïne, par les interpellations de la narratrice, ou encore par la description plus ou moins longue de la gestuelle des personnages, comme le jour où Marianne découvre qu'elle est celle dont Valville est tombé amoureux :

> En revenant de la messe, madame ? dis-je alors un peu étonnée à cause de la conformité que cette aventure avait avec la mienne (vous vous souvenez que c'était au retour de l'église que j'avais rencontré Valville), sans compter que le mot de petite fille était assez dans le vrai[154].
>
> Un jour de fête ! Ah ! Seigneur, quelle date ! est-ce que ce serait moi ? dis-je encore en moi-même toute tremblante et n'osant plus faire de question[155].
>
> Bon ! tant mieux, pensais-je ici, ce n'est plus moi ; le laquais qui me suivit me vit descendre à ma porte. [...] Ahi ! ahi ! cela se pourrait bien ; c'est moi qui me le disais[156].
>
> Petite aventurière ! le terme était encore de mauvais augure. Je ne m'en tirerai jamais, me disais-je ; cependant, si ces dames en étaient demeurées là, je n'aurais su affirmativement ni qu'espérer, ni que craindre ; mais Mme de Miran va éclaircir la chose[157].
>
> Ah ! c'est donc moi ! me dis-je. [...]
> Quelle situation pour moi, madame ! et ce que j'y sentais de plus humiliant et de plus fâcheux, c'est que cet air si noble et si distingué, que

---

152 Claude Roy, *Lire Marivaux*, Paris/Neuchâtel, Éditions du Seuil/Éditions de la Baconnière, coll. « Les Cahiers du Rhône », 1947, p. 87.
153 Voir Marivaux, *La Vie de Marianne, op. cit.*, pp. 138-145.
154 *Ibid.*, pp. 174-175.
155 *Ibid.*, p. 175.
156 *Id.*
157 *Ibid.*, p. 176.

Mme Dorsin en entrant avait dit que j'avais, et que Mme de Miran me trouvait aussi, ne tenait à rien dès qu'on me connaîtrait ; m'appartenait-il de venir rompre un mariage tel que celui dont il était question ?[158]

Avez-vous pris garde à cette mélancolie où, disait-on, Valville était tombé depuis le jour de notre connaissance ? Avez-vous remarqué ce respect que le chirurgien disait qu'il avait eu pour moi ? Vraiment, mon cœur, tout troublé, tout effrayé qu'il avait été d'abord, avait bien recueilli ces petits traits-là ; et ce que Mme de Miran avait conclu de ce respect ne lui était pas échappé non plus[159].

Le dialogue est ponctué à la fois par le monologue intérieur de Marianne, qui rapporte à chaque réplique de Mme Dorsin et de Mme de Miran ce qu'elle pensait alors, et par des apostrophes de la narratrice à sa correspondante qu'elle prend à témoin. À mesure que la conversation avance entre les deux amies, la narratrice rend compte de son étonnement, de ses doutes, de ses craintes, de son chagrin ainsi que des satisfactions de l'amour-propre. Si l'analyse morale ralentit le rythme de la scène, elle n'en détruit pas cependant l'unité : on sait où elle commence et où elle s'achève. En revanche, elle en atténue quelque peu la théâtralité. Cette tendance se manifeste avec encore plus de netteté dans le troisième type de scène, que la narratrice interrompt beaucoup plus longuement. On pense, par exemple, à la scène du réfectoire, où elle fait une digression juste après l'entrée de son personnage (« Je me laissai donc comme j'étais, et me rendis au réfectoire avec tous mes atours »[160]) pour dresser le portrait d'une pensionnaire malveillante dont il va être question, avant de reprendre son récit où elle l'avait laissé (« Quoi qu'il en soit, je me rendis donc au réfectoire... »[161]). On relève le même type de scène chez le ministre, coupée d'abord par la fin de la sixième partie, puis par le récit des circonstances qui ont permis à Mme de Miran de retrouver Marianne[162]. Le découpage de la scène est alors plus problématique et, cette fois-ci, la longue incursion de la narratrice nuit à l'unité et à la théâtralité du dialogue. Le quatrième et dernier type correspond à la scène narrée, comme celle qui marque le début des aventures de Marianne[163].

En somme, le degré d'intervention de la narratrice dans une scène permet d'établir différents niveaux de théâtralité, mais ne remet pas en cause leur

---

158 *Ibid.*, p. 177.
159 *Ibid.*, p. 178.
160 *Ibid.*, p. 232.
161 *Ibid.*, p. 234.
162 Voir *ibid.*, pp. 321-325.
163 Voir *ibid.*, pp. 10-12.

unité narrative, excepté toutefois lorsque la coupure est particulièrement longue. On ne saurait donc parler d'une construction dramatique proprement dite, mais il demeure néanmoins possible de distinguer trois épisodes principaux dans l'histoire de Marianne. Le premier et le plus long d'entre eux, que l'on a intitulé « La comédie du Tartuffe », regroupe les séquences suivantes : « Secours des religieux », « Cadeaux et avances de Climal », « Crise chez la Dutour », « Surprises de l'église », « La lingère en action », « Aveu et revirement de Climal », « Le père Saint Vincent abusé et désabusé », « Heureuse rencontre », « Retrouvailles », « Consentement de Mme de Miran », « Deuxième dîner chez Mme Dorsin » et « Confession de Climal », lesquelles se répartissent de la première à la cinquième parties du roman. Hormis les quatre dernières, ces séquences s'enchaînent les unes aux autres en l'espace d'une journée. Le personnage central de l'épisode n'est pas présent dans toutes ces séquences, mais il est soit le sujet d'une dispute (« Crise chez la Dutour »[164]), soit la source des railleries de la marchande (« La lingère en action »[165]), soit l'une des causes des malheurs de Marianne et, plus particulièrement, l'un des éléments de sa rhétorique d'apitoiement, de justification et d'édification morale (« Heureuse rencontre »[166] et « Retrouvailles »[167]), soit la raison d'un rapide changement de scène (« Deuxième dîner chez Mme Dorsin »[168]). Lorsque Climal est absent, il plane telle une ombre sur la vie de Marianne, qui

---

[164] Cette séquence se divise en trois scènes : « Marianne insultée » (*ibid.*, pp. 43-44), « Marianne indignée » (*ibid.*, pp. 44-46), « Leçons de la Dutour » (*ibid.*, pp. 46-49). Il est question de Climal dans les deux dernières.

[165] Cette séquence comprend quatre scènes : « Retour chez la Dutour » (*ibid.*, pp. 90-91), « Querelle entre le cocher et la lingère » (*ibid.*, pp. 92-97), « Railleries de la Dutour » (*ibid.*, p. 98) et « Leçons de la Dutour » (*ibid.*, pp. 99-100). Climal est seulement évoqué dans les deux dernières scènes, où Mme Dutour reproche à Marianne de gaspiller son argent.

[166] Cette séquence se compose de trois scènes inégales dans leur étendue : « Rencontre avec Mme de Miran » (*ibid.*, pp. 145-147), « Protection de Mme de Miran » (*ibid.*, pp. 148-157), « Départ de chez la Dutour » (*ibid.*, pp. 157-158). Là encore, Climal n'est pas le sujet principal de cette rencontre entre l'héroïne et sa future bienfaitrice ; cependant, Marianne parle du faux dévot, lorsqu'elle lui conte ses infortunes (*ibid.*, pp. 151-152).

[167] Cette séquence, qui débute à la fin de la troisième partie et qui se poursuit au début de la quatrième, contient trois scènes dont les deux dernières sont très longues : « Visite surprenante » (*ibid.*, pp. 160-161), « Rencontre avec Mme Dorsin » (*ibid.*, pp. 172-190) et « Échec du projet de Mme de Miran » (*ibid.*, pp. 192-200). Climal est absent de ces trois scènes, mais il est démasqué par l'héroïne (*ibid.*, p. 186). Le comportement du faux dévot est aussi la raison pour laquelle Valville présente ses excuses à Marianne (*ibid.*, pp. 187-188). Enfin, Marianne évoque Climal dans le récit qu'elle fait à Valville de ses malheurs (*ibid.*, p. 194).

[168] Voir *ibid.*, p. 240.

ajoute au nombre de ses infortunes sa rencontre avec lui. Elle l'évoque à chaque fois qu'elle conte ses malheurs à un nouvel interlocuteur, tel que l'abbesse et Mme de Miran; elle est aussi amenée à parler de lui devant Mme Dorsin et rappelle à Valville ce qu'il sait déjà. Elle dénonce ouvertement l'hypocrisie du dévot à Mme Dutour et au père Saint-Vincent, mais seulement parce qu'on lui reproche son manque de ménagement et de reconnaissance à son égard[169], puis elle révèle incidemment sa vraie nature à Mme de Miran et à Mme Dorsin à des fins explicatives. En somme, l'absence de Climal dans certaines scènes ne remet pas en cause l'unité de ce premier épisode, puisqu'il est souvent question de lui. Songeons, par exemple, à son modèle théâtral, qui n'apparaît qu'à la scène 2 de l'acte III du *Tartuffe*, sans que l'unité dramatique de la pièce en soit affaiblie. En revanche, dans la plupart des scènes où Climal est présent, se dévoile le double jeu qu'il adopte en fonction de ses interlocuteurs : faux dévot avec Marianne et dévot avec tous les autres.

La majeure partie de l'épisode repose sur cette comédie de la dévotion à laquelle Climal se livre jusqu'à sa dernière apparition publique[170] avant sa confession finale. Cette dernière fait basculer « La comédie du Tartuffe » dans la « *sentimental comedy* »[171], qui est à l'Angleterre du XVIIIe siècle ce que la comédie larmoyante est à la France à la même époque. Rappelons, sur ce point, que certains critiques assimilent la comédie larmoyante au drame bourgeois[172], tel que Diderot le définira plus tard, tandis que d'autres distinguent ces deux sous-genres dramatiques[173], comme l'a fait Jean Fabre qui a assimilé l'épisode

---

169 Voir *ibid.*, pp. 124-128, 138-145.
170 Voir *ibid.*, pp. 202-204.
171 Jean Fabre, *Idées sur le roman, op. cit.*, p. 92, n. 13.
172 Selon Gustave Lanson, la « comédie larmoyante est un genre intermédiaire entre la comédie et la tragédie, qui introduit des personnages de condition privée, vertueux ou tout près de l'être, dans une action sérieuse, grave, parfois pathétique, et qui nous excite à la vertu en nous attendrissant sur ses infortunes et en nous faisant applaudir à son triomphe » (*Nivelle de La Chaussée et la comédie larmoyante* [1903], Genève, Slatkine, 1970, p. 1). Il attribue l'invention de la comédie larmoyante à Nivelle de La Chaussée, mais ne la distingue pas du drame bourgeois dont elle est – selon lui – la forme première. Pierre Larthomas, lui, désigne la comédie larmoyante comme un « sous-genre dramatique » qui « annonce le drame bourgeois » et qui « analyse des caractères plus qu'elle ne peint une société » (*Le Théâtre en France au XVIIIe siècle*, Paris, Presses Universitaires de France, coll. « Que sais-je ? », 1980, pp. 56-58).
173 Louis Ducros note que les pièces de La Chaussée sont en vers, alors que les drames de Diderot sont en prose. En outre, les pièces de Destouches, à qui on a aussi attribué l'invention de la comédie larmoyante, confondent le comique et le tragique, ce que Diderot refuse dans le drame (voir *Diderot, l'homme et l'écrivain* [1894], Genève, Slatkine, 1970, pp. 236-238). Félix Gaiffe, quant à lui, dégage trois différences fondamentales entre la

s'organisant autour de Climal à la « *sentimental comedy* » et non à la « comédie larmoyante » – ce dont, du reste, on peut s'étonner, puisqu'il compare ensuite l'épisode du complot familial au drame bourgeois et la rivalité entre Marianne et Varthon à la comédie rosse du XIXe siècle. Si l'on retrouve dans ces distinctions que propose Jean Fabre le découpage tripartite du roman, on ne saurait toutefois s'accorder avec lui concernant les différences génériques, dans la mesure où le « goût des larmes »[174] ainsi que l'exaltation de la sensibilité et de la vertu caractérisent aussi bien la *sentimental comedy* que la comédie larmoyante et le drame bourgeois. De fait, il n'y a pas d'oppositions fondamentales entre ces trois sous-genres dramatiques que l'on pourrait regrouper sous l'appellation plus générale de genre sérieux. En effet, si la comédie larmoyante est écrite en vers et le drame bourgeois en prose, quoique ce critère ne soit pas absolu, et que l'une met en scène la noblesse (par exemple, le marquis d'Orvigny ou, anciennement, le comte d'Ormancé dans *Mélanide* de Nivelle de La Chaussée) et l'autre la bourgeoisie (les personnages du *Fils naturel* sont des roturiers), tous deux mettent l'accent sur les rapports filiaux (D'Arviane se révèle être le fils de Mélanide et du marquis d'Orvigny[175], Dorval et Rosalie s'avèrent être les enfants de Lysimond) et la victoire de la vertu sur la passion (D'Orvigny renonce à Rosalie et Mélanide reprend ses droits d'épouse[176], Dorval sacrifie fortune, passion et liberté au nom de la vertu). Enfin, la sensibilité des protagonistes est aussi exacerbée dans la comédie larmoyante que dans le drame sérieux : on y pleure abondamment[177], on s'y évanouit, on se jette aux genoux des uns et des autres. Les personnages expriment leur souffrance non seulement par leur discours, mais aussi par une gestuelle particulièrement éloquente. Or, tous ces éléments se retrouvent dans l'ensemble de *La Vie de Marianne* et pas uniquement dans un épisode particulier. Sans doute est-il donc plus approprié de recourir à la notion plus générale de genre sérieux afin de définir ce roman sensible dans son tropisme vers le théâtre, et non à

---

comédie larmoyante et le drame : la première est en vers, le second en prose ; la première, contrairement au second, n'a pas eu de théoricien et elle est dépourvue du caractère bourgeois et du rôle social qui caractérisent le drame » (voir Félix Gaiffe, *Le Drame en France au XVIIIe siècle*, Paris, Armand Colin, 1971, p. 32). Pierre Larthomas montre néanmoins les limites de cette distinction formelle, car la *Sylvie* (1742) de Landois et la *Cénie* (1750) de Mme de Graffigny sont en prose (voir *Le Théâtre en France au XVIIIe siècle, op. cit.*, p. 58).

174 Voir Anne Coudreuse, *Le Goût des larmes au XVIIIe siècle*, Paris, Presses Universitaires de France, coll. « Écriture », 1999.
175 Voir Nivelle de La Chaussée, *Mélanide*, Paris, Prault fils, 1741, IV, 5-6 et V, 1-3.
176 Voir *ibid.*, V, 3.
177 Voir *ibid.*, IV, 1, p. 75.

des sous-genres dramatiques que, du reste, la critique peine à distinguer de façon rigoureuse.

Ce rapprochement avec le genre sérieux atteint toutefois ses limites avec le traitement de la vertu : chez Nivelle de La Chaussée et chez Diderot, en effet, les personnages sont dotés d'une vertu véritable, alors que, chez Marivaux, l'héroïne en joue pour susciter compassion et bienveillance, tant et si bien que cette instrumentalisation de la vertu relève d'une stratégie rhétorique s'appuyant à la fois sur le pathos et sur le sacrifice de ses sentiments. Autrement dit, Marianne fait preuve d'abnégation pour mieux servir ses intérêts. Mme de Miran n'en est pas la dupe, puisqu'elle la qualifie de « dangereuse petite fille » et de « bonne petite hypocrite »[178]. Deux scènes illustrent particulièrement bien son esprit calculateur : la première, lorsqu'après son renoncement trop démonstratif pour être sincère, elle apparaît encore plus aimable et désirable aux yeux de Valville ; la seconde, lorsqu'après avoir publiquement quitté son amant, elle se révèle encore plus admirable aux yeux du ministre et de l'assistance[179]. Dans ces scènes, elle est une comédienne consommée, qui observe à la dérobée les réactions de son public[180]. Que ce soit de Climal, de Mme de Miran, de la famille de celle-ci ou de Varthon autour desquels s'organisent les trois épisodes qui structurent le roman, à chaque fois, Marianne triomphe donc des obstacles qui se dressent successivement devant elle : elle obtient d'abord la bénédiction de Mme de Miran et de Climal, puis le consentement général de la famille de Mme de Miran pour son mariage avec Valville et assiste, enfin, à l'embarras de Varthon dont la liaison avec Valville sera courte, comme certains éléments permettent de l'avancer[181]. À l'image d'un personnage de théâtre, Marianne doit faire face à des obstacles extérieurs (Climal, l'opposition de Mme de Miran et de sa famille) et à un obstacle intérieur (Valville change de sentiment à son égard).

Au cours de ces épisodes, Marivaux recourt à différents ressorts dramatiques. Il y a bien sûr les coups de théâtre, comme l'irruption importune de Climal chez Valville, son pendant inversé chez la Dutour et l'arrivée impromptue de la Dutour chez Mme de Fare. Ceux-ci donnent lieu à ce que Catherine Ramond a appelé des pétrifications, dans la mesure où l'« entrée inopinée d'un personnage, une reconnaissance subite, pétrifient les personnages, les figent

---

178   Marivaux, *La Vie de Marianne*, op. cit., pp. 200, 239.
179   Voir *ibid.*, pp. 197-199, 337.
180   Voir *ibid.*, p. 335.
181   Voir, pour la bénédiction de Mme de Miran et de Climal, *ibid.*, pp. 205-207, 250 ; pour le consentement de la famille de Mme de Miran, *ibid.*, pp. 337-338 ; pour Varthon, *ibid.*, p. 417.

en statues »[182]. Tel un peintre, Marivaux croque les personnages sur le vif : il les décrit sous l'effet de la surprise qui leur ôte momentanément tous leurs moyens. Cet arrêt sur image permet de souligner la théâtralité d'un instant particulièrement critique, que Marivaux nomme « coup de hasard », « catastrophe », ou encore « coup de foudre »[183]. Dans la composition de *La Vie de Marianne*, ces pétrifications jouent, au surplus, un rôle important. Comme dans son théâtre où Marivaux fait tomber les masques qu'empruntent parfois ses protagonistes pour dévoiler le vrai visage de leur promis(e), le romancier recourt à un tableau afin de faire éclater la vérité : Valville découvre que son oncle est un faux dévot et Mlle de Fare apprend que Marianne a été fille de boutique. Mais alors que le dévoilement est discursif au théâtre[184], il devient scénique dans le roman. Paradoxalement, ce qui est dit au théâtre est montré dans le roman. Précisons néanmoins qu'à la différence de Valville qui prend son oncle sur le fait, Mlle de Fare ne surprend pas Marianne dans une boutique : elle apprend de la Dutour sa condition passée. Dès lors, la révélation ne relève pas seulement de la scène (Marianne et Climal surpris chez la Dutour), mais également du discours (Mlle de Fare apprend la vérité de la marchande). En fait, si la surprise est l'« un des grands thèmes du théâtre de Marivaux, [...] il faut l'entendre dans un sens plus psychologique que scénique : la 'surprise' est la découverte par les personnages des abîmes et des mystères de leur propre cœur. S'ils peuvent s'étonner de ce qu'ils ressentent, cette découverte est progressive, et s'oppose donc à la pétrification immédiate décrite par le roman »[185]. En somme, au théâtre, la surprise est graduelle et intérieure, alors que dans le roman, la surprise, provoquée par un tiers, est brutale et extérieure, le lecteur étant témoin d'une scène révélatrice. Toutefois, ce parallèle entre le théâtre et le roman marivaudiens a ses limites, dans la mesure où les personnages dramatiques éprouvent une surprise relative à leur amour, à sa nature, à son objet, alors que les personnages romanesques sont étonnés de ce qu'ils découvrent sur d'autres personnages et non sur leurs propres sentiments.

Ces tableaux qui procèdent par pétrification comprennent trois caractéristiques principales. Ils sont d'abord la conséquence immédiate et presque simultanée d'un coup de théâtre[186] dans la vie de Marianne dont ils modifient le cours. Ainsi, l'arrivée de Climal chez Valville interrompt brusquement

---

182   Catherine Ramond, « Les Éléments théâtraux dans le roman », *op. cit.*, vol. 2, p. 335.
183   *Ibid.*, pp. 83, 109 (« coup de hasard »), 262, 263.
184   Voir, par exemple, Marivaux, *Le Jeu de l'amour et du hasard*, *op. cit.*, II, 12, pp. 919-920 ; III, scène dernière, pp. 936-937.
185   Catherine Ramond, « Les Éléments théâtraux dans le roman », *op. cit.*, vol. 2, p. 338.
186   Voir *ibid.*, p. 335.

l'entretien des amants et Marianne se voit obligée de retourner chez la Dutour, où le dévot se présente quelques heures plus tard afin de connaître les sentiments de la jeune fille à l'égard de son neveu. En découvrant Climal agenouillé devant Marianne, Valville confond son oncle et met en doute la probité de l'héroïne qui tente vainement de clamer son innocence. Ce coup de théâtre provoque le revirement du dévot qui abandonne Marianne à elle-même. Plus tard, l'entrée de la marchande chez Mme de Fare aura des conséquences graves : Mlle de Fare, qui apprend toute l'histoire de Marianne, s'engage à garder le silence, mais la femme de chambre s'empresse d'aller conter la scène à sa maîtresse, indiscrétion dont on connaît les suites fâcheuses avec l'enlèvement de Marianne et son procès chez le ministre. La deuxième caractéristique de ces tableaux est l'immobilisation des personnages que provoque le choc de la surprise et la description précise des positions de chacun, qui permet au lecteur de se représenter la scène dans les moindres détails, en occupant la place de témoin indiscret d'un spectacle sans équivoque :

> L'article sur lequel nous en étions allait sans doute donner matière à une longue conversation entre nous, quand on ouvrit la porte de la salle, et que nous vîmes entrer une dame menée, devinez par qui ? par M. de Climal, qui, pour premier objet, aperçut Marianne en face, à demi couchée sur un lit de repos, les yeux mouillés de larmes, et tête à tête avec un jeune homme dont la posture tendre et soumise menait à croire que son entretien roulait sur l'amour, et qu'il me disait : Je vous adore ; car vous savez qu'il était à mes genoux ; et qui plus est, c'est que, dans ce moment, il avait la tête baissée sur une de mes mains, ce qui concluait aussi qu'il la baisait. N'était-ce pas là un tableau bien amusant pour M. de Climal ?[187]

Peu après, la posture de Climal ne laisse pas non plus subsister de doute sur l'objet de l'entretien :

> Il en était là de son discours, quand le ciel, qu'il osait pour ainsi dire faire complice, le punit subitement par l'arrivée de Valville, qui [...] trouva mon homme dans la même posture où, deux ou trois heures auparavant, l'avais surpris M. de Climal ; je veux dire à genoux devant moi, tenant ma main qu'il baisait, et que je m'efforçais de retirer ; en un mot, la revanche était complète[188].

---

187   Marivaux, *La Vie de Marianne*, op. cit., p. 83.
188   *Ibid.*, p. 120.

S'ensuit, dans le premier tableau, la description de Climal que cette rencontre inattendue décontenance au plus haut point :

> Je voudrais pouvoir vous exprimer ce qu'il devint. Vous dire qu'il rougit, qu'il perdit toute contenance, ce n'est vous rendre que les gros traits de l'état où je le vis.
> Figurez-vous un homme dont les yeux regardaient tout sans rien voir, dont les bras se remuaient toujours sans avoir de geste, qui ne savait quelle attitude donner à son corps qu'il avait de trop, ni que faire de son visage qu'il ne savait sous quel air présenter, pour empêcher qu'on n'y vît son désordre qui allait s'y peindre.
> [...] Ils [la jalousie et l'amour] transpiraient pourtant malgré qu'il en eût : il le sentait bien, il en était honteux, il avait peur qu'on n'aperçût sa honte ; et tout cela ensemble lui donnait je ne sais quelle incertitude de mouvements, sotte, ridicule, qu'on voit mieux qu'on ne l'explique[189].

À cette description s'ajoute enfin celle des personnages que le témoin indiscret surprend. Chez Valville, Marianne se souvient de son trouble à l'arrivée du dévot :

> Je n'avais fait que rougir en le voyant, cet oncle ; mais sa parenté, que j'apprenais, me déconcerta encore davantage ; et la manière dont je le regardai, s'il y fit attention, m'accusait bien nettement d'avoir pris plaisir aux discours de Valville. J'avais tout à fait l'air d'être sa complice ; cela n'était pas douteux à ma contenance.
> De sorte que nous étions trois figures très interdites[190].

Chez la Dutour, l'entrée de Valville pétrifie Climal :

> Je fus la première à apercevoir Valville ; et à un geste d'étonnement que je fis, M. de Climal retourna la tête, et le vit à son tour.
> Jugez de ce qu'il devint à cette vision ; elle le pétrifia, la bouche ouverte ; elle le fixa dans son attitude. Il était à genoux, il y resta ; plus d'action, plus de présence d'esprit, plus de paroles ; jamais hypocrite confondu ne fit moins de mystère de sa honte, ne la laissa contempler plus à l'aise, ne plia de meilleure grâce sous le poids de son iniquité, et n'avoua plus

---

189 *Ibid.*, pp. 83-84.
190 *Ibid.*, p. 84.

franchement qu'il était un misérable. J'ai beau appuyer là-dessus, je ne peindrai pas ce qui en était[191].

Enfin, chez Mme de Fare, c'est la Dutour qui paralyse Marianne :

> Mlle de Fare accourut d'abord à moi, et m'embrassa d'un air folâtre ; mais ce fatal objet, cette misérable Mme Dutour venait de frapper mes yeux, et elle n'embrassa qu'une statue : je restai sans mouvement, plus pâle que la mort, et ne sachant plus où j'étais. [...]
> À ce discours, pas un mot de ma part ; j'étais anéantie. Là-dessus, Valville arrive d'un air riant ; mais, à l'aspect de Mme Dutour, le voici qui rougit, qui perd contenance, et qui reste immobile à son tour[192].

Marivaux insiste sur l'effet cristallisant du coup de théâtre qui fige les personnages dans la position non équivoque dans laquelle ils se trouvent et qui produit un tableau où chacun occupe une place précise dans l'organisation de l'espace. Le romancier fixe l'image d'un moment dramatique qui « résulte du conflit, de l'incertitude, de l'attente anxieuse »[193]. L'espace d'un instant, on ne sait ce qui va advenir des personnages dont la situation critique n'annonce rien qui vaille. Cette notion d'instant permet de souligner la différence des moyens dont dispose le roman par rapport au théâtre et à la peinture pour représenter un bref moment[194]. Ces deux arts rendent l'instantané en temps réel, alors que la narration exige nécessairement un déploiement dans le temps, ce dont Marianne fait d'ailleurs elle-même le constat : « [C]eci, au reste, se passa plus vite que je ne puis le raconter »[195].

À la description de la posture des protagonistes s'ajoute celle de leur confusion extrême qui se peint sur leur visage – « il rougit », « je n'avais fait que rougir en le voyant », « plus pâle que la mort », « le voici qui rougit » – et qui se traduit, plus généralement, par un corps devenu encombrant. Toutefois, lorsque la narratrice constate les limites du récit dans la peinture de ces scènes, ce n'est pas tant pour révéler l'infériorité du roman par rapport au théâtre que pour signifier la violence du trouble des personnages, dont elle ne peut rendre compte exactement : « [C]e n'est vous rendre que les gros traits de l'état où je

---

191 *Ibid.*, p. 120.
192 *Ibid.*, pp. 263-264.
193 Gustave Lanson, *Esquisse d'une histoire de la tragédie française* [1920], Paris, Honoré Champion, 1954, p. 4.
194 Voir Catherine Ramond, « Les Éléments théâtraux dans le roman », *op. cit.*, vol. 2, p. 337.
195 Marivaux, *La Vie de Marianne, op. cit.*, p. 264.

le vis » et « je ne sais quelle incertitude de mouvements [...] qu'on voit mieux qu'on ne l'explique ». Finalement, les protagonistes sortent de leur torpeur grâce à l'intervention d'un tiers – la dame chez Valville – ou d'un acteur même de la scène – Valville chez la Dutour. Ces pétrifications ne sont ni comiques, ni tragiques, ni pathétiques, elles sont surtout dramatiques. Le comique de la scène chez Mme de Fare ne relève pas en effet du coup de théâtre proprement dit, mais de l'indiscrétion maladroite de la Dutour et de sa façon de parler franche, énergique et pittoresque, qui rappelle celle de suivantes moliéresques un « peu trop forte[s] en gueule »[196] : « Aurais-je la berlue ? n'est-ce pas vous, Marianne ? », s'étonne-t-elle ; « Ce ne l'est pas ! s'écria encore la marchande, ce ne l'est pas ! Ah ! pardi, en voici bien d'un autre : vous verrez que je ne suis peut-être pas Mme Dutour aussi, moi ! », s'exclame-t-elle ; ou encore « Pardi ! je suis comme tout le monde, je reconnais les gens quand je les ai vus. Voyez que cela est difficile ! Si elle est devenue glorieuse, dame, je n'y saurais que faire »[197].

La troisième et dernière caractéristique de ces tableaux est l'utilisation du vocabulaire pictural, qui permet de souligner l'aspect visuel de la scène : « N'était-ce pas là un tableau bien amusant pour M. de Climal ? »[198] La représentation de ces scènes ne relève plus de l'art du romancier, mais de celui du peintre : « J'ai beau appuyer là-dessus, je ne peindrai pas ce qui en était »[199]. Autrement dit, ce qui va constituer l'un des fondements de la théorie de la tragédie domestique et bourgeoise est manifestement déjà à l'œuvre dans le roman marivaudien où – contrairement à ce qu'estimera Diderot plus tard –, il est la conséquence, et non pas l'opposé, du coup de théâtre. Ces tableaux représentent les personnages frappés par la surprise et l'émotion au point d'en être, l'espace d'un instant, figés ou tétanisés. Généralement insérés dans une longue scène (déclaration de Valville, aveu de Climal), ils l'interrompent brusquement pour marquer un moment de crise et bouleversent le cours de l'action. On ne saurait pourtant assimiler ces tableaux à ceux du drame bourgeois qui occupent une fonction différente dans l'évolution de l'action : les uns résultent de coups de théâtre et modifient ainsi le déroulement de l'intrigue, les autres donnent à voir et à entendre la désolation de personnages après qu'un drame domestique a eu lieu ; les uns remplissent une fonction dramatique, les autres exercent une fonction émotionnelle et morale. Ils ne reposent pas non plus sur les mêmes sentiments : les trois scènes de *La Vie de Marianne* montrent la honte et la confusion des protagonistes, et non leur désarroi et leur souffrance.

---

196   Molière, *Le Tartuffe*, op. cit., I, 1, v. 13-15, p. 100.
197   Marivaux, *La Vie de Marianne*, op. cit., pp. 263-265.
198   *Ibid.*, p. 83.
199   *Ibid.*, p. 120.

Ils ne produisent pas non plus les mêmes effets sur le lecteur ou le spectateur : les pétrifications n'ont qu'un effet momentané, alors que les tableaux doivent laisser une impression dans l'âme du spectateur.

En même temps, à côté de ces pétrifications, il existe, dans *La Vie de Marianne*, des tableaux sensibles et pathétiques qui annoncent assez bien ceux du drame bourgeois. Sur ce point, rappelons d'abord la définition que donne Diderot du tableau et les exemples qu'il utilise dans ses *Entretiens sur le Fils naturel*, afin d'en dégager les principales caractéristiques. Selon le philosophe, le tableau consiste en une « disposition de[s] personnages sur la scène, si naturelle et si vraie, que, rendue fidèlement par un peintre, elle [lui] plairait sur la toile »[200]. Deux des tableaux qu'il mentionne dans ses *Entretiens* font référence à sa pièce *Le Fils naturel* : le premier figure à l'acte II qui « s'ouvre par un tableau, et finit par un coup de théâtre » ; le second correspond à la scène où apparaît « le malheureux Clairville, renversé sur le sein de son ami, comme dans le seul asile qui lui reste »[201]. Le premier renvoie à l'entrée en scène de Rosalie en proie à une profonde tristesse, dont la suivante Justine découvre la cause ; le second montre le désespoir de son fiancé Clairville qui se réfugie dans le sein de Dorval, envoyé comme ambassadeur auprès de Rosalie pour apprendre la cause du changement de ses sentiments à son égard[202]. Ces deux tableaux représentent le désespoir des amants, dont la cause est semblable (l'amour) et dont l'attitude reflète l'état d'âme : l'une soupire, pleure et garde le silence, l'autre s'impatiente, questionne et sanglote. Dans les deux cas, le tableau commence *in medias res* – les personnages apparaissent sur scène éplorés ou très agités – et donne à voir l'émotion forte qui secoue leur âme au point d'émouvoir le spectateur.

Dans *La Vie de Marianne*, nombreux sont les tableaux sensibles, attendrissants ou larmoyants, que constituent ces longues scènes où Marivaux « combin[e] la pantomime avec le discours, entremêle une scène parlée avec une scène muette »[203]. Le tableau naît de la description minutieuse des regards, des gestes, de la position des corps, qui accompagnent les paroles des personnages, voire qui s'y substituent. Revenons, par exemple, à la longue

---

200   Diderot, *Les Entretiens sur le Fils naturel, op. cit.*, p. 1136 ; sur cette question, voir Pierre Frantz, *L'Esthétique du tableau dans le théâtre du XVIIIe siècle*, Paris, Presses Universitaires de France, 1998.
201   Voir, pour le premier tableau, Diderot, *Les Entretiens sur le Fils naturel, op. cit.*, p. 1136 ; pour le second, *ibid.*, p. 1157.
202   Voir, pour le premier, Diderot, *Le Fils naturel, op. cit.*, II, 1, pp. 1090-1091 ; pour le second, *ibid.*, II, 4, p. 1094.
203   Diderot, *Les Entretiens sur le Fils naturel, op. cit.*, p. 1152.

scène où Mme de Miran présente Mme Dorsin à Marianne et où elle apprend que cette dernière est celle dont Valville est tombé amoureux. Les nombreuses indications gestuelles forment les didascalies de cette scène dialoguée :

> C'était de Mme de Miran dont je parlais, comme vous le voyez, et qui, avançant sa main à la grille pour me prendre la mienne, dont je ne pus lui passer que trois ou quatre doigts, me dit : Oui, Marianne, je vous aime, et vous le méritez bien [...]. Je vous ai appelée ma fille ; imaginez-vous que vous l'êtes, et que je vous aimerai autant que si vous l'étiez.
>
> Cette réponse m'attendrit, mes yeux se mouillèrent : je tâchai de lui baiser la main, dont elle ne put à son tour m'abandonner que quelques doigts[204].

> Non, lui dis-je en laissant tomber quelques larmes ; non, madame, voilà qui est fini. [...]
> Ici mes pleurs coulèrent avec tant d'abondance que je restai quelque temps sans pouvoir prononcer un mot.
> Tu m'inquiètes, ma chère enfant, pourquoi donc pleures-tu ? ajouta-t-elle en me présentant sa main comme elle avait déjà fait quelques moments auparavant. Mais je n'osais plus lui donner la mienne. Je me reculais honteuse, et avec des paroles entrecoupées de sanglots : Hélas ! madame, arrêtez, lui dis-je ; vous ne savez pas à qui vous parlez, ni à qui vous témoignez tant de bontés[205].

> Ce discours redoubla mes larmes, je tirai ensuite de ma poche la lettre que j'avais reçue de Valville, et que je n'avais pas décachetée ; et la lui présentant d'une main tremblante [...].
> M{me} de Miran la prit en soupirant, l'ouvrit, la parcourut, et jeta les yeux sur son amie, qui fixa aussi les siens sur elle ; elles furent toutes deux assez longtemps à se regarder sans se rien dire ; il me sembla même que je les vis pleurer un peu : et puis Mme Dorsin, en secouant la tête : Ah ! madame, dit-elle, je vous demandais Marianne ; mais je ne l'aurais pas, vois bien que vous la garderez pour vous.
> Oui, c'est ma fille plus que jamais, répondit ma bienfaitrice avec un attendrissement qui ne lui permit de dire que ce peu de mots ; et sur-le-champ elle me tendit une troisième fois la main, que je pris alors du mieux que je pus, et que je baisai mille fois à genoux, si attendrie moi-même, que j'en étais comme suffoquée. Il se passa en même temps un

---

204   Marivaux, *La Vie de Marianne, op. cit.*, p. 173.
205   *Ibid.*, p. 179.

moment de silence qui fut si touchant, que je ne saurais encore y penser sans me sentir remuée jusqu'au fond de l'âme[206].

Toutes ces indications gestuelles participent d'une esthétique de la sensibilité ou de l'attendrissement : lorsque Marianne ne pleure pas de honte – se découvrant l'ennemie de Mme de Miran – ou d'une émotion inquiète – craignant d'être abandonnée –, elle pleure de reconnaissance envers sa bienfaitrice. Mme de Miran ne cesse de lui tendre la main que Marianne s'empresse de baiser à travers les grilles du parloir – hormis une seule fois où elle n'ose la prendre. De façon très dramatique, Marianne se jette à plusieurs reprises aux genoux de cette mère adoptive pour lui témoigner sa reconnaissance. À cela s'ajoutent une main tremblante, des soupirs évocateurs, des silences qui révèlent l'intensité de l'émotion éprouvée par les personnages, des regards prolongés et éloquents : Mme Dorsin comprend son amie simplement en la regardant. D'ailleurs, celle-ci n'a « de [s]a vie été si émue », elle « ne sai[t] plus qui des deux [elle] aime le plus, ou de la mère, ou de la fille » et leur demande de cesser, car elles « l'attendriss[ent] trop »[207]. Mais si l'émotion des personnages est manifeste dans leurs gestes, elle n'est pas perceptible dans la forme de leur discours. En effet, Marivaux précise que les paroles de Marianne sont « entrecoupées de sanglots », mais il ne les représente pas. En cela, Diderot ira plus loin que lui, lorsqu'il cherchera à inscrire l'émotion dans le discours des personnages : « [C]e qui émeut toujours, ce sont des cris, des mots inarticulés, des voix rompues, quelques monosyllabes qui s'échappent par intervalles, je ne sais quel murmure dans la gorge, entre les dents »[208]. En revanche, Marivaux recourt abondamment aux tirades que Diderot qualifie de « ramage opposé à ces vraies voix de la passion »[209] et qui, toujours selon le théoricien du drame bourgeois, ont pour effet de rompre l'illusion en suspendant l'action dramatique.

Au demeurant, la plupart des tableaux sensibles de *La Vie de Marianne* mettent en scène ou le sacrifice du bonheur au nom de la vertu – comme dans la scène évoquée ci-dessus et dans celle où Marianne convainc Valville de renoncer à elle[210] – ou la profonde reconnaissance que l'on témoigne envers quelqu'un, comme celle qu'expriment les amants envers Mme de Miran, après que celle-ci a consenti à leur mariage :

---

206   *Ibid.*, p. 181.
207   *Ibid.*, pp. 181, 185 (« vous m'attendrissez trop »).
208   Diderot, *Les Entretiens sur le Fils naturel*, *op. cit.*, p. 1144.
209   *Ibid.*, p. 1145.
210   Voir Marivaux, *La Vie de Marianne*, *op. cit.*, p. 199.

> Valville, à ce discours, pleurant de joie et de reconnaissance, embrassa ses genoux. Pour moi, je fus si touchée, si pénétrée, si saisie, qu'il ne me fut pas possible d'articuler un mot ; j'avais les mains tremblantes, et je n'exprimai ce que je sentais que par de courts et fréquents soupirs.
>
> Tu ne me dis rien, Marianne, me dit ma bienfaitrice, mais j'entends ton silence, et je ne m'en défends point : je suis moi-même sensible à la joie que je vous donne à tous les deux. Le ciel pouvait me réserver une belle-fille qui fût plus au gré du monde, mais non pas qui fût plus au gré de mon cœur.
>
> J'éclatai ici par un transport subit : Ah ! ma mère, m'écriai-je, je me meurs ; je ne me possède pas de tendresse et de reconnaissance.
>
> Là, je m'arrêtai, hors d'état d'en dire davantage à cause de mes larmes ; je m'étais jetée à genoux, et j'avais passé une moitié de ma main par la grille pour avoir celle de Mme de Miran, qui en effet approcha la sienne ; et Valville, éperdu de joie et comme hors de lui, se jeta sur nos deux mains, qu'il baisait alternativement[211].

On retrouve là les caractéristiques du tableau précédent : les personnages soupirent, pleurent, tremblent d'émotion, se mettent à genoux et ne peuvent plus articuler le moindre mot. Leur pantomime rend compte de l'intensité de l'émotion qui les submerge, alors que leur discours la prépare[212]. En d'autres termes, le tableau représente mieux le trouble des personnages et le bouleversement qui se produit en eux que ne le fait le dialogue, indiquant le plus haut degré émotionnel de la scène. En cela, il semble convenir davantage au genre romanesque qu'au genre dramatique, car il est difficile de soutenir longtemps au théâtre une scène muette et mimétique sans lasser l'intérêt du spectateur. À l'inverse, la lenteur qu'impose la lecture du récit par rapport au caractère instantané de la représentation théâtrale permet au lecteur d'imaginer progressivement le tableau et, ainsi, de mieux s'imprégner de l'émotion qui s'en dégage.

Parmi les tableaux sensibles où Marianne manifeste sa reconnaissance, évoquons également celui avec Mlle de Fare, après le passage de la Dutour, et celui avec Mme de Miran, après l'incident chez Mme de Fare. Le premier des deux résulte de la réponse bienveillante et consolante de Mlle de Fare qui assure à son cousin et à Marianne son amitié et son secours :

> Essuyez vos pleurs, ma chère amie, et ne songeons plus qu'à nous lier d'une amitié qui dure autant que nous, ajouta-t-elle en me tendant la

---

211   *Ibid.*, p. 206.
212   Voir la tirade de Mme de Miran, *ibid.*, p. 205.

main, sur laquelle je me jetai, que je baisai, que j'arrosai de mes larmes, d'un air qui n'était que suppliant, reconnaissant et tendre, mais point humilié.

Cette amitié que vous me faites l'honneur de me demander me sera plus chère que ma vie ; je ne vivrai que pour vous aimer tous deux, vous et Valville, lui dis-je à travers des sanglots que m'arracha l'attendrissement où j'étais. [...]

Je lui tenais une main, que je baignais de mes larmes ; elle répondait à cette action par les caresses les plus affectueuses. [...]

Ce discours redoublait mon attendrissement, et par conséquent mes larmes. Je n'avais pas la force de parler ; mais je donnais mille baisers sur sa main que je tenais toujours, et que je pressais entre les miennes en signe de reconnaissance[213].

Les pleurs de désarroi que Marianne verse depuis l'entrée de la marchande deviennent des pleurs de reconnaissance. C'est par les larmes et les baisers que l'héroïne exprime son infinie gratitude envers sa nouvelle amie. Non seulement le dialogue prépare le tableau sensible[214], mais en plus il le relance et le renforce (« Ce discours redoublait mon attendrissement »). En outre, le récit de la narratrice inséré entre les répliques des personnages (« Je ne pus en dire davantage ; Mlle de Fare pleurait aussi en m'embrassant »[215]) participent du tableau sensible. Autrement dit, c'est l'étroite combinaison du geste, de la parole et de la narration qui permet de dresser un tableau où les personnages rivalisent d'attendrissement.

De la même manière, le tableau avec Mme de Miran constitue la réponse spontanée de Marianne à la générosité et à l'amour d'une mère d'adoption, fidèle à sa parole, malgré l'incident qui s'est produit chez Mme de Fare :

À quoi je ne répondis qu'en me jetant comme une folle sur une main dont, par hasard, elle tenait alors un des barreaux de la grille.

Je pleurai d'aise, je criai de joie, je tombai dans des transports de tendresse, de reconnaissance ; en un mot, je ne me possédai plus, je ne savais plus ce que je disais : Ma chère mère, mon adorable mère ! ah ! mon Dieu, pour quoi n'ai-je qu'un cœur ? Est-il possible qu'il y en ait un comme le

---

213 *Ibid.*, pp. 267, 273-274. Interrompu à la fin de la cinquième partie, le tableau est repris au début de la sixième.
214 Voir la tirade de Valville, *ibid.*, pp. 266-267.
215 *Ibid.*, p. 267.

vôtre ! Ah ! Seigneur, quelle âme ! et mille autres discours que je tins et qui n'avaient point de suite[216].

Cependant, l'histoire de Marianne n'a pas l'apanage de ces tableaux sensibles. L'histoire de Tervire, à laquelle les trois dernières parties du roman sont consacrées, abonde également en tableaux qui ne sont plus seulement l'expression d'une vive gratitude, mais qui constituent de véritables scènes de reconnaissance et de réconciliation. Ainsi, le jour où M. de Tervire, le père, découvre sa petite-fille, confiée aux soins d'une nourrice chez un paysan, est l'occasion pour son fils de lui « marquer sa reconnaissance »[217] et de se réconcilier avec lui. Bien plus tard, on assiste à une autre scène de reconnaissance au cours de laquelle la famille Dursan exprime sa gratitude envers Tervire qui s'engage à réconcilier le fils, M. Dursan, et la mère, Mme Dursan[218]. Tervire œuvre d'abord en introduisant la belle-fille de Mme Dursan au service de celle-ci, puis en préparant une scène destinée à la frapper, à éveiller sa pitié et à obtenir son pardon. Pour ce faire, elle convoque tous les personnages susceptibles de l'émouvoir et de l'attendrir : un ecclésiastique que Mme Dursan connaît bien, son amie Mme Dorfrainville et sa belle-fille, pour laquelle elle s'est prise d'affection. Marivaux substitue alors le pinceau à la plume, afin de composer un tableau larmoyant et pathétique où la reconnaissance va précéder la réconciliation. Est d'emblée décrit ce qui s'offre à la vue des arrivants : un détail du meuble autour duquel s'organise la scène (« les rideaux du lit n'étaient tirés que d'un côté »), le mouvement et la position des personnages (« Cet ecclésiastique s'avança donc vers le mourant, qu'on avait soulevé pour le mettre plus à son aise. Son fils, qui était au chevet, et qui pleurait à chaudes larmes, se retira un peu ») ainsi que l'éclairage propice à la scène (« Le jour commençait à baisser, et le lit était placé dans l'endroit le plus sombre de la chambre »[219]). Le romancier s'attache ensuite à situer les personnages dans le décor : « Après quoi nous la [Mme Dursan] plaçâmes dans un fauteuil à côté du chevet, et nous nous tînmes debout auprès d'elle »[220]. Ces précisions permettent non seulement d'instaurer un cadre favorable à la scène qui se prépare (le clair-obscur, Mme Dursan située près du mourant, les autres personnages placés autour comme des spectateurs), mais aussi de donner à voir le tableau au lecteur. Il s'ensuit une triple reconnaissance successive pour laquelle la présence des spectateurs est

---

216 *Ibid.*, pp. 285-286.
217 *Ibid.*, p. 435.
218 Voir *ibid.*, pp. 509-510.
219 *Ibid.*, p. 526.
220 *Ibid.*, p. 527.

indispensable : « Mme Dursan, qui n'était encore que Brunon, l'ecclésiastique lui-même, Mme Dorfrainville et moi, nous contribuâmes tous à l'attendrissement de cette tante, qui pleurait aussi, et qui ne voyait autour d'elle que des larmes qui la remerciaient de s'être laissé toucher »[221]. La métonymie, qui réduit les personnages en pleurs aux seules larmes, souligne le pathétique de la scène. Les larmes de soulagement et de joie se mêlent aux larmes de douleur que suscite le spectacle de la mort[222]. Plus tard, lorsque Tervire se rendra à Paris pour retrouver sa mère, c'est une femme malade et démunie qu'elle découvrira. La joie de la reconnaissance se confondra également avec « le spectacle d'une femme de condition dans l'indigence » : « [J]e pleurais de joie, de surprise et de douleur »[223].

Que ce soit dans l'histoire de Marianne ou celle de Tervire, Marivaux multiplie en effet les tableaux de mourants, comme celui de la sœur du curé à l'auberge, de Climal, de M. Dursan, ou encore de la mère de Tervire[224], à moitié mourante. Ce type de tableau, représentant les derniers instants d'une mère adoptive avec sa fille (la sœur du curé et Marianne), d'un homme avec son ami (Climal et le père Saint-Vincent) ou d'un fils et d'un père avec sa famille (M. Dursan), est propre à remuer les cœurs. En outre, comme le note Diderot, « [p]resque tous les hommes parlent bien en mourant »[225]. Ainsi Marianne a été saisie par les dernières paroles de sa première mère de substitution : « [J]e ne perdis rien de tout ce qu'elle me dit, et en vérité je vous le rapporte presque mot pour mot, tant j'en fus frappée »[226]. Tout au long de sa vie, les mourants l'exhortent à rester vertueuse : « Je vous ai élevée dans l'amour de la vertu ; si vous gardez votre éducation, tenez, Marianne, vous serez héritière du plus grand trésor qu'on puisse vous laisser : car avec lui, ce sera vous, ce sera votre âme qui sera riche », lui dit la sœur du curé ; « aimez-la toujours, afin qu'elle sollicite la miséricorde de Dieu pour moi »[227], lui demande Climal. Ces exhortations sont d'autant plus fortes qu'elles constituent les derniers mots d'un(e) mourant(e) et font de la vertu le souverain bien. Dans l'histoire de Tervire, les

---

221   Ibid., p. 528.
222   Voir Françoise Gevrey, « La mort dans La Vie de Marianne de Marivaux », Travaux de littérature (Les Écrivains devant la mort), dir. Laurent Versini, Genève, Droz, vol. 25, 2012, pp. 207-221.
223   Marivaux, La Vie de Marianne, op. cit., pp. 574, 567.
224   Voir, pour la mort de la sœur du curé, ibid., pp. 18-23 ; pour celle de Climal, ibid., pp. 244-253 ; pour celle de M. Dursan, ibid., pp. 519-530 ; pour celle de la mère de Tervire, ibid., p. 579.
225   Diderot, Les Entretiens sur le Fils naturel, op. cit., p. 1143.
226   Marivaux, La Vie de Marianne, op. cit., p. 21.
227   Ibid., pp. 19, 251.

tableaux représentant les derniers instants d'un personnage contiennent également des scènes de reconnaissance, comme si Marivaux avait voulu renforcer le pathétique en faisant précéder la mort du personnage par une scène de retrouvailles.

En somme, bien que l'histoire de Marianne dure environ dix mois – depuis son arrivée à Paris jusqu'à la proposition de mariage que lui fera un officier –, on ne peut guère parler d'unité temporelle ni d'unité spatiale. En revanche, on observe souvent un éclatement du temps de l'histoire en une succession de scènes qui peuvent, sur plusieurs pages, représenter des moments infimes. Ces scènes sont susceptibles d'être regroupées en séquences dont l'enchaînement forme des ensembles plus vastes que l'on a appelés épisodes. Les trois épisodes principaux que comprend le séjour de l'héroïne à Paris – « La comédie du Tartuffe », « Un procès qui finit bien » et « La rivale » – reposent respectivement sur trois personnages ou groupe de personnages, qui interviennent momentanément dans la vie de Marianne – le faux dévot, la famille de Mme de Miran et Varthon. Aussi ces trois épisodes ne durent-ils que peu de temps. Le premier ne compte que quelques jours jusqu'à la rupture de Climal avec Marianne, ou quelques semaines jusqu'à la confession du dévot ; le deuxième s'étend sur deux jours – l'enlèvement et le procès –, et le troisième sur quelques jours – la maladie de Marianne et la trahison de Valville. Parmi les nombreuses scènes qui composent ces épisodes, on distingue les tableaux procédant par pétrification, résultant de coups de théâtre qui viennent rythmer l'action en en modifiant souvent le cours. Ces pétrifications soulignent le trouble, la confusion et la honte des protagonistes surpris dans un moment d'abandon, voire d'égarement. La tension dramatique étant à son apogée, les protagonistes demeurent figés dans leur attitude – comme dans un tableau – et le temps reste momentanément suspendu.

Ces tableaux n'ont donc pas la même fonction que les tableaux sensibles ou attendrissants où les personnages sont représentés dans une douleur ou une joie extrême, voire les deux successivement : Valville est désespéré avant que sa mère ne l'autorise à aimer Marianne ; cette dernière est abattue avant que Mlle de Fare ne lui assure son amitié. Ce sont ces tableaux attendrissants qui annoncent le mieux ceux de la tragédie domestique, où Diderot les oppose catégoriquement aux coups de théâtre. Contrairement aux pétrifications, les tableaux sensibles ne représentent pas les personnages – pris sur le fait – figés dans leur attitude, ils combinent récit et dialogue : le trouble, les sentiments et les pensées passent dans les regards, les soupirs, les larmes, les gestes et les mouvements, et l'émotion atteint son paroxysme lorsque le silence supplante la parole. Alors que dans l'histoire de Marianne, ils peignent souvent la reconnaissance de l'héroïne envers sa mère ou une amie, dans l'histoire de Tervire, ils mêlent témoignage de gratitude ainsi que scène de reconnaissance et de réconciliation. Mais ces tableaux sensibles deviennent pathétiques lorsqu'ils peignent un personnage qui se meurt au moment même où il retrouve un être cher. La joie du pardon et des retrouvailles se confond avec la douleur suscitée par le spectacle de la souffrance et la crainte de la mort prochaine. En ce sens, l'utilisation du tableau chez Marivaux romancier est fréquente et variée. Pleinement efficace dans le genre romanesque, il offre manifestement à l'auteur un espace de liberté bien plus grand qu'au théâtre. Aussi est-ce peut-être la raison qui conduit Marivaux « à envisager le roman comme un théâtre libéré des servitudes du théâtre et projeté dans la vie »[228].

Le Paysan parvenu : tableaux et scènes à témoin caché

Après la publication des deux premières parties du *Paysan parvenu*, le compte rendu du *Journal littéraire* de La Haye en relève la tonalité enjouée : « Si le nom de Monsieur de *Marivaux* ne paraissait pas au devant de ces mémoires, on les prendrait pour un ouvrage posthume de *Dufresny*. C'est la même manière de conter, vive, légère, gaie »[229]. Plus tard, après la sortie des quatrième et cinquième parties, c'est le réalisme du récit que le *Journal* souligne : « Il ne raconte pas, il peint, il met sous les yeux les faits qu'il rapporte »[230]. Si la métaphore picturale permet de comparer l'art du romancier à celui du peintre, elle suppose encore une capacité – qui est aussi celle du dramaturge – à transformer une histoire en une scène que l'on place devant les yeux du lecteur. Au XXe siècle, Sylvie Chevalley, qui a découvert le manuscrit de *La Commère* de Marivaux, va même plus loin quand elle écrit que le « roman est si riche de scènes toutes construites, de soliloques et de dialogues qui semblent écrits pour le théâtre que l'on a été souvent tenté, à notre époque, de l'y transporter »[231]. Au demeurant, hormis Catherine Ramond et Fabienne Boissiéras[232], la critique a été assez peu sensible à ce que l'on pourrait appeler la construction dramatique du *Paysan parvenu*, pourtant plus manifeste que celle de *La Vie de Marianne*. En effet, le narrateur y fait moins de réflexions morales, s'adresse moins souvent et moins longuement au lecteur, relate des

---

228   Jean Fabre, *Idées sur le roman, op. cit.*, p. 92.
229   *Journal littéraire*, tome 22, La Haye, Jean Van Duren, 1734, 1ere partie, article XI, p. 229 ; c'est l'auteur qui souligne et nous modernisons.
230   *Ibid.*, 1735, 2nde partie, article XII, p. 460.
231   Marivaux, *La Commère*, préface de Sylvie Chevalley, Paris, Hachette, 1966, p. 16.
232   Voir Catherine Ramond, *Les Éléments théâtraux dans le roman, op. cit.*, vol. 2, pp. 335-343 et Fabienne Boissiéras, « Marivaux ou la confusion des genres », *art. cit.*, pp. 73-84. De façon révélatrice, cette dernière limite son étude de la théâtralité des romans de Marivaux à *La Vie de Marianne*.

événements qui se sont succédé les uns aux autres à un rythme soutenu – à partir du moment où il rencontre Mlle Habert sur le Pont-Neuf –, et introduit un type de scène caractéristique du théâtre. La question de la théâtralité de ce roman-mémoires se pose d'autant plus que celui-ci a été adapté pour la scène, non seulement par Marivaux lui-même avec *La Commère*[233] (1741), mais aussi par un auteur anonyme avec *Le Paysan et la paysanne parvenus* qui, comme l'a observé Frédéric Deloffre, s'inspire à la fois du roman de Marivaux et de celui de Mouhy[234].

Comme dans *La Vie de Marianne*, on ne peut guère parler d'unité de temps ni d'unité de lieu dans *Le Paysan parvenu*. Néanmoins, la durée de l'histoire de Jacob est plus courte que celle de Marianne : à la fin de la cinquième partie de *La Vie de Marianne*[235], l'héroïne séjourne à Paris depuis environ six mois et trois semaines[236], tandis qu'à la fin de la cinquième partie du *Paysan parvenu*, Jacob se trouve dans la capitale depuis environ « deux ou trois mois »[237] et dix-huit jours[238]. On ne s'accorde alors qu'en partie avec Jacques Proust selon lequel « trois ou quatre mois » se sont passés entre la « première entrevue [de Jacob] avec la femme de son seigneur » et la mort de ce dernier et que « douze jours et demi » se sont écoulés « entre le moment où il a rencontré Mlle Habert sur le Pont-Neuf et celui où il voit le rideau se lever sur *Mithridate* »[239]. La première indication temporelle – « trois ou quatre mois » – est donnée par le texte, la seconde est le résultat d'un calcul. La première des

---

233 Voir, sur ce point, Henri Coulet, « Du roman au théâtre : *Le Paysan parvenu* et *La Commère* », *Atti della Accademia Peloritana dei Pericolanti*, vol. 64, 1988, pp. 201-211 et William H. Trapnell, « Marivaux and *La Commère* », *The French Review*, vol. 43, n° 5, avril 1970, pp. 765-774.

234 Voir Frédéric Deloffre. « *Le Paysan parvenu* au théâtre : *Le paysan et la paysanne parvenus* », dans Mario Matucci (dir.), *Atti del Colloquio Internazionale : Marivaux e il teatro italiano (Cortona, 6-8 settembre 1990)*, Pisa, Pacini Editore, Università degli studi di Pisa, Istituto di Lingua e Letteratura Francese, 1992, pp. 23-34.

235 Bien que *La Vie de Marianne* comprenne onze parties et que le récit de l'héroïne s'arrête à la fin de la huitième, on ne prend en compte que les cinq premières afin de pouvoir établir le parallèle avec *Le Paysan parvenu*, composé de cinq parties.

236 Voir le tableau « Principales indications temporelles et spatiales dans *La Vie de Marianne* », dans Charlène Deharbe, « La Porosité des genres littéraires », *op. cit.*, vol. 2, pp. 627-667.

237 Marivaux, *Le Paysan parvenu*, *op. cit.*, p. 25. Telle est la première indication temporelle sur la durée totale du séjour de Jacob chez son maître.

238 Voir le tableau « Principales indications temporelles et spatiales dans *Le Paysan parvenu* », dans Charlène Deharbe, « La Porosité des genres littéraires », *op. cit.*, vol. 2, pp. 669-699.

239 Jacques Proust, « Le 'Jeu du temps et du hasard' dans *Le Paysan parvenu* », dans Hugo Friedrich et Fritz Schalk (dirs.), *Europäische Aufklärung*, Munich-Allach, Wilhelm Fink, 1967, pp. 223-235, et pp. 224-225 pour les citations.

deux est discutable, car la phrase de Jacob signifie qu'il a quitté sa Champagne natale depuis « trois ou quatre mois » et non qu'il est à Paris depuis « trois ou quatre mois » : « Vous ne vous trompez pas, repris-je en nous mettant en marche ; il n'y a que trois ou quatre mois que je suis sorti de mon village, et je n'ai pas encore eu le temps d'empirer et de devenir méchant »[240]. Au surplus, cette indication ne correspond pas à celle du maître de Jacob – « deux ou trois mois »[241] –, qu'il donne le jour de sa mort, soit cinq jours avant la rencontre du héros avec Mlle Habert. On se souvient, en effet, qu'à la mort de son maître, Jacob reste trois jours de plus dans la maison et qu'il prend une chambre dans une auberge où il séjourne pendant deux jours. On ne retiendra donc que la première des deux indications temporelles – « deux ou trois mois » – qui, d'ailleurs, revient à plusieurs reprises dans le récit[242].

Poursuivons la lecture de l'histoire de Jacob dont la chronologie est intéressante pour apprécier la concentration de l'action romanesque et, de ce fait, la théâtralité de l'œuvre. Seule la durée du séjour de Jacob chez son maître est imprécise[243]. On sait que « cinq ou six » jours après son arrivée, Jacob rencontre sa maîtresse pour la première fois et que, deux jours après, il la découvre à sa toilette où a lieu « une petite scène muette »[244]. S'ensuit une période indéterminée jusqu'au matin du jour où la suivante Geneviève apprend à Jacob que leur maître lui a fait des avances[245] ; « deux jours après »[246], elle lui révèle avoir reçu une bourse pleine d'or. Le lecteur est à nouveau laissé dans le flou temporel (« un jour que nous nous promenions ensemble dans le jardin de la maison », « dès demain », « le lendemain »[247]) jusqu'à cet autre matin où la soubrette se déclare à Jacob[248]. Le récit de la journée suivante est, quant à lui, extrêmement détaillé : on apprend du maître que Jacob est à Paris depuis « deux ou trois mois »[249]. Ce maître exerce un chantage sur le héros qui se voit contraint soit d'épouser Geneviève, soit d'être emprisonné, si bien que ce dernier se réfugie dans sa chambre « jusqu'à sept heures du soir »[250], où

---

240   Marivaux, *Le Paysan parvenu, op. cit.*, p. 43.
241   *Ibid.*, p. 25.
242   Voir *ibid.*, pp. 47, 85. Mme de Ferval prend encore plus de libertés par rapport à la chronologie des aventures de Jacob (voir *ibid.*, pp. 135, 183).
243   Voir Jacques Proust, « Le 'Jeu du temps et du hasard' », *art. cit.*, p. 224.
244   Marivaux, *Le Paysan parvenu, op. cit.*, p. 15.
245   Voir *ibid.*, p. 17.
246   *Ibid.*, p. 18.
247   *Ibid.*, pp. 19, 22 (« dès demain », « le lendemain »).
248   Voir *ibid.*, p. 23.
249   *Ibid.*, p. 25.
250   *Ibid.*, p. 35.

il apprend la mort brutale de son maître. En d'autres termes, en une seule journée, le héros est placé devant une cruelle alternative dont un coup de théâtre le délivre soudainement. Cette journée marque l'aboutissement malheureux des semaines au cours desquelles Jacob a entretenu l'amour de la suivante et la résolution du dilemme devant lequel il se trouvait. Par conséquent, Marivaux développe soit les événements qui présentent un intérêt dramatique, soit ceux qui les préparent : les rencontres entre Jacob et Geneviève confortent la suivante dans son projet et préparent ainsi l'obstacle, le chantage du maître, et le coup de théâtre salvateur, la mort de celui-ci.

À la suite de ce coup de théâtre, les événements vont se précipiter pour le jeune Champenois, qui reste encore « trois jours » durant chez sa maîtresse, avant de séjourner dans une auberge pendant « deux jours »[251]. C'est le lendemain « entre sept et huit heures du matin »[252] qu'il fait une rencontre décisive sur le Pont-Neuf : Mlle Habert la cadette lui propose le poste d'un garçon dont sa sœur et elle-même viennent de se défaire et le conduit chez elle. Après le dîner, le directeur de conscience des demoiselles, M. Doucin, leur rend visite et n'approuve guère le choix de ce nouveau domestique. Mlle Habert la cadette décide alors de quitter sa sœur et part à la recherche d'un appartement avec Jacob. Ils s'arrêtent chez une certaine Mme d'Alain, qui les retient pendant « deux bonnes heures »[253], avant de s'en retourner. Le lendemain de cette rencontre sur le Pont-Neuf, Mlle Habert la cadette part donc s'installer avec Jacob chez Mme d'Alain. Le jour suivant est un vendredi[254] : Mlle Habert confie à son hôtesse son projet de mariage et « l'après-midi du même jour »[255], ils se rendent chez le notaire afin de signer le contrat. Le « surlendemain », dimanche, le ban est publié et, « quatre jours après »[256], mardi, Jacob reçoit le consentement de son père. Sur ce point, Jacques Proust a souligné l'invraisemblance de la rapidité du courrier qui ne semble pas être l'une des principales préoccupations de Marivaux[257]. On est alors la veille de la célébration religieuse qui doit avoir lieu pendant la nuit de mardi à mercredi, « à deux heures après minuit »[258].

---

251 *Ibid.*, pp. 39-40.
252 *Ibid.*, p. 41.
253 *Ibid.*, p. 78.
254 Voir *ibid.*, p. 102. Cette précision permet de savoir que le jour où Mlle Habert rencontre Jacob sur le Pont-Neuf est un mercredi, que celui de leur emménagement est un jeudi et que celui de l'annonce de leur projet de mariage est un vendredi. Voir Jacques Proust, « Le 'Jeu du temps et du hasard' », *art. cit.*, pp. 224-225.
255 Marivaux, *Le Paysan parvenu, op. cit.*, p. 103.
256 *Id.*
257 Voir Jacques Proust, « Le 'Jeu du temps et du hasard' », *art. cit.*, p. 225.
258 Marivaux, *Le Paysan parvenu, op. cit.*, p. 104.

De retour de l'église où ils étaient attendus « sur les six heures du soir »[259] pour s'entretenir avec le religieux qui devait les marier, ils s'apprêtent à souper lorsque le dévot – qui n'est autre que M. Doucin – entre et découvre, à sa grande stupéfaction, Mlle Habert et Jacob ; le mariage est annulé.

Aux environs de neuf heures[260], le lendemain matin, un valet vient de la part de M. le Président chercher Jacob. Au cours du procès dont Mlle Habert l'aînée est l'instigatrice, Jacob plaide sa cause avec brio et gagne la sympathie du public et d'une certaine Mme de Ferval, qui prétexte un billet qu'elle souhaite adresser à Mlle Habert pour faire plus ample connaissance. Sur le chemin du retour, empêché par un embarras de voitures, il s'arrête dans une rue où on le croit complice d'un assassin. S'ensuit l'épisode de la prison où le récit perd momentanément en précision temporelle. D'une certaine façon, le romancier met le lecteur dans la même position que le héros qui, soumis au rythme de la vie carcérale, perd la conscience du temps. Toutefois, si le lecteur ignore le déroulement chronologique précis de cet épisode, il sait pourtant que Jacob a été enfermé deux jours durant, grâce au témoignage du chirurgien qui le reconnaît à sa sortie[261]. Sur l'initiative de Mme de Ferval, Jacob est conduit dans le quartier où il a été arrêté afin d'y être réhabilité. Le trio Mme de Ferval, Mlle Habert et Jacob s'en retourne chez Mme d'Alain qui a pris de nouvelles mesures pour le mariage, célébré le soir même, au cours de la nuit du vendredi au samedi, « deux heures après minuit »[262].

La journée du lendemain, samedi, s'achève par deux scènes importantes qui non seulement servent à caractériser les protagonistes (Jacob ne se fait pas prier, Mme de Ferval est une fausse dévote et Mme de Fécour, une bonne vivante), mais qui favorisent aussi l'avancement du héros (Mme de Ferval adresse une lettre à Mme de Fécour qui, à son tour, écrit à son beau-frère en faveur de Jacob). Le jour suivant, dimanche, est sans aucun doute l'une des journées les plus riches en événements : Jacob prend une voiture pour Versailles où ses compagnons de voyage et lui arrivent avant midi[263]. Il se présente chez M. de Fécour dont il refuse l'emploi quand il apprend que ce poste appartient à un homme malade qu'on vient de congédier, M. d'Orville. À « [d]eux heures »[264], Jacob et Mme d'Orville se rendent à l'auberge où un certain M. Bono leur a donné rendez-vous. Après une heure de conversation (« Trois heures sonnèrent

---

259   *Id.*
260   Voir *ibid.*, p. 120.
261   Voir *ibid.*, pp. 158-159.
262   *Ibid.*, p. 162.
263   Voir *ibid.*, p. 202.
264   *Ibid.*, p. 211.

alors »²⁶⁵), il les quitte et demande qu'on les reconduise à Paris. Jacob arrive alors chez Mme Remy, où Mme de Ferval l'attend, « à peu près [à] cinq heures et demie du soir »²⁶⁶. Après l'arrivée impromptue d'un chevalier, Jacob devient le spectateur indiscret de la scène dont il était l'acteur, mais il se trahit et s'enfuit de la maison. Il décide d'aller voir Mme de Fécour, car il est « encore de bonne heure »²⁶⁷. De retour chez lui, il soupe avec son épouse. C'est la fin d'une longue journée qui a commencé sur le chemin menant à Versailles. Le lendemain, qui laisse les aventures du héros en suspens, Jacob se rend chez Mme d'Orville sur « les trois heures après-midi »²⁶⁸. En portant secours au comte d'Orsan, il gagne l'amitié d'un des hommes les plus puissants du royaume qui le mène le soir même à la Comédie.

Par conséquent, excepté les « deux ou trois mois » que Jacob passe chez son maître, ses aventures se déroulent en l'espace de dix-huit jours, auxquels il faut soustraire quatre ellipses temporelles importantes : les trois jours qu'il demeure chez sa maîtresse, les deux jours à l'auberge, le laps de temps entre la signature du contrat de mariage (vendredi après-midi) et le soir des noces (mardi), ainsi que les quarante-huit heures où il est en prison (du mercredi au vendredi matin). À l'opposé de ces ellipses temporelles, certaines journées, riches en événements, font l'objet d'un récit détaillé comme celles de son procès et de son voyage à Versailles. Le narrateur lui-même souligne parfois la rapidité avec laquelle les événements sont survenus dans sa vie : « Figurez-vous ce que c'est qu'un jeune rustre comme moi, qui, dans le seul espace de deux jours, est devenu le mari d'une fille riche, et l'amant de deux femmes de condition », écrit-il à l'intention du lecteur ; ou encore : « Remarquez, chemin faisant, l'inconstance des choses de ce monde. La veille j'avais deux maîtresses, ou si vous voulez, deux amoureuses [...] ; et en vingt-quatre heures de temps, en voilà une qu'on me souffle, que je perds en la tenant ; et l'autre qui se meurt ; car Mme de Fécour m'avait paru mourante »²⁶⁹. Cette courte durée – dix-huit jours dont environ six sont racontés – et le rythme soutenu auquel les événements se succèdent produisent un effet de concentration de l'action. En l'espace de quelques semaines, le héros échappe à un mariage forcé, il a un procès, est incarcéré, épouse une demoiselle, entretient deux relations galantes, refuse un emploi et sauve la vie d'un gentilhomme. Son ascension sociale est fulgurante, puisqu'en fort peu de temps il passe de son village de Champagne à

---

265   *Ibid.*, p. 216.
266   *Ibid.*, p. 221.
267   *Ibid.*, p. 242.
268   *Ibid.*, p. 249.
269   *Ibid.*, pp. 187, 244-245.

la scène parisienne. Si la chronologie de son séjour chez son maître reste vague, celle des jours suivants est, hormis les ellipses, extrêmement précise. Le rythme est scandé par les moments de la journée (« toute la matinée », « l'après-midi du même jour », « ce soir-là »[270]), par les heures (« deux bonnes heures »[271]), voire par la division des heures (« il y avait près d'un quart d'heure », « je fus bien encore un quart d'heure à l'attendre »[272]). Cette atomisation du temps, qui caractérisait déjà certains épisodes de La Vie de Marianne, ralentit le tempo du récit. Ainsi, on distingue, d'une part, une condensation de l'action en raison de la brièveté de l'histoire et de la succession des événements sur une courte durée et, d'autre part, un rythme que l'atomisation du temps ralentit, mais que les coups de théâtre et certaines scènes théâtrales, au contraire, dynamisent.

Tout comme La Vie de Marianne, Le Paysan parvenu comprend un grand nombre de scènes, inégales dans leur longueur (certaines s'étendent sur huit, neuf ou douze pages[273], alors que d'autres tiennent sur une ou deux pages[274]), différentes dans leur forme (narrées, dialoguées ou les deux) et dans leur fonction au sein du récit. Plusieurs scènes s'enchaînent les unes aux autres comme dans une pièce de théâtre et permettent de dégager des séquences qui constituent de grandes progressions dramatiques. Dans un article sur la composition du Paysan parvenu, Michel Gilot propose des tableaux synoptiques pour chacune des cinq parties du roman dont il relève les jalons. Partant du postulat que « toute la construction du Paysan parvenu repose sur une structure mathématique à la fois rigoureuse et tout à fait simple »[275], il procède à un découpage très régulier des quatre dernières parties pour lesquelles il dénombre exactement quinze jalons et, après un relevé linéaire précis, il conclut que « cette méthode de construction rigoureuse n'est nullement propre au Paysan parvenu »[276]. Dans la mesure où les jalons qu'il distingue « ne coïncident pas [...] avec la fin des grandes scènes qui se succèdent dans le Paysan parvenu »[277], ils ne révèlent pas la progression dramatique du roman, mais, au contraire, ils la nient. En effet, pour ne prendre qu'un exemple, il considère la scène qui ouvre la troisième partie du roman comme le premier jalon de celle-ci ; or, cette scène

---

270   Ibid., pp. 248 (« toute la matinée »), 103 (« l'après-midi du même jour »), 118, 265.
271   Ibid., p. 78.
272   Ibid., pp. 66, 71.
273   Voir ibid., pp. 91-98, 126-134, 191-202, 233-240.
274   Voir ibid., pp. 11-12.
275   Voir Michel Gilot, « Remarques sur la composition du Paysan parvenu », Dix-huitième siècle, 1970, pp. 181-195, et p. 182 pour la citation.
276   Ibid., p. 189.
277   Id.

clôt une séquence que l'on pourrait intituler « Annulation du mariage », car elle contient plusieurs scènes successives qui sont la conséquence directe du coup de théâtre qui a provoqué l'annulation de la cérémonie religieuse : « Tableau procédant par pétrification » (M. Doucin entre chez Mme d'Alain et apprend qu'il doit marier Jacob et Mlle Habert), « Impertinences d'Agathe » (la fille de Mme d'Alain est sans indulgence à l'égard des futurs mariés), « Humiliation de la part de Mme d'Alain » (l'hôtesse apprend aux témoins les circonstances de la rencontre entre Jacob et Mlle Habert) et « Reproches et consolation » (Mme d'Alain finit par prendre le parti du couple). Cette dernière scène a lieu au début de la troisième partie, mais elle s'inscrit dans une séquence qui commence dans la deuxième. Par conséquent, à la différence de Michel Gilot, on préférera un découpage permettant de montrer la progression dramatique de l'œuvre[278].

Tout d'abord, la première partie du roman ne comprend pas de groupes de scènes, hormis la séquence où le héros se voit successivement soumis à un chantage (« Rencontre de Jacob avec son maître »), rassuré par sa maîtresse (« La maîtresse de Jacob : une adjuvante »), accusé de tromperie (« Reproches de Geneviève ») et délivré de ce dilemme (« Mort du maître »). Comme l'avait déjà remarqué Michel Gilot, cette « première partie du roman constitue un cas spécial »[279]. À l'inverse, la fin de la première partie (« Rencontre sur le Pont-Neuf ») ainsi que les deuxième et troisième parties de l'œuvre comprennent des scènes qui s'enchaînent à un rythme soutenu : de nombreux événements se déroulent sur un court laps de temps. Non seulement cet ensemble révèle une construction dont les principes sont aristotéliciens, puisqu'on y observe un début, un milieu et une fin, mais il est aussi rythmé par une scène à témoin caché et par des retournements de situation. Sa construction n'est sans doute pas étrangère à l'adaptation théâtrale qu'il a inspirée à plusieurs dramaturges, sans compter que son unité est assuré par un personnage propre à susciter le rire : Mme d'Alain. Le ressort comique de ce personnage, « un peu commère par le babil, mais commère d'un bon esprit »[280], repose entre autres sur le fait qu'elle raconte en toute bonne foi ce qu'elle avait promis de tenir secret :

> Elle se leva en disant ceci, sortit, et puis, du haut de l'escalier, appela sa cuisinière. Javote ! lui cria-t-elle, si quelqu'un vient me demander, dites que je suis sortie ; empêchez aussi qu'on ne monte chez mademoiselle ;

---

278 Voir « Tableau des épisodes, séquences et scènes dans *Le Paysan parvenu* », dans Charlène Deharbe, « La Porosité des genres littéraires », *op. cit.*, pp. 407-410.
279 Michel Gilot, « Remarques sur la composition du *Paysan parvenu* », *art. cit.*, p. 184.
280 Marivaux, *Le Paysan parvenu, op. cit.*, p. 77.

et surtout que ma fille n'y entre pas, parce que nous avons à parler en secret ensemble, entendez-vous ? Et après ces mesures si discrètement prises contre les importuns, la voilà qui revient à nous en fermant portes et verrous ; de sorte que par respect pour la confidence qu'on devait lui faire, elle débuta par avertir toute la maison qu'on devait lui en faire une ; son zèle et sa bonté n'en savaient pas davantage ; et c'est assez là le caractère des meilleures gens du monde[281].

Allons, mademoiselle, voyons de quoi il s'agit ; je vous défie de trouver quelqu'un qui vous veuille tant de bien que moi, sans compter que je suis la confidente de tous ceux qui me connaissent : quand on m'a dit un secret, tenez, j'ai la bouche cousue, j'ai perdu la parole. Hier encore, madame une telle, qui a un mari qui lui mange tout, m'apporta mille francs qu'elle me pria de lui cacher, et qu'il lui mangerait aussi s'il le savait ; mais je les lui garde. Ah ça ! dites.

Toutes ces preuves de la discrétion de notre bonne hôtesse n'encourageaient point Mlle Habert : mais après lui avoir promis un secret, il était peut-être encore pis de le lui refuser que de le lui dire : ainsi, il fallut parler[282].

En dépit de ces épisodes et ces séquences, on ne saurait évidemment réduire la construction du *Paysan parvenu* à celle d'une pièce de théâtre. Si les nombreuses scènes dialoguées concourent considérablement à cet effet, celles qui mêlent dialogue et récit l'atténuent, dans la mesure où le récit rompt le rythme et l'effet de réel de la scène. Tel est le cas, par exemple, lorsque le héros expose ses réflexions intérieures, après que son maître lui a fait une proposition[283]. D'autres sont entièrement narrées, comme celle où le futur couple soupe pour la première fois chez leur hôtesse et dont l'unité est rompue par le portrait d'Agathe[284]. Dès lors, si la plupart des scènes du roman sont principalement dialoguées, on ne peut pas écarter celles qui sont interrompues par l'insertion d'un monologue intérieur ou d'un portrait. Autant de configurations révèlent les limites d'une conception dramatique du *Paysan parvenu* : l'influence du théâtre y est manifeste, mais elle n'autorise pas à assimiler purement et simplement ce roman à une pièce.

---

281   *Ibid.*, p. 99.
282   *Ibid.*, pp. 99-100.
283   Voir, pour la scène entre Jacob et son maître, *ibid.*, pp. 25-30 ; pour le monologue intérieur du héros, *ibid.*, pp. 26-28.
284   Voir *ibid.*, pp. 84-90.

Au reste, Marivaux recourt également à ces tableaux procédant par pétrification qu'il utilisait déjà dans *La Vie de Marianne*. Cependant, un seul de ces deux tableaux résulte d'un coup de théâtre : le premier a lieu lorsque M. Doucin entre chez Mme d'Alain pour rencontrer les futurs mariés dont il ignore encore l'identité ; le second prend place au moment où Jacob passe en carrosse devant M. Doucin et Mlle Habert l'aînée qui viennent d'apprendre de Mme d'Alain que le jeune homme se trouve en prison. Dans les deux cas, on retrouve l'effet de surprise qui pétrifie ou statufie les personnages :

> Il entre. Figurez-vous notre étonnement, quand, au lieu d'un homme que nous pensions ne pas connaître, nous vîmes ce directeur qui chez Mlles Habert avait décidé pour ma sortie de chez elle !
> Ma prétendue fit un cri en le voyant, cri assez imprudent, mais ce sont de ces mouvements qui vont plus vite que la réflexion. Moi j'étais en train de lui tirer une révérence que je laissai à moitié faite ; il avait la bouche ouverte pour parler, et il demeura sans mot dire. Notre hôtesse marchait à lui, et s'arrêta avec des yeux stupéfaits de nous voir tous immobiles ; un des témoins ami de l'hôtesse, qui s'était avancé vers l'ecclésiastique pour l'embrasser, était resté les bras tendus ; et nous composions tous le spectacle le plus singulier du monde : c'était autant de statues à peindre.
> Notre silence dura bien deux minutes[285].

L'effet de surprise suspend l'action des personnages : Jacob est à moitié courbé, l'ecclésiastique reste bouche bée, l'hôtesse s'immobilise et un des témoins demeure les bras tendus vers le religieux. Catherine Ramond a souligné, à juste titre, le « remarquable mélange esthétique, le 'spectacle' du théâtre, les 'statues' de la sculpture, et les tableaux de la peinture »[286], qui révèlent le caractère visuel de la scène. Contrairement au théâtre, le roman, on l'a vu, n'est pas à même d'en offrir une vision immédiate : le mode de représentation étant différent, l'appréhension globale de la scène s'inscrit dans la durée. Les détails physionomiques, tels que « la bouche ouverte », les « yeux stupéfaits » ou le « cri » qui modifie les traits du visage, peuvent susciter le rire. En outre, l'étonnement est communicatif, puisque l'hôtesse s'immobilise à son tour en voyant la stupeur des autres personnages. Il en résulte alors « un effet comique de contagion progressive »[287] que l'on peut aisément imaginer ; et le comique de

---

285 *Ibid.*, p. 105.
286 Catherine Ramond, « Les Éléments théâtraux dans le roman », *op. cit.*, vol. 2, p. 337.
287 *Id.*

ce tableau est prolongé lorsque l'ecclésiastique rompt le silence, n'osant penser que les personnes à marier puissent être Mlle Habert et son protégé :

> Madame, lui dit-il, est-ce que les personnes en question ne sont pas ici ? (car il ne s'imagina pas que nous fussions les sujets de sa mission présente, c'est-à-dire ceux qu'il devait marier cinq ou six heures après). Hé, pardi, répondit-elle, les voilà toutes deux, Mlle Habert et M. de la Vallée.
> Quoi ! dit-il après avoir, un instant ou deux, promené ses regards étonnés sur nous, vous nommez ce jeune homme monsieur de la Vallée, et c'est lui qui épouse cette nuit Mlle Habert ?
> Lui-même, répondit l'hôtesse, je n'en sache d'autre, et apparemment que mademoiselle n'en épouse pas deux[288].

L'étonnement est donc double pour le directeur, stupéfait cette fois-ci de la nouvelle qu'il apprend, et le rire surgit aussi bien de son ahurissement que du naturel et de la vivacité de Mme d'Alain. À la fonction comique de cette scène s'ajoute une fonction dramatique, puisqu'elle va modifier le cours de l'action. En effet, à la suite de cette rencontre inopinée, non seulement l'ecclésiastique refuse de célébrer le mariage initialement prévu, mais il en informe aussi Mlle Habert l'aînée qui intentera un procès à Jacob, le lendemain même de cet incident.

Le second tableau procédant par pétrification n'en est pas moins comique, mais il ne change pas le déroulement de l'action. En revanche, il clôt un épisode que le premier tableau avait ouvert : tandis que celui-ci s'organisait autour du mariage compromis de Mlle Habert et de Jacob, le second marque le triomphe du héros qui prend sa revanche, sans l'avoir voulu, sur ceux qui ont tenté de lui nuire. C'est ainsi que M. de La Vallée et ses deux compagnes de voyage, Mlle Habert la cadette et Mme de Ferval, passent en carrosse devant le religieux et Mlle Habert l'aînée qui le croient en prison. Cette pétrification précède, en effet, le mariage qui aura lieu le soir même, autrement dit quatre jours après la date prévue. Au souvenir de cette scène mémorable, le narrateur rit « encore du prodigieux étonnement où ils restèrent tous deux en [les] voyant »[289] :

> Nous les pétrifiâmes ; ils en furent si déroutés, si étourdis, qu'il ne leur resta pas même assez de présence d'esprit pour nous faire la moue, comme ils n'y auraient pas manqué s'ils avaient été moins saisis ; mais il

---

288   Marivaux, *Le Paysan parvenu, op. cit.*, pp. 105-106.
289   *Ibid.*, p. 160.

y a des choses qui terrassent, et pour surcroît de chagrin, c'est que nous ne pouvions leur apparaître dans un instant qui leur rendît notre apparition plus humiliante et plus douloureuse. Le hasard y joignait des accidents faits exprès pour les désoler ; c'était triompher d'eux d'une manière superbe, et qui aurait été insolent si nous l'avions méditée ; et c'est, ne vous déplaise, qu'au moment qu'ils nous aperçurent, nous éclations de rire, Mme de Ferval, Mlle Habert et moi, de quelque chose de plaisant que j'avais dit ; ce qui joint à la pompe triomphante avec laquelle Mme de Ferval semblait nous mener, devait assurément leur percer le cœur.

Nous les saluâmes fort honnêtement ; ils nous rendirent le salut comme gens confondus, qui ne savaient plus ce qu'ils faisaient, et qui pliaient sous la force du coup qui les assommait[290].

À la différence du premier tableau où tous les personnages étaient restés stupéfaits, ici, seuls le religieux et la dévote sont pétrifiés à la vue de Jacob, Mlle Habert et Mme de Ferval, qu'ils surprennent dans un carrosse dont le mouvement souligne, par contraste, l'immobilité. Marivaux insiste sur l'effet médusant de cette apparition : ils sont « si déroutés, si étourdis, qu'il ne leur rest[e] pas même assez de présence d'esprit pour faire la moue ». Ils deviennent de véritables automates, des pantins, si bien que le salut qu'ils adressent semble mécanique, indépendant de leur conscience et de leur volonté. Ils sont tellement abasourdis qu'ils n'agissent plus par eux-mêmes et ne répondent que par une sorte de réflexe. Cet aspect mécanique les rend ridicules et donc risibles, illustrant ainsi la fameuse définition, déjà citée, que donne Bergson du rire. Comme les pétrifications de *La Vie de Marianne*, ces scènes mettent en évidence la confusion des personnages : « [N]ous ne pouvions leur apparaître dans un instant qui leur rendît notre apparition plus humiliante et plus douloureuse ». Chez Mme d'Alain, le narrateur se souvient également de la « confusion »[291] de sa promise. Cette dernière scène peut d'ailleurs être rapprochée de celle où Mme Dutour fait son entrée chez Mme de Fare. La réaction de Mlle Habert au discours humiliant de Mme d'Alain est identique à celle de Marianne aux paroles de Mme Dutour : « Pour moi [Jacob], j'en fus terrassé, je restai muet, rien ne me vint, et ma future n'y sut que se mettre à pleurer en se renversant dans le fauteuil où elle était assise »[292]. Confusion des personnages, mais rire du lecteur caractérisent donc les deux pétrifications du *Paysan*

---

290   *Id.*
291   *Ibid.*, p. 106.
292   *Ibid.*, p. 109.

parvenu, dont l'une ouvre un épisode et l'autre en annonce le terme, leur effet comique, absent de celles de *La Vie de Marianne*, témoignant du changement de ton entre ces deux romans-mémoires.

Outre ces pétrifications, Marivaux insère des scènes à témoin caché dont on connaît la force dramatique, le personnage qui se dissimule étant incessamment menacé d'être découvert par ceux qu'il observe à leur insu. Dans *Le Paysan parvenu*, ce rôle de spectateur est rempli par le héros qui va découvrir l'hypocrisie d'un dévot, M. Doucin, et d'une dévote, Mme de Ferval. Comme Molière dans son *Tartuffe*, Marivaux utilise donc des scènes à témoin caché pour dévoiler l'hypocrisie de faux dévots, quoique, chez lui, elles ne fassent pas l'objet d'une petite mise en scène orchestrée par les personnages. En effet, contrairement à Elmire qui oblige Orgon à se cacher sous une table pour pouvoir lui montrer la véritable nature de Tartuffe (IV, 4), Jacob profite tout simplement des occasions qui s'offrent à lui et auxquelles sa curiosité ne peut pas résister : « Quand je fus au milieu de l'escalier, songeant aux regards que ce directeur avait jetés sur moi, il me prit envie de savoir ce qu'il en dirait », raconte-t-il ; ou encore : « Me voilà là-dessus dans une émotion que je ne puis exprimer ; me voilà remué par je ne sais quelle curiosité inquiète, jalouse, un peu libertine, si vous voulez »[293]. Dans le premier cas, il se fait témoin à la fois auditif et visuel de la scène :

> J'avais fermé la porte de la chambre, et j'en approchai mon oreille le plus près qu'il me fut possible.
>
> Mon aventure avec Mlle Habert la cadette fut bientôt racontée ; de temps en temps je regardais à travers la serrure, et de la manière dont le directeur était placé, je voyais son visage en plein, aussi bien que celui de la sœur cadette.
>
> Je remarquai qu'il écoutait le récit qu'on lui faisait d'un maintien froid, pensif et tirant sur l'austère.
>
> Ce n'était plus cette physionomie si douce, si indulgente qu'il avait quand il était entré dans la chambre ; il ne faisait pas encore la mine, mais je devinais qu'il allait la faire, et que mon aventure allait devenir un cas de conscience.
>
> Quand il eut tout entendu, il baissa les yeux en homme qui va porter un jugement de conséquence, et donner le résultat d'une réflexion profonde.

---

293   *Ibid.*, pp. 60, 231.

> Et puis : Vous avez été bien vite, mesdames, dit-il en les regardant toutes deux avec des yeux qui rendaient le cas grave et important, et qui disposaient mes maîtresses à le voir presque traiter de crime[294].

De son poste d'observation improvisé, Jacob se situe aux premières loges de la scène : « [J]e voyais son visage en plein, aussi bien que celui de la sœur cadette »[295]. Cette position lui permet à la fois de décrire ce qu'il voit et de rapporter ce qu'il entend, la physionomie des acteurs étant aussi expressive et significative que leur discours. Ainsi, à la manière dont le directeur écoute le récit de Mlle Habert, Jacob comprend que son avenir dans cette maison est compromis. Le mouvement et l'expression du regard du dévot résument à eux seuls ce qu'il s'apprête à leur répondre. Tout au long du dialogue entre ce dernier et les demoiselles, Jacob est attentif à leur physionomie, au ton de leur discours et à leur attitude, qui attestent de l'évolution de cette scène théâtrale, presque entièrement dialoguée, qui va tourner à la querelle. Mais, dans cette position de témoin caché, pour ne pas dire de spectateur, l'ouïe importe autant que la vue. La teneur des propos surpris est de la plus haute importance[296], car Jacob s'en servira dans une scène ultérieure pour démasquer le faux dévot[297]. Le lecteur se fait, en quelque sorte, spectateur d'un spectateur qui dénonce une forme de comédie sociale. L'enjeu de cette scène est double, puisque, d'une part, elle prépare une scène où Jacob confondra l'hypocrite et, d'autre part, elle constitue une péripétie importante qui conduira au divorce des deux sœurs et permettra le mariage de Mlle Habert et Jacob.

La seconde scène à témoin caché, encore plus longue que la première qui était déjà d'une ampleur certaine, est également une péripétie, dans la mesure où elle provoque la rupture définitive de la liaison naissante entre Mme de Ferval et le héros, qui, après cette mésaventure, ne conservera pour elle qu'un « goût tranquille »[298]. Extrêmement théâtrale, cette scène sert également à dénoncer la fausse dévotion – cette fois-ci, celle d'une femme – dont Jacob se fait à nouveau le spectateur ou, pour être plus précis, le témoin auditif. C'est avec la complicité de Mme Remy qu'il accède à un « petit retranchement » d'où il occupe encore une place de premier ordre, puisqu'il y « entendai[t] si bien

---

294   *Ibid.*, pp. 60-61.
295   *Ibid.*, p. 60.
296   Voir *ibid.*, pp. 63-64.
297   Voir *ibid.*, pp. 68-71.
298   *Ibid.*, p. 242.

que c'était presque voir »[299]. En effet, la cloison qui le sépare de la chambre, où se déroule la scène, est si fine que c'est comme s'il s'y était trouvé :

> Ensuite elle [Mme Remy] poussa une porte qui n'était couverte que d'une mauvaise tapisserie, et par où l'on entrait dans ce petit retranchement où je me mis.
> J'étais là en effet à peu près comme si j'avais été dans la chambre ; il n'y avait rien de si mince que les planches qui m'en séparaient, de sorte qu'on n'y pouvait respirer sans que je l'entendisse. Je fus pourtant bien deux minutes sans pouvoir démêler ce que l'homme en question disait à Mme de Ferval, car c'était lui qui parlait ; mais j'étais si agité dans ce premier moment, j'avais un si grand battement de cœur que je ne pus d'abord donner d'attention à rien. […]
> Je prête donc attentivement l'oreille, et on va voir une conversation qui n'est convenable qu'avec une femme qu'on n'estime point, mais qu'à force de galanteries on apprivoise aux impertinences qu'on lui débite et qu'elle mérite ; il me sembla d'abord que Mme de Ferval soupirait[300].

Frédéric Deloffre note, au sujet de cette scène, qu'il « est curieux de voir comment Marivaux arrive à intégrer cet épisode dans le roman autobiographique » et que « la narration évolue sur deux plans : le plan des acteurs et le plan du spectateur ('Par parenthèse n'oubliez pas que j'étais là…') »[301]. À vrai dire, les nombreux commentaires que le narrateur introduit ici et là entre les répliques des acteurs permettent de rappeler constamment au lecteur sa présence dans une scène où il se voit voler une femme qui était sur le point de devenir sa maîtresse. Ces parenthèses et ces remarques témoignent de la clairvoyance du héros, qui relève l'habileté rhétorique de son rival – « Petite morale bonne à débiter chez Mme Remy ; mais il fallait bien dorer la pilule » –, qui pressent son devenir – « Et moi je soupçonnais à ces deux petits mots que je redeviendrais ce que j'avais été pour elle » –, qui exprime ses sentiments lorsque Mme de Ferval le renie – « Notez qu'ici mon cœur se retire, et ne se mêle plus d'elle » –, qui éprouve néanmoins quelques regrets – « Et moi qui l'écoutais, vous ne sauriez vous figurer de quelle beauté je les trouvais dans ma colère, ces beaux yeux noirs dont il faisait l'éloge » –, et qui, enfin, dévoile l'hypocrisie de Mme de Ferval – « Je me lasse de dire que Mme de Ferval soupira ; elle fit pourtant encore un soupir ici, et il est vrai que chez les femmes ces situations-là

---

299   *Ibid.*, pp. 231, 242.
300   *Ibid.*, pp. 232-233.
301   *Ibid.*, p. 233, n. 1.

en fourmillent de faux ou de véritables »[302]. Si Jacob ne voit pas ce qui se passe, il en a le pressentiment : « Il me sembla qu'alors il se jetait à ses genoux »[303]. Sa position de voyeur crée une tension dramatique qui atteint son apogée quand il trahit sa présence :

> Ah ! nous y voilà ! m'écriai-je involontairement, sans savoir que je parlais haut, et emporté par le ton avec lequel elle prononça ces dernières paroles ; aussi était-ce un ton qui accordait ce qu'elle lui disputait encore un peu dans ses expressions.
>
> Le bruit que je fis me surprit moi-même, et aussitôt je me hâtai de sortir de mon retranchement pour m'esquiver ; en me sauvant, j'entendis Mme de Ferval qui criait à son tour : Ah ! monsieur le chevalier, c'est lui qui nous écoute.
>
> Le chevalier sortit de la chambre ; il fut longtemps à ouvrir la porte, et puis : Qu'est-ce qui est là ? dit-il. Mais j'allais si vite que j'étais déjà dans l'allée quand il m'aperçut[304].

À la confrontation ou au règlement de compte, Jacob préfère la fuite ; mais alors que le lecteur croit l'épisode achevé, le héros revient sur ses pas et se cache près de la maison de la Remy afin de connaître le fin mot de l'histoire. Le témoin auditif se fait témoin visuel, parce que, de l'extérieur, il n'entend plus les acteurs de la scène ; la tension dramatique s'installe à nouveau, quoiqu'elle soit désormais sensiblement diminuée par la distance prise par le spectateur. Le Chevalier et Mme de Ferval vont-ils reprendre leur entretien là où ils l'ont laissé ? Jacob va-t-il intervenir ? Marivaux tire parti de l'intérêt dramatique des scènes à témoin caché mais, dans celle-ci, il n'exploite pas celui de l'affrontement. Par conséquent, la première de ces deux scènes donne à voir comment un faux dévot œuvre afin de servir ses intérêts et la seconde, comment une femme joue l'innocente et la victime afin d'en imposer à un ennemi qu'elle doit ménager. Dans les deux cas, le regard du témoin caché fait tomber les masques de ces personnages dont il montre et dénonce l'hypocrisie.

Marivaux reprend-t-il ces scènes si intensément dramatiques lorsqu'en 1741, il écrit *La Commère*, pièce qui s'inspire directement du *Paysan parvenu* ? Notons d'abord qu'il construit l'ensemble de cette comédie en prose en un acte à partir des deuxième et troisième parties du roman, qui contiennent

---

[302] *Ibid.*, pp. 235-239.
[303] *Ibid.*, p. 235.
[304] *Ibid.*, pp. 240-241.

principalement les tribulations du mariage de Mlle Habert et de Jacob, à partir de l'entrée en scène du directeur de conscience – au début de la deuxième partie – jusqu'à l'arrivée des témoins du mariage, que Mlle Habert reçoit à souper, après que la cérémonie a eu lieu, à la fin de la troisième partie[305]. Le but auquel aspirent Mlle Habert et M. de La Vallée dans la pièce est la signature de leur contrat de mariage et non plus la célébration religieuse à laquelle M. Doucin s'opposait dans le roman[306]. En outre, paradoxalement, la condensation du temps de l'action à laquelle Marivaux procédait à partir de la rencontre entre la dévote et le paysan disparaît dans la pièce : Mlle Habert et Jacob signaient leur contrat de mariage le surlendemain de leur rencontre alors que, dans la pièce, ils se sont rencontrés depuis trois semaines[307] et ont décidé de se marier depuis quinze jours[308]. Marivaux a-t-il voulu doter sa pièce d'une vraisemblance temporelle dont il s'est manifestement peu soucié dans son roman ? Du point de vue de la composition, il reprend assez fidèlement une scène comique importante qui montre le personnage de la commère dans toute sa splendeur. Cette scène, qui s'étend des pages 99 à 102 dans l'édition retenue du *Paysan parvenu*, correspond aux scènes 4 à 8 de la pièce. Les répliques des personnages ne sont plus tout à fait les mêmes, mais on retrouve, dans le désordre, les remarques désobligeantes de l'hôtesse sur la différence d'âge entre Jacob et Mlle Habert (sc. 4), sa précaution maladroite lorsqu'elle demande à sa cuisinière de ne pas la déranger (sc. 5 et 7)[309], ses indiscrétions sur un voisin et les révélations de Mlle Habert (sc. 8). Marivaux accentue le comique de la scène originelle, lorsque Mme Alain[310] rappelle sa cuisinière une seconde fois afin de revenir sur ce qu'elle lui a révélé et lorsqu'elle épouvante Mlle Habert par zèle[311]. Henri Coulet a également relevé deux autres emprunts dans le passage du roman au théâtre mais, contrairement aux scènes comiques évoquées ci-dessus, les autres scènes réinvesties dans la pièce sont

---

[305] La troisième partie du *Paysan parvenu* est essentiellement consacrée aux séquences du procès et de l'emprisonnement de Jacob, mais elle s'achève par une succession de scènes où ce dernier se voit doter d'un nouvel habit (voir *ibid.*, pp. 165-168). Or, la première scène de *La Commère* montre Jacob ravi de l'habit que Mlle Habert lui a offert. Par conséquent, Marivaux reprend bien des éléments des deuxième et troisième parties du roman.

[306] Voir Sylvie Chevalley, « Préface », dans Marivaux, *La Commère*, *op. cit.*, p. 17 et Henri Coulet, « Du roman au théâtre », *art. cit.*, p. 204.

[307] Voir Marivaux, *La Commère*, dans *Théâtre complet*, *op. cit.*, scène 20, p. 1750.

[308] Voir *ibid.*, scène 1, p. 1726.

[309] Dans le roman, le dialogue entre Mme d'Alain et sa cuisinière Javote n'existe pas.

[310] Le personnage de Mme d'Alain perd sa particule dans *La Commère*.

[311] Voir Marivaux, *La Commère*, *op. cit.*, scène 7, p. 1735 et scène 8, p. 1737.

très différentes de celles du roman et apportent un sens nouveau[312]. Toutefois, Marivaux n'exploite ni les pétrifications ni les scènes à témoin caché dont on a montré l'intérêt dramatique, bien que la scène 19 s'apparente clairement à celle où le directeur de conscience découvre les futurs mariés chez Mme d'Alain. Dans *La Commère*, rassurée par Mme Alain qui s'est entretenue avec un visiteur dont on ignore l'identité, Mlle Habert sort d'un cabinet voisin où elle se tient et découvre, à sa grande stupéfaction, ce neveu qui s'oppose à son mariage[313] et qui constitue le pendant de M. Doucin, absent de la pièce : « MADEMOISELLE HABERT. — Hé bien ! Madame, de quoi s'agissait-il ? D'avec qui sortez-vous ? Que vois-je ? C'est mon neveu. (*Elle se sauve.*) »[314]. Marivaux remplace la pétrification par une fuite, de sorte que l'intérêt dramatique de cette rencontre inattendue disparaît. Dans le roman, l'effet de surprise saisissait l'ensemble des acteurs de la scène – des principaux intéressés aux témoins du mariage –, alors que, dans la pièce, seule Mlle Habert est frappée — le neveu venant d'apprendre de Mme Alain que la future mariée est sa tante[315]. Le personnage de la Vallée n'est pas non plus surpris, puisqu'il n'a jamais vu ce neveu, tandis que, dans le roman, Jacob avait déjà rencontré M. Doucin, lorsqu'il le croise à nouveau chez son hôtesse. L'effet de surprise, qui était adroitement ménagé dans le roman, disparaît dans la pièce. Par conséquent, Marivaux ne reprend ni les tableaux ni les scènes à témoin caché dont il exploitait l'intérêt dramatique dans son *Paysan parvenu*. Si l'on a déjà noté que les pétrifications convenaient plus au genre romanesque qu'au genre dramatique, on s'étonne néanmoins que Marivaux n'ait pas utilisé le second type de scène dont l'intérêt a fait ses preuves au théâtre (*Le Tartuffe*). En fait, comme l'indique le titre de la pièce, il semble que Marivaux ait voulu avant tout exploiter les ressources dramatiques d'un personnage comique et non pas adapter les aventures de Jacob à la scène[316].

En somme, la théâtralité du *Paysan parvenu* se manifeste à différents niveaux. Il y a d'abord, à partir de la rencontre du héros et de Mlle Habert sur le Pont-Neuf, un enchaînement rapide des événements en un bref espace de temps, rendant l'ascension sociale de Jacob fulgurante. Cette concentration du temps de l'action rappelle, mutatis mutandis, celle d'une pièce de théâtre où, généralement, la règle de l'unité temporelle fait en sorte que l'intrigue se noue et se dénoue en quelques heures. La succession des scènes permet, au

---

312   Voir Henri Coulet, « Du roman au théâtre », *art. cit.*, pp. 205-208.
313   Voir Marivaux, *La Commère*, *op. cit.*, scène 8, p. 1738.
314   *Ibid.*, scène 19, p. 1748.
315   Voir *ibid.*, scène 18, p. 1747.
316   Voir Henri Coulet, « Du roman au théâtre », *art. cit.*, p. 209.

surplus, de dégager de grandes progressions dramatiques au sein du roman qui avance, la plupart du temps, au rythme de ces séquences. Les tableaux qui procèdent par pétrification résultent des effets de surprise et peignent la confusion des personnages, alors que les scènes à témoin caché créent une tension dramatique et, dans le souvenir de Molière, mettent au jour l'hypocrisie de faux dévots. De tout cela, Marivaux dramaturge ne retient rien qu'une scène comique qui donne à voir la commère en action. S'il reprend, en effet, les protagonistes de la deuxième partie du roman (Jacob, Mlle Habert, Mme d'Alain devenue Mme Alain, sa fille Agathe et Javote dite Javotte), s'il fait également référence à d'autres scènes et s'il emprunte plusieurs répliques, il modifie néanmoins considérablement les éléments romanesques[317] pour proposer une comédie étrangère non seulement à son roman, mais aussi à son théâtre. Sur ce point, dans la conclusion de son étude sur l'adaptation théâtrale du *Paysan parvenu* par Marivaux, Henri Coulet pose une question qui rejoint notre sentiment sur cette œuvre – « Pour devenir théâtral, *Le Paysan parvenu*, ou l'un de ses épisodes, devait-il cesser d'être marivaudien ? » –, avant de formuler une seconde question, tout aussi rhétorique, qui corrobore notre thèse : « Quelque profondément analogues que soient, dans les romans et dans les comédies de Marivaux, la psychologie, la morale, les relations entre personnages, les romans sont-ils essentiellement étrangers à la théâtralité ? »[318]

La Religieuse : tableaux pathétiques et picturaux

Après avoir mis fin à la mystification dont le marquis de Croismare fut l'objet pendant les premiers mois de l'année 1760[319], Diderot s'empare de cette correspondance collective avec laquelle Grimm, Mme d'Épinay, lui-même et d'autres[320], sans doute, ont tenté de faire revenir leur ami à Paris. Ces lettres où les conspirateurs se font passer soit pour une religieuse en fuite[321], pour laquelle le marquis était personnellement intervenu en 1758 afin de favoriser

---

317 William H. Trapnell a montré les profonds changements opérés chez Jacob et Mme d'Alain (voir « Marivaux and *La Commère* », *art. cit.*, pp. 765-774).
318 Henri Coulet, « Du roman au théâtre », *art. cit.*, p. 211.
319 Voir Diderot, *Correspondance, tome 5*, éd. Laurent Versini, Paris, Robert Laffont, coll. « Bouquins », 1997, p. 195. Au sujet de cette mystification, voir Georges May, « Rédaction de 'La Religieuse'. L'horrible complot' », dans *Diderot et « La Religieuse »*, New Haven/Paris, Yale University Press/Presses Universitaires de France, 1954, pp. 35-46.
320 Voir Michel Delon, « Notice », *La Religieuse*, dans Diderot, *Contes et romans, op. cit.*, p. 973.
321 « Préface du précédent ouvrage, tirée de la 'Correspondance littéraire' de Grimm, année 1760 », dans Diderot, *Contes et romans, op. cit.*, pp. 386-387.

le succès de son procès[322], soit pour une certaine Mme Madin[323], amie et généreuse hôtesse de la jeune femme, constituent la trame originelle de la *Religieuse*. Dès le mois d'août 1760, Diderot est à l'œuvre, comme en témoigne la fin d'une lettre adressée à Damilaville : « Je suis après ma *Religieuse*. Mais cela s'étend sous la plume, et je ne sais plus quand je toucherai la rive »[324]. Au début de novembre 1760, le romancier se fait plus précis, dans une lettre destinée, cette fois-ci, à Mme d'Épinay : « Je me suis mis à faire *La Religieuse*, et j'y étais encore à trois heures du matin. Je vais à tire d'aile. Ce n'est plus une lettre, c'est un livre. Il y aura là-dedans des choses vraies, de pathétiques, et il ne tiendrait qu'à moi qu'il y en eût de fortes »[325]. En dépit de son enthousiasme manifeste pour cette œuvre, ce n'est que vingt ans plus tard, lorsqu'il révise « ses manuscrits en vue d'une édition de ses *Œuvres complètes* »[326], que Diderot invite Meister – successeur de Grimm à la direction de la *Correspondance littéraire* – à venir chercher chez lui « trente à quarante feuilles bien conditionnées »[327]. Dans cette même lettre, datée du 27 septembre 1780, il décrit sa *Religieuse* en ces termes :

> C'est la contrepartie de *Jacques le Fataliste*. Il est rempli de tableaux pathétiques. Il est très intéressant, et tout l'intérêt est rassemblé sur le personnage qui parle. Je suis bien sûr qu'il affligera plus vos lecteurs que Jacques ne les a fait rire ; d'où il pourrait arriver qu'ils en désireront plus tôt la fin. Il est intitulé *La Religieuse* ; et je ne crois pas qu'on n'ait jamais écrit une plus effrayante satire des couvents. C'est un ouvrage à feuilleter sans cesse par les peintres ; et si la vanité ne s'y opposait, sa véritable épigraphe serait : *Son pittor anch'io*[328].

La première remarque qu'appelle ce commentaire de Diderot concerne l'insertion de « tableaux pathétiques » qui, aux dires de l'auteur, abondent dans l'ouvrage. Or, dans la mesure où Diderot fait du tableau l'un des éléments constitutifs de la tragédie domestique et bourgeoise, qu'il théorise en 1757, cette

---

322   Voir Georges May, *Diderot et « La Religieuse »*, *op. cit.*, p. 73.
323   Voir « Préface du précédent ouvrage », dans Diderot, *Contes et romans*, *op. cit.*, p. 387 et Georges May, *Diderot et « La Religieuse »*, *op. cit.*, p. 39.
324   Diderot, *Correspondance, tome 5*, *op. cit.*, p. 202.
325   *Ibid.*, p. 299.
326   *Ibid.*, p. 1309, n. 1.
327   *Ibid.*, p. 1309.
328   *Id.* ; c'est l'auteur qui souligne. Dans une note, Laurent Versini indique que « *Son pittor anch'io* » renvoie à un « mot du Corrège devant la *Sainte Cécile* de Raphaël ('je suis peintre moi aussi') ».

précision invite naturellement à s'interroger sur les rapports que *La Religieuse* entretient avec le théâtre. Quand on songe en effet au caractère pictural des tableaux qu'il préconise sur scène[329], la conclusion de sa lettre à Meister rend manifeste la théâtralité de sa *Religieuse*. D'une certaine manière, cette dernière donne à voir autant de tableaux pathétiques au lecteur qu'une exposition, de peintures au promeneur. Diderot insiste également sur la dimension pathétique du roman qui « affligera plus [les] lecteurs que Jacques ne les a fait rire », persuadé que le pathétique de *La Religieuse* sera supérieur au comique de *Jacques le Fataliste*, dans un contexte où l'on connaît l'importance qu'il accorde à ces œuvres qui font couler les larmes de leurs lecteurs[330]. Enfin, « tout l'intérêt » de cet ouvrage repose sur le je du narrateur dont l'histoire va, à elle seule, susciter toute l'attention du lecteur.

En 1796, la première édition posthume de *La Religieuse* suscite de nombreux commentaires dans les journaux de l'époque. Aussi peut-on lire dans la *Gazette nationale* un passage qui souligne la dimension pathétique de l'œuvre : « [L]es jeunes filles, en donnant des larmes à Suzanne, béniront cette philosophie à laquelle elles doivent n'avoir point aujourd'hui un destin semblable à craindre »[331]. En 1797, le dramaturge Antoine-Vincent Arnault est « l'un des premiers critiques de la *Religieuse*, à en admirer la seconde partie autant que la première »[332] : « C'est surtout dans le développement de la passion de la dernière abbesse que toutes les finesses de l'art sont déployées », écrit-il ; avant d'ajouter : « [C]ette passion désordonnée, qui n'est que l'amour, est peinte par Diderot comme elle l'a été par Racine. Phèdre n'est pas plus tendre, plus brûlante, plus tourmentée par les remords, plus égarée par le désespoir, que cette abbesse infortunée, qui finit par expirer dans le délire »[333]. Or, comme le note Georges May, le « rapprochement avec Racine n'était pas un mince compliment de la part d'un homme comme Arnault qui avait vainement essayé de rivaliser avec l'auteur de *Britannicus* en écrivant, par exemple, *Lucrèce* ou *Cincinnatus* »[334]. Plus récemment, Florence Lotterie a bien vu, elle aussi, une référence explicite à Racine : la phrase de la supérieure de Saint-Eutrope – « Tenez, me dit-elle, tâtez, voyez, je tremble, je frissonne, je suis comme un

---

329 Voir Diderot, *Les Entretiens sur le Fils naturel, op. cit.*, p. 1156.
330 Voir Diderot, *Éloge de Richardson, op. cit.*, pp. 900, 908.
331 *Gazette nationale ou le Moniteur universel*, n° 81, Primedi, 21 frimaire An V (11 décembre 1796), p. 324.
332 Georges May, *Diderot et « La Religieuse », op. cit.*, p. 26.
333 Antoine-Vincent Arnault, *Œuvres critiques, philosophiques et littéraires, tome 3*, Paris/Leipzig, A. Bossange, 1827, pp. 354-363, et p. 361 pour les citations.
334 Georges May, *Diderot et « La Religieuse », op. cit.*, p. 27.

marbre »[335] – fait expressément écho à la réplique de Phèdre – « J'aime... à ce nom fatal, je tremble, je frissonne »[336]. Mais cette phrase n'est pas la seule à évoquer les tourments de l'héroïne tragique. Dès le début de la scène, lorsque Mme de *** pénètre dans la chambre de Suzanne, en pleine nuit, elle ne cesse de répéter la même plainte : « [J]e frissonne, je tremble, une sueur froide se répand sur tout mon corps » ; ou encore : « Je tremble, me dit-elle, je frissonne, un froid mortel s'est répandu sur moi »[337]. Cette « maladie »[338], que Suzanne croit contagieuse, est bien ce « mal »[339] dont Phèdre est atteinte : la passion amoureuse et, plus particulièrement, l'amour coupable et irrépressible. La comparaison d'Arnault entre le personnage romanesque et le personnage dramatique était donc fort bien inspirée.

En ce qui concerne la composition maintenant, Eusèbe Salverte relève, à l'occasion de l'éloge philosophique de Diderot qu'il prononce à l'Institut national le 27 juillet 1800, « l'effet de surprise et de rebondissement produit »[340] par l'épisode de Saint-Eutrope. Une dizaine d'années plus tard, dans son *Tableau littéraire de la France au dix-huitième siècle*, il livre des observations sur le caractère pictural, donc théâtral, de *La Religieuse*, sur la beauté et l'efficacité du style, sur la simplicité de l'intrigue et sur une certaine tension dramatique du récit : « La vérité des peintures y est relevée par un style à la fois simple, éloquent, sublime, et plus encore peut-être, par une sobriété d'incidents et une rapidité de narration qui ne laissent pas un moment reposer l'attention ni l'intérêt »[341]. En outre, dans le dernier chapitre de son étude fondatrice, Georges May rappelle, à juste titre, que la première version du roman, que Diderot rédige en 1760, succède de peu à l'écriture de ses deux drames bourgeois (*Le Fils naturel* en 1757, *Le Père de famille* en 1758) et de ses théories dramatiques[342] (*Entretiens sur le Fils naturel* en 1757, *De la poésie dramatique* en 1758). Selon lui, c'est « de sa pratique du théâtre et surtout de ses réflexions théoriques sur cette pratique, que dérive la part importante que Diderot fait dans ses romans et nouvelles au dialogue et aux notations d'attitudes et

---

335   Diderot, *La Religieuse*, op. cit., p. 349. Voir Florence Lotterie, « Présentation », dans Diderot, *La Religieuse*, Paris, Flammarion, coll. « GF Flammarion », 2009, p. xvii, n. 5.
336   Racine, *Phèdre*, op. cit., I, 3, v. 262, p. 830.
337   Diderot, *La Religieuse*, op. cit., pp. 347-348.
338   *Ibid.*, p. 341.
339   Racine, *Phèdre*, op. cit., I, 1, v. 45, p. 822.
340   Cité par Georges May, *Diderot et « La Religieuse »*, op. cit., p. 29.
341   Eusèbe Salverte, *Tableau littéraire de la France au dix-huitième siècle*, Paris, H. Nicolle, 1809, p. 206 ; nous modernisons.
342   Voir Georges May, *Diderot et « La Religieuse »*, op. cit., p. 221. Sur l'influence du théâtre dans *La Religieuse*, voir *ibid.*, pp. 220-228.

de physionomies qui ne sont autres que des jeux de scènes ou, pour parler comme lui, de la pantomime »[343]. Dès lors, « nous voyons et nous entendons des personnages, nous apprenons à les connaître comme au théâtre, non pas par ce qu'on nous en dit, mais par ce qu'ils disent eux-mêmes et par ce qu'ils font »[344] et ce, par des « procédés narratifs d'origine dramatique » que sont les « portraits physiques », les « descriptions de gestes et de physionomies » et les « transcriptions de dialogues »[345]. Enfin, c'est « de ses souvenirs d'auteur et de théoricien dramatique, mais aussi et surtout de sa pratique de la critique d'art, que vient la part que Diderot fait dans ses romans aux tableaux »[346]. Dans son étude sur *Diderot et le roman*, Roger Kempf, lui, rappelle que l'invention romanesque et la réflexion sur le théâtre sont, chez Diderot, interdépendantes : « Il est remarquable que Diderot ait introduit dans un roman, les *Bijoux indiscrets*, ses premières réflexions sur le théâtre, et dans des essais sur le théâtre, les premiers éloges de Richardson »[347]. Toujours selon Roger Kempf, Diderot entrevoit ainsi « un perfectionnement du théâtre par le roman, du roman par le théâtre »[348].

Une fois établis les rapports d'homologie entre écriture romanesque et écriture dramatique chez Diderot, examinons en quoi la composition de *La Religieuse* s'invente dans le souvenir d'une réflexion sur le théâtre. À ce sujet, Georges May note que Diderot choisit d'illustrer les thèmes de la folie, de la mort, du suicide et de la maladie par « des scènes pathétiques et dramatiques » et non « par des digressions abstraites et ennuyeuses »[349]. En outre, sa narration « suit scrupuleusement la marche du temps et n'en contrôle que la vitesse, accélérant les périodes les plus ennuyeuses (le noviciat), ralentissant au contraire les épisodes les plus dramatiques (les scènes de séduction) »[350]. En d'autres termes, Diderot construit un récit qui respecte une chronologie linéaire, recourt aux ellipses temporelles, lorsque l'histoire de l'héroïne suscite moins d'intérêt, et introduit des scènes afin de montrer les événements dramatiques. D'autres critiques n'hésitent pas d'ailleurs à comparer

---

343 *Ibid.*, p. 225.
344 *Ibid.*, p. 222.
345 *Ibid.*, p. 223.
346 *Ibid.*, p. 225.
347 Roger Kempf, *Diderot et le roman ou le démon de la présence*, Paris, Éditions du Seuil, 1964, p. 58 ; voir « Théâtre et roman », *ibid.*, pp. 58-67 et Agathe Novak-Lechevalier, « Roman et drame chez Diderot : une élaboration en miroir », dans Véronique Lochert et Clotilde Thouret (dirs.), *Jeux d'influences, op. cit.*, pp. 61-73 et, notamment, pp. 61-62.
348 Roger Kempf, *Diderot et le roman, op. cit.*, p. 58.
349 Georges May, *Diderot et « La Religieuse », op. cit.*, p. 219.
350 *Ibid.*, pp. 217-218.

le roman à une pièce de théâtre, *La Religieuse* adoptant « souvent les caractéristiques d'une représentation »[351]. Parmi les procédés propres à créer une tension dramatique, C. Joel Block distingue « la représentation mimétique de la conversation, les bouts de dialogues improvisés, les tableaux de genre, la description détaillée des sentiments par les gestes du personnage [...] »[352]. Il relève également le rôle des unités de lieu et d'action, considérant le couvent comme le lieu principal du drame – bien que Suzanne intègre trois couvents différents – et l'intrigue, dépourvue de récits secondaires, comme étant relativement simple[353]. Florence Lotterie, pour sa part, regarde *La Religieuse* comme une « fiction-spectacle » dont la composition est « scénographique »[354]. Sur ce point, Catherine Ramond remarque justement que le roman progresse par « tableaux successifs, privilégiant le pathétique au détriment du drame, de l'action »[355]. Toujours selon elle, les œuvres romanesques de Diderot présentent « une grande variété dans la réalisation des tableaux, et témoignent d'un art de la mise en scène paradoxalement supérieur à celui dont il fait preuve dans son théâtre », montrant qu'une scène peut s'achever par un tableau (la scène où l'archidiacre interroge Suzanne) et que, « inversement, un tableau peut s'animer en scène théâtrale »[356] (la mort de la sœur de Moni). Enfin, comme dans *La Vie de Marianne*, la perte d'un être aimé ou, plutôt, le récit des derniers instants d'un personnage constitue l'« une des situations propices au tableau pathétique, proche des exemples donnés par Diderot dans les *Entretiens sur le Fils naturel* »[357]. En somme, nombreux sont les commentaires qui soulignent la construction théâtrale de *La Religieuse*, ouvrage composé à l'évidence d'une multitude de scènes et de tableaux ; font défaut, toutefois, les études concernant la place, l'enchaînement et, plus généralement, l'organisation de ces scènes dans l'économie de l'œuvre. La tradition critique semble aussi emprunter inlassablement les mêmes voies en citant toujours les mêmes scènes : l'apparition de la religieuse folle à Sainte-Marie[358], la scène des vœux

---

351 C. Joel Block, « La Religieuse : texte théâtral », *Bulletin de la Société des professeurs français en Amérique*, 1978, pp. 5-15, et p. 9 pour la citation.

352 *Ibid.*, p. 6.

353 Voir *ibid.*, p. 9.

354 Florence Lotterie, « Présentation », dans Diderot, *La Religieuse, op. cit.*, pp. xvi, vi.

355 Catherine Ramond, « Les Éléments théâtraux dans le roman », *op. cit.*, vol. 2, p. 352.

356 *Ibid.*, pp. 353, 356.

357 *Ibid.*, p. 358.

358 Voir Diderot, *La Religieuse, op. cit.*, pp. 246-247 ; scène évoquée par Marie-Claire Vallois, « Politique du paradoxe : tableau de mœurs/tableau familial dans *La Religieuse* de Diderot », *Romanic Review*, vol. 76, n. 2, March 1985, pp. 162-171, et pp. 165-166 pour

monastiques manqués[359], la mort de Mme de Moni[360], la scène du reposoir[361], celle de la bière[362], l'interrogatoire de l'archidiacre[363], l'amende honorable[364], le tableau de genre chez la supérieure de Saint-Eutrope[365], les nombreuses scènes de séduction à Saint-Eutrope[366], ou encore Suzanne et sa supérieure dans l'église de Saint-Eutrope[367]. Bref, si *La Religieuse* comporte une dimension théâtrale manifeste, le roman ne se résume assurément pas à une succession de scènes et ne peut être, en aucun cas, assimilé à une pièce de théâtre.

La composition de *La Religieuse* est, on l'a vu, linéaire : l'héroïne commence l'histoire de ses malheurs par le récit de sa vie familiale auprès de ses parents et de ses deux sœurs et achève son histoire par son emploi de lingère chez une blanchisseuse, où elle espère recevoir les secours du marquis de C***. On y distingue de nombreuses scènes mais elles sont, de manière générale, moins étendues que celles des romans de Marivaux. Alors que *La Vie de Marianne* et *Le Paysan parvenu* progressent la plupart du temps par séquences, *La Religieuse* en contient quelques-unes, mais sa structure ne repose pas sur ces

---

cette scène ; Catherine Ramond, « Les Éléments théâtraux dans le roman », *op. cit.*, vol. 2, pp. 358-359.

359 Voir Diderot, *La Religieuse*, *op. cit.*, pp. 251-252 ; scène évoquée par C. Joel Block, « *La Religieuse* : texte théâtral », *art. cit.*, p. 11 ; Marie-Hélène Cotoni, « Du dramatique au tragique : la scène des vœux monastiques interrompus dans 'Les Illustres Françaises' de Robert Challe et 'La Religieuse' de Diderot », *Revue d'Histoire littéraire de la France*, 93e année, n° 1, janvier-février 1993, pp. 62-72, et pp. 69-70 pour cette scène.

360 Voir Diderot, *La Religieuse*, *op. cit.*, pp. 268-269 ; scène évoquée par Georges May, *Diderot et « La Religieuse »*, *op. cit.*, p. 227 ; Catherine Ramond, « Les Éléments théâtraux dans le roman », *op. cit.*, vol. 2, pp. 355-356.

361 Voir Diderot, *La Religieuse*, *op. cit.*, pp. 282-284 ; scène évoquée par Georges May, *Diderot et « La Religieuse »*, *op. cit.*, p. 227.

362 Voir Diderot, *La Religieuse*, *op. cit.*, pp. 291-292.

363 Voir *ibid.*, pp. 304-306 ; scène évoquée par Catherine Ramond, « Les Éléments théâtraux dans le roman », *op. cit.*, vol. 2, p. 356.

364 Voir Diderot, *La Religieuse*, *op. cit.*, p. 315.

365 Voir *ibid.*, pp. 351-353 ; scène évoquée par Georges May, *Diderot et « La Religieuse »*, *op. cit.*, pp. 225-226 ; C. Joel Block, « *La Religieuse* : texte théâtral », *art. cit.*, pp. 12-13 ; Marie-Claire Vallois, « Politique du paradoxe », *art. cit.*, pp. 169-170 ; Catherine Ramond, « Les Éléments théâtraux dans le roman », *op. cit.*, vol. 2, pp. 353-354 ; Florence Lotterie, « Présentation », dans Diderot, *La Religieuse*, *op. cit.*, pp. xxix-xxxii. Concernant la correction orthographique de Saint-Eutrope, nous renvoyons à Georges May, *Diderot et « La Religieuse »*, *op. cit.*, p. 79.

366 Voir Diderot, *La Religieuse*, *op. cit.*, pp. 329-332, 335-336, 338-340, 341-346.

367 Voir *ibid.*, pp. 360-363 ; scène évoquée par Georges May, *Diderot et « La Religieuse »*, *op. cit.*, p. 227.

groupements de scènes. On retient surtout trois séquences où les scènes s'enchaînent les unes aux autres : par exemple, le jour où l'archidiacre est attendu à Longchamp, la supérieure et trois sœurs font subir à Suzanne le supplice d'une exécution simulée ; puis, elles la conduisent devant M. Hébert qui lui demande si elle croit en la Trinité ; après que les religieuses se sont retirées, le grand vicaire prend le mémoire que la supérieure a rédigé contre Suzanne et énonce chacun des griefs auxquels la jeune femme répond un à un ; enfin, l'archidiacre se rend dans sa cellule et demande des comptes à la sœur Sainte-Christine[368].

On relève une autre succession de scènes le jour où Suzanne quitte le couvent de Longchamp pour celui d'Arpajon : la première d'entre elles a lieu dans le carrosse qui la mène à Saint-Eutrope ; s'ensuit une collation au cours de laquelle l'archidiacre prononce un discours ; après le départ de ce dernier, Suzanne fait la connaissance de ses nouvelles compagnes et découvre sa cellule ; lors de la récréation, les religieuses cherchent à cerner son caractère ; et le soir de cette même journée, la supérieure vient la déshabiller[369]. Le détail de cette journée importante pour l'héroïne est néanmoins interrompu par le portrait de la supérieure, Mme ***[370]. Certaines scènes sont aussi plus courtes que d'autres – le voyage en carrosse et la première rencontre entre Suzanne et les religieuses tenant en quelques phrases – et la scène de la récréation donne lieu à des considérations générales sur la façon dont les gens ont l'habitude de saisir le caractère des autres[371]. Le portrait rompt le rythme et l'unité de cette séquence qui n'est pas comparable à celle d'une pièce de théâtre. Au reste, aucun ressort dramatique ne permet de donner un rythme à cette suite de scènes, qui ont surtout pour but de mettre en évidence le caractère de la nouvelle supérieure.

D'autres séquences sont plus unifiées et, donc, plus théâtrales. Les scènes qui les composent sont d'une longueur à peu près égale, elles sont dialoguées ou narrées et se succèdent les unes aux autres sans interruption. Tel est le cas, par exemple, le jour où l'héroïne décide de parler à la sœur Sainte-Thérèse qui

---

368 Voir, pour l'exécution simulée, Diderot, *La Religieuse, op. cit.*, pp. 299-301 ; pour la rencontre avec M. Hébert, *ibid.*, pp. 302-303 ; pour la réponse de Suzanne aux griefs qu'on a formulés contre elle, *ibid.*, pp. 304-306 ; pour l'archidiacre qui confond la sœur Sainte-Christine, *ibid.*, p. 307.

369 Voir, pour la scène du carrosse, *ibid.*, p. 324 ; pour la collation, *ibid.*, pp. 326-327 ; pour la rencontre de Suzanne avec ses compagnes, *ibid.*, pp. 327-328 ; pour la récréation, *ibid.*, p. 328 ; pour la scène du soir, p. 329.

370 Voir *ibid.*, pp. 325-326.

371 Voir *ibid.*, pp. 328-329.

bénéficiait des faveurs de la supérieure avant son arrivée : dans une première scène, Suzanne se rend dans sa cellule afin de la rassurer sur ses intentions ; les deux religieuses sont surprises par Mme *** qui apprend de Suzanne les inquiétudes de son ancienne protégée ; après avoir menacé la sœur Sainte-Thérèse de subir le sort de la sœur Agathe, la supérieure demande à Suzanne de la raccompagner jusqu'à sa cellule où elle la retient pour une leçon de clavecin ; mais la leçon de musique est soudainement interrompue par l'entrée fracassante de la sœur Sainte-Thérèse dont le désordre traduit le trouble ; après avoir obtenu de nouveau le pardon de Mme *** pour sa compagne, Suzanne met garde cette dernière contre ses excès d'humeur répétés[372]. La séquence s'arrête ici, les scènes s'enchaînant les unes aux autres et le temps de leur récit correspondant assez bien au temps de leur déroulement, tout au moins pour les scènes dialoguées – exception faite pour la leçon de musique dont on ignore exactement la durée, mais le fait que l'héroïne joue « quelques pièces de Couperin, de Rameau, de Scarlatti »[373] suppose un certain laps de temps. Comme c'était déjà le cas dans les romans de Marivaux, l'ouverture ou la fermeture des portes et l'entrée ou la sortie des personnages permettent de délimiter ces scènes et accentuent la théâtralité de l'épisode :

Nous en étions là, lorsque la supérieure entra[374].

Nous sortîmes. Sainte-Thérèse voulut nous suivre, mais la supérieure détournant la tête négligemment par-dessus mon épaule, lui dit d'un ton de despotisme : « Rentrez dans votre cellule, et n'en sortez pas que je ne vous le permette. » Elle obéit, ferma sa porte avec violence et s'échappa en quelques discours qui firent frémir la supérieure, je ne sais pourquoi, car ils n'avaient pas de sens[375].

Cependant nous nous avancions vers sa cellule, je me disposais à la quitter, mais elle me prit par la main et elle me dit : « Il est trop tard pour commencer votre histoire de Sainte-Marie et de Longchamp, mais entrez, vous me donnerez une petite leçon de clavecin. » Je la suivis ; en un

---

372   Voir, pour la première scène et celle où Mme *** surprend les deux religieuses, *ibid.*, p. 333 ; pour la menace de la supérieure, *ibid.*, p. 334 ; pour la leçon de clavecin, *ibid.*, pp. 334-336 ; pour l'entrée fracassante de Sainte-Thérèse et pour la mise en garde de Suzanne, *ibid.*, p. 336.
373   *Ibid.*, p. 336.
374   *Ibid.*, p. 333.
375   *Ibid.*, pp. 334-335.

> moment elle eut ouvert le clavecin, préparé un livre, approché une chaise, car elle était vive[376].

> Nous nous amusions ainsi d'une manière aussi simple que douce lorsque tout à coup la porte s'ouvrit avec violence ; j'en eus frayeur et la supérieure aussi[377].

En dépit de ces successions de scènes qui scandent la vie de l'héroïne (la venue du grand vicaire, l'entrée de Suzanne à Saint-Eutrope, la jalousie de Sainte-Thérèse), *La Religieuse* en comprend de nombreuses autres qui ne sont pas toujours la conséquence de celles qui les précèdent. Il en va ainsi, par exemple, des scènes de sévices corporels que Suzanne subit tout au long de son procès et après celui-ci, et que l'on pourrait nommer le supplice de la bière, celui du piétinement, celui de la pincette, ou encore celui de l'exécution simulée[378]. On observe une gradation dans la nature de ces sévices : la mise en bière gorge ses vêtements d'eau, la pincette lui arrache la peau des mains, le dernier simule rien de moins qu'une exécution. La narratrice présente cet ultime supplice comme « le moment le plus terrible de [s]a vie »[379] :

> Le jour de sa visite [celle de l'archidiacre], dès le grand matin, la supérieure entra dans ma cellule, elle était accompagnée de trois sœurs ; l'une portait un bénitier, l'autre un crucifix, une troisième des cordes. La supérieure me dit avec une voix forte et menaçante : « Levez-vous. Mettez-vous à genoux et recommandez votre âme à Dieu. — Madame, lui dis-je, avant que de vous obéir pourrais-je vous demander ce que je vais devenir, ce que vous avez décidé pour moi, et ce qu'il faut que je demande à Dieu ? » Une sueur froide se répandit sur tout mon corps : je tremblais, je sentais mes genoux plier ; je regardais avec effroi ses trois fatales compagnes. Elles étaient debout, sur une même ligne, le visage sombre, les lèvres serrées et les yeux fermés. La frayeur avait séparé chaque mot de la question que j'avais faite, je crus au silence qu'on gardait que je n'avais pas été entendue. Je recommençai les derniers mots de cette question, car je n'eus pas la force de la répéter tout entière, je dis donc avec une voix faible et qui s'éteignait : « Quelle grâce faut-il que je demande à Dieu ? » On me répondit : « Demandez-lui pardon des péchés de toute votre vie,

---

376   *Ibid.*, pp. 335-336.
377   *Ibid.*, p. 336.
378   Voir, pour le supplice de la bière, *ibid.*, p. 292 ; pour celui du piétinement, *ibid.*, p. 294 ; pour celui de la pincette, *ibid.*, p. 298 ; pour celui de l'exécution simulée, *ibid.*, pp. 299-301.
379   *Ibid.*, p. 298.

> parlez-lui comme si vous étiez au moment de comparaître devant lui. » À ces mots je crus qu'elles avaient tenu conseil et qu'elles avaient résolu de se défaire de moi. [...] À cette idée de mort prochaine, je voulus crier, mais ma bouche était ouverte et il n'en sortait aucun son. J'avançais vers la supérieure des bras suppliants et mon corps défaillant se renversait en arrière. Je tombai, mais ma chute ne fut pas dure ; dans ces moments de transe où la force abandonne insensiblement, les membres se dérobent, s'affaissent, pour ainsi dire, les uns sur les autres, et la nature ne pouvant se soutenir, semble chercher à défaillir mollement. Je perdis la connaissance et le sentiment [...]. [...] Mon extrême faiblesse diminua peu à peu ; je me soulevai, je m'appuyai le dos contre le mur ; j'avais les deux mains dans l'eau, la tête penchée sur la poitrine, et je poussais une plainte inarticulée, entrecoupée et pénible. [...] Je crus que ces cordes qu'on avait apportées étaient destinées à m'étrangler ; je les regardai, mes yeux se remplirent de larmes[380].

Alors que les scènes de sévices précédentes faisaient uniquement l'objet d'un bref récit, ce passage mêle narration et discours direct, la parole permettant notamment de souligner la sentence de mort que prononce la supérieure : « Mettez-vous à genoux et recommandez votre âme à Dieu » ; puis : « Demandez-lui pardon des péchés de toute votre vie, parlez-lui comme si vous étiez au moment de comparaître devant lui »[381] ; et, enfin : « Puisqu'elle ne veut pas se recommander à Dieu, tant pis pour elle. Vous savez ce que vous avez à faire, achevez »[382]. Les objets du culte (le bénitier, le crucifix), l'instrument du supplice (les cordes), le ton de la voix, les ordres de la supérieure, tout concourt à persuader Suzanne que sa dernière heure est venue. Comme l'attestent les états successifs de l'héroïne, l'effet de terreur recherché est pleinement atteint : « sueur froide », tremblement, expression saccadée, perte de la voix, « bras suppliants » et évanouissement. Le récit de la scène, les paroles rapportées au style direct, la description des effets que produit cette mise en scène cruelle sur Suzanne font tableau et un tableau dont le pathétique relève de l'horreur[383] : Suzanne agonisant, à même le sol, étendue dans l'eau, s'adossant douloureusement contre le mur (« plainte inarticulée, entrecoupée et pénible »). Éplorée et résignée, elle finit par offrir son cou à ses bourreaux : « 'Mon Dieu, ayez pitié de moi, mon Dieu, ayez pitié de moi. Chères sœurs,

---

380 *Ibid.*, pp. 299-300.
381 *Ibid.*, p. 299.
382 *Ibid.*, p. 300.
383 Voir Robert Mauzi, « Préface », dans Diderot, *La Religieuse,* Paris, Gallimard, coll. « Folio Classique », 1972, p. 41.

tâchez de ne me pas faire souffrir', et je présentai mon cou »[384]. Elle est alors dans une position de suppliciée ou de condamnée : « Je me trouvai sur la paillasse qui me servait de lit, les bras liés derrière le dos, assise, avec un grand christ de fer sur mes genoux... »[385]. Cette mise en scène sadique est orchestrée par la supérieure de Longchamp – la sœur Sainte-Christine – qui apparaît comme un véritable tortionnaire : elle terrifie Suzanne, l'oblige à se lever après sa chute (« Qu'on la mette debout »[386]) et la fait lier. Les souffrances physique et morale que l'on inflige à Suzanne reposent sur la simulation d'une exécution et suscitent horreur et pitié chez le lecteur.

En outre, cet exemple permet de poser le problème du tableau. On se souvient que, dans la lettre adressée à Meister, Diderot écrivait que son ouvrage était « rempli de tableaux pathétiques » et que, dans ses *Entretiens*, il définissait à partir du modèle pictural les tableaux qui, dans le drame bourgeois, devaient supplanter les coups de théâtre. Cependant, hormis le tableau de genre qu'il introduit chez la supérieure de Saint-Eutrope[387], à aucun moment, le romancier n'insère d'autre « peinture »[388] semblable. À ce sujet, Georges May avait déjà remarqué que, par « ses dimensions et par sa nature, ce tableau est une exception dans *La Religieuse*. C'est le seul à être aussi long et à ne servir à rien d'autre qu'à fournir une toile de fond gracieuse, charmante et à peine mobile, sur laquelle les deux personnages centraux font repoussoir »[389] :

> Vous qui vous connaissez en peinture, je vous assure, monsieur le marquis que c'était un assez agréable tableau à voir. Imaginez un atelier de dix à douze personnes dont la plus jeune pouvait avoir quinze ans et la plus âgée n'en avait pas vingt-trois ; une supérieure qui touchait à la quarantaine, blanche, fraîche, pleine d'embonpoint, à moitié levée sur son lit, avec deux mentons qu'elle portait d'assez bonne grâce, des bras ronds comme s'ils avaient été tournés, des doigts en fuseau et tous parsemés de fossettes, des yeux noirs, grands, vifs et tendres, presque jamais entièrement ouverts, à demi fermés, comme si celle qui les possédait eût éprouvé quelque fatigue à les ouvrir, des lèvres vermeilles comme la rose, des dents blanches comme le lait, les plus belles joues, une tête fort agréable

---

384 Diderot, *La Religieuse, op. cit.*, p. 300.
385 *Id.*
386 *Id.*
387 Diderot n'emploie le mot « tableau » au sens pictural du terme que dans cette scène. Ailleurs, il utilise le mot « scène ».
388 Diderot, *La Religieuse, op. cit.*, p. 351.
389 Georges May, *Diderot et « La Religieuse », op. cit.*, p. 225.

enfoncée dans un oreiller profond et mollet, les bras étendus mollement à ses côtés, avec de petits coussins sous les coudes pour les soutenir. J'étais assise sur le bord de son lit et je ne faisais rien ; une autre dans un fauteuil avec un petit métier à broder sur ses genoux ; d'autres vers les fenêtres faisaient de la dentelle ; il y en avait à terre assises sur les coussins qu'on avait ôtés des chaises, qui cousaient, qui brodaient, qui parfilaient ou qui filaient au petit rouet. Les unes était blondes, d'autres brunes : aucune ne se ressemblait, quoiqu'elles fussent toutes belles ; leurs caractères étaient aussi variés que leurs physionomies : celles-ci étaient sereines, celles-là gaies, d'autres sérieuses, mélancoliques ou tristes. Toutes travaillaient, excepté moi, comme je vous l'ai dit. Il n'était pas difficile de discerner les amies des indifférentes et des ennemies ; les amies s'étaient placées ou l'une à côté de l'autre ou en face, et tout en faisant leur ouvrage elles causaient, elles se conseillaient, elles se regardaient furtivement, elles se pressaient les doigts sous prétexte de se donner une épingle, une aiguille, des ciseaux. La supérieure les parcourait des yeux ; elle reprochait à l'une son application, à l'autre son oisiveté, à celle-ci son indifférence, à celle-là sa tristesse ; elle se faisait apporter l'ouvrage, elle louait ou blâmait ; elle raccommodait à l'une son ajustement de tête : « Ce voile est trop avancé... Ce linge prend trop du visage... On ne vous voit pas assez les joues... Voilà des plis qui font mal... », elle distribuait à chacune ou de petits reproches ou de petites caresses[390].

L'écriture de ce passage suit une méthode descriptive qui, comme le remarque Georges May, « est celle que Diderot emploiera dans ses *Salons* : une vue d'ensemble, puis une description des personnages centraux (ici la supérieure de Suzanne qui est assise sur son lit), puis une description des personnages secondaires »[391]. De fait, après un premier tableau général – « un atelier de dix à douze personnes dont la plus jeune pouvait avoir quinze ans et la plus âgée n'en avait pas vingt-trois » –, Diderot dresse un portrait détaillé de la supérieure de Saint-Eutrope dont il décrit l'aspect, chaque partie du visage et du corps, ainsi que la position sur le lit. Les nombreux adjectifs, parmi lesquels on relève un adjectif numéral (« deux ») et des adjectifs de couleur (« blanche[s] », « noirs », « vermeilles »), les adverbes (« assez », « presque jamais entièrement », « fort »), les comparaisons (« comme la rose », « comme le lait ») et les comparaisons hypothétiques (« comme s'ils avaient été tournés », « comme si celle qui les possédait [...] »), le superlatif relatif (« les plus belles joues »), la

---

390   Diderot, *La Religieuse, op. cit.*, pp. 351-352.
391   Georges May, *Diderot et « La Religieuse », op. cit.*, p. 225.

relative (« qu'elle portait d'assez bonne grâce ») : tout cela permet au lecteur de se représenter le personnage dans les moindres détails et concourt ainsi au réalisme du portrait. Diderot s'attache ensuite à situer les autres personnages dans le tableau : Suzanne « sur le bord » du lit, une « dans un fauteuil », d'autres près des fenêtres et d'autres encore « à terre assises sur les coussins », donnant l'impression que l'espace est saturé. Au surplus, la variété des positions, la diversité des travaux d'aiguille, les différences de physionomie et de caractère offrent un tableau pleinement harmonieux dans son hétérogénéité et qui, en même temps, s'anime : « [E]lles causaient, elles se conseillaient, elles se regardaient furtivement, elles se pressaient les doigts », tandis que la supérieure « se faisait apporter l'ouvrage [...] [et] raccommodait à l'une son ajustement de tête ». Faut-il considérer que ce tableau vivant devient une scène théâtrale, lorsque la sœur Sainte-Thérèse frappe à la porte et demande à Suzanne d'intercéder en sa faveur auprès de la supérieure[392], ou bien change-t-on de tableau à son arrivée ? La question se pose d'autant plus que la sœur Sainte-Thérèse exprime sa gratitude par un geste très théâtral : « Elle se jeta à genoux, elle saisit une de ses mains qu'elle baisa en poussant quelques soupirs et en versant une larme, puis elle s'empara d'une des miennes qu'elle joignit à celle de la supérieure et les baisa l'une et l'autre »[393]. Cependant, le tableau se poursuit sans changement d'ambiance :

> On servit une collation. La supérieure se leva. Elle ne s'assit point avec nous, mais elle se promenait autour de la table, posant sa main sur la tête de l'une, la renversant doucement en arrière et lui baisant le front ; levant le linge de cou à une autre, plaçant sa main dessus et demeurant appuyée sur le dos de son fauteuil ; passant à une troisième en laissant aller sur elle une de ses mains ou la plaçant sur sa bouche ; goûtant du bout des lèvres aux choses qu'on avait servies, et les distribuant à celle-ci, à celle-là. Après avoir circulé un moment, elle s'arrêta en face de moi me regardant avec des yeux très affectueux et très tendres ; cependant les autres les avaient baissés comme si elles eussent craint de la contraindre ou de la distraire, mais surtout la sœur Sainte-Thérèse. La collation faite, je me mis au clavecin et j'accompagnai deux sœurs qui chantèrent sans méthode, avec du goût, de la justesse et de la voix ; je chantai aussi et je m'accompagnai. La supérieure était assise au pied du clavecin et paraissait goûter le plus

---

392   Voir Diderot, *La Religieuse*, *op. cit.*, p. 352.
393   *Ibid.*, p. 353.

grand plaisir à m'entendre et à me voir ; les autres écoutaient debout sans rien faire, ou s'étaient remises à l'ouvrage. Cette soirée fut délicieuse[394].

Ce tableau s'achève à la fin de l'après-midi : six heures vont bientôt sonner et, malgré l'arrivée de Sainte-Thérèse, l'unité du tableau n'a pas été rompue. Du reste, il ne remplit pas de fonction dramatique au sein de l'action, mais une fonction morale et esthétique : il montre l'atmosphère voluptueuse régnante, le saphisme de la supérieure et la préférence manifeste de celle-ci pour Suzanne, dans un cadre où règnent confort, plaisir et suavité. Cet exemple illustre bien l'impossibilité de réaliser un tableau pictural, au sens strict du terme – une scène où les personnages sont représentés figés dans leur posture –, et l'écart entre la théorie (la définition du tableau) et la pratique (la peinture du tableau) – à moins que l'on n'entende par tableau une scène animée que le romancier donne à voir par la description de la situation, le portrait des personnages, la surabondance des détails et l'insertion de dialogues. Cela s'accorderait ainsi avec les exemples de tableaux que donne Diderot dans ses *Entretiens*. Dès lors, la mort de la sœur de Moni ne doit pas être considérée comme le passage d'un tableau à une scène théâtrale[395] – ce que suggère le passage de la description au discours direct –, mais comme un tableau à part entière[396]. La scène entre l'archidiacre et Suzanne ne s'achève pas non plus par un tableau[397] : après avoir répondu à ses questions, la jeune religieuse le prend simplement à témoin (« Vous voyez ! »[398]), et c'est, à vrai dire, l'ensemble de la scène qui fait tableau[399]. Notons, pour finir, que le tableau de genre chez la supérieure de Saint-Eutrope n'est pas pathétique. On est loin du désespoir d'un personnage qui vient de perdre un être aimé ou de la désolation d'un amant[400]. Par conséquent, Diderot introduit d'autres tableaux que ceux qu'il annonce dans sa lettre à Meister ; mais quels sont donc ces tableaux pathétiques qu'il évoque dans sa correspondance ?

On en a déjà indiqué plusieurs, que l'on a nommés le supplice de la bière, celui du piétinement, celui de la pincette, ou encore celui de l'exécution simulée, lesquels relèvent d'un pathétique de l'horreur. À ceux-ci peuvent s'ajouter

---

394   *Id.*
395   Voir Catherine Ramond, « Les Éléments théâtraux dans le roman », *op. cit.*, vol. 2, p. 356.
396   Voir Diderot, *La Religieuse, op. cit.*, p. 269.
397   Voir Catherine Ramond, « Les Éléments théâtraux dans le roman », *op. cit.*, vol. 2, pp. 355-356.
398   Diderot, *La Religieuse, op. cit.*, p. 305.
399   Voir *ibid.*, pp. 301-306.
400   Voir Diderot, *Les Entretiens sur le Fils naturel, op. cit.*, pp. 1143, 1157.

l'irruption de la religieuse folle dont le spectacle effraie Suzanne, la mise au cachot de cette dernière et les scènes où éclate la folie de la supérieure de Saint-Eutrope[401]. Toutes ces scènes sont empreintes d'une extrême violence, que ce soit celle que l'on s'inflige à soi-même par égarement ou par désespoir, ou bien celle que l'on subit. Elles inspirent de l'horreur à la fois au personnage témoin de la scène (Suzanne spectatrice de la folle furieuse) et au lecteur (spectateur des religieuses égarées et de l'héroïne en proie à une violente détresse dans le cachot où on l'enferme). À ce moment du récit, la sœur Sainte-Christine, qui a succédé à la consolante mère de Moni à Longchamp, abandonne Suzanne à des sortes de Furies antiques :

> Elle [la sœur Sainte-Christine] demeura un moment en silence, puis elle sortit et rentra avec quatre de ses favorites ; elles avaient l'air égaré et furieux. Je me jetai à leurs pieds, j'implorai leur miséricorde. Elles criaient toutes ensemble [...]. '[...] Faites de moi ce qu'il vous plaira ; écoutez leur fureur, consommez votre injustice...' et à l'instant je leur tendis les bras. Ses compagnes s'en saisirent ; on m'arracha mon voile, on me dépouilla sans pudeur ; on trouva sur mon sein un petit portrait de mon ancienne supérieure, on s'en saisit ; je suppliai qu'on me permît de le baiser encore une fois, on me refusa ; on me jeta une chemise, on m'ôta mes bas, l'on me couvrit d'un sac, et l'on me conduisit la tête et les pieds nus à travers les corridors. Je criais, j'appelais à mon secours, mais on avait sonné la cloche pour avertir que personne ne parût. J'invoquais le ciel, j'étais à terre et l'on me traînait ; quand j'arrivai au bas des escaliers j'avais les pieds ensanglantés et les jambes meurtries, j'étais dans un état à toucher des âmes de bronze. Cependant l'on ouvrit avec de grosses clefs la porte d'un petit lieu souterrain, obscur où l'on me jeta sur une natte que l'humidité avait à demi pourrie. Là, je trouvai un morceau de pain noir et une cruchée d'eau avec quelques vaisseaux nécessaires et grossiers. La natte roulée par un bout formait un oreiller ; il y avait sur un bloc de pierre une tête de mort avec un crucifix de bois. Mon premier mouvement fut de me détruire. Je portai mes mains à ma gorge, je déchirai mon vêtement avec mes dents ; je poussai des cris affreux, je hurlais comme une bête féroce. Je me frappai la tête contre les murs, je me mis toute en sang, je cherchai à me détruire jusqu'à ce que les forces me manquassent, ce qui ne tarda pas[402].

---

401 Voir, pour la religieuse folle, Diderot, *La Religieuse, op. cit.*, p. 247 ; pour la mise au cachot, *ibid.*, pp. 278-279 ; pour les scènes où éclate la folie de la supérieure de Saint-Eutrope, *ibid.*, pp. 375-377.

402 *Ibid.*, pp. 278-279.

Horreur et pitié sont suscitées non seulement par les sévices que l'on exerce sur l'héroïne, mais aussi par ceux qu'elle s'inflige à elle-même dans son désespoir. Dans les deux cas, la violence est inouïe : « [O]n m'arracha », « on me dépouilla », « l'on me jeta » témoignent de la brutalité de ces religieuses dont « l'air égaré et furieux » et la « fureur » permettent de les comparer aux divinités vengeresses de la mythologie antique. Cependant, à la différence des Furies, elles n'ont aucune raison de persécuter Suzanne qui clame son innocence : « [J]e n'ai rien fait qui puisse offenser ni Dieu ni les hommes »[403]. En effet, le mémoire que rédige Suzanne afin de faire résilier ses vœux ne justifie pas les souffrances physiques qu'elle endure, avec ces « pieds ensanglantés » et ces « jambes meurtries » : « [J]'étais dans un état à toucher des âmes de bronze », écrit-elle enfin. Supplications, cris, appels au secours, rien n'émeut ses implacables exécutrices. Grâce à l'accumulation des verbes (« on m'arracha […] on me dépouilla […] on trouva […] on s'en saisit […] je suppliai […] on me refusa ; on me jeta […] on m'ôta […] l'on me couvrit […] et l'on me conduisit »), le lecteur se représente précisément le déroulement de la scène. Les indications spatiales – « à travers les corridors », « au bas des escaliers », « la porte d'un petit lieu souterrain, obscur » – permettent également de suivre l'héroïne depuis sa nouvelle cellule jusqu'à sa prison au décor lugubre. Enfin, la violence avec laquelle elle essaie d'attenter à sa vie – « Je portai mes mains à ma gorge », « Je me frappai la tête contre les murs, je me mis toute en sang » – et la fureur à laquelle elle se livre – « je poussai des cris affreux, je hurlais comme une bête féroce » – participent de ce pathétique de l'horreur. En somme, c'est par la peinture de l'innocence persécutée et de l'autodestruction, qui en découle, que Diderot inspire l'effroi et la compassion de son lecteur afin de servir sa satire de la vie conventuelle.

Parmi ces tableaux suscitant l'horreur, certains reposent sur une véritable mise en scène. On en a vu un premier exemple avec l'exécution simulée ; on en découvre un second avec ce que l'on pourrait appeler, cette fois-ci, le supplice de l'amende honorable qui succède à celui du cilice :

> Le soir, lorsque je fus rentrée dans ma cellule, j'entendis qu'on s'en approchait en chantant les litanies ; c'était toute la maison rangée sur deux lignes. On entra, je me présentai. On me passa une corde au cou, on me mit dans la main une torche allumée et une discipline dans l'autre. Une religieuse prit la corde par un bout, me tira entre les deux lignes, et la procession prit son chemin vers un petit oratoire intérieur consacré à sainte Marie. On était venu en chantant à voix basse, on s'en retourna en

---

403   *Ibid.*, p. 278.

> silence. Quand je fus arrivée à ce petit oratoire, on m'ordonna de demander pardon à Dieu et à la communauté du scandale que j'avais donné ; c'était la religieuse qui me conduisait qui me disait ce qu'il fallait que je répétasse, et je le répétais mot à mot. Après cela on m'ôta la corde, on me déshabilla jusqu'à la ceinture, on prit mes cheveux qui étaient épars sur mes épaules, on les rejeta sur un des côtés de mon cou, on me mit dans la main droite la discipline que je portais de la main gauche, et l'on commença le *Miserere*. Je compris ce que l'on attendait de moi et je l'exécutai. Le *Miserere* fini, la supérieure me fit une courte exhortation. On éteignit les lumières, les religieuses se retirèrent, et je me rhabillai[404].

Les deux rangées de religieuses qui encadrent Suzanne portant l'instrument de son supplice, le silence qui accompagne cette procession jusqu'à l'oratoire, le clair-obscur que jette la torche allumée dans la pénombre du soir rendent cette amende honorable funèbre particulièrement théâtrale. Dans cette mise en scène, Suzanne joue un rôle malgré elle, puisqu'elle répète un texte qu'on lui dicte. Diderot décrit précisément la façon dont on prépare la suppliciée, mais, en revanche, il passe sous silence l'exécution du châtiment corporel, la procession suffisant à elle seule pour montrer le sadisme de cette sentence. Par cette peinture du couvent devenu théâtre de la cruauté, Diderot dénonce le caractère contre-nature de ces tombeaux vivants qui rendent les êtres hypocrites et égoïstes (la supérieure de Sainte-Marie), inhumains et sadiques (la sœur Sainte-Christine), ou encore dépravés (la supérieure de Saint-Eutrope).

Mais les tableaux pathétiques ne relèvent pas toujours de l'horreur dans *La Religieuse*, certains éveillent uniquement la pitié, comme la célèbre scène des vœux monastiques :

> Cependant le moment terrible arriva. Lorsqu'il fallut entrer dans le lieu où il fallut prononcer le vœu de mon engagement, je ne me trouvai plus de jambes ; deux de mes compagnes me prirent sous les bras, j'avais la tête renversée sur une d'elles et je me traînais. Je ne sais ce qui se passait dans l'âme des assistants, mais ils voyaient une jeune victime mourante qu'on portait à l'autel, et il s'échappait de toutes parts des soupirs et des sanglots, au milieu desquels je suis bien sûr que ceux de mon père et de ma mère ne se firent point entendre. Tout le monde était debout, il y avait de jeunes personnes montées sur des chaises et attachées aux barreaux de la grille, et il se faisait un profond silence, lorsque celui qui présidait à ma profession me dit : « Marie-Suzanne Simonin,

---

404   *Ibid.*, p. 315.

promettez-vous de dire la vérité ? — Je le promets. — Est-ce de votre plein gré et de votre libre volonté que vous êtes ici ? » Je répondis non, mais celles qui m'accompagnaient répondirent pour moi, oui. « Marie-Suzanne Simonin, promettez-vous à Dieu chasteté, pauvreté et obéissance ? » J'hésitai un moment, le prêtre attendit, et je répondis : « Non, monsieur. » Il recommença : « Marie-Suzanne Simonin, promettez-vous à Dieu chasteté, pauvreté et obéissance ? » Je lui répondis d'une voix plus ferme : « Non, monsieur, non. » Il s'arrêta et me dit : « Mon enfant, remettez-vous et écoutez-moi. — Monsieur, lui dis-je, vous me demandez si je promets à Dieu, chasteté, pauvreté et obéissance, je vous ai bien entendu, et je vous réponds que non. » Et me tournant ensuite vers les assistants entre lesquels il s'était élevé un grand murmure, je fis signe que je voulais parler ; le murmure cessa et je dis : « Messieurs, et vous surtout mon père et ma mère ; je vous prends tous à témoins... » À ces mots une des sœurs laissa tomber le voile de la grille, et je vis qu'il était inutile de continuer[405].

La prononciation des vœux est un véritable spectacle mondain auquel famille et amis sont généralement conviés. Pour sa part, Suzanne a invité « toutes les personnes de [son] voisinage, ses amis, ses amies » et « quelques-unes de [ses] connaissances »[406], non pas pour qu'ils soient témoins de son engagement, mais pour qu'ils assistent un coup d'éclat : « [M]on dessein était de finir cette persécution avec éclat et de protester publiquement contre la violence qu'on méditait »[407]. Diderot fait donc d'une scène caractéristique du rituel conventuel une tribune permettant de proclamer la liberté individuelle. La théâtralité de cette cérémonie est mise en évidence par la présence de nombreux spectateurs : « Tout le monde était debout, il y avait de jeunes personnes montées sur des chaises et attachées aux barreaux de la grille » ; certains d'entre eux sont donc surélevés par rapport aux autres, afin de mieux voir la scène qui va se jouer devant eux et qui s'annonce pathétique : « [I]l s'échappait de toutes parts des soupirs et des sanglots ». Puis, comme au théâtre, « il se fai[t] un profond silence ». La pièce peut alors commencer mais, à la grande surprise des assistants, Suzanne ne prononce pas le oui tant attendu. Comme au théâtre encore, lorsqu'un incident survient, la salle s'agite : « [I]l s'était élevé un grand murmure ». Alors que Suzanne s'émancipe de son rôle, le « voile de la grille » tombe comme le rideau de théâtre descend sur la scène[408]. C'est un coup de

---

405   *Ibid.*, pp. 251-252.
406   *Ibid.*, p. 250.
407   *Ibid.*, p. 249.
408   Voir C. Joel Block, « *La Religieuse* : texte théâtral », *art. cit.*, p. 11.

théâtre pour les spectateurs, mais pas pour le lecteur, déjà informé du projet de Suzanne : l'effet de surprise est interne à l'histoire.

À la dimension dramatique et pathétique de la scène s'ajoute la dimension tragique : la prononciation des vœux monastiques est présentée comme un sacrifice humain. Le malaise de Suzanne qui perd l'usage de ses jambes traduit l'émotion et le trouble qui s'emparent d'elle au moment où elle doit s'avancer vers l'autel. Surtout, le début de la scène « rappelle les sacrifices antiques, souvent représentés par les peintres et décrits par Diderot dans les *Salons*. Tel est le cas de Callirhoé, mise en scène par Fragonard : 'Je vis entrer ensuite une jeune fille ; elle était pareillement vêtue de blanc, une couronne de roses lui ceignait la tête. La pâleur de la mort couvrait son visage, ses genoux tremblants se dérobaient sous elle' »[409]. Autrement dit, la référence picturale que Diderot a probablement à l'esprit sert, encore là, la théâtralité de la scène. Parmi les sacrifices antiques, on pense également à celui d'Iphigénie que Jacques Chouillet considère d'ailleurs comme « le prototype de sœur Suzanne »[410], d'autant plus que son souvenir reste associé, pendant tout le XVIIIe siècle, à ce commentaire de Lucrèce, si souvent repris par les philosophes : « [T]*antum religio potuit suadere malorum* »[411]. D'une certaine manière, Diderot procède à un infléchissement du tragique : au destin et aux dieux qui exigent le sacrifice d'Iphigénie succède le préjugé religieux qui oblige Suzanne à se sacrifier pour expier un égarement dont elle est le fruit (« Votre naissance est la seule faute importante que j'ai commise ; aidez-moi à l'expier, et que Dieu me pardonne de vous avoir mise au monde, en considération des bonnes œuvres que vous ferez »[412], lui écrit sa mère) ; mais alors qu'Iphigénie est épargnée, Suzanne, elle, est immolée. Cette cérémonie chrétienne présentée comme un sacrifice païen marque, pour l'héroïne, le début d'un long chemin de croix.

Outre ces scènes dont la théâtralité est accentuée par leur caractère spectaculaire, on trouve également des scènes propres à faire verser des larmes, comme celle entre Suzanne et sa mère, un mois après que la jeune femme a refusé de prononcer ses vœux :

---

409   Diderot, *La Religieuse*, *op. cit.*, p. 251, n. 3.
410   Jacques Chouillet, *Diderot : poète de l'énergie*, Paris, Presses Universitaires de France, coll. « Écrivains », 1984, p. 220.
411   « Combien la religion suscita de malheurs » (Lucrèce, *De natura rerum*, trad. José Kany-Turpin, Paris, Aubier, 1993, v. 101, pp. 58-59).
412   Diderot, *La Religieuse*, *op. cit.*, p. 269.

> Je la suivis jusqu'à la porte conventuelle, là je montai dans une voiture où je trouvai ma mère seule qui m'attendait ; je m'assis sur le devant, et le carrosse partit. Nous restâmes l'une vis-à-vis de l'autre quelque temps sans mot dire ; j'avais les yeux baissés, je n'osais la regarder. Je ne sais ce qui se passa dans mon âme, mais tout à coup je me jetai à ses pieds et je penchai ma tête sur ses genoux ; je ne lui parlais pas, mais je sanglotais et j'étouffais. Elle me repoussa durement. Je ne me relevai pas ; le sang me vint au nez, je saisis une de ses mains malgré qu'elle en eût, et l'arrosant de mes larmes et de mon sang qui coulait, appuyant ma bouche sur cette main je la baisais et je lui disais : « Vous êtes toujours ma mère, je suis toujours votre enfant. » Elle me répondit (en me poussant encore plus rudement et en arrachant sa main d'entre les miennes) : « Relevez-vous, malheureuse, relevez-vous... » Je lui obéis, je me rassis et je tirai ma coiffe sur mon visage. Elle avait mis tant d'autorité et de fermeté dans le son de sa voix, que je crus devoir me dérober à ses yeux. Mes larmes et le sang qui coulait de mon nez se mêlaient ensemble, descendaient le long de mes bras et j'en étais toute couverte sans que je m'en aperçusse[413].

Cette figure suppliante de l'héroïne, ses pleurs et le sang qu'elle répand involontairement sur sa mère dont elle prend la main, ainsi que cette phrase faisant appel au sentiment maternel sont destinés à émouvoir le personnage de la mère et, par delà, le lecteur. Diderot accentue le pathétique de la scène non seulement par le rejet violent d'une mère qui n'en a que le nom, mais aussi par le piteux état de Suzanne. Ce sang qui suscitait l'horreur dans les scènes évoquées précédemment – parce qu'il témoignait d'une blessure physique (« pieds ensanglantés ») – est ici le signe d'une souffrance morale. Dès lors, Suzanne peut être considérée comme une allégorie de la souffrance, voire un Christ-femme, dans la mesure où elle devra se sacrifier pour racheter la faute de sa mère, faute qui n'est plus toutefois de l'ordre du péché, mais du préjugé.

Enfin, certains tableaux sont entièrement dénués de pathétique, mais possèdent une dimension picturale manifeste, comme l'une des nombreuses scènes de séduction où l'héroïne se trouve en tête à tête avec la supérieure de Saint-Eutrope. On quitte la vue d'ensemble de la scène pour se focaliser sur un détail particulièrement expressif :

> « Ah ! Sœur Suzanne, vous ne m'aimez pas ! — Je ne vous aime pas, chère Mère ? — Non. — Et dites-moi ce qu'il faut que je fasse pour vous le

---

[413] *Ibid.*, pp. 252-253.

> prouver. — Il faudrait que vous le devinassiez. — Je cherche. Je ne devine rien. » Cependant elle avait levé son linge de cou et elle avait mis une de mes mains sur sa gorge, elle se taisait, je me taisais aussi ; elle paraissait goûter le plus grand plaisir ; elle m'invitait à lui baiser le front, les joues, les yeux et la bouche, et je lui obéissais, je ne crois pas qu'il y eût du mal à cela. Cependant son plaisir s'accroissait, et comme je ne demandais pas mieux que d'ajouter à son bonheur d'une manière aussi innocente, je lui baisais encore le front, les joues, les yeux et la bouche. La main qu'elle avait posée sur mon genou se promenait sur tous mes vêtements depuis l'extrémité de mes pieds jusqu'à ma ceinture, me pressant tantôt dans un endroit, tantôt en un autre ; elle m'exhortait en bégayant et d'une voix altérée et basse à redoubler mes caresses, je les redoublais ; enfin il vint un moment, je ne sais si ce fut de plaisir ou de peine, où elle devint pâle comme la mort, ses yeux se fermèrent, tout son corps s'étendit avec violence, ses lèvres se fermèrent d'abord, elles étaient humectées comme d'une mousse légère, puis sa bouche s'entrouvrit, et elle me parut mourir en poussant un grand soupir[414].

Innocence et incompréhension colorent la peinture de ces caresses intimes réitérées et du plaisir sensuel qu'elles procurent, jusqu'à ce moment de jouissance dont Suzanne ignore s'il relève du plaisir ou de la peine, puisque les signes extérieurs du plaisir poussé à son paroxysme ressemblent ici aux convulsions d'un mourant, avec cette pâleur macabre, ces lèvres humectées et ce profond soupir. L'extase sensuelle remplace l'extase mystique dont la représentation est étrangement proche, comme en témoigne le visage de la célèbre statue du Bernin, *La Transverbération de sainte Thérèse*[415] ; toutefois, alors que la sainte de pierre tend au sublime, l'attitude de la supérieure est entachée de trivialité : aucune élévation vers le ciel, mais des mouvements bas, dans tous les sens du terme, Mme *** apparaissant alors comme un double dégradé de sainte Thérèse.

En somme, comme Diderot l'annonçait à Meister, les tableaux pathétiques abondent dans *La Religieuse* ; cependant, la nature de ce pathétique relève soit uniquement de la pitié, soit d'un mélange de pitié et d'horreur, dans un contexte où ces deux grandes passions tragiques sont suscitées par les sévices corporels et moraux qu'infligent à l'héroïne le préjugé et le fanatisme. Le tableau de Suzanne suppliante aux pieds de sa mère ne produit pas le même effet que ceux des supplices physiques qu'elle subit : l'un excite la compassion,

---

414 *Ibid.*, pp. 338-339.
415 Voir Élisabeth de Fontenay, *Diderot ou le matérialisme enchanté*, Paris, Bernard Grasset, 1981, p. 154.

les autres, terreur et pitié. La plupart de ces tableaux participent d'une satire de la vie conventuelle qui, selon Diderot, dérègle le corps et l'esprit, en imposant des règles contre-nature qui corrompent les sentiments d'humanité. On se souvient des exclamations de l'archidiacre lors de sa visite à Longchamp : « Cela est horrible. Des chrétiennes ! des religieuses ! des créatures humaines ! Cela est horrible »[416]. Là où la sollicitude bienveillante pour autrui devrait régner, le lecteur découvre haine et perversion. Dans ce monde à l'envers où quelques personnages aimants, consolateurs et protecteurs font exception, cette dénonciation de la claustration s'accomplit, d'une part, dans la théâtralisation des sévices corporels et psychologiques et, d'autre part, dans la théâtralité, souvent funèbre et morbide, des pratiques religieuses telles que la prise de voile et l'amende honorable. À ces tableaux qui possèdent une dimension spectaculaire s'ajoutent enfin ceux qui comportent une dimension picturale, tant et si bien que les tableaux de *La Religieuse*, nombreux et variés, ont pour fonction de révéler l'imposture religieuse, notion centrale de la pensée des Lumières ; ils en sont l'expression rhétorique, poétique et dramatique et, à ce titre, permettent de perfectionner le roman en lui donnant une portée morale et philosophique.

Dialogues romanesques et théâtraux

Plusieurs romans-mémoires, on l'a vu, comprennent de grandes séquences de scènes dont certaines sont amplement dialoguées, de sorte que le dialogue y apparaît souvent comme un mode de narration privilégié. Grâce à la représentation de la langue parlée, il rend les personnages vraisemblables et, à ce titre, participe à la dramatisation du récit. Analyser la place que le dialogue occupe dans le récit, la façon dont le romancier l'insère, la disposition des répliques qu'il adopte, le rythme que le dialogue confère, la fonction qu'il occupe et les effets qu'il produit dans les romans revient donc à étudier l'un des principaux ressorts de la théâtralité.

Insertion, fréquence et rythme
Au XVIIIe siècle, le dialogue devient l'un des modes de narration que chérissent de nombreux romanciers, s'émancipant des incises et allant parfois même jusqu'à prendre la forme qu'il revêt au théâtre. Sur ce point, le traitement que Crébillon, Marivaux, Diderot et Louvet font des dialogues dans leurs romans retient l'attention, tandis que les œuvres de Prévost, Mme de Tencin,

---

416 Diderot, *La Religieuse*, op. cit., p. 307.

Duclos et Loaisel de Tréogate, si elles ne sont pas exemptes de dialogues, ceux qu'elles contiennent sont, en général, moins fréquents et moins longs. Afin de montrer la part relativement faible qu'occupent les dialogues chez ces auteurs, prenons par exemple le premier tome des *Mémoires et aventures*, les *Mémoires du comte de Comminge* et *Les Confessions du comte de **** dans l'édition qu'en a donnée Desjonquères et qui, publiés par la même maison, autorisent la comparaison. Duclos est celui qui insère le moins de dialogues dans son roman : treize dialogues sur 154 pages, dont les plus longs s'étendent sur deux ou trois pages[417]. Les répliques des personnages sont toutes accompagnées d'incises et certaines d'entre elles sont rapportées au style indirect[418]. Il arrive également que le narrateur résume une partie du dialogue[419] et que les gestes d'un personnage tiennent lieu de réponse[420]. De même, dans le premier tome des *Mémoires et aventures*, on relève dix-sept dialogues sur 105 pages – y compris la lettre de l'éditeur –, dont les plus longs comptent deux ou trois pages[421]. Certains d'entre eux commencent au style indirect[422] et, souvent, une partie ou la fin du dialogue est narrée[423], donnant alors l'impression que le narrateur ne rapporte que l'essentiel de la conversation. Quant à M*me* de Tencin, elle introduit 22 dialogues, dont cinq discours rapportés[424], dans un roman de 73 pages ; la plupart d'entre eux ne dépassent guère deux pages[425], hormis le long récit de Dom Gabriel à Comminge qui s'étend sur une quinzaine de pages[426], ce qui correspond environ à un cinquième de l'œuvre. Dans ce dialogue, Dom Gabriel, beau-frère d'Adélaïde, raconte au héros comment il a rencontré cette dernière, comment il en est tombé amoureux, comment il l'a servie auprès de Comminge et, enfin, comment il a appris sa mort. Si Dom Gabriel domine la parole, une réplique de Comminge rappelle néanmoins qu'il s'agit bien d'une conversation[427]. Ce dialogue renforce le pathétique de l'œuvre, puisqu'il témoigne de l'amour constant de l'héroïne pour son ancien amant et permet de connaître le détail de ses derniers instants. De fait, avant d'entreprendre son récit, Dom Gabriel prévient Comminge en ces termes :

---

417   Voir Duclos, *Les Confessions*, op. cit., pp. 40-42, 92-93, 94-96, 119-120, 121-123, etc.
418   Voir, par exemple, *ibid.*, pp. 138, 146.
419   Voir, par exemple, *ibid.*, pp. 120, 147.
420   Voir *ibid.*, p. 136.
421   Voir Prévost, *Mémoires et aventures*, op. cit., pp. 41-44, 83-85, 86-87, 95-96.
422   Voir, par exemple, *ibid.*, pp. 41, 59, 83, 100.
423   Voir *ibid.*, pp. 42-43, 83, 85, 95, 115.
424   Voir M*me* de Tencin, *Mémoires du comte de Comminge*, op. cit., pp. 52, 75, 78, 80, 81-82.
425   Voir *ibid.*, pp. 32-33, 34-35, 36-38, 60-61, 63-64, 65-67.
426   Voir *ibid.*, pp. 72-86.
427   Voir *ibid.*, p. 79.

« J'augmenterai mes peines et les vôtres, me répondit-il, n'importe, il faut vous satisfaire »[428]. Sans surprise, son récit produit l'effet attendu : « Dom Gabriel cessa de parler ; je ne pus lui répondre ; ma voix était étouffée par mes soupirs et par mes larmes ; il en répandait aussi bien que moi ; il me quitta [...] sans que j'eusse pu lui dire une parole »[429]. Enfin, ce dialogue qui apprend à Comminge la mort d'Adélaïde est d'autant plus important qu'il est à l'origine de sa retraite à l'abbaye de T...

Ajoutons que la plupart des dialogues de ces trois romans reposent uniquement sur quelques répliques qui tendent à reproduire le rythme d'une conversation familière. Dans *Les Confessions du comte de ****, le dialogue qui contient le plus grand nombre de répliques renvoie à la scène d'attendrissement entre le comte de ***, Julie et sa mère[430] (neuf ou treize répliques en comptant les réponses en style indirect). Cette scène sensible rompt nettement avec la multitude des aventures galantes de la première partie et annonce peut-être un changement chez le libertin qui finit par se fixer auprès de Mme de Selves. D'une certaine manière, cette scène dialoguée constitue le point de rupture entre le libertinage et la naissance du sentiment, entre le roman-liste et le roman de la conversion sentimentale.

Dans le premier tome des *Mémoires et aventures*, les deux dialogues qui comprennent le plus de répliques se rapportent à la scène de reconnaissance entre M. le comte, grand-père de Renoncour, et ses petits-enfants – sept ou dix répliques avec le discours narrativisé – et à celle où Rosambert propose ses services à trois dames qu'il rencontre à Paris à une heure du matin[431] – huit ou douze répliques en tenant compte du style indirect et du discours narrativisé. Ces scènes précèdent toutes deux des événements tragiques : Renoncour favorise la réconciliation entre son père et son grand-père qui meurt quelques jours après et il assiste à l'assassinat de sa sœur alors qu'ils s'en retournaient tous deux chez leurs parents. Rosambert, lui, vient en aide à une femme qui met fin à ses jours en même temps qu'à ceux de l'enfant qu'elle porte. Par conséquent, la première scène sensible met un terme à une longue querelle familiale et annonce un avenir heureux qui, finalement, n'adviendra pas, et la seconde constitue le prologue d'un épisode tragique qui s'achèvera par un suicide.

Dans les *Mémoires du comte de Comminge*, enfin, les dialogues renfermant le plus de répliques animent deux scènes importantes qui sont des péripéties :

---

428   *Ibid.*, p. 73.
429   *Ibid.*, p. 86.
430   Voir Duclos, *Les Confessions*, *op. cit.*, pp. 136-139.
431   Voir, pour la scène de reconnaissance, Prévost, *Mémoires et aventures*, *op. cit.*, pp. 41-44 ; pour celle avec Rosambert et les trois dames, *ibid.*, p. 76.

la première prend place au moment où Comminge révèle sa véritable identité à Adélaïde (sept ou huit répliques avec le discours narrativisé) ; la seconde a lieu lorsque Dom Gabriel délivre Comminge[432] (sept répliques avec incises). Si d'autres dialogues sont trop courts pour former une scène à eux seuls, ils n'en remplissent pas moins une fonction dramatique, lorsqu'ils modifient le déroulement de l'action. Ainsi, après que Comminge a convaincu son geôlier de le libérer, il prend la route et croise sa mère sur son chemin :

> Nous avions marché une journée sans nous arrêter un moment, quand j'aperçus ma mère dans le chemin qui venait de notre côté. Elle me reconnut, et après m'avoir montré sa surprise de me trouver là, elle me fit monter dans son carrosse. Je n'osais lui demander le sujet de son voyage ; je craignis tout dans la situation où j'étais et ma crainte n'était que trop bien fondée.
> Je venais, mon fils, me dit-elle, vous tirer moi-même de prison, votre père y a consenti.
> Ah ! m'écriai-je, Adélaïde est mariée[433].

Le dialogue achève la scène que la narration prépare. Les deux répliques au style direct formulent ce que le héros a pressenti à la vue de sa mère et constituent un coup de théâtre : Adélaïde mariée, leur union est désormais impossible. Par sa brièveté, le dialogue souligne le choc émotif que produit cette terrible nouvelle sur le héros. On trouve un cas semblable dans *Les Confessions du comte de **** :

> Un jour, en passant sous les fenêtres d'un corps de logis de cette maison, j'entends ouvrir une jalousie, et je vis tomber à mes pieds une lettre que je ramassai ; je levai la tête, mais la jalousie déjà refermée ne me laissa rien voir. Je pris le billet, je vis avec surprise qu'il m'était adressé : je l'ouvris, je vis que l'on y donnait des éloges à la tristesse dont je paraissais pénétré ; l'écriture m'était inconnue, et je ne pouvais pas me flatter qu'elle fût écrite de la part de la marquise que l'on m'avait assuré être morte de ses blessures. [...] J'attendis quelque temps, on ne me fit aucun signal, et le jour suivant un nouveau billet tomba à mes pieds. On me marquait que l'on voulait s'entretenir avec moi de mes malheurs ; on me priait encore de me trouver au milieu de la nuit le long des murs du jardin, on m'indiquait un pavillon auprès duquel je trouverais une échelle de corde.

---

432   Voir, pour la première scène, Mme de Tencin, *Mémoires du comte de Comminge, op. cit.*, pp. 32-33 ; pour la seconde, *ibid.*, pp. 65-67.
433   *Ibid.*, p. 50.

Je ne doutai point que cette lettre ne fût de Clara. Je me rendis au lieu marqué ; je trouvai ce que l'on m'avait annoncé ; je montai sur le mur, et, changeant mon échelle de côté, je fus bientôt dans le jardin. J'aperçus une femme couverte d'un voile qui se retira dans les allées d'un bosquet ; je la suivis, elle s'arrêta sur un banc de gazon. « Ma chère Clara, dis-je, car ce ne peut-être que vous, est-il bien vrai que la marquise ne soit plus ? Ce n'est que pour en parler, ce n'est que pour la pleurer que j'ai pu me résoudre à venir ici.

— Non, s'écria la femme voilée, elle n'est point morte, votre chère Antonia. » La voix et l'expression me manquèrent en reconnaissant la marquise elle-même ; je tombai à ses pieds, elle demeura appuyée sur moi en éprouvant le même trouble[434].

La réplique de dona Antonia produit un coup de théâtre : alors que le comte pense s'adresser à Clara, la nourrice de dona Antonia qu'il croit morte, c'est la marquise elle-même qui se fait reconnaître. Le passage de la narration au dialogue met en valeur la scène de reconnaissance, le dialogue apparaissant alors comme un procédé de mise en relief.

En somme, ces trois romans-mémoires contiennent peu de dialogues. Leur rareté et leur brièveté ne permettent pas vraiment de conférer un rythme à l'action. La présence des incises, les répliques au style indirect, le discours narrativisé et la description des gestes et des mouvements des personnages rompent avec l'effet de *mimésis* que comportent ces échanges dont le narrateur semble ne rapporter que l'essentiel. En dépit de ces procédés propres à l'écriture romanesque, certains dialogues font tableau et forment des scènes que l'on retrouve au théâtre, comme les scènes de reconnaissance, d'aveux et de dépit[435], ou encore cette querelle entre Comminge et son père qui manque de tourner au drame[436]. Si d'autres dialogues introduisent des scènes caractéristiques de l'écriture romanesque, telles que la provocation en duel et la scène sensible[437], il n'en demeure pas moins que, de manière générale, l'échange verbal permet de révéler les temps forts du récit. Enfin, lorsque le

---

434 Duclos, *Les Confessions*, op. cit., p. 48.
435 Voir, pour la scène de reconnaissance, Prévost, *Mémoires et aventures*, op. cit., pp. 41-44 ; pour les scènes d'aveux, Mme de Tencin, *Mémoires du comte de Comminge*, op. cit., pp. 31-33, 80 et Duclos, *Les Confessions*, op. cit., pp. 40-42, 92-93, 146-148, 151-152 ; pour les scènes de dépit, Mme de Tencin, *Mémoires du comte de Comminge*, op. cit., pp. 63-64 et Duclos, *Les Confessions*, op. cit., pp. 177-178.
436 Voir Mme de Tencin, *Mémoires du comte de Comminge*, op. cit., pp. 34-36.
437 Voir, pour les provocations en duel, Prévost, *Mémoires et aventures*, op. cit., pp. 94-95 et Duclos, *Les Confessions*, op. cit., pp. 27-28 ; pour la scène sensible, Duclos, *Les Confessions*, op. cit., pp. 136-139.

dialogue est trop court pour constituer une scène à lui seul, il est inséré de manière à marquer le point culminant de l'échange.

À la différence de Prévost, de Mme de Tencin et de Duclos, Marivaux et Crébillon exploitent abondamment les dialogues dans leurs romans-mémoires et, bien que les répliques des personnages soient toujours, ou presque, introduites par des incises, les dialogues y acquièrent une ampleur qu'ils n'avaient pas chez les auteurs évoqués précédemment. Ils s'enchaînent parfois les uns aux autres sur plusieurs dizaines de pages, de telle sorte que ce n'est plus le dialogue qui doit trouver sa place dans la narration, mais la narration qui doit trouver la sienne dans le dialogue. S'ils prennent une telle importance dans le roman, c'est parce qu'ils forment des scènes à part entière. Or, la construction des romans de Marivaux et de Crébillon repose essentiellement sur la succession de longues scènes dialoguées, suivant en cela une tendance plus générale qu'a relevée Jean Rousset : « En dehors du discours théâtral, du traité en forme d'entretien et des conversations rapportées dans le texte de roman, le dialogue, comme principe organisateur d'un récit, a une existence bien attestée, avec forte concentration au XVIIIe siècle »[438]. Du reste, un tel usage du dialogue n'est guère surprenant chez un dramaturge et chez un auteur de textes qui s'affirment d'emblée comme des dialogues (le *Dialogue des morts, La Nuit et le moment, ou les Matines de Cythère* et *Le Hasard du coin du feu*)[439].

Concernant l'utilisation des incises, on note une légère différence entre les deux romanciers : Marivaux y recourt systématiquement ou presque[440], alors que Crébillon les omet de temps en temps. Étant donné que la plupart des répliques sont introduites par une incise, celles qui en sont dépourvues attirent l'attention du lecteur :

> Eh bien, me dit-elle [Mme de Lursay], sans la retirer [sa main], et en souriant, que voulez-vous ? Que vous me disiez que vous m'aimez. Mais quand je vous l'aurai dit, reprit-elle, j'en serai plus malheureuse, et je vous en verrai moins amoureux[441].

> Oh ! je le crois, répondit Madame de Lursay ; mais quel parti prendriez-vous, si vous voyiez qu'on voulût vous être infidèle ? J'en changerais

---

438 Jean Rousset, *Narcisse romancier, op. cit.*, pp. 21-22.

439 Voir Marie-Florence Sguaitamatti, *Le Dialogue et le conte dans la poétique de Crébillon*, Paris, Classiques Garnier, coll. « L'Europe des Lumières », 2010.

440 Voir Marivaux, *La Vie de Marianne, op. cit.*, p. 143. « À noter seulement quelques cas de répliques non introduites » (Frédéric Deloffre, *Une Préciosité nouvelle, op. cit.*, p. 223).

441 Crébillon, *Les Égarements, op. cit.*, pp. 117-118.

> beaucoup plus vite. C'est assurément, reprit-elle, un aimable cœur que le vôtre[442]!

> C'est, répondit-elle [Hortense], l'histoire d'un amant malheureux. Il n'est pas aimé, sans doute ? repris-je. Il l'est, répondit-elle. Comment peut-il donc être à plaindre ? Pensez-vous donc, me demanda-t-elle, qu'il suffise d'être aimé pour être heureux, et qu'une passion mutuelle ne soit pas le comble du malheur, lorsque tout s'oppose à sa félicité[443]?

Bien que l'omission des incises soit plutôt marginale dans Les Égarements, elle va se généraliser dans les romans de la seconde moitié du XVIIIe siècle. Marivaux, lui, évite généralement les échanges de répliques courtes qui font évidemment ressortir les incises dont la présence ralentit la conversation, gêne sa fluidité et lui ôte son caractère mimétique :

> Marianne, me disait-il quelquefois, vous n'êtes point à plaindre : de si beaux cheveux et ce visage-là ne vous laisseront manquer de rien. Ils ne me rendront ni mon père ni ma mère, lui répondis-je. Ils vous feront aimer de tout le monde, me dit-il ; et pour moi, je ne leur refuserai jamais rien. Oh ! pour cela, monsieur, lui dis-je, je compte sur vous et sur votre bon cœur. Sur mon bon cœur ? reprit-il en riant ; eh ! vous parlez donc de cœur, chère enfant, et le vôtre, si je vous le demandais, me le donneriez-vous ? Hélas ! vous le méritez bien, lui dis-je naïvement[444].

Quelques pages plus loin, on lit également :

> J'ai peur de vous aimer trop Marianne, me disait-il ; et si cela était que feriez-vous ? Je ne pourrais en être que plus reconnaissante, s'il était possible, lui répondais-je. Cependant, Marianne, je me défie de votre cœur, quand il connaîtra toute la tendresse du mien, ajouta-t-il, car vous ne la savez pas. Comment, lui dis-je, vous croyez que je ne vois pas votre amitié ? Eh ! ne changez point mes termes, reprit-il, je ne dis pas mon amitié, je parle de ma tendresse. Quoi ! dis-je, n'est-ce pas la même chose ? Non, Marianne, me répondit-il, en me regardant d'une manière à m'en prouver la différence[445].

---

442 *Ibid.*, p. 138.
443 *Ibid.*, pp. 174-175 ; voir également *ibid.*, pp. 181, 193-194.
444 Marivaux, *La Vie de Marianne, op. cit.*, pp. 36-37.
445 *Ibid.*, p. 41.

Par ailleurs, s'il est difficile de rendre compte de la fréquence et de la place qu'occupent dans le récit les 34 dialogues des *Égarements*, chez Marivaux, en revanche, le nombre de dialogues des cinq premières parties du *Paysan parvenu* (89) équivaut à peu près à celui des huit premières parties de *La Vie de Marianne* (93), ce qui signifie que l'histoire de Jacob est plus parlée que celle de Marianne. Jean Fabre en avait déjà fait le constat : « [U]ne bonne partie du *Paysan parvenu* relève du roman mimé et parlé »[446]. Toutefois, une œuvre romanesque peut renfermer moins de dialogues qu'une autre, mais comporter des échanges verbaux d'une plus grande étendue. Ainsi, *La Vie de Marianne* et *Les Égarements* contiennent plus de dialogues-fleuves que *Le Paysan parvenu* qui n'en compte qu'un : pages 69-83, 108-120, 172-189 et 326-339 dans *La Vie de Marianne* ; pages 209-222 et 231-243 dans *Les Égarements* ; pages 191-202 dans *Le Paysan parvenu*. Outre ces dialogues qui restent exceptionnels, on relève un très grand nombre de dialogues de trois à cinq pages[447] et de six à neuf pages[448], que l'on peut considérer comme des échanges longs, voire très longs. Certains forment une scène à part entière, tandis que d'autres s'enchaînent pour retracer, par exemple, le tableau d'une soirée mondaine.

Le premier dialogue des *Égarements* renvoie au premier cas (l'aveu de Meilcour)[449], alors que les dialogues des pages 138-140 (la visite de Versac à Mme de Lursay), 140-144 (l'impudence de Meilcour à l'égard de Mme de Lursay), 146 (les politesses échangées entre Mme de Senanges et Mme de Lursay), 149-152 (l'entrée de Versac accompagné de Pranzi), 153-155 (les questions de Mme de Senanges à Versac), 156-160 (la conversation pendant le souper), 162 (Versac engage Meilcour à apporter les couplets d'une chanson à Mme de Senanges), 163 (Meilcour aborde Hortense) scandent les temps forts d'une après-dînée et d'une longue soirée chez la marquise de Lursay. Si ces dialogues s'inscrivent dans un même épisode, ils ne s'enchaînent pas les uns aux autres, dans la mesure où le narrateur intervient entre chaque prise de parole pour rapporter la suite d'un dialogue[450], pour traduire ses pensées et ses craintes, pour annoncer l'arrivée impromptue de personnages (Mme et Mlle de Théville,

---

446 Jean Fabre, *Idées sur le roman, op. cit.*, p. 92, n. 13.
447 Voir *La Vie de Marianne, op. cit.*, pp. 85-89, 121-124, 124-128, 136-138, 235-237, etc. ; *Le Paysan parvenu, op. cit.*, pp. 42-45, 46-49, 68-71, 79-81, 99-102, etc. ; *Les Égarements, op. cit.*, pp. 101-103, 108-112, 117-119, 133-135, 138-140, etc.
448 Voir *La Vie de Marianne, op. cit.*, pp. 92-97, 138-145, 149-156, 192-200, 246-253, etc. ; *Le Paysan parvenu, op. cit.*, pp. 25-30, 60-66, 91-98, 126-134, 134-140, etc. ; *Les Égarements, op. cit.*, pp. 80-86, 124-129, 191-198.
449 Voir Crébillon, *Les Égarements, op. cit.* pp. 80-86.
450 Voir *ibid.*, pp. 142-144.

Mme de Senanges, Versac et Pranzi^451), pour dresser le portrait de ces nouveaux venus (Mme de Théville, Mme de Senanges, Pranzi^452), pour indiquer la place que chacun occupe par rapport aux autres pendant le souper, le jeu ou à la sortie^453, pour décrire les pratiques mondaines et l'attitude des personnages, leurs regards, leurs réactions à l'égard des discours qu'on leur tient et, plus généralement, le rôle qu'ils jouent dans cette comédie humaine. La narration sert, en quelque sorte, de liant entre les dialogues, permettant ainsi de comprendre les ressorts de chacun et les enjeux de cette scène qui n'est pas sans rappeler le canevas d'une pièce de théâtre : Mme de Lursay s'intéresse à Meilcour qui est épris d'Hortense, Versac, lui, jette son dévolu sur Hortense, Mme de Senanges poursuit Meilcour de ses assiduités et Pranzi importune Mme de Lursay. Cependant, nul dénouement ne décide du devenir de chacun et les rendez-vous pris – Meilcour et Mme de Senanges, Meilcour et Mme de Lursay, Meilcour et Hortense^454 – annoncent simplement d'autres scènes à venir. Dans *Les Égarements*, en somme, les dialogues marquent généralement les temps forts d'une séquence de scènes, mais leur enchaînement ne répond pas à une exigence dramatique. On pourrait renouveler la démonstration avec d'autres séquences, comme celles qui se déroulent chez Mme de Lursay, chez Mme de Théville, ou encore aux Tuileries^455.

Marivaux, on l'a vu, est l'un de ceux qui utilise le plus le dialogue dans ses romans et, si *Le Paysan parvenu* a été qualifié de « roman parlé », c'est bien parce qu'il recourt constamment au dialogue, que ce soit pour un bref entretien ou pour une longue conversation. Ainsi est-ce en échangeant quelques mots avec Dubois que Jacob apprend la mort de son maître :

> Le premier objet que je rencontrai, ce fut un vieux valet de chambre de monsieur qui levait les mains au ciel en soupirant, qui pleurait et qui s'écriait : Ah ! pauvre homme que je suis ! Quelle perte ! quel malheur ! Qu'avez-vous, donc, monsieur Dubois ? lui dis-je ; qu'est-il arrivé ?

---

[451] Voir, pour l'arrivée de Mme et Mlle de Théville, *ibid.*, p. 144 ; celle de Mme de Senanges, *ibid.*, p. 146 ; celle de Versac et de Pranzi, *ibid.*, p. 149.

[452] Voir, pour le portrait de Mme de Théville, *ibid.*, p. 145 ; celui de Mme de Senanges, pp. 147-149 ; celui de Pranzi, *ibid.*, p. 151.

[453] Voir, pour la place des personnages pendant le souper, *ibid.*, p. 155 ; pendant le jeu, *ibid.*, p. 161 ; à la sortie, *ibid.*, p. 165.

[454] Voir, pour le rendez-vous entre Meilcour et Mme de Senanges, *ibid.*, p. 162 ; pour celui entre Meilcour et Mme de Lursay et celui entre Meilcour et Hortense, *ibid.*, p. 163.

[455] Voir, pour les séquences chez Mme de Lursay, *ibid.*, pp. 117-119, 122-123, 124-129 et 227-228, 231-243 ; chez Mme de Théville, *ibid.*, pp. 174-176, 176-177, 180-182 ; aux Tuileries, *ibid.*, pp. 189, 190-191, 191-198, 200.

> Hélas ! mon enfant, dit-il, monsieur est mort et j'ai envie d'aller me jeter dans la rivière[456].

Ces deux répliques mettent en relief le coup de théâtre que constitue la mort du maître qui voulait obliger Jacob à épouser la suivante Geneviève. D'autres échanges courts complètent le portrait moral de certains personnages :

> On voyait ces dames [les sœurs Habert] se servir négligemment de leurs fourchettes, à peine avaient-elles la force d'ouvrir la bouche, elles jetaient des regards indifférents sur ce bon vivre : Je n'ai point de goût aujourd'hui. Ni moi non plus. Je trouve tout fade. Et moi tout trop salé.
> Ces discours-là me jetaient de la poudre aux yeux, de manière que je croyais voir les créatures les plus dégoûtées du monde, et cependant le résultat de tout cela était que les plats se trouvaient si considérablement diminués quand on desservait, que je ne savais les premiers jours comment ajuster tout cela[457].

Apparaît ici l'écart entre le discours des demoiselles Habert et leur comportement à table qui, malgré le désintérêt qu'elles feignent, trahit leur gourmandise. Plus généralement, les dialogues du *Paysan parvenu* animent des scènes cruciales, telles que les scènes de rencontre (Jacob avec sa maîtresse, Mlle Habert, Catherine, Mme de Ferval et Mme de Fécour[458]), les scènes à témoin caché (Mlles Habert et M. Doucin, Mme de Ferval et le chevalier[459]), les scènes de séduction (Jacob avec sa maîtresse, Mlle Habert, Mme de Ferval et Mme de Fécour[460]), la déclaration de Mlle Habert[461], ou encore le procès de Jacob[462]. Ces nombreux dialogues constituent des scènes à part entière et se lient à d'autres pour former une séquence. Par exemple, le jour où le héros rend visite à Mme de Ferval, trois dialogues développent successivement une première

---

456 Marivaux, *Le Paysan parvenu, op. cit.*, p. 36.
457 *Ibid.*, p. 52. Il s'agit de l'un des rares dialogues du roman sans incises.
458 Voir, pour la rencontre de Jacob avec sa maîtresse, *ibid.*, pp. 11-12 ; avec Mlle Habert, *ibid.*, pp. 42-45 ; avec Catherine, *ibid.*, pp. 49-50 ; avec Mme de Ferval, *ibid.*, pp. 134-140 ; avec Mme de Fécour, *ibid.*, pp. 181-185.
459 Voir, pour la scène entre Mlles Habert et M. Doucin, *ibid.*, pp. 60-66 ; celle entre Mme de Ferval et le chevalier, *ibid.*, pp. 233-240.
460 Voir, pour la scène de séduction entre Jacob et sa maîtresse, *ibid.*, pp. 14-16 ; entre Jacob et Mlle Habert, *ibid.*, pp. 73-75, 79-81 ; entre Jacob et Mme de Ferval, *ibid.*, pp. 134-140, 172-179, 222-224 ; entre Jacob et Mme de Fécour, *ibid.*, pp. 185-187.
461 Voir *ibid.*, pp. 91-98.
462 Voir *ibid.*, pp. 126-134.

scène de séduction entre Jacob et Mme de Ferval, puis les circonstances de l'entrée inattendue de Mme de Fécour qui fait la connaissance de Jacob, enfin une seconde scène de séduction entre celui-ci et Mme de Fécour[463]. Bien que ces scènes dialoguées se suivent, le narrateur demeure pour décrire les scènes, pour peindre le portrait de Mme de Fécour[464], pour expliquer sa confusion et celle de Mme de Ferval[465], etc. Le dialogue participe également à la progression de l'action, puisque Jacob, qui n'a aucun emploi, sort de chez Mme de Fécour avec une lettre de recommandation et deux maîtresses. Dès lors, si Marivaux accorde une place prépondérante aux dialogues, il n'en écarte pas moins pour autant le narrateur dont les descriptions, les commentaires, les réflexions permettent d'approfondir le traitement et la compréhension d'une scène.

Dans *La Religieuse*, Diderot innove par rapport à ses devanciers en supprimant la plupart des incises qui introduisent les répliques des personnages. Mais déjà en 1754, dans l'article « Direct » de l'*Encyclopédie*, Marmontel déplorait dans le « dialogue pressé », « la répétition fatigante de ces façons de parler, *lui dis-je, reprit-il, me répondit-elle*, interruptions qui ralentissent la vivacité du dialogue et rendent le style languissant où il devrait être le plus animé »[466]. Toujours selon lui, « le moyen le plus court et le plus sûr d'éviter en même temps les longueurs et l'équivoque serait de convenir d'un caractère qui marquerait le changement d'interlocuteurs, et qui ne serait jamais employé qu'à cet usage »[467]. Dans ses *Contes moraux*, il mettra en pratique ce qu'il recommandait alors, observant à ce propos : « Je proposai il y a quelques années, dans l'article "Dialogue" ["Direct"] de l'*Encyclopédie*, de supprimer les *dit-il* et *dit-elle*, du dialogue vif et pressé. J'en ai fait l'essai dans ces Contes, et il me semble qu'il a réussi »[468]. Diderot n'est donc pas le premier à généraliser l'omission des incises, mais il est sans doute l'un des premiers auteurs à systématiser l'usage du tiret dans le roman. Certes, tous les dialogues de *La Religieuse* ne sont pas dépourvus d'incises[469]; toutefois, la narratrice introduit très souvent la réplique initiale avant de laisser la parole aux personnages :

---

463 Voir, pour la première scène de séduction, *ibid.*, pp. 172-179 ; les circonstances de l'entrée de Mme de Fécour, *ibid.*, pp. 181-185 ; la seconde scène de séduction, *ibid.*, pp. 185-187.

464 Voir *ibid.*, pp. 179-181.

465 Voir *ibid.*, p. 183.

466 Marmontel, « Direct », dans Diderot et D'Alembert, *Encyclopédie, tome 4*, Paris, Briasson/David l'aîné/Le Breton/Durand, 1754, p. 1025 ; c'est l'auteur qui souligne et nous modernisons.

467 *Ibid.*, p. 1026.

468 Marmontel, « Préface », *Contes moraux, tome 1*, La Haye, 1761, p. x ; c'est l'auteur qui souligne et nous modernisons.

469 Voir Diderot, *La Religieuse, op. cit.*, pp. 264, 299, 380.

> Elle entra un jour dans ma cellule et elle me dit : Sœur Suzanne, vous avez des défauts, mais vous n'avez pas celui de mentir ; dites-moi donc la vérité : qu'avez-vous fait de tout le papier que je vous ai donné ? — Madame, je vous l'ai dit. — Cela ne se peut, car vous m'en avez demandé beaucoup et vous n'avez été qu'un moment au confessionnal. — Il est vrai. — Qu'en avez-vous donc fait ? — Ce que je vous ai dit. — Eh bien, jurez-moi par la sainte obéissance que vous avez vouée à Dieu que cela est, et malgré les apparences je vous croirai. — Madame, il ne vous est pas permis d'exiger un serment pour une chose si légère, et il ne m'est pas permis de le faire. Je ne saurais jurer. — Vous me trompez, sœur Suzanne, et vous ne savez pas à quoi vous vous exposez. Qu'avez-vous fait du papier que je vous ai donné ? — Je vous l'ai dit. — Où est-il ? — Je ne l'ai plus. — Qu'en avez-vous fait ? — Ce que l'on fait de ces sortes d'écrits qui sont inutiles après qu'on s'en est servi. — Jurez-moi par la sainte obéissance qu'il a été tout employé à écrire votre confession et que vous ne l'avez plus. — Madame, je vous le répète, cette seconde chose n'étant pas plus importante que la première, je ne saurais jurer. — Jurez, me dit-elle, ou... — Je ne jurerai point. — Vous ne jurerez point ? — Non, madame. — Vous êtes donc coupable ? — Et de quoi puis-je être coupable ? — De tout[470].

Diderot adopte généralement cette forme pour les scènes décisives, comme celle du reposoir, celle où la supérieure de Longchamp questionne Suzanne après avoir reçu une demande de révocation de ses vœux, celle de l'interrogatoire de l'archidiacre, celle de la visite de M. Manouri après l'échec du procès, celle de la seconde visite de l'archidiacre, celle du premier tête-à-tête entre Suzanne et la supérieure de Saint-Eutrope, celle où cette dernière questionne sa protégée après que celle-ci lui a conté son histoire, celle où cette même supérieure tente d'abuser d'elle, ou encore celle qui se déroule dans l'église, en pleine nuit, après la confession de Suzanne[471]. Si les premières scènes évoquées – les interrogatoires et les entretiens de Suzanne avec la sœur

---

470 *Ibid.*, p. 277.
471 Voir, pour la scène du reposoir, *ibid.*, pp. 282-283 ; pour celle où la supérieure de Longchamp questionne Suzanne, *ibid.*, pp. 286-290 ; pour l'interrogatoire de l'archidiacre, *ibid.*, pp. 304-306 ; pour la visite de M. Manouri, *ibid.*, pp. 312-314 ; pour la seconde visite de l'archidiacre, *ibid.*, p. 322 ; pour le premier tête-à-tête entre Suzanne et la supérieure de Saint-Eutrope qui, en réalité, ne sont pas seules, puisque la sœur Thérèse est présente, *ibid.*, pp. 331-332 ; pour la scène où la supérieure de Saint-Eutrope questionne Suzanne, *ibid.*, pp. 343-346 ; pour celle où cette supérieure tente d'abuser d'elle, *ibid.*, pp. 347-349 ; pour celle qui se déroule dans l'église, *ibid.*, pp. 361-363.

Ursule, puis avec son avocat – sont essentiellement dialoguées, les scènes qui se déroulent à Saint-Eutrope mêlent dialogue et narration ; elles sont moins uniformes, car elles accordent une grande place à la description de la gestuelle. Ainsi, lorsque la supérieure de Saint-Eutrope rejoint Suzanne au pied des autels pendant la nuit, le dialogue est momentanément interrompu par la description de l'effet d'illusion que produisent sur la supérieure des jeux d'ombre et de lumière :

> Elle se mit à genoux, et après avoir prié quelque temps, elle me dit : « Sainte-Suzanne, que faites-vous ici ? — Madame, vous le voyez. — Savez-vous l'heure qu'il est ? — Oui, madame. — Pourquoi n'êtes-vous pas rentrée chez vous à l'heure de la retraite ? — C'est que je me disposais à célébrer demain le grand jour. — Votre dessein était donc de passer ici la nuit ? — Oui, madame.—Et qui est-ce qui vous l'a permis ? — Le directeur me l'a ordonné. — Le directeur n'a rien à ordonner contre la règle de la maison ; et moi je vous ordonne de vous aller coucher. — Madame, c'est la pénitence qu'il m'a imposée. — Vous la remplacerez par d'autres œuvres. — Cela n'est pas à mon choix. — Allons, me dit-elle, mon enfant, venez ; la fraîcheur de l'église pendant la nuit vous incommodera, vous prierez dans votre cellule. » [...] Rassurée par la sainteté du lieu, par la présence de la divinité, par l'innocence de mon cœur j'osai lever les yeux sur elle, mais à peine l'eus-je aperçue, que je poussai un grand cri et que je me mis à courir dans le chœur comme une insensée en criant : « Loin de moi, Satan !... » Elle ne me suivait point, elle restait à sa place, et elle me disait en tendant doucement ses deux bras vers moi et de la voix la plus touchante et la plus douce : « Qu'avez-vous ? D'où vient cet effroi ? Arrêtez ; je ne suis point Satan ; je suis votre supérieure et votre amie. » Je m'arrêtai, je retournai encore la tête vers elle, et je vis que j'avais été effrayée par une apparence bizarre que mon imagination avait réalisée ; c'est qu'elle était placée par rapport à la lampe de l'église de manière qu'il n'y avait que son visage et que l'extrémité de ses mains qui fussent éclairés et que le reste était dans l'ombre, ce qui lui donnait un aspect singulier[472].

Après le court récit de cette vision qui résulte du clair-obscur, les deux personnages reprendront la discussion : autrement dit, même lorsque le dialogue est suspendu, il demeure l'un des éléments constitutifs de la scène. Georges May, qui a également souligné cette prédominance des dialogues dans les

---

472 *Ibid.*, p. 361.

scènes importantes de *La Religieuse*, les qualifiait de « réalistes et dramatiques, très rapides, dépourvus des longues tirades et des monosyllabes incohérents dont Diderot avait encombré ses drames »[473]. Si les dialogues de *La Religieuse* sont, en quelque sorte, plus théâtraux que ceux du *Fils naturel* et du *Père de famille*, c'est bien parce qu'ils rendent parfaitement la tension dramatique de certaines scènes, grâce à la brièveté des répliques, à la raréfaction ou à l'absence d'incises, aux aposiopèses qui traduisent l'irrégularité de la langue parlée (inachèvement, interruption) et aux exclamations qui rendent les dialogues plus vifs, plus naturels, donc réalistes et dramatiques. Ces particularités stylistiques n'ont pas échappé à un écrivain comme Léon Daudet qui observait à juste titre à quel point certaines « œuvres de Diderot – en particulier la *Religieuse* – font [...] une très large part au 'parlé'. C'est le langage de l'émotion, qu'elle soit sensible ou sensuelle, et qui fait le pont entre le livre et le théâtre »[474]. On ne saurait toutefois suivre Georges May lorsqu'il affirme que *La Religieuse* est entièrement dépourvue de ces tirades et de ces monosyllabes si caractéristiques des drames de Diderot. On pense, par exemple, à certaines tirades de la supérieure de Saint-Eutrope ou du père Le Moine[475] et aux réponses laconiques de Suzanne :

> Quoi ! votre cœur n'a jamais rien senti ? — Rien. [...] — Mais est-ce que vous éprouvez en vous-même des mouvements, des désirs ? — Aucun. — Je le crois ; vous me paraissez d'un caractère tranquille. — Assez. [...] — Mais quand vous ne vous endormez pas tout de suite, à quoi pensez-vous ? — À ma vie passée, à celle qui me reste, ou je prie Dieu, ou je pleure, que sais-je ? — Et le matin, quand vous vous éveillez de bonne heure ? — Je me lève. — Tout de suite ? — Tout de suite. Vous n'aimez pas à rêver ? — Non. — À vous reposer sur votre oreiller ? — Non. — À jouir de la douce chaleur du lit ? — Non. — Jamais...[476]

La théâtralité de ces dialogues est inhérente à leur contenu et à leur forme, et non pas à leur enchaînement dans le récit, dans la mesure où Diderot, à la différence de Marivaux, présente rarement une succession de dialogues. Par exemple, le jour où l'archidiacre interroge Suzanne pour la première

---

473 Georges May, *Diderot et « La Religieuse »*, *op. cit.*, p. 223.
474 Léon Daudet, *Quand vivait mon père*, Paris, Éditions Bernard Grasset, 1940, pp. 236-237.
475 Voir, pour la supérieure de Saint-Eutrope, Diderot, *La Religieuse*, *op. cit.*, p. 347 ; pour le père Le Moine, *ibid.*, p. 359.
476 *Ibid.*, pp. 344-345.

fois, il lui demande ensuite de se retirer dans sa cellule pendant qu'il questionne cette fois-ci la supérieure de Longchamp ; puis, ces derniers rejoignent Suzanne dans sa cellule où, finalement, l'ecclésiastique confond la supérieure[477]. Le romancier rapporte le premier et le dernier de ces dialogues, mais ne reproduit pas celui que le grand vicaire a eu entretemps avec la sœur Sainte-Christine[478]. Lors de son second passage à Longchamp, M. Hébert s'entretient à nouveau avec Suzanne qu'il informe de son transfert imminent à Saint-Eutrope ; s'ensuit presque aussitôt une série de questions sur les circonstances qui ont permis à Suzanne de rencontrer M. Manouri[479]. Bref, il arrive que Diderot enchaîne quelques dialogues, mais cela reste rare ; et si les scènes dialoguées sont d'une étendue variable, les plus longues d'entre elles se révèlent d'une importance décisive pour l'héroïne, comme la révélation du Père Séraphin, la conversation entre Suzanne et sa mère, ou encore la prononciation des vœux monastiques[480]. Quoi qu'il en soit, s'il est vrai que Diderot accorde une place considérable aux dialogues dans son roman et qu'il réinvente jusqu'à leur forme, il ne faudrait sans doute pas en conclure, comme Georges May, que *La Religieuse* est « le premier roman français à faire une part proportionnellement aussi large au dialogue »[481], le premier rang revenant sans doute, on l'a vu, à Marivaux.

Dans la lignée de ces deux maîtres de l'échange verbal, Louvet parachève l'exploitation dramatique du dialogue dans ses *Amours*, en faisant constamment parler ses personnages au style direct, en supprimant les incises, en recourant aux aposiopèses et, surtout, en empruntant la forme même du dialogue de théâtre. Afin de rendre compte de l'abondance et de la variété des dialogues dans le roman, mentionnons les plus courts dialogues de la première partie, qui tiennent en deux lignes, et les plus longs, qui s'étendent sur cinq, six ou sept pages pour ceux qui restent intégrés au corps du texte[482], ou bien sur douze et dix-huit pages pour ceux qui adoptent la disposition des répliques

---

477 Voir *ibid.*, pp. 304-307.
478 Voir *ibid.*, p. 306.
479 Voir *ibid.*, pp. 322-323.
480 Voir, pour la révélation du Père Séraphin, *ibid.*, pp. 254-256 ; pour la conversation entre Suzanne et sa mère, *ibid.*, pp. 257-259 ; pour la prononciation des vœux monastiques, *ibid.*, pp. 251-252.
481 Georges May, *Diderot et « La Religieuse »*, *op. cit.*, p. 223.
482 Voir, pour les dialogues qui tiennent en deux lignes, Louvet de Couvray, *Les Amours*, *op. cit.*, pp. 205, 235, 282, 306, 364, etc. ; en cinq pages, *ibid.*, pp. 157-161, 168-172, 196-200, 201-205, 313-317, etc. ; en six pages, *ibid.*, pp. 163-168, 188-193, 219-224 ; en sept pages, *ibid.*, pp. 282-288.

de théâtre[483]. Les plus courts permettent soit d'annoncer l'entrée d'un personnage et donc une scène à venir, soit de souligner le moment le plus dramatique d'une action[484], tandis que les plus longs dialogues constituent des scènes à part entière. C'est dans ceux-ci que le romancier supprime les incises afin d'assurer leur fluidité, leur rapidité et leur caractère mimétique, donc leur naturel, leur vraisemblance et leur théâtralité :

> Vous voilà de retour de bonne heure, monsieur. — Oui, madame. — Je ne vous attendais pas si tôt. — Cela se peut bien, madame. — Vous paraissez agité, monsieur, qu'avez-vous donc ? — Ce que j'ai, madame, ce que j'ai !... j'ai que... je suis furieux. — Modérez-vous, monsieur... peut-on savoir ?... — J'ai que... il n'y a plus de mœurs nulle part... les femmes !... — Monsieur, la remarque est honnête, et l'application heureuse ! — Madame, c'est que je n'aime pas qu'on me joue !... et quand on me joue, je m'en aperçois bien vite ! — Comment, monsieur, des reproches ! des injures !... cela s'adresserait-il... vous vous expliquerez, sans doute ? Oui, madame, je m'expliquerai, et vous allez être convaincue[485]!

Dans ce passage, Louvet utilise presque systématiquement les appellations « monsieur » et « madame », afin d'écarter toute confusion dans l'attribution des répliques, sans pour autant nuire à l'imitation de la parole vive. La surabondance des dialogues dans *Les Amours* laisse imaginer leur fréquence dans une œuvre où ils s'articulent essentiellement de deux façons : ou ils se succèdent sans s'enchaîner, ou ils s'enchaînent sur un mode dramatique. Le premier cas permet de révéler les temps forts d'un épisode, comme celui du bal où Rosambert conduit Faublas travesti en Mlle du Portail : le premier dialogue introduit le quiproquo, le deuxième dévoile une adjuvante de la marquise, le troisième est une invitation de la marquise, le quatrième découvre le personnage ridicule du marquis, dans le cinquième, Rosambert proteste une dernière fois que Mlle du Portail est un homme et, dans le sixième, il décline l'invitation

---

483 Voir, pour le dialogue de douze pages, *ibid.*, pp. 402-413 ; celui de dix-huit pages, *ibid.*, pp. 99-116.
484 Voir, pour les dialogues qui annoncent l'entrée d'un personnage, *ibid.*, pp. 205, 282, 306 ; pour celui qui souligne le moment le plus dramatique d'une action, *ibid.*, p. 235.
485 *Ibid.*, p. 188.

du marquis dont il devine l'avenir proche[486]. Ces dialogues se succèdent au cours d'une même soirée, mais ne se suivent pas tout à fait. Dans cet épisode du bal, Louvet ne rapporte que les échanges importants – le quiproquo initial, l'accaparement de Rosambert par la comtesse, l'invitation de la marquise et la rencontre de Faublas avec le marquis –, qui finissent d'ailleurs par former une petite comédie dont le sujet, on l'a vu, est le trompeur trompé.

Le second type d'enchaînement relève cette fois-ci d'une succession ininterrompue de scènes dialoguées, comme celles où M. du Portail et sa prétendue fille – Faublas travesti – maintiennent le marquis de B*** dans son erreur jusqu'à ce que le véritable père de Faublas fasse son entrée et manque d'écourter la comédie[487]. On observe un enchaînement semblable le jour où le marquis de B*** fait la connaissance de Mme Ducange – Faublas travesti –, l'arrivée de Mme de Verboug – la mère supposée de Mme Ducange – donnant alors lieu à une nouvelle scène de comédie[488]. La succession de ces dialogues relève bien du théâtre : l'entrée d'un personnage suscite une tension dramatique ou bien relance le comique d'une scène.

Outre ces dialogues auxquels Louvet recourt volontiers, on a relevé onze dialogues théâtraux qui sont aisément repérables, puisqu'ils sont typographiquement détachés du texte[489]. Centrées dans la page, les répliques des personnages sont séparées les unes des autres par un espace et le nom des interlocuteurs, écrit en lettres majuscules, précède chaque réplique, suivant les usages qui prévalent dans l'édition des pièces de théâtre, de sorte qu'il suffit de feuilleter l'ouvrage pour les repérer. Pourtant, bien que leur forme permette de les distinguer du reste du texte, il n'est pas toujours aisé de les circonscrire au premier coup d'œil, puisque le dialogue commence parfois avant sa mise en forme théâtrale, de sorte que dialogue et forme dramatique ne se recoupent pas toujours parfaitement, comme le montre ce tableau :

---

486   Voir, pour le premier dialogue, *ibid.*, pp. 67-68 ; le deuxième, *ibid.*, pp. 68-69 ; le troisième, *ibid.*, pp. 69-70 ; le quatrième, *ibid.*, pp. 70-71 ; le cinquième, *ibid.*, p. 71 ; le sixième, *ibid.*, pp. 71-72.
487   Voir *ibid.*, pp. 173-178.
488   Voir *ibid.*, pp. 340-345.
489   Nous reprenons ici partiellement la matière de notre article mis en ligne sur le site du Centre de Recherche Interdisciplinaire sur les Modèles Esthétiques et Littéraires ; voir « Théâtralité et art du dialogue dans *Les Amours du chevalier de Faublas* (1787-1790) de Louvet de Couvray », pp. 1-24, et pp. 13-18 pour cet emprunt, http://www.univ-reims.fr/site/laboratoire-labellise/crimel/gallery_files/site/1/1697/3184/10102/20987/20989.pdf (visité le 11 février 2016).

	Dialogues théâtraux	Pages délimitant le contenu du dialogue	Pages délimitant la forme du dialogue
1ère partie des *Amours*	1er	pp. 99-116	pp. 101-113
	2e	pp. 401-414	pp. 402-413
	3e	pp. 417-420 Une réplique du marquis introduit le dialogue.	pp. 417-419
	4e	pp. 439-443 Avant que le dialogue ne prenne la forme théâtrale, le baron et M. du Portail tentent de consoler M. de Gorlitz qui vient de surprendre Faublas avec sa fille.	pp. 440-442
2e partie des *Amours*	5e	pp. 499-504	pp. 501-502
3e partie des *Amours*	6e	pp. 792-801	pp. 792-801
	7e	pp. 803-816	pp. 803-816
	8e	pp. 818-819 La baronne explique à la comtesse pourquoi elle a chassé le comte de la chambre.	pp. 818-819
	9e	pp. 824-832 Une réplique du comte avertit le lecteur qu'il entre à nouveau dans la chambre.	pp. 824-830
	10e	pp. 965-976 Les répliques de Rosambert donnent le ton à cette scène burlesque.	pp. 965-976
	11e	pp. 980-991	pp. 980-989

Neuf dialogues sur onze débutent et s'achèvent au-delà de leur mise en forme théâtrale. C'est que les répliques détachées de cette mise en forme, en introduisant ou en concluant le dialogue, facilitent le passage du roman au théâtre ou du théâtre au roman. Tel est le cas, par exemple, lorsque Rosambert décide de conter au marquis de B*** la façon dont il a été éconduit et celle dont le marquis a été lui-même trompé :

> « Oui, continua le comte, mon aventure est assez drôle ; j'ai rencontré là une fort jolie dame, qui m'estimait beaucoup, mais beaucoup, la semaine passée ! — J'entends, j'entends, dit le marquis. — Cette semaine, elle m'a éconduit d'une manière si plaisante !... Imaginez que j'ai été au bal avec un de mes amis, qui s'était fort joliment déguisé... » La marquise effrayée l'interrompit : Monsieur le comte soupe sans doute avec nous ? lui dit-elle, de l'air du monde le plus flatteur. — Si cela ne vous embarrasse pas trop, madame... — Quoi ! interrompit le marquis, vas-tu faire des façons avec nous ? [...]
>
> Dès que les domestiques eurent servi le dessert et se furent retirés, le comte commença une attaque plus chaude, qui nous jeta, la marquise et moi, dans une mortelle anxiété.
>
> LE COMTE
> Je vous disais, monsieur le marquis, qu'une jeune dame m'honorait la semaine passée d'une attention toute particulière...[490]

Les répliques qui précèdent le dialogue théâtral instaurent d'emblée une tension, puisque Rosambert entreprend de dire au marquis que son épouse – qui était alors sa maîtresse – l'a trompé à deux reprises. Si la marquise parvient à détourner l'attention de son mari en invitant le comte à souper et si le narrateur interrompt momentanément le dialogue des personnages pour rapporter la joute verbale qui s'engage entre le comte et la marquise pendant le repas, Rosambert reprend finalement son histoire là où il l'avait laissée – « Je vous disais [...] qu'une jeune dame m'honorait la semaine passée d'une attention toute particulière... » –, et la mise en forme théâtrale permet de marquer l'apogée de la tension dramatique.

La première partie des *Amours* comprend quatre dialogues théâtraux, la deuxième, un seul, et la troisième, six, cette répartition pouvant s'expliquer d'abord par la longueur inégale de chaque partie qui compte respectivement 392, 167 et 489 pages. Louvet a peut-être introduit davantage de dialogues dans les première et troisième parties qui sont plus étendues que la deuxième. Mais les première et troisième parties contiennent également les épisodes les plus dramatiques, puisqu'elles s'organisent autour du trio du mari, de la femme et

---

[490] Louvet de Couvray, *Les Amours, op. cit.*, pp. 99-101.

de l'amant – le marquis, la marquise, Faublas pour l'une et le comte, la comtesse, Faublas pour l'autre. En outre, la tension dramatique est encore plus forte dans la troisième partie où la liaison entre Faublas et la comtesse s'ajoute à celle que le héros a déjà nouée avec la marquise.

Du reste, comment expliquer le choix de Louvet d'adopter une mise en forme théâtrale pour onze de ses dialogues ? Étudions, pour ce faire, les quatre premiers dialogues théâtraux de la troisième partie qui forment une unité, dans la mesure où ils prennent place dans la chambre de la comtesse, dans son château du Gâtinais, et qu'ils interviennent tout au long d'un épisode d'une soixantaine de pages[491]. À ce moment du récit, la situation est critique : Faublas poursuit son beau-père qui a enlevé son épouse Sophie, mais il perd leur trace et s'arrête dans une auberge, épuisé et désespéré. Sa maîtresse, la comtesse de Lignolle, arrive à temps pour l'empêcher d'attenter à sa vie ; alors qu'elle le console, les amants sont surpris par le vicomte de Florville qui n'est autre que la marquise de B*** travestie. Gravement malade, Faublas est conduit par ses deux maîtresses au château où il reçoit les premiers soins. La situation est périlleuse : la comtesse ignore que le vicomte cache la marquise et le comte ne sait pas que Mlle de Brumont – Faublas travesti – cache l'amant de sa femme. Le premier dialogue donne immédiatement le ton à cet épisode où la tension dramatique ne faiblit pas : la baronne de Fonrose, ennemie de la marquise, arrive au château pour s'enquérir de la santé de Faublas et pénètre dans la chambre où il est alité, alors que la marquise dort dans une pièce voisine. Or, si la baronne vient à découvrir la présence de sa rivale, elle risque de révéler la véritable identité du vicomte de Florville à la comtesse ; et si celle-ci apprend à son tour que le vicomte n'est autre que la marquise travestie, elle ne manquera pas de s'emporter et donc de se trahir aux yeux de son époux. Un seul mot de la baronne entraînerait inévitablement le scandale. C'est dans ce contexte extrêmement tendu que Louvet introduit les dialogues théâtraux. Dans le premier dialogue, Faublas et la comtesse tentent de dissimuler la présence de la marquise à la baronne, mais leurs précautions s'avèrent inutiles, puisque le comte l'en a déjà informée. Le deuxième dialogue est le lieu d'une querelle soutenue entre la marquise et la baronne qui menace incessamment de tout révéler, mais la présence du comte l'en empêche. Cherchant à épargner la réputation de la comtesse, mais refusant d'abandonner la partie, elle trouve finalement un stratagème pour éloigner le comte et, ainsi, dévoiler la vérité à Mme de Lignolle. L'effet de cette révélation est d'autant plus violent qu'un mot suffit pour mettre au fait la comtesse :

---

491   Voir *ibid.*, pp. 776-843.

> Ce n'est rien, rien qu'une ruse tout à l'heure imaginée pour éloigner votre mari malgré vous, et malgré vous chasser votre rivale.
>
> LA COMTESSE
> Ma...
>
> LA BARONNE
> Eh ! oui, malheureuse enfant que vous êtes ! vous vous laissez duper ainsi ! Regardez donc ce prétendu jeune homme. À sa taille, à ses traits, pouvez-vous méconnaître une femme ? À son adresse, à sa perfidie surtout, à son inconcevable audace, pouvez-vous méconnaître ?...
>
> LA COMTESSE
> La marquise de B*** ! grands dieux !
>
> LA MARQUISE, à *Faublas*.
> Mon ami, je vous quitte à regret ; mais je saurai de vos nouvelles. (*À madame de Fonrose, d'un ton menaçant.*) Baronne, comptez sur ma reconnaissance, et cependant respectez mon secret ; gardez-vous d'essayer de me compromettre en divulguant cette aventure. (*À madame de Lignolle.*) Adieu, madame la comtesse ; si vous êtes assez raisonnable pour ne garder au vicomte de Florville aucun ressentiment, il vous promet de ne point révéler vos faiblesses à la marquise de B***.
> Elle sortit, suivie de la baronne[492].

Le mot « rivale » suffit à réduire à néant les efforts de Faublas, de la marquise et de la comtesse. La baronne excite la colère de cette dernière en relevant le contraste entre la naïveté de l'enfant qu'elle est encore et l'ingéniosité de la marquise. Hors d'elle-même, Mme de Lignolle exige des explications de Faublas et les répliques restent intégrées au récit jusqu'à ce que le comte entre à nouveau en scène : le dialogue se poursuit, mais on retourne au théâtre. Ce changement de forme marque le retour de la tension dramatique :

> Monsieur [Faublas], dites-moi ce que vous avez fait ensemble... Parlez... Tandis que je dormais, que s'est-il passé ? — Rien, mon amie, nous avons causé. — Oui, oui, causé ! Ne croyez pas m'en imposer encore... Dites la vérité, dites ce que vous avez fait ensemble ; j'exige...

---

492 *Ibid.*, pp. 818-819.

[…] Je suis sûre que pendant mon sommeil… Oui, j'en suis sûre ; mais j'en attends l'aveu de votre bouche, je l'exige… J'aime mieux ne pouvoir plus douter de mon malheur, que de rester dans la plus affreuse des incertitudes… Faublas, dis ce que vous avez fait ensemble. Tiens, si tu l'avoues, je te le pardonne… Convenez-en, monsieur… convenez-en, ou je vous donne votre congé… Oui, c'est un parti pris, je vous renvoie, je vous chasse.
— Pourquoi donc la chasser ? dit M. de Lignolle en entrant. Il ne faut pas. Je suis même très fâché d'être sorti, car vous avez renvoyé le vicomte… — Le vicomte !… Monsieur, je vous déclare une fois pour toutes qu'il ne faut jamais prononcer son nom devant moi. — Eh ! mais, madame, qu'avez-vous donc ? Votre visage !… — Mon visage est à moi, monsieur, j'en puis faire tout ce qu'il me plaît, mêlez-vous de vos affaires. — À la bonne heure… Je me repens d'avoir quitté cet appartement ; on a profité de mon absence…

LA BARONNE
Elle n'a pas été longue. Le braconnier s'est laissé prendre beaucoup plus tôt que je ne l'espérais.

LE COMTE, *se jetant dans un fauteuil.*
Oui, prendre ; je le donne en vingt-quatre heures au plus habile. Ah ! le chien d'homme ! puisque ce n'est pas un oiseau, il faut que ce soit le diable[493].

Le théâtre semble donc être le genre le plus apte à rendre l'intensité dramatique de ces scènes qui constituent les climax d'un long épisode romanesque. Toutefois, cet enchaînement que l'on observe avec les sixième et septième dialogues théâtraux, qui préparent le huitième où le scandale éclate, ne se vérifie pas dans l'ensemble de l'œuvre. En effet, si les premier et deuxième dialogues sont des scènes de comédie où le marquis de B*** manque de peu d'apprendre son cocuage, ils ne sont pas à l'origine du troisième dialogue où, cette fois-ci, le marquis découvre la tromperie dont il est victime. En revanche, les troisième et huitième dialogues, où se fait jour la vérité, sont systématiquement précédés de dialogues où la comédie menace de tourner au drame. Dès lors, on peut distinguer les dialogues qui préparent le scandale et qui sont généralement

---

493 *Ibid.*, pp. 823-825.

très longs – les premier, deuxième, sixième, septième, dixième et onzième – des dialogues où la vérité éclate – les troisième et huitième – et dont la brièveté renforce le choc de la découverte.

Comment expliquer alors l'unique dialogue théâtral de la deuxième partie des *Amours* ? Les aventures de Faublas pourraient elles-mêmes fournir une réponse : à la suite d'un duel avec le marquis de B***, Faublas, interdit de séjour dans la capitale, fuit avec Sophie qu'il épouse à Luxembourg, mais, à la sortie de l'église, Sophie est enlevée. Quelques semaines plus tard, Faublas apprend qu'elle est retenue à Paris et décide d'aller la chercher malgré l'interdiction d'y paraître. Pourchassé par la police, il passe les murs, saute de jardin en jardin, s'échappe par les toits, manquant à plusieurs reprises de se faire prendre par la maréchaussée. Sa fuite incessante empêche Louvet de développer l'intrigue comme dans les première et troisième parties du roman, sans compter qu'il a peut-être également voulu mettre en évidence une nouvelle caractéristique du héros. De fait, le dialogue théâtral s'engage alors que Faublas se lie d'amitié avec un certain vicomte de Valbrun dont la maîtresse n'est autre que Justine, l'ancienne soubrette de la marquise que Faublas connaît fort bien :

FAUBLAS
Quoi ! vraiment c'est toi, ma petite ?

JUSTINE
Oui, monsieur de Faublas, c'est moi.

LE VICOMTE DE VALBRUN
M. de Faublas !... il est joli, noble, vaillant et généreux. Il croyait toucher à son heure suprême, et nommait Sophie ! Cent fois j'aurais dû le reconnaître. (Il vint à moi et me prit la main.) Brave et gentil chevalier, vous justifiez de toutes les manières votre réputation brillante ; je ne suis point étonné qu'une charmante femme se soit fait un grand nom pour vous. Mais, dites-moi, comment êtes-vous ici ? Comment, après l'éclat du plus fameux duel, osez-vous paraître dans la capitale ? Il faut qu'un grand intérêt vous y entraîne... Monsieur le chevalier, donnez-moi votre confiance, et regardez le vicomte de Valbrun comme le plus dévoué de vos amis. D'abord où allez-vous ?

FAUBLAS
À l'hôtel de l'Empereur, rue de Grenelle.

LE VICOMTE

Un hôtel garni, et dans le quartier de Paris le plus habité ? Gardez-vous-en bien. Dans celui-ci, d'ailleurs, vous êtes connu, vous oseriez vous y montrer pendant le jour ? Hé ! vous n'y feriez point vingt pas sans être arrêté[494].

La réplique flatteuse du vicomte, avec son cortège d'adjectifs mélioratifs « joli, noble, vaillant et généreux », « brave et gentil chevalier », l'hyperbole – « cent fois j'aurais dû vous reconnaître » – et le superlatif – « l'éclat du plus fameux duel » –, témoigne de la renommée de Faublas auquel le vicomte a l'honneur d'offrir ses services. À Paris, le chevalier est désormais considéré comme un héros, mais cette popularité est, pour lui, une source de danger. Ici, le passage du roman au théâtre donne lieu à une double reconnaissance, d'ordre mnésique ou nostalgique avec Justine et d'ordre social avec le vicomte. Ceci importe d'autant plus que Faublas ne pourra plus paraître dans la capitale sans recourir au travestissement : à la fin de la deuxième partie, il prendra l'habit de Mlle de Brumont autour de laquelle s'organisera l'intrigue de la troisième partie des *Amours*.

De cet ensemble de remarques, il résulte que le traitement des dialogues dans le roman-mémoires a considérablement évolué au cours du XVIIIe siècle. Prévost, Mme de Tencin et Duclos recourent essentiellement aux dialogues pour mettre l'accent sur un échange décisif ou une scène particulièrement dramatique. Crébillon, pour sa part, exploite beaucoup plus les dialogues, introduisant de grandes scènes dialoguées dont la typologie recoupe la topique théâtrale, avec ses scènes d'aveux ou de dépit, et donnant volontiers la parole aux personnages pour souligner les moments forts d'une visite, d'une promenade ou d'une soirée mondaine. Si Marivaux, quant à lui, utilise encore les incises, il accorde une place primordiale au dialogue qui devient un véritable élément structurel : les épisodes se composent d'amples scènes dialoguées qui se succèdent les unes aux autres, rappelant à cet égard le théâtre. Mais c'est surtout dans la seconde moitié du XVIIIe siècle que surviennent les plus grands changements. À la suite de Marmontel, Diderot libère le dialogue de ses incises qu'il remplace par les tirets, écourte les répliques, recourt abondamment aux aposiopèses et aux exclamations, de manière à rendre l'échange plus vif et plus dramatique, et à en faire ainsi le langage par excellence de l'affect. Quelques dizaines d'années plus tard, Louvet s'inscrit dans cette révolution formelle qu'il prolonge, dans ses *Amours*, en disposant onze de ses dialogues comme au théâtre, ce qui atteste de l'influence considérable du genre dramatique sur

---

494   *Ibid.*, pp. 501-502.

le genre romanesque au XVIIIe siècle, qui dépasse alors la simple référence intertextuelle pour contaminer le roman en l'*informant*. Précisons, toutefois, que ce « métissage avec le théâtre » s'observait déjà dans *Les Nouvelles françaises* de Louis d'Ussieux et, plus particulièrement, dans « Les deux Sophies » (1776) « qui est la plus fortement théâtralisée et la plus dépouillée d'éléments narratifs »[495]. On y trouve en effet des dialogues semblables à ceux du théâtre et à ceux que Louvet insérera près de vingt ans plus tard dans ses *Amours*. Au demeurant, que ce soit les *Contes moraux* ou *Les Nouvelles françaises*, il semble que les fictions narratives courtes du XVIIIe siècle aient servi de laboratoire au genre romanesque qui n'a pas hésité à reprendre leurs innovations formelles, sa malléabilité et sa liberté lui permettant de s'inventer et de se renouveler au contact d'autres genres.

Stylisation de la parole et registres de langue
Au théâtre, les héros de tragédie – empereurs, sultans, rois, princes – s'expriment dans un langage soutenu, tandis que les personnages de comédie emploient un langage familier qui correspond au style bas que prescrit, pour ce genre, la théorie des niveaux stylistiques. À ces registres de langue peuvent s'ajouter les sociolectes – un noble ne parle pas comme un domestique ou un paysan –, ou encore les nombreux jargons spécialisés, qu'ils soient militaire, juridique, ecclésiastique ou médical. De même que le dramaturge, le romancier choisit le niveau de langue qui correspond à chacun de ses personnages, il leur donne également le ton qui convient à la situation dans laquelle ils se trouvent et reproduit les accidents du langage parlé. Autant le vocabulaire que la syntaxe et la ponctuation permettent de composer un langage artificiel, mais vraisemblable.

Les romans-mémoires aristocratiques que sont, par exemple, les *Mémoires et aventures*, les *Mémoires du comte de Comminge*, *La Vie de Marianne*[496], *Les Égarements* et *Dolbreuse* mettent en scène des comtes et des marquis qui adoptent un langage soutenu, aux accents tantôt galants, tantôt tragiques. L'héroïne de *La Religieuse* s'exprime également avec noblesse. En revanche, des niveaux de langue différenciés apparaissent lorsque le romancier fait intervenir, dans une même scène, des personnages issus de divers milieux, si bien que la variété des styles ne renvoie plus seulement à la théorie des niveaux

---

495 Françoise Gevrey, « La théâtralité dans *Les Nouvelles françaises* de Louis d'Ussieux (1775-1783) », *Tangence*, no 96, été 2011, pp. 85-98, et pp. 86 et 95 pour les citations.

496 Bien que la naissance de Marianne soit incertaine, elle s'exprime avec noblesse et la plupart des personnages du roman sont nobles.

stylistiques, mais procède également d'une observation déjà sociologique. Si Prévost fait parler des Grieux comme un héros de tragédie, il ne peut pas en faire autant avec le chef des gardes, Lescaut, le vieux G...M..., ou encore l'étrangère que lui envoie Manon pour lui tenir lieu de remplaçante[497] : à vrai dire, l'écart des niveaux de langue entre des Grieux et l'un ou l'autre de ces personnages n'est pas si important, mais l'insolence des propos tenus crée un contraste manifeste entre l'élévation des sentiments et la bassesse des calculs intéressés.

Dans les autres romans-mémoires, on quitte également le langage soutenu lorsque le romancier prête la parole à une lingère ou à un cocher (*La Vie de Marianne*), à un paysan, à une chambrière ou à une cuisinière (*Le Paysan parvenu*), à un gardien, à des suppôts de la maréchaussée ou à un capitaine (*Les Amours*). Jean Fabre, qui avait déjà souligné la prédominance du parlé dans *Le Paysan parvenu*, a encore relevé cette diversité des registres de langue :

> En bon paysan, Jacob ne sait conter qu'au style direct, en rapportant le propos de ses personnages, mais de cette vraisemblance fondamentale, Marivaux a su tirer un plaisir toujours renouvelé. C'est ici le triomphe du parlé. Chacun a son allure, son style et l'on ne saurait confondre le langage « dévot » des demoiselles Habert avec celui non moins « dévot » de leur cuisinière, l'indélicatesse spontanée de Mme d'Alain, veuve de procureur, avec les perfidies calculées de sa fille, l'inquiétante Mlle Agathe, ni la rondeur de Mme de Fécour avec l'adresse de Mme de Ferval. Narrateur et mime inlassable, Jacob peint en se jouant d'admirables tableaux de genre et d'intérieurs et donne au moindre propos la saveur directe de la vie[498].

De même, Fabienne Boissiéras a été sensible, chez Marivaux, à la représentation par le langage d'une diversité sociale, comme l'indiquent ses remarques à propos de *La Vie de Marianne* dont les dialogues « visent bien à l'imitation, qui définit selon la triade aristotélicienne le genre dramatique » et où la « parole s'invite à l'envi », le roman ne faisant « qu'enregistrer les parlures et les variantes langagières de caractères singuliers »[499]. Toujours chez Marivaux, Frédéric Deloffre a noté, à propos de l'emploi du discours direct, à quel point

---

497 Voir, pour le chef des gardes, Prévost, *Manon Lescaut, op. cit.*, p. 15 ; pour Lescaut, *ibid.*, p. 55 ; pour le vieux G...M..., *ibid.*, p. 155 ; pour l'étrangère, *ibid.*, p. 134.
498 Jean Fabre, *Idées sur le roman, op. cit.*, p. 95.
499 Fabienne Boissiéras, « Marivaux ou la confusion des genres », *art. cit.*, p. 78.

Marivaux fait preuve d'une grande supériorité sur tous ses contemporains. Les personnages de Le Sage, que ce soit dans *le Diable boiteux* ou dans *Gil Blas*, discourent plutôt qu'ils ne dialoguent. Ceux de Prévost conversent rarement au style direct. Crébillon fils, comme le remarque Larroumet, est « pâteux » lorsqu'il fait parler les siens. Marivaux, au contraire, transporte tout naturellement et avec le plus grand succès dans ses romans les procédés qui réussissent si bien dans son théâtre[500].

Toutefois, si Frédéric Deloffre évoque plusieurs procédés, il ne cite que les reprises de mots, et il est vrai que Marivaux y recourt parfois dans ses romans, comme le montre, par exemple, ce passage du *Paysan parvenu*, où M. Bono veut aider Mme d'Orville et Jacob, après que ces derniers ont été éconduits par l'impudent financier de Versailles, M. de Fécour :

> [I]l n'est que deux heures et demie, contez-moi un peu vos affaires, je serai bien aise d'être un peu au fait. D'où vient est-ce que votre mari a eu des malheurs ? est-ce qu'il était riche ? de quel pays êtes-vous ?
>
> D'Orléans, monsieur, lui dit-elle. Ah! d'Orléans, c'est une fort bonne ville, reprit-il ; y avez-vous vos parents ? qu'est-ce que votre histoire ? j'ai encore un quart d'heure à vous donner, et comme je m'intéresse à vous, il est naturel que je sache qui vous êtes, cela me fera plaisir ; voyons.
>
> Monsieur, lui dit-elle, mon histoire ne sera pas longue. Ma famille est d'Orléans, mais je n'y ai point été élevée. Je suis la fille d'un gentilhomme peu riche, et qui demeurait [...] dans une terre qui lui restait des biens de sa famille, et où il est mort.
>
> Ah! ah! dit M. Bono [...], la fille d'un gentilhomme : à la bonne heure, mais à quoi cela sert-il quand il est pauvre ? Continuez.
>
> Il y a trois ans que mon mari s'attacha à moi, reprit-elle : c'était un autre gentilhomme de nos voisins. Bon! s'écria-t-il là-dessus, le voilà bien avancé, avec sa noblesse : après ?
>
> Comme on me trouvait alors quelques agréments...
>
> Oui-da, dit-il, on avait raison, ce n'est pas ce qui vous manque ; oh! vous étiez mignonne, et une des plus jolies filles du canton, j'en suis sûr. Eh bien ?
>
> J'étais en même temps recherchée, dit-elle, par un riche bourgeois d'Orléans.

---

500   Frédéric Deloffre, *Une Préciosité nouvelle, op. cit.*, p. 220.

> Ah! passe pour celui-là, reprit-il encore, voilà du solide; c'était ce bourgeois-là qu'il fallait prendre[501].

La reprise presque systématique des réponses de Mme d'Orville par M. Bono – « D'Orléans, monsieur [...]. Ah! d'Orléans, c'est une fort bonne ville », « Je suis la fille d'un gentilhomme [...]. Ah! ah! dit M. Bono, [...] la fille d'un gentilhomme » – est caractéristique du théâtre marivaudien[502] et, par-delà, de la comédie en général. Les nombreuses exclamations de M. Bono permettent, la plupart du temps, d'introduire ces reprises de mots et, plus généralement, les commentaires de ce personnage, où se devine la promotion sociale que connaît la bourgeoisie du XVIIIe siècle aux dépens de la noblesse. Ses interruptions incessantes animent le dialogue qu'il se voit alors obligé de relancer – « voyons », « Continuez », « après ? », « Eh bien ? » –, en conférant naturel et vivacité à une conversation où les répliques franches de M. Bono prêtent à rire. Cette imitation de la langue parlée est le résultat d'un vrai travail d'écriture qui tend à reproduire au mieux la forme, le rythme et les irrégularités de la parole où percent inévitablement le caractère et les valeurs des personnages et, en cela, le romancier procède comme le dramaturge : styliser la parole au bénéfice de la *mimèsis*. Cette ambition mimétique est encore plus manifeste, lorsque Marivaux rapporte les discours de personnages issus d'un milieu modeste comme ceux de Mlle Toinon (fille de boutique), de Mme Dutour (lingère), du cocher, de Mlle Cathos et de M. Villot (le fils du père nourricier de Mme de...) dans *La Vie de Marianne*, ou encore de Geneviève (femme de chambre), de Catherine (cuisinière), de Mme d'Alain et de sa fille Agathe, du geôlier et du chirurgien qui avait assisté à l'arrestation de Jacob et que celui-ci retourne voir à sa sortie de prison :

> Monsieur, lui dis-je, vous souvenez-vous de moi ? me reconnaissez-vous ?
> Mais je pense qu'oui, me répondit-il en ôtant bien honnêtement son chapeau [...]. Oui, monsieur, je vous remets, je crois que c'est vous qui étiez avant-hier dans cette maison (montrant celle où l'on m'avait pris), et à qui il arriva... Il hésitait à dire le reste. Achevez, lui dis-je, oui, monsieur, c'est moi qu'on y saisit et qu'on mena en prison. Je n'osais vous le dire, reprit-il, mais je vous examinai tant que je vous ai reconnu tout d'un coup. Eh bien, monsieur, vous n'aviez donc point de part à l'affaire en question ?

---

501 Marivaux, *Le Paysan parvenu, op. cit.*, pp. 212-213.
502 Voir, par exemple, Marivaux, *Le Jeu de l'amour et du hasard, op. cit.*, I, 6, p. 895 ; I, 8, p. 899.

> Pas plus que vous, lui répondis-je, et là-dessus, je lui expliquai comment j'y avait [sic] été mêlé. Eh! pardi, monsieur, reprit-il, je m'en réjouis, et nous le disions tous ici, nos voisins, ma femme, mes enfants, moi et mes garçons : À qui diantre se fiera-t-on après ce garçon-là, car il a la meilleure physionomie du monde. Oh! parbleu, je veux qu'ils vous voient. Holà Babet (c'était une de ses filles qu'il appelait), ma femme, approchez; venez, vous autres (il parlait à ses garçons), tenez, regardez bien monsieur, savez-vous qui c'est ?
>
> Eh! mon père, s'écria Babet, il ressemble au visage de ce prisonnier de l'autre jour. Eh! vraiment oui, dit la femme, il lui ressemble tant que c'est lui-même. Oui, répondis-je, en propre visage. Ah! ah! dit encore Babet. Voilà qui est drôle, vous n'avez donc aidé à tuer personne, monsieur ? Eh! non certes, repris-je, j'en serais bien fâché, d'aider à la mort de quelqu'un ; à la vie, encore passe[503].

Ici, ce ne sont plus tant des reprises de mots qu'apocope (« je pense qu'oui »), caractéristique de la langue parlée, réponses brèves et elliptiques (« Pas plus que vous ») qui rendent le dialogue naturel et accélèrent le rythme de l'échange, interjections (« Eh! », « Oh! », « Ah! ah! », « Holà », « Pardi ») qui visent non seulement à reproduire les variations de ton des personnages et donc l'évolution de leurs sentiments, mais à interpeller aussi autrui, juron (« Parbleu ») qui dénote l'origine sociale du locuteur et qui trahit son émotion, aposiopèse pour exprimer une hésitation, ou encore verbes indiquant une action (« approchez », « venez », « regardez »), bref, autant de procédés donnant la scène à voir. Comme au théâtre, les gestes accompagnent la parole des personnages : « [E]n ôtant bien honnêtement son chapeau », précise le narrateur; ou bien : « [M]ontrant celle où l'on m'avait pris ». Au surplus, le discours narrativisé – « [J]e lui expliquai comment j'y avait [sic] été mêlé » – permet d'épargner au lecteur un récit qu'il connaît déjà et de laisser toute sa place aux accents populaires de ce dialogue. En conférant une dimension théâtrale au roman, ces scènes donnent vie à des personnages saisis sur le vif et soutiennent l'attention du lecteur, plus facilement entraîné par un dialogue que par un portrait ou une réflexion morale. Mais si de nombreux dialogues de *La Vie de Marianne* et du *Paysan parvenu* comprennent ces marques d'oralité, tous ne sont pas aussi dramatiques; pour certains d'entre eux, les répliques se font plus longues[504], le dialogue est interrompu par un monologue intérieur, la description de gestes, un portrait, une grande tirade

---

503 Marivaux, *Le Paysan parvenu, op. cit.*, p. 159.
504 Voir *ibid.*, pp. 60-66 ; *La Vie de Marianne, op. cit.*, pp. 108-120, 246-253.

qui devient une sorte de récit secondaire, ou la fin d'une partie[505]. Ces digressions nuisent à l'unité des scènes dialoguées, surtout dans un contexte où, comme l'écrit Vivienne Mylne, le « dialogue se fond parfois dans la narration, ce qui le rend difficile à distinguer comme élément indépendant ou séparable de l'ensemble »[506].

À l'opposé de Marivaux « qui n'hésite pas à mettre en scène des paroles de personnages révélatrices d'une appartenance sociolectale », chez Crébillon, « on a assez peu – voire pas – de marque d'oralité », puisque « le choix exclusif de personnages aristocrates empêche le relâchement dû à l'oralisation de la langue »[507]. Il est vrai que l'imitation d'une langue familière reste étrangère aux *Égarements*, mais le dialogue n'en vise pas moins le naturel, comme l'exige l'art de la conversation à l'âge classique et comme en témoigne, dans le roman, cette conversation entre Versac, Mme de Senanges et Mme de Mongennes :

> Je crois voir à présent, dit Versac, que nous ne risquons plus rien à vous l'apprendre. Mais où soupez-vous aujourd'hui ? au Fauxbourg ? Oui, répondit-elle, mais ce n'est pas chez moi : nous allons toutes deux chez la Maréchale de ***, vous devriez bien y venir. Je ne saurais, dit-il. Il y a aussi un Fauxbourg où je soupe, mais ce n'est pas le vôtre. Quelque tendre engagement vous y retient sans doute ? Tendre, reprit-il, non. Est-ce toujours la petite de *** ? Il serait un peu difficile, repartit-il, que ce fut elle. Je ne l'ai jamais eue. Ah ! quelle folie, s'écria Madame de Mongennes, nier une affaire aussi publique, et dont tout le monde se tue de parler depuis deux mois ! Je voudrais bien, Madame, lui dit-il, que vous fussiez quelquefois persuadée que je ne prends pas toujours, ni toutes les femmes, ni tous les travers qu'on me donne. Est-ce, dit Madame de Senanges, une vieille affaire ? Non, dit-il, j'en ai fini une ce matin. Pourrait-on savoir qui vous attache à présent ? Qui, la plus nouvelle ? Oui, la plus nouvelle[508].

---

505 Voir, pour le monologue intérieur, *Le Paysan parvenu, op. cit.*, pp. 25-30 ; la description de gestes, *ibid.*, pp. 14-16, 134-140, 172-179, 222-224 et *La Vie de Marianne, op. cit.*, pp. 69-83, 172-189 ; le portrait, *Le Paysan parvenu, op. cit.*, pp. 179-181 ; le récit secondaire, *ibid.*, pp. 191-198, 257-261 ; la fin d'une partie, *La Vie de Marianne, op. cit.*, pp. 317-339.

506 « [D]ialogue sometimes blends into the narrative in a way which makes it difficult to distinguish as a separate or separable element » (Vivienne Mylne, « Dialogue in Marivaux's novels », *Romance Studies*, n° 15, Winter 1989, pp. 51-61, et p. 55 pour la citation ; nous traduisons).

507 Geneviève Salvan, *Séduction et dialogue dans l'œuvre de Crébillon*, Paris/Genève, Honoré Champion/Slatkine, coll. « Bibliothèque de grammaire et de linguistique », 2002, p. 177.

508 Crébillon, *Les Égarements, op. cit.*, p. 194.

Le style paratactique de ce passage a pour fonction de rendre le rythme de la langue parlée : au lieu de ne formuler qu'une seule question, Versac en pose deux, comme si l'idée du lieu lui était venue après coup – « Mais où soupez-vous aujourd'hui ? au Fauxbourg ? » ; puis, il ne répond que de façon elliptique en reprenant uniquement le terme qu'il conteste – « Quelque tendre engagement vous y retient sans doute ? Tendre, reprit-il, non » ; enfin, question et réponse relèvent de l'épiphore – « Qui, la plus nouvelle ? Oui, la plus nouvelle ». L'interjection exclamative, la brièveté des phrases et l'absence d'incises à la fin de l'extrait concourent également à reproduire la simplicité, la rapidité et le naturel de la conversation. Si d'autres dialogues des *Égarements* présentent des caractéristiques semblables[509], il faut néanmoins reconnaître que la plupart des dialogues de ce roman n'ont pas la légèreté et la fluidité de ceux du *Paysan parvenu* et des *Amours*. Les conversations mondaines sont à l'image de leurs locuteurs : trop étudiées et trop travaillées. L'origine aristocratique des personnages n'est certes pas un obstacle à l'imitation de la langue parlée, mais cette imitation est sans doute plus sensible dans les romans où différentes conditions sociales sont représentées. Pensons, par exemple, aux dialogues entre Faublas et Griffart ou entre le marquis de B*** et Mme de Verbourg – la Dutour déguisée – dans *Les Amours*[510]. Par conséquent, si l'on devait classer ces quatre romanciers en fonction du degré d'oralité de leurs dialogues, Crébillon occuperait sans doute le quatrième rang en raison de la longueur et de la complexité de certaines phrases ; Marivaux tiendrait le troisième car, si les répliques de ses personnages sont parfois très longues, le temps le plus employé est – comme au théâtre – le présent et différents niveaux de langue sont représentés ; Diderot serait au deuxième rang grâce à l'omission des incises qu'il généralise et à la représentation des affects de ses personnages dont les paroles se font l'expression première ; Louvet, enfin, s'élèverait au premier rang, réunissant à lui seul toutes ces marques d'oralité. Tandis que les dialogues de roman dans la première moitié du XVIIIe siècle tendent à reproduire le ton, le rythme, le naturel et l'élégance des conversations mondaines caractéristiques de la société curiale dont a hérité la Régence, ceux de la seconde moitié du XVIIIe siècle sont manifestement plus dramatiques que mondains, le modèle de la conversation reculant au profit de celui du théâtre et de la force émotionnelle de celui-ci.

De fait, le dramaturge Antoine-Vincent Arnault observe, dans *La Religieuse*, que le « dialogue y porte un caractère de vérité et de variété, qu'apprécieront

---

509   Voir *ibid.*, pp. 149-150, 227-228.
510   Voir, pour Faublas et Griffart, Louvet de Couvray, *Les Amours, op. cit.*, pp. 542-543 ; pour le marquis et Mme de Verbourg, *ibid.*, p. 344.

particulièrement les auteurs »[511] de théâtre, soulignant ainsi sa force dramatique. Lucette Perol, elle, a été sensible au caractère stichomythique de ces dialogues « incisifs, construits, brillants », où se succèdent des « répliques brèves qui claquent comme dans un combat », de sorte que dans « l'affrontement qui met aux prises Suzanne et la supérieure de Longchamp après la demande de résiliation des vœux, l'initiative passe d'un personnage à l'autre sans que diminue la tension, la souplesse du rythme ménage des accalmies pour que puisse croître à nouveau l'intensité dramatique : on est au théâtre »[512]. Ce style stichomythique, caractéristique du théâtre, est en effet fréquent dans les entretiens et les interrogatoires, comme l'attestent ces quelques exemples :

> Voulez-vous faire profession ? — Non, madame. — Vous ne vous sentez aucun goût pour l'état religieux ? — Non, madame. — Vous n'obéirez point à vos parents ? — Non, madame. — Que voulez-vous donc devenir ? — Tout, excepté religieuse. Je ne le veux pas, je ne le serai pas[513].

> Comment, sœur Suzanne, me dit-elle, vous voulez nous quitter ? — Oui, madame. — Et vous allez appeler de vos vœux ? — Oui, madame. — Ne les avez-vous pas faits librement ? — Non, madame. — Et qui est-ce qui vous y a contrainte ? — Tout. — Monsieur votre père ? — Mon père. — Madame votre mère ? — Elle-même. [...] — Quoi, vous n'avez pas entendu le prêtre vous demander : 'sœur Sainte-Suzanne Simonin, promettez-vous à Dieu obéissance, chasteté et pauvreté' ? — Je n'en ai pas mémoire. — Vous n'avez pas répondu que oui ? — Je n'en ai pas mémoire[514].

> « Pourquoi, me dit-il, ne vous confessez-vous point ? — C'est qu'on m'en empêche. — Pourquoi n'approchez-vous point des sacrements ? — C'est qu'on m'en empêche. — Pourquoi n'assistez-vous ni à la messe ni aux offices divins ? — C'est qu'on m'en empêche. » [...] « [...] Qu'est-ce qu'une jeune religieuse qu'on a arrachée de vos mains et qu'on a trouvée renversée à terre dans le corridor ? — C'est la suite de l'horreur qu'on lui avait inspirée de moi. — Est-elle votre amie ? — Non, monsieur. —

---

511   Antoine-Vincent Arnault, *Œuvres critiques, philosophiques et littéraires*, op. cit., p. 362.
512   Lucette Perol, « Diderot et le théâtre intérieur », *Recherches sur Diderot et sur l'Encyclopédie*, n° 18-19, 1995, pp. 35-46, et p. 37 pour la citation.
513   Diderot, *La Religieuse*, op. cit., p. 248.
514   *Ibid.*, p. 286.

N'êtes-vous jamais entrée dans sa cellule. — Jamais. — Ne lui avez-vous jamais rien fait d'indécent soit à elle, soit à d'autres ? — Jamais. »[515]

Brièveté des répliques, donc rapidité de l'échange, simplicité de l'expression et répétition des réponses de Suzanne créent ce style incisif qui permet de rendre soit la force de la résolution de Suzanne à refuser l'état religieux ou sa volonté de le quitter, soit son absolue sincérité et, par conséquent, la terrible persécution dont elle fait l'objet. Ces dialogues accentuent la dimension tragique d'une héroïne dont seule la mort ou la liberté peut dénouer le destin. Certes, tous les dialogues de *La Religieuse* n'ont peut-être pas cette force dramatique, mais tous participent de cette ambition mimétique à représenter la langue parlée et concourent ainsi à renforcer le sentiment de présence des personnages et, par-delà, la tension de certains échanges[516]. Au demeurant, si Diderot utilise assez peu les aposiopèses dans son roman, il en fait néanmoins le même usage que dans son théâtre, où elles sont surtout employées dans les monologues pour exprimer les doutes, les craintes, ou encore le trouble d'un personnage, comme dans ce passage du *Fils naturel* :

> DORVAL, *seul*. — Suis-je assez malheureux !... J'inspire une passion secrète à la sœur de mon ami... J'en prends une insensée pour sa maîtresse ; elle, pour moi... Que fais-je encore dans une maison que je remplis de désordre ? Où est l'honnêteté ! Y en a-t-il dans ma conduite ?... (*Il appelle comme un forcené :*) Charles, Charles... On ne vient point... Tout m'abandonne... (*Il se renverse dans un fauteuil. Il s'abîme dans la rêverie. Il jette ces mots par intervalles :*) ... Encore si c'étaient là les premiers malheureux que je fais !... mais non, je traîne partout l'infortune... Tristes mortels, misérables jouets des événements... soyez bien fiers de votre bonheur, de votre vertu !...[517].

Si le procédé, on le voit, permet de représenter la détresse de Dorval, il sert également à faire voir la folie de la supérieure de Saint-Eutrope dans *La Religieuse* :

> Madame, vous avez quelque peine, confiez-la-moi, cela vous soulagera peut-être. — Sœur Agathe écoutez, approchez-vous de moi... plus près... plus près encore... il ne faut pas qu'on nous entende ; je vais tout révéler, tout, mais gardez-moi le secret. Vous l'avez vue ? — Qui,

---

515 *Ibid.*, p. 304.
516 Voir *ibid.*, pp. 255, 313.
517 Diderot, *Le Fils naturel, op. cit.*, II, 5, p. 1095 ; voir également *ibid.*, I, 7, p. 1090.

madame ? — N'est-il pas vrai que personne n'a la même douceur ? comme elle marche ! Quelle décence ! quelle noblesse ! quelle modestie !... Allez à elle, dites-lui... Eh ! non, ne dites rien, n'allez pas, vous n'en pourriez approcher. Les anges du ciel la gardent, ils veillent autour d'elle ; je les ai vus, vous les verriez, vous en seriez effrayée comme moi. Restez... si vous alliez, que lui diriez-vous ? inventez quelque chose dont elle ne rougisse pas !... — Mais, madame, si vous consultiez notre directeur ? —Oui... mais oui... Non, non ; je sais ce qu'il me dira ; je l'ai tant entendu... De quoi l'entretiendrais-je ? Si je pouvais perdre la mémoire ! si je pouvais rentrer dans le néant ou renaître !... N'appelez point le directeur. J'aimerais mieux qu'on me lût la passion de notre Seigneur Jésus-Christ. Lisez... je commence à respirer... Il ne faut qu'une goutte de ce sang pour me purifier... Voyez, il s'élance en bouillonnant de son côté... inclinez cette plaie sacrée sur ma tête... Son sang coule sur moi et ne s'y attache pas... je suis perdue !... Éloignez ce christ... Rapportez-le-moi...[518]

Les aposiopèses introduisent de brefs intervalles de temps au cours desquels les personnages agissent, comme l'atteste le dialogue : « [A]pprochez-vous de moi... plus près... plus près encore », demande Mme *** à la sœur Agathe ; puis : « Lisez... Je commence à respirer... » Ces interruptions dans le dialogue donnent au lecteur l'entière liberté de se représenter les gestes, les mouvements et les actions des personnages et, paradoxalement, leur confèrent un surcroît d'éloquence en laissant à l'imagination le soin de visualiser ces corps pathétiques, rappelant en cela les réflexions de Diderot sur la force expressive du mime au théâtre – l'acteur devant incarner « dans chaque action, ce qu'elle a de frappant »[519] – et, donc, sur la nécessité pour le poète de lui abandonner certains endroits. Le discours incohérent de la supérieure de Saint-Eutrope, que sa passion pour Suzanne a égarée, relève de cette « violence du sentiment coupant la respiration et portant le trouble dans l'esprit », de sorte que le personnage « passe d'une idée à une autre », « commence une multitude de discours » et « n'en finit aucun », le reste n'étant « qu'une suite de bruits faibles et confus, de sons expirants, d'accents étouffés que l'acteur connaît mieux que le poète »[520].

Dans un tout autre registre, la comédie met souvent en scène des paysans dont elle imite le patois pour le plus grand plaisir du spectateur ; Louvet aussi fait parler des paysans, mais le langage de Bastien est simple et non

---

518 Diderot, *La Religieuse, op. cit.*, p. 376.
519 Diderot, *Les Entretiens sur le Fils naturel, op. cit.*, p. 1143.
520 *Ibid.*, pp. 1144-1145.

patoisant[521]. En revanche, celui de Griffart, dont on a déjà souligné les pataquès[522], et celui du portier de la maison des magnétiseurs sont dignes de personnages de comédie :

> Un homme accourut qui m'ouvrit la grille [à Faublas]. « En voilà encore un ! s'écria-t-il ; comme il est fagoté ! queu vêtement pour l'hiver ! et pis c'te fine lame ! ne dirait-on pas qu'il veut tuer des mouches dans le mois de novembre ? Mais queu rage les pousses tretous de vouloir dormir debout ! comme si nos ancêtres, qu'avaient cent fois plus d'idées que nous, n'avaient pas enventorié les lits pour qu'on se couchisse dedans. Allez, monsieur le *préiambule*, remontez-vous dans le dortoir, et laissez tout du moins le repos de la nuit à un pauvre portier que vous persécutisez tout le temps que dure la sainte journée du bon Dieu. Je vous le demande de votre grâce, monsieur le *sozambule*, allez vous coucher avec tous ces autres... Non pas par là... tenez donc, par ici... »
>
> Je ne savais si je devais répondre, quand une femme furieuse vint à nous. Elle saisit mon conducteur, et l'entraînant avec elle : « Parguienne, lui dit-elle, t'es ben de ton pays, toi ! n'as-tu pas peur qu'i ne trouve pas l'escalier sans chandelle ? Hain ? quai bêtises, que de balivernes !... gni en a pas un, va, de ces chiens de *cornambules*, qui nous fera jamais le cadeau de se rompre les ios. »[523]

Louvet fait preuve ici d'une invention verbale qui n'a rien à envier à la scène : la variante populaire « et pis », l'aphérèse « c'te fine lame », les apocopes « t'es » et « qu'i », les barbarismes « enventorié », « se couchisse », « *préiambule* », « persécutisez » « *sozambule* », « *cornambules* », le solécisme « Je vous le demande de votre grâce », le juron « Parguienne », le terme familier « fagoté », le syntagme « gni en a pas » dont la compréhension est phonétique, l'ajout fautif d'un pronom à un impératif « remontez-vous », ou encore le patois « queu vêtement », « queu rage », « quai bêtises », « tretous » concourent à créer un langage qui imite la langue populaire du XVIIe et du XVIIIe siècles[524],

---

521 Voir Louvet de Couvray, *Les Amours*, *op. cit.*, p. 696.

522 Voir *supra*, p. 168.

523 Louvet de Couvray, *Les Amours*, *op. cit.*, pp. 516-517 ; c'est l'auteur qui souligne.

524 « Il faut renoncer à une idée défendue couramment au XIXe siècle suivant laquelle ce parler serait composite et artificiel. En fait, les paysans de Molière parlent comme parlaient les paysans de l'Île-de-France, précisons encore, des villages de la banlieue parisienne au XVIIe siècle » (Frédéric Deloffre, « Burlesques et paysanneries. Étude sur l'introduction du patois parisien dans la littérature française du XVIIe siècle », *Cahiers de l'Association internationale des études françaises*, n° 9, 1957, pp. 250-270, et pp. 250-251 pour la citation).

auquel Louvet ajoute évidemment des mots de son cru, avec en particulier les variations sur « somnambule ». Le langage du portier et de son épouse rappelle en effet celui des paysans auquel le théâtre classique prête voix : « et pis », « gni »[525], « queu »[526], « tretous »[527] ; et si Louvet donne la parole aux petites gens, c'est parce qu'avant tout il vise, comme au théâtre, le rire.

Qu'il s'agisse de Crébillon, Marivaux, Diderot ou Louvet, lorsqu'ils font parler leurs personnages, ce sont, sans surprise, les mêmes procédés qu'ils convoquent : style paratactique ou stichomythique, interjections et exclamations, ellipses et interruptions, aphérèses et apocopes, épiphores et reprises de mots, visant chaque fois simplicité et naturel, vérité de ton et de sentiment. D'autant plus remarquables sont les romanciers qui reprennent les procédés qu'ils exploitent dans leur théâtre, Diderot se distinguant notamment par l'emploi des aposiopèses qui – dans son théâtre comme dans son roman – donnent à voir la détresse du personnage et, ainsi, la force des sentiments de celui-ci, de manière à faire éclater dans le texte toute l'éloquence d'un corps pathétique. En ce sens, tout ce travail de stylisation du langage oral permet non seulement d'appréhender un caractère – en définissant son appartenance sociale et en considérant l'état dans lequel il se trouve –, mais d'animer aussi le récit et de rendre la tension dramatique d'une scène, de souligner la dimension tragique d'un personnage ou, au contraire, de susciter le rire. Parfaitement conscients des ressources dramatiques du dialogue, de la stylisation de la parole et des niveaux de langue, romanciers et dramaturges ont tous en partage le souci de faire vrai et, pour ce faire, reprennent les parlers aristocratiques ou populaires des XVIIe et XVIIIe siècles, tant et si bien, enfin, que les dialogues des *Égarements* de Crébillon ont pu inspirer les adaptations théâtrales des *Égarements du désir* de Louise Doutreligne et des *Égarements du cœur et de l'esprit* de Jean-Luc Lagarce[528].

Fonction des dialogues

Dans son étude sur le dialogue dans le récit crébillonien, Geneviève Salvan a montré qu'il pouvait remplir trois fonctions : informative et caractérisante (1),

---

525 Molière, *Le Festin de Pierre*, dans *Œuvres complètes*, tome 2, *op. cit.*, II, 1, p. 860.
526 Marivaux, *L'Île de la raison*, dans *Théâtre complet*, *op. cit.*, II, 6, pp. 706, 708.
527 Marivaux, *La Mère confidente*, dans *ibid.*, II, 1, p. 1395.
528 Voir Louise Doutreligne, *Conversations sur l'infinité des passions*, Paris, Quatre-Vents, coll. « Théâtre », 1990 et Jean-Luc Lagarce, *Crébillon fils* : Les Égarements du cœur et de l'esprit (*précisions*), Besançon, Les Solitaires Intempestifs, coll. « Adaptations théâtrales », 2007, p. 15. On reconnaît dans le dialogue initial la première conversation entre Meilcour et Mme de Lursay.

dramatique (2) et métanarrative (3)[529], typologie souple et commode que nous reprenons ici, mais que nous enrichissons néanmoins de l'analyse de nos romans-mémoires, qui invite notamment à prendre en compte la fonction morale. Un dialogue dont la principale fonction est morale joue un rôle important dans le récit, même si son contenu n'est pas indispensable à la compréhension de l'histoire ni à la progression de l'action. De fait, il consiste avant tout à exposer les croyances, les valeurs ou les principes moraux d'un personnage, lesquels sont susceptibles d'éclairer ses agissements ou ses propos, comme le montre, par exemple, le discours que M. Arnauld tient à Rosambert dans les *Mémoires et aventures*, après que ce dernier a tué l'abbé de Levin en duel :

> C'est une vérité que je n'ignore pas, lui dis-je [Rosambert] ; mais quel parti voulez-vous que prenne un pauvre gentilhomme dans les circonstances où je me suis trouvé ? Vous savez les lois de l'honneur. Je sais encore mieux les lois du christianisme, répondit sévèrement M. Arnauld. Vous aviez maltraité injustement votre adversaire ; il ne fallait pas rougir de l'apaiser par des soumissions. Si vous appréhendiez que cela ne vous fît quelque tort dans le monde, vous aviez un moyen d'éloigner de vous tout soupçon de lâcheté : c'est de vous bien battre à la guerre. C'est là que la bravoure est permise. Le monde, tout injuste qu'il est, n'accusera point de lâcheté un officier qui évite les duels, si cet officier fait son devoir, dans l'occasion, pour le service de son prince et de sa patrie. On distingue aisément la poltronnerie d'avec la religion et la sagesse. [...] L'importance est donc d'être honnête homme et chrétien : on ne se trouve jamais exposé à l'infamie, parce que la probité et le christianisme s'accordent toujours avec les droits du véritable honneur[530].

Ce dialogue entre le théologien et Rosambert permet à Prévost de réconcilier la morale chrétienne avec les lois d'un honneur qui, selon Arnauld, doit être défendu sur les champs de bataille et non pas dans un duel, conciliant ainsi les commandements de la religion avec l'éthique aristocratique. De même, dans *Dolbreuse*, lors d'une retraite que le héros entreprend afin de « purifier [s]es sens et [s]on âme » pour pouvoir ensuite « se dévouer pour jamais au bonheur »[531] d'Ermance qui vient de le libérer de prison, c'est une « morale du sentiment, capable d'inspirer à l'âme la conviction de l'existence de Dieu

---

529 Voir Geneviève Salvan, *Séduction et dialogue dans l'œuvre de Crébillon, op. cit.*, pp. 187-193.
530 Prévost, *Mémoires et aventures, op. cit.*, pp. 95-96.
531 Loaisel de Tréogate, *Dolbreuse, op. cit.*, II, p. 46.

et le sentiment de la vertu »⁵³² à laquelle recourt le prieur qui l'accueille⁵³³. La disproportion entre la brièveté des répliques de Dolbreuse et l'ampleur de celles du religieux confirme la visée démonstrative et persuasive, morale et chrétienne de ce dialogue dont l'étendue – dix pages – signale l'importance dans un roman qui compte peu d'échanges au style direct. Face aux incertitudes de Dolbreuse sur la nature et la destination de l'homme, le prieur fait l'apologie d'une religion éclairée, fondée sur la bienveillance et l'indulgence pour les faiblesses humaines, ainsi que la critique du matérialisme au bénéfice de la conscience ou du sentiment intime du devoir, du bien et de la vertu et l'aspiration à un « état de perfection inconnu sur la terre »⁵³⁴, soutenue par une imagination que Dieu inspire aux hommes. Ce long dialogue où s'affirme partout le souvenir de la « Profession de foi du vicaire savoyard » de Rousseau⁵³⁵ ne participe donc pas à la progression de l'action, mais permet l'expression des idées philosophiques et religieuses qu'entend illustrer le roman.

Hormis ces dialogues qui n'ont aucune incidence directe sur l'intrigue, à un degré supérieur, les dialogues à fonction informative apportent à la connaissance des personnages ou du lecteur un élément essentiel pour comprendre les agissements d'un autre personnage ou la suite des événements. Dans *Les Amours*, par exemple, le baron de Faublas – père du chevalier – convainc son ami M. du Portail à révéler à Faublas un secret d'importance dont la divulgation est essentielle pour comprendre l'histoire à venir :

> Voilà une bien singulière aventure ! dit M. du Portail en rentrant. — Très singulière ! répondit mon père ; la marquise est une fort belle femme, le petit drôle est bien heureux ! — Savez-vous, répliqua son ami, qu'il a presque pénétré mon secret ! Quand on m'a annoncé ma fille, j'ai cru que ma fille m'était rendue, et quelques mots échappés m'ont trahi. — Eh bien ! il y a un remède à cela ; Faublas est plus raisonnable qu'on ne l'est ordinairement à son âge ; [...] un secret qu'on devine ne nous lie pas, comme vous savez ; mais un honnête homme se croirait déshonoré s'il

---

532   Charlène Deharbe, « La théâtralité dans le roman de Loaisel de Tréogate : *Dolbreuse ou l'homme du siècle, ramené à la vérité par le sentiment et par la raison* », dans Sabine Chaouche (dir.), *Le Théâtral de la France d'Ancien Régime : de la représentation de soi à la représentation scénique*, Paris, Honoré Champion, coll. « Colloques, congrès et conférences sur le classicisme », 2010, pp. 335-347, et p. 346 pour la citation.
533   Voir Loaisel de Tréogate, *Dolbreuse, op. cit.*, pp. 245-254.
534   *Ibid.*, p. 251.
535   Voir *ibid.*, p. 245, n. 2.

trahissait celui qu'un ami lui a confié ; apprenez le vôtre à mon fils [...]. — Mais, des secrets de cette importance !... il est si jeune !... — Si jeune ! mon ami, un gentilhomme l'est-il jamais, quand il s'agit d'honneur ? [...] — Mon ami, je me rends. — Mon cher du Portail [...] [v]ous savez que j'ai fait quelques sacrifices pour donner à mon fils une éducation convenable à sa naissance et proportionnée aux espérances qu'il me fait concevoir ; qu'il reste encore un an dans cette capitale pour s'y perfectionner dans ses exercices, cela suffit, je crois ; ensuite il voyagera, et je ne serai pas fâché qu'il s'arrêtât quelques mois en Pologne. — Baron, interrompit M. du Portail, le détour dont votre amitié se sert est aussi ingénieux que délicat ; je sens toute l'honnêteté de votre proposition, qui m'est très agréable, je vous l'avoue. — Ainsi, reprit le baron, vous voudrez bien donner à Faublas une lettre pour le bon serviteur qui vous reste dans ce pays-là ; Boleslas et mon fils feront de nouvelles recherches. Mon cher Lovzinski, ne désespérez pas encore de votre fortune ; si votre fille existe, il n'est pas impossible qu'elle vous soit rendue[536].

On apprend ici que M. du Portail est, en réalité, un Polonais expatrié nommé Lovzinski qui est à la recherche de sa fille. En gage d'amitié, le baron prévoit d'envoyer Faublas en Pologne où il viendra en aide à Boleslas pour retrouver la jeune disparue. Les informations que livrent les deux amis au lecteur sont essentielles, car la fille de Lovzinski se révélera être Sophie que Faublas voudra épouser, avant même qu'il n'apprenne qu'elle est celle que son père lui destinait. À cette fonction informative s'ajoute ici une fonction exhortative, dans la mesure où le baron persuade Lovzinski de dévoiler son secret à son fils.

Comme on l'a vu, les dialogues peuvent également caractériser un personnage dont le langage permet non seulement de déterminer l'appartenance sociale et la nature, mais aussi d'exprimer ou, au contraire, de dissimuler les doutes et les craintes, les désirs et les sentiments, le langage étant à la fois le moyen de se découvrir et de se cacher. Cette fonction caractérisante est particulièrement frappante chez Marivaux où, souvent, le narrateur ou la narratrice dresse un bref portrait du personnage, qui ne décide de rien ou de peu de choses, avant de lui donner la parole qui, elle, va révéler sa vraie nature. Par exemple, Marianne fait en quelques mots un portrait de Climal, avant de rapporter les différentes conversations qu'elle a eues avec lui : si la première correspond au portrait d'un dévot, les suivantes s'en éloignent très

---

536 Louvet de Couvray, *Les Amours, op. cit.*, pp. 81-83.

rapidement[537]. Ainsi, dès le voyage en carrosse qui les conduit chez Mme Dutour, Marianne constate chez lui un changement de ton[538] qui se confirmera lors de ses prochaines visites chez la marchande[539]. Les discours de Climal, appuyés de façons, de regards, de caresses et de baisers non équivoques[540], feront entendre à Marianne ce qu'elle se refusait alors d'admettre. C'est donc par la parole que le religieux trahit ses sentiments et sa véritable nature. De même, dans *Le Paysan parvenu*, alors qu'il entre chez la présidente, Jacob fait un rapide portrait des personnes présentes dont celui d'une dévote qui ne s'accorde ni avec le discours de coquette qu'elle tient pendant le procès, ni avec les avances qu'elle fait à Jacob lors de leur premier tête-à-tête[541]. À la fonction de caractérisation s'ajoute de ce fait, chez Marivaux, celle de révélation ou de dévoilement, les dialogues levant le masque de la dévotion.

De manière générale, les romanciers font un portrait plus ou moins détaillé des personnages avant de leur donner la parole, de sorte qu'aux portraits narrés de la maîtresse de Jacob, de M. Doucin, de Mme d'Alain et de Mme de Fécour dans *Le Paysan parvenu*[542], de Mme de Lursay, de Versac et de Mme de Senanges dans *Les Égarements*[543], de Mme de Moni, de la sœur Sainte-Christine, de la supérieure de Saint-Eutrope et du père Le Moine dans *La Religieuse*[544], du marquis de B***, du comte et de la comtesse de Lignolle, du vicomte de Lignolle dans *Les Amours*[545] succèdent immédiatement les portraits peints sur le vif, le dialogue venant alors compléter l'éthopée. Mais il arrive aussi qu'un personnage entre en scène à l'occasion d'une conversation à laquelle il prend

---

537   Voir, pour la première conversation, Marivaux, *La Vie de Marianne*, *op. cit.*, pp. 27-29 ; pour les suivantes, *ibid.*, pp. 30-31, 34-35, 36-37, 41-42, 108-120.

538   Voir *ibid.*, p. 30.

539   Voir *ibid.*, pp. 35, 108-120.

540   Voir, pour les façons, *ibid.*, p. 31 ; les regards, *ibid.*, pp. 36-37 ; les caresses, *ibid.*, pp. 34, 36 ; les baisers, *ibid.*, pp. 41-42.

541   Voir, pour le portrait de la dévote, Marivaux, *Le Paysan parvenu*, *op. cit.*, p. 125 ; pour le discours de coquette qu'elle tient et les avances qu'elle fait, *ibid.*, pp. 128, 134-140.

542   Voir, pour la maîtresse de Jacob, *ibid.*, pp. 10-11 ; M. Doucin, *ibid.*, pp. 59-60 ; Mme d'Alain, *ibid.*, pp. 77-78 ; Mme de Fécour, *ibid.*, pp. 179-181.

543   Voir, pour Mme de Lursay, Crébillon, *Les Égarements*, *op. cit.*, pp. 77-78 ; Versac, *ibid.*, pp. 131-132 ; Mme de Senanges, *ibid.*, pp. 147-149. Avant que le narrateur ne fasse le portrait de cette dernière, elle échange les politesses d'usage avec Mme de Lursay (voir *ibid.*, p. 146).

544   Voir, pour Mme de Moni, Diderot, *La Religieuse*, *op. cit.*, p. 262 ; la sœur Sainte-Christine, *ibid.*, p. 270 ; la supérieure de Saint-Eutrope, *ibid.*, pp. 325-326 ; le père Le Moine, *ibid.*, pp. 356-357.

545   Voir, pour le marquis, Louvet de Couvray, *Les Amours*, *op. cit.*, p. 70 ; le comte et la comtesse de Lignolle, *ibid.*, pp. 560-561 ; le vicomte de Lignolle, *ibid.*, p. 980.

part : Mme Dorsin, par exemple, apparaît pour la première fois au cours d'une conversation avec son amie Mme de Miran et Marianne[546]. Qu'il introduise un personnage, qu'il complète son portrait, voire qu'il l'infléchisse ou même le démente, le dialogue, dans tous les cas, remplit une fonction significative dans la caractérisation des personnages.

Du reste, en tant qu'élément constitutif de scènes et de séquences, le dialogue participe à la progression de l'action et, en ce sens, occupe une fonction dramatique dans le récit. Aveux, révélations, quiproquos, coups de théâtre influent sur l'évolution de l'action : la seule réplique que Manon fait entendre à Saint-Sulpice lui permet de reconquérir le cœur des Grieux[547] ; la demande en mariage de celui-ci est à l'origine d'un duel, de la fuite dans le désert et de la mort de Manon[548] ; c'est parce que la mère de Comminge exprime à Adélaïde ses craintes sur la santé de son fils emprisonné que celle-ci se sacrifie[549] ; c'est parce qu'Adélaïde en fait la demande à son beau-frère que Comminge recouvre la liberté[550] ; la conversation de Versac avec Mme de Meilcour est à l'origine du changement d'attitude de Meilcour à l'égard de Mme de Lursay[551] ; c'est au cours d'un ultime échange verbal avec Meilcour que Mme de Lursay parvient à ses fins[552] ; c'est Ermance qui convainc Dolbreuse de partir faire ses premières armes[553], ce qui décidera de sa première expérience dans le monde et, bientôt, de son goût pour les plaisirs ; enfin, c'est M. Doucin qui suscite la discorde entre les demoiselles Habert et qui provoque leur séparation[554]. Tout comme au théâtre, le dialogue tient lieu d'action en ce qu'il fait progresser l'intrigue. On pourrait, à ce titre, reprendre l'abbé d'Aubignac selon lequel les discours qui se font au théâtre « doivent être comme des Actions de ceux qu'on y fait paraître ; car là Parler, c'est Agir »[555]. Mais si, au théâtre, l'action repose uniquement sur le dialogue que le geste vient suppléer sur scène, dans le roman, elle ne peut faire l'économie du récit. En témoigne, par exemple, la proportion entre récit et dialogue qu'Henri Coulet a calculé dans *Le Paysan parvenu* : 48,57% de récit contre 40,58% de dialogue dans la première partie, 42% contre 53,6% dans la

---

546   Voir Marivaux, *La Vie de Marianne, op. cit.*, pp. 172-189.
547   Voir Prévost, *Manon Lescaut, op. cit.*, pp. 44-45.
548   Voir *ibid.*, pp. 190-191.
549   Voir Mme de Tencin, *Mémoires du comte de Comminge, op. cit.*, p. 52.
550   Voir *ibid.*, p. 80, et également pp. 65-67.
551   Voir Crébillon, *Les Égarements, op. cit.*, pp. 133-135.
552   Voir *ibid.*, pp. 231-243.
553   Voir Loaisel de Tréogate, *Dolbreuse, op. cit.*, pp. 126-128.
554   Voir Marivaux, *Le Paysan parvenu, op. cit.*, pp. 60-66.
555   D'Aubignac, *La Pratique du théâtre*, éd. Hélène Baby, Paris/Genève, Honoré Champion/Slatkine, 2001, p. 407.

deuxième, 41,78% contre 52,33% dans la troisième, 37,7% contre 60,66% dans la quatrième et 47,54% contre 44,64% dans la cinquième[556] ; autrement dit, le dialogue dominerait le récit dans trois des cinq parties du roman, la différence entre récit et dialogue étant, par ailleurs, faible dans les deux autres parties (48,57% contre 40,58% et 47,54% contre 44,64%). Dès lors, si le dialogue ne fait pas tout le roman comme il fait presque tout le théâtre, il concurrence néanmoins le récit et participe pleinement à la conduite de l'intrigue. Aussi, dans *Les Égarements*, Geneviève Salvan a-t-elle également relevé la présence « structurante [...] des dialogues, qui constituent de véritables événements », puisque « chaque issue de conversation a une action sur l'intrigue »[557]. Áron Kibédi Varga, lui, a souligné la valeur dramatique des conversations de ce roman-mémoires qu'il qualifie de « *roman rhétorique* », dans la mesure où « le discours entretient des relations intenses et privilégiées avec la narration : les actions ne sont pas présentées directement au lecteur », elles « se déguisent en discours, l'intrigue n'avançant que tant que l'on parle »[558]. Dans ce « chef-d'œuvre de déguisement oratoire », les « longues et subtiles conversations occupent l'avant-scène » et « jusqu'à l'avant dernière page, rien ne se passe en dehors des mots »[559]. De ce point de vue, ce que Kibédi Varga nomme roman rhétorique pourrait aussi bien être qualifié de roman dramatique.

Le dialogue s'est donc imposé comme un mode narratif privilégié dans les romans-mémoires du XVIIIe siècle, prenant une ampleur considérable chez Crébillon, Marivaux, Diderot et Louvet. Il devient l'élément constitutif de scènes à part entière chez Marivaux, s'affranchit des incises chez Diderot, adopte la disposition du texte de théâtre chez Louvet, insufflant – de manière générale – naturel, rythme et vraisemblance au récit. S'il reproduit souvent la tension dramatique d'une scène, il peut aussi en être la source comique. Pour ce faire, les procédés sont nombreux depuis les formes caractéristiques de la langue orale, comme l'inachèvement, les interruptions ou les reprises de mots, en passant par les registres de langue jusqu'à l'usage des

---

556 Voir Henri Coulet, *Marivaux romancier : essai sur l'esprit et le cœur dans les romans de Marivaux*, Paris, Armand Colin, 1975, p. 508. Vivienne Mylne, pour sa part, a relevé 41,5% de dialogue dans la première partie du *Paysan parvenu*, 54,9% dans la deuxième, 49,4% dans la troisième, 61,5% dans la quatrième et 47,4% dans la cinquième (« Dialogue in Marivaux's novels », *art. cit.*, p. 58).

557 Geneviève Salvan, *Séduction et dialogue dans l'œuvre de Crébillon*, *op. cit.*, p. 45.

558 Áron Kibédi Varga, *Discours, récit, image*, Liège/Bruxelles, Pierre Mardaga, 1989, pp. 58-59 ; c'est l'auteur qui souligne.

559 *Ibid.*, p. 59.

jargons et du patois, le tout visant à une imitation du parler. À la fois dramaturge et romancier, Diderot a su exploiter, dans sa *Religieuse*, les ressources dramatiques des aposiopèses qui abondent dans son théâtre, mais qui trouvent dans son roman un espace propre à faire entendre et à faire voir ce que le texte abandonne à l'imagination du lecteur. En même temps, au-delà de leur abondance, de leur étendue et de leur ambition mimétique, les dialogues assurent souvent plusieurs fonctions et leur influence sur la progression de l'action peut être nulle comme elle peut être déterminante : soit ils sont l'occasion d'exprimer la pensée morale et philosophique dont l'œuvre se fait l'écho ; soit ils permettent de caractériser un personnage dont la voix trahit la vraie nature et les véritables intentions ; soit ils concourent à la compréhension de l'histoire et jouent un rôle décisif dans l'avancée de l'intrigue.

Conclusion

Issu de la vogue que connaissent, dans la seconde moitié du XVIIe siècle, les mémoires historiques et les pseudo-mémoires, le roman-mémoires devient, au XVIIIe siècle, l'une des formes privilégiées de l'invention littéraire. Il se fait alors l'écho d'une aspiration à lire l'histoire particulière d'un individu à la lumière d'un récit rétrospectif où l'analyse morale vient servir la connaissance de soi et où l'expression des sentiments place l'expérience vécue au cœur d'un projet d'écriture. La prégnance de la référence théâtrale chez les auteurs de romans-mémoires – qu'il s'agisse de l'insertion d'un dramaturge dans le récit, d'emprunts textuels, de l'évocation de pièces et du lieu même où se donnent les spectacles, ou encore de techniques propres à la dramaturgie – témoigne de la place prépondérante qu'occupe le théâtre en tant que genre littéraire dont on connaît les procédés, les ressorts et la finalité, en tant que pratique mondaine dans les théâtres de cour et de société, en tant que divertissement public à la Comédie et, enfin, en tant qu'art de vivre d'une société aristocratique dont l'existence est soumise aux exigences de la représentation de soi. Aussi la référence théâtrale au sein de ces récits se révèle-t-elle moins paradoxale qu'elle pouvait le paraître au premier abord, puisqu'elle participe de l'existence sociale et culturelle du moi, à une époque où le théâtre constitue non seulement l'un des principaux lieux de divertissement et de sociabilité mondaine, mais aussi le moyen, pour un auteur, d'engager une querelle personnelle ou de critiquer la société ainsi que l'ordre social et politique établi. Ces quelques observations indiquent assez l'importance de la référence au théâtre dans les romans-mémoires du XVIIIe siècle et invitent donc à rappeler, pour conclure, les principaux enjeux qu'engage cette référence dans ses rapports avec un récit de soi qui s'invente dans le souvenir du siècle précédent, tout en léguant au Romantisme certains des éléments constitutifs d'un langage de l'intime.

Il y a d'abord le tragique qui n'est plus le privilège exclusif de la tragédie, puisqu'il investit désormais la représentation d'un monde ordinaire où les hommes et les femmes occupent une fonction ou une charge qui, au sein de la société, les définit tout en leur assurant une existence. Si des Grieux accuse sans cesse le destin ou la fatalité des nombreux revers de fortune qu'il connaît, le tragique de *Manon Lescaut* relève moins de l'action d'un dieu qu'animerait, par exemple, un désir de vengeance que d'une conscience sensible qui se pense, se vit et s'exprime sur un mode tragique. C'est suivant cette perspective que Prévost procède, d'une part, à une épuration du tragique qu'il soustrait à la colère et à la haine implacables des puissances divines pour n'être que le

CONCLUSION   359

résultat des choix et de l'action d'un homme et, d'autre part, à une dégradation de ce même tragique qui n'est plus le lot des Grands, mais celui d'une humanité agissant sur la scène du quotidien. S'imaginer et se présenter comme la victime d'une destinée qui s'oppose ostensiblement à son bonheur renouvelle la définition du tragique et le sens que celui-ci avait au théâtre, puisqu'il devient personnel – il ne touche qu'un seul être et non plus une lignée tout entière –, intérieur et réflexif – des Grieux confie ses craintes d'être trompé par Manon, exprime sa souffrance lorsqu'il en est séparé et son désespoir après qu'elle l'a trahi. En revanche, la force incommensurable du sentiment qu'il éprouve pour elle, l'expression de cette passion inextinguible et l'impossibilité pour lui de dominer celle-ci sont dignes de la tragédie racinienne. La prégnance de cette référence est renforcée par la présence même de Racine dans les *Mémoires et aventures* et de son théâtre dans *Manon Lescaut*. Le rapport ambigu que Prévost entretient avec celui qu'il prend néanmoins pour modèle apparaît à la fois dans la parodie d'une scène de *Bérénice*, dont Racine se fait lui-même spectateur, et dans le mélange des registres qui fait succéder une scène comique à un épisode tragique. C'est aux côtés de Racine que Molière, l'abbé Genest et d'autres écrivains prennent place à leur tour dans le récit, auquel ils confèrent une vraisemblance historique, tout en illustrant les querelles littéraires qui ont animé le XVIIe siècle finissant.

Plus généralement, les romanciers citent simplement le nom de dramaturges sans chercher à en faire des personnages à part entière. Louvet mentionne Corneille, Molière, Destouches, Voltaire, La Harpe, Beaumarchais et, pour plusieurs d'entre eux, certains de leurs succès au théâtre – *Le Cid, Le Médecin malgré lui, Le Philosophe marié, Sémiramis, Mélanie* et *Philoctète* –, ainsi que des vers extraits de ces pièces et d'autres encore. Les deux premiers volets de la trilogie de Beaumarchais constituent l'une des principales sources d'invention pour *Les Amours du chevalier de Faublas*, depuis les personnages de La Jeunesse et de Bartholo jusqu'à la séquence du travestissement de Chérubin et la scène de reconnaissance entre Figaro et Marceline. Le modèle qu'offre à de nombreux égards Beaumarchais pour Louvet montre l'influence que peut exercer le théâtre et, plus particulièrement, la comédie sur la création de personnages et sur la fabrique d'une intrigue romanesque qui recourt à des scènes caractéristiques de la dramaturgie, dont on connaît les ressources pour relancer l'action ou, au contraire, pour y mettre un terme. Contrairement aux citations de Corneille, de Destouches et de Voltaire, dont Louvet indique lui-même la source, celles de Beaumarchais et de Molière restent intégrées et dissimulées dans le corps du texte, où elles apparaissent comme des réminiscences littéraires conférant au récit le brillant d'une conversation mondaine.

À la différence de Louvet, Crébillon et Marivaux n'indiquent jamais la source de leurs emprunts, que le lecteur peut néanmoins repérer assez aisément dans le récit. Chez l'un comme chez l'autre, les souvenirs de la tragédie cornélienne, qu'ils tronquent la plupart du temps, perdent leur sens initial et leur force tragique : l'aveu de l'amour et l'expression de la peur (Pauline et Félix dans *Polyeucte*) servent, pour le premier, l'entreprise de séduction de Mme de Lursay et, pour la seconde, la rhétorique du chantage qu'emploie Climal à l'égard de Marianne. De même, chez l'un comme chez l'autre, la comédie moliéresque nourrit la peinture des caractères et participe au projet moral d'une œuvre romanesque qui se veut – pour *Les Égarements* – un « tableau de la vie humaine », à cette différence près, toutefois, que Marivaux confère à son Tartuffe une conscience morale et une sensibilité dont le personnage de Molière est totalement dénué. Cette double inflexion morale et sensible résulte non seulement du passage du théâtre au roman qui – par la durée dont celui-ci dispose – peut faire évoluer ses personnages, mais également d'un projet d'écriture différent, puisque le caractère simple et immuable du personnage moliéresque se complexifie en s'ouvrant au repentir. Avec cette vie intérieure dont Marivaux dote son tartuffe s'affirme ainsi une possibilité de transformation qui témoigne d'un certain optimisme moral, étranger au pessimisme anthropologique si caractéristique du XVIIe siècle. Toujours dans *La Vie de Marianne*, la querelle de la lingère et du cocher rappelle à nouveau l'influence du théâtre moliéresque chez Marivaux, qui a pu aussi s'inspirer pour cette scène de Regnard et de Dancourt, et acquiert une force dramatique et une charge comique qu'elle n'avait pas, ou qu'elle avait à un moindre degré, au théâtre.

L'évocation de pièces de théâtre dans les romans-mémoires est également signifiante. Dans *Les Confessions du comte de ****, la comédie du *Mariage fait et rompu* de Dufresny fait l'objet d'une comparaison avec celle du narrateur, d'abord dans un salon mondain, puis à la Comédie-Française ; sa chute dans le cercle privé, puis son heureux succès au théâtre entrent au service d'une satire de ces sociétés qui se piquent à tort de bel esprit et au sein desquelles l'accueil favorable ou défavorable que l'on reçoit ne repose, finalement, que sur le bon vouloir et les caprices d'une maîtresse de maison. Chez Loaisel, la comédie du *Café, ou l'Écossaise* de Voltaire prend place dans une énumération d'écrits divers du philosophe, qui rappellent l'acrimonie et le ton injurieux avec lesquels celui-ci pouvait répondre à ses adversaires, le théâtre représentant également une ressource dans la conquête de l'opinion publique que l'on prend à témoin dans les querelles littéraires et philosophiques. Ici, la mention de l'*Écossaise* permet donc de mettre en scène l'instrumentalisation polémique du théâtre et, plus généralement, les faiblesses morales d'un écrivain fort talentueux, mais incapable de pratiquer lui-même les principes tant prêchés de sagesse et de tolérance. Quant aux titres des pièces que mentionne Louvet – *Le Médecin malgré lui* de Molière, *Mélanie* et *Philoctète* de La Harpe, auxquels il faut encore ajouter *Le Cid, Le Philosophe marié* et *Sémiramis* –, ils participent non seulement d'un jeu intertextuel, mais aussi d'un projet d'écriture qui se pense véritablement à partir du théâtre, de ses procédés et de son texte qui contamine ouvertement le roman. Notons, sur ce point, que Louvet respecte généralement la forme des discours qu'il emprunte, puisqu'il n'ose mêler les vers de Destouches et de Voltaire à son texte et qu'au contraire, il y insère volontiers la prose de Beaumarchais. À la difficulté d'intégrer des alexandrins à un récit en prose s'ajoute sans doute la longueur de ces emprunts : aussi le « Je le veux » de Célimène trouve-t-il plus aisément sa place dans le récit, où il passe inaperçu, que les trois alexandrins de Finette (*Le Philosophe marié*) qui, de fait, sont introduits dans un dialogue théâtral.

Quant au vocabulaire théâtral lui-même, au sens figuré, les mots « scène », « spectacle » et « tableau », qui sont les plus fréquents, désignent la plupart du temps des événements importants dans l'économie de l'action, qui revêtent souvent (mais pas nécessairement) une dimension spectaculaire – qu'il s'agisse d'une scène burlesque, pathétique ou encore tragique. Chez Prévost, Marivaux et Louvet, ces termes se rapportent à des scènes caractéristiques de la dramaturgie classique, comme celles à témoin caché ou celles de reconnaissance, dont ils soulignent alors le caractère éminemment théâtral. Dans ce cas, le vocabulaire remplit une fonction métathéâtrale, qui atteint néanmoins ses limites chez Louvet en raison des travestis que celui-ci ne cesse de multiplier, tant et si bien que l'expression métaphorique « jouer un rôle » reprend souvent, chez lui, son sens premier, Louvet s'amusant de ce jeu sur les sens propre et figuré du vocabulaire théâtral. Tout aussi connue est la métaphore par laquelle on compare l'homme à un comédien et le monde à un théâtre, dans le but de suggérer la capacité qu'ont les individus à dissimuler leur nature et leur pensée véritables ou à feindre des sentiments qu'ils n'éprouvent pas, afin de mieux duper les autres ou de produire une image idéalisée d'eux-mêmes. C'est en tant que moraliste que le romancier invite alors son lecteur non seulement à se défier des apparences fallacieuses et des discours apprêtés qu'il surprend ou qu'on lui adresse, mais aussi à se méfier de lui-même, dont le jugement est parfois altéré par les illusions qu'engendre l'amour-propre. Aussi la métaphore théâtrale participe-t-elle d'un projet moral plus vaste, qui va de l'étude et de la connaissance de soi jusqu'à la dénonciation des artifices et des faux-semblants au nom d'une valorisation de la nature et de la vertu, en passant par une philosophie morale qui conçoit le monde tel un immense théâtre, fait de réalités transitoires et où chacun ne fait qu'entrer et sortir pour bientôt laisser à d'autres le soin de tenir, à leur tour, un rôle.

Pour revenir au théâtre lui-même et, plus particulièrement, à son personnel, si la critique a reconnu la Champmeslé dans les *Mémoires et aventures* et la Gaussin dans *Le Paysan parvenu*, celles-ci ne sont pourtant pas nommées. La première des deux fait son entrée aux côtés de Sévigny et de Racine, obéissant sûrement à un souci de vraisemblance historique tout en offrant au lecteur le récit d'une joyeuse soirée où l'on s'amuse à parodier Racine : par le jeu auquel se prête la comédienne, la tragédie racinienne est tournée en dérision, suscitant le rire, et non plus la pitié ou la terreur. Prévost joue avec un dramaturge qui par ailleurs l'inspire, il désacralise une figure à laquelle il rend en même temps hommage et procède, en quelque sorte, à un contre-emploi de ce genre théâtral. Il montre surtout que le tragique peut être dissocié du poème tragique auquel on le lie d'ordinaire, puisqu'il se réalise tout aussi bien dans la nouvelle que dans le roman, comme en témoigne au XVIIIe siècle l'œuvre de Challe, de Prévost et de Mme de Tencin. La Gaussin, pour sa part, apparaît à la toute fin du roman inachevé du *Paysan parvenu* et souligne l'apogée de l'ascension sociale d'un paysan qui, désormais, peut paraître sur la scène. Si le continuateur anonyme, qui a longuement développé cet épisode final à la Comédie, s'éloigne de l'écriture moraliste et de l'esprit de Marivaux, le long récit de cette sortie au théâtre correspond néanmoins à un *topos* des romans-mémoires du XVIIIe siècle, qui se font l'écho d'une pratique sociale essentielle à l'époque et qui, à ce titre, apportent au récit un souci de l'observation déjà sociologique.

Le théâtre constitue, on l'a dit, l'un des principaux lieux de divertissement public au XVIIIe siècle. On y revoit volontiers les classiques lorsqu'on n'assiste pas à une pièce nouvelle, on y retrouve ses amis comme on peut tout aussi bien y lier connaissance, on s'y donne constamment en représentation et, parfois, on s'y amuse loin des regards avec celles qui s'illustrent sur la scène. Les représentations romanesques de ce divertissement mondain diffèrent considérablement d'une œuvre à l'autre, depuis celles d'un lieu destiné aux rencontres amoureuses, favorables à la description des comportements humains et à l'analyse morale (*Les Égarements*), jusqu'à celles d'un espace associant la conduite d'une affaire galante à la comédie et au rire (*Les Amours*), en passant par celles d'un foyer de vices et de corruption (*Dolbreuse*). Dans tous les cas, le spectacle offert par la salle supplante celui qui se joue sur la scène, hormis lorsque celle-ci accueille des aristocrates qui participent alors du spectacle au même titre que les comédiens. Révélatrice, par son traitement, de la tonalité de l'œuvre et de la sensibilité philosophique de l'auteur, la représentation romanesque du théâtre met en scène la comédie humaine dans toute sa diversité pour mieux souligner le caractère artificieux des hommes qui n'ont de cesse de chercher à se faire valoir. Qu'il soit – dans le roman-mémoires – le décor d'une péripétie ou un simple espace de jeu propre à susciter une fois de plus le rire, qu'il soit valorisé ou condamné, le théâtre constitue un microcosme de cette société du spectacle, dont les rituels sont régis par les codes d'un monde où la cour est le lieu du pouvoir, là où se font et se défont les fortunes et les réputations. Aussi le théâtre peut-il parfois faire l'objet d'une condamnation et, en pareil cas, le romancier évoque la force de l'illusion produite par la représentation théâtrale, qui annihile chez le spectateur toute capacité de distanciation et de discernement critique. Dans *Dolbreuse*, le héros ne voit plus que le personnage et le sentiment dont celui-ci est pénétré pour mieux s'abandonner ensuite à cette illusion trompeuse qui, en l'occurrence, délite le lien conjugal. De même, lorsque l'art investit la nature elle-même et la transforme en théâtre, c'est là encore afin d'éblouir et d'étourdir l'innocence et la vertu, charmées par un décor éclatant, mais artificiel, et par un discours aux accents passionnés, mais trompeur.

D'un point de vue moins moral que topique, les personnages de roman et de théâtre recourent volontiers aux déguisements, aux travestissements et aux usurpations d'identité, qui constituent la plupart du temps un moyen commode de lever les obstacles qu'ils rencontrent : favoriser une fuite (*Manon Lescaut*, *Les Amours*), atteindre la personne aimée (*La Vie de Marianne*, *Mémoires de Comminge*), vivre incognito dans un pays où l'on est proscrit, ou encore tromper la vigilance d'un mari (*Les Amours*). Au service de l'intrigue qu'ils font progresser, ils viennent révéler soit le caractère de certains personnages doués d'une grande capacité à feindre, soit la force des sentiments qui, seule, peut conduire un homme sincère et droit à mentir et à braver les interdits, voire à commettre un crime. *Manon Lescaut* et les *Mémoires du comte de Comminge* s'ouvrent tous deux sur une usurpation d'identité, la première inscrivant l'histoire des amants sous le signe de la ruse et de la comédie, la seconde favorisant la naissance d'un amour impossible, condamné à n'être qu'une source de souffrances. De la ruse à la passion malheureuse, ces *topoï* offrent des ressources fortement différenciées d'un roman à l'autre puisque, s'ils jouent un rôle essentiel à la fois dans les *Mémoires du comte de Comminge* et dans *Les Amours*, ils ne servent, dans le premier, qu'à permettre aux personnages de retrouver et de demeurer auprès de la personne aimée sans que celle-ci ne le sache, alors que, dans le second, ils constituent un expédient inépuisable pour multiplier les scènes de comédie et favoriser les amours libertines. Mais l'utilisation de ces *topoï* est tout aussi variée au sein d'une même œuvre, où ils peuvent être non seulement le prétexte d'une scène de comédie, mais encore une source de difficulté inattendue : si des Grieux se fait d'abord passer pour un cousin de Manon, puis pour son frère cadet afin de voler et de ridiculiser un vieux prétendant, le travestissement de Manon destiné à la faire évader de prison fait l'objet d'un chantage qui manque de compromettre leur fuite. Dans l'histoire de Tervire, qui fait suite aux aventures de Marianne, et dans les *Mémoires du comte de Comminge*, c'est moins le déguisement ou le travestissement qui favorise les scènes sensibles, pathétiques et tragiques que le dévoilement de ces rôles d'emprunt : c'est lorsque la femme de chambre Brunon se découvre à sa belle-mère ou qu'Adélaïde se dévoile aux yeux des Trappistes que culminent le pathétique et le tragique. En ce sens, le déguisement implique presque toujours – tôt ou tard – une scène qui met au jour la vérité, avec des conséquences pouvant être heureuses (scène de reconnaissance) ou funestes (scandales et scène tragique). Observons enfin que Louvet a porté à son plus haut degré d'accomplissement l'art de la variation à partir de cette topique, d'une part, en raison de la fréquence et de la variété des déguisements et des travestissements de son héros et, d'autre part, par l'utilisation proprement dramatique des travestissements de celui-ci, qui sont une source inépuisable de rire, le tour de force de Louvet reposant notamment sur sa capacité à créer des scènes de comédie alors même que Faublas n'est plus travesti.

À cette topique que le théâtre et le roman ont en partage s'ajoute le personnel lui-même, qui va de la coquette et du petit-maître au faux malade et au prétendu médecin en passant par le cocu ridicule et monomaniaque. Nombreuses sont les coquettes romanesques – Mme de Senanges des *Égarements*, Mme de Sezanne et Mme de Lery des *Confessions du comte de* ***, Agathe et Mme de Ferval du *Paysan parvenu* –, mais aucune d'elles n'excelle autant dans cet art que Marianne, qui a fait de la coquetterie un moyen sûr de plaire, de toucher et de parvenir. S'observer faire et dire est sa principale occupation, alors qu'elle veille constamment à entretenir auprès de son entourage l'image de cette jeune femme vertueuse à la naissance incertaine, prête à sacrifier son intérêt personnel – en l'occurrence, épouser l'homme qu'elle aime – au nom de l'intérêt général, qui se confond ici avec l'honneur d'une famille. Cet excès de coquetterie, qui lui fait renoncer au bonheur pour mieux susciter autour d'elle témoignages d'admiration et bienveillance, constitue sans doute le comble d'un amour-propre dont Marivaux s'attache à relever les moindres manifestations. Aussi la coquetterie féminine ne fait-elle plus tant – comme au théâtre – l'objet d'une caricature risible qui la range irrévocablement parmi les vices que celui d'un récit qui en scrute les diverses nuances, en montrant qu'elle procède d'une nature humaine dont les défauts sont parfois le principe paradoxal de l'élévation morale. De même, si le petit-maître Pranzi des *Égarements* est tout aussi détestable et méprisable que certains de ses devanciers au théâtre, Versac, lui, se révèle nettement supérieur, œuvrant avec habileté pour nuire à sa rivale, tout en jouant les mentors auprès de Meilcour auquel il offre une leçon surprenante sur les moyens de réussir dans le monde. Empreinte d'une gravité, d'une réflexivité et d'une nostalgie étrangères au personnage tel qu'il se montre en société, cette leçon de vie rend le type du petit-maître beaucoup moins frivole et, si celui-ci se présente toujours comme une figure essentielle au sein d'une société évaporée à laquelle il donne le ton et dont il est, en quelque sorte, une pure émanation, il conserve néanmoins sa raison, son esprit critique et, pour tout dire, son humanité. Dans tous les cas, on le voit, le roman confère surtout une profondeur nouvelle au personnel dramatique, contribuant ainsi à transformer la caractérologie classique en un savoir attentif à la complexité des êtres et à l'instabilité de leur identité.

Aux côtés de ces types hérités principalement des moralistes classiques apparaissent ceux qui ont abondamment nourri une longue tradition comique depuis les nouvelles et les farces du Moyen Âge jusqu'aux comédies moliéresques. Au début du XVIIIe siècle, l'*Histoire de Gil Blas de Santillane* mettait déjà en scène de nombreux médecins dont les remèdes avaient des effets funestes sur les malades. *Les Amours*, quant à eux, introduisent à la fois de véritables médecins et des personnages qui, pour les besoins de l'intrigue, se font passer pour des médecins. Tandis que les premiers apportent des remèdes et des traitements salvateurs, les seconds, en revanche, sont surtout l'occasion pour Louvet de faire rire son lecteur, même dans les cas où ils œuvrent à une cause importante : par exemple, Rosambert médecin sauve l'honneur de la maîtresse de son ami Faublas. À ces vrais médecins et à ces plaisants usurpateurs qui exercent une fonction d'adjuvant s'opposent ceux qui recourent à des pratiques pseudo-médicales – comme le magnétisme mesmérien – fondées sur le mensonge et la duperie. Ainsi, à la différence de Molière et de Lesage qui font la satire de l'ensemble du corps médical, Louvet, lui, distingue les médecins de profession de ces charlatans dont il dénonce l'imposture, sans pour autant cesser de faire rire son lecteur. Au reste, le type du prétendu médecin appelle nécessairement celui du faux malade, qu'il convient de distinguer du malade imaginaire : l'un feint d'être malade, tandis que l'autre croit réellement l'être. Louvet n'exploite que le premier de ces deux types et ce, toujours dans une perspective comique.

À ces personnages caractéristiques de la farce et de la comédie s'ajoute enfin celui, non moins connu, du cocu ridicule et monomaniaque à partir duquel s'organise l'intrigue des *Amours*. Élément fondateur du trio farcesque de la femme, de l'époux et de l'amant, sa charge comique, que lui confèrent son cocuage, sa fatuité et sa sottise, est renforcée par une ou plusieurs manies : le marquis de B*** se dit physionomiste et adepte de la chiromancie, le comte de Lignolle, lui, compose des charades. Contrairement à la coquette et au petit-maître, qui peuvent bénéficier dans le roman-mémoires d'une certaine promotion ou d'un approfondissement qui en font des personnages plus nuancés, plus complexes et, de ce fait, moins négatifs et moins condamnables que ceux du théâtre, les cocus monomaniaques demeurent inchangés, constituant avant tout une source de comique avérée que Louvet se plaît à exploiter tout à loisir. Au demeurant, selon la veine mondaine, libertine ou comique dans laquelle s'inscrivent les romans-mémoires, les auteurs privilégient plus volontiers certains types. *Les Égarements*, qui se veulent un tableau de mœurs destiné à dénoncer les vices et les ridicules, s'attachent à la peinture de ces caractères dont Théophraste avait relevé les traits dès l'Antiquité, tandis que *Les Amours* – dans le droit fil de la farce et de la comédie – utilisent des types dont on connaît le potentiel comique, les deux œuvres étant néanmoins portées par cette même ambition morale qui consiste à représenter les mœurs de leur temps.

D'un point de vue poétique, enfin, la prégnance du genre dramatique sur la forme même qu'adopte le genre romanesque se manifeste dans la composition générale de l'œuvre, soit en privilégiant une concentration de l'action soit, au contraire, en divisant un moment, une soirée, une journée en une multitude de scènes qui peuvent rappeler, mutatis mutandis, par leur longueur, par leur enchaînement et par le dialogue qui les compose, la construction d'une pièce de théâtre. Dans le premier cas, le récit se caractérise par une certaine brièveté, par une densité qui accorde moins d'importance à la description et aux dialogues qu'à l'action et par une organisation générale autour de quelques scènes centrales. De ce type de construction relèvent d'abord les *Mémoires du comte de Comminge*, dont l'intrigue est réduite à un squelette événementiel, reposant essentiellement sur les épisodes principaux de cette histoire d'amour malheureuse, qui se déroule sur une durée assez courte ; les personnages y sont peu nombreux et la passion amoureuse constitue le moteur de chaque décision et de chaque action qui ne sont que sacrifices destinés à réaffirmer sans cesse à l'autre l'amour qu'on lui porte. Si, pour sa part, *Manon Lescaut* est également centré autour de quelques épisodes importants (la rencontre, Saint-Sulpice, etc.), il accorde néanmoins une place non négligeable à la comédie que les amants jouent de concert pour voler des dupes fortunées ; cependant, la comédie ne dure qu'un instant et ne fait qu'accentuer, par contraste, la mauvaise fortune des protagonistes qui se voient emprisonnés après chaque friponnerie. D'un autre côté, l'intrusion de la comédie au sein de cette histoire passionnelle, vécue par le héros sur un mode tragique, amoindrit aussi la perspective tragique, déjà fortement ébranlée par le point de vue unique à partir duquel l'histoire est racontée. Notons enfin qu'à ce tragique caractéristique de la scène racinienne se mêle un pathétique larmoyant dont le drame naissant s'emparera pour en faire un élément constitutif de son esthétique.

Le second type de construction s'appuie sur de longues scènes dialoguées et sur des séquences de scènes qui forment de grandes progressions dramatiques où le romancier cède la parole aux personnages dont le dialogue fait avancer l'action. Particulièrement manifestes dans *Les Égarements, La Vie de Marianne, Le Paysan parvenu* et, parfois, dans *La Religieuse* de Diderot, ces séquences n'ont pas toujours la pureté dramatique de celles qu'on peut observer au théâtre, dans la mesure où le narrateur y fait souvent des incursions plus ou moins longues pour dresser le portrait d'un personnage qui vient d'entrer en scène, ou encore pour rapporter les pensées survenues à l'occasion de telle rencontre ou de telle conversation, rompant alors momentanément l'illusion qu'a le lecteur de voir des scènes dialoguées s'enchaîner les unes aux autres. Néanmoins, l'unité narrative qu'elles forment avec un début, un milieu et une fin pour constituer un épisode à part entière, le lieu unique – parfois compartimenté – où elles prennent place et le même noyau de personnages présents leur assurent une cohérence et rappellent, à certains égards, la division scénique d'une pièce. Ces séquences ont permis de dégager, dans *Les Égarements*, une scénographie conversationnelle d'autant plus remarquable que l'on connaît la place prépondérante qu'occupe l'art de la conversation dans les salons mondains du XVIIIe siècle qui, au demeurant, constituent le décor principal de ce roman. Paradoxalement, cet art qui apprend, entre autres, à faire adroitement entendre à quelqu'un l'intérêt qu'on lui porte n'atteint pas le but escompté, puisque les interlocuteurs se heurtent fréquemment à des incompréhensions et à des malentendus. C'est Meilcour qui permet d'assimiler *Les Égarements* à une comédie des contresens dont les ressorts rappellent ceux de certaines comédies marivaudiennes que sont, par exemple, le dépit et la jalousie. L'ingénuité, l'amour-propre et la bêtise du héros obligeront celle qui entreprend son initiation à multiplier les occasions – pour lui comme pour elle – de se déclarer. Aussi assiste-t-on à plusieurs reprises à des scènes d'aveux et à des mouvements de dépit qui, toutefois, ratent l'effet attendu jusqu'au coup de théâtre de la marquise qui parvient à ses fins.

Chez Marivaux romancier, les séquences de scènes se systématisent. La longueur des scènes dialoguées, leur fréquence et leur enchaînement permettent de dégager des séquences qui peuvent être regroupées en épisodes, qui constituent les principales unités narratives de *La Vie de Marianne* et du *Paysan parvenu*. La succession de ces scènes évoque celle que l'on observe au théâtre, avec lequel l'analogie est encore plus étroite lorsque le récit de soi s'efface au profit du seul dialogue. Les tableaux qui font voir les personnages figés dans leur action, surpris à un moment inattendu (Valville aux genoux de Marianne), parfois moralement condamnable (Climal aux genoux de Marianne), soulignent le trouble, la confusion, voire la honte des personnages pris sur le fait. Ils modifient la plupart du temps le cours de l'action et dotent le récit d'une dimension picturale et théâtrale : comme sur la toile et sur la scène, les personnages font tableau. Néanmoins, ce ne sont pas tant ces pétrifications que les tableaux sensibles et larmoyants de *La Vie de Marianne* qui annoncent ceux que Diderot théorisera et introduira dans le drame bourgeois : l'émotion des protagonistes est telle qu'ils ne s'expriment qu'au moyen de gestes d'affection, de soupirs, de larmes et de silences qui n'attendrissent pas moins le lecteur que leurs destinataires. Mais alors que dans l'histoire de Marianne, ces tableaux montrent souvent la vive reconnaissance de l'héroïne envers sa mère adoptive, dans l'histoire de Tervire, ils prennent la forme de véritables scènes de reconnaissance et de réconciliation et deviennent pathétiques lorsqu'ils font voir le spectacle d'une mort prochaine. Dans un tout autre registre, les scènes à témoin caché du *Paysan parvenu* suscitent une tension dramatique à un moment où le héros se fait voyeur et témoin du spectacle de la fausse dévotion, qu'il dévoile tout comme Molière, dont la scène du *Tartuffe* était restée célèbre. Dès lors, le genre romanesque offre un espace aussi propice à l'utilisation de scènes à témoin caché que le genre dramatique, voire un espace plus favorable dans le cas des tableaux sensibles, qui réussissent admirablement chez Marivaux romancier, mais dont le succès demeure plus mitigé chez Diderot dramaturge.

En revanche, dans *La Religieuse*, les tableaux pathétiques que constituent les nombreuses scènes de sévices corporels et de supplices moraux infligés à l'héroïne suscitent, chez le lecteur, terreur et pitié pour mieux dénoncer l'imposture de la vie conventuelle, qui n'est pas tant fondée sur la privation de la liberté que sur la négation de l'existence. Ces tableaux où la peur et les souffrances de Suzanne font l'objet d'un spectacle terrifiant côtoient ceux qu'offrent déjà les pratiques religieuses telles que la prise de voile et l'amende honorable, qui comportent en elles-mêmes une forte dimension théâtrale. Diderot exploite la théâtralité de ces pratiques qu'il assimile à de véritables sacrifices humains ou à des semblants d'exécutions destinées à la fois à torturer physiquement la victime, à terrifier l'ensemble de la communauté religieuse et, pour certaines, à satisfaire un plaisir cruel et sadique. À ces tableaux qui relèvent d'une véritable mise en scène s'ajoutent ceux qui revêtent une forte dimension picturale et qui rappellent, en cela, ceux que Diderot souhaitait voir sur scène se substituer aux coups de théâtre. Force est de constater que ces tableaux dramatiques et picturaux s'épanouissent pleinement dans *La Religieuse* où ils produisent divers effets qui tendent constamment à un but ultime, à la fois philosophique et moral : bouleverser les esprits et toucher les cœurs afin de dénoncer une institution qui non seulement produit des êtres dénaturés et pervers, mais qui, surtout, s'oppose aux droits fondamentaux que sont la liberté et le droit au bonheur.

Enfin, le nombre considérable de dialogues dans certains romans-mémoires, l'ampleur qu'ils prennent par rapport au récit et les innovations formelles qu'ils introduisent témoignent, là encore, de la prégnance du modèle théâtral, à une époque marquée par l'élévation de la conversation en art de vivre et par la vogue des genres dialogués. Si les dialogues occupent une place importante chez Crébillon, où ils ponctuent les échanges décisifs au cours d'une soirée, lorsqu'ils ne constituent pas des scènes à part entière, ils deviennent chez Marivaux un élément structurel, la composition de *La Vie de Marianne* et du *Paysan parvenu* faisant voir fréquemment un enchaînement de scènes dialoguées. Crébillon, auteur de plusieurs dialogues, et Marivaux, principal auteur de la Comédie-Italienne de la première moitié du XVIIIe siècle, ont participé à l'essor du dialogue romanesque qui – sous l'impulsion de Marmontel – va se libérer des incises pour devenir plus vif, plus naturel et plus vrai. Ainsi Diderot fait parler les personnages de sa *Religieuse* comme il fait parler ceux de son théâtre, omettant volontiers les incises et multipliant les aposiopèses qui rendent la violence du sentiment tout en faisant place à l'éloquence du corps. Comme d'autres avant lui, Louvet poursuit cette révolution formelle avec ses dialogues théâtraux qui imitent la disposition typographique des pièces de théâtre, attestant, d'une part, l'influence notable de la référence théâtrale au XVIIIe siècle et, d'autre part, la flexibilité d'un genre qui se renouvelle librement au contact des autres genres. En aspirant avant tout à faire vrai, les romanciers ont su imiter les parlers aristocratiques et populaires qui permettent de caractériser rapidement un personnage tout en lui donnant corps, mais qui peuvent aussi – comme au théâtre – servir le rire.

C'est donc à différents niveaux que le théâtre investit le roman-mémoires du XVIIIe siècle : par son texte et sa présentation typographique d'abord, par ses personnages à succès et ses types ensuite, par ses *topoï* du déguisement et du travestissement, mais aussi par sa structure et ses dialogues, sans oublier sa réalité sociale elle-même, ses auteurs et ses interprètes et, enfin, sa dimension morale, qui en fait la métaphore de l'expérience humaine. Si cette contamination ne remet pas en cause l'identité même du genre romanesque, elle souligne néanmoins sa nature hétérogène et sa plasticité essentielle, qui favorisent une hybridité vers laquelle il tendra de plus en plus, dans le dernier quart du XVIIIe siècle, comme en témoignent déjà *Les Amours* de Louvet (1787-1790) et comme l'attestera également, au seuil du XIXe siècle, un texte tel *Le Jeune Malherbe, ou le Fils naturel, roman théâtral* (1802). La manière dont son auteur, Pierre-Louis Lacretelle, s'y réclame explicitement des deux genres mérite très certainement d'être rappelée : « Si cet ouvrage est de beaucoup le plus long des drames, il est peut-être le plus court des romans ; c'est à ces deux genres à la fois qu'il faut le rapporter »[1]. De fait, cet ouvrage mixte tient d'abord du roman « par une action, qui dépasse la durée convenue du drame français ; par la combinaison de trois objets d'intrigue, tirés du même événement et fondus dans un seul intérêt ; par un développement plus approfondi donné à plusieurs situations [...] ; par un plus grand nombre de personnages [...] ; par un mouvement moins accéléré dans les diverses parties de l'action » ; en même temps, il a « la marche, le ton, les formes et les divisions d'un ouvrage de théâtre »[2]. S'il a été « essentiellement composé pour l'impression »[3], Lacretelle a toutefois ménagé une coupure qui permettait de porter son roman à la scène au moyen de deux représentations. « Roman théâtral », « roman dramatique », « roman drame », « ouvrage mixte », « genre intermédiaire » : voilà autant d'expressions qui rappellent celle de « roman-tragédie »[4], notamment associée à *Manon Lescaut*. Certes, tous les auteurs de notre corpus n'ont pas poussé le mélange des genres aussi loin que Lacretelle. Pourtant, l'œuvre de celui-ci survient au terme d'une dynamique d'hybridation dont elle réalise peut-être tous les possibles, montrant ainsi à quel point, au XVIIIe siècle, le théâtre constitue une référence forte et une source d'invention inépuisable, témoignant dès lors de l'importance considérable d'un genre dont l'influence tient, pour une bonne part, à son statut de divertissement à la fois public et privé, qui en assure la diffusion au sein d'une société se donnant sans cesse elle-même en représentation.

En ce sens, cette contamination du récit de soi par le théâtre semble participer d'un double mouvement. Le premier relèverait de la conceptualisation, de la valorisation et d'une forme d'« exhibition de l'intime »[5] ou de l'intériorité qui, au XVIIIe siècle, se manifestent notamment dans l'épanouissement et le succès d'une littérature du for intérieur, dont le roman-mémoires, le roman épistolaire et, plus tard, *Les Confessions* de Rousseau constituent les formes les

---

1 Pierre-Louis Lacretelle, *Œuvres diverses, Philosophie et littérature, tome 2*, Paris, Treuttel et Würtz, 1802, p. 183.
2 *Ibid.*, pp. 182-183.
3 *Ibid.*, p. 188.
4 *Dictionnaire des Lettres françaises : le XVIIIe siècle* [1960], dir. Georges Grente, revu et mis à jour par François Moureau, Paris, Fayard/Librairie Générale Française, 1995, coll. « La Pochothèque », pp. 839, 1071.
5 Jean-Marie Goulemot, « Tensions et contradictions de l'intime dans la pratique des Lumières », *Littérales (L'invention de l'intimité au siècle des Lumières)*, dir. Benoît Melançon, n° 17, 1995, pp. 13-21, et p. 15 pour la citation.

plus représentatives. À ce titre, cette littérature est l'héritière de l'intérêt que les moralistes du siècle précédent ont accordé à l'introspection et aux moyens que requiert la connaissance de soi, tout en insistant sur les dangers et les limites de cette entreprise. Or, le roman-mémoires s'attache non seulement à observer, à analyser et à comprendre les états d'âme et les sentiments des personnages qu'il met en scène, mais il s'applique encore et surtout à valoriser, chez eux, le sentiment intime de cette conscience de soi. C'est avec ravissement ou une émotion certaine, empreinte d'espièglerie, de gaieté ou de mélancolie que des Grieux, Marianne, Jacob, Comminge ou Dolbreuse se racontent, livrant leurs réflexions, leurs pensées secrètes et les mouvements de leur cœur. Toutefois, s'ils sont portés par le désir de se dire et l'ambition de mieux se connaître, ces récits de soi s'écrivent, en même temps, au sein d'une société du spectacle à laquelle la notion d'intimité est étrangère. Le roman-mémoires doit sans doute beaucoup à la manière originale dont il a su croiser et faire entrer en dialogue ces deux univers culturels hétérogènes, tant et si bien qu'il est à la fois animé par une volonté d'affirmer sa singularité, qui caractérise l'individu moderne, et inspiré par le sens du spectacle et des cérémonies de la parole, qui est le propre d'une société curiale fortement théâtralisée. Au sein de cette configuration, il invente ainsi un langage, celui du récit de soi, qu'il lègue au siècle à venir et dont les Romantiques s'empareront à leur tour pour dire l'intime et même pour en faire un thème de prédilection, mais dans un monde qui, désormais, aura rompu avec la société de cour et son sens extrêmement exercé de la théâtralité.

Bibliographie

Corpus étudié

Crébillon, Claude-Prosper Jolyot de, *Les Égarements du cœur et de l'esprit* [1735-1738], éds. Michel Gilot et Jacques Rustin, dans *Œuvres complètes, tome 2*, dir. Jean Sgard, Paris, Classiques Garnier Multimédia, coll. « Classiques Garnier », 2000, pp. 1-247.

Diderot, Denis, *La Religieuse* [1760], dans *Contes et romans*, éd. Michel Delon, avec la collaboration de Jean-Christophe Abramovici, Henri Lafon et Stéphane Pujol, Paris, Gallimard, coll. « Bibliothèque de la Pléiade », 2004, pp. 239-415.

Duclos, Charles Pinot-, *Les Confessions du comte de **** [1741], éd. Laurent Versini, Paris, Desjonquères, coll. « XVIIIe siècle », 1992.

Loaisel de Tréogate, Joseph Marie Loaisel, dit, *Dolbreuse, ou l'Homme du siècle ramené à la vérité par le sentiment et par la raison : histoire philosophique* [1783], éd. Charlène Deharbe, Paris, Société des Textes Français Modernes, 2015.

Louvet de Couvray, Jean-Baptiste, *Les Amours du chevalier de Faublas* [1787-1790], éd. Michel Delon, Paris, Gallimard, coll. « Folio Classique », 1996.

Marivaux, Pierre Carlet de Chamblain de, *La Vie de Marianne, ou les Aventures de Madame la comtesse de **** [1731-1742], éd. Frédéric Deloffre, Paris, Bordas, coll. « Classiques Garnier », 1990.

———, *Le Paysan parvenu* [1734-1735], éd. Frédéric Deloffre, avec la collaboration de Françoise Rubellin, Paris, Bordas, coll. « Classiques Garnier », 1992.

Prévost d'Exiles, Antoine François, abbé, *Histoire du Chevalier des Grieux et de Manon Lescaut* [1731], éds. Frédéric Deloffre et Raymond Picard, Paris, Dunod, coll. « Classiques Garnier », 1995.

———, *Mémoires et aventures d'un Homme de qualité* [1728], éd. Jean Sgard, Paris, Desjonquères, coll. « XVIIIe siècle », 1995.

Tencin, Claudine-Alexandrine Guérin, *Mémoires du comte de Comminge : roman* [1735], éd. Michel Delon, Paris, Desjonquères, coll. « XVIIIe siècle », 1996.

Autres éditions utilisées

Diderot, Denis, *La Religieuse*, éd. Florence Lotterie, Paris, Flammarion, coll. « GF Flammarion », 2009.

———, *La Religieuse*, éd. Robert Mauzi, Paris, Gallimard, coll. « Folio Classique », 1972.

Marivaux, Pierre Carlet de Chamblain de, *La Vie de Marianne*, éd. Jean-Marie Goulemot, Paris, Librairie Générale Française, coll. « Classiques de poche », 2007.

———, *La Vie de Marianne*, éd. Jean Dagen, Paris, Gallimard, coll. « Folio classique », 1997.

———, *La Vie de Marianne, ou les Aventures de Madame la Comtesse de ****, éd. Michel Gilot, Paris, Garnier-Flammarion, coll. « GF Flammarion », 1978.

―――, *Le Paysan parvenu*, éd. Henri Coulet, Paris, Gallimard, coll. « Folio classique », 1981.
―――, *Le Paysan parvenu*, éd. Michel Gilot, Paris, Garnier-Flammarion, coll. « GF-Flammarion », 1965.
Prévost, *Œuvres :* Mémoires et aventures d'un homme de qualité qui s'est retiré du monde. Histoire du chevalier des Grieux et de Manon Lescaut, éds. Pierre Berthiaume et Jean Sgard, [Grenoble], Presses Universitaires de Grenoble, 1978.
Tencin, Claudine-Alexandrine Guérin, *Mémoires du comte de Comminge*, préface de Chantal Thomas, Paris, Mercure de France, 1996.

Autres œuvres avant 1900

Académie française, *Dictionnaire* [1694], *tome 1*, [4ᵉ éd.], Paris, La Veuve de Bernard Brunet, 1762.
Académie française, *Nouveau Dictionnaire, tome 2*, [2ᵉ éd.], [Paris], Jean-Baptiste Coignard, 1718.
Arnaud, François-Thomas-Marie Baculard d', *Le Comte de Comminge, ou les Amants malheureux*, [3ᵉ éd.], Paris, Le Jay, 1768.
―――, *Les Amants malheureux, ou le Comte de Comminge : drame en trois actes et en vers*, précédé d'un discours préliminaire et suivi des *Mémoires du comte de Comminge*, Londres/Paris, Chez les libraires du Palais Royal et du quai de Gèvres, 1764.
Arnault, Antoine-Vincent, *Œuvres critiques, philosophiques et littéraires, tome 3*, Paris/Leipzig, A. Bossange, 1827.
Aubignac, François Hédelin, abbé d', *La Pratique du théâtre* [1657], éd. Hélène Baby, Paris/Genève, Honoré Champion/Slatkine, 2001.
Beaumarchais, Pierre-Augustin Caron de, *Théâtre :* Le Sacristain. Le Barbier de Séville. Le Mariage de Figaro. La Mère coupable, éd. Jean-Pierre de Beaumarchais, Garnier Frères, coll. « Classiques Garnier », 1980.
Bergson, Henri, *Le Rire : essai sur la signification du comique* [1900], Paris, Quadrige, Presses Universitaires de France, coll. « Bibliothèque de philosophie contemporaine », 2007.
Biographie universelle, ancienne et moderne, ou Histoire, par ordre alphabétique, de la vie publique et privée de tous les hommes qui se sont fait remarquer par leurs écrits, leurs actions, leurs talents, leurs vertus ou leurs crimes, tome 25, Paris, L.G. Michaud, 1820.
[Boindin, Nicolas], *Lettres historiques à Mr D*** sur la nouvelle comédie italienne*, Paris, Pierre Prault, 1717.
Boissy, Louis de, *L'Élève de Terpsicore, ou le Nourrisson de la satyre, tome 1*, Amsterdam, Balthazar Tromp, 1718.

Challe, Robert, *Les Illustres Françaises* [1713], éds. Frédéric Deloffre et Jacques Cormier, Genève, Droz, coll. « Textes littéraires français », 1991.

Corneille, *Œuvres complètes, tome 1*, éd. Georges Couton, Paris, Gallimard, coll. « Bibliothèque de la Pléiade », 1980.

———, *Œuvres complètes, tome 2*, éd. Georges Couton, Paris, Gallimard, coll. « Bibliothèque de la Pléiade », 1984.

———, *Œuvres complètes, tome 3*, éd. Georges Couton, Paris, Gallimard, coll. « Bibliothèque de la Pléiade », 1987.

Courcy, Frédéric de, Pierre Frédéric Adolphe Carmouche, *Manon Lescaut : roman en six chapitres et en trois actes, représenté pour la première fois sur le théâtre royal de l'Odéon par les comédiens ordinaires du roi le 26 juin 1830*, Paris, Bezou, 1830.

Crébillon, Claude-Prosper Jolyot de, *Lettres de la Marquise de M*** au Comte de R**** [1732], éd. Jean Dagen, Paris, Desjonquères, coll. « XVIIIe siècle », 2010.

D'Alembert, Jean le Rond, dit, *Œuvres philosophiques, historiques et littéraires, tome 11*, Paris, Jean-François Bastien, An XIII (1805).

Dancourt, Florent Carton, *Œuvres choisies, tome 4*, Paris, P. Didot l'aîné et Firmin Didot, 1810.

Davia, Francesco Alessio, *Compendio della vita di Fr. Arsenio di Gianson, monaco cisterciense della Trappa, chiamato nel secolo il Conte di Rosembert*, Firenze, Nella Stamperia di sua Altezza Reale per Jacopo Guiducci, e Santi Franchi, 1710.

Dejaure, Jean-Élie Bédéno, *Lodoïska : comédie en trois actes, en prose, représentée pour la première fois par les comédiens italiens le 1er août 1791*, [Paris], Le Petit/Brouet/Mongie, [s.d.].

Destouches, Philippe Néricault, *Le Philosophe marié, ou le Mari honteux de l'être : comédie en cinq actes et en vers, représentée pour la première fois par les comédiens français ordinaires du roi le 15 février 1727*, Paris, Duchesne, 1763.

Dictionnaire universel français et latin [1704], *tome 3*, Paris, Par la compagnie des libraires associés, 1771.

Dictionnaire universel français et latin, tome 8, Paris, Par la compagnie des libraires associés, 1771.

Diderot, Denis, *Jacques le fataliste et son maître* [1797], dans *Contes et romans*, éd. Michel Delon, avec la collaboration de Jean-Christophe Abramovici, Henri Lafon et Stéphane Pujol, Paris, Gallimard, coll. « Bibliothèque de la Pléiade », 2004, pp. 667-894.

———, *Les Bijoux indiscrets* [1748], dans *Contes et romans*, éd. Michel Delon, avec la collaboration de Jean-Christophe Abramovici, Henri Lafon et Stéphane Pujol, Paris, Gallimard, coll. « Bibliothèque de la Pléiade », 2004, pp. 1-238.

———, *Œuvres : Esthétique-théâtre, tome 4*, éd. Laurent Versini, Paris, Robert Laffont, coll. « Bouquins », 1996.

Diderot et D'Alembert, *Encyclopédie, tome 4*, Paris, Briasson/David l'aîné/Le Breton/Durand, 1754.

———, *Encyclopédie, tome 14*, Neuchâtel, Samuel Faulche, 1765.

Donneau de Visé, *Trois Comédies :* La Mère coquette. La Veuve à la mode. Les Dames vengées, Paris, Droz, coll. « Société des Textes Français Modernes », 1940.

Drouet de Maupertuy, Jean-Baptiste, *Abrégé de la vie de Frère Arsène de Janson, religieux de l'Ordre de Citeaux de la Réforme de la Trappe, connu dans le siècle sous le nom du comte de Rosambert, mort dans l'abbaye de Bonsolas en Toscane le 21 juin 1710*, Avignon, Société des libraires, 1711.

Duclos, Charles Pinot-, *Considérations sur les mœurs de ce siècle* [1751], éd. Carole Dornier, Paris, Honoré Champion, coll. « Champion classiques », 2005.

———, *Histoire de madame de Luz. Les Confessions du comte de **** [1741], éd. Catriona Seth, Paris, Garnier, coll. « Les grands classiques de la littérature libertine », 2010.

Dufresny, Charles, *Amusements sérieux et comiques*, Paris, Claude Barbin, 1699.

———, *Le Mariage fait et rompu, ou l'Hôtesse de Marseille : comédie représentée pour la première fois le 14 février 1721*, dans *Répertoire général du théâtre français, tome 40*, Paris, H. Nicolle, 1818.

Dupeuty Charles, Brunswick Léon-Lévy, Lhérie Victor, *Faublas : comédie en cinq actes, mêlée de chants, représentée pour la première fois à Paris sur le théâtre national du Vaudeville le 23 janvier 1833*, pp. 397-430, dans *La France dramatique au dix-neuvième siècle : vaudeville*, Paris, J.-N. Barba/Delloye/Bezou, 1836.

Espiard de la Cour, *Œuvres mêlées, contenant des pensées philologiques, et quelques poésies*, Amsterdam, 1749.

Esprit, Jacques, *La Fausseté des vertus humaines* [1678], Amsterdam, P. Mortier, 1710.

Fétis, François-Joseph, *Biographie universelle des musiciens et bibliographie générale de la musique, tome 1*, [2ᵉ éd.], Paris, Librairie de Firmin Didot Frères, 1860.

Fillette-Loraux, Claude François, *Lodoïska : comédie héroïque en trois actes, mêlée de chant, représentée sur le théâtre de la rue Feydeau, musique de Chérubini*, Paris, Huet/Denné et Charon, [s.d.].

Fréron, Élie-Catherine, *L'Année littéraire* [1754-1790], tome 4, Amsterdam/Paris, Michel Lambert, 1760.

———, *L'Année littéraire, tome 4*, Amsterdam, Michel Lambert, 1757.

Furetière, Antoine, *Dictionnaire universel* [1690], tome 1, La Haye/Rotterdam, Arnoud et Reinier Leers, 1701.

———, *Dictionnaire universel, tome 2*, La Haye/Rotterdam, Arnoud et Reinier Leers, 1702.

Gazette nationale, ou le Moniteur universel, n° 81, Primedi, 21 frimaire An v (11 décembre 1796).

Gosse, Étienne, *Manon Lescaut et le chevalier des Grieux : mélodrame en trois actes, musique de M. Propiac, créé à Paris au théâtre de la Gaîté le 16 novembre 1820*, Paris, J.-N. Barba, 1821.

Grimm et al., *Correspondance littéraire, philosophique et critique, tome 1*, éd. Maurice Tourneux, Paris, Garnier Frères, 1877.

———, *Correspondance littéraire, philosophique et critique, tome 2*, éd. Maurice Tourneux, Paris, Garnier Frères, 1877.

———, *Correspondance littéraire, philosophique et critique, tome 4*, éd. Maurice Tourneux, Paris, Garnier Frères, 1878.

———, *Correspondance littéraire, philosophique et critique, tome 13*, éd. Maurice Tourneux, Paris, Garnier Frères, 1880.

Horace, *Épitres*, éd. François Villeneuve, Paris, Les Belles Lettres, « Les collections des Universités de France », 1967.

Journal littéraire, tome 22, La Haye, Jean Van Duren, 1735.

Lacretelle, Pierre-Louis, *Œuvres diverses : philosophie et littérature, tome 2*, Paris, Treuttel et Würtz, 1802.

Laërce, Diogène, *Vies et doctrines des philosophes illustres*, éd. Marie-Odile Goulet-Cazé, trad. J.-F. Balaudé, L. Brisson, J. Brunschwig, T. Dorandi, M.-O. Goulet-Cazé, R. Goulet et M. Narcy, [2ᵉ éd.], Paris, Librairie Générale Française, coll. « La Pochothèque », 1999.

Lafayette, Marie-Madeleine Pioche de la Vergne, Madame de, *Œuvres complètes*, éd. Camille Esmein-Sarrazin, Paris, Gallimard, coll. « Bibliothèque de la Pléiade », 2014.

La Harpe, Jean François de, *Lycée, ou Cours de littérature anciennce et moderne, tome 6*, Paris, H. Agasse, An VII.

———, *Philoctète : tragédie*, Paris, M. Lambert/F.J. Baudoin, 1781.

La Motte, Antoine Houdar de, *Œuvres, tome 4*, Paris, Prault l'aîné, 1754.

Lancelot, Antoine, *Relation de la vie et de la mort de F. Arsene de Janson, religieux de la Trappe, nommé dans le monde le comte de Rosemberg, mort dans l'abbaye de Buon Sollazzo en Toscane*, Paris, Florentin Delaulne, 1711.

Lesage, *Histoire de Gil Blas de Santillane* [1715-1735], éd. Roger Laufer, Paris, GF Flammarion, 1977.

Longepierre, *Médée. Tragédie*, suivie du *Parallèle de Monsieur Corneille et de Monsieur Racine (1686)* et de la *Dissertation sur la tragédie de Médée par l'abbé Pellegrin (1729)*, éd. Emmanuel Minel, Paris/Genève, Honoré Champion/Slatkine, coll. « Sources classiques », 2000.

Louvet de Couvray, Jean-Baptiste, *Émilie de Varmont, ou le Divorce nécessaire et les Amours du curé Sévin* [1791], éds. Geneviève Goubier-Robert et Pierre Hartmann, Aix-en-Provence, Publications de l'Université de Provence, 2001.

Lucrèce, *De natura rerum*, trad. José Kany-Turpin, Paris, Aubier, 1993.

Manon Lescaut, ou la Courtisane vertueuse, pour servir de suite au théâtre de société, sujet tiré du roman de M. l'abbé Prévost, par M. D***, Londres/Paris, Dufour, 1774.

Manuel d'Épictète, trad. Pierre Hadot, Paris, Librairie Générale Française, coll. « Classiques de la philosophie », 2000.

Marivaux, Pierre Carlet de Chamblain de, *Journaux et Œuvres diverses*, éds. Frédéric Deloffre et Michel Gilot, Paris, Garnier Frères, 1969.

———, *La Commère* [1741], préface de Sylvie Chevalley, Paris, Hachette, 1966.

———, *Théâtre complet*, éds. Frédéric Deloffre et Françoise Rubellin, Paris, Classiques Garnier, coll. « La Pochothèque », 2000.

Marmontel, Jean-François, *Contes moraux*, suivis d'une *Apologie du Théâtre, tome 1*, La Haye, 1761.

———, *Éléments de littérature* [1787], éd. Sophie Le Ménahèze, Paris, Desjonquères, 2005.

Molière, *Œuvres complètes, tome 1*, éd. Georges Couton, Paris, Gallimard, coll. « Bibliothèque de la Pléiade », 1971.

———, *Œuvres complètes, tome 2*, éd. Georges Couton, Paris, Gallimard, coll. « Bibliothèque de la Pléiade », 1971.

———, *Œuvres complètes, tome 1*, éds. Georges Forestier et Claude Bourqui, Paris, Gallimard, coll. « Bibliothèque de la Pléiade », 2010.

———, *Œuvres complètes, tome 2*, éds. Georges Forestier et Claude Bourqui, Paris, Gallimard, coll. « Bibliothèque de la Pléiade », 2010.

Montaigne, *Les Essais* [1595], éds. Denis Bjaï, Bénédicte Boudou, Jean Céard, Isabelle Pantin, Paris, Librairie Générale Française, coll. « La Pochothèque », 2001.

Œuvres complètes de Mmes de La Fayette et de Tencin, Paris, Colnet, 1804.

Platon, *Œuvres complètes*, éd. Luc Brisson, Paris, Flammarion, 2008.

———, *Œuvres complètes : La République, livres I-III, tome 6*, éd. Émile Chambry, Paris, Les Belles Lettres, « Les collections des Universités de France », 1959.

Pompigny, Maurin de, *Comminge, ou les Amants malheureux : pantomime en un acte, représentée pour la première fois à Paris sur le théâtre de l'Ambigu-Comique le 1er juillet 1790*, Paris, Caillau, [s.d.].

Prévost, *Œuvres choisies avec figures, tome 25, Nouvelles Lettres angloises, ou Histoire du chevalier Grandisson, tome 1*, Amsterdam/Paris, 1784.

Racine, Jean, *Œuvres, tome 3*, éd. Paul Mesnard, Paris, Hachette et Cie, 1865.

———, *Œuvres complètes : Théâtre-poésie, tome 1*, éd. Georges Forestier, Paris, Gallimard, coll. « Bibliothèque de la Pléiade », 1999.

Regnard, Jean-François, *Le Théâtre italien : les comédies italiennes de Jean-François Regnard recueillies par Évariste Gherardi, tome 2*, éd. Roger Guichemerre, Paris, Société des Textes Français Modernes, 1996.

Richelet, Pierre, *Dictionnaire de la langue française ancienne et moderne* [1680], *tome 1*, Amsterdam, Aux dépens de la compagnie, 1732.

———, *Dictionnaire de la langue française* [1680], tome 2, Amsterdam, Aux dépens de la compagnie, 1732.

Rousseau, Jean-Jacques, *Lettre à D'Alembert* [1758], éd. Marc Buffat, Paris, Flammarion, coll. « GF Flammarion », 2003.

Rousseau, Thomas, *Lettre à M. ***, sur les spectacles des boulevards*, Bruxelles/Paris, Les libraires qui vendent les nouveautés, 1781.

Salverte, Eusèbe, *Tableau littéraire de la France au dix-huitième siècle*, Paris, H. Nicolle, 1809.

Sauvage, Thomas et N.L.C., *Une Aventure de Faublas, ou le Lendemain d'un bal masqué : comédie vaudeville en un acte, représentée pour la première fois à Paris sur le théâtre du Vaudeville le 19 février 1818*, Paris, Mlle Huet-Masson, 1818.

Scribe, Eugène, *Manon Lescaut : opéra-comique en trois actes, paroles de M. Eugène Scribe, musique de M. Auber, représenté pour la première fois à Paris sur le théâtre impérial de l'Opéra-Comique le 23 février 1856*, Paris, Michel Lévy Frères, 1856.

Sénèque, *Entretiens : lettres à Lucilius*, éd. Paul Veyne, Paris, Robert Laffont, coll. « Bouquins », 1993.

———, *Lettres à Lucilius, tome 3*, éd. François Préchac, trad. Henri Noblot, Paris, Les Belles Lettres, « Les collections des Universités de France », 1957.

Sévigné, Marie de Rabutin-Chantal, marquise de, *Correspondance (1er mars 1646-juillet 1675), tome 1*, éd. Roger Duchêne, Paris, Gallimard, coll. « Bibliothèque de la Pléiade », 1972.

———, *Correspondance (sept. 1680-avril 1696), tome 3*, éd. Roger Duchêne, Paris, Gallimard, coll. « Bibliothèque de la Pléiade », 1978.

Shakespeare, William, *Œuvres complètes, tome 1*, éd. Henri Fluchère, Paris, Gallimard, coll. « Bibliothèque de la Pléiade », 1959.

———, *Œuvres complètes, tome 2*, éd. Henri Fluchère, Paris, Gallimard, coll. « Bibliothèque de la Pléiade », 1959.

Théâtre du XVIIe siècle, tome 3, éd. Jacques Truchet et André Blanc, Paris, Gallimard, coll. « Bibliothèque de la Pléiade », 1992.

Théâtre du XVIIIe siècle, tome 2, éd. Jacques Truchet, Paris, Gallimard, coll. « Bibliothèque de la Pléiade », 1974.

Théâtre espagnol du XVIIe siècle, tome 1, éd. Robert Marrast, Paris, Gallimard, coll. « Bibliothèque de la Pléiade », 1994.

Villemain d'Abancourt, François-Jean, *Le Chevalier de Faublas : comédie en un acte, en vers, représentée pour la première fois sur le théâtre de Monsieur, aux Tuileries, le mardi 3 février 1789*, Paris, Brunet, 1789.

Voltaire, *Candide ou l'optimisme* [1759], dans *Les Œuvres complètes, tome 48*, éd. René Pomeau, Oxford, The Voltaire Foundation, 1980.

―――, *Le Siècle de Louis XIV* [1751], tome 1, Francfort, La Veuve Knoch/J.G. Eslinger, 1753.

―――, *Les Œuvres complètes : 1746-1748*, tome 1, Oxford, Voltaire Foundation, 2003.

Études critiques

Attinger, Gustave, *L'Esprit de la commedia dell'arte dans le théâtre français* [1950], Genève, Slatkine Reprints, 2010.

Bernier, Marc André, « Entre diablerie et fabrique du corps : les éclipses de l'âme dans l'histoire de Silvie », dans Marie-Laure Girou Swiderski (dir.), avec la collaboration de Pierre Berthiaume, *Robert Challe et/en son temps*, Paris, Honoré Champion, 2001, pp. 39-46.

―――, *Libertinage et figures du savoir : rhétorique et roman libertin dans la France des Lumières (1734-1751)*, Québec/Paris, Les Presses de l'Université Laval/L'Harmattan, « Les collections de La République des Lettres », 2001.

Blanc, André, *Histoire de la Comédie-Française : de Molière à Talma*, Paris, Perrin, 2007.

Bokobza-Kahan, Michèle, *Libertinage et folie dans le roman du 18e siècle*, Louvain/Paris/Sterling, Éditions Peeters, coll. « La République des Lettres », 2000.

Boncompain, Jacques, *Auteurs et comédiens au XVIIIe siècle*, préface d'Alain Decaux, Paris, Librairie Académique Perrin, 1976.

Briki, Radhouane, *Le Dialogue romanesque au XVIIIe siècle*, Faculté des Lettres et Sciences Humaines de Kairouan, Éditions Sahar, 2007.

Bryson, Scott S., *The Chastised Stage : Bourgeois Drama and the Exercise of Power*, Saratoga, Anma Libri, coll. « Stanford French and Italian Studies », 1991.

Cannone, Belinda, *Narrations de la vie intérieure* [1998], Paris, Presses Universitaires de France, coll. « Perspectives littéraires », 2001.

Chaouche, Sabine (dir.), *Le Théâtral de la France d'Ancien Régime : de la représentation de soi à la représentation scénique*, Paris, Honoré Champion, coll. « Colloques, congrès et conférences sur le classicisme », 2010.

Chardin, Philippe (dir.), *La Tentation théâtrale des romanciers*, Paris, SEDES, coll. « Questions de littérature », 2002.

Conesa, Gabriel, *La Trilogie de Beaumarchais : écriture et dramaturgie*, Paris, Presses Universitaires de France, coll. « Littératures modernes », 1985.

―――, *Le Dialogue moliéresque : étude stylistique et dramaturgique* [1983], Paris, SEDES/CDU, 1992.

Connon, Derek F., *Innovation and Renewal : a Study of the Theatrical Works of Diderot*, Oxford, Voltaire Foundation, coll. « Studies on Voltaire and the Eighteenth Century », 1989.

Coudreuse, Anne, *Le Goût des larmes au XVIIIe siècle*, Paris, Presses Universitaires de France, coll. « Écriture », 1999.

———, *Le Refus du pathos au XVIIIe siècle*, Paris/Genève, Honoré Champion/Slatkine, coll. « Presses Universitaires de la Faculté des Lettres de Toulon Babeliana », 2001.

Coulet, Henri, *Le Roman jusqu'à la Révolution* [1967], Paris, Armand Colin, « Collection U », 2000.

———, « Le roman théâtral », dans Claude Lachet (dir.), *Les Genres insérés dans le roman*, Lyon, CEDIC, 1994, pp. 187-200.

Dagen, Jean et Roger Philippe (dirs.), *Un Siècle de deux cents ans ? Les XVIIe et XVIIIe siècles : continuités et discontinuités*, Paris, Desjonquères, 2004.

Daudet, Léon, *Quand vivait mon père : souvenirs inédits sur Alphonse Daudet*, Paris, Éditions Bernard Grasset, 1940.

Deharbe, Charlène, « La Porosité des genres littéraires au XVIIIe siècle : le roman-mémoires et le théâtre », thèse de doctorat, Université de Reims Champagne-Ardenne et Université du Québec à Trois-Rivières, 2012.

Deloffre, Frédéric, « Burlesques et paysanneries. Étude sur l'introduction du patois parisien dans la littérature française du XVIIe siècle », *Cahiers de l'Association internationale des études françaises*, n° 9, 1957, pp. 250-270.

Delon, Michel, *Le Savoir-vivre libertin* [2000], Paris, Hachette Littératures, coll. « Pluriel », 2004.

Démoris, René, *Le Roman à la première personne : du classicisme aux Lumières* [1975], Genève, Droz, 2002.

Descotes, Maurice, *Les Grands Rôles du théâtre de Beaumarchais*, Paris, Presses Universitaires de France, 1974.

Dictionnaire des écrivains de langue française, A-L, éds. Jean-Pierre de Beaumarchais, Daniel Couty et Alain Rey, Paris, Larousse/VUEF, 2001.

Dictionnaire des Lettres françaises : le XVIIe siècle [1951], dir. Georges Grente, revu et mis à jour sous la direction de Patrick Dandrey, Paris, Fayard/Librairie Générale Française, coll. « La Pochothèque », 1996.

Dictionnaire des Lettres françaises : le XVIIIe siècle [1960], dir. Georges Grente, revu et mis à jour sous la direction de François Moureau, Paris, Fayard/Librairie Générale Française, coll. « La Pochothèque », 1995.

Didier, Béatrice, *Beaumarchais ou la passion du drame*, Paris, Presses Universitaires de France, coll. « Écrivains », 1994.

———, *Le Roman français au XVIIIe siècle*, Paris, Ellipses, coll. « Thèmes & études », 1998.

Ducros, Louis, *Diderot, l'homme et l'écrivain* [1894], Genève, Slatkine, 1970.

Dumont, Jean-Paul, *Les Écoles présocratiques*, Paris, Gallimard, coll. « Folio Essais », 1991.

Écrits sur l'art théâtral : 1753-1801. Spectateurs, tome 1, éd. Sabine Chaouche, Paris, Honoré Champion, coll. « L'Âge des Lumières », 2005.

Écrits sur l'art théâtral : 1753-1801. Acteurs, tome 2, éd. Sabine Chaouche, Paris, Honoré Champion, coll. « L'Âge des Lumières », 2005.

Ehrard, Jean, *L'Invention littéraire au XVIIIe siècle : fictions, idées, société*, Paris, Presses Universitaires de France, coll. « Écriture », 1997.

Elias, Norbert, *La Société de cour* [1969], trad. Pierre Kamnitzer et Jeanne Etoré, Paris, Flammarion, 1985.

Esmein-Sarrazin, Camille, « Un roman à l'école de la tragédie : reprise des concepts poétiques et triomphe de l'illusion mimétique au XVIIe siècle », dans Véronique Lochert et Clotilde Thouret (dirs.), *Jeux d'influences : théâtre et roman de la Renaissance aux Lumières*, Paris, Presses de l'université Paris-Sorbonne, coll. « Recherches actuelles en littérature comparée », 2010, pp. 49-60.

Étienne, Servais, *Le Genre romanesque en France depuis l'apparition de la « Nouvelle Heloïse » jusqu'aux approches de la Révolution* [1922], Genève, Slatkine Reprints, 2000.

Fabre, Jean, *Idées sur le roman de Madame de Lafayette au Marquis de Sade*, Paris, Klincksieck, coll. « Bibliothèque française et romane », 1979.

Ferret, Olivier, *La Fureur de nuire : échanges pamphlétaires entre philosophes et antiphilosophes (1750-1770)*, Oxford, Voltaire Foundation, coll. « Studies on Voltaire and the Eighteenth Century », 2007.

Festugière, André-Jean, *Deux Prédicateurs de l'Antiquité : Télès et Musonius*, Paris, J. Vrin, coll. « Bibliothèque des textes philosophiques », 1978.

Forest, Philippe, *Le Roman, le je*, Nantes, Pleins feux, coll. « Auteurs en questions », 2001.

Forestier, Georges, *Jean Racine*, Paris, Gallimard, coll. « NRF Biographies », 2006.

Forsans, Ola, *Le Théâtre de Lélio : étude du répertoire du nouveau théâtre italien de 1716 à 1729*, Oxford, Voltaire Foundation, coll. « Studies on Voltaire and the Eighteenth Century », 2006.

Fournier, Nathalie, « De *La Précaution inutile* à *L'École des femmes* : la réécriture de Scarron par Molière », *XVIIe siècle*, n° 186, 1995, pp. 49-60.

Francalanza, Éric, « L'influence de Molière dans les romans de Challe », dans Jacques Cormier, Jan Herman et Paul Pelckmans (dirs.), *Robert Challe : sources et héritages*, Louvain, Éditions Peeters, coll. « La République des Lettres », 2003, pp. 41-58.

Frantz, Pierre, *L'Esthétique du tableau dans le théâtre du XVIIIe siècle*, Paris, Presses Universitaires de France, coll. « Perspectives littéraires », 1998.

——, *Théorie et pratique du drame bourgeois : 1750-1815*, Lille, Atelier national de Reproduction des Thèses, 1995.

Frantz, Pierre et Sophie Marchand (dirs.), *Le Théâtre français du XVIIIe siècle : histoire, textes choisis, mises en scène*, Paris, L'Avant-scène théâtre, coll. « Anthologie de l'Avant-scène théâtre », 2009.

Gaiffe, Félix, *Le Drame en France au XVIIIe siècle* [1910], Genève, Slatkine Reprints, 2011.

Gauchet, Marcel, *Le Désenchantement du monde : une histoire politique de la religion*, Paris, Gallimard, 1985.

Gevrey, Françoise, « La théâtralité dans *Les Nouvelles françaises* de Louis d'Ussieux (1775-1783) », *Tangence*, n° 96, été 2011, pp. 85-98.

———, « Souvenirs de théâtre dans *Les Illustres françaises* », *Littératures*, n° 27, 1992, pp. 61-75.

Girou Swiderski, Marie-Laure, Stéphanie Massé et Françoise Rubellin (dirs.), *Ris, masques et tréteaux : aspects du théâtre du XVIIIe siècle. Mélanges en hommage à David Trott*, Québec, Les Presses de l'Université Laval, « Les collections de La République des Lettres », 2008.

Goldzink, Jean, *À La Recherche du libertinage*, Paris, L'Harmattan, coll. « Espaces littéraires », 2005.

———, *Comique et comédie au siècle des Lumières*, Paris/Montréal/Budapest/Torino, L'Harmattan, coll. « Critiques Littéraires », 2000.

———, *Le Vice en bas de soie ou le roman du libertinage*, Paris, José Corti, coll. « Les Essais », 2001.

———, *Les Lumières et l'idée du comique*, Fontenay-aux-Roses, École normale supérieure Fontenay-Saint-Cloud, 1992.

Goulemot, Jean-Marie, « Tensions et contradictions de l'intime dans la pratique des Lumières », *Littérales (L'invention de l'intimité au siècle des Lumières)*, dir. Benoît Melançon, n° 17, 1995, pp. 13-21.

Greiner, Frank et Catherine Douzou (dirs.), *Le Roman mis en scène*, Paris, Classiques Garnier, coll. « Lire le XVIIe siècle », 2012.

Herman, Jan, *Le Récit génétique au XVIIIe siècle*, Oxford, Voltaire Foundation, coll. « Studies on Voltaire and the Eighteenth Century », 2009.

Herman, Jan, Mladen Kozul et Nathalie Kremer (dirs.), *Le Roman véritable : stratégies préfacielles au XVIIIe siècle*, Oxford, Voltaire Foundation, coll. « Studies on Voltaire and the Eighteenth Century », 2008.

Herman Jan, Mladen Kozul et Paul Pelckmans (dirs.), avec la collaboration de Kris Peeters, *Préfaces romanesques : actes du XVIIe colloque international de la SATOR, Leuven-Anvers, 22-24 mai 2003*, Louvain/Paris/Dudley, Éditions Peeters, coll. « La République des Lettres », 2005.

Herman, Jan et Fernand Hallyn (dirs.), avec la collaboration de Kris Peeters, *Le Topos du manuscrit trouvé : actes du colloque international, Louvain-Gand, 22-23-24 mai*

1997, Louvain/Paris, Éditions Peeters, coll. « Bibliothèque de l'Information Grammaticale », 1999.

Huet, Marie-Hélène, *Le Héros et son double : essai sur le roman d'ascension sociale au XVIIIᵉ siècle*, Paris, José Corti, 1975.

Joannidès, Alexandre, *La Comédie-Française de 1680 à 1900 : dictionnaire général des pièces et des auteurs* [1901], préface de Jules Claretie, Genève, Slatkine Reprints, 1970.

Kibédi Varga, Áron, *Discours, récit, image*, Liège/Bruxelles, Pierre Mardaga, 1989.

Knee, Philip, « Les mésaventures politiques de la sympathie chez Rousseau », dans Thierry Belleguic, Éric Van der Schueren et Sabrina Vervacke (dirs.), *Les Discours de la sympathie : enquête sur une notion de l'âge classique à la modernité*, Québec, Les Presses de l'Université Laval, « Les collections de La République des Lettres », 2007, pp. 423-441.

Laden, Marie-Paule, *Self-Imitation in the Eighteenth-Century Novel*, Princeton NJ, Princeton University Press, 1987.

Lafon, Henri, « Le Roman au miroir du dramatique », *Eighteenth-Century Fiction*, vol. 13, n° 2, janvier-avril 2001, pp. 437-459.

―――, *Les Décors et les choses dans le roman français du dix-huitième siècle de Prévost à Sade*, Oxford, Voltaire Foundation, coll. « Studies on Voltaire and the Eighteenth Century », 1992.

Lanson, Gustave, *Esquisse d'une histoire de la tragédie française* [1920], Paris, Honoré Champion, 1954.

―――, *Nivelle de La Chaussée et la comédie larmoyante* [1903], Genève, Slatkine, 1970.

Laroch, Philippe, *Petits-Maîtres et roués : évolution de la notion de libertinage dans le roman français du XVIIIᵉ siècle*, Québec, Les Presses de l'Université Laval, 1979.

Larthomas, Pierre, *Le Langage dramatique : sa nature, ses procédés* [1972], Paris, Presses Universitaires de France, coll. « Quadrige », 2005.

―――, *Le Théâtre en France au XVIIIᵉ siècle* [1980], Paris, Presses Universitaires de France, coll. « Que sais-je ? », 1994.

Larue, Anne, « Le Théâtre du Monde : du jeu de l'acteur aux lieux du cosmos », *L'Information littéraire*, n° 2, mars-avril 1994, pp. 12-26.

――― (dir.), *Théâtralité et genres littéraires*, Poitiers, Université de Poitiers, UFR Langues Littératures, coll. « La Licorne/Hors série/Colloques II », 1996.

« Le théâtre de la nouvelle : de la Renaissance aux Lumières », dir. Roxanne Roy, *Tangence*, Rimouski/Trois-Rivières, n° 96, été 2011.

Lochert, Véronique et Clotilde Thouret (dirs.), *Jeux d'influences : théâtre et roman de la Renaissance aux Lumières*, Paris, Presses de l'université Paris-Sorbonne, coll. « Recherches actuelles en littérature comparée », 2010.

―――, « La dynamique des échanges entre théâtre et roman (XVIᵉ-XVIIIᵉ siècles), dans Véronique Lochert et Clotilde Thouret (dirs.), *Jeux d'influences : théâtre et roman de la Renaissance aux Lumières*, Paris, Presses de l'université Paris-Sorbonne, coll. « Recherches actuelles en littérature comparée », 2010, pp. 7-21.

Magnot-Ogilvy, Florence, *La Parole de l'autre dans le roman-mémoires*, Louvain/Paris/Dudley, Éditions Peeters, coll. « La République des Lettres », 2004.

Marchand, Sophie, *Théâtre et pathétique au XVIIIe siècle : pour une esthétique de l'effet dramatique*, Paris, Honoré Champion, coll. « Les Dix-Huitièmes Siècles », 2009.

May, Georges, *Le Dilemme du roman au XVIIIe siècle : étude sur les rapports du roman et de la critique. 1715-1761*, New Haven/Paris, Yale University Press/Presses Universitaires de France, 1963.

Menant, Sylvain, « Candide et Félix », dans Christiane Mervaud et Sylvain Menant (dirs.), *Le Siècle de Voltaire : hommage à René Pomeau*, tome 2, Oxford, The Voltaire Foundation, 1987, pp. 643-649.

Mervaud, Christiane, « Le 'ruban de nuit' de la Comtesse », RHLF, n° 5, 1984, pp. 722-733.

Moureau, François, *Dufresny, auteur dramatique (1657-1724)*, Paris, Klincksieck, coll. « Bibliothèque de l'Université de Haute-Alsace », 1979.

Musarra-Schrøder, Ulla, *Le Roman-mémoires moderne : pour une typologie du récit à la première personne*, Amsterdam/Maarssen, APA-Holland University Press, 1981.

Mylne, Vivienne G., *Le Dialogue dans le roman français de Sorel à Sarraute*, éd. Françoise Tilkin, Paris, Universitas, 1994.

Nagy, Péter, *Libertinage et révolution*, trad. Christiane Grémillon, Paris, Gallimard, coll. « Idées », 1975.

Novak-Lechevalier, Agathe, « Roman et drame chez Diderot : une élaboration en miroir », dans Véronique Lochert et Clotilde Thouret (dirs.), *Jeux d'influences : théâtre et roman de la Renaissance aux Lumières*, Paris, Presses de l'université Paris-Sorbonne, coll. « Recherches actuelles en littérature comparée », 2010, pp. 61-73.

Orsini, Dominique, *Une Parole vive : la représentation dramatique du récit et ses fonctions dans le roman-mémoires de la première moitié du XVIIIe siècle*, Lille, Atelier national de Reproduction des Thèses, 2006.

Papasogli, Benedetta, « Onuphre : l'intérieur et l'extérieur », dans Jean Dagen, Élisabeth Bourguinat et Marc Escola (dirs.), *La Bruyère : le métier du moraliste. Actes du colloque international pour le tricentenaire de la mort de La Bruyère (Paris, 8-9 novembre 1996)*, Paris, Honoré Champion, coll. « Moralia », 2001, pp. 211-220.

Pihlström, Irene, *Le Médecin et la médecine dans le théâtre comique français du XVIIe siècle*, Stockholm, Almqvist & Wiksell International, coll. « Acta Universitatis Upsaliensis/Studia Romanica Upsaliensia », 1991.

Plana, Muriel, *La Relation roman-théâtre des Lumières à nos jours : théorie, études de textes*, Lille, Presses Universitaires du Septentrion, coll. « Thèse à la carte », 2001.

———, *Roman, théâtre, cinéma : adaptations, hybridations et dialogue des arts*, Rosny-sous-Bois, Bréal, coll. « Amphi Lettres », 2004.

Ramond, Catherine, *La Voix racinienne dans les romans du dix-huitième siècle*, Paris, Honoré Champion, coll. « Les dix-huitièmes siècles », 2014.

———, « Les Éléments théâtraux dans le roman et l'évolution du genre romanesque en France au XVIIIe siècle », thèse de doctorat réalisée sous la direction de René Démoris, Université de la Sorbonne Nouvelle-Paris III, 1993.

———, *Roman et théâtre au XVIIIe siècle : le dialogue des genres*, Oxford, Voltaire Foundation, coll. « Studies on Voltaire and the Eighteenth Century », 2012.

Rivara, Annie (dir.), avec la collaboration d'Antony McKenna, *Le Roman des années trente : la génération de Prévost et de Marivaux*, Saint-Étienne, Publications de l'Université de Saint-Étienne, coll. « Lire le Dix-Huitième Siècle », 1998.

Robert, Raymonde (dir.), *Texte et théâtralité : mélanges offerts à Jean Claude*, Nancy, Presses Universitaires de Nancy, coll. « Le texte et ses marges », 2000.

Rodriguez, Alain, « Théâtralité et romanesque dans l'œuvre d'Alain René Lesage », thèse de doctorat réalisée sous la direction de Michel Delon, Université Paris IV-Sorbonne, 1998.

Rohou, Jean, *Jean Racine : bilan critique* [1994], Paris, Armand Colin, coll. « Lettres 128 », 2005.

———, *Jean Racine entre sa carrière, son œuvre et son Dieu*, Paris, Fayard, 1992.

Romanciers du XVIIIe siècle : Crébillon fils, Duclos, Cazotte, Vivant Denon, Louvet, Bernardin de Saint-Pierre, Sade, Sénac de Meilhan, tome 2, éd. René Étiemble, Paris, Gallimard, coll. « Bibliothèque de la Pléiade », 1965.

Rougemont, Martine de, *La Vie théâtrale en France au XVIIIe siècle* [1988], Paris, Honoré Champion, 2001.

Rousset, Jean, *Dernier Regard sur le baroque* suivi de *Le geste et la voix dans le roman*, Paris, José Corti, coll. « Les Essais », 1998.

———, *Narcisse romancier : essai sur la première personne dans le roman* [1972], Paris, José Corti, 1986.

Schérer, Jacques, *La Dramaturgie classique en France* [1950], Paris, Nizet, 2001.

———, *La Dramaturgie de Beaumarchais* [1954], Paris, Nizet, 1999.

Schœll, Konrad, *La Farce du quinzième siècle*, Tübingen, Gunter Narr Tübingen, 1992.

Sermain, Jean-Paul, *Rhétorique et roman au dix-huitième siècle : l'exemple de Prévost et de Marivaux. 1728-1742* [1985], Oxford/Paris, Voltaire Foundation/Presses Universitaires de France, coll. « Vif », 1999.

Seth, Catriona, « La scène romanesque : présence du théâtre de société dans la fiction de la fin des Lumières », dans Marie-Emmanuelle Plagnol-Diéval et Dominique Quéro (dirs.), *Études sur le 18e siècle : les théâtres de société au XVIIIe siècle*, Bruxelles, Éditions de l'Université de Bruxelles, 2005, pp. 271-282.

Sgard, Jean, *Le Roman français à l'âge classique : 1600-1800*, Paris, Librairie Générale Française, coll. « Le Livre de poche », 2000.

Showalter, English, *The Evolution of the French Novel : 1641-1782*, Princeton, Princeton University Press, 1972.

—, « Transformations du genre romanesque », *Eighteenth-Century Fiction*, vol. 13, n° 2, 2001, pp. 139-145.

Sivetidou, Aphrodite et Litsardaki Maria (dirs.), *Roman et théâtre : une rencontre intergénérique dans la littérature française. Actes du colloque international organisé du 21 au 24 mai 2008 par la section de littérature du département de langue et de littérature françaises de l'université Aristote de Thessalonique*, Paris, Classiques Garnier, coll. « Rencontres 10 », 2010.

Steinberg, Sylvie, *La Confusion des sexes : le travestissement de la Renaissance à la Révolution*, Paris, Fayard, 2001.

Stewart, Philip, *Imitation and Illusion in the French Memoir-Novel : 1700-1750. The Art of Make-Believe*, New Haven/London, Yale University Press, 1969.

—, *L'Invention du sentiment : roman et économie affective au XVIIIe siècle*, Oxford, Voltaire Foundation, coll. « Studies on Voltaire and the Eighteenth Century », 2010.

—, *Le Masque et la parole : le langage de l'amour au XVIIIe siècle*, Paris, José Corti, 1973.

Thommeret, Loïc, *La Mémoire créatrice : essai sur l'écriture de soi au XVIIIe siècle*, Paris/Budapest/Kinshasa/Turin/Ouagadougou, L'Harmattan, 2006.

Tissier, André, *Recueil de farces (1450-1550), tome 1*, Genève, Droz, coll. « Textes littéraires français », 1986.

Trott, David, *Théâtre du XVIIIe siècle : jeux, écritures, regards. Essai sur les spectacles en France de 1700 à 1790*, Montpellier, Espaces 34, 2000.

Van Crugten-André, Valérie, *Le Roman du libertinage : 1782-1815. Redécouverte et réhabilitation*, Paris, Honoré Champion, coll. « Les dix-huitièmes siècles », 1997.

Van Delft, Louis, *Les Spectateurs de la vie : généalogie d'un regard moraliste*, Québec, Les Presses de l'Université Laval, « Les collections de La République des Lettres », 2005.

Viala, Alain, *La France galante : essai historique sur une catégorie culturelle, de ses origines jusqu'à la Révolution*, Paris, Presses Universitaires de France, coll. « Les littéraires », 2008.

Viart, Thierry, « La Préface des *Lettres de la Marquise de M**** de Crébillon : les prémisses d'une éthique subversive », dans Jan Herman et Fernand Hallyn (dirs.), avec la collaboratoin de Kris Peeters, *Le Topos du manuscrit trouvé : actes du colloque international, Louvain-Gand, 22-23-24 mai 1997*, Louvain/Paris, Éditions Peeters, coll. « Bibliothèque de l'Information Grammaticale », 1999, pp. 121-127.

Viswanathan-Delord, Jacqueline, *Spectacles de l'esprit : du roman dramatique au roman-théâtre*, Québec, Les Presses de l'Université Laval, 2000.

Weinberg, Bernard, *Critical Prefaces of the French Renaissance*, Evanston, Northwestern University Press, 1950.

Weinstein, Arnold, *Fictions of the Self : 1550-1800*, Princeton NJ, Princeton University Press, 1981.

Widmayer, Anne F., *Theatre and the Novel, from Behn to Fielding*, Oxford, Voltaire Foundation, coll. « Oxford University Studies in the Enlightenment », 2015.

Zagamé, Antonia, *L'Écrivain à la dérobée : l'auteur dans le roman à la première personne en France au XVIIIe siècle (1721-1782)*, Louvain, Éditions Peeters, coll. « La République des Lettres », 2011.

Études sur les romans du corpus

Mémoires et aventures d'un Homme de qualité

Anderson, Paul Bunyan, « English Drama Transferred to Prévost's fiction », *Modern Language Notes*, vol. 49, n° 3, March 1934, pp. 178-180.

Coulet, Henri, « L'abbé Prévost et Racine », dans *Actes du 1er congrès international racinien, Uzès, 7-10 septembre 1961. Tricentenaire de l'arrivée de Jean Racine à Uzès (1661-1961)*, Uzès, H. Peladan, 1962, pp. 95-107.

———, « Le comique dans les romans de Prévost », dans Jean Fabre (dir.), *L'Abbé Prévost : actes du colloque d'Aix-en-Provence, 20 et 21 décembre 1963*, Aix-en-Provence, Ophrys, coll. « Publications des Annales de la Faculté des Lettres d'Aix-en-Provence », 1965, pp. 173-183.

Fabre, Jean (dir.), *L'Abbé Prévost : actes du colloque d'Aix-en-Provence, 20 et 21 décembre 1963*, Aix-en-Provence, Ophrys, coll. « Publications des Annales de la Faculté des Lettres d'Aix-en-Provence », 1965.

Francis, Richard Andrew et Jean Mainil (dirs.), *L'Abbé Prévost au tournant du siècle*, Oxford, Voltaire Foundation, coll. « Studies on Voltaire and the Eighteenth Century », 2000.

Francis, Richard Andrew, *The Abbé Prévost's First-Person Narrators*, Oxford, Voltaire Foundation, coll. « Studies on Voltaire and the Eighteenth Century », 1993.

Herman, Jan et Pelckmans Paul (dirs.), *Prévost et le récit bref*, Amsterdam/New-York, Rodopi, coll. « Cahiers de recherche des instituts néerlandais de langue et de littérature françaises », 2006.

Kory, Odile A., *Subjectivity and Sensitivity in the Novels of the Abbé Prévost*, Paris/Bruxelles/Montréal, Didier, coll. « Essais et critiques », 1972.

Leborgne, Erik, *Bibliographie des écrivains français : Prévost d'Exiles*, Paris/Roma, Memini, coll. « Bibliographica », 1996.

Magnot, Florence, « Énonciation féminine et discours sur la passion dans *Les Mémoires et aventures d'un Homme de qualité* », dans Anthony Strugnell (dir.), *Voltaire. Religion and Ideology. Women's studies. History of the book. Passion in the Eighteenth Century*, Oxford, Voltaire Foundation, coll. « Studies on Voltaire and the Eighteenth Century », 2001, pp. 383-391.

Martins, António Coimbra, « L'Histoire du marquis de Rosambert par l'abbé Prévost : mémoires ou roman ? », *Annales de la Faculté des Lettres et des sciences humaines d'Aix, tome 34*, Gap, Imprimerie Louis-Jean, 1960, pp. 53-86.

Moerman, Ellen Ruth, « Dialogues clefs en main : Prévost et la traduction du discours amoureux dramatique », dans Annie Cointre, Annie Rivara et Florence Lautel-Ribstein (dirs.), *La Traduction du discours amoureux : 1660-1830. Actes du colloque international tenu à Metz les 18 et 19 mars 2005, organisé par le Centre d'études des textes et traductions*, Metz, Université Paul-Verlaine, 2006, pp. 219-235.

Monty, Jeanne Ruth, *Les Romans de l'abbé Prévost*, Oxford, Voltaire Foundation, coll. « Studies on Voltaire and the Eighteenth Century », 1970.

Sermain, Jean-Paul, « La bibliothèque de l'abbé Prévost (1728-1742) : le genre romanesque entre la poétique et l'histoire », *Œuvres et critiques*, vol. 12, n° 1, 1987, pp. 151-158.

Sgard, Jean, *L'Abbé Prévost : labyrinthes de la mémoire* [1986], Paris, Hermann, coll. « Fictions pensantes », 2010.

———, *Prévost romancier*, Paris, José Corti, 1968.

———, *Vie de Prévost (1697-1763)*, Québec, Les Presses de l'Université Laval, « Les collections de la République des Lettres », 2006.

———, *Vingt Études sur Prévost d'Exiles*, Grenoble, Ellug, 1995.

Manon lescaut

Brady, Patrick, « Deceit and Self-Deceit in 'Manon Lescaut' and 'La Vie de Marianne' : Extrinsic, Rhetorical, and Immanent Perspectives on First-Person Narration », *The Modern Language Review*, vol. 72, n° 1, 1977, pp. 46-52.

Caglar, Pascal, *Étude sur l'abbé Prévost : Manon Lescaut*, Paris, Ellipses, coll. « Résonances », 1997.

Chapiro, Florence, « Du corps au cœur : la fonction morale du pathétique dans *Manon Lescaut* », *Littératures classiques*, n° 62, 2007, pp. 123-134.

Costich, Julia F., « Fortune in *Manon Lescaut* », *French Review*, vol. 49, n° 4, March 1976, pp. 522-527.

Cusset, Catherine, « Errance et féminité au XVIIIe siècle : de *Manon Lescaut* aux *Amours du chevalier de Faublas* », *Elseneur*, n° 7, June 1992, pp. 89-108.

Démoris, René, *Le Silence de Manon*, Paris, Presses Universitaires de France, coll. « Le texte rêve », 1995.

Engel, Claire-Éliane, *Le Véritable Abbé Prévost*, préface d'André Chamson, Monaco, Éditions du Rocher, 1957.

Fort, Bernadette, « Manon's Suppressed Voice : the Uses of Reported Speech », *Romanic Review*, vol. 76, n° 2, March 1985, pp. 172-191.

Francis, Richard Andrew, *Manon Lescaut*, Londres, Grant & Cutler, 1993.

Guyon, Bernard, « Notes sur l'art du roman dans 'Manon Lescaut' », dans *Hommage au Doyen Étienne Gros*, Faculté des Lettres et sciences humaines d'Aix-en-Provence, Gap, Imprimerie Louis-Jean, 1959, pp. 185-192.

Holland, Allan, Manon Lescaut *de l'abbé Prévost : 1731-1759. Étude bibliographique et textuelle* [1984], Genève, Slatkine, 2007.

Hunt, Tony, « Fatality and the Novel : *Tristran, Manon Lescaut* and *Thérèse Desqueyroux* », *Durham University Journal*, vol. 37, June 1976, pp. 183-195.

Jaccard, Jean-Luc, *Manon Lescaut : le personnage romancier* [1975], Paris, A.-G. Nizet, 1990.

Jones, Grahame, « *Manon Lescaut* : an Exercice in Literary Persuasion », *Romanic Review*, vol. 69, n ° 1-2, January-March 1978, pp. 48-59.

———, « 'Manon Lescaut' : la structure du roman et le rôle du chevalier Des Grieux », *Revue d'Histoire littéraire de la France*, n° 3, mai-juin 1971, pp. 425-438.

Ledda, Sylvain, « 'Manon Lescaut 1830', ou les égarements de la scène romantique », *Revue d'histoire du théâtre*, vol. 3, n° 219, juillet-septembre 2003, pp. 245-260.

Mauron, Charles, « Manon Lescaut et le mélange des genres », dans Jean Fabre (dir.), *L'Abbé Prévost : actes du colloque d'Aix-en-Provence, 20 et 21 décembre 1963*, Aix-en-Provence, Ophrys, 1965, pp. 113-118.

Picard, Raymond, « L'univers de 'Manon Lescaut' », *Mercure de France, tome 341*, Paris, avril 1961, pp. 606-622.

———, « L'univers de 'Manon Lescaut' (fin) », *Mercure de France, tome 342*, Paris, mai 1961, pp. 87-105.

Respaut, Michèle, « Des Grieux's Duplicity : *Manon Lescaut* and the Tragedy of Repetition », *A Quaterly Journal in Modern Literatures*, vol. 38, n° 1, Spring 1984, pp. 70-80.

Ross, Kristin, « The Narrative of Fascination : Pathos and Repetition in *Manon Lescaut* », *Eighteenth Century : Theory and Interpretation*, vol. 24, n° 3, Fall 1983, pp. 199-210.

Sermain, Jean-Paul, « Les trois figures du dialogisme dans *Manon Lescaut* », *Saggi e Ricerche di Letteratura Francese*, vol.° 24, 1985, pp. 375-401.

Seylaz, Jean-Luc, « Structure et signification dans *Manon Lescaut* », *Études de Lettres* (série 2), *tome 4*, n° 3, 1961, pp. 97-108.

Sgard, Jean, « Manon sur la scène », *Cahiers Prévost d'Exiles*, n° 8, 1991, pp. 113-123.

Singerman, Alan J., « *Manon Lescaut* au cinéma », dans Richard Andrew Francis et Jean Mainil (dirs.), *L'Abbé Prévost au tournant du siècle*, Oxford, Voltaire Foundation, 2005, pp. 369-382.

Tritter, Jean-Louis, « Le statut de la parole dans *Manon Lescaut* », *Champs du signe*, n° 1, 1991, pp. 143-148.

La Vie de Marianne

Abetti, Frank, « 'La honteuse nécessité de devenir finesse' : the Pathos of Style in *La Vie de Marianne* », *The Romanic Review*, vol. 74, n° 2, March 1983, pp. 183-201.

Ansalone, Maria Rosaria, *Una Donna, una vita, un romanzo : saggio su* « *La Vie de Marianne* » *di Marivaux*, Fasano, Schena, coll. « Biblioteca della Ricerca/Cultura Straniera », 1985.

Benac, Karine, « Parole et narcissisme dans *La Vie de Marianne* et *Le Paysan Parvenu* de Marivaux », *Littératures*, n° 34, Spring 1996, pp. 57-75.

Benharrech, Sarah, *Marivaux et la science du caractère*, Oxford, Voltaire Foundation, coll. « Studies on Voltaire and the Eighteenth Century », 2013.

Boissiéras, Fabienne, « Marivaux ou la confusion des genres », dans Aphrodite Sivetidou et Maria Litsardaki (dirs.), *Roman et théâtre : une rencontre intergénérique dans la littérature française*, Paris, Classiques Garnier, coll. « Rencontres », 2010, pp. 73-84.

Coleman, Patrick, « The Intelligence of Mind and Heart : Reconnaissance in *La Vie de Marianne* », *Eighteenth-Century Fiction*, vol. 18, n° 1, Fall 2005, pp. 27-47.

Coulet, Henri, Jean Ehrard et Françoise Rubellin (dirs.), *Marivaux d'hier, Marivaux d'aujourd'hui : actes du colloque de Riom (8-9 octobre 1988)*, Paris, Éditions du Centre National de la Recherche Scientifique, 1991.

Coulet, Henri, *Marivaux romancier : essai sur l'esprit et le cœur dans les romans de Marivaux*, Paris, Armand Colin, 1975.

Coulet, Henri et Michel Gilot, *Marivaux : un humanisme expérimental*, Paris, Larousse, coll. « Thèmes et textes », 1973.

Deloffre, Frédéric, *Une Préciosité nouvelle : Marivaux et le Marivaudage*, [2ᵉ éd.], Paris, Armand Colin, 1967.

Devignes, Lucette, « Du théâtre au roman et du roman au théâtre : un échange de bons procédés entre Lesage et Marivaux », *Studi Francesi*, 1971, pp. 483-490.

Didier, Béatrice, *La Voix de Marianne : essai sur Marivaux*, Paris, José Corti, 1987.

———, « Lieux et espace dans *La Vie de Marianne* », *Stanford French Review*, vol. 11, n° 1, Spring 1987, pp. 33-50.

———, « Structures temporelles dans *La Vie de Marianne* », *Revue des Sciences Humaines*, n° 182, 1981, pp. 99-113.

Gevrey, Françoise, « La mort dans *La Vie de Marianne* de Marivaux », *Travaux de littérature (Les Écrivains devant la mort)*, dir. Laurent Versini, Genève, Droz, vol. 25, 2012, pp. 207-221.

Gilot, Michel, *L'Esthétique de Marivaux*, Paris, SEDES, coll. « Esthétique », 1998.

Hurd, Kelly S., « Le pouvoir du récit : étude sur la narration à la première personne dans *La Vie de Marianne* et *Le Paysan parvenu* de Marivaux », *Romance Review*, vol. 4, n° 1, Spring 1994, pp. 65-74.

Krilla, Karina Jeronimides, « Spectacle and Performance : Heroines in the Eighteenth-Century French Novel », thèse de doctorat réalisée sous la direction de Charles Porter, Yale University, 2003.

Marivaux et Les Lumières : l'éthique d'un romancier. Actes du colloque international organisé à Aix-en-Provence les 4, 5 et 6 juin 1992 par le Centre Aixois d'Études et de Recherches sur le XVIIIᵉ siècle avec la collaboration de la Société Marivaux, Aix-en-Provence, Publications de l'Université de Provence, 1996.

Marivaux et Les Lumières : l'homme de théâtre et son temps. Actes du colloque international organisé à Aix-en-Provence les 4, 5 et 6 juin 1992 par le Centre Aixois d'Études et de Recherches sur le XVIIIe siècle avec la collaboration de la Société Marivaux, Aix-en-Provence, Publications de l'Université de Provence, 1996.

Mylne, Vivienne, « Dialogues in Marivaux's novels », *Romance Studies*, n° 15, Winter 1989, pp. 51-61.

Ortholland-Brahmia, Audrey, « Les larmes de Marianne : signes de pleurs et sonde des cœurs », *Littératures classiques*, n° 62, été 2007, pp. 135-147.

Rivara, Annie, *Les Sœurs de Marianne : suites, imitations, variations. 1731-1761*, Oxford, Voltaire Foundation, coll. « Studies on Voltaire and the Eighteenth century », 1991.

Roy, Claude, *Lire Marivaux*, Paris/Neuchâtel, Éditions du Seuil/Éditions de la Baconnière, coll. « Les Cahiers du Rhône », 1947.

Runte, Roseann, « Romans dramatiques et théâtre romanesque : la stylistique marivaudienne », dans Magdy Gabriel Badir et Vivien Bosley (dirs.), *Le Triomphe de Marivaux : a Colloquium Commemorating the Tricentenary of the Birth of Marivaux. 1688-1988*, Edmonton, University of Alberta, 1989, pp. 145-150.

Salaün, Franck (dir.), *Marivaux subversif ? Actes du colloque organisé par le Centre d'étude du XVIIIe siècle (UMR 5050 du CNRS) sous le patronage de l'Académie française, de la Société française d'étude du XVIIIe siècle et de la Société Marivaux, 14, 15, 16 mars 2002, Université Paul-Valéry, Montpellier*, Paris, Desjonquères, coll. « L'Esprit des Lettres », 2003.

―――, *Pensée de Marivaux*, Amsterdam/New-York, Rodopi, coll. « Cahiers de recherches des Instituts néerlandais de langue et littérature françaises », 2002.

Sermain, Jean-Paul, « De la robe de Peau d'Âne à la parure de Marianne : Marivaux et l'expression de soi », dans Béatrice Guion, Maria Susana Seguin, Sylvain Menant et Philippe Sellier (dirs.), *Poétique de la pensée : études sur l'art classique et le siècle philosophique en hommage à Jean Dagen*, Paris, Honoré Champion, coll. « Colloques, congrès et conférences sur le dix-huitième siècle », pp. 875-885.

Stewart, Philip, « Marianne's Snapshot Album : Instances of Dramatic Stasis in Narrative », *Modern Language Studies*, vol. 15, n° 4, Fall 1985, pp. 281-288.

Le Paysan Parvenu

Cotoni, Marie-Hélène, « Les *Égarements* de deux néophytes dans le monde : La Vallée et Meilcour », *Revue d'Histoire littéraire de la France*, 96e année, n° 1, janvier-février 1996, pp. 45-70.

Coulet, Henri, « Du roman au théâtre : *Le Paysan parvenu* et *La Commère* », *Atti della Accademia Peloritana dei Pericolanti*, n° 64, 1988, pp. 201-211.

Deloffre, Frédéric, « *Le Paysan parvenu* au théâtre : *Le paysan et la paysanne parvenus* », dans Mario Matucci (dir.), *Atti del Colloquio Internazionale : Marivaux e il teatro italiano (Cortona, 6-8 settembre 1990)*, Pisa, Pacini Editore, Universtà degli studi di Pisa, Istituto di Lingua e Letteratura Francese, 1992, pp. 23-34.

Gevrey, Françoise, « Le paysan parvenu et la vérité », dans *Chemins ouverts : mélanges offerts à Claude Sicard*, éd. Sylvie Vignes, Presses Universitaires du Mirail, coll. « Les cahiers de littératures », 1998, pp. 49-56.

Gilot, Michel, « Remarques sur la composition du *Paysan parvenu* », *Dix-Huitième Siècle*, 1970, pp. 181-195.

Levin, Lubbe, « Masque et identité dans *Le Paysan parvenu* », *Studies on Voltaire and the Eighteenth Century*, Genève, Institut et musée Voltaire, vol. 79, 1971, pp. 177-192.

Lièvre, Éloïse, « Répétition et démystification marivaudienne : l'exemple de *La Méprise* et du *Paysan parvenu* », *Études littéraires*, vol. 38, n° 2-3, hiver 2007, pp. 145-157.

Proust, Jacques, « Le 'Jeu du temps et du hasard' dans *Le Paysan parvenu* », dans Hugo Friedrich et Fritz Schalk (dirs.), *Europäische Aufklärung*, Munich-Allach, Wilhelm Fink, 1967, pp. 223-235.

Thomas, Ruth P., « The Role of the Narrator in the Comic Tone of *Le Paysan parvenu* », *Romance notes*, vol. 12, n° 1, Autumn 1970, pp. 134-141.

Trapnell, William H. Jr., « Marivaux and *La Commère* », *The French Review*, vol. 43, n° 5, April 1970, pp. 765-774.

Mémoires du comte de Comminge

Coulet, Henri, « Expérience sociale et imagination romanesque dans les romans de Mme de Tencin », *Cahiers de l'Association internationale des études françaises*, n° 46, 1994, pp. 31-51.

Decottignies, Jean, « Les romans de Madame de Tencin. Fable et fiction », dans *La Littérature des Lumières en France et en Pologne : esthétique, terminologie, échanges. Actes du colloque franco-polonais organisé par l'Université de Wroclaw et l'Université de Varsovie*, Warszawa/Wroclaw, Panstwowe wydawnictwo naukowe, coll. « Acta Universitatis Wratislaviensis », 1976, pp. 249-264.

Deharbe, Charlène, La réception des *Mémoires du comte de Comminge* de Mme de Tencin : un canevas de drame pour Baculard d'Arnaud », dans Solange Lemaître-Provost et Esther Ouellet (dirs.), *Sciences et littérature : actes du VIIe colloque Jeunes chercheurs du CIERL*, suivi de Marilyne Audet et Lou-Ann Marquis (dirs.), *Fortunes des œuvres d'Ancien Régime : lectures et réceptions avant la Révolution. Actes du VIIIe colloque Jeunes chercheurs du CIERL*, Paris, Hermann, « Les collections de La République des Lettres », 2013, pp. 409-431.

Jones, Shirley, « Madame de Tencin : an Eighteenth-Century Woman Novelist », dans Eva Jacobs, William Henry Barber, J.H. Bloch, Felix William Leakey et Eileen Le Breton (dirs.), *Woman and Society in Eighteenth-Century France : Essays in Honour of John Stephenson Spink*, London, The Athlone Press, 1979, pp. 207-217.

Kelley, Diane Duffrin, « Epiphanies : the Narrative Effect of the Woman's Spying Gaze in Lafayette's *Princesse de Clèves* and Tencin's *Mémoires du Comte de Comminge* », *Women in French Studies*, n° 14, 2006, pp. 27-36.

Leborgne, Erik, « Loi morale et inhibition dans les *Mémoires du comte de Comminge* de Claudine de Tencin », *Revue des Sciences Humaines*, n° 254, avril-juin 1999, pp. 151-167.

Mariani, Marinella, « Un roman d'amour de Mme de Tencin. *Les Mémoires du comte de Comminge* », *Quaderni di Filologia e Lingue Romanze*, 1986, pp. 101-150.

Masson, Pierre-Maurice, *Une Vie de femme au XVIIIe siècle : Madame de Tencin (1682-1749)*, Genève, Slatkine Reprints, 1970.

Ramey, Lynn, « A Crisis of Category : Transvestim and Narration in Two Eighteenth-Century Novels », dans *Proceedings of the Fourth Annual Graduate Student Conference in French and Comparative Literatures*, New York, Columbia University Press, 1994, pp. 72-77.

Thomas, Chantal, « Les rigueurs de l'amour. Étude sur Mme de Tencin et Stendhal », *L'Infini*, n° 12, automne 1985, pp. 77-89.

Les Égarements du cœur et de l'esprit

Cazenobe, Colette, *Crébillon fils ou la politique dans le boudoir*, Paris, Honoré Champion, coll. « Les dix-huitièmes siècles », 1997.

———, *Le Système du libertinage de Crébillon à Laclos*, Oxford, Voltaire Foundation, coll. « Studies on Voltaire and the Eighteenth Century », 1991.

Coulet, Henri, « *Les Égarements du cœur et de l'esprit*, roman inachevé ? », dans Jean Sgard (dir.), *Songe, illusion, égarement dans les romans de Crébillon*, Grenoble, Université Stendhal, ELLUG, 1996, pp. 245-256.

Cusset, Catherine, *Les Romanciers du plaisir : essai*, Paris, Honoré Champion, coll. « Les dix-huitièmes siècles », 1998.

Dagen, Jean, *Introduction à la sophistique amoureuse dans* Les Égarements du cœur et de l'esprit *de Crébillon fils*, Paris/Genève, Honoré Champion/Slatkine, coll. « Unichamp », 1995.

Deimling, Katherine, « The Female Mentor in Crébillon's *Les Égarements du cœur et de l'esprit* », *Eighteenth-Century Fiction*, vol. 16, n° 1, October 2003, pp. 13-31.

Démoris, René, « Parole de femme dans *Les Égarements du cœur et de l'esprit* de Crébillon fils », dans Shirley Jones Day (dir.), *Writers and Heroines : Essays on Women in French Literature*, Bern/New-York/Paris, Peter Lang, 1999, pp. 105-129.

Dornier, Carole, « La 'leçon' des *Égarements* », dans Jean Sgard (dir.), *Songe, illusion, égarement dans les romans de Crébillon*, Grenoble, Université Stendhal, ELLUG, 1996, pp. 205-217.

———, *Le Discours de maîtrise du libertin : étude sur l'œuvre de Crébillon fils*, Paris, Klincksieck, coll. « Bibliothèque de l'âge clasique », 1994.

———, *Les Mémoires d'un désenchanté : Crébillon fils*, Les Égarements du cœur et de l'esprit, Orléans, Paradigme, coll. « Références », 1995.

Doutreligne, Louise, *Conversations sur l'infinité des passions*, Paris, Quatre-Vents, coll. « Théâtre », 1990.

Escola, Marc, « Les égarements du narrateur et du récit pour une poétique de l'inachèvement », dans Béatrice Guion, Maria Susana Seguin, Sylvain Menant et Philipe Sellier (dirs.), *Poétique de la pensée : études sur l'âge classique et le siècle philosophique en hommage à Jean Dagen*, Paris, Honoré Champion, coll. « Colloques, congrès et conférences sur le dix-huitième siècle », 2006, pp. 379-400.

Fort, Bernadette, *Le Langage de l'ambiguïté dans l'œuvre de Crébillon fils*, Paris, Klincksieck, coll. « Les instances du récit », 1978.

Géraud, Violaine, *La Lettre et l'esprit de Crébillon fils*, Paris, CDU/SEDES, coll. « Les livres et les hommes », 1995.

Gevrey, Françoise, « Le ridicule dans *Les Égarements du cœur et de l'esprit* », *Recherches et Travaux*, n° 51, 1996, pp. 55-69.

Giard, Anne, *Savoir et récit chez Crébillon fils*, Paris/Genève, Honoré Champion/Slatkine, 1986.

Gilot, Michel, « Le regard et la parole dans *Les Égarements du cœur et de l'esprit* », dans Jean Sgard (dir.), *Songe, illusion, égarement dans les romans de Crébillon*, Grenoble, Université Stendhal, ELLUG, 1996, pp. 283-296.

Guerrero, Alonso María Luisa, « *Les Égarements du cœur et de l'esprit* : la loi du spectacle », dans Jean Sgard (dir.), *Songe, illusion, égarement dans les romans de Crébillon*, Grenoble, Université Stendhal, ELLUG, 1996, pp. 165-177.

Lagarce, Jean-Luc, *Crébillon fils, Les Égarements du cœur et de l'esprit (précisions)*, Besançon, Les Solitaires Intempestifs, coll. « Adaptations théâtrales », 2007.

Retat, Pierre (dir.), *Les Paradoxes du romancier : Les Égarements de Crébillon*, Lyon, Presses universitaires de Lyon, 1995.

Salvan, Geneviève, *Séduction et dialogue dans l'œuvre de Crébillon*, Paris/Genève, Honoré Champion/Slatkine, coll. « Bibliothèque de grammaire et de linguistique », 2002.

Sandle, Wanda Marie, « Le Comique théâtral du libertinage dans l'œuvre de Crébillon fils », thèse de doctorat réalisée sous la direction de Robert Tomlinson, Emory University, 1989.

Sgard, Jean, *Crébillon fils : le libertin moraliste*, Paris, Desjonquères, coll. « L'Esprit des Lettres », 2002.

———, *Songe, illusion, égarement dans les romans de Crébillon*, Grenoble, Université Stendhal, ELLUG, 1996.

Sguaitamatti, Marie-Florence, *Le Dialogue et le conte dans la poétique de Crébillon*, Paris, Classiques Garnier, coll. « L'Europe des Lumières », 2010.

Sturm, Ernest, *Crébillon fils ou la science du désir* [1970], Paris, A.-G. Nizet, 1995.

Terrasse, Jean, « La rhétorique amoureuse dans *Les Égarements du cœur et de l'esprit* », dans Roger L. Emerson, Gilles Girard, Roseann Runte, Walter Moser et William Kinsley (dirs.), *Man and Nature : Proceedings of the Canadian Society for Eighteenth-Century Studies*, London, University of Western Ontario, 1982, pp. 21-29.

Wagner, Jacques, « Les nuits sans éclats de Meilcour dans *Les Égarements du cœur et de l'esprit de Crébillon Fils (1736-1738)* », dans Dominique Bertrand (dir.), *Penser la nuit : XVe-XVIIe siècles. Actes du colloque international du Centre d'études sur les réformes, l'humanisme et l'âge classique de l'Université Blaise-Pascal, 22-24 juin 2000*, Paris, Honoré Champion, 2003, pp. 179-195.

Les Confessions du comte de ***

Brengues, Jacques, *Charles Duclos (1704-1772) ou l'obsession de la vertu*, Saint-Brieuc, Presses universitaires de Bretagne, 1971.

Costa, Véronique, « *Les Confessions* de Duclos ou le dénouement volé », *Cahiers Prévost d'Exiles*, n° 9, 1993, pp. 15-39.

Coulet, Henri, « La notion de caractère dans l'œuvre de Duclos, moraliste et romancier », dans Claire Blanche-Benveniste, André Chervel et Maurice Gross (dirs.), *Grammaire et histoire de la grammaire*, Aix-en-Provence, Université de Provence, 1988, pp. 157-168.

Gevrey, Françoise, « L'influence des *Illustres Françaises* sur *L'Histoire de Mme de Luz* et sur *Les Confessions du comte de* *** de Duclos », dans Jacques Cormier, Jan Herman et Paul Pelckmans (dirs.), *Robert Challe : sources et héritages. Actes du colloque international Louvain-Anvers, 21-23 mars 2002*, Louvain/Paris/Dudley, Éditions Peeters, coll. « La République des Lettres », 2003, pp. 195-208.

Le Bourgo, Léo, *Duclos : sa vie et ses ouvrages* [1902], Genève/Paris, Slatkine/Honoré Champion, 1971.

Levin, Colette, « Le rôle du narrateur dans *Les Confessions du comte de* *** de Charles Pinot-Duclos », *Annales de Bretagne et des Pays de l'Ouest*, vol. 83, n° 4, 1976, pp. 789-796.

Meister, Paul, *Charles Duclos : 1704-1772*, Genève, Droz, 1956.

Mortier, Roland, « Charles Duclos et la tradition du 'roman libertin' », dans Roland Mortier et Hervé Hasquin (dirs.), *Études sur le XVIIIe siècle, 2*, Bruxelles, Éditions de l'Université de Bruxelles, coll. « Études du XVIIIe siècle », 1975, pp. 59-69.

La Religieuse

Apostolidès, Jean-Marie, « La religieuse et ses tableaux », *Poétique*, n° 137, février 2004, pp. 73-86.

Azafrani, Gilbert, « Les Théories du drame de Diderot appliquées au roman *La Religieuse* », thèse de doctorat réalisée sous la direction de Craig B. Brush, New York, Fordham University, 1978.

BIBLIOGRAPHIE

Block, C. Joel, « La Religieuse : texte théâtral », *Bulletin de la Société des professeurs français en Amérique*, 1978, pp. 5-15.

Clark-Evans, Christine, « Le témoignage de Suzanne : séduction tragique et discours juridique dans *La Religieuse* de Diderot », *Recherches sur Diderot et sur l'Encyclopédie*, n° 20, avril 1996, pp. 75-89.

Cotoni, Marie-Hélène, « Du dramatique au tragique : la scène des vœux monastiques interrompus dans 'Les Illustres Françaises' de Robert Challe et 'La Religieuse' de Diderot », *Revue d'Histoire littéraire de la France*, n° 1, janvier-février 1993, pp. 62-72.

Dieckmann, Herbert, *Cinq Leçons sur Diderot*, Genève/Paris, Droz/Minard, 1959.

———, « The Préfaxe-Annexe of *La Religieuse* », *Diderot Studies*, vol. 2, 1952, pp. 21-40.

Doucette, Clarice, « La narration autodiégétique dans *La Religieuse* », *Chimeres*, vol. 13, n° 1, 1979, pp. 77-82.

Fontenay, Élisabeth de, *Diderot ou le matérialisme enchanté*, Paris, Bernard Grasset, 1981.

Gepner, Corinna, « L'autoportrait de la narratrice dans *La Religieuse*. Les ruses du regard », *Recherches sur Diderot et sur l'Encyclopédie*, n° 17, octobre 1994, pp. 55-67.

Kempf, Roger, *Diderot et le roman ou le démon de la présence*, Paris, Éditions du Seuil, coll. « Pierres vives », 1964.

Macary, Jean, « Structure dialogique de *La Religieuse* de Diderot », dans Jean Macary (dir.), *Essays on the Age of Enlightenment in Honor of Ira O. Wade*, Genève/Paris, Droz, coll. « Histoire des idées et critique littéraire », 1977, pp. 193-204.

May, Georges, *Diderot et* La Religieuse *: étude historique et littéraire*, New Haven/Paris, Yale University Press/Presses Universitaires de France, 1954.

Mylne, Vivienne, *Diderot*. La Religieuse, Londres, Grant & Cutler, 1981.

Perol, Lucette, « Diderot et le théâtre intérieur », *Recherches sur Diderot et sur l'Encyclopédie*, n° 18-19, 1995, pp. 35-46.

Rustin, Jacques, « *La Religieuse* de Diderot : mémoires ou journal intime ? », dans Victor Del Litto (dir.), *Le Journal intime et ses formes littéraires : actes du colloque de septembre 1975*, Genève, Droz, coll. « Histoire des idées et critique littéraire », 1978, pp. 27-47.

Sgard, Jean, « Diderot et *La Religieuse* en chemise », *Recherches sur Diderot et l'Encyclopédie*, n° 43, 2008, pp. 49-56.

Stewart, Philip, « Body Language in *La Religieuse* », dans Robert Gibson (dir.), *Studies in French Fiction in Honour of Vivienne Mylne*, Londres, Grant & Cutler, 1988, pp. 307-321.

Terrasse, Jean, *Le Temps et l'espace dans les romans de Diderot*, Oxford, Voltaire Foundation, coll. « Studies on Voltaire and the Eighteenth Century », 1999.

Vallois, Marie-Claire, « Politique du paradoxe : tableau de mœurs/tableau familial dans *La Religieuse* de Diderot », *Romanic Review*, vol. 76, n° 2, March 1985, pp. 162-171.

Verhulst, Giliane, *Étude sur Denis Diderot :* La Religieuse, Paris, Ellipses, coll. « Résonances », 2007.

Dolbreuse

Baldensperger, Fernand, « Un prédécesseur de René en Amérique », *Revue de philologie française et de littérature, tome 15*, 1901, pp. 229-234 [repris dans Henry Loaisel de Saulnays, *Un Méconnu. Loaisel de Tréogate (1752-1812)*, Alger, 1930, pp. 25-30].

Bowling, Townsend Whelen, *The Life, Works, and Literary Career of Loaisel de Tréogate*, Oxford, Voltaire Foundation, coll. « Studies on Voltaire and the Eighteenth Century », 1981.

Collas, Georges, *Un Préromantique breton : Loaisel de Tréogate (1752-1812)*, dans *Mémoires de la Société d'histoire et d'archéologie de Bretagne*, Rennes, Plihon, [s.d.], pp. 297-319.

Deharbe, Charlène, « D'un art de tromper au bonheur retrouvé : le secret dans *Dolbreuse* de Loaisel de Tréogate », dans Françoise Gevrey, Alexis Lévrier et Bernard Teyssandier (dirs.), *Éthique, poétique et esthétique du secret de l'Ancien Régime à l'époque contemporaine*, Louvain, Éditions Peeters, 2015, pp. 425-433.

———, « La théâtralité dans *Dolbreuse* de Loaisel de Tréogate », dans Sabine Chaouche (dir.), *Le 'Théâtral' de la France d'Ancien Régime : de la représentation de soi à la représentation scénique*, Paris, Honoré Champion, coll. « Colloques, congrès et conférences : le classicisme », 2010, pp. 335-347.

Delon, Michel, « Le décor médiéval chez Loaisel de Tréogate », *Europe*, 65e année, n° 703-704, novembre-décembre 1987, pp. 18-25.

———, « Vision du monde 'préromantique' dans 'Dolbreuse' de Loaisel de Tréogate », *Annales de Bretagne et des Pays de l'Ouest (La Bretagne littéraire au XVIIIe siècle)*, t. 83, n° 4, 1976, pp. 829-838.

Didier, Béatrice, « La fête champêtre dans quelques romans de la fin du XVIIIe siècle (de Rousseau à Senancour) », dans Jean Ehrard et Paul Viallaneix (dirs.), *Les Fêtes de la Révolution. Colloque de Clermont-Ferrand (juin 1974)*, Paris, Société des études robespierristes, coll. « Bibliothèque d'histoire révolutionnaire », 1977, pp. 63-72.

Dunkley, John, « Gambling and Violence : Loaisel de Tréogate as a Neuroscientist ? », dans Thomas Wynn (dir.), *Representing Violence in France. 1760-1820*, Oxford, Voltaire Foundation, coll. « Studies on Voltaire and the Eighteenth Century », 2013, pp. 17-33.

Gevrey, Françoise, « Auditions dans deux romans du XVIIIe siècle : *Les Illustres Françaises, Dolbreuse ou l'homme du siècle ramené à la vérité par le sentiment et par la raison* », dans Marie-Madeleine Gladieu et Alain Trouvé (dirs.), *Voir et entendre par le roman*, Reims, Presses Universitaires de Reims, 2009, pp. 125-141.

Gimenez, Raphaël, *L'Espace de la douleur chez Loaisel de Tréogate : 1752-1812*, Paris, Minard, coll. « La Thèsothèque », 1993.

Godenne, René, « Loaisel de Tréogate et Chateaubriand », *Annales de Bretagne et des pays de l'Ouest* (*La Bretagne littéraire au XVIIIe siècle*), t. 83, n° 4, 1976, pp. 839-845.

Goubier-Robert, Geneviève, « *Dolbreuse* : *La Nouvelle Héloïse* comme matrice romanesque », dans Jan Herman et Paul Pelckmans (dirs.), *L'Épreuve du lecteur : livres et lectures dans le roman d'Ancien Régime. Actes du VIIIe colloque de la Société d'Analyse de la Topique Romanesque, Louvain-Anvers, 19-21 mai 1994*, Louvain/Paris, Éditions Peeters, coll. « Bibliothèque de l'Information grammaticale », 1995, pp. 471-479.

Henriot, Émile, « Loaisel de Tréogate ou le précurseur oublié », dans *Romanesques et romantiques*, Paris, Librairie Plon, 1930 [repris dans Henry Loaisel de Saulnays, *Un Méconnu. Loaisel de Tréogate (1752-1812)*, Alger, 1930, pp. 45-52].

Jalliet, Aline, « Loaisel de Tréogate, romancier féministe ? », *Dix-Huitième Siècle*, n° 26, 1994, pp. 475-485.

Loaisel de Saulnays, Henry, *Un Méconnu : Loaisel de Tréogate (1752-1812)*, Alger, 1930.

McMorran, Will, « Quichottisme et Lumières : lectures romanesques de jeunesse (Scarron, Rousseau, Loaisel de Tréogate) », *Studies on Voltaire and the Eighteenth Century*, vol. 12, 2006, pp. 127-140.

Rossard, Janine, *Une Clef du romantisme : la pudeur. Rousseau, Loaisel de Tréogate, Belle de Charrière, Bernardin de Saint-Pierre, Joubert, Constant, Stendhal*, Paris, A.-G. Nizet, 1974.

Salerni, Paola, « 'S'égarer, marcher, s'élever'. Tensioni spaziali in Ramond de Carbonnières e Loaisel de Tréogate », dans Franco Piva (dir.), *La Sensibilité dans la littérature française au XVIIIe siècle : actes du colloque international « La sensibilité dans la littérature française de l'Abbé Prévost à Madame de Staël »*, Vérone, 8-10 mai 1997, *organisé par l'Université de Vérone et l'IULM de Milan*, Fasano/Paris, Schena/Didier Érudition, coll. « Biblioteca della ricerca/Cultura straniera », 1998, pp. 305-327.

———, « Un artista 'nuovo' del secondo settecento : Loaisel de Tréogate », *Studi di Letteratura Francese*, vol. 17, 1990, pp. 81-107.

Séité-Salaün, Armelle, « Loaisel de Tréogate, entre Rousseau et Chateaubriand », thèse de doctorat sous la direction de Jean Balcou, Université de Bretagne Occidentale, 1996.

———, « Loaisel de Tréogate romancier entre Rousseau et Chateaubriand : fulgurances d'un univers », dans Pierre Dufief, Jean Garapon et Gaël Milin (dirs.), *Bretagne et Lumières : mélanges offerts à Jean Balcou*, Brest, Université de Bretagne Occidentale, CNRS Centre d'Étude des Correspondances et Journaux intimes des XIXe et XXe siècles, 2001, pp. 103-116.

Trousson, Raymond, « Le *Dolbreuse* de Loaisel de Tréogate : du roman libertin au 'roman utile' », *Eighteenth-Century Fiction*, vol. 13, n° 2-3, janvier-avril 2001, pp. 301-313.

Wenger, Alexandre, « Les automates corruptibles : machine et textualité dans *Dolbreuse* (1783) de Loaisel de Tréogate », dans Dominique Kunz Westerhoff et Marc Atallah (dirs.), *L'Homme-machine et ses avatars : entre science, philosophie et littérature. XVIIe-XXIe siècles*, Paris, Librairie philosophique J. Vrin, coll. « Pour demain », 2011, pp. 69-79.

Les Amours du chevalier de Faublas

Bokobza-Kahan, Michèle, « *Les Amours du chevalier de Faublas* : du déguisement à la folie », dans Pierre Hartmann (dir.), *Entre Libertinage et Révolution : Jean-Baptiste Louvet (1760-1797). Actes du colloque du Bicentenaire de la mort de Jean-Baptiste Louvet. Strasbourg 1997*, Strasbourg, Presses Universitaires de Strasbourg, 1999, pp. 51-61.

Cusset, Catherine, « La 'Nature féminine' ou la fin du libertinage : *Les Amours du Chevalier de Faublas de Louvet (1787-1790)* », *Lumen*, vol. 12, 1993, pp. 131-137.

Davies, Simon, « Faublas's Madness : a Suitable Case for Treatment », dans *Actes du 9e congrès international des Lumières, Münster, 23-29 juillet 1995, II*, Oxford, Voltaire Foundation, coll. « Studies on Voltaire and the Eighteenth Century », 1996, pp. 589-592.

———, « Louvet as Social Critic : *Les Amours du Chevalier de Faublas* », *Studies on Voltaire and the Eighteenth Century*, vol. 183, 1980, pp. 223-237.

Deharbe, Charlène, « L'exemplarité du théâtre de Beaumarchais dans *Les Amours du chevalier de Faublas* de Louvet de Couvray », dans Nelson Guilbert, *Avatars de l'exemplarité*, suivi de Sébastien Drouin (dir.), *Écrire l'histoire au siècle des Lumières*, Paris, Hermann, « Les collections de La République des Lettres », 2014, pp. 21-42.

———, « Théâtralité et art du dialogue dans *Les Amours du chevalier de Faublas* (1787-1790) de Louvet de Couvray », http://www.univ-reims.fr/site/laboratoire-labellise/crimel/gallery_files/site/1/1697/3184/10102/20987/20989.pdf (visité le 11 février 2016).

Hartmann, Pierre (dir.), *Entre Libertinage et Révolution : Jean-Baptiste Louvet (1760-1797). Actes du colloque du Bicentenaire de la mort de Jean-Baptiste Louvet. Strasbourg 1997*, Strasbourg, Presses Universitaires de Strasbourg, 1999.

Jiménez-Salcedo, Juan, « À la recherche de l'équivoque : Faublas ou le dialogue impossible », dans *Correspondence. Dialogue. History of Ideas*, Oxford, Voltaire Foundation, coll. « Studies on Voltaire and the Eighteenth Century », 2005, pp. 243-250.

Lavezzi, Élisabeth, « Suicide ou assassinat ? La répétition théâtrale dans *Faublas* de Louvet et *Adieu* de Balzac », dans Jacques Berchtold (dir.), *Espaces, objets du roman au XVIIIe siècle : hommage à Henri Lafon*, Paris, Presses Sorbonne Nouvelle, 2009, pp. 127-145.

Masseau, Didier, « Louvet, le roman et la Révolution : de *Faublas* à *Émilie de Varmont* », *Europe*, vol. 66, n° 715-716, novembre-décembre 1988, pp. 9-19.

Morand, Paul, « Les œillades du chevalier de Faublas », dans *Mon Plaisir... en littérature*, Paris, Gallimard, 1967, pp. 73-77.

Rieger, Dietmar, « *Les Amours du Chevalier de Faublas* von Louvet de Couvray : Ein Roman und seine Kritiker », *Romanische Forschungen*, n° 82, 1970, pp. 536-577.

Rustin, Jacques, « Travestis : Faublas entre l'abbé de Choisy et le chevalier d'Éon (1735-1836), dans Pierre Hartmann (dir.), *Entre Libertinage et Révolution : Jean-Baptiste Louvet (1760-1797). Actes du colloque du Bicentenaire de la mort de Jean-Baptiste Louvet. Strasbourg 1997*, Strasbourg, Presses Universitaires de Strasbourg, 1999, pp. 21-50.

Truci-Torjussen, Maria S., « L'elemento teatrale ne *Les amours du chevalier de Faublas* di Louvet de Couvray », *Paragone : Rivista Mensile di Arte Figurativa e Letteratura*, n° 276, 1973, pp. 23-52.

Van Crughten-André, Valérie, *Les Mémoires de Jean-Baptiste Louvet ou la tentation du roman*, Paris/Genève, Honoré Champion/Slatkine, coll. « Les dix-huitièmes siècles », 2000.

Vissière, Jean-Louis, « Du donjuanisme au féminisme : le paradoxe du chevalier de Faublas », dans Marie-France Brive (dir.), *Les Femmes et la Révolution française, 2, Actes du colloque international, 12-13-14 avril 1989, organisé par l'Université de Toulouse-Le Mirail*, Toulouse, Presses Universitaires du Mirail, 1990, pp. 285-289.

Index nominum

Abramovici, Jean-Christophe   1n2
Alembert, Jean Le Rond, dit D'   2n5, 31n106, 46n182, 140-142, 151, 325n466
Ansalone, Maria Rosaria   251
Arioste, l'   148n82
Arnaud, François Thomas Marie de Baculard d'   VIII, 8, 135, 162, 234
Arnault, Antoine, dit le Grand Arnault   33-35
Arnault, Antoine-Vincent   295-296, 345, 346n511
Attinger, Gustave   60n256
Aubignac, François Hédelin, abbé d'   355
Audet, Marilyne   162n138
Aulnoy, Marie-Catherine Le Jumel de Barneville, baronne dite comtesse d'   158n115
Aurel, Jean   9n33

Badir, Magdy Gabriel   251n132
Balcou, Jean   70n303, 71n313
Baletti, voir Flaminia, Rose Baletti, Silvia
Baron   189, 192
Beauharnais, Marie-Françoise dite « Fanny » Mouchard, comtesse de   44, 46
Beaumarchais, Jean-Pierre de   32n112
Beaumarchais, Pierre-Augustin Caron de   VIII, 4, 9, 12, 44-45, 48-51, 52n214, n217 et n219-220, 53n224, 55n233, 56-57, 58n247, 59, 61, 92, 150, 168, 204, 238n71, 248n117, 359, 361
Belleguic, Thierry   141n55
Belloy, Pierre Laurent Buirette, dit Dormont de   44-45
Bergson, Henri   173, 286
Bernard, Catherine   231
Bernardin de Saint-Pierre, Henri   44
Bernier, Marc André   14n9
Bernin, Gian Lorenzo Bernini, dit Le Cavalier   314
Bernis, François Joachim de Pierre, cardinal de   44
Berthiaume, Pierre   14n9
Bièvre, Georges Mareschal, marquis de   44-45
Bion de Borysthène   100n435

Blanc, André   41n150, 42n154, 178n194
Block, C. Joel   298, 299n359 et n365, 311n408
Boileau, Nicolas   27, 30-32
Boindin, Nicolas   60n257, 189n237
Boissiéras, Fabienne   11n36, 177, 250, 251n134, 254n148, 275, 340
Boissy, Louis de   67
Bokobza-Kahan, Michèle   164n142
Boncompain, Jacques   145n71
Bosley, Vivien   251n132
Bourguinat, Élisabeth   86n391
Bourqui, Claude   54n225 et n227, 106n450
Boursault, Edme   30, 32, 195
Brisson, Luc   99n434
Brunswick, Léon-Lévy   9n30
Bury, Emmanuel   37n133

Calderón de la Barca, Pedro   102
Cardinal, Pierre   9n32
Carmouche, Pierre Frédéric Adolphe   8n25
Carolet, Denis   189n237
Cerutti, Joseph-Antoine-Joachim   44
Challe, Robert   14n9, 299n359, 362
Champmeslé, Marie Desmares, dite Mlle 27-30, 35-38, 44, 362
Chaouche, Sabine   352n532
Chapelain, Jean   26
Chartier, Roger   132n21
Chénier, Marie-Joseph   44
Chevalier, Jean Simonin, dit   195
Chevalley, Sylvie   275, 291n306
Clouzot, Henri-Georges   9n33
Cochin, Charles-Nicolas   44
Coimbra Martins, António   25, 28n98-99, 31n108, 32
Colardeau, Charles-Pierre   44, 46
Collin d'Harleville, Jean-François   44-45
Conesa, Gabriel   55n233, 248
Cormier, Jacques   14n9
Corneille, Pierre   9, 20n45-46, 36-37, 61-62, 71, 76-77, 79, 80n366, 81, 92, 93n417, 94, 238n67, 239n80, 359
Corneille, Thomas   195
Cotin, Charles   45

INDEX NOMINUM 403

Cotoni, Marie-Hélène 299n359
Coudreuse, Anne 260n174
Coulet, Henri 3n11, 13, 25n81, 28n98-100, 29, 37n136, 161n132, 230n37, 236n57, 276n233, 291, 292n312 et n316, 293, 355, 356n556
Courcy, Frédéric de 8
Courtilz de Sandras, Gatien de VIII
Couton, Georges 2n7, 77n349, 106n449, 165n146
Couty, Daniel 32n112
Coypel, Charles 189n237
Crébillon, Claude-Prosper Jolyot de IX, 2-3, 6-7, 11, 44, 63n269, 75, 76n337-339, 77-78, 79n359, 98, 102, 105-106, 120n517, 124n539, 125, 128n4, 132n22, 133, 135n29, 136-137, 179n203, 189, 190n242, 193-194, 234-236, 237n63, 238, 239n85, 243, 244n102, 247-248, 249n119, 250, 315, 320, 322n449, 338, 341, 344-345, 350, 351n529, 354n543, 355n551, 356, 360, 369
Crébillon, Prosper Jolyot de 4
Croismare, Marc-Antoine-Nicolas de 6, 293

Dagen, Jean 75n336, 77n351, 86n391, 106, 186n228, 236n57, 237n62, 251, 253
Damilaville, Étienne Noël 294
Dancourt, Florent Carton, dit 79, 87, 89, 90n408, 91, 178-179, 180n212, 189n236, 192, 360
Dandrey, Patrick 32n109
Daudet, Léon 328
Davia, Francesco Alessio 25
Deharbe, Charlène VIII-X, 3n8, 220n5, 231n39, 237n62, 248n118, 253n143, 255n150, 276n236 et n238, 282n278, 352n532
Dejaure, Jean-Élie Bédéno 8
Delille, Jacques 44
Deloffre, Frédéric 14n9-10, 38n137, 39n141, 65n278, 79n360-363, 80n367, 81n371, 87n396 et n399, 88n403, 91, 112, 113n482-483, 180n205-206, 188-189, 192n252, 228n28, 276, 289, 320n440, 340-341, 349n524
Delon, Michel 1n2, 44n158, 45, 48n191, 59, 60n253, 74, 94, 157n113, 293n320
Démocrite 99

Démoris, René 1n1, 224
Descotes, Maurice 51n212, 52n219, 53n224, 56n239
Deshoulières, Antoinette du Ligier de la Garde, Mme 44, 46
Desmoulins, Claude 34n116
Desmoulins, Marie 33
Desmoulins, Suzanne 33, 34n115-116
Destouches, Philippe Néricault 44-45, 94-95, 96n426, 189n237, 259n173, 359, 361
Diderot, Denis VIII-X, 1-4, 6-9, 11, 44n160, 69, 103, 112-114, 119n515, 120, 125, 151n99, 259, 261, 266-267, 269, 273-274, 293-298, 299n359-362 et n364-367, 300n368, 303n383, 304-307, 308n401, 309-315, 325-326, 328-329, 338, 345, 346n512-513, 347-348, 350, 354n544, 356-357, 367-369
Didier, Béatrice 253, 255n149
Donneau de Visé, Jean 177, 179n196, n198 et n200, 189n236
Dorat, Claude-Joseph 44-45
Dornier, Carole 62n265, 236n62
Doutreligne, Louise 350
Drouet de Maupertuy, Jean-Baptiste 25n79
Drouin, Sébastien 48n192
Duchêne, Roger 27n94, 36n128
Duclos, Charles Pinot- IX, 6-7, 44, 62-64, 65n276 et n278-279, 66-67, 186-187, 316, 317n430, 319n434-435 et n437, 320, 338
Ducros, Louis 259n173
Duffrin Kelley, Diane 158n117
Dufresny, Charles 61, 64-67, 178, 180, 184, 189n236, 275, 360
Dumont, Jean-Paul 99n432
Dupeuty, Charles 9

Elias, Norbert 132n21
Engel, Claire-Éliane 25n81, 28n99
Épictète 100n435, 101-102
Épinay, Louise-Florence-Pétronille Tardieu d'Esclavelles d' VIII, 293-294
Escola, Marc 86n391
Esmein-Sarrazin, Camille 159n120
Espiard de la Cour 113n483
Esprit, Jacques 133
Étiemble, René 205n302

Fabre, Jean   254n146, 259-260, 275n228, 322, 340
Faivre, Bernard   194n264
Ferret, Olivier   71n314
Festugière, André-Jean   100n435
Fétis, François-Joseph   60n260
Fillette-Loraux, Claude François   9
Flaminia, Elena Virginia Riccoboni, née Balletti, dite   60
Florian, Jean-Pierre Claris de   44, 46
Fluchère, Henri   102n441
Fontenay, Élisabeth de   314n415
Forbin, François Toussaint de   25
Forestier, Georges   15n17, 26n85, 27n93, 28n95 et n99, 31n104-105, 33n114, 34n117 et n120, 36, 54n225 et n227, 106n450
Forgeot, Nicolas Julien   74
Forsans, Ola   60n256
Fournier, Nathalie   93n416
Francis, Richard Andrew   9n33
Frantz, Pierre   248n114, 267n200
Fréron, Élie-Catherine   68-70, 71n313
Friedrich, Hugo   276n239
Furetière, Antoine   104, 151

Gaiffe, Félix   259n173, 260n173
Gauchet, Marcel   17n30
Gaussin, Jeanne-Catherine Gaussem, dite Mlle 38-39, 41-44, 131, 362
Genest, Charles-Claude, abbé   7, 30-32, 75, 359
Gessner, Salomon   44, 46
Gevrey, Françoise   x, 159n118, 235n49, 273n222, 339n495
Gherardi, Évariste   89n404, 178n193
Gillet de la Tessonnerie   195
Gilot, Michel   2n6, 79n360, 81n370, 82, 180n206, 191, 236n56 et n58, 237n62, 251, 253, 281-282
Girou Swiderski, Marie-Laure   14n9
Gosse, Étienne   8
Goubier-Robert, Geneviève   48n187 et n190
Goulemot, Jean-Marie   79n361, 370n5
Goulet-Cazé, Marie-Odile   100n435
Graffigny, Françoise de   260n173
Gresset, Jean-Baptiste-Louis   44, 46, 189n237
Grignan, Françoise-Marguerite de Sévigné, comtesse de   27, 36n127-128

Grimm, Friedrich Melchior   13, 42n153, 69, 74n333, 87n399, 293-294
Guichemerre, Roger   89n404
Guilbert, Nelson   48n192
Guitton, Édouard   69n298
Guyon, Bernard   229n36

Hadot, Pierre   100n435
Hallyn, Fernand   76n338
Harny de Guerville   189n237
Hartmann, Pierre   48n187 et n190, 57n246, 163n139, 164n142
Hauteroche, Noël Le Breton, sieur de   195
Helvétius, Claude Adrien   44
Herman, Jan   76n338

Imbert, Barthélemy   44, 46

Jacquot, Benoît   9n32
Jaucourt, Louis, dit chevalier de   2
Joannidès, Alexandre   39n145

Kelley, Diane Duffrin   158n117
Kempf, Roger   297
Kibédi Varga, Áron   356
Knee, Philip   141

La Bruyère, Jean de   37, 86, 102
Laclos, Pierre Choderlos de   44
Lacretelle, Pierre Louis   369-370
Laërce, Diogène   100n435
Lafayette, Marie-Madeleine Pioche de La Vergne, comtesse de   158n117, 159, 231, 238n72, 254n146
Lafon, Henri   1n2, 150, 162n137, 163
Lagarce, Jean-Luc   350
Lagrave, Henri   128n2
La Harpe, Jean François de   45n161, 46-48, 61, 66n285, 67n288, 71-72, 359, 361
La Motte, Antoine Houdar de   viii, 4
Landois, Paul   260n173
Lanson, Gustave   259n172, 265n193
Lancelot, Antoine   25n79
Lancelot, Claude   34n116
Laroch, Philippe   189n238 et n240
La Rochefoucauld, François de   102
Larthomas, Pierre   259n172, 260n173
Larue, Anne   99n433, 101n439
Laufer, Roger   139n46

INDEX NOMINUM 405

Le Brun, Ponce-Denis Écouchard 44
Le Maître, Antoine 34n116
Le Maître, Simon 34n116
Lemaître-Provost, Solange 162n138
Lemonnier, Pierre-René 44, 46
Leonard, Nicolas Germain 44
Lesage, Alain-René VIII, 139, 189n237, 195-196, 198, 203, 365
Lhérie, Victor 9n30
Linguet, Nicolas-Simon-Henry 44, 46
Litsardaki, Maria 11n36
Loaisel de Tréogate, Joseph-Marie Loaisel, dit IX, 2-3, 6-8, 62, 67-71, 75, 106n451, 114-115, 122, 123n530 et n532, 124-125, 128n5, 139-143, 147n76, 149, 316, 351n531, 352n532-533, 355n553, 360
Lochert, Véronique 5n16, 297n347
Locke, John IX
Longepierre, Hilaire Bernard de Requeleyne, baron de 36
Lotterie, Florence 295, 296n335, 298n354, 299n365
Louvet de Couvray, Jean-Baptiste IX, 6-7, 11-12, 44-48, 49n194, n196 et n198, 50, 52n216, n218 et n221, 53n222, 54-57, 58n249, 59-62, 71-72, 73n324, 74-75, 92-94, 96, 97n427 et n431, 98, 115-118, 124, 127, 128n6, 133n26, 134, 137, 139, 144n70, 145n72, 149, 163, 164n143, 165, 166n149, 167n152, 170n160 et n164, 172, 173n171, 175, 196, 198n284 et n286, 199-203, 205, 208, 210, 212, 217-218, 226, 315, 329-331, 333-334, 337-339, 345, 348-350, 353n536, 354n545, 356, 359-361, 364-366, 369
Lucot, René 9n32
Lucrèce 312

Mably, Gabriel Bonnot de 44
Mainil, Jean 9n33
Marchand, Sophie 248n114
Mariani, Marinella 64n274, 231n38, 232n42
Marivaux, Pierre Carlet de Chamblain de VIII-IX, 4, 6-12, 38-43, 60-61, 65n278, 79-83, 84n382, 85n385 et n389, 86-89, 91, 98, 102, 104n444, 110-112, 114, 117, 119-120, 125, 128, 130n13, 131-132, 136, 149, 151-152, 176-177, 178n190-191, 179-180, 181n214, 184, 186-187, 188n235, 189n237-239 et n241, 192n252, 219, 238n77, 247-248, 250-251, 252n135, 253-255, 256n153, 261-262, 263n187, 265, 266n197, 267, 268n204, 269, 272-276, 277n240 et n244, 278, 282n280, 284, 286-287, 289-293, 299, 301, 315, 320-323, 324n456, 325, 328-329, 338, 340-342, 343n503, 344-345, 350, 353-354, 355n546 et n554, 356, 360-362, 364, 367-369
Marmontel, Jean-François 11, 44, 46, 325, 338, 369
Marquis, Lou-Ann 162n138
Marrast, Robert 71n317
Massenet, Jules 9n33
Maugin, Jean 4
Mauron, Charles 222, 225, 228n31
Mauzi, Robert 303n383
May, Georges VIII, 293n319, 294n322-323, 295-297, 299n360-361, n365 et n367, 304-305, 327-329
Meister, Jakob Heinrich 294-295, 304, 307, 314
Melançon, Benoît 370n5
Mélèse, Pierre 177n188
Menant, Sylvain 68n293 et n295, 69n297 et n299-300
Mercier, Louis Sébastien VIII
Méré, Antoine Gombaud, chevalier de 30-31
Mervaud, Christiane 57n244, 68n293
Minel, Emmanuel 36n130
Molière, Jean-Baptiste Poquelin, dit 2, 7, 9, 12, 30-32, 41n150, 54-55, 61, 71, 73n323, 74-75, 77-79, 82, 84n381 et n384, 85-89, 91, 93n416, 98, 106, 138, 148, 149n85, 165, 169n159, 178n189, n192 et n196, 179n197 et n201-202, 180, 186-187, 189, 194-195, 196n275, 198, 200-203, 204n299-300, 205, 213, 238n69 et n78-79, 239n81 et n84, 243, 244n96-98 et n101, 266n196, 287, 293, 349n524, 350n525, 359-361, 365, 368
Moncrif, François-Augustin Paradis de 44, 46
Montaigne, Michel de 102, 123
Montfleury, Antoine Jacob, dit 195
Morand, Paul 60
Moureau, François 64, 370n4
Mylne, Vivienne 344, 356n556

Nicloux, Guillaume   9n34
Nivelle de La Chaussée, Pierre Claude   VIII, 189n237, 259n172-173, 260-261
Novak-Lechevalier, Agathe   297n347

Olivet, Pierre-Joseph Thoulier, abbé d'   31
Ouellet, Esther   162n138

Papasogli, Benedetta   86n391
Peeters, Kris   76n338
Perol, Lucette   346
Perrault, Charles   26, 30, 32
Picard, Raymond   14-15, 228n28
Pihlström, Irene   195n266
Pingaud, Bernard   223n14
Piron, Alexis   70n304
Platon   99
Pomeau, René   68n293, 69n296
Pompigny, Maurin de   8
Pradon, Jacques   30, 32, 45
Prévost d'Exiles, Antoine François, abbé   IX, 6-7, 8n23, 9, 12-14, 15n19-20, 17, 18n34 et n36, 20n47, 21n57, 22-26, 28-37, 43, 61, 105n445, 107-110, 112-114, 117-118, 128-129, 131, 150n89, 153, 176, 220n2, 221, 223n16, 224n18, 225-227, 228n29, 229-230, 254, 315, 316n421, 317n431, 319n435 et n437, 320, 338, 340-341, 351, 355n547, 358-359, 361-362
Proust, Jacques   276, 278
Puccini, Giacomo   9n33
Pujol, Stéphane   1n2

Quevedo y Villegas, Francisco Gómez de   102
Quinault, Philippe   177

Racine, Jean   7, 9, 12-14, 15n17, 20n44-46, 21, 22n63, 23n64 et n66, 24-40, 42n155, 61-62, 75, 129, 136, 139, 225, 236, 238n68 et n75-76, 295, 296n336 et n339, 359, 362
Ramey, Lynn   161n134
Ramond, Catherine   5n19, 9n35, 57n246, 175n177, 177, 204, 261, 262n182 et n185, 265n194, 275, 275n232, 284, 298, 299n358, n360, n363 et n365, 307n395 et n397

Raynal, Guillaume-Thomas   44, 87
Regnard, Jean-François   2, 87-89, 91, 178, 179n202, 180n213, 189n236-237, 192, 360
Rey, Alain   32n112
Riccoboni, Marie-Jeanne Laboras de Mézières, Mme 44, 46
Richardson, Samuel   1-2, 295n330, 297
Richelet, Pierre   104, 151, 216
Rivette, Jacques   9n34
Rohou, Jean   26, 39n143, 40n148
Rose Baletti, Elene-Riccoboni, dite   60
Rougemont, Martine de   64n272
Rousseau, Jean-Baptiste   46, 189n236
Rousseau, Jean-Jacques   46, 67, 71, 139-143, 352, 370
Rousseau, Thomas   143
Rousset, Jean   5n20, 179n204, 184-185, 320
Roy, Claude   255, 256n152
Rubellin, Françoise   38n137, 39n141, 79n362
Runte, Roseann   251
Rustin, Jacques   2n6, 163, 175, 191, 236n56 et n58, 237n62

Saint-Foix, Germain-François Poullain de   44, 46
Saint-Réal, César de   231
Salvan, Geneviève   344n507, 350, 351n529, 356
Saurin, Bernard-Joseph   45n161
Sauvage, Thomas   8
Schalk, Fritz   276n239
Schoell, Konrad   165
Scribe, Eugène   8
Scudéry, Georges de   X, 45
Scudéry, Madeleine de   45
Sedaine, Michel-Jean   2, 45n161, 56
Sénèque   100-101
Serralta, Frédéric   71n317
Sévigné, Charles de   25, 27-28
Sévigné, Marie de Rabutin-Chantal, marquise de   27, 36
Seylaz, Jean-Luc   220n3, 223n14, 225
Sgard, Jean   2n6, 13n2, 15, 34n122, 35, 236n57
Sguaitamatti, Marie-Florence   320n439
Shaftesbury, Anthony Ashley Cooper, comte de   IX

INDEX NOMINUM

Shakespeare, William   102n441, 237n66
Silvia, Gianetta Balletti, née Benozzi, dite   39, 60
Singerman, Alan J.   9n33
Sivetidou, Aphrodite   11n36
Steinberg, Sylvie   150n88
Stewart, Philip   24
Suard, Jean-Baptiste-Antoine   45n161

Tencin, Claudine-Alexandrine Guérin, marquise de   IX, 6-7, 29, 62, 64, 67, 157, 158n115 et n117, 159, 161n132-133, 162, 176, 231-232, 233n43, 315-316, 318n432, 319n435-436, 320, 338, 355n549, 362
Thieriot, Nicolas-Claude   13
Thouret, Clotilde   5n16, 297n347
Tirso de Molina   166n151
Tissier, André   165n147
Trapnell, William H. Jr.   276n233, 293n317
Trousson, Raymond   69n301 et n303
Truchet, Jacques   47n184, 70n305, 178n194

Ussieux, Louis d'   11, 339

Vadé, Jean Joseph   68-69
Vallois, Marie-Claire   298n358, 299n365
Van Delft, Louis   102n443
Van der Schueren, Éric   142n55
Vega, Lope de   71
Versini, Laurent   3n12, 62, 273n222, 293n319, 294n328
Vertot, René Aubert de   44
Vervacke, Sabrina   141n55
Veyne, Paul   100n436
Viala, Alain   21n54
Viart, Thierry   76n338
Villemain d'Abancourt, François-Jean   8
Vitart, Nicolas   34n116
Voltaire, François Marie Arouet, dit   VIII, 4, 13, 37, 44, 46, 61-62, 67-71, 75, 97, 130

Weinberg, Bernard   4n15

Printed in the United States
By Bookmasters